BULLETIN CRITIQUE

1. — **La Mission historique de Jésus**, par Henri Monnier, pasteur de l'Eglise réformée. — Paris, Fischbacher, 1906, in-8 de xxxi-376 pp. (Prix : 7 fr. 50).

Ce livre se divise en quatre parties : L'Homme, le Révélateur, le Sauveur, le Rédempteur dans Jésus de Nazareth. Nous sommes bien et dûment avertis que l'auteur y veut faire œuvre non de croyant mais d'historien : Retrouver par l'analyse des textes, aidée de l'intuition, la physionomie historique de Jésus, voir et faire voir quelle était sa mission et comme il l'a remplie, c'est le but qu'il se propose. Pour ce faire, il n'use pas de l'Evangile de Jean, parce que c'est l'Evangile de la gloire, ce qui ne revient pas à son sujet, il use des synoptiques, c'est-à-dire surtout de Marc le premier en date, des deux autres aussi, mais avec précaution. Au reste, il n'a cure de les concilier quand il les trouve en désaccord. Il abandonne « ces combinaisons de l'harmonistique » à ceux pour qui c'est une nécessité de foi. Lui, ne relève que de son libre jugement. Et voici ce que lui révèlent son analyse critique et son intuition : Jusqu'à son baptême, Jésus de Nazareth, vit avec le pressentiment qu'il a près de ses contemporains une mission à remplir, mais sans savoir laquelle. Il a si peu conscience d'être le Messie qu'il attend lui-même le Messie. « A cette question : Pourquoi suis-je sur la terre ? l'atelier de Nazareth ne fournit pas de réponse. » La réponse vient au baptême. « Il avait attendu le Messie, et voici, il était lui-même le Messie. » Dieu voulait se révéler aux hommes et les ramener à lui, par son entremise. Ce n'est pas d'ailleurs que la révélation soit de toute clarté, car Jésus se demande encore après son baptême, en quel sens il est le Messie. Même, il n'est le Messie, paraît-il, que faute de pouvoir être autre chose qui réponde mieux à sa mission et parce que les espérances juives ont déjà pris la forme messianique. « On peut regretter, nous dit à ce propos l'auteur, que son idéal ait emprunté sa forme première au messianisme, mais il n'en pouvait être autrement. » Le Messie, d'après les Juifs, devait être fils de David. Jésus était-il de la lignée du grand roi ? c'est possible, mais « il n'a pas entendu l'être ; il ne semble pas qu'il en ait fait aucun cas. » En revanche, il se sent le fils préféré de Dieu, mais M. Monnier nous prévient qu'il ne faut voir là rien de métaphysique. D'aucuns prétendent bien prouver par divers passages tirés des synoptiques, qu'il était le Fils de Dieu par nature égal et consubstantiel à son Père. Ainsi pour le texte fameux « toutes choses m'ont été données par mon Père, et nul ne connaît le Fils si ce n'est le Père et nul ne connaît le Père si ce n'est le Fils et celui à qui le Fils aura voulu le révéler, » ils tirent cette conclusion que si Jésus seul connaît Dieu d'une manière adéquate, et si Dieu seul se connaît lui-même d'une manière adéquate, c'est qu'il est égal à Dieu son Père. Ce qui les trompe, c'est la majuscule; or, il ne faut pas de majuscule, le texte n'est qu'une parabole énonçant une vérité toute simple et toute unie, savoir, que la seule personne qui connaisse homme qui vive, ce n'est pas sa mère, ce n'est pas son frère, ce n'est pas son ami, ce n'est pas son épouse, c'est son père et *vice versa*. Jésus n'a pas voulu dire autre chose : connaissant Dieu, mieux que personne au monde, il était seul à pouvoir le révéler. Toujours est-il que Dieu, le charge de porter aux hommes ses frères la vérité qui sauve : la lumière sur leur état, le salut par la rémission de leurs péchés, non pas le péché d'origine, « la doctrine n'en avait pas encore été élaborée par les sages de son temps » mais les fautes qui résultent en eux de la victoire du mauvais instinct sur le bon. Jésus qui croit et dénonce la fin du monde comme imminente, leur demande comme condition la pénitence et la foi, mais une foi qui n'impose aucun dogme, aucune adhésion à une formule intellectuelle quelconque, aucune Eglise, car il ne paraît pas, nous dit-on, que Jésus en ait voulu fonder. Elle suppose bien « une certaine notion de Dieu et de Jésus, mais cette notion peut rester sub-consciente. » Il n'est que de se confier en lui comme sauveur. Encore faut-il des titres à cette confiance, et si Jésus a fait des miracles, c'est sans doute

28ᵉ Année — Nᵒˢ 1-2 — 10-25 Janvier 1907

BULLETIN CRITIQUE

Paraissant les 10 et 25 de chaque mois

SOUS LA DIRECTION DE MM.

A. BAUDRILLART, Recteur de l'Institut catholique de Paris,
L. DUCHESNE, Membre de l'Institut, **L. LESCŒUR, F. PLESSIS, V. SCHEIL**,
H. THÉDENAT, Membre de l'Institut

Secrétaire de la rédaction : M. **Marcel THIBAULT**

Troisième Série. — Tome I

Les abonnements sont d'un an et partent du 1ᵉʳ janvier

FRANCE, ALGÉRIE ET TUNISIE............ **10** fr. || ÉTRANGER ET COLONIES............ **12** fr.

Un Numéro : Soixante-quinze centimes

ADRESSER LES COMMUNICATIONS CONCERNANT LA RÉDACTION
au secrétaire, 1, rue Le Goff, Paris,
et les livres à la Librairie Fontemoing

SOMMAIRE

1. Henri Monnier. La Mission historique de Jésus ; — Constantin Chauvin. Les idées de M. Loisy sur le quatrième Evangile. *R. Sainte-Croix.* — 2. Jean Delvolvé. Organisation de la conscience morale ; — Jean Baruzi. Leibniz et l'organisation religieuse de la Terre ; — Elie Blanc. Dictionnaire de Philosophie ancienne, moderne et contemporaine. *H. Villassère.* — 3. Tibulli aliorumque carminum libri tres (éd. J. Percival Postgate). *J. Vessereau.* — 4. Léon Vaganay. Le problème eschatologique dans le IVᵉ livre d'Esdras ; — Alfred Seeberg. Die beiden Wege und das Apostelldekret. *Léon Gry.* — 5. Anatole Feugère. Lamennais avant l'Essai sur l'Indifférence. *A. Roussel.* — 6. A. Millien et J. G. Pénavaire. Chants et Chansons du Nivernais. *E. Maynial.* — 7. Marcel Thibault. La Jeunesse de Louis XI (1423-1445). *B. Faulquier.* — 8. Eugène Martin-Chabot. Les Archives de la Cour des comptes, aides et finances de Montpellier. *R. P.* — 9. Alphonse Aulard. Etudes et leçons sur la Révolution française. *De L. de L.* — 10. Geza Steuer. Le compromis entre la Hongrie et l'Autriche. *L. de Lacger.* — 11. A. Venturi. Historia dell'Arte italiana. T. V. La pittura del Trecento e le sue origini. *Albert Vogt.* — 12. Mᵐᵉ Maurice Gallet. Schubert et le Lied. *A. G.* — 13. José Fortes. A sepultura da Quinta da Agua Branca (Edade) do cobre. *H. Beaune.* — 14. Michel Salomon. L'Esprit du temps. *Pascal Monet.* — Variétés : I. Albert Lafontaine. Jehan Gerson (1363-1429). *Paul Deslandres* ; — II. Louis Lautrey. Journal de Voyage de Montaigne. *G. Michaut* ; — III. L'abbé Archelet. Les causes du malheur pendant la vie. *A. Largent* ; — IV. Eugène Lefebvre-Pontalis. Les Architectes et la Construction des Cathédrales de Chartres ; Les Façades successives de la Cathédrale de Chartres au XIᵉ et XIIᵉ siècles. *Lefebvre des Noëlle.* — Chronique. — Académie des Inscriptions et Belles-Lettres. — Société des Antiquaires de France.

PARIS

ANCIENNE LIBRAIRIE THORIN ET FILS

ALBERT FONTEMOING, ÉDITEUR

LIBRAIRE DES ÉCOLES FRANÇAISES D'ATHÈNES ET DE ROME,
DE L'INSTITUT FRANÇAIS D'ARCHÉOLOGIE ORIENTALE DU CAIRE,
DU COLLÈGE DE FRANCE ET DE L'ÉCOLE NORMALE SUPÉRIEURE

4, RUE LE GOFF, 4

La Librairie A. Fontemoing se charge de fournir aux meilleures conditions tous les ouvrages français et étrangers que pourraient désirer les abonnés du Bulletin Critique

ANCIENNE LIBRAIRIE THORIN ET FILS
ALBERT FONTEMOING, Éditeur
RUE LE GOFF, 4, A PARIS

HISTOIRE ANCIENNE
DE
L'ÉGLISE

Par Monseigneur L. DUCHESNE
Membre de l'Institut, Directeur de l'Ecole française de Rome

— TOME I —

(Nouvelle édition des Origines Chrétiennes)

Un fort volume in-8 . . . . 8 fr.

LE TOME DEUXIÈME EST SOUS PRESSE

Cet ouvrage formera 3 volumes

Reimprimatur Fr. Alb. Lepidi O. P. S. P. A. mag.
Reimprimatur Josephus Cappetelli; patr. Const. Viscesgerens.

PRÉFACE. — Ch. I. L'empire romain patrie du christianisme. — Ch. II. La primitive église à Jérusalem. — Ch. III. Antioche et les missions de S. Paul. — Ch. IV. Le chrétien dans l'âge apostolique. — Ch. V. Origine de l'église romaine. — Ch. VI. Les premières hérésies. — Ch. VII. L'épiscopat. — Ch. VIII. Le christianisme et la légalité. — Ch. IX. La fin du judéo-christianisme. — Ch. X. Les livres chrétiens. — Ch. XI. Le gnode et le marionisme. — XII. Propagande et apologie au IIe siècle. — Ch. XIII. L'église romaine de Néron à Commode. — Ch. XIV. Les Églises au IIe siècle. — Ch. XV. Le montanisme. — Ch. XVI. La question pascale. — Ch. XVII. Les conflits romains. — Hippolyte. — Ch. XVIII. L'école chrétienne d'Alexandrie. — Ch. XIX. L'église et l'état au IIIe siècle. — Ch. XX. L'Afrique chrétienne, l'Église romaine au milieu du IIIe siècle. — Cyprien. — Ch. XXI. L'Orient chrétien jusqu'à Dèce. — Ch. XXII. Paul de Samosate. — Ch. XXIII. — Denys d'Alexandrie. — Ch. XXIV. La théologie en Orient après Origène et Paul de Samosate. — Ch. XXV. Les mœurs chrétiennes. — Ch. XXVI. La société chrétienne. — Ch. XXVII. La résistance au christianisme à la fin du IIIe siècle.

pour prouver qu'il était le Messie, ou tout au moins, pour accréditer sa mission. Il n'en est pas ainsi. » Jésus n'a jamais fait des miracles proprement messianiques, et il s'est gardé d'attirer l'attention sur les guérisons qu'il a été amené à opérer. » — « En admettant que les évangélistes aient désiré accréditer l'autorité de Jésus par ses miracles, cette préoccupation est restée étrangère à son esprit. » Pour conquérir son peuple, il n'entend faire appel « qu'à l'autorité souveraine de son verbe inspiré. » Mais hélas ! encore que souveraine, cette autorité n'a pas suffi. L'auteur reconnaît qu'elle ne pouvait pas suffire, que Jésus l'a senti, qu'il a prévu la mort : seulement, il a pensé qu'il ferait par son immolation ce qu'il ne pouvait faire par sa vie. Il a voulu la mort. « Sa volonté ne s'est démentie qu'à l'instant suprême dans la crise de Gethsémanie et peut-être sur la croix, mais dans ces deux crises, sa confiance absolue dans son Père a fini par l'emporter. » Et Jésus est mort « pour rendre à son peuple par son sacrifice, la possibilité de faire pénitence. »

L'auteur ne parle pas de ce qui suit la mort : Ce serait risquer de sortir du terrain historique. La tâche achevée, il se demande, pour conclure, si la personne et l'œuvre de Jésus, ainsi replacées dans leur cadre historique, sont encore propres de satisfaire les exigences de la conscience moderne et s'imposent toujours à l'assentiment. Il croit pouvoir répondre par l'affirmative. Je ne sais ce qu'en penseront ses lecteurs : Je leur laisse le soin de voir si son Christ est le Christ de l'histoire et s'il l'est, quelle confiance il leur inspire et quel salut il peut leur apporter.

.*.

Les idées de M. Loisy sur le quatrième Evangile, par Constantin Chauvin. — Paris, Gabriel Beauchesne, 1906, in-12 de I-7 à I-292 pp. (Prix : 3 fr. 50).

Ce livre est une étude consciencieuse, où l'auteur, sans se départir de la modération qui convient en pareille matière, examine et réfute les raisons invoquées par M. Loisy, contre l'authenticité de l'évangile de Saint Jean : témoignages externes, déclarés insuffisants ; critique interne qui montrerait dans l'auteur, non un apôtre, mais bien plutôt un homme de la seconde ou troisième génération chrétienne ; impossibilité prétendue d'accorder historiquement le quatrième évangile avec les synoptiques. M. Chauvin montre par une discussion solide et détaillée ce que ces arguments qui laissent trop voir le système et le parti-pris, ont d'excessif et de faux. Peut-être même est-il trop entré dans les détails : une vue plus synthétique et dominant de plus haut la matière avait chance de donner à son livre, plus d'unité, de suite et de vigueur. Peut-être aussi, pour vouloir trop réagir contre un système qui tendrait à ne voir dans les miracles rapportés par Saint Jean, que « de grandes allégories en action » est-il tenté de faire la part trop restreinte au symbolisme ? Saint Augustin croit à la parfaite historicité du quatrième évangile : en croit-il moins au symbolisme des miracles, voire des lieux et des nombres ? La vraie mystique, s'oppose-t-elle à la réalité ? N'est-elle pas au contraire, une vue des choses plus profonde, qui perçoit avec, par et sous la réalité sensible, une réalité plus haute qu'elle est expressément choisie pour traduire ?   R. SAINTE-CROIX.

---

2. — **Organisation de la conscience morale.** Esquisse d'un art moral positif, par Jean DELVOLVÉ. (*Bibliothèque de Philosophie contemporaine*). — Paris, Félix Alcan, 1906, in-16 de 172 p. (Prix : 2 fr. 50).

Le progrès, ou, plus exactement, le mouvement et la vie que révèlent les études sociologiques ne doivent pas nous tromper sur leur véritable portée. Leur influence morale sera vraisemblablement très grande, mais il sied de ne point l'exagérer. Or, c'est l'exagérer, estime M. D., que de considérer l'homme comme un produit social, la conscience comme un écho de la société. La conscience individuelle est une réalité qu'on ne saurait négliger ; peut-être même est-elle la réalité essentielle. Il importe donc d'en étudier les exigences. Or, s'il est un point que la psychologie contemporaine a mis hors de doute, c'est que la conscience est une faculté de synthèse. Dans le domaine pratique cette fonction se traduit par le besoin de justifier sa conduite, de coordonner ses actes selon un système d'idées directrices. De là cette éclosion ininterrompue de morales religieuses et philosophiques, c'est-à-dire d'*arts* moraux fondés sur des principes théologiques ou pseudo-rationnels. Mais l'intelligence contemporaine se détache de plus en plus de ces constructions chimériques ; il lui faut, paraît-il, quelque chose de plus substantiel : un art moral fondé sur la science. Et il le lui faut immédiatement car nous sommes, pour l'heure, démunis de règles. C'est pourquoi M. D. nous offre, faute de mieux, une « *Esquisse d'un art moral positif.* » Ce qu'il nous présente, c'est en définitive, une morale « scientifique », une morale bio-psychologique dont les principes seraient assez assurés pour rallier tous les esprits, assez souples pour se prêter à toutes les exigences individuelles et justifier les types d'action les plus variés.

Les principes sur lesquels M. D. établit son art moral, ne nous paraissent pas suffisamment fondés. Maintenant, qu'ils puissent servir à justifier les conduites les plus opposées, je ne le conteste pas ; mais alors, où est « l'union profonde des volontés » que l'on s'en était promise ?

***

Leibniz et l'organisation religieuse de la Terre, d'après des documents inédits, avec un fac-similé, par Jean BARUZI. (*Collection Historique des Grands Philosophes*). — Paris, Félix Alcan, 1906, in-8 de 526 p. (Prix : 10 fr.)

Grâce à de nombreux inédits, exhumés principalement de la Bibliothèque royale de Hanovre et du Ministère des Affaires étrangères à Paris, M. B. décrit avec précision et explique d'une façon originale et profonde le rôle diplomatique de Leibniz, si mal compris jusqu'ici.

Dans une première partie (*L'Expansion vers l'Orient*), Leibniz décrit son magnifique projet d'une sorte d'impérialisme religieux qui s'étendrait sur l'Egypte, l'Abyssinie, l'Extrême-Orient, l'Amérique, la planète tout entière. Pour réaliser ce rêve grandiose, il fait appel, avec des insuccès divers, à ceux qui, détenant le pouvoir, peuvent collaborer à « l'œuvre de Dieu » : Louis XIV, les Jésuites, Pierre le Grand.

Dans une deuxième partie (*Construction de l'Eglise universelle*), M. B. recherche les causes de cette volonté religieuse. Il s'efforce d'abord de déterminer la genèse de la pensée religieuse de Leibniz. (ch. I), et décrit ses tentatives d'union des églises dans le milieu hanovrien (ch. II). Il expose ensuite sa conception d'une église idéale (ch. III) à laquelle pourraient adhérer, sans renier aucune de leurs croyances essentielles, catholiques et protestants. Ce projet grandiose, généreux et hardi devait rencontrer des résistances opiniâtres, de la part des protestants aussi bien que du côté des catholiques (ch. IV). Parmi ces derniers, l'adversaire redoutable fut Bossuet. Dans des pages d'un puissant intérêt, M. B. évoque la longue polémique de deux grandes intelligences et de deux grandes âmes. On sait qu'elle finit par une rupture.

Dans une magistrale conclusion (*la gloire de Dieu*) M. B. montre quelle union profonde existe entre la partie religieuse et la pensée métaphysique de Leibniz : si l'une est toute pénétrée de raison, la seconde est toute imprégnée de l'amour divin.

En cet ouvrage d'une documentation très neuve, très précise, et dont la richesse rend l'analyse difficile, M. B. projette une lumière saisissante sur l'activité pratique d'un philosophe que l'on a trop considéré comme un pur spéculatif. Dans la personnalité si complexe de Leibniz, l'homme d'action ne se sépare pas du penseur : il en est l'épanouissement naturel.

***

Dictionnaire de Philosophie ancienne, moderne et contemporaine, contenant environ 4.000 articles disposés par ordre alphabétique dans le corps de l'ouvrage, complété par deux tables méthodiques, par l'abbé Elie BLANC, professeur de philosophie à l'Université catholique de Lyon. — Paris, Lethielleux, 1906, in-4 de 640 p. (Prix : 16 fr.)

C'est une véritable encyclopédie philosophique que M. l'abbé E. B. présente au public. Les innombrables questions soulevées par l'esprit inquiet et ambitieux des philosophes y sont toutes abordées et traitées avec l'ampleur qu'elles méritent. Traditionaliste d'esprit très ouvert, l'abbé E. B. défend ici les thèses fondamentales de la philosophie scolastique, mais sa pensée s'est enrichie de toutes les idées que trois siècles de labeur intellectuel ont mises au jour. — L'histoire de la philosophie occupe dans ce dictionnaire une place considérable ; la philosophie française a été traitée avec un soin particulier ; aucun nom n'a échappé à M. E. B. ; même il eût pu, sans dommage, en oublier quelques-uns. La bibliographie, sans être abondante, est très soignée ; sur chaque question importante M. E. B. indique l'article récent, les ouvrages qui font autorité.

Les articles du dictionnaire sont disposés suivant l'ordre alphabétique ; mais deux tables méthodiques, placées à la fin du volume, permettent au lecteur de saisir l'enchaînement des questions.

Ajoutons enfin que cet ouvrage est très bien édité. Le format est très commode, et les caractères, très nets et très lisibles, se trouvent à l'aise entre des marges spacieuses. H. VILLASSÈRE.

3. — **Tibulli aliorumque** carminum libri tres. Recognovit brevique adnotatione critica instruxit JOHANNES PERCIVAL POSTGATE. (*Scriptorum classicorum bibliotheca Oxoniensis*). — Oxonii, e typographeo Clarendaniano, s. d. (la Préface est datée de MDCCCCV); in-8, non paginé (sauf la Préface ; ix p.), 5 feuilles. (Prix: 2 s.)

Cette édition du *Corpus Tibullianum* répond rigoureusement aux principes uniformes adoptés dans la Collection des *Oxford classical Texts*. « *Standum codicibus* », dit M. Postgate, non pas « *modo si bonis* » et « *in re incerta* », mais « *etiam pessimis* » et « *vel in re manifesta* » (Praefat., p. viii). C'est assez dire que le texte est purement objectif et constitué dans un esprit aussi conservateur que possible. N'y aurait-il pas là quelque exagération d'un principe très louable en soi ? Sans doute, avec un savant aussi versé dans la poésie latine que l'est M. P., l'excès de prudence offre moins d'inconvénients que les corrections audacieuses d'une école allemande qui a fait son temps. Mais faut-il toujours professer pour les manuscrits, même les meilleurs, cette forme de respect qui consiste à en reproduire, marquées d'une simple *crux*, les erreurs et inepties évidentes ? Je sais bien que, dans ce cas, l'apparat fournit au lecteur le moyen de se faire, si la chose est possible, une opinion personnelle. Mais, si le lecteur n'est pas un spécialiste, dans l'espèce un *tibullien*, quel grave ennui n'éprouvera-t-il pas à se constituer à lui-même un texte dans les passages altérés ? Dût mon avis n'être pas conforme aux principes de la saine critique, j'estime qu'il y aurait avantage, tout en maintenant les *cruces*, à imprimer des corrections acceptables qu'il serait d'ailleurs logique de distinguer par des caractères spéciaux. En divers passages M. P. introduit dans son texte, sans que nous en soyons avertis autrement que par la lecture de l'apparat, des conjectures personnelles ou étrangères qui ne s'imposent pas de toute nécessité (voir I, vi, 3: *saeve rei* ; vii, 49 : *centumque* ; III, ii, 15 : *recentem*; vii, 68 : *jus diceret* etc.); il eût été bon de généraliser ce procédé et de l'étendre aux passages marqués d'une croix, à la condition de signaler par un procédé typographique ce qui n'est pas la leçon authentique des mss. Il y aurait double profit : on ne serait pas exposé, à la simple lecture, à considérer comme *tibulliens* des vers remaniés par conjecture, et on se trouverait en face d'un texte toujours intelligible où le lecteur pourrait aisément faire le départ entre ce qui est fourni par la tradition manuscrite et ce qui est pure conjecture. L'aspect typographique serait moins agréable à l'œil ; c'est peu de chose dans une édition critique.

Tout ceci ne veut pas dire que le Tibulle de M. P. soit souvent illisible ou corrigé arbitrairement. Au contraire, et ceci fait le plus grand honneur à sa pénétration d'esprit et à sa connaissance approfondie des poètes latins, le texte se lit et se comprend partout aisément, sauf, bien entendu, dans les passages d'ailleurs fort rares que M. P. a marquées d'une croix.

Formulerai-je un autre souhait ? Il serait désirable qu'une édition, même critique, formât un tout par elle-même. A ce point de vue, M. P. nous oblige trop souvent à chercher des renseignements indispensables hors de son édition. Il le reconnaît lui-même et je sais bien que c'est voulu, mais ce n'est pas moins regrettable. Sans doute, on ne peut pas lui demander de disserter sur les à côté des questions qui se posent à propos du texte de Tibulle, sur la division du *Corpus Tibullianum*, sur la valeur des manuscrits et des *Excerpta*, sur les études auxquelles le texte a été soumis depuis Baehrens, pour ne pas remonter à Lachmann. Toutes ces questions, dont quelques-unes sont résolues, ont donné lieu à des controverses que les spécialistes n'ont pas le droit d'ignorer et dont les amateurs se désintéressent.

Mais nombre de lecteurs et la grande majorité des étudiants, auxquels les *Oxford classical Texts* peuvent rendre d'inappréciables services, seraient bien aises de trouver ici un aperçu, si succinct et si sommaire fût-il, des principaux travaux publiés sur le texte de Tibulle depuis une trentaine d'années. M. P. nous renvoie trop facilement et trop sommairement soit à ses propres études antérieures, soit aux éditions ou dissertations de Belling, Hiller et autres. Une liste d'ensemble, à défaut d'indications plus complètes, eût été la bienvenue, surtout en France où les étudiants de province n'ont pas toujours le loisir ou la possibilité de se documenter comme ils le voudraient.

Dans ce qui précède, j'exprime des *desiderata*; je serais désolé qu'on y vît une critique. Je termine par où j'aurais pu commencer.

Avec Hiller, M. P. rejette l'ancienne division du *Corpus Tibullianum* en quatre livres, division due à une erreur des *Itali*, et acceptée à tort par les éditeurs antérieurs à Hiller. Les Livres I et II comprennent les pièces authentiques de Tibulle; dans le Livre III sont réunies : 1° les pièces 1-6 de l'ancien livre III (Lygdami Elegiae) ; 2° les pièces 1-14 de l'ancien Livre IV (Panegyricus Messalae = IV, I ; de Sulpicia incerti auctoris elegiae = IV, II-VI ; Sulpiciae elegidia = IV, VII-XIV), plus divers fragments, y compris les deux distiques bien connus de Domitius Marsus et quelques lignes d'une *Vita Tibulli* anonyme. Cette division, conforme aux données des meilleurs manuscrits, mérite pleine approbation ; M. P. prend soin d'ailleurs de reproduire entre crochets la division traditionnelle en quatre livres. En tête de chaque livre figurent, à l'apparat, les sommaires donnés par l'Ambrosianus ; ceux qui précèdent chaque pièce, dans le même ms, sont supprimés ; M. P. nous avertit qu'on les trouvera dans Baehrens. C'est un tort ; nous serions heureux de les trouver ici, sans recourir à Baehrens.

Le texte s'appuie essentiellement sur deux des Mss reconnus et mis en honneur par Baehrens, savoir : A (Ambrosianus) pour lequel M. P. a tenu compte des travaux de Belling et obtenu des renseignements particuliers de H. Schenkl, Th. G. Allen, et Ant. Ceriani, conservateur de l'Ambrosienne ; V (Vaticanus) sur lequel l'a renseigné spécialement M. Sidney G. Owen.

En deuxième ligne viennent les *Itali*, dérivés de la même source que les deux mss précédents, mais interpolés. M. P. les réunit sous le sigle ψ, sauf deux exceptions. Ce sont entre autres un Vallicellianus B. 61, un Barberinius VII, 34 et un Bononiensis 2875, collationnés tous les trois pour M. P. par M. J. S. Phillimore, l'érudit éditeur et traducteur de Properce, puis deux mss que M. P. considère comme très supérieurs aux précédents : un Guelferbytanus (*g*) auquel Baehrens donnait à tort la supériorité sur tous les mss de Tibulle, et un Cujacianus. Ce dernier (*Cuj* ..), signalé en 1876 par M. A Palmer de Dublin et étudié depuis par M. R. Ellis dans l'*Hermathena*, est l'un des deux mss que posséda et utilisa Scaliger, disciple et ami de Cujas ; il fut écrit en 1467 (et non en 1647, erreur d'impression de la *Praef*. p. V.) et se trouve actuellement entre les mains de M. Samuel Allen. L'autre manuscrit de Scaliger est connu depuis longtemps ; c'est le Fragmentum Cujacianum (F) qui malheureusement ne commençait qu'au L. III, v, 7 et dont la collation nous est conservée à la fois dans l'Edition Plantinienne d'Anvers (1569) qui se trouve actuellement à Leyde, et dans les *Castigationes* de Scaliger. Seulement il est regrettable que dans cette double collation on ne distingue pas toujours ce qui vient du Cujacianus et ce qui est emprunté au Fragmentum.

En troisième lieu M. P. met à profit deux séries d'*Excerpta* bien connus, les *Excerpta Frisingensia* (alias *Monacensia*, aujourd'hui à Munich) et les *Excerpta Parisina* (conservés dans deux mss de la Bibliothèque nationale).

En quatrième lieu est citée l'édition Plantinienne. M. P. apporte en outre à l'occasion diverses conjectures d'érudits auxquelles il ajoute les siennes propres, généralement sous une forme dubitative : *fortasse, credo, mallem* etc.

Je n'ai ni le loisir ni le désir de discuter cette classification qui est très fondée et très logique, et qui répond aux dernières conclusions de la science. Mais ici, comme plus haut, où il s'agit de questions parfois encore controversées, il serait bon d'indiquer quelques-unes des dissertations les plus importantes parues sur le sujet depuis 25 ans, celles de Rothstein, de Leonhard, de Illmann, de Belling, de Widder etc. Peut-être aussi ne faudrait-il pas complètement passer sous silence l'*Iboracensis* de Lachmann, qui est sûrement un des meilleurs parmi les mss *deteriores*.

L'apparat critique est à la fois très concis et très judicieusement composé. Je n'ose pas dire qu'il est incomplet puisque les Textes d'Oxford ne prétendent pas donner un apparat complet. Cependant il serait utile de signaler diverses transpositions de vers soit possibles, soit probables, sur lesquelles les éditeurs précédents ont déjà attiré l'attention, par ex. I, iv; vi, 21 suiv.; ix, 68 suiv. etc.; v. aussi la séparation proposée par Reisig de l'Elégie I, i, en deux pièces; il faudrait également quelques notes sur des lacunes possibles, comme I, iii, 4; v, 33; II, iii. 58 etc.; sur l'attribution incertaine de quelques pièces, par ex. III, xiii (v. Ribbeck). Des guillemets seraient utiles I, v, 21-34; vii, 3-4. D'où vient I, iii, 4, la leçon : *Mors modo nigra*? Pourquoi une *crux* III, vii, 63, où le texte n'est pas inintelligible? Le point d'interrogation III, iv, 8 est inutile. I, ii, 7 *dominae* de ψ vaut mieux que *domini*, dont l'origine n'est pas indiquée. Est-il nécessaire de corriger II, vi, 10 *laeta* au lieu de *facta*? L'orthographe bizarre *bybliotheca* (*Praef.*, p. VI) se justifie-t-elle mieux que *bibliotheca*!

Je laisse de côté ces minuties qui ne nuisent en rien à la valeur de l'édition. Elles prouvent avec quel intérêt je l'ai étudiée et combien sont insignifiantes les critiques que j'ai à lui adresser. Le Tibulle de M. P. est très agréable à feuilleter et à lire; il est au courant; il fournit un texte à la fois clair et sûr, autant qu'un texte peut être sûr; il rendra un grand service aux lecteurs qui désireront connaître Tibulle sans se préoccuper des problèmes innombrables qui se sont posés à propos de sa personne, de son œuvre et du texte entier du *Corpus Tibullianum*. J. VESSEREAU.

---

4. — **Le problème eschatologique dans le IVᵉ livre d'Esdras**, par Léon VAGANAY. — Paris, Picard, 1906, in-8 de 121 p. (Prix : 5 fr.)

Cette thèse de doctorat en théologie soutenue devant la Faculté catholique de Lyon et qui paraît avec l'Imprimatur du Recteur de cette même Faculté, se présente comme une étude bien fouillée sur l'un des sujets pouvant intéresser le plus dans la théologie des Pseudépigraphes juifs. Le problème eschatologique, tel qu'il se posait pour un Juif fidèle aux débuts de l'ère chrétienne, est connu de tous. Dans le passé, Jahvé fit à son peuple des promesses merveilleuses, et, puisqu'il est véridique, puisqu'il est fort aussi, et que sa puissance s'étend sur les grands empires auxquels Israël est soumis, ces promesses s'accompliront quelque jour : malgré les épreuves présentes, Israël connaîtra donc bientôt le bonheur et la gloire nationale qu'il attend. Cependant au sein du peuple, les esprits religieux discernent maintenant les individus, et, s'ils s'arrêtent à méditer sur le sort qui leur est réservé, le problème des fins dernières, sous cet aspect nouveau, sollicite une autre solution. Les promesses de Dieu furent faites aux justes, c'est-à-dire aux fidèles observateurs de la Thorah; mais dans le monde, il n'y a presque personne, et dans le peuple juif, ils sont bien peu nombreux, ceux qui demeurent sans reproche, remplissant intégralement toutes les observances de rigueur : il n'y aurait donc que ce petit nombre d'individus à avoir part aux promesses divines. Ainsi l'eschatologie individuelle vient se heurter à l'eschatologie nationale : pour le présent, d'un côté, la justice du peuple élu, de l'autre, l'état de péché de chaque homme descendant d'Adam ; pour l'avenir, la récompense du peuple, le châtiment des individus. L'on en arrive de la sorte à une véritable antinomie : comment le peuple pourra-t-il être heureux un jour, si les individus qui le composent sont aujourd'hui des pécheurs, et comment l'individu plus tard pourra-t-il demeurer sous le coup de la vengeance divine, s'il appartient maintenant au peuple choisi et aimé de Dieu ? Après le désastre irréparable de l'an 70, alors qu'Israël n'existe plus comme peuple, et qu'il ne subsiste de ci de là, dans le monde, que des Israélites dispersés et vaincus, ce problème de la fin devient plus pressant, angoissant même, pour un esprit profondément religieux, croyant avec une égale fermeté en un Dieu juste envers chaque homme, en un Dieu fidèle à toutes ses promesses. Ne pouvant donner une seule réponse aux deux aspects si divers de la question, Pseudo-Esdras, l'on s'en rappelle, en donne deux. C'est en deux actes successifs que doit se passer la grande tragédie finale : le Messie envoyé de Dieu viendra tout d'abord vaincre les ennemis d'Israël et reconstituer un peuple glorieux — c'est l'accomplissement des promesses faites à la nation; Dieu viendra plus tard juger tous les hommes et rendre à chacun selon ses œuvres — c'est l'accomplissement des promesses faites aux individus.

Dans une Introduction de 33 p., M. V. a tenu tout d'abord à mettre le lecteur au courant des questions critiques qui ont trait à IV Esdr. : c'est fait assez brièvement, et rien n'est dit que d'essentiel pour permettre l'intelligence de ce qui suivra. Les rapports du livre avec Ap. Bar. sont mentionnés dans une note de 5 lignes, où l'on renvoie sans plus à Gunkel et à Ryssel ! En ce qui concerne la vision de l'aigle, on nous annonce « quelques vues originales,... une nouvelle hypothèse » (Préf. vii). La clef de la vision est empruntée à Le Hir et Gutschmid, et il faut, dès lors, admettre une interpolation quelconque dans notre livre actuel. D'après l'auteur, la vision serait bien authentique : mais l'original aurait été surchargé plus tard par l'addition des passages divers ayant trait aux petites ailes, et, avec une habileté plutôt médiocre, le rédacteur se serait efforcé de mettre la prophétie au point, de façon qu'au travers du texte, un lecteur avisé pût reconnaître l'histoire des empereurs jusqu'à Commode. Si je ne me trompe, Gunkel avait déjà suggéré l'idée-mère de tout le système, à savoir, le caractère probablement adventice des petites ailes (p. 391, note f). Mais on doit savoir gré à l'auteur de nous montrer, avec toute la clarté désirable, les arguments divers qui militent en sa faveur : de toutes les solutions proposées, c'est assurément la plus simple, peut-être faut-il dire aussi la plus satisfaisante.

Pour ce qui a trait à la critique littéraire, M. V. est d'une prudence parfaite. « Par certains côtés », IV Esdr. est une œuvre homogène : il convient donc de négliger tous les systèmes de « dissection à outrance » qui, du reste, n'ont plus cours aujourd'hui. Cependant il y a des sources à la base du livre, mais une Introduction ne permet pas de s'étendre sur ce sujet qui eût été intéressant : on suggère seulement un document attribué à Salathiel (cf. iii 4), un second sur les signes avant-coureurs de la fin (= E, Kabisch). En tous cas, l'auteur a parfaitement raison d'écrire (p. 15), qu'à côté de la mosaïque dans les documents, il pourrait bien se trouver également de la mosaïque dans les propres idées du Pseudo-Esdras.

Encore est-il que, sur ce point, l'on ne devrait point forcer le trait : sans doute, il y a des traditions plus ou moins divergentes à la base de notre écrit, mais je ne sais si telle antinomie relevée par M. V. est bien de nature à choquer le lecteur. Il est inexact que XIII 13 b sqq. exclue formellement la résurrection des morts

(p. 83) : l'on suppose, dans ce passage, que les morts ne participeront point aux joies du temps messianique, mais l'idée d'une résurrection subséquente, commençant la seconde période eschatologique, telle qu'elle est enseignée enfin dans le livre, ne vient pas ici en ligne de compte et n'avait pas à y venir. — Il n'est pas juste de prétendre qu'il y ait « contradiction » entre IV 35 et VII 88-89 (p. 13) : dans le premier de ces textes, il n'est point dit que les âmes des justes morts ne jouissent point déjà d'un avant-goût de la félicité, et, dans le second, Esdras note expressément que ces âmes ont hâte de considérer Celui dont elles doivent recevoir récompense (vers. 98), ce qui suppose vraisemblablement que jusque-là la récompense en question ne leur a point encore été donnée. — A propos du récit de la création en IV Esdr., c'est employer une formule assez ambiguë que d'écrire (p. 26) : l'on y reconnaît « une *couleur* manifestant avec évidence le *judaïsme le plus pur* ». Cependant le ciel et la terre y sont dits avoir été faits le premier jour, non au commencement, selon qu'il est conté en Gen. I; et la lumière paraît comme incréée, tirée des *thesauri* divins (VI 40). Le lecteur aurait eu besoin d'un mot d'explication qui fait défaut. — P. 49 note : évidemment le *cor malignum* est conçu comme le principe du péché d'Adam (III 21), mais il peut quand même demeurer le produit du *granum seminis mali*, et telle est bien la théorie de IV Esdr. Pourquoi donc mettre en cause Charles et Edersheim ?

L'on pourrait encore faire plusieurs autres remarques de détail : en réalité, tout cela ne tire point à conséquence, et n'enlève rien aux qualités solides du livre de V. La psychologie du Pseudo-Esdras a été bien saisie, et l'auteur a écrit en une langue très soignée quelques pages où elle est finement rendue. M. V. connaît bien son apocryphe, et il le fait bien connaître : du reste, la bibliographie est au point. C'est donc un travail qui fait honneur à celui qui l'a signé et à la Faculté catholique de Lyon : la critique du IVe livre d'Esdras devra en tenir compte dans l'avenir, et, pour l'instant, on a plaisir à le recommander au public que ces questions spéciales peuvent intéresser.

Die beiden Wege und das Aposteldekret, par Alfred Seeberg. — Leipzig, Deichert, 1906, 102 p. (Prix : 2 mk. 50).

Dans deux publications qui parurent il y a quelques années, M. A. S. étudiait les *Deux Voies*, telles qu'elles étaient connues au temps apostolique : le nouvel opuscule se présente comme une suite de ces études, que l'on suppose, du reste, sous la main du lecteur. Il y a deux voies qui s'ouvrent devant le fidèle : celle du bien, que jalonnent les divers préceptes moraux, et qu'indique avant tout la *Règle d'Or*, sous ses deux formes, négative et positive, « Vous ne ferez pas à autrui ce que vous ne voudriez pas qu'on vous fît ; Vous ferez à autrui.... » ; — la voie du mal enfin où s'engage quiconque se livre aux péchés de diverses notes. Cette allégorie développée tout au long dans la Didaché, et qui introduit toute une liste d'obligations, se retrouve, avec un catalogue plus ou moins semblable, dans plusieurs écrits contemporains, ou antérieurs, et son origine première constitue un problème dont la solution n'est pas sans conséquences. M. S. pense qu'elle ne provient pas de milieux chrétiens, mais qu'elle s'est développée sur un terrain juif, comme une interprétation de Levit. XIX. Il étudie donc ses diverses manifestations dans les écrits du IIe et du Ier siècle, compare avec soin l'ordre dans lequel sont énumérées ici et là les prescriptions qui s'imposent au fidèle, remarque enfin que les Synoptiques, Paul lui-même, font allusion à ce qui n'est, somme toute, qu'un enseignement de la religion juive, puisque, par derrière les écoles des Rabbins, on retrouve encore les Deux Voies et le catalogue de péchés dans le Pseudo-Phocylide. Le principe de l'amour mutuel s'y trouvait enseigné : Jésus le recueillit et le mit en relief ; mais il n'en reste pas moins vrai qu'entre la doctrine juive et la chrétienne, subsistèrent des distinctions essentielles, celle-ci, par exemple, ayant écarté la vengeance et la haine de l'ennemi, ayant rapproché l'un de l'autre l'amour de Dieu et celui du prochain.

Dans une seconde partie, plus importante pour l'exégète, mais aussi plus délicate, M. S. considère les Deux Voies dans leur rapport avec la décision fameuse de la Réunion apostolique de Jérusalem. Les Deux Voies rapportaient comme obligatoires les préceptes divers sur les aliments purs et impurs, et cela encore n'était qu'une adaptation des textes du Levit. : le décret des Actes s'inspire du texte traditionnel et le reproduit en quelque chose. Mais ce décret est-il historique? Non. « Les Apôtres n'ont jamais pris la décision que Luc rapporte », et tous les efforts faits en sens contraire ne peuvent rien contre les arguments de la critique : ce sont des « tentatives de sauvetage ». Est-ce à dire cependant qu'aucun décret ne fût porté par les Apôtres? Bien loin de là, on peut même en discerner la teneur sous le texte actuel. Le décret de l'histoire déclarait que la Loi n'obligeait point les convertis dont il était question, et leur défendait seulement l'usage des idolothytes et l'impudicité. La réalité historique est facile à entrevoir dans le discours de Jacques : l'Apôtre, selon Luc, avait tenu compte des idées que, suivant la parole divine, les Juifs devaient se faire des devoirs des Prosélytes, et c'est pourquoi il avait dû demander aux nouveaux chrétiens de la Gentilité l'observance des quatre prescriptions. Après tout, c'est là une pensée paulinienne, très compréhensible chez un disciple de Paul, qu'il faut prendre en considération les convictions de ceux qui pourraient autrement se scandaliser. Ce discours de Jacques n'est pas une composition libre de Luc, mais devait se trouver en quelque source où l'on alléguait la parole divine pour réclamer l'obligation des quatre préceptes. Si la question pendante fut résolue au gré des convertis d'Antioche, et contre la tradition juive des Deux Voies, c'est que l'Esprit, en descendant sur les incirconcis, avait « par la louange donnée d'en haut remplacé la louange humaine », rendu inutiles, par conséquent, les observances juives.

Comme on le voit, S. touche à de nombreux problèmes, et il faut reconnaître que, là même où son avis demeure discutable, les vues intéressantes ne manquent pas, qui méritent considération. Peut-être pourrait-on reprocher à l'auteur de ne pas suivre un développement suffisamment méthodique : du moins, à la fin, eût-on désiré une conclusion claire, faisant saisir le rapport qui joint à l'autre chaque point traité, et permettant d'envisager le tout. Ainsi que chaque homme pénétré de son sujet, M. S. serait plutôt enclin à en exagérer l'importance : il nous permettra bien, par exemple, de ne pas croire que là se trouve « la clef » du problème synoptique, celle qui nous amènerait à connaître l'état primitif de la formule de foi (p. 32). On peut ne pas ignorer la méthode ordinaire suivant laquelle Juifs et Chrétiens utilisaient et développaient une étoffe traditionnelle; il restera encore, il restera toujours, à chercher quels motifs, dans tel cas donné, ont amené un auteur secondaire à se plier plus ou moins à cette méthode, à traiter d'autre façon son prototype : l'étude de la dépendance littéraire de chaque Evangile restera le premier soin de qui se préoccupe du problème synoptique. — La doctrine juive des Deux Voies ne nous est connue que par les citations ou allusions qu'on y fait; mais M. S. note avec raison que, sur divers points, ces citations ou allusions ne s'accordent pas entièrement : dès lors, ne sera-t-on pas tenté de reconnaître une rigueur trop systématique dans tel passage où l'auteur considère son prototype comme d'ailleurs assez bien connu? Dans la seconde partie de l'opuscule, il faut avouer que parfois M. S. est suffisamment prudent (cf. le πνικτόν du Décret), que toujours ses arguments sont présentés avec une force réelle, et que plus d'une de ses hypothèses est attrayante et demande à être sérieusement discutée. Léon GRY.

5. — **Lamennais avant l'Essai sur l'Indifférence**, d'après des documents inédits (1782-1817). Etude sur sa vie et sur ses ouvrages, suivie de la liste chronologique de sa correspondance et des extraits de ses lettres dispersées ou inédites, par M. Anatole FEUGÈRE, docteur ès-lettres. — Paris, Bloud, 1906. (Prix : 10 fr.)

Le titre est un peu long, mais du moins il indique nettement le contenu de l'ouvrage. De tous les travaux parus jusqu'ici sur la première partie de la vie de Lamennais, celui-ci est de beaucoup le plus complet. J'ajoute que son exactitude ne laisse rien à désirer, l'auteur s'étant soigneusement appliqué à « déromancer » l'histoire, suivant son expression. Certains biographes menaisiens avaient, en effet, quelque peu romantisé la jeunesse de ce personnage, dont ils voulaient faire à toute force un enfant prodige. M. Feugère, laissant de côté tous ces racontars plus ou moins mélodramatiques, et faisant bonne justice de toutes ces fantaisies, a voulu, comme il le dit, « entrer dans son auteur. » Je crois qu'il y est parvenu, à peu près dans la mesure du possible, car ce fut un singulier labyrinthe que l'esprit de Lamennais; et il est difficile, quand on s'y aventure, de ne pas s'égarer, quelque solide que soit le fil d'Ariane que l'on ait à sa disposition.

Sans vouloir revenir sur l'histoire de la première communion de Lamennais, non plus que sur celle de son *premier* amour, je me bornerai à signaler la façon discrète dont l'auteur a traité ces deux points qui n'ont après tout que l'importance qu'on veut bien leur donner : certains biographes leur en ont prêté beaucoup, attribuant à celui-ci la vocation de Lamennais, et expliquant par l'autre son apostasie finale.

Les traces de désespérance que M. Feugère croit découvrir dans la jeunesse de Lamennais ne sont peut-être pas aussi nettes qu'il le pense, attendu que les premières productions de l'illustre écrivain qui devraient nous renseigner là-dessus sont le plus souvent de purs exercices littéraires, et d'ailleurs elles ne nous en disent absolument rien. Ce « déchirement » de 1816 n'a rien à voir avec son amour deçu, amour unique, passager et platonique. Je suis persuadé que s'il se fût marié, Lamennais se fût ennuyé à deux, au lieu de s'ennuyer tout seul. Ne disait-il pas lui-même que « l'ennui naquit un soir, *en famille?* » Mais inutile de forger d'inutiles hypothèses.

M. Feugère analyse rapidement, mais très suffisamment les ouvrages parus avant l'Essai : les Réflexions sur l'Etat de l'Eglise en France pendant le xviii° siècle (1808), la traduction, sous le titre de Guide Spirituel, du Speculum religiosorum de Louis de Blois (1809), la Tradition de l'Eglise sur l'Institution des évêques (1814) : telles furent ses principales productions jusqu'à l'Essai qui devait le placer au premier rang des écrivains de son temps.

Le livre des *Réflexions* fut mis à l'Index napoléonien sitôt son apparition. Lorsque l'auteur put le rendre au jour, en 1814, il corrigea certaines phrases, jugées trop élogieuses pour l'empereur déchu, lauriers dont il avait cru prudent de ceindre le front du vainqueur d'Austerlitz, et qui avaient été impuissants, on le voit, à garantir de la foudre sa propre tête. M. Feugère place en regard les deux versions. Rien de plus curieux. Les adversaires politiques de Lamennais relevèrent ce mot malencontreux imprimé dans l'édition de 1819 : « On n'y a rien ajouté », laissant entendre que le texte était absolument identique à celui de la première édition. Feletz fut particulièrement cruel. L'incident ne fit pas précisément honneur à la franchise de l'écrivain qui, ce jour-là, s'en tira en Normand (son grand père maternel était d'Avranches).

La *Tradition* ne souleva ni autant de colère, ni autant de persifflage. On fit dès l'origine autour de ce « livre infortuné » une conspiration du silence qui a duré jusqu'à nos jours. Sans divisions nettement marquées, sans table des matières, cet ouvrage, alourdi par l'érudition mal digérée de Jean Marie, était d'une lecture pénible, en dépit du style de Féli qui lui prêtait le secours de ses ailes, mais était impuissant, paraît-il, à soulever un pareil faix. Négligé, ce livre ne pouvait cependant passer complètement inaperçu ; M. Feugère parle de l'influence *sérieuse* qu'il exerça sur l'opinion.

M. Feugère étudie la genèse de l'*Essai*; il parle longuement de l'ouvrage projeté tout d'abord par Lamennais, sous le titre d'*Esprit du Christianisme*, titre qu'il abandonna sur l'observation qu'on lui fit de sa trop grande similitude avec le *Génie du Christianisme* qu'il avait d'ailleurs en très médiocre estime. L'*Esprit* devint-il l'*Essai*, ou fût-ce une première ébauche de l'*Esquisse d'une philosophie*, dont les *Cahiers de Juilly* mentionnés par M. Feugère auraient été la seconde ? Le problème reste difficile, sinon même impossible à résoudre. Je serais toutefois assez porté à croire qu'il s'agit de l'*Essai* sur l'Indifférence.

La période étudiée par l'auteur l'amène à traiter au long cette lamentable histoire de la vocation sacerdotale de Lamennais. Celui-ci reçut la tonsure le 16 mars 1809 ; il avait vingt-sept ans, moins quelques mois, puisqu'il était né le 19 juin 1782. Son père lui avait longtemps refusé son consentement. Ce ne fut que six ans plus tard (24 déc. 1815) qu'il s'engagea définitivement dans les ordres, en recevant le sous-diaconat. Ces six années, il les passa en perplexités de tout genre, voulant et ne voulant pas, désireux de rester laïc, ou rêvant de se faire missionnaire, voire jésuite : toujours parfaitement déterminé à se consacrer à la défense de l'Eglise. Jean semble être demeuré neutre, dans cette affaire, au moins lorsqu'elle se dénoua. Mais ces deux saints et sages prêtres, MM. Teysseyre et Carron, dans quelle mesure furent-ils imprudents, en pesant sur la volonté de Lamennais pour la fixer ? N'observèrent-ils pas, au contraire, toutes les règles de prudence exigées en pareil cas ? J'ai dit autrefois que Lamennais fut « la victime des meilleures intentions du monde » M. Feugère rappelle ce mot que je persiste à croire vrai, aussi me garderai-je bien d'incriminer les directeurs si éclairés d'ailleurs du malheureux Féli.

L'auteur décrit fort bien ce drame poignant, et les pages qu'il lui consacre sont certainement les plus tristement intéressantes de son livre.

Je viens d'indiquer quelques-unes des impressions que m'a faites la lecture de cet excellent ouvrage. Mon intention n'est pas d'en donner à proprement parler l'analyse, la place dont je dispose ici m'invite à être discret. Je n'ajouterai plus que deux ou trois remarques de détail.

M. Feugère dit quelque part que la volonté fut « de toutes les facultés, celle que le violent polémiste possédait au moindre degré. » Je crois qu'il y a ici quelque confusion. Tout ce qu'il voulait, Lamennais le voulait fortement ; *il s'y portait à l'instant comme à un devoir, sans trop se soucier de ce qu'il avait pu dire autrefois*, comme il l'avouait un jour à Sainte Beuve [1]. Ce qui est vrai, et ce qui résulte de cet aveu, c'est qu'il n'hésitait pas à se contredire et à se donner un démenti à lui-même, toutes les fois qu'il croyait avoir tort ; ce qui serait plutôt à son éloge. Il est également incontestable qu'il laissa, le plus souvent sans trop s'en rendre compte, toutes sortes de gens exercer *sur lui toutes sortes d'influences*. Etait-ce une conséquence de son principe sur l'inerrance du genre humain, et la radicale infirmité de la raison individuelle ? Ou bien était-ce « faiblesse de caractère, » comme le dit son nouveau biographe ?

Qu'à côté de cette méfiance de lui-même, il y eût de l'entêtement parfois, c'est possible, car l'homme est un abîme de contradictions, mais ne voir en Lamennais qu'un orgueilleux et vouloir expliquer uniquement par la superbe sa chute à jamais déplorable, c'est employer un procédé de simplification vraiment... trop simple, et je ne serais pas loin de souscrire à ce jugement de M. Feugère : « De l'orgueil Lamennais a les apparences plus que la réalité. »

Après avoir indiqué les recueils de la correspondance si volumineuse de Lamennais, M. Feugère en dresse une table chronologique, destinée à rendre les plus grands services à tous ceux

---

1. *Causeries du lundi*, II, 303.

qui s'occuperont désormais de ce personnage. Elle ne comporte pas moins de cent quatre-vingt pages, travail énorme qui a coûté à son auteur beaucoup de temps et de soins, mais aussi qui lui assure l'éternelle reconnaissance des menaisiens. Je souhaite que cela lui soit une compensation suffisante.

Dommage qu'un si beau livre soit si médiocrement édité : papier plutôt mauvais, lettres cassées, mal venues ou pas venues du tout, etc.

La longue, trop longue, liste des *errata* aurait pu s'allonger encore de quelques inexactitudes de bien minime importance, il est vrai.

P. 24 en note : au lieu de Mgr. lire M. Meslé de Fraudelos.

P. 58, Bruté, d'*origine* bretonne. Il l'était aussi de naissance.

P. 252, au lieu de : *Je n'*en ai donc dressé, etc., il faut lire : *J'en* ai donc etc.

P. 412, au lieu de 4 francs, lire 4 sous, ce qui est déjà bien assez pour le prix d'un œuf. Le manuscrit porte sans doute 4 s(ous), et l'on aura lu 4 f(rancs). A. ROUSSEL.

---

6. — **Chants et Chansons du Nivernais**, recueillis et classés par A. MILLIEN, avec les airs notés par J. G. PÉNAVAIRE, Tome I : *Complaintes et Chants historiques*. — Paris. E. Leroux, 1906, gr. in-8 de XIV-358 pp. (Prix : 15 fr.)

L'excellent poète qu'est Achille Millien, le chantre délicat de la Moisson, de la Nuit et des Ruines, est en même temps un folkloriste distingué ; nous lui devions déjà une version française des chants populaires grecs, serbes, monténégrins, russes, tchèques et bulgares. Faisant œuvre personnelle, A. Millien publie aujourd'hui un premier volume des chants de sa province ; il s'est donné la tâche de recueillir toutes les chansons, toutes les traditions, les contes et les légendes, les prières et les incantations, les proverbes et les sobriquets, les coutumes et les croyances du Nivernais, en un mot, tout ce qui constitue la littérature populaire d'une petite partie de la terre de France, tout ce qui conserve, en dépit du temps qui use et des hommes qui oublient, les lointaines aspirations d'une race, sa pensée forte et naïve, son âme même, telle que le sol, la nature, le travail des siècles et l'histoire l'ont faite. C'est une belle œuvre, et c'est une œuvre difficile, longue et laborieuse ; et l'on ne peut s'empêcher de songer au travail patient et minutieux de ces hommes qui ont voué presque toute leur vie à cette noble tâche d'arracher à la mort les derniers vestiges de la conscience populaire. Car ce n'est un mystère pour personne que la littérature populaire, les vieilles coutumes, les traditions locales, les chansons pittoresques de nos provinces se meurent lentement. Déjà, au milieu du siècle dernier, G. Sand se plaignait de voir disparaître les usages antiques, les mœurs rustiques du Berry qu'elle avait connus dans son enfance. Aujourd'hui, les vieux qui meurent dans nos campagnes emportent chaque jour avec eux un peu de ces traditions agrestes, les dernières bribes du langage savoureux en qui s'exprimait souvent l'esprit caractéristique de toute une province.

Le volume que publie aujourd'hui M. A. M. n'est que le premier de toute une série qui sera consacrée au Nivernais : il contient uniquement les complaintes religieuses, légendaires ou criminelles, et quelques chansons historiques ; un autre volume de chants, qui est déjà sous presse, suivra celui-ci : et l'auteur nous promet un recueil de contes et de traditions populaires qui sera le complément de sa publication.

Je ne crois pas qu'on ait écrit souvent d'aussi jolies préfaces que celle dont M. A. M. a fait précéder son livre. Avec une simplicité délicate et une tendresse émue, il nous y raconte comment il a consacré presque toute sa vie à tirer de l'oubli où elle s'endormait « l'humble Cendrillon nivernaise. » Depuis 1877, en collaboration avec l'excellent musicien Pénavaire qui venait aux vacances noter les airs des chansons dont il avait recueilli le texte durant l'année, M. A. M. a réuni, avec une patience admirable, la matière de ces volumes qu'il nous offre ou qu'il nous promet. De quel amour le poète aime ces chansons naïves de son terroir, avec quelle minutieuse attention il s'est appliqué à retrouver cette mélodie aussi fragile que le souffle d'un mourant, tous ceux qui liront sa préface le sentiront, et, l'ayant senti, goûteront davantage encore la matière du livre.

M. A. M. nous explique comment la chanson populaire n'est pas toujours exactement localisée, comment on la retrouve, avec des variantes, dans plusieurs régions de France souvent assez éloignées l'une de l'autre : « Il existe un fonds commun entre toutes nos provinces. Bon nombre de chansons sont ou étaient répandues dans la France entière. D'autres se localisaient. Qui en connaîtra jamais les auteurs? Ils sont restés anonymes, ainsi que les artistes primitifs qui collaborèrent à la décoration de nos cathédrales. Une fois revêtue par le poète d'une mélodie inspirée sans doute par les belles hymnes qu'il entendait aux offices de sa paroisse ou du moûtier voisin, une fois envolée, — chose légère et charmante comme l'oiseau, — des lèvres de son auteur, la chanson s'en allait par le monde, accompagnant de ville en village le colporteur, le compagnon, le soldat, le marinier, le pèlerin, surtout le chanteur ambulant, héritier des trouvères et des jongleurs. Eclose en Velay, on la retrouve à Nantes; elle a descendu la Loire. Créée en Provence, elle a échoué en Bourgogne, en remontant le cours du Rhône et de la Saône. Et c'était l'âme simple et ingénue du peuple qui chantait ainsi à travers le pays, dans ces mélodies nées du terroir de France. » M. A. M. fait encore mainte constatation curieuse sur le caractère de la chanson populaire, en laquelle il voit justement une sœur cadette, plus humble, mais plus vivace, de la chanson de geste, — sur la matière des chansons, — sur leurs thèmes habituels, — sur la façon dont elles se conservent, — et surtout sur la méthode à suivre pour les recueillir utilement. Autrefois, dans certaines régions de France, particulièrement dans notre Berry, il y avait pour chaque village une sorte de gardien traditionnel des contes, des légendes et des chants populaires : on se rappelle certainement les *Veillées du Chanvreur* et la joute épique du fossoyeur et du Chanvreur, ces deux bardes rustiques, qui, dans un épisode fameux de la *Mare au diable*, se renvoient les chansons avec une verve infatigable. Dans les villages du Nivernais, M. A. M. n'a pas eu à interroger le chanvreur et le fossoyeur pour retrouver les mélodies qui l'intéressaient : mais il a fait parler et chanter les vieux et les vieilles au coin du feu ou sur le seuil des chaumières, et il nous apporte, avec quelques variantes curieuses que de jeunes chanteurs y ont introduites, les souvenirs précieux des ancêtres.

Ce receuil comprend nécessairement des morceaux de valeur fort inégale. Mais, même sans avoir des raisons personnelles de s'intéresser à cette littérature provinciale, le lecteur trouvera plus d'un texte curieux par le contenu ou savoureux par la forme parmi ces complaintes nivernaises, et plus particulièrement parmi celles qui s'inspirent d'une légende locale, ou du souvenir d'un évènement dramatique. Je n'en puis ici analyser aucune et il en faudrait trop citer. Mais il me semble que ce genre de la complainte soit fort heureusement adapté au génie d'un peuple chez qui elle était tant en honneur : le caractère mélancolique, impressionnable, très sensible des paysans nivernais, leur crédulité superstitieuse qui n'est qu'un mélange de foi scrupuleuse et d'honnêteté native, s'en accomodent parfaitement. On trouvera peut-être quelque monotonie dans les mélodies qui manquent un peu de nuances et de variété : mais l'intérêt dramatique du sujet et l'originalité fréquente de la forme rachètent la trop grande simplicité de la musique.

Aussi bien, est-ce un défaut que cette simplicité mélodique, quand il s'agit de chants populaires ? M. J. G. Pénavaire qui a noté tous ces airs et qui les a fait précéder d'une « préfacette musicale » tout à fait intéressante, constate lui-même ce qu'ont de déconcertant, pour un musicien, la tonalité, la mesure, le rythme, la *manière* enfin des chanteurs rustiques ; et il donne d'excellents conseils à ceux qui assumeraient la tâche difficile à laquelle il s'est voué avec une compétence et une conscience rares. Plutôt que de chercher à reproduire, par excès de zèle, les fautes manifestes et les originalités illogiques du chanteur, plutôt que de s'attacher à rendre exactement l'impression fugitive qu'on ressent à l'audition il paraît préférable de noter en toute simplicité, sous une forme facile et correcte, l'essentiel du thème musical ; cette méthode offre au moins l'avantage de rendre accessibles à tous la lecture et l'interprétation des chants recueillis.

Je voudrais avoir dit, dans ce rapide compte-rendu, l'intérêt réel que mérite la publication de M. A. M. : son exemple devrait instruire et entraîner d'autres travailleurs à faire pour d'autres régions ce qu'il vient de faire pour le Nivernais ; beaucoup de patience et de désintéressement, un amour immodéré des choses rustiques peuvent y suffire ; heureux qui sait y ajouter, comme Achille Millien, le goût et l'émotion d'un vrai poète.

E. MAYNIAL.

7. — **La Jeunesse de Louis XI (1423-1445)**, par Marcel Thibault. — Paris, Perrin et Cie, 1906, in-8 de 554 p. (Prix : 7 fr. 50).

Il y a deux ans, ici-même, nous avons dit tout le bien qu'il fallait penser de l'étude de M. Marcel Thibault sur Isabeau de Bavière. C'était une œuvre intéressante, consciencieuse et qui permettait d'attendre beaucoup de son auteur. Aujourd'hui M. Thibault a tenu ses promesses : il nous donne œuvre d'historien dans un volume consacré à la jeunesse de Louis XI. Pareil sujet présentait plus d'une difficulté : la figure et le caractère du héros restent obscurs en ces premières années où bien des manifestations échappent au milieu de la monotonie des événements, de ces troubles sans éclat, échos derniers des grandes luttes des règnes précédents. Puis le manque des renseignements, l'absence de sources pouvaient à d'autres moments décourager l'historien. M. Thibault a su tout vaincre et, toujours indulgent au personnage qu'il a choisi, il vient de nous donner un livre définitif sur les premières années du dauphin Louis, sur la formation morale et politique du futur roi Louis XI.

Dans une très remarquable préface, nous est retracé l'état de la France au début du xv° siècle. M. Thibault nous fait un tableau magistral du royaume, théâtre de la lutte déjà vieille mais toujours sans merci entre Armagnacs et Bourguignons, et de la cour exilée sur les bords de la Loire.

Le volume comprend quatre parties. Dans la première qui s'étend de 1423 à 1435. M. Thibault nous retrace les premières années du Dauphin jusqu'à son mariage. C'est d'abord la naissance dans le vieux palais archiépiscopal de Bourges au milieu du mobilier emprunté au duc d'Orléans ; puis c'est la petite enfance passée tristement loin de la cour de la reine Marie d'Anjou et déjà entourée d'intrigues et de craintes. Un chapitre est tout entier consacré à l'éducation sérieuse accompagnée d'une solide instruction. Cette partie du volume se termine par le récit pittoresque du mariage du Dauphin avec Marguerite d'Ecosse, mariage peu désiré, imposé même et dont la courte durée compta plus de tristesses que de joies.

Le Dauphin est encore un enfant en 1436. Il entre seulement dans sa quatorzième année ; mais par son esprit ardent et réfléchi et sa volonté forte il a plus que son âge. Il ronge déjà son frein, prêt à mettre en pratique ce que ses maîtres lui ont appris et à gagner ce que ceux-ci n'ont pu lui donner l'expérience de la vie, celle des armes, mais par dessus tout, celle de l'intrigue. M. Thibault a excellemment dénommé sa seconde partie: les *années d'apprentissage*. Elles se terminèrent avec la Praguerie dont le piètre résultat murira l'esprit du Dauphin humilié et lui apprendra la patience et la circonspection qui lui manquaient encore. Le récit que l'auteur fait des cinq années qui vont de 1436 à 1440 a un intérêt tout spécial tant par l'importance des événements que par la façon dont ils sont présentés. Le Dauphin est grisé par ses premiers voyages, par ses premiers succès; son esprit d'intrigue bout et travaille; son activité, ses goûts guerriers, longtemps insoupçonnés par ses historiens, ne cherchent que l'occasion de se donner libre cours. Qu'il soit au côté de son triste père, qu'il parcoure le Poitou, qu'il soumette le Languedoc, il se rend compte de lui-même et sent naître en lui l'ambition et l'envie. Il supporte mal la tutelle royale que le craintif Charles VII exagère, la surveillance des créatures du roi. Il estime ses services ni reconnus ni payés. Louis est mûr pour la révolte: la Praguerie va éclater. Il faut lire le chapitre que M. Thibault y a consacré: le rôle du Dauphin y est remarquablement étudié: c'est la partie capitale du volume.

De la Praguerie Louis sort humilié, rebelle mâté, mais non soumis, décidé à attendre des événements ce qu'il n'a pu lui-même obtenir. Dès lors c'est dans les missions confiées par Charles VII à son fils que l'activité de celui-ci, son habileté, son courage même, vont trouver leur raison. Pendant cinq années M. Thibault suit le Dauphin dans toutes ses campagnes — Ile-de-France, Guyenne, Languedoc, Suisse, Alsace, — dans toutes ses négociations, dans tous ses démêlés aussi bien avec ses ennemis qu'avec ses amis. C'est en lisant ces derniers chapitres qu'on se rend le mieux compte de la conscience et du soin apportés par l'auteur. Rien n'est sacrifié, aussi bien que rien n'est livré au hasard du pittoresque et de l'hypothèse et malgré tout M. Thibault a su éviter la monotonie et apporter un ordre, une logique, une variété étonnante au milieu de ces monotones événements. Mentionnons toutefois le récit plein de pittoresque du siège de Dieppe par le Dauphin.

La dernière partie est consacrée à l'homme privé. L'auteur y abandonne quelque peu l'admiration dont il a entouré jusqu'ici son héros pour le juger plus sévèrement.

Pourquoi M. Thibault a-t-il arrêté son récit à l'année 1445 ? C'est qu'il a justement estimé qu'arrivé à l'âge de 22 ans Louis est déjà entré dans l'âge mûr. Son caractère s'est assagi : il a renoncé aux équipées inutiles et dangereuses ; il a acquis l'expérience des hommes et des choses, souvent à ses dépens. Son esprit est devenu alors à ce point calculateur que les facultés positives semblent seules fonctionner chez lui au détriment de toutes les qualités de la jeunesse à peine entrevues.

M. Thibault a revêtu son récit d'une forme claire, rapide et soignée jusqu'au scrupule. Peut-être pourrait-on lui reprocher d'avoir parfois abusé des citations et d'avoir ainsi trop souvent rompu son style.

A la lecture de cette importante étude jamais impression de lassitude ne sera ressentie. M. Thibault tout en traitant son sujet avec la conscience et le scrupule dont nous avons déjà parlé, a su rester clair, précis, attachant. Le lecteur y trouve la sécurité historique éloignée de toute pédanterie aussi bien que le charme du récit sans hypothèse, sans pittoresque inutile ou hasardeux. Cette étude si documentée et si vivante est définitive.

B. Faulquier.

---

8. — **Les Archives de la Cour des comptes, aides et finances de Montpellier**, avec un essai de restitution des premiers registres de Sénéchaussée, par Eugène Martin-Chabot. (*Bibliothèque de la Faculté des Lettres de Paris*, fasc. XXII). — Paris, Alcan, 1906, in-8 de xxxii 224 pp. (Prix : 8 fr.)

Un édit du roi, du mois de novembre 1690, ordonna que « tous les papiers, actes, titres et documents concernant nostre domaine et la recherche de noblesse de nostre province de Languedoc, dénombremens et autres papiers... des archives de Toulouse, Carcassonne et Nismes » fussent transportées, par les soins de son procureur général en la Cour des comptes de Montpellier, dans le Palais de ladite cour. Les archives de cette Cour des comptes, qui comprenaient déjà celles de l'ancienne Chambre des comptes et de l'ancienne Cour des aides, siégeant à Montpellier et réunies en vertu d'un édit de 1629, s'enrichirent ainsi d'un certain nombre de documents. Parmi ceux-ci figuraient en particulier les anciens registres où les Sénéchaux de Beaucaire et de Nîmes, de Carcassonne et de Toulouse transcrivaient les pièces dont ils avaient intérêt à conserver par devers eux le texte, ordonnances, mandements royaux, instructions de la Cour du roi, etc. On conçoit quel intérêt peuvent présenter, au point de vue historique, des textes de ce genre. Malheureusement, des anciennes archives de la Cour des comptes de Montpellier, la partie moderne seule (depuis le xvi° siècle), est aujourd'hui déposée aux archives départementales de l'Hérault. La partie relative au Moyen-âge a disparu [1]. Des registres de Sénéchaussée, notamment, quelques-uns seulement se sont conservés, ayant été transférés des archives de la Cour dans la bibliothèque de Colbert, où ils furent arrêtées au passage par Baluze, avant que les héritiers du ministre ne fussent contraints de restituer les volumes et les pièces qu'ils détenaient indument [2]. Mais divers inventaires des archives et des registres avaient été dressés, en particulier en 1669/1670 par F. Joffre de Montpellier, des transcriptions de pièces avaient été officiellement effectuées au xviii° siècle, et des extraits des registres avaient été faits par divers érudits, par Doat ou sous sa direction, et par les auteurs de l'*Histoire de Languedoc.* C'est à l'aide de ces divers éléments d'information que M. M.-C. a entrepris de reconstituer la partie la plus ancienne des registres de Sénéchaussée, comprenant les documents antérieurs à 1328, conservés jadis dans six registres de Beaucaire et de Nîmes, et quatre de Carcassonne. La série de Toulouse ne paraît avoir commencé qu'en 1346. Le nombre des documents dont M. M.-C. a pu constater l'existence dans les registres, pour la période envisagée par lui, s'élève à 620. On trouvera pour chacun d'eux, dans son travail, une analyse étendue, suivie de l'indication des textes manuscrits ou imprimés, ou des simples mentions d'in-

---

1. Peut-être détruite à la Révolution comme titres féodaux, suppose M. M.-C. (*Introd.*, p. xxiii), mais on n'a à ce sujet aucun témoignage formel.

2. Parmi eux le lat. 11016 de la Bibliothèque Nationale.

ventaires, que l'on possède de chaque pièce [1]. L'auteur a publié, à la suite de son catalogue, les plus intéressants parmi les actes recueillis par lui, au nombre de 70 environ [2]. On y trouvera en particulier beaucoup de renseignements sur l'administration financière de Philippe le Bel dans le pays, sur les monnaies, les redevances perçues par les agents royaux, etc. M. M.-C. est un érudit soigneux, ce qui est une garantie pour l'exactitude avec laquelle ont du être effectués ses dépouillements; de plus il est Languedocien [3], ce qui augmente la confiance que l'on peut avoir dans les transcriptions de noms propres et les identifications de noms de lieux proposées par lui.   R. P.

---

9. — **Études et leçons sur la Révolution française** par Alphonse AULARD, professeur à l'Université de Paris; 5ᵉ série. — Paris, Alcan, 1907, in-16 de 308 p. (Prix : 3 fr. 50).

Ce nouveau volume de Mélanges révolutionnaires de l'érudit professeur de Sorbonne comprend un tableau original de la réaction thermidorienne, envisagée au point de vue de la misère populaire, et une intéressante critique sur le texte des (et non pas *du*, comme on l'a imprimé sur la couverture) discours de Danton. Danton, on le sait du reste, est le héros favori de M. Aulard : c'est encore de lui qu'il est surtout question dans une analyse des Souvenirs curieux et peu connu de l'avocat Lavaux.

Mais dominé sans doute, comme nous tous, par la hantise des évènements actuels jusque dans ses travaux historiques, l'auteur a consacré la partie du présent volume la plus importante à tous égards à l'examen des questions religieuses : il a étudié la genèse

---

1. Cf. l'*Essai de reconstitution des plus anciens mémoriaux de la Chambre des comptes de Paris*, par J. Petit, Gravilovitch, Maury et Théodoru, paru dans la même collection (fasc. VII).

2. Il eut été à désirer que M. M.-C. donnât à ces documents une numérotation particulière (en chiffres romains, par exemple), en dehors de l'indication du numéro de l'inventaire, qui figure seule en tête de chacun d'entre eux.

3. *Introd.*, p. xxx.

de la séparation de l'Église et de l'État sous la Révolution, puis quelques points de la négociation du Concordat.

Les pages relatives aux origines de la séparation sous les trois assemblées révolutionnaires sont très neuves, sur un sujet que l'on pourrait croire bien rebattu, et remarquablement impartiales. L'auteur y met bien en lumière cette vérité historique que les philosophes, dont s'inspiraient les législateurs révolutionnaires, tout en prêchant la tolérance à l'égard des dissidents, étaient autant que les gallicans partisans de la « suprématie du pouvoir civil », comme on dit aujourd'hui, à l'égard de la religion dominante. La conclusion pratique fut qu'après la mise en vigueur de la constitution civile, la liberté de conscience fut souvent déniée en droit, toujours refusée en fait aux catholiques non constitutionnels, considérés comme rebelles à une loi de l'État.

C'est sur les plaintes de ces catholiques que fut proposée la laïcisation de l'état civil, car de même que les protestants après la révocation de l'édit de Nantes, ils étaient placés dans l'alternative de s'adresser à des prêtres dont leur conscience répudiait l'autorité ou de rester sans état civil. Mais précisément parce que la réforme devait d'abord être profitable aux catholiques non jureurs, la Législative en fit traîner l'adoption. L'idée saugrenue se fit jour alors, et fut notamment préconisée par Gohier, d'entourer ces formalités bureaucratiques d'un cérémonial et comme d'une sorte de culte laïque, dont il subsiste un vestige dans notre mariage civil.

Hostile d'abord en majorité à la séparation, la convention ne la décréta que par rancune contre le clergé constitutionnel, dont bien des membres regrettaient la monarchie ou avaient fait cause commune avec les Girondins.

L'étude de M. Aulard s'arrête là : il indique d'un mot qu'après les scènes blasphématoires du culte de la Raison et les rites compassés du culte de l'Être-Suprême, le régime de l'absolue séparation fonctionna depuis la chute de Robespierre jusqu'à la promulgation du Concordat. Ce qu'il ne rappelle pas, et ce qui est pourtant essentiel à l'intelligence des évènements, c'est que ce régime fut pratiquement intolérable aux catholiques : la plupart de leurs évêques étaient en exil, et ne pouvaient rentrer sous peine de mort; leurs prêtres, pendant la période fructidorienne, devaient s'attendre d'un jour à l'autre à être déportés par simple décision gouvernementale ; le culte décadaire enfin, véritable contrefaçon de religion, s'installait dans les églises, s'immisçait dans les manifestations de la vie publique et jusque dans la célébration des mariages.

Ceci explique comment le régime de la séparation demeura fort impopulaire parmi les croyants, et pourquoi ceux-ci accueillèrent le Concordat avec allégresse. M. Aulard a montré que le fameux serment imposé aux évêques fut renouvelé de l'ancien régime, et préféré par les négociateurs romains à une formule d'adhésion à toutes les lois civiles ; le reste de son étude sur le Concordat n'apporte ni ne précise rien de très nouveau sur les négociations concordataires. La réintégration de l'Église dans l'État flattait assurément les goûts de domination et les ambitions monarchiques de Bonaparte : mais ce que M. Aulard indique à peine, c'est que pour pratiquer loyalement la séparation, il eût fallu laisser gouverner la grande moitié des diocèses de France par des émigrés royalistes, ce qui était inadmissible pour tout gouvernement issu de la Révolution. On était donc placé entre la persécution et une négociation avec Rome : à cette négociation, le Premier Consul imprima sans doute la marque de son génie despotique ; mais tout aux yeux des contemporains fut éclipsé par le bienfait de la paix religieuse [1].   De L. de L.

---

10. — **Le compromis entre la Hongrie et l'Autriche**, par Geza Steuer, avec une préface de M. Eugène Rakosi, membre de la Chambre des Magnats. — Paris, Giard, 1907, in-16 de 94 p. (Prix : 3 fr. 50).

L'attention de l'Europe fut naguère excitée par le violent conflit survenu entre l'Autriche et la Hongrie à propos de la langue du commandement dans l'armée hongroise. Les Magyars réclamaient l'emploi exclusif de leur idiome, l'Empereur-Roi se pré-

---

1. Je n'ai découvert qu'un *lapsus*, imputable à l'imprimeur (p. 292) : un discours de Petion à la Convention est placé au 5 janvier 1792, alors qu'il faut lire et qu'on lit à la page suivante janvier 1793.

valait de son pouvoir absolu dans les questions militaires. On put croire un instant à une rupture. Ce n'était qu'un épisode d'une longue lutte pour l'indépendance nationale menée dans les plaines de l'Alföld contre les prétentions centralisatrices des Habsbourgs.

La Hongrie est-elle un pays annexée à l'Autriche? On put se poser la question en 1849, lorsque la patrie magyare révoltée contre son roi fut écrasée par les armées russes travaillant pour le compte du Habsbourg. Mais après dix-huit ans d'oppression, l'Autriche refoulée de l'Italie, humiliée à Sadowa, offrit l'alliance à la nation subjuguée et proposa d'oublier le passé. Ce fut le « compromis » de 1867, conclu sur les bases de la Pragmatique sanction de 1723. Est-ce alliance ou union qu'il faut dire? Pour le Magyar, l'Allemand est un étranger : l'Autrichien au contraire parle de la Hongrie comme d'une moitié de l'Empire, *Reichs hälfte*. L'union est-elle? L'autriche l'affirme, et l'opinion européenne la croit sur parole. Pour les Hongrois, elle est seulement personnelle. Le Habsbourg est à la fois empereur d'Autriche et roi de Hongrie : voilà tout. Il ne faut point parler d'Empire austro-hongrois, ni d'une Autriche-Hongrie. Il y a l'Autriche et la Hongrie. Le souverain qui gouverne les deux états, est obligé de les mettre d'accord en ce qui concerne la politique étrangère, le commerce international, l'instruction et le commandement de l'armée, par suite les finances nécessaires. Pour le reste, ce n'est pas seulement l'autonomie ; ce sont deux états souverains et indépendants. Telle est la thèse magyare, fondée sur l'histoire et sur les textes législatifs. Il faut reconnaître que ce n'est pas tout à fait la pensée des Autrichiens. Ceux-ci n'ont pas encore renoncé à dominer des nations et des langues étrangères. Rien n'égale, dit-on, la fatuité d'un fonctionnaire des Habsbourgs, si ce n'est, du moins autrefois, son incurie et sa maladresse. L'Autriche est, semble-t-il, entretenue dans son erreur par des textes de loi en désaccord sur plusieurs points avec les textes magyars. Le « compromis » en 69 articles n'est pas un traité international synallagmatique. Il a été voté uniquement par le Parlement hongrois et sanctionné par le roi de Hongrie. De son côté le Reichsrath de Vienne a voté le 21 décembre 1867 *une loi sur les affaires communes à tous les pays de la monarchie autri-*

chienne et sur la façon de les administrer. Il suffit de confronter article par article les deux documents pour apercevoir leurs divergences. Et ainsi à la base des relations entre l'Autriche et la Hongrie il y a des équivoques, des malentendus volontaires qui s'expriment dans les lois fondamentales et constitutionnelles.

M. Geza Steuer qui est avocat à Budapest, veut rendre l'expérience française juge de ce désaccord. Elle est ignorée, pense-t-il par la presse viennoise. Elle ne connaît que les textes allemands, car les textes hongrois n'ont jamais été traduits en français. C'est à cette tâche qu'il s'applique. Les deux lois, hongroise et autrichienne, sont traduites, mises en regard, commentées. Le commentaire est juridique et historique, vivant, intéressant. Les publicistes des grandes revues et des grands journaux ne peuvent se passer de cette publication.

Après l'avoir lue, on est tenté de se demander, pourquoi les Magyars qui détestent si cordialement les Autrichiens ne cherchent pas à se séparer d'eux comme la Norvège vient de se détacher de la Suède? Qui les a vus de près, sait que, frères ennemis, sur la grande foire des nationalités slave, roumaine, italienne, ils doivent s'entendre comme larrons avisés. Dix millons de magyars ou parlant la langue, — car ethniquement ils ne sont pas plus de sept millions, — doivent tenir en échec deux millions et demi de Roumains, deux millions de Slovaques, un million et demi de Sud-Slaves (Croates, Slovins, Serbes etc...) un million et demi d'Allemands, saxons ou autres, disséminés dans le royaume. Ils sont massés, leurs adversaires sont dispersés. C'est toute leur force. Les Autrichiens sont exactement dans la même situation ethnographique en Cisléithanie. Deux groupes éthniques en imposent chacun dans son territoire à dix autres races dont la force s'accroît à chaque génération. Qu'ils s'entendent entre eux de peur d'être dévorés, cet intérêt prime tous les autres. Mais de celui-là ni Autrichiens, ni Magyars ne parlent. Il fait passer sur bien des querelles de ménage. — L. DE LACGER.

---

11. — **Historia dell'Arte italiana**, t. V. *La pittura del Trecento e le sue origini*, par A. VENTURI. — Milan, Hoepli, 1907. (Prix : 30 fr.)

Si, dans cette publication, la librairie de la maison royale d'Italie se distingue par la perfection de l'œuvre qu'elle a entreprise, M. Venturi, de son côté, a été singulièrement heureux dans la composition de son travail. Avec ce cinquième volume, l'auteur aborde les débuts de la grande époque qui jettera un siècle et demi plus tard tout son éclat. Lentement, sans révolution brusques, l'art italien se dégage de l'art byzantin, maître incontesté à Venise, dans l'Italie du Sud, même à Florence. Ce n'est pas que cet art fut aussi pauvre et raide qu'on a bien voulu le dire. Sans doute, il obéit à un canon fixé depuis longtemps déjà ; mais ces règles, toutes conventionnelles qu'elles fussent, n'empêchaient pas les vrais artistes de faire parfois des chefs-d'œuvre de grâce et de délicatesse. Sur l'or des fonds et sous le brun des chairs, la vie circule, souvent, et l'idée s'exprime toujours. Prenez certaines fresques de Kahrié — Djami à Constantinople, de Palerme ou de Monréale, mêmes certains crucifix peints par des italiens sur les indications des grecs et vous verrez qu'il y a aussi bien du conventionnel dans les jugements tout faits qui courent partout sur l'art byzantin. Ce qui est vrai, cependant, c'est que cet art avait oublié la nature, que ces types ne variaient guère et que pour lui l'antiquité était non-avenue. Or, c'est précisément la découverte de la nature et de l'antiquité qui va être la caractéristique du plus grand des peintres italiens du xive siècle : Giotto. C'est par là qu'il a affranchi son art des influences étrangères et rendu à la peinture italienne droit de vie et d'indépendance. Avec beaucoup de raison, M. V. avant d'aborder l'étude de Giotto, commence par nous montrer où en était la peinture italienne, et surtout florentine, avant sa venue. Son étude commence avec le siècle précédent, le xiie pour arriver à Cimabue, le prédécesseur immédiat de Giotto — c'est là surtout que la transition se fait sentir. Cimabue est élève des Byzantins et ses Vierges — toutes semblables les unes aux autres presque à l'égal, a-t-on pu dire, d'épreuves photographiques — sont encore grecques par la facture, les poses, les couleurs ; elles ont cependant déjà quelque chose de plus personnel, de plus italien, — disons de plus naturel. Cette évolution première de l'art italien a donc son plein épanouissement dans l'œuvre de Giotto. Par sa composition, sa couleur, le sentiment qu'il met dans ses fresques, par sa recherche du vrai et du naturel, par ses copies commençantes de monuments antiques, il ouvre la voie que Florence va illustrer par ses enfants et qui conduira la peinture florentine au réalisme des grands successeurs. Naturellement M. Venturi étudie dans tous ses détails l'œuvre de Giotto. Il prend le maître à ses premiers débuts à Assise, travaillant avec Cimabue, pour le suivre à Rome, à Padoue (Arena) à Florence, à Assise, alors qu'il est en pleine possession de son talent pour ne l'abandonner qu'après avoir étudié l'œuvre déjà bien dégénérée de ses successeurs dont plusieurs sont ses propres descendants. La décadence commence jusqu'au jour où Masaccio viendra de nouveau, pour un instant, hélas! ramener dans son véritable chemin les « giottesques » égarés.

Mais, Florence n'est pas seule en Italie. Avant elle, Sienne avait déjà une école de peinture et de sculpture très florissante. Si Giotto influa sur le talent des peintres siennois ce fut de façon très détournée : ceux-ci restèrent toujours très particularistes. Sans doute eux aussi ont été éduqués par les Byzantins ; mais de bonne heure ils ont imprimé à leurs œuvres un caractère spécial qui est celui de leur race. Plus que les Florentins, ils sont gens de goût. Ils aiment l'élégance, le chatoiement des belles étoffes, la somptuosité des décors et des accessoires. Malheureusement leur école si pleine de promesses sombra dans les sanglantes luttes de partis. La peste acheva l'œuvre commencée par les discordes civiles, et Florence hérita de leur gloire. Duccio, Simone Martini, qu'il serait préférable d'appeler Simone di Martino, Lippo Memmi et les deux Lorenzetti sont les grands représentants de cette école qui sans doute l'aurait emporté sur celle de Florence si elle avait vécu.

L'auteur termine son travail par une étude sur les autres écoles et les autres peintres italiens du xive siècle dont quelques-unes nous ont laissé des chefs-d'œuvres inoubliables comme Orcagna au Campo Santo de Pise et Spinelli dans son Annonciation. Un chapitre sur les arts mineurs termine ce beau volume.

On le voit, par le texte déjà, le travail de M. V. est du plus haut intérêt. J'ajoute qu'il est peut-être plus intéressant encore par le nombre considérable de reproductions qu'il met sous nos yeux. Nous avons là, en effet, presque un « corpus » des œuvres du xive siècle. Je ne crois pas que l'auteur ait négligé une seule œuvre importante, si bien que sous un format commode et à un prix abordable, l'artiste et l'historien de l'art comme le simple amateur

12. — **Schubert et le Lied**, par Madame Maurice Gallet. — Paris, Perrin et Cie, 1905, in-18 de 300 p. (Prix : 3 fr. 50).

Ce volume semble la sténographie de commentaires enthousiastes improvisés par une intelligente musicienne entre deux exécutions de lieder. De l'improvisation il a le primesaut, la vie et aussi toutes les négligences de forme.

Il s'ouvre par une biographie de Schubert; l'analyse des œuvres de ce maître rejetée vers la fin du livre aurait pu avantageusement être fondue dans ce récit, la meilleure partie du travail dans son impersonnalité.

Ensuite l'auteur examine les productions des musiciens classiques, romantiques et contemporains qui traitèrent cette forme du lied, merveilleusement expressive de la race et de l'individualité dans sa concision et avec ses moyens volontairement restreints. L'analyse, souvent tout extérieure et subjective, ne fait pas suffisamment saisir les raisons profondes de tant de dissemblances radicales aussi bien dans l'esprit des lieder que dans leur réalisation musicale.

De même, le chapitre final sur « l'interprétation des lieder » est décevant. Sans aborder les conseils didactiques d'une méthode de chant il eût été désirable que l'auteur creusât davantage son sujet au lieu de se contenter de formules vagues et un peu banales. Avec les lacunes inévitables de la critique d'amateur ce petit livre est un mémorandum agréable à parcourir.

A. G.

---

13. — **A sepultura da Quinta da Agua Branca (Edade) do cobre**, par José Fortes. Extrait du Tome II, fascic. 2, du *Portugalia*. — Porto, imprensa Portuguesa, 1906, in-4 de 14 p.

Il y a quelque temps, dans une propriété privée appartenant à un négociant de Porto, M. José Mendes Ferreira et appelée *Quinta da Agua Branca*, sise non loin de Bréa, près de Sancta Maria de Lobelhe en Portugal, des ouvriers terrassiers découvrirent, à environ 50 centimètres de la surface du sol, une grande pierre en quelque sorte scellée dans un terrain fort dur et ancien. Ils la relevèrent avec précaution et trouvèrent au dessous une fosse profonde qui avait dû servir de sépulture, comme l'indiquait la présence d'un crâne. Sans entrer dans d'autres détails, ils parvinrent à extraire de ce tumulus, ou plutôt de ce monument funéraire, divers objets dont la haute antiquité n'est pas douteuse et remonte visiblement à l'âge de bronze, (ou plutôt de cuivre) ainsi que l'attestent les formes observées pour la construction de cette chambre sépulcrale. C'est à la description de ces objets précieux que s'est attaché M. José Fortes dont la science palethnographique a su rechercher des exemples ou des points de comparaison dans les nécropoles ibériques. Ils se composent 1° d'un diadème ou lame d'or, du poids, de 113 gr. 6, affectant la forme d'un rectangle irrégulier, bordé de quatre lignes ponctuées avec des dents transversales et terminé à chaque extrémité par des trous destinés à l'attacher; 2° d'anneaux d'or en spirales, pesant l'un 14 gr. ; et l'autre 13, et ressemblant un peu à des serpents enroulés. Etaient-ils passés aux doigts du cadavre inhumé, suspendus à ses oreilles ou mêlés à sa chevelure? On ne saurait le dire; 3° de la lame d'une dague, de 35 cent. de longueur sur 0,084 de largeur à la base, d'une patine vert clair ou sombre, telle que la donne le cuivre, et ayant encore la naissance d'une soie qui s'enfonçait dans la poignée. L'analyse chimique du métal a constaté qu'il est « industriellement » pur, c'est-à-dire sans mélange d'étain, ce qui semblerait reporter la fabrication de l'arme à 2000 ans environ avant l'ère chrétienne. Il est impossible de discuter ces conclusions sans être en présence des objets livrés à l'étude des archéologues par le mobilier funèbre découvert à *Quinta da agua branca*; il suffit de les signaler à l'attention des savants et de reconnaître qu'ils la sollicitent à un haut degré, surtout après les explications si claires que vient de fournir M. Fortes.

H. Beaune.

14. — **L'Esprit du temps**, par Michel Salomon. — Paris, Perrin et Cie, 1906, in-16. (Prix : 3 fr. 50).

Il est toujours délicat de caractériser l'esprit d'une époque, et cela surtout quand il s'agit de l'esprit français. Cependant la tentation a toujours été forte, pour beaucoup d'écrivains, d'essayer cette définition, malgré les difficultés qu'elle présente; et disons tout de suite que M. Michel Salomon a été l'un des plus heureux dans cet ordre de recherches.

Suivant lui, ce qui fait le cachet spécial de notre époque, c'est l'influence profonde et partout pénétrante de la science : non peut-être que dans nos mœurs, notre littérature, nos arts, nous atteignions jusqu'au Vrai, — cet objet immatériel et si souvent insaisissable que poursuit la science; mais, du moins, nous nous efforçons, comme par un instinct nouveau et moderne, d'être ou de paraître savants. Et cette empreinte est tellement gravée dans l'esprit de notre temps, qu'elle apparaît, dit M. Salomon, jusque dans la religion même.

Nous sommes loin de M. Brunetière et de la faillite de la science... Toutefois, M. Salomon fait des réserves utiles sur la valeur propre et l'emploi usuel de ce mot. « Evitons, dit-il, avant tout, de confondre avec la science ce qui la contrefait et usurpe son nom... mais à la science, dégagée de ce qui n'est pas elle, accordons, plein et entier, le crédit qu'elle mérite. Demandons-lui la connaissance du monde entier, celle même de notre *moi* en ce qu'il a de phénoménal et d'expérimentable... Sachons-lui gré aussi du bien-être matériel que nous lui devons. Mais n'attendons pas d'elle une règle morale d'action, un principe de vie »

Ces lignes, que j'emprunte à la conclusion du livre, ne font-elles pas songer à la parole de Nietzsche : « la science joue au maître? » Il faut y prendre garde, se tenir en défiance contre la tendance immodérée de notre époque : voilà ce qu'a démontré M. Salomon.

Ajoutons qu'il a mené cette démonstration avec beaucoup de verve et de maestria. La lecture de ce volume, qui si facilement aurait pu risquer d'être aride, se trouve, au contraire, des plus agréables, tant il est documenté, riche en connaissances multiples et variées, en citations de toute sorte, intéressant enfin par l'abondance des détails et la foule des noms propres. C'est, si l'on peut ainsi parler, un livre « bourré de faits », et où l'on voit défiler tous nos contemporains illustres en quelque sens que ce soit. On dirait un vaste répertoire de fiches innombrables, d'ailleurs fort habilement cataloguées et classées, et dominées, avec ordre et logique, par une idée maîtresse, toujours la même.

Pascal MONET.

VARIÉTÉS

I

Jehan Gerson (1363-1429), par Albert LAFONTAINE, docteur ès-lettres. — Paris, 1906, in-12 de 334 p.

Jean Charlier naquit en 1363 près de Rethel, dans une fort nombreuse famille; il eut onze frères et sœurs, pour lesquels il conserva toujours la plus tendre sollicitude. Il vint à Paris pour être élève du collège de Navarre (1377). Après avoir contribué à l'élection de Pierre d'Ailly comme recteur, il fut puni du cachot pour une sédition soulevée par un homonyme; il changea alors de nom et prit celui de son hameau natal, Gerson. En 1388, il devint docteur de la faculté de théologie, en 1395 chancelier de l'Université, dont il soutint ardemment les privilèges, notamment dans l'affaire de Savoisy. La faveur du duc de Bourgogne le pourvut de la charge de doyen à Saint-Donatien de Bruges (1400-1403), mais il démissionna bientôt, étant choqué de l'immoralité de la cour bourguignonne et revint à Paris. Curé de Saint-Jean en Grève depuis 1403, grand pénitencier de l'église de Paris en 1410, il mena de front l'évangélisation du peuple par ses nombreux sermons en français, et les plus grandes affaires politiques, comme l'extinction du grand schisme. Il fut envoyé par l'Université au concile de Constance où il joua un rôle éminent; il se prêta un peu trop facilement à la condamnation de Jean Huss et de Jérôme de Prague, malgré le sauf-conduit impérial. Il fit condamner l'apologie de Jean Petit pour le meurtre du duc d'Orléans; la rancune des Bourguignons le fit déférer comme hérétique devant le concile. Après deux ans de retraite en Tyrol et en Autriche, il passa les dix années de sa vie au couvent des Célestins de Lyon, dont son frère Nicolas était prieur : il s'occupa spécialement de l'éducation des enfants, pour lesquels il éprouvait une grande tendresse. Il vécut assez pour voir la délivrance d'Orléans par Jeanne d'Arc et s'éteignit doucement le 12 juillet 1429.

Gerson laissait un très grand nombre d'ouvrages, sermons, pièces de circonstance. Malheureusement, on ne peut plus lui attribuer l'*Imitation*, depuis que Mgr Puyol a prouvé que l'auteur s'appelait Jean Gersen, était Italien, moine ou même abbé, et avait vécu au XIIIe siècle. Reconnaissons avec M. Lafontaine que l'âme désabusée et tendre de Gerson était bien digne de lui dicter une pareille œuvre. La scolastique et l'allégorie ne l'empêchèrent pas d'être un bon psychologue.

Cette biographie, d'une lecture facile, est un bon livre de vulgarisation, dépourvu de toute biographie et presque de références. N'eût-il pas été bon d'indiquer que l'édition de Dupin a été publiée à Anvers, en 4 volumes in-folio (1706)? Est-il possible de parler du chancelier de l'Université sans citer le *Chartularium* de Denifle et Châtelain? On peut relever, dans le livre de M. Lafontaine, quelques allusions trop modernes (p. 325) et quelques lapsus et expressions singulières : Philippe le Haidi est appelé p. 66 Philippe le Bon et p. 231 Jean de Bourgogne — Gerson et *pourvoyeur* de ses frères (p. 9). Pourquoi encore *précations* (p. 108) Henri de *Gandave* (p. 83) et qu'ost-ce que la « soule »? (p. 47).

Mais ce sont là de légères taches, qui n'empêcheront pas ce livre de faire mieux connaître ce grand oublié. Par malheur, son hameau natal a disparu du *Dictionnaire des Postes* et la rue Gerson a été englobée dans les agrandissements de la Sorbonne. Le nom du chancelier de l'Université ne déparerait pas un rue nouvelle de Paris.   Paul DESLANDRES.

II

Journal de Voyage de Montaigne, publié avec une introduction, des notes, une table des notes, une table des noms propres et la traduction du texte italien de Montaigne, par M. Louis LAUTREY. — Paris, Hachette et Cie, in-8 de 534 p. (Prix : 6 fr.)

1906 est une année heureuse pour Montaigne. Outre l'admirable édition de Bordeaux qu'a prouvée M. Strowski, et l'étude qu'il a écrite sur« l'immortel auteur de l'*Art de conférer*. »(Nous reviendrons d'ailleurs sur l'une et sur l'autre), voici une nouvelle édition de son *Journal de Voyage*. Cet ouvrage, égaré jusqu'en 1774, avait été alors publié, mais avec tant de fautes et d'erreurs ou omissions qu'il en devenait presque illisible. M. Lautrey a rétabli le texte vrai, (ou parfois vraisemblable), traduit la partie que Montaigne a rédigée ou s'est efforcé de rédiger en italien, annoté enfin tout l'ouvrage à l'aide de nos écrivains du xvie siècle qui ont fait le voyage d'Italie, et aussi de l'excellente édition italienne de M. d'Ancona (1889). « Mais, comme c'est Montaigne lui-même que l'on cherchera ici, dit avec raison M. Lautrey, la meilleure et la plus sûre illustration de ces notes prises au jour le jour se trouve dans les *Essais*. J'en ai multiplié les passages, en indiquant la date de l'édition où elles ont paru pour la première fois. Ainsi le lecteur discernera mieux l'état d'esprit du moraliste à la veille de son départ pour Rome et le profit qu'il a retiré de ce long voyage, les idées nouvelles, les impressions et les souvenirs qu'il en a rapportés et dont il a voulu faire part au public. » On ne saurait mieux dire, et l'on n'aurait su mieux faire. G. MICHAUT.

III

Les causes du malheur pendant la vie, par l'abbé ARCHELET. — Paris, Lethielleux, 1906, in-12 de 277 p. (Prix : 3 fr.)

Ces conférences, dédiées à la mémoire du Cardinal Langénieux, ont été prêchées à Notre-Dame de Reims, durant le carême de 1905 ; elles font partie d'une série dont les premiers volumes sont intitulés : *Ce qu'est la vie; et le secret du bonheur pendant la vie*. Les sujets traités dans le présent volume sont le *péché*, — *péché originel et péché personnel*; — *la concupiscence, le démon; le monde; l'attache désordonnée à la terre*. De tels sujets, sont vieux comme le christianisme, vieux comme l'âme humaine; mais l'auteur les a maintes fois rajeunis par l'emploi d'une psychologie qui découvre et met à nu les misères des temps présents. Il y a là de fines pages, entr'autres sur le désir de savoir, sur la valeur intellectuelle et morale des minorités, sur la joie chrétienne. L'auteur, d'une doctrine rigide, repousse ce qu'il appelle « les optimismes modernes »; j'aime à penser qu'il ne range point parmi ces *optimismes* la doctrine si modérée, si lumineuse, et, en somme, si consolante de l'abbé de Broglie sur les conditions du salut. (*Les fondements intellectuels de la foi chrétienne.* Huitième conférence.) Mais pourquoi donc M. Archelet *modernise-t-il* tout son style; pourquoi, dans son livre, certains traits qu'un goût sévère (archaïque, si l'on veut) trouverait trop peu graves? Je ferai encore à l'auteur une autre critique. A-t-il quelque preuve de l'authenticité des paroles attribuées à Napoléon sur la divinité de Jésus-Christ? Elles ont été beaucoup citées autrefois, et de fait, « le dôme doré des Invalides resplendissant au soleil, » faisait bien dans un discours; mais a-t-on été jamais bien sûr que ces propos aient été tenus à Sainte-Hélène? Et sur une anecdote que M. Archelet a tiré sans doute de l'Introduction dithyrambique d'Henri Laserre aux articles d'Ernest Hello, il faudrait rétablir la vérité. Laserre raconte que le 1er janvier 1815, « il y avait Grande réception aux Tuileries, et que le petit roi de Rome était maussade au milieu de la joie de tous, etc. » Or, le 1er janvier 1815, Louis XVIII était aux Tulerie, Napoléon à l'ile d'Elbe, et son fils à Vienne. Et si l'on voulait reporter la scène du 1er janvier 1815 au 1er janvier 1814, il serait aisé de répondre que ce jour-là, l'empereur accueillait avec colère aux Tuileries le corps législatif qui lui avait adressé des conseils un peu tardifs, et qu'à cette date déjà lugubre, la joie n'était nulle part.

A. LARGENT.

IV

Les Architectes et la Construction des Cathédrales de Chartres, par Eugène LEFÈVRE-PONTALIS.

Les Façades successives de la Cathédrale de Chartres au XIe et XIIe siècles, par Eugène LEFÈVRE-PONTALIS. — Chartres, Imp. Garnier, 1902.

Qui donc a prétendu qu'à expliquer une œuvre on affaiblit l'impression d'art qui s'en dégage? Sans se préoccuper de ce paradoxe, M. Lefèvre-Pontalis nous donne en ces deux opuscules la genèse jusqu'à lui assez obscure de la Cathédrale de Chartres.

Ce n'est pas en vain que l'auteur averti par ses immenses recherches sur les origines de notre architecture médiévale, frappe le sol de son pic. Pour nous il lui dérobe ses secrets, avec lui nous retrouvons, sous le dallage de la cathédrale, les fondations de l'ancienne église de Fulbert contemporaine de la crypte romane, de son porche et de ses trois célèbres portails. Nous voyons sortir du sol vers 1140 le clocler Nord puis peu après le clocher Sud improprement appelé *clocher vieux*.

Grâce à la sureté des sondages, nous assistons à l'opération si curieuse de la démolition et du transfert des portails de la Cathédrale de Fulbert, reportés vers 1180 plus à l'ouest entre les deux tours, — opération qui constitua la façade dans sa physionomie actuelle.

Nous voyons, après l'incendie de 1194, l'immense nef du XIIIe siècle remplacer la cathédrale romane et se souder en arrière des tours. La crypte, la nef, les porches splendides du transept ajoutés après coup, les vitraux, sont aussi l'objet dans leurs origines d'un examen et d'une critique serrés.

La science des textes se joint partout à la connaissance des témoins de pierre ; l'auteur fait ressortir de l'examen des Obituaires, des concordances pleines d'intérêt avec les traces visibles des travaux anciens, des changements et des raccords. Peu de mots, des constatations, des faits, et voilà la lumière projetée sur des problèmes discutés, et difficiles, entre autres celui de la date exacte des portails du XIIe siècle, frères de celui de la cathédrale du Mans. Mais, en revanche, justice est faite chemin faisant, de l'authenticité d'inscriptions douteuses, d'affirmations risquées sur certains noms déjà célèbres, celui par exemple de Harman gravé sur la flèche du clocher Sud. Et, sauf Jean de Beauce l'auteur de la flèche du Nord, nous voyons s'effacer dans les brumes de l'histoire les principaux créateurs de la magnifique cathédrale.

Il n'est pas inutile d'ajouter qu'à l'appui du texte sont joints de belles photographies et des plans très clairs. On se lasse de tout sauf de comprendre, a-t-on dit ; ici M. Lefèvre-Poutalis nous vient largement en aide, car ce n'est pas trop de toutes les ressources de l'esprit pour comprendre et apprécier l'œuvre grandiose et géniale de nos Pères. Après le poète, après Huysmans, le savant était nécessaire. LEFEBVRE DES MOËTTE.

CHRONIQUE

1. — **Vérités d'Hier? La Théologie traditionnelle et les Critiques catholiques**, par l'abbé Jean Le Morin. — Paris, E. Nourry, 1906, in-12 de xvi-344 p.

Ce volume — son titre seul suffirait à l'indiquer déjà — n'est pas l'œuvre d'un esprit conservateur. M. l'abbée Le M. a pris ses grades en philosophie et en théologie, il est deux fois docteur ; mais il souffre d'un mal, dont les ravages n'ont point épargé maintes autres âmes sacerdotales de notre temps. Sa foi subit une crise : il est hanté par la préoccupation de faciliter l'entente et le rapprochement de la doctrine catholique traditionnelle avec la science moderne. Mais les moyens qu'il prend ; les guides, à la suite desquels il s'engage, sont-ils tous très sûrs ? En une page de son livre — la dernière, si j'ai bon souvenir — l'auteur nous fait l'aveu poignant des larmes versées et des angoisses ressenties au cours de son labeur. Ce mouvement est louable. Pourtant, qu'il eût été plus sage à M. l'abbé Le M. de déposer sa plume dès le début de cette lutte intime et de suivre les avis de ce professeur religieux, mis en scène dans la préface ! Je n'aurais pas le devoir et le regret d'ajouter que *Vérités d'Hier?* est un livre d'une lecture troublante et qu'on ne saurait le laisser circuler indistinctement entre toutes les mains.   D. L. G.

ACADÉMIE DES INSCRIPTIONS ET BELLES-LETTRES

Séance du 26 octobre.

M. Barbier de Meynard donne lecture d'une lettre de M. de Motilinski, titulaire de la chaire publique d'arabe à Constantine et chargé par l'Académie d'une mission sur la fondation Benoit-Garnier aux fins de recueillir à In-Salah et dans le Hoggar un ensemble de données nouvelles sur la linguistique, l'ethnographie et l'histoire de cette région. M. de Motilinski a recueilli de nombreux textes dictés par les indigènes ; contes et chansons populaires, légendes locales et renseignements originaux sur les mœurs du Touareg.

M. Heuzey lit un Mémoire sur les origines chaldéennes du monstre à tête de serpent dont une mission allemande a retrouvé les grandes figures modelées en couleur sur les briques émaillées des murs de Babylone. Cet animal, vraiment apocalyptique, est beaucoup plus ancien que les murailles de Nabuchodonosor. Déjà, M. Heuzey en avait signalé le prototype figuré plus de vingt siècles auparavant sur un vase en pierre et sur un cachet rapportés par M. de Sarzec et portant le nom de Goudéa.

M. Carcopino, membre de l'Ecole française de Rome, communique et commente une inscription nouvelle sur les domaines impériaux d'Afrique.

Séance du 2 novembre.

M. Cagnat, président, lit une note de M. Merlin, directeur des antiquités de Tunisie, qui annonce la fin des fouilles poursuivies par M. le capitaine Benet à Bulla-Regia et résume les découvertes dues à cet officier. Dans une partie de ce qui paraît avoir été le forum de la ville a été déblayé un édifice composé d'une cour dallée, entourée de portiques et terminée par trois chambres juxtaposées. Dans celle du milieu ont été trouvées des statues d'Apollon, de Cérès, d'Esculape, et dans la chambre de droite des fragments d'inscriptions consacrées aux Dieux protecteurs de la cité et mentionnant d'autres monuments, notamment les rostres, le *tabularium* et un temple de Diane.

M. Holleaux, directeur de l'Ecole d'Athènes, présente un résumé des découvertes faites à Délos par les élèves de l'Ecole, grâce à la subvention magnifique du duc de Loubat : déblaiement du grand portique nord du sanctuaire édifié, ainsi que le fait croire une inscription de l'architrave, par le roi de Macédoine Antigone Gonatas ; découverte d'un tombeau

Mycénien, d'une esplanade rocheuse où se dressaient cinq lions colossaux, d'une stèle où sont énumérés tous les sacerdoces de Délos à l'époque de la seconde domination athénienne, etc.

M. Elie Berger, communique le Mémoire qu'il lira à la séance publique annuelle de l'Académie. Ce Mémoire est intitulé : « Les Aventures de la reine Aliénor, histoire et légende. »

Séance du 9 novembre.

M. Perrot, secrétaire perpétuel donne lecture d'une lettre du ministre de l'Instruction publique l'informant que par arrêté en date du 7 novembre il a confié à *M. Clermont-Ganneau* une mission avec subvention de 5,000 fr. M. Clermont-Ganneau, en même temps missionnaire du ministère et de l'Académie, doit se rendre dans la haute Egypte pour y poursuivre sur place les études qui lui ont valu une si grande notoriété.

M. Haussoullier communique une Notice sur la vie et les œuvres de Jules Oppert, auquel il succéda à l'Académie ; cette Notice, où les souvenirs exacts, les jugements sûrs et de fines anecdotes se mêlent constamment, est accueille avec la plus grande faveur, notamment le récit de la fameuse querelle entre Oppert et M. Joseph Halévy sur le peuple sumérien.

M. Philippe Berger entretien l'Académie du voyage entrepris par M. Slouschz en Tripolitaine, les dangers qu'y a courus sa santé et les premières découvertes qu'il a faites.

M. Clermont-Ganneau étudie et explique un groupe de légendes antiques relatives à l'alouette huppée, légendes d'origine orientale dont on suit la trace chez Esope, Aristophane, Théocrite, et plus tard dans des documents syriaques. L'une des plus étranges est celle d'après laquelle l'alouette aurait été le premier être créé et aurait enseveli son père dans sa propre tête, ce qui explique la huppe que l'on voit sur la tête de l'oiseau.

Séance du 16 novembre.

L'Académie a tenu ce jour sa séance publique annuelle. Le président, M. Cagnat, a prononcé le premier discours, dans lequel, après avoir rendu un hommage ému aux membres de la Compagnie morts depuis la dernière séance publique — MM. Saige et Spiegel —, il a payé le tribut traditionnel et mérité aux lauréats dont il a proclamé les noms. M. Georges Perrot, secrétaire perpétuel a lu ensuite une notice sur la vie et les travaux de Désiré Raoul Rochette qui fut membre de l'Académie des Inscriptions pendant trente-huit ans et secrétaire perpétuel de l'Académie des Beaux Arts. Enfin M. Elie Berger a donné lecture d'un curieux mémoire sur « Les Aventures de la Reine Aliénor », d'après l'Histoire et la légende. Voici la liste des prix décernés au cours de la séance.

Prix ordinaire de l'Académie (2,000 fr.). — Sujet proposé : « Etudier une période de l'histoire ancienne du Japon. » L'Académie n'a pas décerné de prix. — Un encouragement de 500 fr. a été accordé au Père Balet, missionnaire à Tokio (Japon), pour son mémoire intitulé : « Shotoku-Taishi et son époque. »

Antiquités de la France. — Quatre médailles ont été attribuées aux auteurs suivants : 1re médaille de 1,500 fr., à M. Léon Mirot, pour ses deux volumes intitulés : « Isabelle de France, reine d'Angleterre, comtesse d'Angoulême, et Les Insurrections urbaines au début du règne de Charles VI. » — 2e médaille de 1,000 fr., à M. Ph. Lauer, « Les Annales de Flodoard, » publiées d'après les manuscrits avec une introduction et des notes. — 3e médaille de 500 fr., à M. Serbat, « Les Assemblées du clergé de France de 1561 à 1615. » — 4e médaille de 500 fr., à M. Henry d'Allemagne, « Les Cartes à jouer du quatorzième au vingtième siècle, » 2 vol.

Les mentions honorables ont été attribuées ainsi qu'il suit : — 1re mention, M. G. Dottin, « Manuel pour servir à l'étude de l'antiquité celtique ». — 2e mention, M. l'abbé C. Allibert, « Histoire de Seyne, de son bailliage et de sa viguerie ». — 3e mention, M. Lucien Begule, « Les incrustations décoratives des cathédrales de Lyon et de Vienne ». — 4e mention M. l'abbé J.-N. Abgrall, l'« Architecture bretonne. Etude des monuments du diocèse de Quimper ». — II. « Livre d'or des églises de Bretagne. » — 5e mention, M. Emile Bonnet, « Antiquités et monuments du département de l'Hérault ». — 6e mention, M. Henri Moris, « Cartulaire de l'abbaye de Lérins », 1re et 2e partie. — 7e Mention, M. J.-C. Demarteau professeur à l'Université de Liège, « l'Ardenne belgo-romaine. Etude d'histoire et d'archéologie ».

Prix de numismatique (Duchalais), 800 fr. — La commission de la fondation Duchalais (prix de numismatique du moyen âge), a décidé qu'il n'y avait pas lieu, cette année de décerner le prix.

Prix fondé par le baron Gobert (10,000 fr.) — « Pour le travail le plus profond sur l'histoire de France et les études qui s'y rattachent. » — Le premier prix a été décerné à M. Ernest Petit, pour son « Histoire des ducs de Bourgogne de la race capétienne. » — Le second prix est maintenu, pour la seconde fois, à M. Alfred Richard, pour son « Histoire des comtes de Poitou. »

Prix Bordin (3,000 fr.). — Le prix Bordin, destiné cette année au meilleur ouvrage relatif au moyen âge ou à la Renaissance, a été partagé de la manière suivante: 2,000 fr. à M. Jules Gay, pour son ouvrage intitulé:

« L'Italie méridionale et l'Empire byzantin depuis l'avénement de Bazile Ier jusqu'à la prise de Bari par les Normands (867-1071) ». — 600 fr. à MM. Ch. Samaran et G. Mollat, pour leur ouvrage intitulé : « La fiscalité pontificale en France au quatorzième siècle ». — 400 fr. à M. P. Champion, pour son volume : « Guillaume de Flavy, capitaine de Compiègne ».

Prix Fould (5,000 fr.). — Le prix Louis Fould, institué en faveur de l'auteur du meilleur ouvrage sur l'histoire des arts du dessin, a été décerné à M. Henri Lechat, professeur à l'Université de Lyon, pour son ouvrage intitulé : « La sculpture attique avant Phidias », et pour l'ensemble de ses travaux sur l'histoire de l'art grec.

Prix Brunet (3,000 fr.). — L'Académie a accordé sur les revenus de la fondation Brunet (ouvrages de bibliographie savante), les récompenses suivantes : 2,000 fr. à M. Frédéric-Lachèvre, pour sa « Bibliographie des recueils collectifs de poésies publiés de 1597 à 1700 ». — 500 fr. à M. A. de La Bouralière, pour son ouvrage sur « l'Imprimerie et la Librairie à Poitiers pendant les dix-septième et dix-huitième siècles ». — 500 fr. à M. P.-P. Plan, pour sa « Bibliographie rabelaisienne. Les Editions de Rabelais de 1532 à 1711 ».

Prix Stanislas Julien (1,500 fr.). — L'Académie a décerné le prix Stanislas Julien, destiné au meilleur ouvrage relatif à la Chine, à MM. Raguet, de la Société des Missions étrangères, et Ono Tota, conférencier du Lycée supérieur, pour leur Dictionnaire français-japonais ».

Prix Delalande Guérineau (1,000 fr.). — L'Académie a décerné le prix destiné, cette année, au meilleur ouvrage concernant l'antiquité classique à M. Edmond Courbaud, pour sa publication intitulée : « Œuvres de Cicéron, de Oratore », livre Ier.

Prix de La Grange (1,600 fr.). — L'Académie a décerné le prix à M. Bedier, pour sa publication du « Roman de Tristan ».

Fondation Garnier (15,000 fr.). — L'Académie a attribué sur les arrérages de la fondation : Une subvention de 3,000 fr. à la Mission saharienne de M. de Calassanti-Motylinski. — Une subvention complémentaire de 12,000 fr., pour la Mission de M. Pelliot, au Turkestan.

Fondation Piot (17,000 fr.). — L'Académie a attribué sur les arrérages de la fondation les subventions suivantes : 1° 3,000 fr. au R. P. Delattre, pour la continuation de ses fouilles à Carthage ; — 2° 2,000 fr. à M. Holleaux, pour l'achèvement des planches reproduisant les mosaïques et peintures murales de Délos ; — 3° 2,000 fr. à M. Grenier, membre de l'Ecole française de Rome, pour exécuter des fouilles dans la nécropole de Bologne ; 4° 2,000 fr. pour la publication, chez, M. Leroux, du journal des fouilles de M. le commandant Cros, à Tello ; — 5° 300 fr. à

M. l'Abbé Hermet, pour continuer les fouilles de la Graufesengue (Aveyron); — 6° 500 fr. à M. Léon Dorez, pour aller photographier les plus belles miniatures qui ornent les manuscrits dans la collection de lord Leicester, » Holkham-Hall (Norfolk); — 7° 500 fr. à M. Dufour, architecte, pour lui faciliter la publication de son ouvrage sur les monuments d'Anghovat; 8° 600 fr. à M. Cartailhac pour ses fouilles dans une grotte préhistorique de l'Ariège; 9° 400 fr. à M. E. Rivière pour achever des fouilles dans une grotte de l'Aveyron; — 10° 500 fr. à M. l'Abbé Leynaud pour achever ses fouilles dans les catacombes d'Hadrumète (Tunisie).

Prix Joseph Saintour (3,000 fr.). — Le prix Saintour, destiné cette année, au meilleur ouvrage relatif à l'Orient, a été décerné de la façon suivante: Un prix de 1,500 fr. au R. P. Lagrange, pour ses « Etudes sur les religions sémitiques ». — Une récompense de 500 fr. à M. l'abbé J. Labourt, pour son ouvrage « Le Christianisme dans l'Empire Perse, sous la dynastie Sassanide ». — Une récompense de 500 fr. à M. Moïse Schwab, pour son « Rapport sur les inscriptions hébraïques de la France ». — Une récompense de 500 fr. à M. Victor Chauvin, pour sa « Bibliographie des ouvrages arabes ou relatifs aux Arabes », tomes VII à IX.

Prix Gabriel-Auguste Prost (1,200 fr.). — « A un travail historique sur Metz et les pays voisins ». — L'Académie a décerné un prix de 800 fr. à MM. H. Stein et Léon Legrand, pour leur ouvrage « La frontière d'Argonne (843-1639) », et un prix de 400 fr., à M. Edmond Pionnier, pour son « Essai sur l'Histoire de la Révolution à Verdun (1789-1795) ». — Elle a accordé, en outre, deux mentions honorables: la première, à M. J. Ducrocq, directeur de la Revue intitulée: L'*Austrasie*, revue du pays Messin et de Lorraine; la seconde, à M. Alfred Pierrot, pour son ouvrage « L'Arrondissement de Montmédi sous la Révolution ».

Séance du 23 novembre.

M. René Pichon, professeur au lycée Henri IV, lit une Note sur la légende des origines troyennes dans Virgile. Il montre que Virgile a modifié légèrement la tradition relative aux ancêtres d'Enée, dans le dessein de les rattacher plus étroitement à l'histoire d'Italie, et de donner à son poème un caractère plus national.

Sous ce titre: « la Gaule personnifiée », M. SALOMON REINACH, consacre une étude à la reproduction d'un médaillon en mosaïque, découvert en Mésopotamie et acquis récemment par le musée de Berlin, où figure un buste de la Gaule personnifiée sous les traits d'une femme robuste, au regard assuré, la tête couronnée de tours, avec l'inscription *Gallia* en lettres grecques. C'est la première, la seule image certaine de la Gaule que nous ait légué l'art antique, elle date d'environ deux cents ans avant J.-C.

Un savant échange de vues se produit à ce propos entre MM. BABELON, HÉRON DE VILLEFOSSE, BOUCHÉ-LECLERCQ.

Séance du 30 novembre.

M. Joulin lit un Mémoire sur *les Etablissements antiques du bassin supérieur de la Garonne*. Trois grandes fouilles ont permis de classer chronologiquement les vestiges signalés jusqu'ici, et de restituer les établissements qui se sont succédé des temps préceltiques à la fin de la domination romaine. Ces recherches éclairent la protohistoire de la région et celle des contrées voisines. Elles établissent notamment que la fondation de Toulouse remonte aux premières invasions celtiques, et que la vallée de la Garonne a été, du quatrième au premier siècle avant notre ère, une des voies de diffusions de la civilisation hellénique en Gaule. Les ruines et les vestiges de l'époque romaine apportent de nouvelles contributions à l'étude de la vie gallo-romaine aux diverses périodes de l'Empire.

M. Alexandre Bérard, député de l'Ain, expose à l'Académie une thèse aux termes de laquelle Alise-Sainte-Reine de Bourgogne ne serait pas la célèbre *Alésia* où Versingétorix s'est immortalisé ; c'est à Izernore, dans l'Ain, entre Bourg et Trévoux qu'il faudrait placer *Alésia*, et les fouilles récentes qui ont révélé (nos lecteurs le savent) tant de vestiges anciens, en seraient une preuve de plus, ajoutée à plusieurs autres, de M. Bérard, qui s'appuie surtout sur les *Commentaires* de César. Toutefois, MM. BOISSIER et SALOMON REINACH ayant dit les raisons pour lesquelles ils n'étaient pas convaincus, M. CAGNAT, président, a clos la discussion par un gracieux compliment à l'homme politique qui savait trouver le temps de s'intéresser aux austères travaux dont s'occupe l'Académie.

Séance du 7 décembre.

M. THÉODORE REINACH lit un Mémoire sur l'église du Bayet-du-Lac, en Savoie. A l'aide d'une pièce notariée de sa collection et d'une pierre tombale de l'église, il établit que la restauration de l'église en style flamboyant fut l'œuvre, non pas d'Oddon de Luyrieu, mort en 1482, comme on le répète depuis cinquante ans, mais de son oncle Aynard de Luyrieu, qui était mort dès 1458.

M. ALBERT MARTIN, correspondant de l'Académie, professeur à la Faculté des Lettres de Nancy, étudie les détails de l'armure mycénienne, d'après les données que fournit le Chant III de l'*Iliade*, et plus spécialement la critique faite par Zénodote des vers 334-335 de ce Chant, où il est question de l'épée et du bouclier de Pâris au moment où il va combattre Ménélas.

M. Philippe Berger présente, au nom de M. Wallis Budge, deux volumes de la grande collection des textes cunéiformes du Bristish Muséum. Il faut signaler, parmi les tablettes reproduites dans ses magnifiques volumes, une mappemonde où Babylone occupe le centre du monde, et un fragment de plan de Babylone avec le grand temple à étages, situé à côté d'une des principales artères de la ville.

Séance du 14 décembre.

Le président annonce que M. Chavanne membre de l'Académie, professeur de chinois au Collège de France, est chargé d'une mission archéologique en Chine et en Indo-Chine.

M. Salomon Reinach communique un Mémoire sur l'étymologie du mot *sycophante*, signifiant au propre : révélateur de figues.

Mais pourquoi les Athéniens appelaient-ils ainsi les accusateurs frivoles? L'explication généralement admise, c'est qu'il désigna d'abord des hommes qui dénonçaient la contrebande des figues.

M. Salomon Reinach croit que cette explication a été inventée pour expliquer le mot et que l'exportation des figues n'était pas interdite à Athènes. Il propose de rapporter le « sycophante » du « hiérophante ». Ce dernier nous révèle, dans les mystères, des objets sacrés, en particulier, à Eleusis, un épi de blé. Or, il a existé, en Attique même, à côté du culte du blé, un culte de la figue. A une époque où rien n'annonçait encore l'institution du ministère public, le hiérophante et le sycophante excluaient des mystères, ceux dont les mains ou les pensées étaient impures ; la foule les dénonçait et les chassait avant le commencement des cérémonies.

Le hiérophante d'Eleusis était un grand personnage que l'on respectait ; le sycophante, chef d'un petit culte obscur de bourgade, disparut avant l'époque historique, laissant son nom à ceux qui accusaient à la légère et qui dénonçaient à tort et à travers leurs concitoyens.

L'Académie se forme en comité secret pour discuter les titres des candidats au titre de correspondants nationaux et étrangers.

Séance du 21 décembre

Après un très long délibéré en comité secret, l'Académie procède au remplacement de deux correspondants, MM. Gustave Saige, archiviste de la principauté de Monaco, et Spiegel, de Munich, décédés. Elle élit correspondant national M. Henri Lechat, ancien membre de l'école d'Athènes, professeur d'archéologie à la Faculté des Lettres de l'Université de Lyon, auteur de travaux sur l'Acropole d'Athènes, Epidaure, etc., — et correspondant étranger M. Nœdelke, professeur honoraire de l'Université de Strasbourg, sémitologue, auteur de travaux sur la Perse, le Coran, l'*Histoire littéraire de l'ancien Testament*, traduite par M. DERENBOURG, etc.

Séance du 28 décembre.

A propos de la communication de M. SALOMON REINACH sur l'origine du mot « sycophante », M. MICHEL BRÉAL fournit des aperçus d'une rare ingéniosité. Comme M. Reinach, il pense qu'il y a un lien entre sycophante et hiéroplante. Pour lui, sycophante était une sorte d'injure qui signifiait hiérophante de pacotille, de rien du tout, le mot figue ayant le sens détourné, — ironique ou blessant, — qu'ont pris dans notre langue certains noms de fruit : des nèfles, des poires.

L'Académie procède à l'élection de son président et de son vice-président pour 1907 : M. SALOMON REINACH, vice-président, est élu président : M. BABELON, vice-président.

Le reste de la séance est occupé pour le renouvellement ou l'élection des nombreuses commissions de concours.

Séance du 4 janvier.

Au début de la séance, M. CAGNAT, président sortant, prononce le discours d'adieu qui est de tradition. Il remercie ses confrères de « l'indulgence qu'ils lui ont témoignée » se félicite de n'avoir eu, durant son exercice, aucune oraison funèbre à prononcer et transmet le fauteuil à son successeur, M. SALOMON REINACH, auquel il dit mille choses louangeuses.

M. Reinach lui répond en termes aussi gracieux, souhaitant que les regrets qu'il pourrait faire naître (ce à quoi personne ne songe) soient moins un blâme pour lui qu'un hommage nouveau à son prédécesseur ; il exprime le vœu que l'usage s'affermisse de donner le pas aux brèves communications de nouvelles scientifiques sur les lectures de Mémoires proprement dits ; il voudrait aussi que les séances commençassent à trois heures précises, comme le veut le réglement ; enfin, en passant, il adresse un mot aimable à la presse qui propage au dehors les travaux de la Compagnie.

Le président annonce ensuite le décès de M. Otto Benndorf, directeur de l'Institut archéologique de Vienne, correspondant de l'Académie depuis 1895.

M. Senart fait part de nouvelles très intéressantes qu'il vient de recevoir de la mission Pelliot au Turkestan. M. Pelliot signale les découvertes qu'il a faites dans les ruines de Toumchouq, sur la route méridionale de Kachgar à Aksou. On les croyait musulmanes ; or, elles proviennent d'un grand temple bouddhique où se trouvaient de nombreuses sculptures gréco-indiennes ; il a également retrouvé plusieurs manuscrits dont un, paraissant très précieux, en écriture brahmi de l'Inde.

M. Serruys, directeur-adjoint à l'Ecole des Hautes-Etudes, commente un ragment grec découvert par lui du Canon historique d'Eusèbe, plan résumé qui n'était connu encore que par des traductions arménienne, latine et syriaque. Ce nouveau texte, assez étendu, permet de reconnaître les étapes de la civilisation eusébienne sous les chroniqueurs byzantins, et démontre qu'une édition posthume d'Eusèbe dût être publiée à Alexandrie avant l'an 412 de notre ère.

M. Noel Valois rend compte de la découverte qu'il a faite à la Bibliothèque impériale de Vienne d'un texte manuscrit relatif à Jeanne d'Arc. C'est un factum très violent rédigé en 1429 où l'auteur, membre de la Faculté de Droit de l'Université de Paris, et tout dévoué au parti anglais, accuse la Pucelle des crimes qui lui furent plus tard reprochés au procès de Rouen ; mais de ce document ressort aussi la preuve que dès ses débuts, Jeanne fut l'objet d'un très vif culte populaire : dans les campagnes, les petits enfants lui offraient des cierges allumés comme à une sainte.

Séance du 11 janvier.

L'académie est invitée par le ministre de l'Instruction publique à désigner ses candidats aux chaires vacantes au Collège de France.

1° *Chaire de langues et littérature de l'Europe méridionale* laissée vacante par la démission de M. Paul Meyer.

L'assemblée des professeurs du collège de France avait désigné, en première ligne, M. Alfred Morel-Fatio, actuellement suppléant, et, en seconde ligne, M. Jeanroy, professeur à la Faculté des lettres de Toulouse.

L'Académie confirme ces désignations par un vote à peu près unanime ;

2° *Chaire d'histoire et de littérature latine*, vacante par la démission de M. Gaston Boissier.

L'assemblée des professeurs du Collège de France avait présenté, en première ligne, M. Monceaux, professeur au lycée Henri-IV, et, en seconde ligne, M. René Pichon, professeur au même lycée.

L'Académie ratifie également ces deux choix.

M. d'Arbois de Jubainville établit que les *Manapii* placés par Ptolémée dans la région nord-est de l'Irland sont des *Menapii* venus de Cassel en Flandre vers la fin du troisième siècle et qui y formèrent une colonie gauloise.

M. Chavannes lit une note étendue de M. Pelliot sur deux localités de la région de Kachgar (Turkestan). Il y a trouvé notamment des fragments d'écriture hindoue en caractères brahmi, les plus anciens trouvés jusqu'ici.

M. Léon Dorez, bibliothécaire à la Bibliothèque nationale, communique un Mémoire sur « le dernier travail de Pétrarque ». Il croit pouvoir établir, grâce à des documents contemporains et de l'œuvre elle-même que le manuscrit latin 5784 de la Bibliothèque nationale contenant *la Vie de César*, par Pétrarque est précisément celui sur lequel travaillait le poète, lorsqu'il fut frappé de mort presque subite, le 18 juillet 1374. Ce précieux document va être reproduit prochainement par la phototypie.

Séance du 18 janvier.

M. Dieulafoy commence la lecture d'une longue et savante étude sur « le théâtre édifiant en Espagne durant le siècle d'or ». Après avoir montré la place considérable qu'occupent dans la littérature espagnole les *autos sacramentales* et leur durée séculaire, il aborde les autres genres de la tragédie religieuse, qu'il répartit en deux groupes : comédies de saints et comédies divines. Leur source paraît être dans les miracles de Notre-Dame, traduits dès le treizième siècle par Gonzalo de Beriès et dans la *Légende dorée*. M. Dieulafoy poursuit sa lecture jusqu'au moment d'aborder Cervantès.

M. Senart présente quelques observations sur un fragment d'inscription du roi Açoka (troisième siècle avant notre ère), le célèbre souverain bouddhique. Cette inscription a été trouvée récemment, non loin de Bénarès, au lieu ou le Boudha a, croit-on, pour la première fois, enseigné sa doctrine, bien qu'incomplète. Elle est très curieuse par certains détails qu'elle fait connaître sur l'organisation des communautés d'hommes et de femmes, au temps d'Açoka, et par la preuve de l'intérêt très vif que prenait ce roi aux détails de la vie cénobitique.

SOCIÉTÉ NATIONALE DES ANTIQUAIRES DE FRANCE

Séance du 9 janvier 1907. — Discours de M. le baron J. de Baye, président sortant. — M. le comte Fr. Delaborde, président élu, remercie la Société. — M. P. Vitry est élu membre résidant, au 5e tour de scrutin, en remplacement de M. H. Bouchot, décédé.

Séance du 16 janvier. — M. le comte P. Durrieu, membre résidant, soumet à la Société un manuscrit des *Chroniques de France*, ayant fait partie de la collection Hamilton, qu'il vient d'acquérir : il porte la devise et la signature de Jacques d'Armagnac, duc de Nemours, décapité en 1477, pour qui il fut exécuté. — M. P. Monceaux, m. r. présente de la part du R. P. Delattre, associé correspondant national, une série de sceaux byzantins en plomb découverts à Carthage. — M. P. Vitry, m. r., communique la photographie d'une statue de Vierge française du xive siècle, qui se trouvait récemment au château de Batz (Oise); cette figure est accompagnée d'une intéressante représentation de Moïse en prière devant le buisson ardent. — M. le commandant R. Moivat, membre honoraire entretient la Société d'un bas-relief funéraire découvert à Rome, qui représenterait un atelier de monnayage. — M. A. Mayeux, a. c. n. explique le type d'un sceau du couvent des Frères prêcheurs de Carcassonne, précédemment communiqué à la Société par M. J. Roman : il s'agit de la révélation de la mort de Saint Dominique au frère Guaslé, prieur des Dominicains de Brescia. — M. N. Valois, m. r., signale dans le ms. 4701 de la Bibliothèque de Vienne, un mémoire rédigé en 1429-1430 par un clerc parisien qui s'efforce de mettre en mouvement contre Jeanne d'Arc l'évêque de Paris, l'Université et l'Inquisiteur : les principaux griefs invoqués que les Anglais relèveront plus tard à Rouen, sont l'inobservance des fêtes, le port de l'habit masculin, l'idolâtrie, les prédictions, les sortilèges. Des accusations portées contre la Pucelle il ressortirait que, dès 1429, un culte populaire lui était rendu et que ces portraits se voyaient en diverses villes.

Séance du 23 janvier. — M. J. Roman signale l'existence à la Bibliothèque Nationale de 4 quittances portant la signature autographe de l'architecte du Louvre, Pierre Lescot, datées du 5 juin 1571 au 2 avril 1573 : cette signature montre que l'artiste écrivait son nom avec une apostrophe. A la dernière quittance est encore attaché le sceau en cire de Pierre Lescot. — M. J. Maurice, m. r., résume les conclusions de ses études sur

la numismatique de la période comprise entre Dioclétien et Constantin.
— M. J. Destrée, associé correspondant étranger, communique la photographie d'un reliquaire de la Sainte Epine, donné au Bristish Muséum par M. Ferdinand de Rothschild, qui est l'une des plus belles pièces d'orfèvrerie exécutées à Paris à la fin du XIV⁰ siècle ou pendant les premières années du XV⁰. — M. P. Monceaux, m. r., fait connaître une nouvelle série de sceaux Byzantins en plomb découverts à Carthage par le R. P. Delattre. — M. E. Chénon, a. c. n.. entretient de nouveau la Société de bas-reliefs en pierre découverts à Panosses, canton de Crémieux (Ain).

Séance du 30 janvier. — M. F. de Mély, m. r., poursuit son étude sur les signatures des miniaturistes du Moyen-Age. — M. Héron de Villefosse, m. h , signale cinq bronzes antiques découverts près de la Tour-du-Pin (Isère), notamment une statuette de Mars Ultor. — M. P. Vitry, m. r., annonce le don fait récemment au Louvre, par la Société des Amis du Louvre, d'une série de sculptures des XIV⁰ et XV⁰ siècles provenant de l'abbaye de Maubuisson, parmi lesquelles sont les statues funéraires de Charles IV le Bel et de Jeanne d'Evreux.

L'Éditeur-Propriétaire-Gérant : ALBERT FONTEMOING.

Imprimerie Générale de Châtillon-sur-Seine. — A. PICHAT.

BULLETIN CRITIQUE

―――――◦―――――

15. — **Histoire de la théologie positive, du concile de Trente au concile du Vatican**, par Joseph Turmel, prêtre du diocèse de Rennes. — Paris, Beauchesme, 1906, in-8 de 440 p. (Prix : 6 fr.)

Ce volume est le second de l'histoire de la théologie positive que M. Turmel s'est proposé d'écrire. Il devait être le dernier ; et tandis que le premier paru en 1904 allait des origines au concile de Trente, celui-ci devait traiter de la théologie positive pendant les trois cents ans qui séparent Trente du Vatican. L'abondance des matières obligea l'auteur à abandonner son plan primitif ; dans ce second tome, il n'est question que de l'ecclésiologie, à part deux petits chapitres sur les Traditions non écrites et sur l'Ecriture. M. Turmel réserve pour un troisième volume ce qui se rapporte à la théologie de Dieu, de la Trinité, de la grâce et des sacrements. Peut-être aurait-on pu éviter cet inconvénient si on avait réduit le développement un peu excessif de certaines questions de second ordre telles que, par exemple, la thèse de Bellarmin sur la primauté de l'évêque de Rome (p. 228-258), le chapitre sur la primauté de Saint-Pierre (151-220), etc., etc.

La période étudiée par M. Turmel n'est pas une époque de renouvellement théologique ; c'est un temps de guerre où la théologie catholique se défend. Il s'agit de réparer les brèches faites par la Réforme ; le problème de l'Eglise, inaperçu au moyen-âge, apparait maintenant au premier plan ; les adversaires du Pape, les protestants, disséminés en Angleterre, en Allemagne, en France, essayent de détacher de Rome des régions entières. Il était donc nécessaire d'affirmer le dogme de la suprématie du Pontife Romain. De plus, les protestants s'en prenant à tout ce qui n'était pas la

Bible, attaquaient pour la faire nier l'autorité enseignante des évêques ; il fallait donc s'occuper de fixer la règle de la foi, de présenter aux fidèles, d'une manière précise, les moyens de transmission de la doctrine, établis par le Christ, et défendre le magistère de l'Eglise. Même parmi les catholiques, depuis le concile de Constance, des divergences de vue existaient sur la nature et les attributions de la papauté. Cette question provoqua des controverses passionnées, des conflits retentissants jusqu'au jour où le concile du Vatican y mit fin par une définition dogmatique. Voilà l'œuvre de la théologie catholique dans ces trois siècles ; en somme, c'est l'élaboration de tout le traité de l'Eglise et de la Papauté qui s'opère du concile de Trente à celui du Vatican.

M. Turmel nous fait suivre toutes les discussions de ces problèmes, toutes les phases de ce développement doctrinal dans les deux parties de son beau travail : La première a pour objet la Règle de Foi et l'Eglise ; et l'auteur examine en sept chapitres : les traditions non écrites, la sainte Ecriture, l'autorité vivante et enseignante, l'infaillibilité de l'autorité enseignante, l'objet de l'infaillibilité de l'Eglise, les membres de l'Eglise, les notes et la définition de l'Eglise.

La seconde partie traite de la Papauté en deux chapitres et des attributions de la Papauté en cinq chapitres : Démonstration de l'infaillibilité du pape, réponse aux objections contre l'infaillibilité, le Pape et la juridiction des évêques, le Pape et les conciles généraux, le pouvoir du Pape dans l'ordre temporel.

Il n'y a, dans cette période, rien de très neuf à signaler au point de vue de la méthode théologique ; on piétine sur place. La critique n'existe pour ainsi dire pas, ni pour fixer la valeur des sources, ni pour établir la date des témoignages ; les textes sont souvent interprétés d'une manière fantaisiste suivant le besoin de la thèse qu'on soutient. Il est vrai que « la défense se règle sur l'attaque » et que les protestants n'usent pas de meilleures armes que leurs adversaires catholiques. Le type représentatif de ce temps, c'est Bellarmin, « le héros de la science ecclésiastique » à qui M. Turmel consacre de longues pages et qui a frappé de son empreinte toute la théologie de cette époque, même celle du Concile du Vatican.

Ce volume, comme son aîné, a une très grande valeur ; l'érudition en est sûre, abondante, impartiale. Il rendra de grands services, ne fut-ce qu'en permettant aux théologiens de replacer dans leur milieu les questions doctrinales qu'ils étudient trop souvent sans se rendre compte ni de l'époque où elles étaient discutées, ni des raisons d'être historiques des définitions dogmatiques dont on ne peut bien comprendre qu'à cette condition le sens et la portée.

P. BUGNICOURT.

---

16. — **Esquisse d'une histoire générale et comparée des philosophies médiévales**, par Fr. PICAVET. — Paris, Alcan, 1907, 2ᵉ édition, in-8 de XXXIV-335 pp. (Prix : 7 fr. 50).

Ce livre synthétique et compact est à la fois un « Discours sur la méthode » de l'histoire de la philosophie médiévale, le programme d'une œuvre ultérieure qui sera le développement de l'esquisse, et l'énoncé des thèses principales et des motifs de soudure qui donneront l'unité et la cohésion à la prodigieuse quantité de textes et d'études brassés par M. Picavet Discours, programme et thèses intéressent à la fois et déçoivent un peu, ou plutôt manquent à satisfaire pleinement, comme il est inévitable sans doute en une esquisse où l'on risque facilement d'énoncer plus qu'on ne justifie, c'est-à-dire où l'on s'expose au double reproche de dire trop, ou de dire trop peu. Mais le devoir du critique est de faire crédit à une promesse, et cela nous est facile ici : M. P. tiendra sa promesse ; le passé est garant de l'avenir.

Le « Discours sur la méthode » détermine à la fois l'ampleur de l'objet et les procédés de l'étude des « Philosophies médiévales ». Ce mot n'est pas pris au hasard : M. P. a voulu éviter le terme courant de « Philosophie scolastique » qu'ont imprudemment accepté nombre de ses devanciers et de ses contemporains. Il l'en faut louer. Parler de « philosophie scolastique » au singulier tend à faire croire à l'unité de spéculations qui furent très diverses et très opposées souvent, et à la génération spontanée, au développement indépendant de doctrines autochtones qui ne se relieraient point à des doctrines antérieures et échapperaient aux influences historiques. La méthode de M. P. consiste précisément — c'est là sa force et un peu aussi sa faiblesse, — à rechercher et préciser toutes ces influences, à étudier dans une philosophie beaucoup moins sa teneur propre que ses points d'attache et ses solidarités avec les philosophies antérieures et postérieures, avec tout le développement sociologique, économique, littéraire, religieux et historique de l'humanité. L'esquisse se développe beaucoup plus en largeur qu'en profondeur. L'on conçoit qu'avec cette conception M. P. s'engage à étudier une multitude de problèmes de compétences diverses, et appelle sur ses recherches l'attention de tous les spécialistes des « sciences humaines » tout autant que celle des philosophes. Le difficile sera évidemment de contenter tout le monde, et de ne jamais paraître court, sinon inexpérimenté, en des études si longues et si délicates.

Le programme en effet est simplement effrayant, et suffirait à l'activité de toute une congrégation. Evolution et infiltration de toute la pensée antique dans le moyen âge, philosophie patristique, philosophie arabe, philosophie préscolastique, philosophie scolastique, et prolongation de tout cela dans la pensée moderne, sous forme d'influence inaperçue à dégager, ou de restauration néo-thomiste à raconter : M. P. entreprend de traiter tout ceci et jalonne sa route en la déterminant avec précision, — mais avec une précision surtout bibliographique, intéressant plus, jusqu'à présent l'érudit que le philosophe. Si ce programme vraiment encyclopédique est jamais rempli, M. P. aura fait une œuvre de la portée de celle de Zeller sur la philosophie ancienne.

La grande thèse de M. P., celle qui doit relier par un lien génétique toute la poussière des systèmes, et transformer les monographies juxtaposées en parties solidaires d'une même évolution doctrinale, c'est l'influence prépondérante de Plotin sur tous les penseurs médiévaux. Et cette thèse est hardie, déconcertante même, car le moyen âge a toujours cru s'inspirer à peu près exclusivement « du Philosophe », d'Aristote, sans que l'histoire ait pensé jusqu'ici devoir signaler là une illusion. Aussi M. P. a-t-il étonné les critiques plus qu'il ne les a convaincus : de toutes parts sont venues les réserves, trop accentuées à mon avis. Je crois, pour ma part, que l'influence de la pensée néo-platonicienne sur la pensée chétienne est difficile à exagérer. Sans doute la première autorité philosophique au moyen âge a été « le Philosophe », et M. P. fausse probablement sa pensée et sa thèse en donnant ici le pas à Plotin sur Aristote. Mais l'autorité philosophique a été moins puissante en réalité que l'autorité théologique, et la théologie qui a utilisé à son profit le rationalisme aristotélicien, c'est la théologie des Pères telle qu'elle s'était lentement élaborée dans un milieu intellectuel néo-platonicien. Ce n'est pas Platon, ni Aristote, ni le Portique qui ont orienté les premières et définitives déterminations des dogmes, c'est Plotin, avec sa synthèse de toute la pensée grecque antérieure, platonicienne, aristotélicienne et stoïcienne, synthèse toute entière dominée par une conception nouvelle de la nature de Dieu et de ses rapports avec le monde et avec l'âme. La théologie négative, les spéculations trinitaires, la procession du monde issu de Dieu sans panthéisme, la nature de l'âme immortelle orientée vers Dieu par une « conversion » inconsciente et inachevée, cette conversion s'achevant dès ici bas constamment par des relations personnelles et vivantes, parfois mêmes par l'extase, et plus tard par l'extase béatifique, rien de cela n'est aristotélicien, tout cela est plotinien, et tout cela est le fond de la philosophie religieuse des Pères et des scolastiques. Quand Albert le Grand et S. Thomas découvrent et vulgarisent Aristote, ils ne ressemblent en rien à Esdras découvrant le livre de la loi, et ne font pas une découverte d'ignorants qui vont tout apprendre ; ce sont des théologiens qui vont les premiers utiliser pleinement une merveilleuse philosophie sans rien oublier de leur théologie, et c'est à travers cette théologie plotinienne à leur insu qu'ils liront Aristote, ou plutôt qu'ils le continueront en le corrigeant et l'assouplissant à chaque instant. C'est donc par l'intermédiaire des Pères et de la théologie, surtout par les livres du Pseudo-Denys que le Plotinisme est arrivé au moyen-âge, beaucoup plus que par ces chemins indirects, indiqués par M. P. dans sa seconde édition (p. 110 et sqq.), l'influence de Plotin sur les Arabes et la transmission de ses œuvres authentiques aux penseurs du xiiie siècle. Quelques traductions, même une citation authentique de S. Thomas ne sauraient permettre aux *Ennéades* de prendre la place officielle de l'*Organon* et de la *Métaphysique*. Mais la philosophie aristotélicienne pourrait encore moins éliminer du rationalisme scolastique l'influence patristique et plotinienne. — Il semble donc bien que M. P. s'est assigné un filon extrêmement riche à exploiter, et que l'*Histoire générale et comparée* marquera facilement dans le détail des doctrines scolastiques des traces de la pensée et surtout de l'inspiration de Plotin. Et par là la philosophie du moyen âge se trouvera mieux reliée encore à l'antiquité : Aristote n'y perdra rien, et les Pères y gagneront beaucoup. Ceci ne peut que ravir les partisans d'une évolution continue de « la pensée humaine » que déroute le saut traditionnel de S. Thomas à Aristote, et les partisans d'une évolution continue de la « pensée chrétienne » que blesse l'opposition classique de la théologie scolastique à la théologie patristique.

Par là M. P. peut voir que son œuvre intéresse ceux-là même dont il paraît n'attendre que des défiances et des incompréhensions, les penseurs « catholiques » auxquels il dénie si injustement, (p. 307) comme au reste aux autres penseurs religieux, l'impartialité nécessaire à l'œuvre qu'il entreprend. Peut-être pourraient-ils, ces incompétents, lui dire qu'une évolution doctrinale se comprend mieux du dedans que du dehors, et que sous peine de ne faire que de l'érudition sans philosopher, il lui faudra bien à lui aussi se situer au cœur des systèmes qu'il analyse. Mais sans doute aimeront-ils mieux applaudir à son effort, et bénéficier de ses recherches, confiants en sa probité intellectuelle, quittes à prolonger sa compétence d'historien par d'autres qui ne sont pas nécessairement hors de leur domaine en philosophie.

E. Baudin.

---

17. — **Le Gouvernement de soi-même**, essai de psychologie pratique, par Antonin Eymieu. — Paris, Perrin et Cie, 1906, in-16. (Prix : 3 fr. 50).

Ce n'est pas assurément aux esprits légers, aux amateurs de romans quelconques, que nous recommanderons la lecture de ce volume. Ou plutôt, s'ils avaient la force d'attention nécessaire, cette lecture leur serait bienfaisante : car c'est un livre de morale autant et plus encore que de psychologie pratique ; et si l'on voulait prendre la peine d'appliquer les principes donnés par l'auteur, ce serait comme si l'on se laissait diriger par la sagesse utile d'un directeur d'âmes.

A cette question, qu'il se pose dès l'introduction : « Est-il possible de se gouverner soi-même ? », M. E. répond, sans hésiter : « Oui, parce que nous sommes libres, assez pour plier à notre dessein, dans la mesure nécessaire, même les forces aveugles qui sont en nous. » Ainsi, M. E. n'est partisan d'aucun déterminisme ? Ce serait trop dire. Il reconnaît que nous ne sommes pas aussi libres que des dieux ; mais nous le sommes plus que des pierres... Sage et prudente formule, qui convient bien, semble-t-il, à notre condition d'êtres imparfaits et bornés.

N'étant pas entièrement libres, nous avons à lutter beaucoup, pour être maîtres de nous-mêmes ; et M. E. indique toute une méthode, j'allais écrire une tactique de statrégie contre les influences surtout intérieures, que nous avons à redouter. Il y a en nous trois existences : une vie végétative, une vie animale, et une vie humaine. Le grand secret est de les bien coordonner, de veiller à ce que l'équilibre subsiste entre elles, à ce que le moral surtout demeure indépendant du physique, et le domine.

Je sais bien que ces idées-là ne sont pas tout à fait nouvelles. Elles furent exprimées déjà par beaucoup de philosophes, par des théologiens, par des confesseurs. Mais il est impossible de refuser cependant à ce livrer une réelle originalité : il se distingue par une remarquable finesse d'analyse et une perspicacité rare dans l'étude des sentiments. Je recommanderai en particulier, à ce point de vue, le chapitre III de la troisième partie, sur les passions : M. E. a pénétré plus loin que bien des psychologiques, dans le parallèle qu'il établit entre la passion mauvaise qui dégrade, n'assouvit pas, laisse une douleur, et la passion bonne, (l'idéal), qui procure à la fois une grande force, un grand bienfait et une grande joie.

Il faut lire ce livre, de bonne foi et de bon conseil.

Pascal MONET.

---

18. — **Les légendes thébaines en Grèce et à Rome**, par Léon LEGRAS. — *Les légendes thébaines dans l'épopée et la tragédie grecques*. — Paris, Société Nouvelle de librairie et d'édition, Edouard Cornély et Cie, 1905, in-8 de 192 p. (Prix : 4 fr. 50).

« ... Aucun poème du cycle thébain n'a échappé aux injures du temps, et il n'en reste plus aujourd'hui trente vers. — C'est pourtant ce cycle que j'ai essayé de reconstituer dans ses grandes lignes, d'après les fragments et les souvenirs que nous en ont conservés les poètes, les mythographes et les artistes grecs ». (Avertissement, p. 1.)

Le projet de M. Legras et très louable ; son ambition, de prime abord, paraît bien vaste. Si étendues qu'aient été ses lectures et études préparatoires, si ingénieuse que soit sa méthode de reconstitution, il était exposé à un double danger. Il risquait de reprendre des opinions déjà émises et de les discuter sans aboutir à des conclusions plus sûres que ses prédécesseurs ; ensuite il pouvait être amené à accumuler des hypothèses personnelles difficiles à soutenir, ou bien à tirer de faits mal établis, de données contradictoires ou de renseignements vagues des déductions qui ne résisteraient pas à un examen approfondi. Et ceci était inévitable, puisque nous n'avons affaire ici qu'à des « fragments », à des « souvenirs » et à des *sources*, aussi divergentes qu'elles sont nombreuses et variées. M. L. a tâché d'éviter ce double péril en se tenant sur une prudente réserve ; bien rares sont les faits qu'il donne comme incontestables, nombreux au contraire les problèmes qui ne comportent pas de solution.

Il n'en faut pas moins louer le courage avec lequel il a entrepris ce travail ardu, l'ardeur infatigable qu'il a déployée à feuilleter minutieusement des textes et des fragments de textes, à rapprocher des faits et des dates, à élucider des questions fort obscures, et aussi à se mettre au courant des études antérieures sur le même sujet. La preuve de son activité se manifeste non seulement dans la trop courte bibliographie que donne l'Avertissement (p. 1-2) mais encore et surtout à toutes les pages du Livre. Dans le texte comme dans les notes, les citations et renvois abondent ; ils surabondent même, car le grand nombre de notes, références, parenthèses et renseignements complémentaires annexés pour ainsi dire au texte en rendent la lecture assez pénible à quiconque n'est pas déjà très au courant de la question.

Il va de soi qu'une étude de ce genre ne peut être soumise à une analyse détaillée. Mais grâce à la méthode rigoureuse adoptée par l'auteur et au grand nombre de divisions et subdivisions avec titres et sous-titres que comporte chaque chapitre, l'ensemble des vues est facile à saisir : il en est autrement si l'on entre dans le détail.

Dans un premier chapitre sur *Les origines de la légende Thébaine*, M. L. expose comment la mythologie peut avoir une valeur historique, comment « sous beaucoup de mythes se cachent non seulement des faits naturels, mais des évènements obscurs de l'histoire primitive », comment en particulier les légendes d'Œdipe, des Sept et des Epigones recouvrent des luttes, migrations de peuples, évolutions et révolutions diverses, en somme des faits d'histoire locale. Ceci est incontestable et M. L. ne prétend pas l'avoir découvert. Le plus difficile est de démêler quelles sont les légendes « locales », les divinités « locales » héroïsées, les faits historiques « locaux » dont l'Œdipodie, la Thébaïde, les Epigones et l'Alkmeonide conservaient le souvenir. Qu'étaient au juste Laios et Œdipe, Adrastos et son cheval divin Areiôn, Amphiaraos et tant d'autres héros de la légende thébaine. Que croire d'Opheltès et de la fondation des jeux Néméens ? M. L. ne ménage pas sa peine pour éclaircir ces problèmes. Mais, — et ceci se remarque dans tous les chapitres du livre, — malgré son érudition et son dépouillement consciencieux des textes anciens, malgré sa connaissance des théories modernes, il se trouve à chaque ligne en présence de tant d'incertitudes et de données inconciliables que, sans jeter le manche après la cognée, il s'abstient le plus souvent de formuler une conclusion. Rarement il va au-delà d'une conjecture ou d'une probabilité. Est-ce un tort ? Non sans doute ; une hypothèse vraisemblabe vaut mieux qu'une affirmation mal fondée. Mais le lecteur se sent parfois dérouté par des séries de faits et de raisonnements qui le laissent, en fin de compte, dans l'attente d'une solution absente. L'abus des « peut-être », « sans doute », « il est problabe », et autres formules dubitatives ou conditionnel donne à l'œuvre entière l'aspect d'un recueil de *sources*, de textes, d'opinions et de versions très variées plutôt que celui d'une discussion achevée. Et cela est peut-être un inconvénient.

Dans les chapitres II, III et IV, M. L. se propose de « dégager aussi clairement *qu'il le pourra* les rares parties certaines des premières épopées. » En fait ces parties certaines sont réellement très rares et je ne sais pas si les résultats acquis compensent suffisamment la peine que s'est donnée M. L. pour reconstruire les poèmes thébains et pour en retrouver, à la suite de E. Bethe et Welcker, les origines probables.

Après une classification de ces poèmes dont nous ne savons, à rares exceptions près, ni la date, ni le sujet, ni le contenu, ni parfois le nom réel, M. L. passe en revue les *sources* qui nous renseignent (?) à leur sujet, en premier lieu l'Iliade où se remarque l'influence de la *Thébaïde*, puis les lyriques et les logographes, dont le témoignage est sujet à caution, les mythographes et les scoliastes, dont il ne faut pas moins se défier, et enfin Pausanias dont les affirmations ont besoin d'être contrôlées (Ch. II). Aux chapitres III et IV sont étudiées d'une part *l'Œdipodie* et la *Thébaïbe* (Ch. II.), d'autre part les *Epigones* et *l'Alkméonide* dans leurs sources, — et Dieu sait combien nous en cite M. L. — dans leur contenu probable, dans leurs parties communes, dans leurs divergences, et dans la manière dont elles présentent l'évolution des légendes thébaines. (Ch. IV). Là encore il est rare que M. L. nous donne des « choses qui s'imposent rigoureusement », « quelques points acquis » (p. 94) ou « quelques faits assez nettement délimités » (p. 95). Il distingue bien « trois ou quatre assises d'origine et d'époque diverses » (p. 49) dans les Epopées thébaines, mais le plus souvent, après de longues discussions, il se contente « des conjectures qu'il a crues les plus vraisemblables » (p. 84). Il avoue d'ailleurs son impuissance fort ingénuement. « De ces reconstitutions de quatre épopées presque entièrement disparues, les deux dernières sont purement conjecturales et tout à fait incertaines. J'ai dû me guider sur l'analogie et la vraisemblance *et me fier souvent à cette espèce de flair qu'on se flatte d'avoir acquis par une assez longue étude des fragments anciens.* » Il a pu montrer que ses prédécesseurs « s'égaraient sans prétendre indiquer la bonne voie. » Après une pareille dépense d'érudition, cette conclusion n'est guère consolante.

A la suite d'un chapitre sur l'état de la légende *De l'Epopée aux Tragiques*, chez les poètes généalogiques, les poètes lyriques, les logographes et dans les œuvres d'art (Ch. V), chapitre où nous observons les mêmes hésitations et les mêmes contradictions, M. L. se trouve sur un terrain plus sûr, mais aussi dans un domaine mieux exploré : *Les Epopées thébaines et tragiques*. Il nous montre clairement comment après Eschyle où domine encore la Fatalité, les légendes primitives déjà bien altérées continuent à se transformer peu à peu dans Sophocle et surtout dans Euripide, qui a traité dans presque toutes ses parties (8 ou 9 pièces) l'histoire d'Œdipe et de sa race ; elles suivent en cela le progrès des idées morales de plus en plus épurées.

Quant aux tragiques de deuxième ordre, dont nous n'avons que de courts fragments, c'est d'eux et non d'Euripide que se sont inspirés les auteurs des vases peints du IVe siècle représentant des scènes de la légende ; c'est à eux également qu'il faut rattacher les Tables d'Hygin.

Le Chapitre VII résume dans un grand tableau à cinq colonnes, *l'Etat moyen de la Légende à l'époque des Tragiques.*

La conclusion finale signale l'influence particulière de la version d'Euripide sur les siècles suivants et résume la manière dont la légende primitive, altérée et augmentée d'éléments parasites, décomposée en légendes secondaires ou régionales, très souvent déformée, a continué d'inspirer les poètes grecs après Euripide, en attendant qu'elle fournisse à Sénèque et à Stace le sujet « d'œuvres de beaucoup de talent ».

J'ai lu avec intérêt le travail de M. L. Si j'ai regretté plus d'une fois l'absence de conclusions sûres, ou trouvé désagréables certains abus d'érudition ou certaines discussions parasites (v. par ex. l'interminable note, assez confuse, des pages 63-67), la faute en est au sujet bien plus qu'à l'auteur. La documentation est d'une richesse extraordinaire ; M. L. aurait rendu aux lecteurs un réel service s'il avait annexé à son livre un Répertoire détaillé. Avec une pareille série d'hypothèses, d'argumentations et de citations parfois bien décousues, la Table des matières des pages 191-192 n'est pas suffisante.

.·.

Les Légendes thébaines en Grèce et à Rome. — *Étude sur la Thébaïde de Stace.* — Paris, Edouard Cornély et Cie, 1907, in-8 de 356 p. plus 6 p. d'Errata et Index. (Prix : 6 fr.)

Dans la conclusion de son Etude sur *Les Légendes thébaines dans l'Epopée et la Tragédie grecques,* M. Legras considérait comme « intéressant de rechercher dans les Tragédies de Sénèque et dans la *Thébaïde* de Stace une forme nouvelle de ces antiques légendes... ». Le présent travail parait donc être, de prime abord, une suite logique et un complément normal du premier. En réalité il est tout autre. De Sénèque, si souvent imité par Stace, il est à peine question. Se trouvant en présence de Stace, M. L. a substitué, ou, si l'on préfère, ajouté à l'étude que nous attendions sur les légendes thébaines à Rome, un travail d'ensemble sur la *Thébaïde* de Stace qu'il examine dans son sujet, dans ses sources et dans son exécution. Il était libre de choisir sa thèse et sa méthode, mais le titre général des deux volumes : *Les légendes thébaines en Grèce et à Rome* ne correspond, pour le second volume, qu'à la partie la moins importante, malgré le soin que prend l'auteur de nous ramener le plus souvent possible à ce qu'il appelle les *sources*.

L'œuvre est en substance une étude sur la *Thébaïde* de Stace. Le plan en est très simple : une première partie traite du sujet (La légende avant Stace, chap. I) et des sources (chap. II), pages 15-145 ; une deuxième partie de l'exécution (Composition, chap. I ; Merveilleux, chap. II ; Personnages, chap. III ; Esprit et usages romains, chap. IV ; Ornements épiques, chap. V ; Style, chap. VI), pages 145-353.

Dans une brève Introduction, M. L. rappelle l'éducation tout artificielle que reçut Stace et la conséquence presque inévitable de cette éducation qui l'amena à composer, à l'exemple de Sénèque et de Lucain, une épopée imitée d'Homère et de Virgile ; il nous expose ensuite son but qui est de « nous révéler les goûts d'une longue époque littéraire », et de montrer ce que « Stace doit pour le fond aux poètes grecs et latins », puis d'étudier la forme de son poème en distinguant « ce qui appartient aux prédécesseurs du poète, ce qui est du temps et ce qui est de Stace lui-même ». « Stace s'est trompé sans doute ; mais pourquoi s'est-il trompé ? pourquoi méritait-il peut-être de ne pas se tromper ? » Voilà ce qui devrait surtout ressortir de cette étude. La conclusion (page 347 et suiv.) répond sommairement à ces dernières questions. Stace eût dû fuir les *longs ouvrages*... ; « ses contemporaines l'eussent méconnu, mais la postérité l'eût déclaré exquis. » On voit tout de suite qu'en se plaçant sur ce terrain, M. L. oublie la promesse qu'il nous avait faite, ou plutôt, ce qui est plus exact, il nous donne plus qu'il ne nous avait promis ; on ne saurait lui en vouloir. Il nous montre plus clairement qu'on ne l'avait fait avant lui comment Stace a fait fausse route en transposant dans une épopée latine, suivant l'exemple de Virgile, un sujet auquel il n'était pas approprié. Et cette démonstration ne manque pas d'intérêt pour quiconque s'occupe, avec documents à l'appui, de l'histoire de l'épopée romaine ; « étudier la *Thébaïde*, c'est... surtout étudier les goûts littéraires d'une époque ; l'idée qu'on se faisait sous l'Empire de la grande poésie ».

Considérée au point de vue auquel il faut se placer pour l'apprécier justement, l'étude de M. L. est des plus consciencieuses et des plus pénétrantes, bien qu'elle soit loin d'être neuve dans toutes ses parties. La partie la plus originale est la première. Mais ici, comme dans le travail qui l'avait précédé, nous nous heurtons trop souvent à des renseignements incomplets ou contradictoires. Quelles sont au juste les *sources* de la Thébaïde ? Et d'ailleurs que faut-il entendre par *sources* ? S'agit-il des restes insignifiants de l'épopée d'Antimaque ou des Αἴτια de Callimaque ? Le peu qui nous en est parvenu nous interdit toute comparaison entre les œuvres originales et le poème de Stace. Faut-il penser au résumé d'Apollodore ? Ce résumé n'est qu'une compilation de versions diverses dont l'origine est toujours difficile à préciser ? Devons-nous d'autre part appeler *sources* les tragédies ou fragments de tragédies de Sénèque ? C'est bien impossible ; Sénèque a lui-même emprunté à des auteurs plus anciens que ne pouvait ignorer Stace. Sans insister plus longuement sur ce point, je remarque dans quelles difficultés se meut ici M. L. ; il en convient presque, puisque dans son premier chapitre, il se borne à « passer en revue les sources dont *aurait pu* user l'auteur *d'une* Thébaïde. Et ceci déconcerte un peu le lecteur d'une solution précise.

Afin de déterminer les sources « où Stace a puisé *en effet* », M. L. fait une analyse détaillée des douze chants de la *Thébaïde* (Ch. II, pages 30-145) et relève dans la trame de l'épopée et dans les épisodes... tous les emprunts aux poètes grecs et latins (27 divisions, suivies çà et là de notes détaillées sur des points spéciaux, et terminées par une note sur la *Durée de l'action du poème*.) Cette partie de la thèse est très nettement composée et très richement documentée. Mais n'est-ce pas beaucoup d'ambition de vouloir citer ici, comme *sources*, *tous* les *emprunts* aux poètes antérieurs ? D'ailleurs qu'est-ce qu'un *emprunt* ? M. L. établit une foule de parallèles entre Stace et d'autres écrivains grecs et romains, Homère,

Virgile et Sénèque en particulier. Dans le nombre il y a des emprunts indiscutables ; mais que de fois s'agit-il de lieux communs poétiques, formules d'école ou ressemblances fortuites! qui fera le départ ? Où commence et où finit l'imitation ? Et ceci sera surtout en question dans la seconde partie, où Stace nous apparaîtra appelant à son secours les mille et un procédés enseignés dans les écoles pour « fabriquer » un bon poème épique. Même dans les questions de fait, est-il bien prouvé que c'est à Homère, ou à Virgile ou à tel autre poète qu'a emprunté Stace, plutôt qu'aux *sources* réelles, inconnues de nous, mais peut-être connues de lui, auxquelles ont pu puiser et Homère et Virgile et d'autres! Voilà bien des incertides. M. L. en a d'ailleurs pleinement conscience ; à chaque ligne, en le lisant, nous nous heurtons à des conjectures, à des aveux d'impuissance, à des formules de doute : « à la rigueur, il est probable, peut-être etc. » Il faut le louer de présenter comme douteux ce qui l'est réellement et de nous fournir une immense quantité de textes et d'aperçus dans des cas de ce genre ; mais le lecteur n'en reste pas moins dans le désarroi. Malgré les citations, comparaisons et suppositions judicieuses qui prouvent chez l'auteur une documentation fort étendue et un travail préparatoire très méthodique, nous regrettons de ne pas trouver plus souvent des conclusions indiscutables. A vrai dire, ceci est peut-être une qualité plutôt qu'un défaut du travail de M. L.

La deuxième partie forme un tout par elle-même et peut se concevoir indépendante de la première. M. L. y examine la mise en œuvre des matériaux que Stace « a tirés de la littérature grecque et de la littérature romaine ». Le sujet est très nettement déterminé par les en-têtes des différents chapitres. Nous sommes ici sur un terrain plus solide et les questions examinées ne sont pas très neuves; mais la plupart des jugements portés par M. L. sont très personnels et intéressants à connaître. L'auteur a su fort habilement mettre en évidence, louer ou blâmer les qualités et les défauts de Stace, faire ressortir le caractère artificiel d'une épopée composée dans le double but d'imiter Virgile et d'obéir à Horace, signaler l'absence d'unité, les maladresses et exagérations dans l'imitation, la nature du merveilleux, l'influence de la rhétorique sur la conception et l'exécution du poème, le caractère des descriptions, comparaisons, ornements épiques et autres, bref montrer ce que pouvait faire et ce qu'a fait effectivement un poète entrainé par un système d'éducation déplorable à composer une œuvre artificielle contraire à ses goûts.

Le dernier chapitre, sur le styte, suivi d'une note insignifiante sur la Prosodie et la Métrique, est assez vague. En tous cas, il pourrait faire l'objet d'une monographie spéciale et non pas conclure un travail où on s'attendait surtout à voir traiter des légendes antiques.

Le travail de M. L. rendra un double service. D'abord il fournira aux amateurs aussi bien qu'aux spécialistes un receuil précieux de documents sur les légendes thébaines ; à un point de vue plus particulier, il nous donne de l'épopée de Stace l'étude la plus complète qui ait jusqu'ici paru en France. Il est regrettable que l'auteur n'ait pas prévu l'utilité d'un Index très détaillé qui nous permette de retrouver aisément les mille renvois et citations dont est remplie chaque page du livre.

Je ne dis rien des erreurs typographiques, puisque l'auteur les excuse et les signale dans quatres pages d'errata d'ailleurs fort incomplètes : elles n'en sont pas moins bien fâcheuses. L'*Index* des poètes que Stace a imités ou *pu* imiter n'est guère utile ; à quoi bon indiquer des poètes que l'on a *pu* imiter? Ceci confirme ce que j'ai remarqué plus haut des difficultés presque insolubles auxquelles se heurte l'auteur à chaque pas.   J. Vessereau.

---

19. — **Saint Colomban**, par l'abbé Eug. Martin. (Coll. *les Saints*). — Paris, Lecoffre, 1905, in-12 de 198 p. (Prix : 2 fr.)

La critique, en s'exerçant depuis quelques années sur les écrits de S. Colomban et de son biographe Jonas, a mieux dégagé les principaux traits de la puissante personnalité du moine irlandais, qui exerça une influence si prépondérante sur le développement de la vie monastique dans la Gaule du Nord. Les travaux de Gundlach ont fait la preuve de l'authenticité de la plupart des lettres et des poésies attribuées à Colomban, et ceux de Krusch ont mis en relief la valeur des *Vitæ* de Jonas [1] ; bien au courant des résultats ob-

[1] Aux critiques indiquées par M. l'abbé Martin, on nous permettra peut-être d'ajouter celle que nous avons consacrée aux *Vitae* des Saints Eus-

tenus par l'érudition moderne, M. l'abbé Martin a pu, en s'appuyant toujours sur des témoignages d'une incontestable autorité, écrire à l'usage du grand public un volume d'une haute probité scientifique et d'une lecture fort attrayante. Non content de suivre son héros dans ses pérégrinations à travers la Gaule, la Suisse, l'Allemagne et l'Italie du Nord, de retracer l'histoire de ses fondations, de narrer ses démêlés avec Brunehaut et sa lutte avec l'épiscopat bourguignon touchant la fixation de la date de Pâques et la forme de la tonsure, M. Martin tient encore à faire revivre aux yeux de ses lecteurs, par des citations bien choisies, la physionomie morale de Colomban, et les divers aspects de ce caractère original, où se mêlaient, sans s'opposer et sans se contredire, les exagérations d'une nature ardente et impétueuse et les sentiments de l'humilité la plus profonde, une fierté indomptable, une énergie sauvage et une vive tendresse de cœur, un attachement sans limites au Saint-Siège et une opiniâtreté parfois étroite, une singulière âpreté d'expressions dans sa correspondance avec le Souverain Pontife. C'est un prophète, au sens véritable de « porte-parole de Dieu », et c'est ainsi qu'il se considère lui-même, agissant en conséquence, mettant toute sa confiance en Dieu, s'abandonnant sans réserve à sa volonté, mais aussi impatient de toute contradiction quand il croit avoir raison et inaccessible à toute considération purement humaine ; il le montre bien, par exemple, quand, malgré tout l'intérêt qu'il aurait eu à exciter Clotaire II en faveur de Théodebert contre son persécuteur Thierry II, il engage au contraire le souverain neustrien qui l'avait consulté, à demeurer neutre dans la lutte fratricide qu'allaient se livrer les petits-fils de Brunehaut.

Quelques pages exposent à grands traits la règle de Saint-

---

tasius, Athala et Bertulfus, disciples de S. Colomban, à l'Ecole des Hautes-Etudes, sous la direction du regretté Auguste Molinier, durant l'année scolaire 1897-1898 — étude dont les résultats n'ont pas été publiés ; nous avions abouti à cette conclusion que Jonas est très bien informé, que ces *Vitae* forment une source excellente et nous avons presque toujours constaté l'exactitude de ses assertions et de ses récits, lors que nous avons pû les contrôler par d'autres sources contemporaines.. C'est ce qu'a d'ailleurs fort bien vu M. M., car il a maintes fois utilisé les *Vies* des disciples pour écrire la biographie du maître.

Colomban, mais il est permis de regretter que M. l'abbé Martin n'ait pas crû devoir donner plus de développements à cette partie de son travail ; dans sa conclusion, quand il passe rapidement en revue la descendance monastique de Colomban, nous aurions également souhaité le voir s'étendre davantage sur l'action exercée en Gaule par ce code de la vie monastique; la tâche lui était facilitée par la savante étude de M. l'abbé Malnary, qu'il connaît d'ailleurs et qu'il utilise à maintes reprises. Sur le pénitentiel de Saint-Colomban, il est encore moins explicite et ne dit rien de l'influence considérable exercée par cet écrit sur la discipline pénitentielle de l'Europe chrétienne et particulièrement de la Gaule ; les travaux de Wasserschleben (*Die Bussordnungen der abendländischen Kirche*) de Mgr Schmitz (*Die Bussbücher*) et surtout les récents articles de M. Paul Fournier dans la *Revus d'histoire religieuse* ont cependant fait la lumière sur ce point, et montré que l'usage même des pénitentiels, c'est-à-dire des listes de pénitences tarifiées pour chaque péché, est né dans l'église celtique, et révélé l'existence de liens étroits entre les canons de Colomban et ceux des recueils les plus répandus dans l'église franque aux VIIIe-Xe siècles.

Après tout, il est possible que M. l'abbé Martin, dont l'érudition toujours bien informée se laisse rarement prendre en défaut, n'ait pu trouver assez de place dans l'espace un peu restreint accordé aux auteurs par le modeste format de la collection des *Saints*, pour donner plus d'ampleur à l'exposé de ces questions.

André Lesort.

---

20. — **Les classes rurales en Bretagne du XVIe siècle à la Révolution**, par H. Sée. — Paris, Giard et Brière, 1606, in-8 de 544 p. (Prix : 10 fr.)

La nouvelle étude de M. Sée, complétant celle qu'il a précédemment consacrée aux classes rurales en Bretagne pendant le moyen-âge, est fortement documentée, néanmoins facile à lire, très impartiale dans son esprit, très judicieuse dans ses appréciations, très modérée dans ses conclusions. Elle n'apporte pas précisément de notions nouvelles sur l'état des classes rurales sous l'ancien régime ; mais elle a ce grand avantage de vérifier pour une province ayant son existence propre et formant un petit monde à part l'exactitude des faits déjà acquis. Les choses sont les mêmes : mais il y a des différences de degrés. Il résulte incontestablement du livre de M. Sée, comme on pouvait s'y attendre, que la Bretagne était fort au-dessous, comme état social et économique, du reste du royaume, que la misère y était plus grande, que les charges royales et seigneuriales y étaient plus lourdes, quoi qu'en aient dit les apologistes de la funeste administration des Etats et de ces privilèges provinciaux qui, onéreuse pour l'ensemble du royaume, l'étaient aussi pour la province elle-même. Un fait typique ; alors que dans toute la France la population, sous le règne de Louis XVI, était en voie d'accroissement sensible, il semble bien qu'en Bretagne il y ait plutôt régression.

A cette différence près, tout ce qui est vrai du reste de la France l'est aussi de la Bretagne.

Dans une première partie (Condition personnelle des paysans), M. Sée établit que le servage (d'ailleurs à peu près inconnu en Bretagne au moyen-âge) n'existe plus dans les temps modernes, ou n'a laissé que quelques traces fort rares et à peine perceptibles (droit de motte, quevaise, certaines conditions de ce mode de tenure spécial à la Bretagne qu'on appelle domaine congéable). Le paysan breton est libre. Il est même (2ᵉ partie) fort souvent propriétaire de parcelles d'ailleurs minimes, morcelées à l'excès, mal cultivées, peu productives. La petite propriété paysanne existe en Bretagne comme ailleurs mais moins développée. La noblesse (d'ailleurs souvent aussi extrêmement pauvre) y a conservé une plus grande proportion du sol (à ne parler que du domaine *proche* comme M. Sée appelle assez heureusement les terres exploitées ou affermées par le seigneur, par opposition aux terres accensées) : du sol cultivable, et encore plus du sol non cultivable, landes, friches qui couvrent une si grande partie du territoire de la province. La bourgeoisie possède peu, et, comme ailleurs, elle possède surtout dans les environs des villes : de sorte que c'est au fond des campagnes que la propriété est le plus morcelée. — Au dessus de la masse considérable des journaliers sans propriété, et des tout petits propriétaires vivant moins de l'exploitation de leur terre que d'autres travaux, émerge, en Bretagne comme ailleurs, une classe de paysans riches ou aisés, qui sont seuls en situation de profiter des nouveaux allègements si multipliés à la fin du xviii° siècle, — et qui seront seuls aussi, sans doute, en état de profiter de la vente des biens nationaux.

Sur les classes rurales pèse (3° partie) un régime seigneurial plus lourd et plus vivace en Bretagne que nulle part ailleurs, encore que là aussi il ait subi une décadence incontestable, par la négligence des seigneurs, par les résistances des censitaires (point qu'il ne faut pas oublier), par la diminution de la valeur de l'argent: et s'il y a aggravation des charges seigneuriales à la veille de la Révolution, il apparaît bien à M. Sée, comme il m'est apparu à moi-même, qu'il s'agit non pas d'une aggravation réelle mais d'efforts faits pour remettre en vigueur des redevances tombées en désuétude, et redevenues importantes, depuis que les denrées agricoles ont subi une hausse considérable et que les besoins d'argent sont devenus très impérieux. D'ailleurs il faut moins considérer les droits seigneuriaux eux-mêmes que les exactions et vexations de tout genre dont leur perception s'accompagne : là est le secret de leur impopularité! Enfin (5° partie) la fiscalité royale devient de plus en plus rude [1] : le paysan breton est envers elle aussi indéfendu, plus indéfendu peut-être que celui de n'importe quel pays d'élection : si la Bretagne paie moins par tête que les autres provinces [2], le fardeau est pour elle plus lourd parce qu'elle est beaucoup plus pauvre. La corvée, que d'Aiguillon eût voulu adoucir, est pour le paysan breton, du fait des Etats, plus lourde, plus inutile, et plus durable que pour toute autre province.

Il serait trop long de suivre M. Sée dans les détails nombreux qu'il donne sur les divers modes de tenure (4° partie), d'exploitation agricole (5° partie), sur la vie matérielle et morale des paysans bretons (7° partie), sur les progrès réalisés, malgré tout, en Bretagne comme ailleurs, dans la seconde moitié du xviii siècle. On ne peut rien faire de mieux que de renvoyer le lecteur à la conclusion dans laquelle M. Sée a résumé avec une grande netteté les résultats de ses intéressantes recherches.   M. MARION.

[1]. C'est certainement par une double faute d'impression que M. Sée parle d'un abonnement en 1759 du 20° pour 1.700.000 livres. Lire 1756 et 1.200.000 l. par vingtième.

[2]. Necker disait 12 l. 10 s. par tête ; des chiffres indiqués par M. Sée, p. 316, il résulterait une moyenne de 11 l. par tête.

21. — **Le Clergé et le culte catholique en Bretagne, pendant la Révolution. District de Dol.** Documents inédits, recueillis, mis en ordre et publiés par P. DELARUE, membre de plusieurs sociétés savantes. Troisième partie. *Communes rurales du canton de Dol*, avec les tables des noms de prêtres des trois premiers volumes. — Rennes, J. Plihon et E. Hamuray, 1906, in 8 de 248 p. (Prix 4 fr.)

Le *Bulletin Critique* a rendu compte, dans le temps, des deux premières parties de cet excellent travail. (Cf. n° du 25 janvier 1906.) Cette troisième partie le complète heureusement. Les documents qu'elle renferme ont tous leur importance, le futur historien du clergé dolois, pendant la Révolution, les consultera avec fruit et remerciera l'infatiguable chercheur qu'est M. Delarue de les lui avoir fait connaître.

Ce troisième volume débute par une notice sur l'état du séminaire de Dol, dans le département d'Ille-et-Vilaine érigée en commune le 14 décembre 1789 par un décret de l'Assemblée nationale, la paroisse de l'Abbaye sur laquelle se trouvait ce séminaire aujourd'hui transformé en hôpital, fut supprimée par un simple arrêté du département, le 18 juin 1791, et son territoire fut de nouveau annexé à la commune de Dol d'où il avait été précédemment distrait. Une série de procès-verbaux des séances de cette éphémère municipalité nous aide à connaître l'état des esprits à cette époque tourmentée. Le directoire du district de Dol était en correspondance suivie avec elle pour traiter de la « dissolution du grand séminaire » le diocèse étant supprimé, et de la dévolution de ses biens. On lit, dans l'un de ces procès-verbaux daté du 11 juin 1791, que « le nouveau directoire de cette ville, au quatrième jour de ses travaux, a développé l'énergie la plus nécessaire. Fatigué d'entendre le peuple-citoyen se plaindre des sourds travaux de cinq Eudistes qui empoisonnaient et la paroisse de l'Abbaye près de Dol et Dol lui-même, qui répandaient l'alarme dans les consciences, et détachaient journellement des émissaires dans les paroisses du district de Dol pour allumer la torche du fanatisme et de la guerre civile, solliciter les prêtes assermentés à se rétracter et à empêcher les autres d'obéir à la loi, le directoire se transporta à sept heures du soir chez MM. les Eudistes, et leur intima l'ordre de partir en vingt quatre heures. » Le Séminaire était tenu par les fils du vénérable P. Eudes qui excerçaient sur tout le clergé dolois une grande influence et lui avaient appris à obéir à Dieu plutôt qu'aux hommes. De là les colères de ces Républicains de fraîche date qui ne voulaient plus connaître que la loi humaine. C'est assez l'ordinaire que celui qui refuse de ployer le genou devant Dieu se prosterne tout le long devant l'homme qui vient un bâton à la main.

On allait faire l'inventaire, le mot existait déjà et la chose aussi, du séminaire de l'Abbaye, lorsque le supérieur, malgré ses dénégation formelles et l'attestation de ses confrères, « fut convaincu de spoliation du dictionnaire le Bayle ». Les administrateurs du district de Dol dénoncèrent le fait au directoire et au procureur-général syndic du département ; ils écrivaient au sujet du *coupable* : « De son propre aveu cet ouvrage a existé dans la bibliothèque commune du séminaire, depuis que ces meubles avaient été déclarés à la disposition de la Nation. Il n'y existait plus lors de l'inventaire rapporté par la municipalité de l'Abbaye contradictoirement avec le sieur Launay, en sa présence, quelque temps avant son départ. Nous eussions cru manquer à notre devoir, en distribuant les bienfaits « de la Nation à celui qui s'est permis de la spolier. »

Les *bienfaits* dont il s'agit consistaient en une modique pension faite au P. Eudiste sur les biens de l'abbaye confisqués par la Nation « toujours grande et généreuse » comme on le voit, la pension elle-même fut confisquée.

On se demande si cette histoire d'hier n'est pas plutôt celle d'aujourd'hui ?

Par cet échantillon, j'ai voulu donner au lecteur une idée de l'intérêt, je dirai même de l'actualité, des nouveaux documents inédits publiés par M. Delarue.

En voici un autre qui a bien sa saveur aussi. Il a été copié sur les registres de la municipalité de Baguet-Morvan, même district :

« 30 floréal an II (19 mai). Accorde vingt et une livres à Bertrand Legendre pour descendre la croix de dessus le clocher de la ci-devant église. »

Il toucha cette somme, le dix messidor, et « en plus cinquante sous pour avec coupé les fleurs de lys de dessus le pavillon du presbytère. »

C'était la guerre à Dieu et au roi ; celui-ci devait succomber dans la lutte, mais « Dieu ne meurt pas », suivant le mot sublime de Garcia Moreno.

.

Les Cent Jours en Vendée. Le général Lamarque et l'insurrection royaliste, d'après les papiers inédits du général Lamargue, par Bertrand LASSERRE. — Paris, Plon-Nourrit, 1906, in-16 de 417 p. (Prix : 4 fr.)

Cet ouvrage résume très bien et très impartialement l'insurrection, ou mieux le soulèvement de la Vendée pendant les Cent-jours, car ici les vrais insurgés n'étaient peut-être pas les Vendéens. Le rôle du général Lamarque fut d'une importance considérable. Il montra autant de modération que d'énergie dans sa lutte avec ces paysans mal armés dont il ne partageait nullement les convictions, mais auxquels il sut rendre justice, ce qu'ont ignoré la plupart de ceux qui eurent à combattre la Vendée par l'épée ou par la plume, par la plume surtout.

L'auteur en quelques pages retrace l'état des esprits en Vendée de 1800 à 1815. L'avènement de Louis XVIII, en 1814, lors de la première déchéance de Napoléon, y fut salué avec un enthousiasme facile à deviner. Toutefois des germes de mécontentement, habilement semés par les ennemis de droite et de gauche ne tardèrent pas à lever, et le voyage du duc d'Angoulême, en août 1814, ne fit qu'aggraver le malentendu qu'il était appelé à dissiper.

L'envoi du duc de Bourbon en Vendée, lors du débarquement de l'empereur, ne produisit pas le résultat désiré. Le prince, en dépit de sa bravoure personnelle, manquait absolument de prestige, et d'ailleurs ce n'était pas chose aisée de soulever une population qu'on avait désarmée, la veille même, pour ainsi dire. Le duc comprit qu'il était insuffisant à sa tâche, et, tandis que Louis XVIII se réfugiait à Gand, il passait en Espagne.

La date de la véritable insurrection fut « le tocsin du 15 mai. » Les Vendéens se rassemblèrent à la voix de leurs anciens chefs : Suzannet, Sapinaud, d'Audichamp, survivants de la grande guerre. Auguste de la Rochejaquelin et son frère Ludovic accoururent au premier signal avec le prestige de leur nom. Le Bocage, la Plaine et le Marais, à la description desquels l'auteur s'attarde un peu, se remplirent de Blancs et de Bleus, comme un quart de siècle auparavant. Le général Canuel, après avoir autrefois guerroyé contre les Vendéens, se battait maintenant dans leurs rangs.

Lamarque, avantageusement connu par ses talents militaires, fut nommé en remplacement du général Delaborde avec des pouvoirs étendus dont on l'invitait à user largement; le rôle impitoyable qu'on lui confiait lui répugnait et il fit tout pour s'y dérober autant que possible. Du reste ici, comme dans la grande guerre, les intrigues firent plus que la force, pour paralyser la prise d'armes de 1815. Fouché, passé maître depuis longtemps en fait d'astuce, dépêcha en Vendée Malartic avec mission de s'aboucher avec les chefs Vendéens et de nouer des négociations en vue de la paix. L'auteur observe à ce sujet : « Entre les chefs vendéens, surtout entre le marquis de La Rochejaquelin et M. d'Autichamp, si jaloux de prééminences venait de tomber une nouvelle pomme de discorde. »

Les uns voulaient continuer la guerre et parlaient de faire arrêter l'envoyé de Fouché, les autres opinaient pour entendre Malartic et savoir les intentions de son maître. De là des hésitations, des combats partiels, stériles par conséquent; nulle vue d'ensemble, un commencement de désorganisation : toutes choses qui devaient aboutir à un échec final. La fusillade de Croix-de-Vic où périt le général Grosbon, dont la seconde Restauration devait pensionner la veuve, n'améliora pas la situation des Vendéens. Le lendemain de cette rencontre, eut lieu le combat des Mattes (1ᵉʳ juin). Le général en chef Louis de La Rochejaquelin tomba en essayant d'entraîner ses troupes; il fut remplacé par Sapinaud. Le 10 juin, eut lieu la conférence de Montfaucon qui eut pour résultat d'amener les chefs royalistes à signer une déclaration d'entente, en vertu de laquelle on refusait d'entrer en pourparlers avec Lamarque autorisé par le gouvernement impérial à traiter avec les Vendéens sur certaines bases. Pendant que de son côté Travot, le vainqueur des Mattes, poursuivait la série de ses succès, Lamarque refoulait de toutes parts les troupes qu'on lui opposait. Après une série d'échecs qui les convainquit de leur impuissance à faire triompher la cause du roi, les principaux chefs et officiers Vendéens eurent à La Tessouale une conférence où la majorité se prononça pour la paix; puis l'on se sépara. Sapinaud informa Lamarque du résultat de la conférence (24 juin). Dans la journée du 26 juin, la Vendée apprit par les journaux de Nantes la nouvelle du désastre de Waterloo (18 juin). Auguste de La Rochejaquelin et Sapinaud ne laissèrent pas que d'envoyer à Lamarque, ce que l'auteur appelle un peu fastueusement peut-être, des plénipotentiaires, avec mission de traiter de la pacification Le traité fut signé à Cholet le 26 juin; Sapinaud le ratifia le lendemain et d'Autichamp, sur l'invitation de Lamarque, envoya son adhésion. Les dissidents, comme Saint-Hubert, Dulandreau et certains lieutenants de Suzannet, mort le 20 juin au combat de La Roche-Servière, tentèrent de prolonger une guerre désormais impossible et sans but.

L'auteur raconte la fière attitude des Vendéens en présence des alliés. Ces prétendus complices des vainqueurs de Waterloo, ne demandaient qu'à marcher contre les envahisseurs, et comme on prêtait aux alliés l'intention de démembrer la France, Sapinaud et La Rochejaquelin proposèrent au général Lamarque de se réunir à lui avec leurs troupes pour refouler l'étranger.

Les derniers chapitres de ce substantiel ouvrage se rapportent moins à la Vendée qu'au général Lamarque lui-même, dont l'auteur dit la disgrâce imméritée, l'exil, le retour, le rôle joué, toujours dans l'ouest, à l'avènement de Louis Philippe, et sa révocation par Casimir Périer (2 avril 1831). J'avoue que je n'ai apporté à la lecture de ces dernières pages qu'une attention assez distraite, quelque sympathique que l'auteur ait réussi à rendre la figure du général Lamarque. Avec l'histoire de la Vendée disparaît presque tout l'intérêt du livre.

Longtemps on a cru que la nouvelle de Waterloo n'arriva aux généraux Vendéens qu'après la signature du traité de pacification. La vérité est tout autre, comme on l'a vu. D'ailleurs, Sapinaud traduisait la pensée de tous lorsqu'il écrivait à Lamarque, le 26 juin, après lui avoir dit que désormais l'empereur ne pouvait plus régner sur la France : « C'est contre lui que nous faisons la guerre, c'est pour lui que vous la faites. *Napoléon*, dans cette circonstance, devenant pour vous et pour nous un être chimérique, la guerre que nous faisons n'a plus de but et il est inutile que des Français s'égorgent entre eux pour des intérêts qui n'existent plus. »

Ceux qui ont prétendu avec Crétineau, son premier et toujours son meilleur historien, que la Vendée des Cent Jours avait désespéré 24 heures trop tôt, ignoraient ce document. Nous ne pouvons que féliciter l'auteur de l'avoir mis en pleine lumière. Ce n'est pas le seul mérite de cet excellent travail, je me plais à le reconnaître.

A. ROUSSEL.

VARIÉTÉS

IV

L'étude de la somme théologique de S. Thomas d'Aquin, par le R. P. J. BERTHIER. O. P. professeur à l'Université de Fribourg, 2ᵉ édition. — Paris, Lethielleux, 1906, in-12 de 494 p. (Prix : 4 fr.)

C'est une analyse de la *somme théologique*, précédée de trois chapitres où l'on dit pourquoi et comment il faut étudier S. Thomas, et suivie de ces trois appendices : « Un mot sur la politique de S. Thomas et de Léon XIII — L'opinion de S. Thomas sur l'Immaculée Conception — Spiritisme et hypnotisme d'après S. Thomas. »

Le R. P. expose ainsi son but : « Nous voudrions simplement faciliter l'accès de la *somme théologique* à des théologiens qui, par le malheur des temps, ou pour d'autres circonstances, n'ont pu l'étudier convenablement dans le passé sous la conduite d'un maître. » p. 120. But louable certes, mais qui risque fort d'être manqué par suite de graves défauts dont on voudrait ici librement signaler quelques-uns.

Le R. P. a soin de nous prévenir dans l'*Introduction* que « ces considérations ont été prêchées d'abord à un auditoire de prêtres » et que, s'il les réédite aujourd'hui, c'est parce que « a surgi ou mieux a pris un essor nouveau l'école des agnostiques, dits néo-Kantistes, qui s'autorise de noms bruyants. » (Cf. le « Post-Scriptum pour la nouvelle édition » p. 26). Cela donne à penser que le R. P. s'apprête à faire un panégyrique de S. Thomas sur le dos de certaines gens. Et de fait, « les critiques » en prennent pour leur grade ! Page 44 on dévoile leur méthode : ils se servent de « *Tables Géné-*

rales qui permettent de faire de l'érudition sans ouvrir l'intérieur d'un volume » ; page 126, on les qualifie de « faiseurs de brochures » etc...

Le R. P. pour pousser à l'étude de S. Thomas, accumule les décrets, les pressantes invitations des papes et des supérieurs d'Ordres : c'est fort bien ; mais peut-être eut-il été opportun de joindre à la parole de l'autorité quelques bonnes raisons actuelles, et il y en a.

Enfin le R. P. attache trop peu d'importance aux références. Sa documentation parait d'un vague déconcertant. Dans la seule page 56 nous relevons ces trois expressions: « Nous ne savons plus quel évêque anglais a dit de nos jours... Un homme de génie et surtout d'esprit, en même temps que chrétien illustre recommandait... Plus récemment un évêque nous parlait de... » le R. P. aurait-il peur de passer pour « critique » ?

Henri Pradel.

V

L'Expéditon de Chine de 1860. Histoire diplomatique, notes et documents, par Henri Cordier. — Paris, Félix Alcan, in-8 de 460 p. (Prix : 7 fr.)

Entre l'histoire diplomatique de l'expédition de Chine de 1857-1858, et celle des relations de la Chine avec les puissances occidentales à partir de 1860, M. Henri Cordier, le savant professeur de l'Ecole des Langues orientales vivantes, avait laissé subsister un hiatus ; de l'histoire diplomatique de l'expédition de Chine de 1860, en effet, il n'avait parlé qu'occasionnellement, sans y consacrer les développements convenables. Nous avons aujourd'hui le motif de ce silence ; M. Cordier se proposait de fournir, du côté diplomatique de l'expédition anglo-française qui se termina par la signature des conventions de Pékin, un récit développé, accompagné de force documents officiels, inédits pour la plupart. Voilà précisément la matière du dernier volume publié par M. Henri Cordier ; il est possible d'y suivre au jour le jour, pour ainsi dire, l'histoire de l'expédition, après avoir vu comment de nouvelles complications devaient découler à brève échéance des traités de Tien-tsin, et de s'y rendre un compte exact des motifs pour lesquels ne régna pas, entre le baron Gros et Lord Elgin, une intimité aussi complète que précédemment. Ainsi se trouve complétée une importante histoire documentaire, pleine de faits précis et de documents de première valeur, des relations des puissances occidentales avec la Chine depuis l'année 1857, histoire à laquelle devront sans cesse recourir tous aux qui s'occupent des questions d'Extrême-Orient. Ces spécialistes savent depuis longtemps déjà ce dont ils sont redevables au consciencieux auteur de la *Bibliothica Sinica*; mais l'achèvement de ce nouvel ouvrage augmentera encore leur dette de reconnaissance envers M. Henri Cordier.

H. F.

CHRONIQUE

2. — **Pétrarque, sa vie et son œuvre**, par G. FINZI, traduit avec l'autorisation de l'auteur par madame THIÉRARD-BAUDRILLART, préface de Pierre de Nolhac. — Paris, Librairie Académique Perrin et Cie, 1906, in-16 de 324 p.

M. de Nolhac a raison de dire, dans la préface de ce livre, que « la France a toujours entouré de tendres soins la mémoire de Pétrarque »; nous ajouterons que nul n'a plus fait pour Pétraque que M. de Nolhac, en prose... et en vers. Il y a donc un public lettré tout prêt à s'intéresser à la vie et aux travaux de cet homme qui fut à lois fois un poète précieux et mystique et un fervent humaniste. Remercions madame Thiérard-Baudrillart d'avoir traduit avec une élégante simplicité, tant de fidélité et d'art à la fois, l'ouvrage de Finzi. On lira, avec une particulière curiosité, les chapitre VII (*Pétrarque dans l'intimité*) et XI (*Anomalies dans Pétraque*); on lira tout, dès qu'on aura goûté, aux premières pages l'attrait du sujet et la solidité de l'information ; livre sûr et sans pédantisme, œuvre de littérateur traduite en un beau français littéraire

F. P

ACADÉMIE DES INSCRIPTIONS ET BELLES-LETTRES

Séance du 25 janvier.

M. Dieulafoy continue la lecture de son Mémoire sur le théâtre édifiant en Espagne au siècle d'or.

M. Cagnat fait part du résultat des fouilles entreprises depuis quelques années en Algérie par le service des monumentes historiques, sous la direction de M. Albert Ballu. Elles se poursuivent en même temps dans les ruines de cinq villes différentes : Timgad, Lambèse, Mdaourouch, Announa et Khamissa. M. Cagnat insiste seulement sur les deux dernières où les travaux sont conduits par M. Joly, de Guelma, avec un dévouement et une habileté qui lui assurent la reconnaissance des archéologues

A Khamissa, on a déblayé à peu près tout le vieux Forum, qui offre les éléments habituels aux Forums romains dans un état de conservation suffisant pour permettre de le reconnaître.

A Announa, il est plus difficile d'identifier les monuments découverts ; les plus curieux sont une maison qui appartenait à la famille des Antistius, apparentés aux empereurs du deuxième siècle, une place, un petit Forum entouré de murs. On a découvert dans ces différentes fouilles une grande quantité d'inscriptions et un certain nombre de morceaux de sculpture.

Sous le titre : la Vierge à la Massue, M. Salomon Reinach traite d'un type plastique assez souvent figuré au quinzième siècle, notamment dans l'art ombrien : celui de la Vierge Marie armée d'une massue avec laquelle elle frappe un démon pour l'éloigner d'un enfant qui la saisit. Dans les textes du moyen âge, il n'y a aucune trace de ce type, comme l'a constaté récemment encore M. Perdrizet. M. Reinach l'explique par une confusion du langage : la Vierge Marie qui tient les clefs du ciel, est *clavigera*, mot qui signifie aussi porte-massue, de *clava*. La confusion, peut-être volontaire et consciente, a dû être suggérée par un clerc à un artiste.

L'Éditeur-Propriétaire-Gérant : Albert Fontemoing.

Imprimerie Générale de Châtillon-sur-Seine. — A. Pichat.

BULLETIN CRITIQUE

---

22. — **Lacordaire orateur. Sa formation et la chronologie de ses œuvres**, par Julien FAVRE, Docteur-ès-lettres. — Paris, Poussielgue, 1906, in-8 de [XII]-XIX-599 p. (Prix : 7 fr. 50).

Cet ouvrage, qui a valu à son auteur le titre de docteur-ès-lettres de l'Université de Fribourg, a le grand mérite d'établir la chronologie des conférences et sermons de Lacordaire. Comme chacun le sait, Lacordaire n'a recueilli que ses conférences à Notre-Dame de Paris et à Toulouse. Nous ne connaissons les nombreux sermons qu'il a prononcés dans les autres églises de la capitale ou en province que par des comptes rendus plus ou moins fidèles et par des analyses qui ont paru dans les périodiques et journaux de l'époque. Il importait, pour apprécier à sa valeur la prédication de Lacordaire, de dresser la liste aussi complète que possible de tous ses sermons, conférences et allocutions, de rappeler les circonstances où ils furent prononcés, l'impression qu'ils produisirent et d'en mettre sous les yeux du lecteur un résumé succinct. C'est ce qu'a fait M. Favre, et, pour réaliser cette œuvre difficile, il n'a pas seulement mis à profit les nombreux écrits publiés sur Lacordaire et en particulier les travaux du P. Bayonne et du P. Juveneton qui ont réuni une grande quantité de fragments, d'analyses et de textes sténographiés, mais il a fait lui-même des recherches dans les divers endroits où le grand orateur a prêché, il a interrogé des personnes qui l'avaient entendu, il a compulsé avec soin les journaux et les revues du temps. Il nous dresse ainsi, année par année et jour par jour, un tableau de la prédication de Lacordaire ; et les analyses qu'il donne des sermons tant publiés qu'inédits permettent des rapprochements intéressants en même temps qu'elles montrent le développement de la pensée et l'évolution de la méthode du grand orateur.

Nous embrassons ainsi d'un regard toute la carrière oratoire de Lacordaire depuis ses débuts à Issy et à Saint-Sulpice, qui effarèrent un peu les bons Sulpiciens jusqu'à ses allocutions familiaires à Sorèze, dont le texte n'a malheureusement pas été recueilli. On y apprend que Lacordaire, qui ne pouvait se résoudre à écrire ses discours, ne s'abandonnait point cependant aux hasards de l'improvisation et refusait de parler, sans une préparation sérieuse.

Comme toutes les natures ardentes il était inégal et il ne connut pas que des succès. L'auditoire venait-il à lui faire défaut — (ce qui arrivait rarement il est vrai, mais ce qui arriva pourtant au moins une fois à Notre-Dame, un jour qu'il prêchait en faveur de la construction d'une église dans le village de Chusclan, patrie du célèbre Père Bridaine) — il ne pouvait s'animer, et était franchement médiocre, pour ne pas dire davantage. Il lui échappait même des paroles monumentales, comme celle-ci qui ne fut point oubliée : « L'histoire de l'humanité compte trois lieux célèbres, Rome, Jérusalem et Chusclan. »

Ces échecs étaient très rares. La parole de Lacordaire, chaude, vivante, actuelle et d'un lyrisme qui flattait le goût de l'époque déchainait l'enthousiasme et souvent des applaudissements. Les adversaires s'unissaient aux amis pour exalter l'éloquence sans égale du célèbre prédicateur. Nous avons le témoignage de toute une génération. Nous serions mal venus à le contester sous prétexte que les conférences qui nous ont été recueillies sont d'une lecture fatigante et que la grande éloquence du verbe ne sert trop souvent qu'à masquer la banalité ou l'absence de l'idée.

Cette chronologie des sermons est précédée d'une étude de 200 pages sur la formation intellectuelle de Lacordaire. L'auteur tâche de discerner les influences qui ont agi sur le grand orateur et qui ont contribué à former ses idées et son style. Rousseau, Chateaubriand, Lamennais, Saint-Augustin, Saint-Thomas sont ainsi successivement passés en revue, sans oublier madame Swetchine.

Il parait que l'auteur de l'*Emile* eut, de bonne heure, les préférences de Lacordaire. A l'école de droit, nous dit-on, « la profession de foi du vicaire savoyard était son évangile religieux et le contrat social son évangile politique. » Une fois converti, Lacordaire renia les idées de Rousseau, mais il ne resta que trop fidèle à sa manière oratoire et à son style.

Il reproduira moins bien celui de Chateaubriand dont l'art est plus savant, mais il s'inspira de sa méthode apologétique et plusieurs conférences ne seront que le développement de la quatrième partie du Génie, à savoir : le christianisme prouvé par son utilité sociale.

Les rapports de Lacordaire avec Lamennais sont particulièrement intéressants à établir. Certains Menaisiens se sont montrés sévères à l'égard de Lacordaire, représenté d'abord comme un disciple docile, puis comme une sorte de déserteur. La vérité est tout autre. Lacordaire se tint longtemps en défiance vis-à-vis de Lamennais dont le traditionalisme philosophique et le légitimisme ardent lui répugnaient. Ce fut seulement quand Lamennais devint libéral qu'il s'approcha de lui. Il vit en lui « le fondateur de la liberté chrétienne et américaine » et il voulut prendre part à cette œuvre glorieuse. Il vint donc à la Chênaie et, quand le maître eût fondé l'*Avenir*, il se lança dans la mêlée politique et religieuse abordant avec une audace de jeune homme les problèmes ardus de la liberté, de l'enseignement et des rapports entre l'Eglise et l'Etat, et faisant, comme dirait plus tard Lamennais, parmi le groupe « l'office d'avocat » un peu tapageur.

Quand la jeune école fut devenue suspecte à l'épiscopat — et les excès de plume de Lacordaire y étaient bien pour quelque chose — ce fut lui qui eut l'imprudence d'entraîner Lamennais vers Rome, pour aller solliciter une réponse, qui, étant donné les circonstances, ne pouvait être qu'un désaveu.

Lacordaire se soumit aussitôt et quitta la Chênaie furtivement pour ne plus y retourner. En 1834, quand parurent *Les paroles d'un croyant*, il ne se contenta pas de répudier publiquement ce pamphlet, mais il crut de son devoir d'entreprendre une réfutation en règle du système menaisien qui tendait à substituer l'autorité du genre humain à celle de l'Eglise.

En somme, l'influence de Lamennais sur Lacordaire fut assez minime. Tout au plus, contribua-t-elle à attirer davantage son attention sur l'action sociale de l'Eglise, mais, s'il fut toute sa vie un libéral impénitent, ce n'est pas à Lamennais qu'il faut en faire l'honneur ou le reproche, car il était venu au libéralisme avant Lamennais lui-même. Le seul mérite de Lamennais serait peut-être d'avoir lancé Lacordaire dans l'action, de l'avoir fait connaître et d'avoir ainsi préparé ses succès futurs; mais ne partageait-il point avec Rousseau la responsabilité de ce lyrisme solennel qui rend la lecture des conférences si mortellement ennuyeuse aujourd'hui ? A quelque menaisien autorisé de dire si M. Favre ne fait pas trop mince la part du philosophe de la Chênaie.

Une influence qui est moins contestable fut celle de madame Swetchine. Du jour où il l'eût rencontrée Lacordaire eut pour elle tous les sentiments d'un fils, et il ne prit aucune résolution sans la débattre avec elle. Suivant l'expression de Pontmartin, elle a exercé sur cette nature ardente « une influence balsamique » adoucissant ce qu'il y avait de trop vif et souvent d'irréfléchi dans ses sentiments.

Les vrais maîtres de Lacordaire furent Saint-Augustin, dont il s'assimila instinctivement la pensée, et Saint-Thomas qui fut son guide dans toutes les grandes questions qu'il développa en chaire. Mais s'il nourrit sa pensée de la forte doctrine de Saint-Thomas, il ne l'emprisonna pas dans les formules vieillies de la scolastique et sut toujours l'adapter aux besoins de son siècle.

Dans une conclusion d'une vingtaine de pages, l'auteur essaie de caractériser la méthode de prédication de Lacordaire. D'apologétique qu'elle était surtout au début, elle est devenue peu à peu dogmatique et morale. On aimerait que M. Favre eût développé davantage cette partie de son travail, qu'il eût exposé plus longuement et discuté la doctrine de Lacordaire, ses idées philosophiques et sociales, sa spiritualité. Tous ces matériaux patiemment amassés lui en donnaient le moyen. Sans doute, il n'a pas voulu grossir outre mesure un volume déjà considérable et il se réserve de reprendre cette étude qui est le couronnement naturel de sa thèse et de formuler un jugement définitif (si tant est qu'on puisse en formuler de tels) sur l'œuvre du grand orateur qu'il connait comme personne !

P. HERVELIN.

23. — **Histoire du mouvement syndical en France (1899-1906)**, par Paul Louis. — Paris, Alcan 1907, in-16 de iv-282 pp.

L'histoire du mouvement syndical est de ces sujets toujours renouvelés et à mettre au point : notre littérature économique possédait déjà sur ce mouvement quelques bons ouvrages comme le livre de M. de Sulhac sur *Les Congrès ouvriers*, celui de M. Martin Saint Léon sur *Le Compagnonnage*, sans parler de *L'Histoire des classes ouvrières depuis 1789* de M. Levasseur. Ce qui nous manquait, c'était l'histoire de ces toutes dernières années. Le livre de M. Paul Louis vient heureusement combler cette lacune.

Sans s'attacher plus qu'il convient au passé et après avoir résumé l'histoire du mouvement syndical au xixe siècle, dont les phases sont bien connues, l'auteur a concentré ses efforts sur la période contemporaine et les diverses tendances qui se partagent aujourd'hui le monde syndical. La politique de la Confédération générale du Travail, le mouvement du congrès tout récent, l'attitude du syndicalisme en face du socialisme sont les parties les plus attachantes de l'ouvrage.

M. Paul Louis conclut au triomphe futur du Syndicalisme : « Le syndicalisme, dit-il en terminant, représente déjà le rudiment vivant des groupements humains de l'avenir. Alors que les partis politiques et le parti socialiste, ne sont que des créations transitoires, adaptées à une époque, condamnées à une mort plus ou moins prompte, les agrégats corporatifs sont appelés à dégager de plus en plus leur individualité, pour s'épanouir à l'extrême au lendemain d'une dislocation du régime. Ils forment un lien indestructible entre cette période déclinante de l'histoire et celle qui se dessine déjà nettement à l'horizon des peuples ».

On peut, selon ses préférences personnelles — et ce serait volontiers notre attitude —, contester ces prévisions. On n'en doit pas moins reconnaître que l'histoire du mouvement syndical a été écrite d'une manière impartiale. L'important est moins encore la perspective de l'avenir encore caché, que les leçons du passé d'hier.

A ce point de vue le livre de M. Paul Louis restera une des plus utiles contributions à l'étude du mouvement économique contemporain.

La Monnaie, par A. de Foville. — Paris, Lecoffre, 1907, in-8 de v-242 p.

C'est une véritable bonne fortune, trop rare bien souvent aujourd'hui, que de voir écrire un livre de vulgarisation par un spécialiste et un spécialiste aussi compétent que M. de Foville. La bonne grâce charmante avec laquelle l'auteur a accepté pareille tâche, l'entrain et l'intérêt qui se mêlent à chacune des pages de ce petit livre en font un des volumes les plus réussis de la Bibliothèque d'Economie Sociale qui compte déjà plusieurs succès. Les vœux de M. de Foville seront entièrement comblés et sans aucun doute après avoir feuilleté ces pages « le lecteur en retirera l'impression que l'économie politique et la statistique elle-même ne sont pas choses aussi arides, aussi maussades, aussi stériles que le prétendent leurs détracteurs ». Très certainement, mais il fallait M. de Foville pour réaliser ce prodige, rendre attrayante une des matières en général considérées comme les plus ennuyeuses de la science économique.

L'auteur nous donne successivement : à propre de la monnaie : Théorie et Législation ; Technique monétaire ; La Vie économique des Monnaies. Les théories les plus importantes touchant les questions monétaires sont abordées et appréciées, de même que la science des détails, notamment à propos de la fabrication des monnaies, est mise à la portée de tous.

Remercions M. de Foville de sa tentative si heureusement réussie et souhaitons qu'il rencontre beaucoup d'imitateurs. Il faut en effet savoir beaucoup et savoir bien pour pouvoir écrire un livre élémentaire comme celui-ci : les débutants y apprendront les questions monétaires à l'école d'un maître incomparable et les initiés y retrouveront avec la belle clarté française l'exposé de bien des problèmes qu'ils connaissaient déjà mais qui, sous la plume de l'auteur, prennent un nouvel intérêt et une nouvelle jeunesse.

B. R.

24. — **Étude sur la simplification de l'orthographe**, par Alfred Dutens. — Paris, F. R. de Rudeval, 1906, in-8 de ii-484 pp. (Prix : 6 fr.)

Voici un bien gros volume sur une question extrêmement complexe, très agitée depuis plusieurs années. A première vue, il semble que M. Dutens soit un révolutionnaire et un intransigeant. Il constate, — en quoi il n'a pas tort, — qu'après l'orthographe anglaise il n'en est pas de plus absurde que la française. Elle est à réformer de tout au tout. On n'y arrivera pas avec les conclusions « timides et contradictoires » du fameux *Rapport* présenté à l'Académie en 1905, ni avec les *Résolutions* encore plus timides adoptées par l'Académie à la suite de ce Rapport. L'orthographe actuelle est un ramassis d'incohérences et de défis au bon sens comme à la saine logique ; on ne peut la guérir que par un remède radical, non par des améliorations de détail. Après une attaque violente contre le clan des étymologistes, partisan du *statu quo*, c'est-à-dire d'une écriture « inutile, absurde, nuisible et impossible à réaliser intégralement », clan qui se recrute chez les personnes les plus étrangères à l'étude de la philologie : orateurs, écrivains, poètes, gens du monde, M. D. malmène à leur tour les phonétistes purs et montre combien sont chimériques et irréalisables leurs prétentions. C'est ici seulement que se font jour les vues de M. D., vues plus modérées qu'on ne l'aurait cru au début. « La réforme orthographique ne peut s'opérer qu'à l'aide d'un *phonétisme mitigé* et prêt à admettre toutes les transactions nécessaires à la clarté de la langue écrite (p. 50). Elle devra viser 1° à la simplicité, en substituant des *règles générales* au chaos actuel, sans se perdre dans des modifications de détail ; 2° à la clarté, en introduisant dans la notation phonétique les *exceptions* nécessaires pour éviter les équivoques causées par les *homogrammes* ; 3° au minimum de troubles à apporter dans nos habitudes, en ne créant point de caractères nouveaux, en n'augmentant point le nombre des signes diacritiques, etc., et surtout en procédant graduellement, par étapes successives (p. 51-52). C'est à l'Académie des Inscriptions et Belles Lettres, non à l'Académie française, incompétente ou peu s'en faut, que revient la tâche de mener à bien la réforme ; la confier à d'autres ou se fier à l'arbitraire individuel aboutirait à l'anarchie (p. 71).

Les vues générales de M. D., que j'ai tâché de résumer succinctement, sont exposées dans une Introduction de 74 pages, très claire, d'une lecture fort intéressante, écrite avec verve et conviction, bourrée de faits et d'exemples. Il y a bien des redites, des incertitudes, des propositions hasardées ou contradictoires à priori, et surtout une insistance trop grande à présenter des réformes contre lesquelles ne s'élèvent que des objections insignifiantes; car, après tout, personne ne nie que notre orthographe soit souvent absurde. Mais, de ces défauts, M. D. se confesse et s'excuse avec une bonne foi qui désarme la critique. S'il est parfois diffus ou s'il se lance dans des discussions trop minutieuses, c'est qu'il veut à tout prix éviter l'équivoque, c'est que, s'engageant dans un dédale de difficultés inattendues, de questions délicates, de problèmes à peu près insolubles, obligé par suite de s'arrêter souvent à moitié chemin et de préconiser les solutions bâtardes, il veut au moins être complet, et n'escamoter aucune réponse précise. Cette franchise nous plaît ; elle nous plaît d'autant mieux que les trois principes : simplicité, clarté, minimum de trouble, sur lesquels est basée la réforme, sont excellents en soi. Mais que de complications, que d'hésitations dans la pratique ! Que d'exceptions à introduire dans les règles générales qui seront adoptées ! Que d'incertitudes même pour la simple notation graphique de certains sons ! Est-il bon de citer des mots *anglais*, même très employés, pour prouver qu'en *français a* se lit *e* (*square*; il faudrait dire *e* ouvert) ou *o* (*yacht*)? que *oo* = *ou* (*sloop*) ou *o* (*looch*)? que *ee* = *i* et *ing* = *ign* (*meeting*) etc. ? Dans les listes de phomènes cités p. 2-8 et étudiés tout au long dans le corps du volume, il faudrait, je crois, exclure les vocables étrangers et en faire ensuite l'objet d'un examen plus complet que ne l'est celui du chapitre IX (p. 424 suiv.); la prononciation de *i* et *igh* = *aye* (à moins qu'on ne range *gh* dans les phomènes non articulés, p. 7), comme dans *high life*, que je n'ai vu citer nulle part, y trouverait sa place indiquée. Est-il bien exact de dire que dans *poil*, *il* se lit *al*, que *i* et *y* = *a* dans *moi*, *Fontenoy*, que d'autre part *ou* consonne se rend par *eo* ou *o* dans *seoir*, *soir*? C'est le digramme *oi* = *wa* qu'il faut examiner ici, sans chercher à noter la valeur particulière de *o* et celle de *i*. Est-il sûr que *sot* se prononce comme *seau* ou *saut*, que *o* de *piano* ait le son de *au* dans *fléau*? Dit-on réellement *vétu*, *tétu* (vêtu, têtu), *j'èté* (j'étais)? Si oui, il serait bon d'avoir une prononciation officielle indiscutable, car la prononciation de la comédie française n'est pas celle des boulevards, laquelle n'est pas celle de Blois ou de Tours, ni à plus forte raison de Bordeaux ou de Toulouse. Et de là sortira une source de complications inextricables, le jour où l'on voudra noter par des graphies unes et invariables des sons variables suivant la bouche qui les émet. Car si le phonétisme radical est une chimère, il est bien des cas où le phonétisme mitigé sera impuissant à son tour.

Il est vrai que M. D. est prêt à toutes les transactions et exceptions nécessaires. Mais cela ne résout pas la question précédente. D'ailleurs il propose parfois des procédés empiriques qui seraient bien regrettables dans une réforme logique et raisonnée, s'ils n'avaient l'excuse d'un but excellent à atteindre : la clarté avant tout; en cas de besoin, la règle du phonétisme doit fléchir. L'homophonie ne doit pas dégénérer nécessairement en homographie ; souvent, pour éviter l'amphibologie dans l'écriture, il faudra recourir à l'étymologie, expédient médiocre, mais mal nécessaire. Les homogrammes anciens sont à conserver, même s'ils aboutissent à l'équivoque, mais il faut proscrire tout homogramme nouveau qui serait dans le même cas. On conçoit combien cette règle est arbitraire et peu scientifique. Où commence, où finit le danger de l'équivoque? A quoi bon conserver, à cause d'une équivoque possible (?), *h* dans *halène* (haleine) à côté de *alène*, contrairement aux règles générales posées? d'écrire pour la même raison *lacer* et *lasser*, où la prononciation de l'*a* n'est d'ailleurs pas identique ? de conserver *boucher* (subst.) à cause de *bouché* (partic.), à côté de *déjeuné* (subst. : *déjeuner*), de noter *amit* (amict) à cause de *ami*, *éco* (écho), *caos* (chaos) à cause de *éco*, *cao* (cahot)? Y a-t-il réellement une confusion à craindre? Dans les exemples qui précèdent, comme dans beaucoup d'autres, je trouve l'orthographe changée plutôt que simplifiée.

Les exceptions nombreuses que M. D. admet à ses règles générales sont loin d'être toutes justifiées ; elles trahissent sa préoccupation constante de faire passer la clarté avant tout, mais je ne sais si leur grand nombre ne produirait pas dans l'esprit des enfants un trouble fâcheux. Chaque fois que M. D. craint que ses propositions ne paraissent trop hardies, il se résout à ne demander qu'un minimum de réformes destiné à ne pas trop contrecarrer l'esprit de routine. Dans ce cas, il a presque toujours raison; il rectifie des lettres inétymologiques : *jénisse* (*génisse*) ; il en supprime d'autres : *uile* (*huile*) ; il simplifie des lettres doubles prononcées simples, surtout si elles ne sont pas étymologiques : *abé* (*abbé*), *nomer* (*nommer*) ; il unifie les radicaux semblables : *colère*, *coléra* (*choléra*) etc. Mais qu'on se contente de ce minimum ou qu'on essaye d'aller au-delà, le *phonétisme mitigé* de M. D., avec toutes les exceptions prévues, aboutit à une réforme inconséquente et boiteuse. On s'en rend compte en lisant les neuf chapitres où l'auteur soumet les éléments orthographiques de la langue à un examen minutieux et formule une série de réglementations tempérées par des concessions. Malgré les excellentes raisons qui décident M. D. à repousser toute règle absolue et inflexible, le résultat final nous laisse un peu désorientés ; il y a trop d'incertitudes, trop de contradictions, trop d'exceptions en faveur des homophones. Il n'est pas sûr qu'une réforme plus radicale conduirait à plus d'obscurité ; du moment où on renonce en principe à l'étymologie, il faut moins craindre le phonétisme avec ses conséquences. Avec le temps nous nous habituerions, si cela était nécessaire, aux graphies les plus étranges : *Qérès* (*Xérès*), *qi* (*qui*), *cuincuaieul* (*quinquaieul*), *qéiaje* (*quayage*) etc. Si on admet trop facilement des exceptions, on tombera dans l'arbitraire.

Est-il prudent de procéder par étapes? Ce qui est une nécessité dans les progrès d'ordre politique ou social paraît bien dangereux en matière d'orthographe. Est-il admissible qu'on introduise tous les dix, vingt ou trente ans une série de réformes qui seront censées mûres ? Nous aurons alors dans un demi-siècle plusieurs orthographes qu'il sera déloyal de ne pas trouver toutes bonnes, celle des vieillards, celle des hommes mûrs et celle des jeunes gens, à moins que nous n'ayons, — ce qui ne serait pas surprenant —, celle des rétrogrades, celle des modérés et celle des avancés. Ce serait une belle anarchie. Autant vaudrait l'orthographe libre, recommandée par certains réformateurs que je soupçonne d'être des pince-sans-rire. A la réflexion je trouve préférable la tyrannie, je veux dire une réforme radicale, totale et immédiate, si l'on ne veut pas se borner à corriger les anomalies les plus absurdes de l'orthographe actuelle.

J'ai l'air d'oublier le livre de M. D. Il n'en est rien. Seulement, je remarque dans ses projets trop de restrictions, trop de mesures transitoires, trop de scrupules à ne pas heurter de front de vieilles habitudes et à ne pas créer d'amphibologies. Il est inutile de former des graphies illogiques que les réformateurs de l'avenir auront à cœur de simplifier encore. A quoi bon écrire *vos* (*veaux*) et *vaus* (*vaux*, plur. de *val*)? Est-ce par crainte d'une phrase comme : *Vos* vos *errent dans les* vos? Mais qui est-ce qui a jamais parlé ainsi? Car pour ce qui est des calembours proprement dits, aucune orthographe ne pourra les supprimer. M. D. en cite quelques-uns dont il n'y a aucune conclusion à tirer. S'il y a danger d'équivoque, c'est à celui qui écrit ou qui parle de s'en garantir.

Il est impossible d'examiner en détail les projets de M. D. Il voudrait pouvoir contenter tout le monde, y compris les poètes ; c'est le bon moyen de ne contenter personne. La question des vers est à mettre à part ; elle soulève trop de difficultés, ne serait-ce que le problème de l'*e* muet que la phonétique supprime et que la versification réclame. Là encore il faudrait une décision radicale. Après tout, l'*e* muet, chassé de la prose, pourrait bien rester un privilège du langage poétique et de la diction soutenue ; je n'ose pas dire qu'on devrait le remplacer par une apostrophe ; on croirait que je raille. Ce serait un « bon clou de plus à la pensée », et les apprentis versificateurs seraient fiers d'ajouter un *Dictionnaire des e muets* à leur *Dictionnaire de rimes*.

M. D. excepte de sa réforme les noms propres de famille et les mots du vocabulaire scientifique. Pour les premiers, soit ; mais, avec les seconds nous retombons encore dans l'arbitraire. M. D. admet que le même savant, écrivant dans une œuvre purement scientifique et dans un journal de vulgarisation, aura deux orthographes différentes. Mais si dans le second il lui arrive de citer des passages de la première, que fera-t-il?

Il faut lire le livre de M. D. pour se rendre compte des innombrables problèmes que soulève la réforme de l'orthographe. L'auteur a le grand mérite de les aborder tous franchement, un par un, et de proposer pour tous les solutions qu'il juge les plus acceptables pour l'instant. S'il émet certaines propositions bizarres, comme celle de détourner le tréma de son emploi normal pour distinguer par ex. vïle (subst. : *ville*) de *vile* (adj. fém.), et *ëx = eks* (*excéder*) de *ex = egz* (*examen*) ou de noter les consonnes doubles prononcées doubles par une apostrophe : *mil'lénère* (*millénaire*), *as'similer*; si parfois il demande des graphies différentes pour des phomènes semblables : *onze, douse* (*douze*), *trèse* (*treize*) *catorze* (*quatorze*) etc., on sentira en lisant son étude qu'il a des raisons sérieuses pour le faire, qu'il a cherché à être modéré et s'est placé à un point de vue exclusivement pratique.

En orthographe, l'étymologisme et le traditionalisme sont des préjugés dont il faut avoir le courage de se libérer; encore moins devons-nous respecter la routine. Une fois admise la nécessité d'une réforme, il convient, je crois, de viser dès le début à la perfection — relative, s'entend, — et de ne pas laisser aux générations à venir le soin de reprendre une tâche inachevée. C'est au fond la pensée secrète de M. D.; en ce siècle-ci, nous sommes habitués à tant de changements qu'une révolution pacifique comme celle-là aurait plus de chances de succès que ne se l'avouent les esprits les plus belliqueux. Ce n'est pas que je la désire; mais j'examine des théories et je formule une opinion.   J. VESSEREAU.

---

25. — **Histoire de la langue française**, par Ferdinand BRUNOT. — Tome II, XVIe siècle. — Paris, A. Colin, 1906, in-8 de XXXII-504 pp. (Prix : 15 fr.)

Il suffit d'aimer le XVIe siècle pour faire bon accueil à ce volume, indépendamment des mérites certains qui le recommandent.

Le 1er tome de l'histoire de la langue française, embrassant à la fois les origines et la longue période littéraire qui va du XIe siècle à la fin du XVe, ne devait être, dans la pensée de l'auteur, qu'un bon ouvrage de vulgarisation, au surplus, malgré l'extrême abondance de la matière, la tâche pouvait paraître aisée, car, depuis plus de trente ans, cette portion de notre domaine linguistique est cultivée, à l'étranger autant que chez nous, avec un zèle et une méthode qu'on ne saurait assez louer. Il fallait toutefois, pour mettre ces travaux à la portée de tous, recueillir la substance de nombreux articles et d'une foule de monographies, écarter les questions insolubles ou simplement controversées, et indiquer précisément les raisons qui ont fait triompher le parler de l'île de France de la multiplicité des dialectes. M. Brunot a entrepris avec courage et conduit avec un soin persévérant cette besogne méritoire, et l'on ne saurait dire qu'en aucun endroit l'ouvrier ait été inférieur à la tâche. S'il y a parfois, dans l'étude consacrée au xive et au xve siècle, un peu d'incertitude et je ne sais quoi d'inachevé, la faute en est uniquement au petit nombre de travaux publiés sur cette période.

A ce moment déjà l'ancien français a abandonné la plupart de ses traits caractéristiques; la déclinaison à deux cas est tombée en désuétude, l'analogie a bouleversé la conjugaison, et le latinisme intempérant des traducteurs a fait passer dans le vocabulaire des milliers de mots savants dont un certain nombre, n'étant pas nés viables, disparaitront dans la suite. Presque tous les écrivains du xve siècle s'essayent, avec plus ou moins de gaucherie, à imiter la période cicéronienne, et la phrase française, entre leurs mains, est plus chargée de conjonctifs et de propositions infinitives qu'elle ne le sera jamais. Cette fureur de latiniser se continue au xvie siècle, et il s'y ajoute encore d'autres influences souvent contradictoires qui auraient sans doute altéré le génie de notre langue, si elle n'eût été déjà robuste et si des théoriciens plus sages n'avaient pris sa défense.

Ici le second volume de l'histoire de la langue française nous sera un guide excellent. Si l'on met à part le livre magistral de Thurot, le précieux manuel de Darmsteter et quelques bonnes dissertations, aucun travail important n'avait été entrepris jusqu'à ce jour sur l'histoire de la langue française au xvie siècle. C'est à cette période que M. Brunot donne ses soins depuis de longues années, ce qui explique qu'elle lui soit devenue à ce point familière ; aussi, dans l'étude qu'il nous présente, presque tout est nouveau, je dirais définitif, si la matière pouvait le comporter.

Le français, après quatre siècles d'existence, n'avait guère élargi son domaine confiné jusque là au roman, à la poésie, à l'histoire, et à la traduction d'ouvrages anciens. Il passait, dans l'esprit des savants, pour une langue inférieure, très propre dans sa naïveté, au récit d'aventures amoureuses ou plaisantes, mais trop changeante et débile encore pour supporter le poids des hautes pensées et des spéculations scientifiques. C'est seulement au xvie siècle que notre langue vulgaire prend le pas sur le latin et conquiert peu à peu les sciences divines et humaines.

Pendant tout le moyen âge on avait écrit dans la langue populaire des vies de Saints et même quelques paraphrases ou traductions de la Bible. Toutefois l'Eglise n'accepta jamais sans répugnance la vulgarisation des livres sacrés, par crainte d'une fausse interprétation et des hérésies qui en pouvaient résulter. L'avènement du protestantisme répandit dans tous les pays de langue française les traductions et les commentaires de la Sainte Ecriture. On lut partout la version d'Olivétan ; les psaumes en vers de Marot furent chantés dans les temples. C'était un excellent moyen de propagande, et l'Eglise catholique, après avoir longtemps résisté, en usa avec modération. Désormais dans toutes les sciences le français aura droit de cité. Médecins, chimistes, mathématiciens, philosophes abandonnent le latin pour la langue vulgaire, non sans y introduire tous les mots qu'ils jugent nécessaires pour exprimer des idées nouvelles, et surtout pour affirmer la supériorité de leur savoir.

C'était déjà un beau résultat que le français fût employé par les savants de préférence au latin ; mais il fallait, pour que ce résultat eût chance de durée, donner à notre idiome la fixité et la régularité qui lui manquaient. C'est à quoi s'efforcèrent de nombreux grammairiens, et si le succès ne répondit pas toujours à leur ardeur, c'est qu'ils furent divisés et dépensèrent à se combattre la meilleure part de leur talent. La plus grosse question en litige était celle de l'orthographe. Tout le monde en reconnaissait l'importance, car aucun système régulier de graphie n'existait encore, et des soucis d'étymologie avaient chargé les mots d'une foule de voyelles et de consonnes qui ne se prononçaient pas. Les auteurs devaient s'en remettre là-dessus au caprice de leurs imprimeurs ; c'était en matière d'orthographe une merveilleuse anarchie.

Les grammairiens, dont c'était le devoir d'y remédier, ne s'entendaient pas. Il y avait des conservateurs, des progressistes et des radicaux. Ces derniers, dont Meigret était le porte-parole, avaient pour eux l'histoire de la langue, le bon sens et les meilleures raisons du monde. C'en est assez sans doute pour expliquer leur échec. Les mieux intentionnés, Meigret lui même, après une ardente polémique, abandonnèrent la lutte; la routine et la fantaisie triomphaient.

M. Brunot le constate avec mélancolie, et nous partageons ses regrets. Il a repris lui-même avec un zèle courageux la partie perdue par Meigret. Souhaitons qu'il ne se heurte pas aux mêmes difficultés, à la plus grave de toutes, qui est l'inertie. Il convient d'ailleurs, même en cette matière, d'éviter les excès, et c'en est un semble-t-il, d'appeler contre ce « dogme » inoffensif l'intervention du bras séculier. Aujourd'hui on n'est plus nécessairement un sot pour ignorer l'orthographe, et nous sommes loin du temps d'Honorat Rambaud où l'on fessait les enfants coupables d'y avoir manqué. C'est un progrès qui vaut d'être noté et rend moins dangereux les méfaits de l'orthographe moderne.

Il ne faudrait pas conclure de cet insuccès particulier que l'œuvre du xvi⁰ siècle fut entièrement stérile. Ils rédigèrent, à l'usage de leurs compatriotes et des étrangers, de nombreux traités dont plusieurs ne sont pas sans mérite, et formulèrent sur divers points de morphologie et de syntaxe des observations qui nous sont précieuses pour l'intelligence des auteurs. Leurs travaux, sans égaler ceux du siècle suivant, en étaient la préface nécessaire, et nous devons leur en savoir gré.

Après cette consciencieuse analyse des principales grammaires publiées au xvi⁰ siècle, M. Brunot étudie le développement de la langue et donne tout d'abord la classification des emprunts qui l'ont enrichie. Ce chapitre est aussi complet qu'on le peut désirer, et d'une exactitude qu'il est malaisé de prendre en défaut. Quelques détails cependant appellent des observations. M. Brunot n'a pas cru devoir signaler les mots de provenance anglaise qui commencent alors à se glisser dans notre langue; j'avoue qu'ils sont très rares. Je mentionnerai *dogue* et *paquet*, parce qu'ils sont encore usuels et que le « dictionnaire général » en note l'apparition sensiblement plus tard. Je les trouve l'un et l'autre dans le « journal d'un bourgeois de Paris sous François Iᵉʳ : « et envoya aussi un grand nombre de chiens de chasse comme cent ou plus, où y avoit grandz *dogues* d'Angleterre p. 263 », « et furent commis, de par le roy, pour visiter les *pacquets* et les courriers p. 113 ». Le même texte nous donne aussi p. 355 le mot italien *cappitan*, non cité par M. Brunot. Signalons encore p. 43 l'italianisme *masque* et le mot *concordat* p. 37 qui depuis a fait fortune. On le trouve ensuite dans Fabri en 1520. Du reste l'élément italien commence à pénétrer le vocabulaire français dès le milieu du xve siècle. Ainsi *piller*, que M. Brunot signale pour la première fois dans Ronsard, apparaît déjà dans « le Jouvencel de Jean de Bueil » : « Ainsi le Jouvencel fut cabusé et faillut qu'il *pillast* patience » (Jouvencel II 121). Nous rencontrons à la même époque un tour caractéristique de la syntaxe italienne qui est l'emploi de venir = être : « et si *venoient ainsy tuez* l'ung l'autre pour ung peu de pecune qu'ils en attendoient à avoir » (Chronique Scandaleuse 242). Quelques latinismes donnés par l'auteur comme appartenant au xvie siècle se trouvent dès le xve : *compatient* dans Ciboule B N fr. 1762, 67 v°, *impollu* ibid 1762, 93 r°, *scintille* ibid 1762, 16 v°. Il serait possible d'ajouter à cette liste plusieurs mots d'origine espagnole, italienne, latine et même grecque. Le prédicateur Ciboule qui écrivait vers le milieu du xve siècle étale avec complaisance tous les mots grecs qu'il peut savoir : synderesis, dulia etc. Mais il ne m'appartient pas de faire, dans un compte-rendu aussi sommaire, un vain étalage d'érudition. Je ne prouverais rien, sinon que les listes de mots, quelque attention qu'on y apporte, seront toujours et nécessairement incomplètes.

La seconde moitié du livre de M. Brunot est consacrée à l'étude de la phonétique, de la morphologie et de la syntaxe. Cette partie mérite tous les éloges ; elle témoigne d'une immense lecture et d'une critique fort judicieuse. Je ne connais rien d'aussi délicat ni d'aussi décevant qu'une enquête sur la phonétique du xvie siècle D'abord les graphies vous laissent dans une perpétuelle incertitude et vous égarent le plus souvent. En outre on ne saurait décider sans crainte d'erreur si un phénomène qui paraît d'abord nouveau et caractéristique n'est pas plutôt un reste de l'ancienne langue. Ainsi M. Brunot, parlant de la réduction progressive de *e*, entre consonnes comme entre voyelles, cite comme exemples *obscurté, seurté, durté* au lieu de *obscureté, seureté, dureté*. Ces dernières formes seraient primitives et la chute de l'e se serait produite au xvie siècle. Il me paraît difficile de considérer les choses de la même façon, attendu que les formes sans e sont rigoureusement phonétiques et apparaissent dans les plus anciens textes. Ne serait-ce pas plutôt une survivance ?

La morphologie donne lieu aux mêmes incertitudes. La plupart des formes usitées en ancien français se rencontrent encore au xvie siècle, en concurrence avec les formes nouvelles qui les supplanteront bientôt. On peut noter la prédominance de ces dernières, mais il est malaisé de dire si les vieux types, malgré les exemples des auteurs et le témoignage des grammairiens, ont encore une vie réelle où s'ils ne sont pas déjà des fossiles. L'auteur nous présente un tableau assez complet des féminins en *eresse*, sans négliger les types en *euse* qui leur font une sérieuse concurrence. Mais il est inexact d'affirmer que « le changement était en train de s'accomplir ». Il apparaît beaucoup plus tôt; nous en trouvons les premiers exemples, au xive siècle, et le nombre en est déjà considérable au xve. Un texte du xive siècle intitulé « la vieille » nous présente *jangleuse* p. 27 et 33, *batailleuse* 209, *rioteuse* 246. Le recueil des arts de seconde rhétorique publié par M. Langlois montre que la prononciation *eux* pour *eur* se développait au xve siècle. Nous y trouvons *precheux* p. 93 et 165, *grappeux*, *rioteux* p. 165, *riodeux* et *rioteuse* p. 118, *rapineulx* 117 au lieu de la forme ordinaire *rapineur*, les deux types concurrents *limeur* et *limeus* cités à la suite l'un de l'autre p. 113, *felormeuse* 109 au lieu de *felonesse*, *raffleuse* p. 38. Un dépouillement plus complet des textes poétiques du xve siècle nous donnerait sans doute un assez grand nombre d'exemples de ces féminins en *euse*. Aussi ai-je été un peu surpris de voir que M. Brunot, à la suite du « dictionnaire général » ait cru devoir placer au xvie siècle les débuts de ce phénomène.

La syntaxe n'appelle aucune observation particulière. Là encore des tours contradictoires sont employés par le même auteur, dans le même ouvrage, parfois dans la même phrase. L'incertitude est grande à ce sujet et les grammairiens ne sont pas moins indécis que les écrivains. Il en sera ainsi jusqu'à Malherbe.

Il y aurait encore beaucoup à dire sur une œuvre aussi capitale. Dans ce large exposé, aucun point intéressant la langue française au xve siècle n'a été omis; plusieurs sont traités avec une ampleur et une justesse que je n'ai pas assez louées. Malgré l'aridité de la matière et l'abondance des citations, ce gros volume se lit aisément. On y reconnaît la méthode, la sobriété et la clarté qui distinguent le professeur. Le style est plus personnel que ne le comporte ce genre d'ouvrages; il affecte par endroits une allure combattive qui surprend mais ne déplaît pas. Si, dans l'examen de ce livre, je me suis arrêté à des vétilles, c'est que l'œuvre est belle dans son ensemble et que les défauts y sont rares. Assurément le dernier mot n'est pas dit sur la langue du xvi⁰ siècle, mais l'ouvrage de M. Brunot servira nécessairement de base aux travaux plus restreints qu'on pourra tenter dans la suite. Ceux qui auront le courage de les entreprendre y trouveront un guide sûr et un encouragement.

J. Charles.

---

26. — **Histoire de la mise en scène dans le théâtre religieux français du Moyen-âge,** par Gustave Cohen. [Extrait des *Mémoires couronnés*, publiés par la Classe des lettres et des sciences morales et politiques de l'Académie royale de Belgique, nouvelle série, collection in-8, t. I, 1906]. — Paris, Champion, 1906, in-8, 6 pl. 304 p. (Prix : 7 fr. 50).

Voici un livre qui, disons le tout de suite, contient infiniment plus que son titre ne semble le faire prévoir ; outre qu'il empiète très fréquemment sur des périodes de l'histoire que nul ne peut songer à rattacher au moyen-âge, bon nombre de ses pages sont consacrées aux auteurs des Mystères, aux spectateurs et au budget des représentations, et, qu'elle que soit l'habileté avec laquelle M. Cohen cherche à « dessiner la psychologie d'un auteur de mystères », on ne voit pas bien en quoi ces matières se rattachent à la « mise en scène »; toute cette partie, traitée d'ailleurs d'une façon infiniment trop sommaire, est ici hors de propos et il eût été préférable de la supprimer complètement.

La division même qui partage le volume en trois sections d'inégale importance : drame liturgique, drame semi-liturgique (il s'agit uniquement dans cette catégorie, du *Jeu d'Adam*), mystère est assez contestable, mais ce qu'on est surtout en droit de reprocher à l'auteur, c'est un fréquent défaut de critique qui lui fait invoquer en témoignage pour une époque des documents d'une date très postérieure. Il nous dit, par exemple (p. 26), à propos des drames joués au xv⁰ siècle à la cathédrale de Rouen, qu'on peut certainement les faire remonter au xii⁰ siècle, mais aucun argument ne vient confirmer cette conjecture. Ailleurs (p. 22), il adopte pour le classement chronologique des offices de Sens un ordre nouveau, établi non plus d'après la date des manuscrits, mais d'après l'importance de la mise en scène : il se peut que ce nouveau classement corresponde mieux que tout autre à la réalité, mais encore sommes-nous en droit de nous enquérir des raisons qui ont déterminé l'auteur à l'adopter, et de regretter qu'il ait omis de nous les exposer. Il eût fallu pour cela placer en tête du travail une étude critique sur les sources consultées, sur les mystères utilisés et sur la date de chacune de leurs versions, souvent bien différentes les unes des autres ; tel est le cas du mystère de la *Résurrection*, dont les manuscrits et les éditions incunables, avec les variantes très diverses de leurs rubriques, ne nous sont présentés que d'une façon très incomplète dans une note en bas de page (p. 84, n. 4) et dans les descriptions très sommaires placées à la fin du volume.

En dehors de ces défauts dans la méthode, nous avons encore relevé quelques erreurs assez graves. Sans doute, lorsqu'on nous parle du cardinal Ambroise (au lieu du cardinal d'Ambroise), qu'on nous présente (p. 127) le fils de Louis XI sous le nom de Charles VII, ou qu'on écorche le nom (Dacier, et non Darcier) de l'éditeur des mémoires de Mahelot, nous pouvons admettre que ce sont de simples « coquilles » de l'imprimeur, mais que penser de la fantaisiste graphie des noms de personnages aussi connus qu'Honorius d'Autun et Guibert de Nogent, appelés ici Honoré d'Autun (p. 44) et Guibert de Notgens (p. 47).

A propos de la présence des sages-femmes à la Nativité du Sauveur, il n'est pas exact de dire que le moyen-âge a emprunté cet l'épisode à « une tradition de l'art byzantin et romain » : il n'est pas non plus exact de dire que cette scène a disparu de l'art au début du XIII° siècle pour n'être conservée que dans les Mystères. Après d'autres érudits, M. Mâle a montré, dans son bel ouvrage sur l'*Art religieux du* XIII° *siècle* que cette tradition légendaire a sa source dans les Evangiles apocryphes, notamment dans celui de la *Nativité de Marie et de l'Enfance du Sauveur*, et qu'elle a été représentée en maintes places de nos cathédrales. Tout cela M. Cohen le sait aussi bien que personne, et il est regrettable qu'il n'en ait pas tenu compte.

En effet, malgré les défauts que nous venons de critiquer et qui, nous le croyons très sincèrement, sont uniquement dûs à une hâte un peu trop précipitée dans la rédaction, nous nous plaisons à rendre hommage à la vaste érudition de M. Cohen, qui ne semble avoir ignoré aucun texte dramatique ni aucune publication moderne touchant de près ou de loin à l'histoire du théâtre religieux du moyen-âge. D'intéressantes et fécondes comparaisons avec des œuvres allemandes, néerlandaises, italiennes ou espagnoles viennent encore faire la preuve du soin scrupuleux avec lequel il a réuni les éléments de son abondante documentation. L'*Histoire de la mise en scène* d'Emile Morice est entièrement dénuée de critique et l'*Étude* de M. Germain Bapst sur le même sujet est trop incomplète ; pour la première fois, on trouve ici réunies toutes les données acquises par l'érudition moderne sur cette intéressante partie de l'histoire littéraire. Mais, non content de réunir en un seul ouvrage les résultats des travaux de ses devanciers, M. Cohen a lui-même renouvelé la matière, soit par les vues générales qu'il y a introduites, soit par les études particulières par lesquelles il a complètement modifié l'état de nos connaissances sur tel ou tel point de la question.

Dès le début de son livre, il insiste avec beaucoup de raison sur le « caractère cyclique » des mystères, véritables « contes dramatiques illustrés par décors et personnages » où les spectateurs voulaient voir défiler, avec toutes les scènes de la Passion, tous les épisodes de la Bible qui les avaient préfigurées ; à ces « drames cycliques » devaient logiquement correspondre des « décors cycliques ». La remarque a sa valeur.

Malgré tout ce qu'on a déjà écrit à son propos, ce décor nous est imparfaitement connu. S'il en fallait croire Emile Morice, « le théâtre, formés de plusieurs étages de galeries superposées en retraite les unes sur les autres, s'élevait pyramidalement jusqu'à une grande hauteur » et ressemblait à « une maison haute de cinq à six étages, subdivisée en un grand nombre de pièces, et dont la façade, totalement enlevée, laissait voir du haut en bas tout l'intérieur diversement décoré ». Au contraire, Paulin Paris croit que tous les décors étaient rangés sur un seul étage dominé seulement à l'arrière plan par un paradis en gradins. L'étude minutieuse des rubriques et des documents d'archives relatifs aux représentations des mystères a conduit M. Cohen à des conclusions qui, pour être moins absolument systématiques que celle de Morice ou de Paris, n'en sont que plus proches de la vérité. Il n'y avait, en réalité, pas de règles fixes, et « la scène se pliait aux exigences du milieu ». Disposait-on d'une large place, on alignait les décors les uns à côté des autres, dussent-ils atteindre un développement de cent mètres. Les gradins du paradis occupaient un second étage, en retrait, monté sur piliers assez hauts au dessus de certaines mansions... Lorsque l'étendue du décor devait être restreinte par le peu de largeur d'une salle fermée, on coupait pour ainsi dire la ligne des mansions et on transportait la moitié au dessus de l'autre, en formant ainsi un second étage également en retrait. Mais jamais on n'éleva des scènes à cinq ou six étages comparables à une maison dont on aurait enlevé la façade. »

Chemin faisant, M. Cohen rencontre l'épineuse question de l'influence des mystères sur les arts plastiques, et il lui consacre un chapitre très documenté et rempli d'aperçus judicieux mais où l'on regrette, une fois de plus, une certaine imprécision dans l'exposé, une certaine confusion entre des témoignages de dates très différentes. Si nous avons bien compris la pensée de l'auteur, il semble qu'il soit porté à admettre avec M. Mâle que l'art religieux a été renouvelé à la fin du xive siècle et au siècle suivant sous l'action des décors et des jeux de scène en usage dans les représentations dramatiques ; il paraît cependant, plus que M. Mâle, disposé à reconnaître que l'influence contraire ne fut pas sans s'exercer souvent aussi. Dans le nombre des textes réunis par M. Cohen, il en est qui justifient l'une et l'autre théorie, mais il nous semble que, la plupart du temps, la parenté certaine qui existe entre les arts plastiques et la mise en scène des mystères doit s'expliquer de toute autre façon ; en réalité, peintres et scuplteurs, comme « superintendants » et « meneurs de jeux » n'étaient pas des inventeurs, et leur rôle consistait à représenter sur la toile, sur la pierre ou sur la scène des épisodes dont la matière, tirée des textes sacrés, authentiques ou apocryphes, des légendes de saints ou de liturgie, leur était fournie par le clergé selon des formules invariables. En ce qui concerne les arts plastiques, M. Mâle en a donné une surabondance de preuves dans son livre sur *l'art religieux du xiie siècle en France*, pour ce qui est du théâtre, on trouvera dans les documents réunis par M. Cohen des témoignages convainquants, et nous nous bornerons à reproduire ici un passage du

prologue de la *Résurrection* qu'il cite au chapitre consacré aux
« Auteurs » (p. 194) :

> Car cil qui les rymes en fist
> . . . .
> Ne les eust ozé entreprendre
> S'ils n'eust pleu aux clercs luy aprendre
> Conment il s'en devoit chevir.

Ainsi, le plus souvent, les rapports étroits que nous constatons entre les mystères et les œuvres de peintres ou des sculpteurs doivent s'expliquer uniquement par la communauté de source et d'inspiration, et non par une influence directe des uns sur les autres.

Traitant du costume, et trouvant sur son chemin une assertion du regretté Petit de Julleville, suivant laquelle, « jusqu'à la Renaissance, aucune préoccupation de couleur locale ou de vérité de la mise en scène ne sollicita les auteurs ou entrepreneurs de mystères ». M. Cohen conteste la vérité de cette théorie, et il montre, avec pièces à l'appui, que cette préoccupation exista durant tout le cours du moyen-âge, mais que les artistes, mal informés sur les mœurs et les coutumes des anciens et des peuples lointains, ne parvinrent pas en réalité à rétablir une couleur locale qu'ils croyaient, de bonne fois, avoir réalisée.

Sur la machinerie, la mimique, la diction, sur la disposition matérielle du lieu du spectacle, sur les auteurs, les acteurs et les spectateurs on trouvera dans ce livre maints détails précieux ; nous avons voulu seulement mettre en relief les parties les plus originales et montrer ainsi tout l'intérêt et toute la valeur d'un ouvrage qui, malgré quelques défauts, forme une importante contribution à l'histoire de la littérature et des beaux-arts.

André Lesort.

---

27. — **Die Germanen im Römischen Dienst bis zum Regierungsantritt Constantins I**, von Martin Bang. — Berlin, Weidmann. 1906, in-8 de 111 p. (Prix : 4 mk. 80 pf.)

Le livre de M. Martin Bang, qui se donne pour un disciple d'Otto Hirschfeld à qui son étude est dédiée, comprend deux parties :

1° *Les tribus germaniques dans leurs rapports avec l'État romain;* 2° *Les Germains au service de Rome.* La première partie est un exposé historique un peu confus où l'auteur s'est efforcé d'établir que les Germains depuis le jour où ils se sont trouvés pour la première fois en contact avec les Romains se sont imposés à eux par leurs rares qualités militaires et leur aptitude merveilleuse aux choses de la guerre. Sur des témoignages un peu incertains, M. B. rappelle les premières ambassades envoyées par les tribus d'outre-Rhin aux proconsuls romains séjournant en Gaule. En réalité, c'est César qui apprit le premier à Rome le nom du Rhin et l'existence des tribus germaniques. La conquête de la Gaule marqua une étape sur la voie de l'organisation d'une Germanie romaine. César avait-il rêvé de la réaliser? son programme comportait-il l'extension de la puissance romaine au-delà du Rhin ? Il est difficile de le dire, puisque les circonstances politiques le détournèrent de ces conquêtes lointaines. En tout cas, il faut attendre jusqu'à Auguste pour voir se dessiner nettement une politique romaine en Germanie. Par la conquête ou par la pénétration pacifique, par l'organisation militaire ou administrative, cette politique continuée régulièrement à travers les hasards des vicissitudes impériales, tendra à faire des Germains, dont Rome avait en effet reconnu les qualités éminemment belliqueuses une sorte d'avant-garde et de la Germanie un vaste camp retranché sur les frontières de l'empire. C'est justement que M. B. rappelle les témoignages unanimes des écrivains romains, qui s'accordèrent à ne voir dans les Germains que la *gens belli laeta*, les *viri ad arma nati* dont Rome sut se faire un instrument docile et redoutable.

La seconde partie est l'apport vraiment original et utile du livre. Elle comprend d'abord une étude d'onomastique précise, fondée sur une documentation épigraphique abondante : l'auteur y dresse la liste de toutes les désignations, noms, simples, doubles ou triples, romains ou nationaux, — indications d'origine, ville, tribu, province, nation, — qui établissent l'identité des Germains au service de Rome. Puis M. B. passe en revue les différents postes occupés par les Germains dans l'armée romaine, depuis l'époque où César s'était constitué une sorte de garde personnelle formée de quatre cents cavaliers germains. Leur concours effectif dans l'armée romaine remonte à l'avant-dernière année de la guerre des Gaules, exactement à la prise de Noviodunum. A partir de cette époque, on trouve régulièrement des Germains dans les troupes auxiliaires ; (ch. I) certains empereurs usent comme gardes du corps de cavaliers germains; (ch. II) des témoignages beaucoup plus rares attestent aussi la présence de Germains dans l'armée navale, notamment dans la flotte de Ravenne et dans celle de Misène ; (ch. III) dès l'époque de Claude et de Néron, comme les inscriptions en témoignent, les légions elles-mêmes s'ouvrirent aux Germains, non seulement les légions cantonnées en Germanie, mais les légions orientales et danubiennes ; (ch. IV) ils occupent aussi leur place dans les corps prétoriens et les cohortes urbaines ; (ch. V) enfin certains d'entre eux s'élevèrent dans l'armée romaine au commandement et obtinrent les grades de tribun, de *praefectus castrorum*, de *praefectus tironibus* — etc. (ch. VI).

M. B. a fait porter son travail sur une période de trois siècles et demi ; il l'a conduit jusqu'à l'avènement de Constantin I; pour le compléter, une étude des Germains au service de Rome, de Constantin à la chute de l'Empire d'occident serait nécessaire ; M. B. semble nous la promettre.

Toute la partie critique de son livre, dont les résultats précis sont clairement résumés à la fin en deux tableaux chronologiques avec références, est excellente et apporte des éléments nouveaux et intéressants sur un sujet mal connu.   E. MAYNIAL.

---

28. — **Le tribunal de l'Inquisition de Pamiers**, par J. M. VIDAL. — Toulouse, Edouard Privat, 1906, in-8 de 309 p.

Les lecteurs des « Annales de Saint-Louis des Français » (1904-1906) ont eu la primeur de cette étude. Malgré l'air un peu rébarbatif qui lui vient d'une érudition très scrupuleuse, elle enrichit la littérature de l'Inquisition et les historiens la consulteront avec fruit.

Créé en 1318 par l'évêque Jacques Fournier (futur Benoit XII) pour extirper définitivement du pays de Foix les derniers restes de l'Albigisme, le tribunal de Pamiers, nous fait connaître « un moment » de la vie inquisitoriale dans le Languedoc.

Il offre un modèle de ces organisations mixtes décidées au concilé de Vienne (1312) où « la magistrature des juges monastiques serait contrebalancée et contrôlée par l'autorité des évêques diocésains ». M. Vidal étudie la physionomie et le fonctionnement de cette institution, et on a plaisir à constater avec lui que la réforme tentée produisit d'heureux résultats. Il serait excessif en effet de n'attribuer qu'à la modération de l'évêque de Pamiers la détente qui se traduisit dans la procédure par une temporisation plus grande à l'égard des prévenus obstinés dans l'erreur, par une tendance à octroyer quelque liberté à la défense, enfin par une amélioration du régime des prisons.

Le « Registre » même de la procédure de Jacques Fournier, conservé à la Bibliothèque Vaticane [ms] latin Vat. 4030] a fourni à M. Vidal presque toute la matière de son travail. Ce recueil très volumineux puisqu'il contient les procès-verbaux d'environ cent interrogatoires, a une importance de premier ordre. On en pourrait tirer, au dire de M. Vidal, un tableau très fidèle de la situation religieuse du pays de Foix au début du xiv° siècle, comme aussi d'utiles renseignements pour l'étude des doctrines pratiques du Néo-dualisme à cette époque. Enfin ce Registre étant le document important de l'histoire épiscopale de Jacques Fournier, il pourrait aider, mieux qu'aucun autre, le futur biographe du Pape Benoît XII, « à tracer le portrait de cet homme austère, zélé et juste. »

L'auteur annonce qu'il exploitera son manuscrit à ces différents points de vue, nous ne pouvons que l'encourager dans ce dessein, et souhaiter à l'histoire une œuvre aussi consciencieuse que celle qui vient d'être présentée.

***

Le Rôle de Matignon à la Saint-Barthélemy à Alençon, à Caen et dans toute la Basse-Normandie, par Henri CHARDON. — Paris, Champion, 1906, brochure de 71 p.

Cette brochure est le tirage à part d'un article publié dans le « Bulletin de la Société historique et archéologique de l'Orne ». Depuis Caillères, son biographe du xvii° siècle (1661), une lé-

gende s'est créée sur l'attitude de Matignon dans son gouvernement à la Saint-Barthélemy. On le montre « refusant d'éxécuter les or-
» dres de la cour et empêchant les catholiques de massacrer les
» protestants d'Alençon ».

M. H. Chardon qui a étudié les témoignages contemporains et particulièrement la volumineuse correspondance du maréchal précieusement conservée aux archives de Monaco remet au point des évènements que des panégyristes ont trop dramatisés et par là même exagérés selon lui ; ni Matignon ne mérite le rôle singulièrement indépendant qu'on lui a prêté, ni les catholiques de Basse-Normandie les intentions homicides qu'ils auraient eues vis-à-vis de leurs concitoyens.

La vérité est que Matignon, dans l'éxécution des ordres qu'il reçut à la Saint-Barthélemy et notamment dans la poursuite de Montgommery, ne se départit pas de sa « lentitude » ordinaire et de son tempérament de « politique » avant tout « se gardant de
» faire du zèle, de trop pencher du côté de tel ou tel parti, se ré-
» servant pour le lendemain en vue d'un changement. »

Ce n'est pas en 1572, où en somme, tout se passa sans grande difficulté et dans un calme relatif, qu'il rendit aux protestants d'Alençon le service le plus signalé et pour lequel ils lui gardèrent si longtemps de la reconnaissance, mais dix ans plus tôt en 1562 lors de leur révolte contre l'autorité royale. Au lieu de les briser comme il l'aurait pu, et de laisser les représailles catholiques s'exercer impunément contre eux, il se contenta d'une soumission amiable. Ils lui durent aussi et indirectement la prééminence qu'ils conservèrent dans la ville.

M. H. Chardon conclut en disant que Matignon « ni catholique, ni huguenot » n'était en somme qu'un « politique de l'école de Catherine... » « qui ne voulut jamais s'engager trop
» avant pour ne pas avoir trop à reculer. Ce fut la cause de la
» haute faveur à laquelle il parvint tant en Guyenne qu'en Nor-
» mandie ».

H. CARRU.

ACADÉMIE DES INSCRIPTIONS ET BELLES-LETTRES

Séance du 1ᵉʳ février.

Au début de la séance, le président annonce le décès du sénateur Graziado Ascoli, de Milan, associé étranger de l'Académie depuis 1891, l'un des plus érudits linguistes de notre époque. M. REINACH énumère les principaux travaux qui témoignent de la prodigieuse activité de ce savant.

M. DIEULAFOY achève la lecture de son Mémoire sur le théâtre édifiant en Espagne.

M. Jean Psichari, professeur à l'école des langues orientales et à l'école des Hautes-Etudes, communique une étude sur deux fautes de syntaxe dont il suit les traces à travers l'histoire de la langue grecque. Ainsi le solécisme *aitinès cataklóportés*, qui appartient à la langue savante de nos jours paraît à première vue avoir son pendant dans les *idea arkonte* de Platon et un autre texte d'Hésiode. Pour l'expliquer, M. Psichari aborde des considérations d'une technicité telle qu'elles ne sauraient être exposées clairement ici.

M. PHILIPPE BERGER communique une inscription punique trouvée par M. Merlin à Carthage. C'est l'épitaphe d'une *grand-prêtresse*, dont le mari était suffète ainsi que tous ses ancêtres, jusqu'à la quatrième génération. Ce sont là deux faits très intéressants, d'autant plus que la défunte est qualifiée chef des prêtres et non chef des prêtresses, d'où l'on conclut qu'une femme pouvait être placée à la tête du Collège des prêtres.

Séance du 8 février.

Après un très long comité secret par lequel s'ouvre la séance, M. HÉRON DE VILLEFOSSE expose à l'Académie comment il a eu la bonne fortune de retrouver à Sainte-Colombe, faubourg de Vienne (Isère), un fragment de la célèbre *Vénus accroupie*, de Vienne, conservée au Louvre et qui provenait des ruines du palais de Sainte-Colombe, dit le Palais du Miroir. A ce propos, M. de Villefosse fournit des renseignements très intéressants sur les antiquités très nombreuses que possèdent encore le sol et le sous-sol de Vienne. La Société des fouilles archéologiques vient d'allouer une subvention de mille francs pour continuer les recherches.

M. DELISLE communique au nom de M. Dorez, de la Bibliothèque nationale, le fac-similé du manuscrit autographe de *la Vie de César*, qui fut le dernier travail de Pétrarque.

Séance du 15 février.

M. Cagnat communique de la part de M. Merlin, directeur des antiquités de la Tunisie, une inscription latine dédiée à Carthage divinisée. Elle a été trouvée par M. le capitaine Gondouin dans la propriété qu'il habite.

M. Salomon Reinach commence la lecture d'un Mémoire sur le mot *Aetos*, nom donné au fronton des temples antiques, en raison de la ressemblance qu'il offre avec les ailes éployées d'un aigle.

M. Edouard Cuq, professeur à la Faculté de Droit de Paris, commente le texte d'un règlement administratif du temps d'Hadrien récemment trouvé en Portugal et recueilli par les soins de M. Burthe, ingénieur de la Société des mines d'Aljustrel. Ce document fournit des renseignements très curieux sur l'exploitation des mines d'argent, la recherche des gisements et des filons, les mesures de sécurité, les conditions de formation des Sociétés. Celles-ci sont distinctes des Sociétés fermières, telles qu'on les connaissait jusqu'ici ; elles sont soumises à des règles spéciales.

M. Havet étudie quelques passages du *Rudens* de Plaute ; après avoir restitué certains vers dans leur forme primitive, il conclut, par une interprétation nouvelle des vers 150-1, que les sacrifices pour cause de voyage devaient se faire au lever du jour ; quand on était invité au déjeuner — *prandium* — qui suivait ce sacrifice, il fallait avoir pris un bain la veille au soir et non le matin.

Le vers 161 fournit à M. Havet la preuve que le dieu marin Palémon était adoré à Cyrène sous le vocable d'Hercule Sauveur, qui n'est autre que le Melqart phénicien.

L'Éditeur-Propriétaire-Gérant : Albert Fontemoing.

Imprimerie Générale de Châtillon-sur-Seine. — A. Pichat.

BULLETIN CRITIQUE

29. — **La Divinité de Jésus-Christ.** Controverses du temps de Bossuet et de nos temps, par le comte H. de LACOMBE. — Paris, Téqui, in-12 de VIII-428 pp. (Prix : 3 fr. 50).

Une lecture du plus haut intérêt nous est offerte par l'ouvrage que vient de publier M. de Lacombe. Ecrit dans le style le plus élégant et le plus pur, d'une clarté attrayante et toute française, d'une érudition aussi solide qu'agréable, ce livre est de ceux qu'on peut recommander à tout homme du monde, même indifférent, mais désireux de s'instruire sans fatigue, sur un sujet toujours ancien et toujours nouveau et qui sera l'objet d'une controverse éternelle : la divinité de Jésus-Christ et la vérité de la religion catholique.

Nous commencerons cependant par une légère critique : le titre de l'ouvrage ne correspond pas exactement à son objet. A-t-il pour but principal une démonstration de la divinité de l'Evangile, ou une simple exposition des controverses agitées, au temps de Bossuet, non pas encore sur la divinité du Christianisme, mais à propos d'exégèse biblique ? On ne sait pas au juste. Des cinq livres qui le composent, le premier et le dernier traitent le premier point ; les trois livres intermédiaires, tous consacrés à Bossuet controversiste, nous font voir, avec force détails, comment le grand homme joignait l'érudition la plus scrupuleuse à cette éloquence unique qui est le côté le plus brillant de son génie. Je dis le plus brillant, il faudrait peut-être dire trop brillant, car l'éclat de ses discours a servi de prétexte à ces détracteurs d'hier et d'aujourd'hui pour mettre en doute la profondeur de sa science, en exégèse et en histoire. M. de Lacombe a entrepris la tâche de le défendre et il le fait victorieusement. Il montre que Bossuet a réellement possédé toute la somme de science biblique et historique qu'on pouvait acquérir de son temps, si l'on excepte les purs spécialistes. Pièces en main il le venge des dédains intéressés de Renan, pour ne parler que du plus hautain de ses critiques. Avec les Lanson, les Crouslé, les Rébelliau, il le fait voir aussi érudit que pas un des écrivains du grand siècle, même sans excepter, sauf quelques points de détails, son antagoniste, Richard Simon.

Rien d'intéressant comme le tableau que nous présente l'auteur de l'essor des études orientales au début du xvııe siècle. A défaut des grands coups d'épée des Godefroy de Bouillon et des Saint Louis, ce fut comme une croisade de la science pour s'emparer non plus des murailles de Jérusalem, mais des richesses scientifiques confinées encore dans les pays Musulmans. Chaque congrégation savante : Jésuites, Bénédictins, Oratoriens a ses orientalistes et ses critiques. Faut-il nommer les Vétau, les Mabillon, les Morin, les Lelong, sans oublier les messieurs de Port-Royal ? Bossuet, épris de la Bible depuis son enfance, et toujours désireux d'en explorer les dernières profondeurs, est en rapport avec tous. Il a non pas la crainte, mais l'enthousiasme, du progrès de la science biblique. « Notre siècle, écrit-il, est plein de lumière ; les histoires sont déterrées plus que jamais, les sources de la vérité sont découvertes ». (p. 243) Ce n'est pas un encyclopédiste du xvıııe siècle, ni un libre penseur du xıxe, c'est Bossuet, celui qu'on appelle le gendarme de la tradition, qui parle ainsi, et l'on sait si cette grande âme est simple et sincère ! Il est plus sympathique aux découvertes des chercheurs consciencieux qu'effrayé de leurs témérités. Au reste que craindrait-il pour le triomphe définitif de la vérité ? Sa foi augmente sa confiance, loin de la diminuer. Docteur de l'Eglise, mais surtout enfant de l'Eglise, il sait qu'elle seule est l'interprète dernière et infaillible des Ecritures, et il n'oublie pas que, dans les querelles inévitables qui surgissent entre savants, c'est elle qui aura toujours le dernier mot. Tout au plus manifeste-t-il quelquefois sa mauvaise humeur contre certains exégètes mais ce n'est pas sans cause, et, s'il vivait de nos jours, peut-être trouverait-il l'occasion de redire, comme à propos de Richard Simon « qu'il n'aime pas les marches obliques, ces esprits tortillants, ces détours d'un critique qui dit le pour et le contre, qui fait sortir de la même bouche le bien et le mal, qui, dans le fond ne dit jamais tout ce qu'il veut dire, et se prépare partout des échappatoires et des évasions » (p. 302).

M. de Lacombe consacre un chapitre des plus importants au *Discours sur l'histoire universelle*. Il fait très bien voir comment ce livre, d'une éloquence impérissable, n'a pas cessé d'être une sérieuse leçon d'histoire : « Que dans le chef d'œuvre de Bossuet des lacunes soient à combler, des bornes à déplacer et à reculer, des enceintes à élargir, cela va de soi, dit très bien l'auteur, c'est l'effet inévitable du temps, avec les changements qu'il amène et les découvertes qu'il apporte. Le monument n'en demeure pas moins entier dans ses grandes lignes, dans ses fondements comme dans son couronnement, toute l'histoire humaine y tient toujours. Les divinations de Bossuet ont souvent dépassé les notions les plus hardies de son époque ; ce qu'il a ignoré elle l'ignorait elle-même ». (p. 238) Il serait donc puéril de lui faire un reproche de ces ignorances. Malgré tout, le côté essentiel, la conclusion religieuse de cette grande œuvre reste inattaquable. En veut-on une preuve piquante ? Bossuet, montrant l'importance providentielle, unique, de la nation juive a écrit : « La tradition du peuple juif et celle du peuple chrétien ne font ensemble qu'une même suite de religion, et les Ecritures des Deux Testaments ne font aussi qu'un même corps et un même livre. » Le grand apologiste pourrait compléter son idée en ces termes : « Le Christianisme est l'aboutissant et... le but, la cause finale du judaïsme. Le Christianisme une fois formé, le judaïsme se continua encore, mais comme un tronc desséché, à côté de la seule branche féconde. Désormais la vie est sortie de lui... Le Christianisme est le chef d'œuvre du judaïsme, sa gloire, le résumé de son évolution. » (p. 280) Or de qui sont ces paroles d'une correction si judicieuse, si parfaitement orthodoxe ? Bossuet les aurait signées . elles sont de Renan, et forment la conclusion finale de ses cinq volumes sur l'histoire du peuple d'Israël. Et c'est ainsi que le grand évêque tire une vengeance posthume, mais éclatante, de l'auteur de la *Vie de Jésus* qui nous a révélé sans vergogne que Bossuet était pour lui « une idole de l'admiration routinière et qu'une de ses idées fixes — à lui Renan — était de détruire cette superstition-là ! » (p. 59).

De cette histoire merveilleuse du peuple juif, aboutissant à l'éclosion non moins merveilleuse du Christianisme, Bossuet tirait la conclusion naturelle, admise de son temps par tout le monde : la divinité de l'Eglise et la divinité de son fondateur, si visiblement annoncé et décrit par l'ancien testament. Renan, on le sait, conclut tout autrement, quoiqu'il semble contraint d'admettre les mêmes principes que l'évêque de Meaux. A vrai dire, selon son habitude, il ne conclut rien du tout. En dilettante qu'il est, sans s'attarder à peser les faits, il affirme que le surnaturel n'existe pas. C'est sa manière de trancher « l'Eternelle question » comme le dit M. de Lacombe : cette question c'est la Divinité de Jésus-Christ qui est l'objet du premier et du cinquième livre de son ouvrage.

Sur un sujet éternel, et par cela même éternellement traité il était difficile à M. de Lacombe de trouver de nouveaux arguments. Signalons du moins la verve piquante avec laquelle il fait voir le ridicule de l'explication imaginée par Renan, pour faire comprendre l'entrée dans l'histoire du fait décisif qui prouve la divinité du crucifié, je veux parler de la résurrection. Il fait toucher du doigt comment la prétendue hallucination de Madeleine et des saintes femmes n'explique rien du tout et comment « ceux qui... aiment mieux être des croyants que des jobards... se rangent à l'avis de Pascal et de Bossuet contre la sornette de M. Renan. Miracle pour miracle, ils préfèrent celui qui domine la raison sans l'humilier, à celui qui renverse, bafoue et outrage le sens commun » (p. 288).

Aux nouvelles attaques de la libre pensée et de la fausse critique ont répondu plusieurs travaux récents que M. de Lacombe signale à ses lecteurs. Il cite en particulier l'œuvre magistrale de M. l'abbé Frémont où, avec M. Paul Bourget, il voit un vrai chef d'œuvre de dialectique et de science. Non moins importante est l'étude de Mgr Mignot, archevêque d'Albi, *Critique et tradition*, où l'auteur fait voir que la tradition seule, cette tradition si bien définie et défendue par Bossuet, suffirait, alors même qu'on n'aurait pas les Evangiles, pour établir la divinité de Jésus-Christ. Mais les Evangiles sont là et c'est sur eux que s'exerce cette critique grammaticale, dissolvante qui, chez les Protestants, n'en laisse rien subsister. Qui pourra jamais mettre fin à leurs contradictions, en dehors de l'autorité de l'Eglise ? Et néanmoins, écrit fort bien M. de Lacombe, en dehors de toute érudition, « à qui lira d'un esprit libre, les Evangiles de Mathieu, de Marc, de Luc et de Jean, il sera toujours moins difficile de conclure pour que contre la divinité. » (p. 42) Suivent deux très belles pages, d'une réelle éloquence, sur la transcendance visiblement divine du style évangélique qui dépasse absolument l'art et le génie humain. Pour tout homme attentif, et de bonne foi, comme pour le soldat de l'Evangile, le langage défie toute explication rationnelle : *nunquam locutus est homo sicut homo iste.*

A côté du témoignage intrinsèque que se rendent à eux-mêmes nos saints évangiles, il faut tenir compte — et c'est là l'objet du cinquième livre de M. de Lacombe — il faut tenir compte des témoignages qui lui sont rendus par nombre de vrais savants, disons par les princes de la pensée humaine. Oui, il faut le dire bien haut, malgré les affirmations outrecuidantes de ce qu'on appelle aujourd'hui : la pensée *laïque*, — cette pensée qui fait la pâture habituelle de ce groupe de moutons de Panurge qui, à la suite de Renan — ou de M. Viviani ! — déclarent que la Science a banni à jamais le surnaturel, on peut affirmer que, non seulement la science n'exclut pas le surnaturel, mais plutôt qu'elle l'appelle, qu'elle lui rend des services et qu'elle en reçoit pareillement. C'est ce que montre M. de Lacombe en invoquant les autorités non suspectes des savants les plus versés dans l'étude des langues orientales, le baron d'Eckstein, le grand Sylvestre de Sacy et ses plus illustres élèves et enfin, qui le croirait ? le maître des maîtres de la philosophie moderne, le patriarche commun de tous les spiritualistes, même libres penseurs, j'ai nommé Descartes. C'est dans son journal intime qu'on a trouvé cette phrase qui résume tous les mystères du Christianisme : Dieu a fait trois miracles, les choses de rien, le libre arbitre, et l'homme-Dieu. (p. 369).

Il faudrait toute une page pour citer, avec M. de Lacombe, les savants qui ont fait une haute profession de foi chrétienne. Il y a certains noms qu'on est étonné de rencontrer. Qui se rappelle aujourd'hui M. Cousin, disant à la jeunesse française : « Mesurez vos progrès en philosophie par ceux de la tendre vénération que vous ressentirez pour la religion de l'Evangile. » (p. 420) Mais que dis-je ? citons M. Renan lui-même. Il est vrai qu'il était encore à Saint-Sulpice lorsqu'il écrivait cette profonde parole : « C'est à mon avis une des plus grandes marques de la vérité du Christianisme que pour en prouver la vérité, il faut analyser tout ce qu'il y a de plus profond dans l'homme : son nœud est là. S'il était faux, au contraire, l'analyse ne pourrait que le détruire » (p. 406).

Il faut nous borner là, quelque plaisir que nous aurions encore à faire valoir non seulement le fond des idées, mais le style de M. de Lacombe. En réalité, on a pu assez le voir dans cette courte analyse ! ce volume unique renferme deux ouvrages distincts. Mais, malgré le fil ténu qui les rattache l'un à l'autre, le lecteur n'est point trop choqué de ce disparate, et le charme de cette parole si claire, si vivante, si joliment informée fait qu'après avoir ouvert le volume on ne le quitte qu'après l'avoir lu jusqu'à la dernière page.

L. Lescoeur.

---

30. — **Ferrum**, poème latin écrit en 1717 par le P. Xavier de la Sante, S. J., professeur de rhétorique au collège Louis le Grand et traduit en vers français par F. Osmond, ingénieur-métallurgiste. — Paris, 1906, iii-58 pp. [1]

Ferrum est un]de ces nombreux *poemata didascalica* que nous ont laissés le xviie et le xviiie siècles. En ces temps heureux, les poètes latins couraient les rues, comme aujourd'hui les poètes français. On enseignait le latin comme une langue vivante, pour le parler et l'écrire autant que pour le comprendre. Les muses latines étaient tout particulièrement honorées. Hommes du monde, médecins, magistrats, professeurs, tous écrivaient en vers latins. L'enseignement des Jésuites contribua beaucoup à développer ce goût ; celui de l'Université aussi et celui de l'Oratoire, mais avec plus de réserve. L'austérité de Port-Royal lui fut hostile ; ce qui n'empêcha pas Racine d'honorer d'un distique latin le chien de la maison :

Semper honos, Rabotine, tuus laudesque manebunt
Carminibus vives, tempus in omne, meis.

Plus virgilien que Virgile, l'auteur de *Ferrum*, le P. Xavier de

---

1. Cette jolie plaquette se vend au profit de la Société des Amis des sciences chez le traducteur, 83, boulevard de Courcelles, Paris. Prix minimum 5 francs.

la Sante, S. J., professait la rhétorique au collège Louis le Grand. Ses vers sont d'une harmonie digne du poète de Mantoue. La recherche du fer, l'extraction et le traitement du minerai, les usages du métal, tout est exposé en vers charmants; vraiment l'auteur se joue avec la difficulté de couvrir du vêtement poétique des descriptions techniques. Ce petit poème a aussi, souvenir des Géorgiques, son épisode : Sidérite et Sidère sont deux frères jumeaux, deux bergers, s'aimant tendrement. Mais l'étoile de la Grande Ourse s'éprend de Sidérite, abandonne le céleste chariot, et, comme s'exprime l'élégant traducteur du P. de la Sante :

> Légère, suspendue aux ailes de l'amour
> Elle se laisse aller au terrestre séjour.

Mais Sidérite la repousse : il ne veut aimer que son frère. La belle raison pour refuser un mariage ! Furieuse de voir sa beauté méprisée, la Grande-Ourse change Sidérite en aimant et en fer son frère qui ne veut pas être séparé de lui. Un poète ancien, en racontant cette métamorphose, aurait fait d'un des deux bergers une nymphe : tout se serait bien compris et la Grande-Ourse aurait eu de qui être jalouse. Le gracieux épisode du R. P. J. de la Sante rappelle un peu les pièces de théâtre arrangées à l'usage des collèges où tous les personnages sont ramenés au sexe fort.

Claudien, qui a écrit un petit poème sur l'aimant, *Magnes*, personnifie Mars dans le fer et dans l'aimant Vénus. Un autre P. Jésuite, le P. Bernard Fellon, auteur d'un poème latin sur le caffé, a aussi, dans un poème latin intitulé *Magnes*, comme celui de Claudien, raconté les aventures de Sidère et de Sidérite. Pour lui, ce sont les fils jumeaux de Cérès et, par conséquent, les frères de Proserpine. Ils trouvent la mort et leur métamorphose en poursuivant, pour délivrer leur sœur enlevée par Pluton, le char du ravisseur.

Peu importe d'ailleurs cette observation qui n'ôte rien au mérite des vers. Elle ne s'adresse en aucune façon au traducteur qui a bien dû prendre le poème tel qu'il fut composé. Ce traducteur est un de nos métallurgistes les plus distingués, M. F. Osmond, ingénieur. Séduit par la beauté des vers latins et, aussi, sans doute, par le sujet qui appartient à son art et à sa science, il s'est souvenu, en lisant le poème, du temps où, élève de l'Université, il faisait, avec amour, des vers latins; cela ne se fait plus aujourd'hui. L'idée lui est venue de traduire en vers français ce poëme ; il [l'a fait avec une fidélité qui rend exactement le texte [1], avec une grâce, une élégance qui ne le cèdent en rien au modèle. Le lecteur ne peut qu'en être charmé et le vœu par lequel M. F. Osmond termine sa traduction est accompli :

> Mais, à ne rien céler, j'ai bien peur qu'on ne pense
> Que, si le fer est dur, mon vers l'est plus encor.
> Enfin, voici mon œuvre et, pour ma récompense,
> Si mon fer vous agrée, il vaudra son poids d'or.

Ce ne sont pas les programmes modernes qui prépareront des ingénieurs capables de se délasser à ce jeu délicat d'humanistes; malheureusement.

Henry THÉDENAT.

---

31. — **Deutsche Texte des Mittelalters herausgegehen von der Königlich-Preussischen Akademie der Wissenschaften.** — Bd. III, **Johanns von Würzburg Wilhelm von Oesterreich**, hsggb. von Ernst REGEL. — Berlin, Weidmann, 1906, in-8, reprod. photog. (Prix : 10 mk.) — **Das Leben der Schwestern zù Töss** beschbieren von ELSBET STAGEL, hsggb. von Ferdinand VETTER. — Berlin, Weidmann, 1906, in-8 de 132 p. 2 reprod. photog. (Prix : 5 mk.)

L'académie des Sciences de Berlin vient de commencer la publication, à la librairie Weidmann, d'une collection de textes allemands du moyen-âge, qui, après quelques mois seulement, compte déjà six fascicules : *Frédéric de Souabe*, éditée par M. Max-Hermann Jellinck ; *Willehalm von Orlens*, de Rodolphe d'Ems, édité par M. Victor Junk; *Guillaume d'Autriche*, de Jean de Wurzbourg, édité par M. Ernst Regel; *les Poëmes didactiques (Lehrgedichte) du manuscrit de Melk*, édités par M. Albert Leitzmann; les *chants populaires et corporatifs des XVᵉ et XVIᵉ siècles*, premier fascicule, comprenant les pièces du ms. Pal. 343 de Heidelberg, édi-

---

1. Le traducteur a donné, en regard de sa traduction, le texte latin de l'auteur

tés par M. Arthur Kopp ; enfin les *Vies des Sœurs de Toss*, éditées par M. Ferdinand Vetter. Les volumes 7 et 8, actuellement sous presse, comprendront les *Œuvres d'Henri de Neustadt*, éditées par M. Sammuel Singer, et l'*Apocalypse* d'Henri de Hesler, éditée par M. Karl Helm. Chaque volume se termine par un index des noms propres et un glossaire (Wortverzeichnis), mais il est regrettable que cette publication, dont l'impression est particulièrement soignée, ne comporte presque aucune annotation, et que les *Introductions* placées en tête de chaque fascicule soient à peu près exclusivement consacrées à la description des manuscrits et à l'étude des rapports qu'ils présentent entre eux. Ce sont assurément là des données qu'il ne convient pas de négliger, mais l'on voudrait aussi, en feuilletant ces volumes, y trouver sur la valeur historique de l'œuvre, sur sa formation, son succès et son influence, sur le vocabulaire et la grammaire de son auteur, cette abondante information à laquelle nous ont habitués, par exemple, les publications de notre *Société des anciens textes français*.

1. — Cette lacune est particulièrement sensible dans le premier des deux volumes envoyés au *Bulletin Critique*, le poème de Jean de Wurzbourg sur *Guillaume d'Autriche*. En effet, le héros et son poète sont à peu près également inconnus de tous les encyclopédistes, qui, de l'un ou de l'autre côté du Rhin, ont imprimé dictionnaires et répertoires, et c'est à peine s'ils sont mentionnés dans la *Geschichte der deutschen Litteratur* de Wilhlem Scherer (Berlin, Weidmann, 1891), l'un des meilleurs et les plus répandus. Le héros, Guillaume d'Autriche, souvent désigné sous le nom de « Rial », appartient à la famille des Babenperg (Cf. Schmitz, *Die Dynastie der Babenberg*, München, 1880), qui, depuis le milieu du xe siècle jusqu'à la mort de Frédéric le Belliqueux, en 1246, posséda le marquisat, puis duché d'Autriche, et il semble même que ce dernier prince soit identifié par le poète avec Frédéric, fils de Guillaume d'Autriche et de sa femme Agly. Il aurait fallu distinguer ce qu'il peut y avoir de véridique dans cette généalogie poétique qui fait de Guillaume un fils du duc Léopold (Léopold VI, mort en 1194, ou Léopold VII, mort en 1230?), et l'amant, puis l'époux d'Agly, fille d'un Agrant, roi de Zizia, en Asie. Nous ne suivrons pas Guillaume d'Autriche, à travers les 19585 vers de cette œuvre, dans ses voyages et ses guerres en Asie et en Afrique, son séjour

chez le roi Melchinor de Marroch et ses aventures romanesques, jusqu'au moment où il succombe sous les coups du roi payen Graveas; nous n'énumérerons pas non plus les personnages qui s'y coudoient: souverains, authentiques ou fabuleux, de toutes les principautés asiatiques, héros célébrés dans le *Parzival* de Wolfrom d'Eschenbach les ascendants de toutes les nobles familles d'Autriche, de Souabe, de Thuringe et de Franconie.

Sur l'auteur, nous ne savons rien, si ce n'est qu'il écrivait au début du xiv° siècle, vers 1314. Il se peut (cf. v. 9098 et 13278); *Verzeichnis der Eigennamen*, s. v. Dieprecht) que le rôle de Jean de Würtzbourg ait surtout consisté à mettre en vers tout un corps de légendes romanesques réunies et écrites en prose par un bourgeois d'Esslingen nommé Dieprecht, mais on aurait aimé à trouver dans cette édition quelques renseignements sur la compilation de ce dernier, comme sur les différences caractéristiques entre le poème et l'édition incurable en prose signalée par Graesse.

En ce qui concerne les mss., nous ajouterons à la liste donnée par M. Regel, un *codex* de la bibliothèque du Vatican, dont nous ne savons rien autre chose, si ce n'est qu'il a été signalé jadis par Adelung, au t-I, p. 164, de ses *Nachrichte von altdeutschen Gedichtent Le Cod. membre 4 n° 39* de la bibliothèque ducale de Gotha, qui a servi de base à la présente publication, remonte à la première moitié du xiv° siècle, c'est-à-dire qu'il est comtemporain de l'auteur; il avait été transcrit par M. Karl Regel en vue d'une édition qui devait paraître dans la *Bibliothek des Stuttgarter Literarischen Vereins*; mais cet érudit mourut avant d'avoir pu terminer son travail, que vient de reprendre son neveu M. Ernst Regel, après plusieurs années, avec le concours du professeur Rœthe [1].

2. — Le couvent des dominicaines de Töss, près de Winterthür (Suisse) jouit d'assez bonne heure d'une certaine célébrité dans cette partie de l'Allemagne et dans l'ordre des Prêcheurs par l'intensité de sa vie mystique, et, entre 1350 et 1360, une religieuse de ce monastère, sœur Elisabeth Stagel, qui semble être la fille du conseiller zurichois Rudolf Stagel, entreprit de narrer la vie des

---

1. Signalons, à l'index des noms propres, deux erreurs d'identification géographique : Avesnes n'est pas en Bourgogne, mais en Hainaut : Bar-le-Duc, n'était pas en Lorraine à l'époque de Jean de Wurtzbourg, mais c'était la capitale d'un duché indépendant.

plus notables parmi les religieuses qui l'avaient précédée dans le cloître. Ce recueil écrit sous l'inspiration mystique qui se manifesta dans l'ordre dominicain au xiv° siècle et au milieu duquel s'accuse la puissante personnalité d'Henri Suso, est d'une importance capitale pour l'histoire religieuse de l'Allemagne entre 1250 et 1350. Dès 1648, le P. Henri Murer, chartreux d'Ettingen, en avait publié des fragments dans son *Helvetia sacra*: de larges extraits en furent donnés il y a un demi-siècle par le savant chanoine Greith, doyen de la collégiale de Saint-Gall, dans ses articles sur Suso et dans sa *Deutsche Mystik im Predigenorden* (Freiburg, 1861) nul n'était mieux préparé, pour donner du texte complet une édition critique, que M. Ferdinand Vetter, bien connu par ses travaux sur la littérature mystique de l'Allemagne méridionale à la fin du moyen-âge, et notamment par sa *Lehrhafte Litteratur des 14 und 15 Jahrhunderts*.

Aux 33 *Vies* composant l'œuvre d'Elisabeth Stagel, l'éditeur a joint la biographie d'Elisabeth de Hongrie, qui, dans la plupart des monuments, se trouve jointe aux premières; s'il est à peu près impossible de l'attribuer au même auteur, il semble du moins certain qu'elle est due à la plume d'une religieuse de Töss, et, en tous cas, elle se rattache assez intimement au receuil de la sœur Stagel et elle présente assez d'intérêt pour mériter d'être publiée. Le bref résumé qu'en a donné Montalembert au chapitre XXXIII de son *histoire de Sainte Elisabeth de Hongrie* grande-tante de la dominicaine de Töss, a rendu populaire la malheureuse destinée de cette fille unique d'André III, le dernier roi de Hongrie et la dynastie des Arpad, ses fiançailles successives avec Wenceslas de Bohême et Henri d'Autriche, son entrée au monastère de Töss, où elle vécut 28 ans.

Dans le manuscrit de Nuremberg (Hs. Cent. Y 10), les *Vies* sont précédées d'une préface écrite en 1454 par un dominicain Zürichois, dont la carrière nous est assez bien connue, grâce aux recherches de P. Albert (*Johannes Meyer, ein oberdentscher Chronist des XV Jahrhunderts*, dans la *Zeitschrift für Geschichte des Oberrheins, XIII, 255*), M. Vetter n'a pas manqué de publier cette préface, consacrée au récit de la vie d'Elisabeth Stagel et il y a ajouté une *Vie* de la mère de Henri Suso, également écrite par Jean Meyer. Ce fascicule forme donc un recueil important de textes de premier ordre pour l'histoire de la littérature mystique et de la vie spirituelle dans les maisons dominicaines de l'Allemagne du Sud. Ajoutons que l'annotation, si sobre qu'elle soit, est assez riche pour ne rien laisser d'obscur ou d'inexpliqué à l'esprit du lecteur.

André Lesort.

---

32. — **Les Satires de Boileau commentées par lui-même** et publiées avec des notes par Frédéric Lachèvre. — Le Vésinet, 1906, in-8 de xii-162 pp.

M. Fr. Lachèvre vient de publier « pour les amis du xviie siècle » le commentaire inédit de Pierre Le Verrier sur les satires de Boileau, avec les corrections autographes du poète lui-même. Le Verrier comme Brossette avait voué un culte à Boileau et comme Brossette, il avait consacré ses loisirs à noter, en regard du texte des satires, toutes sortes de réflexions ou des remarques qu'il jugeait propres à faire valoir la beauté des vers ou à éclaircir des allusions obscures.

Mais il a eu la précaution de faire revoir sa glose à l'illustre satirique qui, avec sa franchise ordinaire, ne s'est pas fait faute de donner des démentis à son commentateur. Quelques exemples pour faire juger du caractère et de l'intérêt de ces remarques.

A propos de ces vers de la 5e satire.

> Mais quand un homme est riche, il vaut toujours son prix
> Et l'eut-on vu porter la mandille à Paris;
> N'eut-il de son vrai nom ni titre ni mémoire
> D'Hozier lui trouvera cent ayeux dans l'histoire.

[« C'est de Guénéguaud dont il veut parler. On dit qu'il avait porté la mandille.] La mandille estoit une espèce de manteau sans colet et qui descendait tout au plus jusqu'à la moitié de la cuisse que les laquais portoient à Paris. Le vieux d'Hosier a fait la généalogie de quelques gens qui sont accusés d'avoir porté la mandille. C'est icy ce que l'autheur attaque. Car d'ailleurs il reconnaît le mérite de la famille des d'Hosier [dont il est l'ami dez l'enfance. Je ne puis m'empêcher de raconter un fait dont j'ay esté témoin. Mais auparavant il faut savoir que l'autheur avoit un frère aisné, celuy qui a traduit l'Epiectete (sic) et le 4e de l'Enéide, poète si jaloux de son cadet qu'il disoit ordinairement « ce petit fripon se mesle de faire des vers ». D'Hosier, aujourd'huy général des armes avoit aussi un frère aisné qui en matière de jalousie valoit bien un Boileau, et disoit de son cadet « ce petit coquin se mesle déjà de faire des généalogies ». L'autheur et d'Hosier qui qui avoient été quelques années sans se voir, se donnay bien à renouveler leur connaissance. En l'embrassant, M. Des Préaux ne manqua pas de dire « ce petit coquin qui fait déjà des généalogies », l'autre répliqua aussy tost « ce petit fripon qui veut déjà se mesler de faire des vers ». Et il ne fut point question d'autre compliment.]

Le texte placé entre crochets a été raturé par Le Verrier, sans doute sur les observations de Boileau qui a écrit en marge « cela ne me semble point digne d'estre escrit et n'est pas trop vrai ».

Satire VI.

« Et souvent sans pourpoint je cours toute la nuit. »

Commentaire de Le Verrier « Dans le temps que cette Satire fut composée, tout le monde portoit des pourpoints [c'estoit une espèce de corset qui descendoit jusques sur les hanches, qui se déboutonnoit par devant, et auquel il y avoit des manches attachées tantost ouvertes, tantost fermées, tantost tailladées selon que la mode, compagne inséparable de la folie de quelques courtisans, ou de la bizarrerie de quelques femmes, vouloit en ordonner.]

On ne voit plus de pourpoint que dans les habits de cérémonie lorsque le Roy va au Parlement, lorsqu'il communie, enfin toutes les fois qu'il est en manteau et en haut-de-chausses, il a un pourpoint. Les Ducs et pairs laïques [portent le même habit] (Boileau a substitué à ces mots : « en ont ») lorsqu'ils vont au Parlement. C'est encore et aujourd'huy l'habit de cérémonie.

Il est certain qu'un pourpoint marque mieux la taille qu'un juste au-corps. Madame la Dauphine en aiant parlé en ces termes, le Roy luy donna un bal où toute la cour estoit en pourpoint. »

Boileau a écrit en regard de cette note : « Il n'est point nécessaire de faire la description du pourpoint encore qui est assés connu par lui-mesme et qui seurement est exprimé dans les dictionnaires. Il s'entend mieux que le mot de corset et il n'est point vrai qu'il descendoit jusques sur les hanches. »

Satire VII.

« J'ai beau frotter mon front, j'ai beau mordre mes doigts
Je ne puis arracher du creux de ma cervelle
Que des vers plus forcez que ceux de la Pucelle. »

Commentaire. « L'abbé de Chateauneuf dont le mérite est connu de tous ceux qui le fréquentent demande il y a quelque temps à l'autheur s'il avoit leu [tout] le poème de la Pucelle. [Le feu de l'indignation parut aussy tost sur le visage de l'autheur ses yeux étincelèrent de colère et il dit si j'ay leu tout le poème de la Pucelle, il n'y a qu'à m'exposer à la foire et me faire voir comme le monstre qui a leu la Pucelle toute entière.]

Boileau trouve le style de son admirateur un peu pâteux sans doute. A la place du texte qui est entre crochets, il écrit « Si je l'avois lu, répliqua-t-il brusquement, il faudroit me monstrer à la Foire et mettre sur la porte du lieu où on me verroit : Céans on montre un homme qui a lu toute la Pucelle.

J'espère qu'en voilà assez pour édifier le lecteur. Ce n'est pas d'un intérêt palpitant mais rien de ce qui touche à Boileau ne sauroit nous être indifférent. Le commentaire de Le Verrier parmi une foule de choses insignifiantes nous livre quelques détails curieux. C'est assez pour qu'on soit reconnaissant à M. Fr. Lachèvre d'avoir bien voulu l'éditer. Qu'importe que le style en soit prolixe et même incorrect. Nous avons le plaisir de lire en marge la censure de Nicolas « il faut retrancher cette remarque où tout est un peu pesamment dit et plein d'anachronismes ». « Il faut refaire tout cela car on ne l'entend point. » Et plus souvent encore c'est le démenti formel sans aucune précaution « tout cela n'est point vrai. » « L'affaire n'est point comme cela. » Il n'y avait point à farder la vérité avec ce terrible homme. « Rien n'est beau que le vrai, le vrai seul est aimable. Il doit régner partout et même... » dans les commentaires.

Moralité : il faut attendre qu'un auteur soit mort pour expliquer son œuvre, en sécurité. « Le Verrier en recueillant pieusement les explications qu'il provoquait, croyait ingénument s'être substitué à Boileau, parler pour ainsi dire par sa bouche, et, le plus souvent, il avait compris en quelque sorte tout de travers ! » Boileau ne le lui a pas envoyé dire.

Pierre HERVELIN.

33. — **Fénelon et madame Guyon**. Documents nouveaux et inédits, par Maurice MASSON. — Paris, Hachette, 1907, in-16 de xcvi-380 pp. (Prix : 3 fr. 50).

Le centre de ce volume est la correspondance dite « secrète » échangée entre Fénelon et madame Guyon dans les débuts de leurs relations (1688-1689), au temps où lui n'était encore qu'un très pieux et très spirituel abbé, déjà pourtant directeur fort prisé de quelques grandes dames, où elle était, depuis quelques années, la sainte femme excentrique qu'elle resta toujours, redoutée des évêques qui la connaissaient et aux prises avec l'autorité civile qui venait de la faire enfermer une première fois.

Cette étonnante correspondance, miraculeusement parvenue à un pasteur vaudois du xviiie siècle et publiée par lui sans aucune critique, avait été déclarée apocryphe par les meilleurs éditeurs de Fénelon, M. Maurice Masson, à l'aide d'ingénieux et multiples rapprochements, en a démontré l'authencité, en faveur de laquelle il groupe, dans la première moitié d'une longue introduction, d'irréfutables arguments.

Dans la seconde partie de cette introduction, M. Masson dégage, tant à l'aide de ces lettres que de nombreux documents inédits, les caractères de l'amitié mystique qui unit jusqu'à la fin un homme d'infiniment d'esprit à une « prophétesse » à moitié déséquilibrée. Plusieurs trouveront que Fénelon apparaît en fâcheuse posture en cette histoire, qui nous le montre si complètement subjugué et dominé par une demi-folle : ils croiront que l'auteur a cherché à le diminuer. Ils se tromperont. Fénelon, à travers ces pages, nous semble plus attachant, parce que plus humain : nous savions déjà certes qu'il ne fut pas un saint, nous connaissions sa hauteur et la souplesse trop habile de son tempérament gascon ; mais nous avons presque plaisir à le voir ici dévoiler lui-même toutes ses infirmités d'homme. Ce n'est pas un prélat du grand siècle sûr de lui et raidi dans son orthodoxie, ce n'est pas un « Père de l'Eglise », comme Bossuet se proclamait un jour devant madame Guyon, que nous avons devant nous ; c'est un homme et même un « pauvre homme », ainsi qu'il l'écrit à son amie ; mais c'est un pauvre homme en lutte avec lui-même, que cet aveu de faiblesse et ses rêves de perfection grandissent et font en même temps pour nous plus attirant. Et pourquoi le blâmer si, pour accomplir cette ascension vers un état spirituel plus parfait, auquel il n'a cessé d'aspirer, il a accepté pour guide une femme qu'il a crue, plus que personne, pleine de l'Esprit de Dieu ? qui nous assure après tout que madame Guyon n'avait pas des grâces particulières pour l'aider à marcher dans cette voie ? Mademoiselle de Mauléon à qui Bossuet laissa prendre une si grande place dans sa vie, en aurait-elle eu davantage, en aurait-elle eu autant ? Sans doute madame Guyon est pour le moins étrange, elle nous semble même ridicule, et Fénelon fait une singulière figure dans les poésies spirituelles qu'il échangeait avec elle et que M. Masson publie à la fin de son volume : le « Petit-Maître » le « docteur devenu Fanchon » et « maman têton » nous révèlent un Fénelon encore mal connu et quelque peu déconcertant : mais quelle richesse intérieure, quelles finesses d'analyse mentale, quelle merveilleuse sinuosité de caractère, quelle admirable complexité d'âme ces lettres manifestent aussi, surtout si l'on songe que l'homme qui les écrivait ou qui les lisait avec ferveur demeurait pour le public un séduisant abbé, un diplomate incomparable, un courtisan exquis et devenait le précepteur du duc de Bourgogne. Sans paradoxe, la « correspondance secrète » a de quoi confirmer dans leur idée ceux qui pensent que Fénelon pourrait bien avoir été l'homme le plus « intelligent » de son siècle.

Il faut la lire d'un bout à l'autre pour savourer pleinement la complication et la mobilité toutes modernes de cet esprit extraordinaire, malgré le danger qu'y court à chaque instant l'admiration de se changer en agacement ironique ou en stupeur résignée.

Publiées pour la première fois suivant leur ordre chronologique probable, soutenues par un abondant commentaire historique et critique, ces lettres ont, dans l'édition de M. Masson, tout l'attrait de documents inédits. Un index grammatical, un index du vocabulaire mystique et un index des noms propres terminent le volume.

A signaler, page LXVI, note 3, une faute d'impression qui déconcerte un instant : madame Guyon, lisons-nous, mourut en 1707 ; mais, à la page LXIX, on nous parle de l'épreuve suprême que fut pour elle en 1715 la mort de son « fils bien-aimé », c'est 1717 qu'il faut lire à la page LXVI.

Jacques ZEILLER.

34. — **Le Mensonge de l'Art**, par Fr. Paulhan. — Paris, Alcan, 1907, in-8 de xiii-377 pp. (Prix : 5 fr.)

C'est une tâche méritoire et toujours délicate pour un philosophe que de parler des choses de l'art. Il lui faut pénétrer sur un domaine étranger à ses habituelles méditations ; il s'y aventure dans l'espoir d'enrichir son esprit de précieuses découvertes. Les possesseurs de ce beau domaine accueillent d'ailleurs fort élégamment le visiteur ami et le conduisent volontiers devant les merveilles de leurs trésors. Mais ils s'abstiennent tout d'abord de causer avec lui de leurs méthodes, des principes et des ressources de leur métier, de la généreuse essence de leur art ; ils le laissent à ses propres réflexions ; ils veulent que son goût se révèle de lui-même, dans la décision de ses choix ou par de judicieuses remarques. Au cours de cette promenade, que le visiteur ami se garde donc bien de se retourner vers ceux qui l'accompagnent, s'il ne veut pas surprendre sur leurs lèvres un sourire discret, un murmure errant : « Vraiment, comprend-il quoi que ce soit à ce qu'il regarde ?... »

On imagine volontiers M. Paulhan mêlé à la foule qui circule devant la multitude des toiles de nos expositions. La valeur moyenne des œuvres exhibées y est fort médiocre et le bon public s'efforce malgré tout de s'intéresser aux derniers sujets et aux plus redoutables chromos. C'est que l'art est ici officiellement affiché, c'est qu'il est entendu qu'en payant son droit d'entrée, on se procure un plaisir certain, on pénètre dans un monde entièrement nouveau, où l'on s'abstrait pour quelques quarts d'heure des affaires et des soucis matériels. Mais le bon public qui ne voit que de la couleur étalée, ignore la souffrance et la joie du véritable artiste, de celui qui ne séduit pas par des productions flatteuses et péniblement, dans la sûre conscience de son effort, veut faire triompher une mode originale de sentir, une compréhension supérieure de la vie. — M. P. est tout à fait mêlé à ce bon public, il veut penser comme lui et la conception qu'il se fait des rapports de l'art et de la réalité, ressemble à celle de beaucoup de gens qui n'admirent que des surfaces et ne savent point descendre dans la valeur profonde des âmes créatrices de beauté.

Pour lui, en effet, l'art est indubitablement un mensonge, une forme de l'activité humaine qui va contre la vérité immédiate et positive. Alors que la plupart des hommes manifestent cette activité, que suscite en eux une désharmonie primitive, par une action sur le monde réel, par exemple en faisant de l'industrie, de la politique ou du commerce, il se rencontre des individus qui l'employent à se créer un monde imaginaire, un monde d'illusions et de fantasmagories, où leur esprit se complaît et se réfugie tout entier. Ou bien on nous invite à transformer par l' « attitude artiste » en une sorte de monde fictif, les êtres et les choses du monde réel. Une symphonie ou un tableau, un roman même très naturiste ou un poème empreint d'idéalisme, le moindre objet d'art, que ce soit une verrerie ou un bijou, et jusqu'au plus simple rêve, ébauche indistincte d'une œuvre artistique, ouvrent à nos regards une vie nouvelle et factice. M. P. livre toute sa pensée dans un apologue qu'il nous invite à méditer. Un enfant a faim, son assiette et sa cuiller sont devant lui, il attend avec impatience sa soupe qui tarde à venir (voilà la désharmonie cause d'activité) Il peut se lever, aller la chercher : en ce cas il agit en industriel, en homme pratique. Il peut aussi crier, appeler sa mère, en ce second cas, il agit en politique ou en homme religieux. Il peut enfin imiter, en promenant sa cuiller dans son assiette et en la portant ensuite à sa bouche, les mouvements d'un enfant qui mange, et se régaler ainsi d'un plat imaginaire : en ce dernier cas, *il agit en artiste*. « Tous les arts sont une sorte de geste compliqué qui crée en nous, ou qui suggère aux autres, un monde fictif où nos besoins contrariés trouvent une satisfaction quelquefois très vive et généralement peu substantielle. Ils ressemblent tous au geste de l'enfant qui porte à la bouche sa cuiller vide, et ils dérivent de quelques faits analogues. »

Telle est la conception toute simpliste que s'est faite M. P. en parcourant les belles galeries du palais de l'Art. L'émotion du beau, n'est, d'après lui, qu'une des formes de cette vie factice et illusoire que certains gens se créent et dont ils voudraient décorer notre existence. Et s'il est vrai, pourtant, qu'à des degrés divers l'art se mêle à toute notre vie mentale et sociale, ce n'est point parce que dans toute manifestation de notre activité doit entrer nécessairement une certaine idée du beau et du bien, pour l'animer et rendre ses effets durables, mais parce que l'art dérive de faits psychiques primordiaux et que, malgré tout, notre esprit ne peut s'empêcher de mettre du mensonge et du factice dans ses moindres œuvres. — Si donc vous êtes portés à croire, comme plusieurs, que l'art est vraiment moral, en ce qu'il purifie tout ce qu'il touche et qu'au souffle du beau, le monde se transfigure et se rapproche du divin, sans rien perdre de sa valeur réelle, mais au contraire en augmentant toujours à nos yeux cette même valeur, détrompez vous : l'art est essentiellement immoral, puisqu'il ne s'inspire pas de la réalité vraie et ne la pénètre nullement, vivant au dessus, dans un monde de rêve. M. P. vous demandera seulement de reconnaître avec lui qu'indirectement l'art sert la morale, parfois mieux qu'elle ne se sert elle-même, en donnant un certain lustre à ses préceptes : en le faisant, l'art « ment à son propre mensonge. »

Il faut conclure que l'art, comme la morale ou la science, tend à se contredire lui-même et à marcher vers sa propre disparition.

Un tel livre, où l'auteur croit avoir éclairé de vives lumières un domaine mal exploré, ne touchera point la conviction des artistes, ces premiers intéressés : ils le recevront avec un sourire distrait, un vague hochement de tête. — Les philosophes reconnaîtront-ils en lui une de ces fortes conceptions qui demeurent malgré tout et contiennent en eux le pouvoir d'animer des esprits neufs ? L'expérience apprend que ce livre ne fait guère penser. Il y a dans toutes ces déductions froides, écrites d'un style, certes, le moins « artiste » que l'on sache, la constante vue d'un univers étriqué, aminci en des formules abstraites et nues. Ce n'est pas que par endroits ne se rencontrent quelques rapprochements où l'auteur, voulant abonder dans son propre sentiment, nous donne des exemples d'une particulière ingéniosité, mais jamais il ne dépasse les prémisses qu'il s'est posées, et ne cesse de répéter, sans la moindre intuition de quelque chose de plus vivant, cette même idée que l'art n'est au fond qu'une duperie de l'intelligence. L'auteur persiste dans sa propre illusion ; il habite un rêve de bien modeste puissance, où son esprit se déchire et avorte à la fin. — C'est à de telles productions qu'aboutit de nos jours la philosophie officielle, où le pessimisme souvent le plus plat succède à une glaçante analyse. Elle s'est donné des modes de penser où n'entre plus jamais la perception réelle des êtres et la connaissance des âmes ; elle ignore volontairement ce qui dans l'esprit est organisme et vivante complexité. Comment s'étonner qu'un de ses fils s'abuse de la sorte sur la profonde vérité de l'art et méconnaisse, vraiment jusqu'à l'absurde, que tout ce qui subsiste dans le monde est né d'une âme active d'artiste, qu'il s'agisse d'institutions politiques ou même industrielles, du développement des dogmes religieux, ou enfin de l'acquisition et du progrès de toutes nos idées et des plus sûrs de nos sentiments? Mais nous savons que pour M. P. ce qui importe avant tout à l'homme, c'est de « manger sa soupe. » Il s'inquiète, semble-t-il, assez peu de l'art culinaire, et le reste — le génie — n'est que jeu d'enfant. Léon SILVY.

---

35. — **Le vénérable Père Eudes (1601-1680)**, par Henri JOLY, membre de l'Institut. (Collection *Les Saints*). — Paris, Lecoffre-Gabalda, 1907, in-12 de III-207 pp. (Prix : 2 fr.)

L'un des meilleurs volumes, à mon humble avis, de la collection. L'auteur observe avec raison que, malgré de nombreux travaux, mais qui sont peu venus à la connaissance du grand public, le P. Eudes « n'est pas connu autant qu'il le mérite. » L'excellent portrait que M. J. en a tracé dans la galerie des *Saints*, rapidement devenue populaire, dont il est le directeur, modifie heureusement cet état de choses et fera connaître complètement, bien qu'en peu de pages, la belle vie du fondateur des Eudistes, et de la congrégation du Bon Pasteur et du précurseur de la B. Marguerite Marie. Ces trois grandes œuvres du P. Eudes font l'objet des chapitres principaux du livre, que terminent quelques pages curieuses sur les rapports du saint personnage avec Louis XIV et Anne d'Autriche.

Les chapitres du commencement, se rapportent, cela va s'en dire, aux premières années du P. Eudes et, au temps qu'il passa à l'Oratoire et aux raisons qui lui firent quitter cette congrégation. D'accord avec l'auteur sur presque toutes ses assertions, c'est sur ce dernier point que je crois que la vérité oblige de se séparer de lui. M. Joly approuve absolument le P. Eudes : ce qui est impossible à qui consulte les sources [1], et même seulement les *Mémoires* de

---

[1]. Et ne cherche pas a en infirmer la valeur. Cfr. *Bulletin Critique* du 25 janvier 1906, p. 43.

Batterel, en admettant encore que l'un des documents allégué par l'annaliste de l'Oratoire est un faux (p. 84.) Le P. Eudes a été un saint : cela ne paraît pas douteux. Mais comme chez beaucoup de Saints, il y eu, en lui aussi, des choses qu'il est impossible d'admirer, qu'encore moins, faudrait-il imiter. Dans l'affaire de sa sortie de l'Oratoire, il n'a pas le beau rôle. Que ses disciples n'hésitent pas à choisir entre lui et l'Oratoire, c'est excusable. Mais que d'autres jugent autrement, et donnent raison au P. Bourgoing, un saint homme aussi, c'est ce qu'un examen attentif des faits, impartial, sans parti pris, justifie surabondamment. Le P. Eudes quitta l'Oratoire pour être son propre chef et organiser à sa guise, poussé par l'Esprit de Dieu je veux bien, sa congrégation ; détournant à son profit, « en bon normand » (p. 152 et 203) les fondations faites pour l'Oratoire, lequel avait le même but, et, quoi qu'on dise, faisait les mêmes œuvres : les *missions*, — a-t-on oublié le P. Lejeune, pour ne citer qu'un nom ; les *séminaires*, — la question est tranchée pour tout esprit non prévenu, et il faut vraiment prendre des vessies pour des lanternes, *si fas est ita loqui*, pour venir nous parler *du seul élève* de S. Magloire. (p. 76.) Ceci est vraiment un comble, et il est fâcheux qu'on ne nous marque pas d'une manière plus précise (« d'après un document de la Bibliothèque nationale » — dit seulement M. J.) qui a fait cette trouvaille, et ne nous cite pas le nom de cet unique élève, ni à quelle époque il a vécu : j'aimerais l'ajouter à la liste que je prépare des élèves de cette maison qui fut, ne l'oublions pas, le Séminaire officiel de l'archevêché de Paris pendant deux cents ans.

Le P. Bourgoing, sans doute, n'est pas vénérable comme le P. Eudes. Non plus que les P P. de Bérulle et de Condren, ce que, pour ces derniers, regrette M. Joly dans une très belle page. (p. 32.) Mais d'où cela vient-il, et faut-il conclure qu'ils furent moins avancés dans la voie de la sainteté ? Non certes. Seulement l'Oratoire ne voulut point « tracasser » (p. 152) à Rome, comme il l'aurait fallu pour y arriver, ni y envoyer son argent pour le dépenser en présents « sans quoi on ne fait rien dans ce pays-là » (ib.). J'estime que cela est honorable pour lui, et en tous cas affaiblit le préjugé en faveur du P. Eudes que lui donne l'introduction de sa cause.

Ce qu'il faut, en somme, penser de cette controverse, c'est que le P. Eudes paraît avoir été suscité, non pour fonder des séminaires œuvre à laquelle l'Oratoire, S. Lazare et S. Sulpice pourvoyaient amplement, mais principalement pour la création de cette admirable congrégation du Refuge, à laquelle il n'aurait pu donner tous ses soins s'il était resté oratorien.

Quoiqu'il en soit, et à part ce que je viens de critiquer [1], le livre de M. J. est excellent, et il est facile de prévoir qu'il n'aura pas moins de succès que les meilleurs volumes de sa collection, laquelle contient plusieurs petits chefs-d'œuvre.   A. INGOLD.

VARIÉTÉS

VI

La Conspiration des prêtres à Malte (1775).

Au mois de septembre 1775 une révolte, préparée dans le plus grand mystère, éclata à Malte comme un coup de foudre. Déjà en 1748, sous le magistère de Pinto de Fonseca, la « conspiration des esclaves » avait troublé momentanément la paix intérieure de l'île. Grâce à la fermeté et à la prudence du Grand Maître ce soulèvement put être étouffé et n'eut pour Malte aucune conséquence funeste. Vingt-sept ans plus tard le successeur de Pinto, François Ximénez de Texada, se vit sur le point de perdre pour toujours, deux ans seulement après son élection, la souveraineté de l'île et la capitale du gouvernement.

Ximénez n'avait rien fait pour conquérir l'affection des Maltais et la rudesse de ses procédés lui aliéna toute la population. Il dé-

---

1. Signalons cependant encore quelques petites erreurs de détail : p. 18, Amelote a un *t* de trop qui manque à Cloyseaut ; p. 93, il aurait fallu une petite restriction à propos des livres de Bernières-Louvigny qui sont à l'Index ; *passim*, on dit la *Compagnie* de l'Oratoire, dénomination ordinairement réservée aux Jésuites, aux Sulpiciens ; p. 103, il est question des crucifix aux bras droits des *Jansénistes*. Or le P. Hoppenot, jésuite, dans son tout récent livre sur le Crucifix, fait justice de cette légende : cette attitude, du moins dans les crucifix sculptés, vient plus simplement de l'étroitesse de la défense d'ivoire ou du morceau de bois dans lesquels on les taillait.

ploya d'ailleurs contre elle une rigueur exagérée; il augmenta le prix du pain sous prétexte de liquider les dettes contractées par l'Université, mesure qui causa le plus vif mécontentement. Il commit, en outre, l'imprudence de s'attaquer aux ecclésiastiques dont les *privilégiés* ou *patentés* tenaient aux premières familles de l'île, exerçant ainsi un grand empire sur les habitants. Le clergé fut poussé à bout; une décision en apparence insignifiante acheva d'exaspérer les esprits: Ximénez défendit la chasse aux nombreux prêtres de l'île qui de tout temps s'étaient livrés avec ardeur à cet exercice.

Un vaste complot fut organisé: un prêtre plein d'audace et de résolution, nommé Gaëtano Mannarino, se mit à la tête des conspirateurs au projet desquels certains membres de l'Ordre n'étaient peut-être pas étrangers, car plusieurs des chevaliers nourrissaient en secret l'espoir de chasser Ximénez et de mettre un des leurs à sa place. Les conjurés résolurent de s'emparer de tous les forts de la ville, d'expulser l'autorité légitime, de rétablir les privilèges et le conseil populaire. Le moment était favorablement choisi: Malte était sans défense; les galères et les vaisseaux de l'Ordre réunis à l'armement dirigé contre Alger par la cour d'Espagne, se trouvaient alors occupés au blocus de cette ville [1].

Dans les archives de la Commanderie de Chevru (Seine et Marne), au milieu de vieux états de lieux et de papiers relatifs à l'administration de la commanderie, se trouve un récit de cette conspiration qui offre l'intérêt particulier d'avoir été rédigé à Malte même, au lendemain des évènements, par un des chevaliers, témoin de l'insurrection.

Je dois cet intéressant document à Madame Gustave Blavot que je ne saurais trop remercier de sa grande obligeance et de son aimable empressement.

Malte, le 9 septembre 1775.

« Un coup de canon tiré du fort Saint-Elme [2] à cinq heures du

1. Sur ces évènements voir L. de Boisgelin *Malte ancienne et moderne*, édit. de Fortia de Pilles, III, p. 72 et sv.; Villeneuve-Bargemont, *Monuments des Grands Maîtres de l'Ordre de S. Jean de Jérusalem*, II, p. 246-250.

2. Le château Saint-Elme construit en 1552, détruit par les Turcs en 1565, puis rétabli, commande l'entrée du fort de La Valette.

» matin, nous a d'autant plus surpris que nous avons vu en même
» tems arborer dans ce château et au Cavalier, appelé d'Italie
» des pavillons qui n'étaient ni les nôtres, ni ceux d'aucune puis-
» sance à nous connue.

» Les deux extrêmités de la place étaient au pouvoir des enne-
» mis : et nous ne tardâmes pas à savoir que c'étaient des prêtres
» qui par des intelligences secrettes s'y étaient introduits.

» A peine les portes de la ville venaient-elles d'être ouvertes on
» les fit fermer sur le champ ; on battit la générale et le Grand
» Maître assembla son Conseil d'état, qui nomma pour généraux
» les baillis de Rohan et de Ribas, et le chevalier de Tigné ingé-
» nieur en chef eut la direction des travaux. Ces officiers formè-
» rent aussitôt un Etat-major parmi les chevaliers qui étaient ac-
» courus au palais ; ils distribuèrent les autres suivant le besoin.

» Nos vaisseaux et nos galères étant dehors ; nous n'avions de
» troupes réglées que 250 hommes de la garde du Grand Maître et
» 100 hommes du corps des vaisseaux, emploiés à la guarde des
» poudres. Pour suppléer à ce petit nombre on forma aussitôt des
» compagnies de tous les corps et métiers, et de nos domestiques ;
» qui jointes à celles des auberges suffirent pour maintenir la
» tranquillité et le bon ordre.

» Les capitaines des batiments français qui se trouvaient dans
» le port, et leurs matelots au nombre de 120, offrirent avec zèle
» leurs services qui furent acceptés.

» On ignorait le nombre des rebelles, et les intelligences qu'ils
» pouvaient avoir dans la ville et à la campagne : mais leurs mau-
» vaises intentions furent suffisamment connues par les coups de
» canon qu'ils tirèrent de tems en tems contre le palais du Grand
» Maître. Quoiqu'ils ne fissent jamais aucune décharge générale de
» mousquetterie ils molestèrent nos postes avancés par des coups
» de fusil qui nous blessèrent trois hommes. Ils arrêtèrent par leur
» feu plusieurs barques qui venaient du Goze avec des provisions :
» mais la plus part rebroussèrent chemin, et ils ne réussirent à
» en intercepter que deux.

» Le gouverneur de la Cité vieille qui se trouvait dans la ville
» eut ordre de se rendre promtement dans son gouvernement
» pour y reconnaître la disposition des esprits : quelques heures
» après il fit savoir que tout y était dans le plus grand calme,

» ainsi que dans la campagne, et qu'on y désavouait universelle-
» ment la félonie des prêtres.

» Cependant le Maître Ecuyer, porteur ordinaire des ordres du
» Grand Maître, était allé de sa part vers les rebelles pour savoir
» ce qu'ils demandaient : ceux-ci ne répondirent à ses somma-
» tions que par trois coups de fusil dont il ne fut pas atteint.

» Comme l'évêque est absent [1], son vicaire général vint faire ses
» soumissions au conseil, qui l'envoia aux rebelles pour essaier
» de les rammener par la douceur. Ils délibérèrent d'abord de le
» retenir ; mais après y avoir mieux réfléchi ils le congédièrent en
» lui promettant leurs demandes et leurs griefs par écrit, pour
» quatre heures et demie après midi.

» En conséquence de leur obstination il fut résolut d'attaquer le
» Cavalier d'Italie où l'on ne remarquait que très peu de monde
» en l'observant des postes voisins. Vers les deux heures après
» midi le chevalier d'Hannonville, commandant des gardes du
» Grand Maître, à la tête de 10 autres chevaliers parmi lesquels était
» le Prince de Craon et de 100 hommes de son bataillon munis
» de deux échelles seulement se présenta au pié de cet ouvrage.
» Ses gens volèrent plutôt qu'ils ne montèrent sur le parapet, et
» s'en rendirent maitres, sans autre perte que celle du chevalier
» Corio de la langue d'Italie, qui fut tué raide d'un coup de fusil ;
» mais quel fut l'étonnement des assaillans de reconnaître qu'ils
» n'avaient à faire qu'à quatre gens mariés et jouissans des privi-
» lèges de la cléricature qui déclarèrent que l'abbé Mannarino,
» chef de la sédition, les avaient introduits la veille moiennant de
» fausses clés dans ce Cavalier, leur promettant un puissant ren-
» fort à huit heures du soir dès qu'ils lui feraient un signal con-
» venu. Ils furent liés et conduits aux prisons.

» Un sergent du fort pris par les rebelles trouva à peu près en
» ce tems le moien de faire passer une lettre dans laquelle il di-
» sait : que cette forteresse avait été livrée aux prêtres par les sol-
» dats de la garnison qui les avaient aidé à désarmer le corps de
» garde ; que le major avait été surpris dans son lit, et jetté dans
» un cachot ; qu'enfin les rebelles faisaient de grandes disposi-
» tions pour se deffendre mais qu'ils manquaient de vivres.

1. A la suite des mauvais procédés de Ximénez l'évêque avait été obligé de quitter son diocèse et se retirer à Rome.

» Sur ces avis on commanda des travailleurs et des troupes pour
» bloquer le château : ce n'est pas qu'on ne fut bien assuré de s'en
» rendre maître par un coup de main : mais on voulait épargner le
» sang des citoiens, et éviter que les rebelles réduits au désespoir
» ne missent le feu à un magazin à poudre qui aurait fait sauter
» toute la ville.

» Tandis que dans toutes les rues qui aboutissent à Saint Elme
» on élevait des retranchemens et des batteries, le vicaire général
» ne manqua pas d'aller à l'heure indiquée chercher la réponse
» des rebelles qui lui remirent un écrit par lequel ils demandaient
» le retour de leur anciens privilèges, et l'impunité. Le Conseil
» toujours porté à la clémence leur promit d'examiner à loisir le
» premier de ces deux articles, quelque mal fondé qu'il fut, et
» leur assura la vie pourvu qu'ils missent bas les armes et qu'ils
» envoyassent aussitôt en otage douze des plus distingués d'entre
» eux. Les conjurés étaient environ au nombre de 35, soutenus
» par 40 ou 50 personnes de la lie du peuple. Cette négociation
» dura depuis huit heures du soir jusques à minuit ; et pendant
» cet intervale toutes les hostilités furent suspendues de part et
» d'autre, tandis que le vicaire général allait continuellement du
» palais à Saint Elme et de Saint Elme au palais pour ménager le
» pardon des coupables, qui se voyant enfin dans la plus facheuse
» extrêmité, se déterminèrent à livrer leurs otages : mais au lieu
» de douze et des plus notables, ils n'en envoyèrent que six pris
» au hazard s'excusant de leur manque de parole sur la faiblesse
» à laquelle ils se trouveraient réduits en se privant d'un si grand
» nombre des leurs. Et pour leur propre seureté ils retinrent au-
» près d'eux le vicaire général ; nouvelle infraction à la capitula-
» tion dont on était réciproquement convenu. En sa considération
» néanmoins ils tirèrent le major du cachot où ils l'avaient jetté dès
» le matin.

» Le chevalier de Guron se trouvant libre, et voyant les re-
» belles excédés des fatigues de la journée, morts de faim, mécon-
» tents et peu d'accord entre eux, conçut et exécuta le dessein de
» s'en venger. Il parvint à rassembler et armer douze hommes
» avec lesquels il fondit à 4 heures du matin sur le corps de garde
» dont il essuia le premier feu sans aucune perte : tandis que d'un
» coup de fusil il coucha sur le carreau le plus témérère des pré-

» tres qui venait de le manquer, secondé par deux chevaliers et sa
» petite troupe il réussi à faire renger de son côté la canaille qui
» tenait un moment auparavant pour les rebelles. Avec ce renfort
» il délivra ses soldats renfermés dans différentes prisons et il se
» rendit maître de tous les postes. Dans ce changement de scène
» que les prêtres rebelles auraient dû prévoir il ne leur resta d'au-
» tre resource que de se cacher.

» A ce moment intéressant le commandeur de la Vilatte, grand
» fauconnier du Grand Maître, arrive au secours du fort à la tête
» de ses chasseurs Le bruit des coups de fusil lui fit redoubler
» le pas, il arriva à tems pour désarmer une partie des rebelles.

» Le commandant des gardes du Grand Maître parut presque
» aussitôt. En un clin d'œil les rebelles ont été arrêtés, l'ordre et
» la seureté parfaitement rétablis.

» On ne peut donner trop d'elloges au zèle et à la fidélité dont
» la nation a fait preuve dans cette occasion, ne s'étant trouvé dans
» toutes les conditions aucun Maltais qui ne detestat l'aveuglement
» d'un petit nombre de fanatiques contre lesquels il n'y aurait pas
» eu besoin de tant de précautions si on avait pu présumer que
» leur attentat fut aussi mal concerté.

» Quatre de ces rebelles on été pendu et leurs têtes ont été ex-
» posées au Cavalier d'Italie.

» Jeudi 14 septembre le Grand Maître a fait publier une amnistie
» générale en faveur des complices qui ne sont point arrêtés et des
» personnes qui aiant eu quelque connaissance de la révolte ne
» l'on pas révélée.

» Ainsi a fini la plus folle des révoltes qni ne nous a causée de
» l'embarras que parce qu'il était impossible de prévoir qu'elle fut
» aussi mal concertée. »

Ximénez mourut deux mois après ces évènements le 11 novembre 1775. Il eut pour successeur le Bailli de Rohan qui, par sa conduite, avait puisamment contribué à étouffer la sédition.

On a vu que les marins français qui se trouvaient dans le port de la Valette aidèrent au rétablissement de l'ordre. A partir de cette époque la cour de France engagea le Grand Maître à tenir constamment à La Valette un régiment de douze cents hommes pour veiller à la sureté d'une ville dont la haute importance était universellement reconnue. On recruta ce régiment à Marseille, à Naples et à Gênes : il se maintint jusqu'en 1795.

Il est probable que ce récit de la révolte des prêtres de Malte avait été envoyé au Grand Prieur de France. Madame Gustave Blavot, propriétaire de l'ancienne Commanderie de Chevru, a bien voulu me dire que ce document était placé dans un carton portant la mention *Papiers du Temple*, écrite de la main même de M. Berthelemy, grand-père de son mari, avocat en parlement et conservateur des archives du Temple à Paris depuis l'année 1774.

A. H. DE V.

CHRONIQUE

3. — **Poésies chrétiennes et morales**, par Bossuet. Edition nouvelle, revue sur les meilleurs textes, avec une introduction et des notes. — Pascal. *Opuscules choisis*. — Pascal. *Pensées*, édition nouvelle revue sur les manuscrits et les meilleurs textes, avec une introduction et des notes, par Victor Giraud. — Paris Bloud et Cie (*Chef d'œuvre de la littérature religieuse*), 1906.

On sait quelle est la compétence de M. Giraud en matière de littérature religieuse (voir à ce sujet l'intéressante préface de son dernier volume *Livres et questions d'aujourd'hui*, Hachette) ; on sait aussi quelle étude approfondie il a faite et de Bossuet et de Pascal. Aussi peut-on deviner d'avance combien les textes qu'il édite ont été heureusement choisis, avec quelle méthode ils ont été établis, avec quelle volonté précise ils ont été annotés : ce sont des mérites qu'il est superflu de noter dans ces ouvrages. Je ne m'y arrêterai donc pas plus longtemps, si je ne voulais signaler dans son édition des *Pensées* un curieux effort pour faire de l'œuvre maîtresse de Pascal un livre « populaire » et cependant au courant des derniers résultats de la science. Je ne doute pas que son édition ne soit la plus heureuse de toutes celles qui se sont proposé un semblable but ; et, pour qui veut connaître l'essentiel des *Pensées* sans vouloir en faire une étude approfondie, je ne crois pas qu'il y ait un meilleur guide que M. Giraud.

G. Michaut.

BULLETIN CRITIQUE

36. — **Notre-Dame de Lorette**, étude historique sur l'authencité de la Santa-Casa, par le chanoine Ulysse Chevalier. — Paris, Picard et fils, 1906, in-8 de 520 p. (Prix : 7 fr. 50).

A la première page de cet ouvrage M. le chanoine Ulysse Chevalier fait remarquer que, dans la question qu'il se propose de discuter, aucun point de doctrine n'est engagé : « on n'a donc pas, pour l'apprécier, à recourir aux lumières de la théologie... La puissance de Dieu est illimitée ; mais il reste à démontrer qu'il en ait fait usage dans ce cas. C'est une question de fait, qui rentre dans le domaine de la critique historique. »

Ce livre est véritablement le dossier d'un procès. L'auteur a pris une très grande peine à en recueillir les pièces qui ne sont autres que les documents et les fragments d'écrits se rapportant à la maison de Nazareth et au sanctuaire de Lorette. Au prix d'un énorme labeur l'auteur a ainsi rassemblé une collection extraordinairement nombreuse de textes ; aucun document important n'a été omis par lui. Le dossier est classé méthodiquement ; on y trouve d'abord les textes relatifs à Nazareth, et, dans une seconde partie, les textes relatifs à Lorette ; les uns et les autres sont disposés par ordre chronologique. De temps en temps, un résumé permet au lecteur de se rendre compte des résultats acquis.

Ces résultats peuvent être ramenés à quelques propositions. En ce qui concerne Nazareth, il est clair que les textes qui en traitent donnent une impression identique, qu'ils se rapportent à la période antérieure à 1291, date de la prétendue translation, ou à la période postérieure. A ne s'en rapporter qu'à ces témoignages, rien d'anormal ne s'est produit à Nazareth en 1291. Après comme avant 1291, les textes mentionnaient le lieu, ou, plus souvent la grotte qui y est vénérée à raison du souvenir des mystères qui s'y sont accomplis.

En ce qui concerne Lorette, il est certain que dès la fin du xii⁰ siècle, par conséquent cent années avant la date attribuée à la translation, il y existait une église rurale consacrée à Sainte-Marie ; que cette église avait pour fête patronale, non l'Annonciation, mais la Nativité de Notre-Dame ; qu'elle était, au xiv⁰ siècle et au xv₀, le centre d'un pèlerinage très fréquenté, et que d'après l'opinion publique, des miracles récompensaient la foi des pèlerins. Sans doute ce sanctuaire devait avoir, comme les autres pèlerinages la tradition particulière, sur certains points mêlée de merveilleux ; une bulle de Paul II, rendue en 1470, déclare qu'il a été fondé miraculeusement, et que l'image de Notre-Dame, qui y est vénérée, a été apportée par les Anges. Le Pape ne dit pas un mot de plus, si bien qu'au xvi⁰ siècle un historien Torsellini, pour utiliser sa bulle en faveur de la translation miraculeuse de la maison de Nazareth, a cru devoir la fausser en y insérant un mot : *in quæ ipsius Virginis gloriosae domus et imago angelico comitatu et cœtu mira dei clementia collocata existit*[1]. C'est que du temps de Paul II, nul ne connaissait encore cette histoire de la translation, sur laquelle chartes et chroniqueurs de la fin du xiii⁰ siècle sont demeurés muets. J'estime en effet difficile de ne point tenir pour apocryphes les deux textes produits pour la première fois au xvii⁰ siècle comme des récits datant de l'époque de la translation. On ne saurait donner trop d'importance à l'argument tiré du silence des chroniqueurs, sur un évènement qui, s'il s'était produit, eût retenti profondément dans l'âme religieuse de l'Italie à l'époque du Dante, et n'eût pas manqué d'appeler l'attention des innombrables pèlerins qui se pressaient à Rome neuf ans après, lors du jubilé de 1300. Rappelez-vous le bruit que firent les évènements de Lourdes et de la Salette dans les années qui suivirent l'époque où ils se produisirent. Au surplus, des papes du xiv⁰ siècle, tels que Urbain VI et Boniface IX, ont accordé des privilèges, à l'église de Lorette ; mais ils se bornent pour motiver ces privilèges à alléguer

---

1. Miraculose fundatam, in qua, sicut fide dignorum habet assertio et universis potest constare fidelibus, ipsius Virginis gloriosae ymago angelico comitante cœtu mira Dei clementia collocata est. (La citation est de Torsellini, qui écrivit l'histoire de Lorette à la fin du xvi⁰ siècle : cf. Chevalier, p. 206 et 368).

que le sanctuaire était en grande vénération parmi les fidèles de la région, ce que nul ne saurait contester. Ils se taisent sur la translation miraculeuse et sur la sainte maison, qu'il eût été si naturel de mentionner ; il en est de même, au XVIe siècle, non seulement de Paul II, mais d'un de ses prédécesseurs Nicolas V, et aussi de l'évêque diocésain, Nicolas Ash.

C'est seulement en 1472 que fut rédigé, par Teramano, alors gouverneur du pèlerinage un récit de la translation, évènement qui aurait eu lieu entre 1291 et 1294. « D'ordinaire, dit M. le chanoine Chevalier (p. 321) les détails qui concernent un évènement deviennent d'autant plus imprécis qu'on s'éloigne davantage de l'époque contemporaine. Ici, — à l'inverse du cours normal des choses, les circonstances particulières surgissent fort longtemps après les faits auxquels on les rapporte. Elles arrivent même à être fixées avec une extrême précision. » Peu à peu le récit fait son chemin ; il est accueilli en 1507 avec réserves, *ut sic creditur et fama est*, dans une bulle de Jules II qui, par une singulière méprise, fait venir la sainte maison de Bethléem et non de Nazareth ; il passe dans d'autres documents pontificaux ; au XVIIe siècle, la translation miraculeuse est inscrite au martyrologe, et admise par la croyance des fidèles. Il n'en est pas moins vrai que ce récit, écrit cent quatre vingt ans après l'évènement qu'il prétend raconter, n'en fournit aucunement la démonstration. En réalité, dans l'état actuel des documents, la tradition de Lorette ne remonte qu'à la fin du XVe siècle et ne semble reposer sur aucun fondement sérieux.

Dans une troisième partie, assez brève, l'auteur indique les explications diverses qui ont été données de la formation du récit traditionnel, et présente la sienne. Il rappelle aussi quelques circonstances où une légende s'est constituée et a acquis une grande célébrité sans qu'elle repose sur un fondement, même rudimentaire. « On peut, dit-il, sur un fond nul, broder un thème historique fort développé. » C'est pourquoi la critique accomplit son rôle en discernant la légende de l'histoire. Sans doute la légende est un genre de littérature qui peut servir à l'expression de sentiments très élevés et à l'enseignement de la morale la plus pure ; il n'y a que les pédants pour se voiler la face au seul mot de légende. Ce qui importe seulement, c'est que le fait légendaire ne

soit pas considéré comme un fait historique, et traité comme tel.
Paul Fournier.

---

37. — **Studies in ancient Persian History,** by P. Kershasp, indian civil service. — London, K. Paul, etc., 1905, in-8 de 196 p. (3 s. 6 d.)

L'auteur commence par déclarer qu'il suppose son lecteur au courant de l'histoire de la Perse et que son but est précisément de refaire celle-ci en remettant les choses au point. Son livre en réalité n'est guère qu'une sorte d'apologie de l'ancienne Perse, non qu'il prétende justifier tout ce qu'elle a fait, mais il estime qu'elle est mal connue et tout à la fois méconnue, les historiens grecs ou latins qui ont eu la prévention de nous l'apprendre, la connaissaient mal et s'ingéniaient à en médire.

Il est certain que nous n'avons de renseignements sur Darius et Xerxès, par exemple, que par les Grecs, leurs anciens et irréconciliables ennemis. Hérodote, Xénophon, pour ne citer que ces deux noms, pensaient grandir leurs héros nationaux : Mithridate, Léonidas, Thémistocle etc, en diminuant leurs adversaires ; et ce que l'auteur appelle constamment les « cinq batailles » ont été embellies par eux. Pour lui, il s'applique à réduire autant que possible l'importance des victoires de Marathon, Platées, Salamine, etc.; mais ce qu'il ne saurait contester, c'est qu'elles sauvèrent l'indépendance des vainqueurs, ce qui, je crois, est appréciable.

Fort de l'autorité des Gibbon, Richardson, Spencer, Mahaffy, il s'étend longuement sur les cruautés des Grecs et des Romains, cruautés passées dans leurs lois, parce qu'elles existaient depuis longtemps dans leurs mœurs. Il appuie tout spécialement sur le fumier boueux et sanglant du Bas-Empire et il conclut qu'il faut être un « charlatan sans cervelle » *a brainless charlatan*, pour donner à cette civilisation gréco-romaine la supériorité sur celle, par exemple des Sassanides, qu'il dit avoir été « composée de très précieux ingrédients, » *was compounded of many precious ingredients*. Il y a peut-être un peu d'exagération dans ce langage d'ailleurs assez pittoresque, mais où il y en a moins, c'est lorsque l'auteur oppose l'antique démocratie (ne parlons que de celle-là) au despotisme oriental qui a fourni et fournit encore matière à tant de déclamations sentimentales, non toujours injustifiées, certes : « Le despotisme collectif, écrit-il, n'est pas plus tolérable que le despotisme d'un seul. En quelque sorte, le roi Démos est pire que l'autocrate ; sa puissance est plus irrésistible et sa tyrannie peut s'étendre davantage. L'autocrate peut être généreux, mais il n'y a pas beaucoup d'exemples de générosité fournis par le gouvernement de la multitude, dans les anciens temps. » Il aurait pu ajouter : et même dans les temps modernes.

Où M. K. gâte un peu sa thèse, c'est lorsqu'il fait descendre des Perses par les Arabes toute la civilisation du moyen-âge qu'il déclare par ailleurs une époque de ténèbres *dark age*. A l'entendre, la chute de Grenade replongea l'Espagne dans les ténèbres d'où les Arabes l'avaient tirée. D'autre part, il cite le témoignage de l'écrivain Cornish qui veut que « les troubadours de la Provence soient les créateurs de la poésie en Europe » et que cet art leur ait été communiqué par les Arabes d'Espagne qui le tenaient eux-mêmes de la Perse. Tout vient de la Perse, comme on voit ; ce qu'il y a de sûr, c'est que tout ne semble pas sur le point d'y retourner. L'auteur donne le règne de Naushirwan le Juste (531-579) pour le type du bon gouvernement, et ce prince pour le plus sage des rois et l'un des plus grands bienfaiteurs de l'humanité. A ce titre « son nom mérite d'être inscrit sur les tablettes de la Renommée », suivant l'auteur.

Dans un dernier chapitre M. K. étudie les causes de la chute de l'empire persan (celui des Sassanides). Il les trouve dans les ambitions personnelles, les intrigues politiques, et la faiblesse du pouvoir central, ce qui en fit « une proie facile pour les Arabes ». Le Coran fut substitué à l'Avesta au plus grand détriment de ce pays, victime d'une intolérance inconnue des Sassanides dont l'auteur se constitue le défenseur convaincu.

Il y a certes beaucoup de choses dans ce petit livre : un grand nombre sont à laisser et quelques-unes à prendre. Cet éloge, si restreint qu'il paraisse, combien de publications ne le méritent pas !

A. ROUSSEL.

38. — **Particularités linguistiques des noms subjectifs**, par R. de la Grasserie. — Paris, 1907, in-12.

Je ne doute point que M. de la G. ne soit un homme heureux. Il appartient en effet à cette catégorie d'auteurs dont Boileau parlait ainsi, en la personnifiant dans l'illustre Scudery.

> Bienheureux Scudery, dont la fertile plume
> Peut tous les mois sans peine enfanter un volume...

Je ne dirai point que M. de la G. produit tous les mois un ouvrage — matériellement il ne le pourrait pas — mais plusieurs fois par an il fait paraître un travail de belle dimension sur l'un des points les plus compliqués de la linguistique. Il est en philologie, ce qu'est M. Le Dantec en biologie, M. Revillout en egyptologie etc... Or n'oublions pas que chacun de ces messieurs ont écrit de quoi remplir une bibliothèque... et cela depuis déjà des années.

C'est fort regrettable. Comme ses confrères, M. de la G. a une grande curiosité et une réelle érudition. Sans doute, si j'estime que, malgré les apparences, il ne connaît pas toutes les subtilités du zend ou du sanscrit, je crois néanmoins qu'il en possède plus qu'une notion. Mais il en a fait un mauvais usage : il est le disciple inconscient peut-être de Renan : il sollicite les textes, au lieu de se laisser solliciter par eux. Cette méthode est dangereuse, quand on a ni le tour d'esprit charmant et subtil, ni la plume admirable du grand historien : quoique fausses, les théories de Renan sont immortelles, parce qu'elles sont bien dites et qu'elles sortent d'un cerveau vraiment original...

Or « les particularités linguistiques des noms subjectifs » forment un amas de mots, d'allégations individuelles, dénuées de bibliographie et de références, à propos desquelles M. de la G. n'a pas jugé utile de polir de belles phrases. Nous ne l'en blâmons pas. L'intérêt de son travail en est pourtant fort diminué.

Pourquoi notre auteur, au lieu de s'élancer dans le général n'est-il pas resté dans le terre à terre des petits faits? Pourquoi, par exemple, ne s'est-il pas cantonné dans la philologie américaine? Peut-être que sur ce terrain, il eut fait avancer la science, en pré-

parant, dans l'ombre, des matériaux, qui plus tard eussent permis la généralisation, vraiment solide, d'intéressantes découvertes.
P. MARESTAING.

---

39. — **Montaigne**, par FORTUNAT STROWSKI, professeur à l'Université de Bordeaux, (Collection *les Grands Philosophes*). — Paris, Alcan, 1906, in-8 de VIII-354 pp. (Prix : 6 fr.)

M. Strowski a voulu montrer lui-même le profit que l'on peut tirer de sa magistrale édition des *Essais* pour la connaissance de Montaigne. Jusqu'à ce jour en effet, il était difficile de voir en Montaigne ce qu'il est en réalité : l'auteur de trois ouvrages différents, qui portent le titre unique d'*Essais*, qui se contredisent et se complètent, s'opposent et se mêlent, s'enchevêtrent inextricablement et pourtant doivent être étudiés à part : les *Essais* d'avant 1588, les *Essais* de 1588, les *Essais* d'après 1588. La distinction maintenant est facile à faire ; elle est faite dans l'édition municipale ; et ainsi, il devient aisé d'appliquer à sa pensée « la méthode historique et génétique ». C'est à quoi s'est attaché M. Strowski et il semble bien qu'il ait renouvelé notre connaissance du philosophe. Nous comprenons mieux, maintenant, comment il y eut en lui successivement plusieurs hommes, et ce que chacun a conservé de ceux qui l'avaient précédé : le Montaigne d'avant la sagesse, le Montaigne stoïcien, le Montaigne sceptique, et le Montaigne dilettante. Mais ces mots mêmes de stoïcien, sceptique, dilettante, ont quelque chose de plus arrêté, de plus précis qu'il ne convient pour une âme aussi ondoyante et diverse : il faut lire l'analyse ingénieuse et pénétrante qu'en donne M. Strowski et voir dans son livre comment le contenu de ces mots s'enrichit et se nuance. Je n'ai guère qu'à louer, dans cettte étude. Pourtant, le fac-simile publié en tête de l'édition de Bordeaux me suggère une petite réserve. Il y a là deux additions manuscrites que M. Strowski commente (p. XII) : la première, il le reconnaît, est de tendance stoïcienne ; sans doute elle a été après coup banie, mais enfin, elle a été écrite, et écrite après 1588. Je ne sais pas bien, si le dernier chapitre de M. Strowski donne l'idée qu'à cette date une pensée de ce genre se serait trouvée sous la plume de Montaigne. Je ne sais ce qu'il en pensera et c'est d'ailleurs plutôt une question que je lui pose qu'une objection que je lui adresse. Mais si je puis ainsi essayer de discuter avec lui, c'est grâce à lui et pour avoir trouvé dans son livre le Montaigne successif, vivant, qu'aucun autre, avant lui, n'avait fait si bien connaître.   G. MICHAUT.

---

40. — **La Légende dorée des bêtes,** par Paul FRANCHE. — Paris, Perrin, 1907, in-12 de 218 p. (Prix : 3 fr. 50).

Quand, il y a peu d'années parurent presque simultanément deux traductions de la *Légende dorée*, celle de M. le chanoine Boze, et celle de M. Th. de Wyzewa qui obtint un si grand succès, nous prévoyions un regain de popularité à ces vieilles et toujours aimables légendes. Et nous annoncions aussi, non sans quelque appréhension, l'apparition probable de nombreux imitateurs du bienheureux Jacques de Voragine. Et cela n'a pas manqué, mais nous constatons avec joie que, jusqu'à présent, les appréhensions étaient de trop. Charmante en effet était cette *Légende dorée de l'Alsace*[1] où mademoiselle Marie Diémer faisait revivre avec un accent si pénétrant de patriotique tendresse les saints protecteurs de l'Alsace, son pays, qu'elle décrit comme l'on décrit lorsque le cœur guide la plume. Ces protecteurs la grande figure de Saint Odile les domine tous, comme la terrasse du célèbre couvent qu'elle fonda domine la plaine d'Alsace. Et bientôt, bientôt j'espère, sera complète cette belle série de la *Légende dorée de France* par M. Charles Florisoone, dont le *Correspondant* et surtout la *Quinzaine* nous ont permis d'apprécier déjà la noble tenue littéraire autant que l'inspiration profondément chrétienne et patriotique.

Aujourd'hui c'est M. Paul Franche qui entre en scène avec la *Légende dorée des bêtes*. Et pourquoi pas? Les ennemis des bêtes, s'il y en a, seront seuls à s'en offusquer. Comme le remarque l'auteur, depuis l'Eden jusqu'à la Crèche, les bêtes ne sont-elles pas étroitement liées aux plus poétiques de nos origines religieuses? Et pour un serpent tentateur, que d'aimables et secourables com-

---

1. Marie Diemer. *La légende dorée de l'Alsace*, préface d'Edmond Schuré. 1 vol. Paris, Perrin, 1905.

pagnons l'homme n'a-t-il pas trouvé dans ses frères inférieurs. Ah! Que les Bretons sont bien inspirés en conservant leur Pardon des animaux. Tant pis pour les fortes têtes qui s'en indignent, au nom de la déesse Raison, et pour les plaisants qui en rient! Et quel saint du temps jadis n'eut pas son fidèle camarade ou son serviteur soumis? Ce ne sont dans les légendes que fauves domptés, oiseaux ou quadrupèdes pourvoyeurs des solitaires. Les jolis symboles qu'ils ont fournis aux imagiers du Moyen-Age! Connaissez-vous Sainte Ursanne, la succulente histoire que sculpta l'artiste du XIIe siècle autour du portique de son église! C'est d'abord un loup farouche qui s'approche, menaçant à un saint personnage. Mais très vite comme il se fait humble! Et même il apprend le catéchisme. Le moine lui enseigne à louer Dieu et à respecter ses créatures. Si bien qu'à la fin le voici, bénévolement assis sur son train de derrière, un gros livre entre les pattes de devant, peut-être bien son bréviaire, qu'il lit très dévotement. Le symbole est clair et combien expressif! Quel dommage que l'artiste n'ait pas retracé, ou que les temps ne nous ait pas conservé, de la même main, l'histoire de Sainte Ursanne et de son ours!

Donc, pour le mérite modeste, si l'Académie a ses prix Montyon, le peuple a ses légendes. Il était donc naturel qu'au mérite des saints il associât celui de leurs bizarres compagnons. Et c'est avec beaucoup de bonne grâce que M. F. nous introduit dans la familiarité du buffle du Saint abbé Karileff, du loup de Saint Hervé et de celui de Saint François d'Assise, naturellement du cochon de Saint Antoine, de l'âne qui émerveilla sous le pieux cavalier Florent les joyeux courtisans de Dagobert, du corbeau de Saint Paul ermite et de ceux de Saint Meinrad, du chien de Saint Roch et pour clore du cerf de Saint Hubert. Reprocherai-je à l'auteur de s'égayer parfois et d'avoir de l'esprit. Mais il n'est rien qui donne de l'esprit comme de parler des bêtes, et après tout, comme le remarque l'auteur lui-même, ce ne sont pas des vies de Saints qu'il raconte. Un peu de préciosité parfois, et c'est bien là l'écueil de ce genre d'écrire, j'ajouterai une préciosité qui n'est pas d'un goût ni toujours d'une correction très sûre. A peine quelques petites taches ça et là, je me hâte de l'ajouter, mais qu'on aimerait à voir effacées. Et encore observerai-je que le Saint Antoine de M. Franche semble n'être pas sans avoir quelque peu fréquenté chez le doux philosophe Bergeret. Mais quoi, les bons solitaires n'en sont pas à une merveille près ! Quoi qu'il en soit, après avoir lu cet aimable volume, nous en aimons un peu plus les bêtes, et par surcroit nous comprenons un peu mieux les Saints. L'auteur pouvait-il souhaiter mieux [1] ? André BAUDRILLART.

---

41. — **Poésies**, par Henrik IBSEN, traduites par Ch. de BIGAULT DE CASANOVE. — Paris, Mercure de France, 1907, in-16 de 197 p. (Prix : 3 fr. 50).

C'est une entreprise courageuse, souvent téméraire, que de traduire les poètes étrangers. Il y faut de rares qualités, quelquefois contradictoires, beaucoup d'application, scrupuleuse et désintéressée, jointe à une sensibilité personnelle, souple et délicate. Quand le lecteur, ignorant des langues étrangères ou peu familiarisé avec elles, trouve à la traduction le même plaisir qu'il prendrait à l'œuvre originale, quand la transposition d'une langue dans l'autre n'a pas enlevé à la poésie cette saveur propre, cet attrait spontané qui tiennent autant au génie de la race qu'à celui du poète, la tentative n'a pas été vaine et sans doute il ne faut rien exiger de plus. Ce que des traducteurs comme Gérard de Nerval, G. Mourey, G. Hérelle ont fait pour H. Heine, A. C. Swinburne et G. d'Annunzio, M. Ch. de Bigault de Casanove vient de le faire avec un pareil talent et un égal succès pour les poésies d'Ibsen. Nous lui devions déjà d'excellentes traductions des drames ibséniens, ce qui n'est pas si commun en France, où la pensée du maître norvégien a subi maintes fois les travestissements les plus singuliers et les plus imprévus. En nous révélant aujourd'hui le poète, et un poète aussi original, aussi profond que peu connu, M. de B. de C. cause aux lettrés français une heureuse surprise et ajoute incontestablement quelque chose à la gloire d'Ibsen.

S'il est vrai, comme le dit son traducteur, que nul auteur ne s'est plus révélé dans ses œuvres qu'Ibsen, les *Poésies* sont particulièrement précieuses comme documents intimes sur la vie, le caractère, les sentiments et les impressions successives de l'écri-

---

1. Une vilaine faute d'impression, p. 31, l. 9 : *il conclua*.

vain. A travers elles, on peut reconnaitre et suivre les différentes étapes de son existence et l'évolution de son génie : premières poésies, poésies de jeunesse, écrites entre 1847 et 1850, à Grimstad, où Ibsen était élève pharmacien, premiers vers confiés à d'éphémères revues et où s'expriment les aspirations inquiètes du débutant (Cf. *A l'Etoile,* qui n'est pas sans analogie avec *Le Soir* de Lamartine,) appels enthousiastes aux jeunes générations, déclarations généreuses d'un idéal nouveau, d'un art plus conscient des réalités présentes et de la vie nationale (Cf. *Aux poètes de la Norvège, Réveillez vous, Scandinaves,*) élans passionnés vers d'impossibles amours, suivis d'amères désillusions; la note générale de ces premières poésies parait être un sombre désenchantement : peut-être le souvenir d'une passion malheureuse a-t-elle laissé au cœur du poète une plaie longtemps saignante ; son âme désespérée recherche et goûte avec une volupté cruelle toutes les impressions funèbres, toutes les pensées décourageantes ; l'idée de la mort l'attire (*Danse des morts*;) le deuil de la nature (*En automne,*) l'aspect mystérieux de la mer au calme perfide (*Sur mer, Promenade en mer au clair de lune,*) la splendeur des nuits orageuses (*Promenade du soir en forêt*), sont des thèmes qui reviennent souvent dans ces vers de jeunesse. — Cet état d'esprit se précise à mesure que le poète prend davantage conscience de son talent ; dans les vers de la période suivante (1850 à 1864) nous trouvons la synthèse de sa doctrine philosophique, celle-là même à laquelle il va donner par le théâtre une expression plus complète et plus significative : l'homme qui se laisse dominer par la puissance fatale des grandes pensées doit renoncer au bonheur et se résigner ; c'est en vain que le penseur et l'artiste veulent donner, dans leur vie, une place à la réalité, l'idéal n'admet pas de partage, le sacrifice doit être absolu. (Cf. *Braud, Solness le Constructeur, Quand nous nous réveillerons d'entre les morts.*) Tel est le thème général des poésies d'Ibsen, et c'est à la même époque l'idée maîtresse de ses drames. Dans ses vers, ce pessimisme résigné s'exprime surtout par symboles : misère du poète semblable à l'oiseau captif (le *Pétrel* à rapprocher de l'*Albatros* de Bauledaire, — *Oiseau et oiseleur,*) semblable aussi au mineur qui cherche un trésor et se perd dans la nuit souterraine (*le Mineur*) etc. — On constate d'ailleurs à cette époque un ralentissement dans la production lyrique d'Ibsen :

absorbé par ses fonctions de directeur du théâtre de Christiana, assujetti à l'obligation de fournir aux scènes norvégiennes plusieurs pièces par an, il ne revient guère à la forme purement poétique que lorsque les exigences de l'actualité ou de la polémique lui font souhaiter un mode d'expression plus rapide, plus immédiat : les poésies de circonstance ne sont pas rares ; les évènements politiques nationaux font sortir le poète de son silence involontaire ; courageusement, il poursuit la réalisation d'un rêve généreux qu'il porte en lui depuis sa jeunesse : l'union entre les trois peuples scandinaves. Quand sa voix prophétique s'est perdue dans le bruit des armes et le tumulte des invasions meurtrières, le poète, désillusionné et meurtri, se décide à quitter sa patrie (1864). — Dans cet exil volontaire, Ibsen délaisse de plus en plus la forme poétique : cependant les convulsions lointaines de sa patrie ou les grands évènements mondiaux lui arrachent encore des accents éloquents (*De loin*, — *Salut de chanteur à la Suède*, — *Pour les fêtes du millénaire*, — *A Port-Saïd*, — *Assassinat d'Abir. Lincoln*, — *Lettre par ballon*.)

Extrêmement symbolique dans son ensemble, comme la rapide analyse que nous venons d'en faire permet de s'en rendre compte, la poésie d'Ibsen n'est pourtant dénuée ni de sensibilité, ni d'émotion, ni d'intérêt descriptif. Telles impressions de promenades nocturnes en forêt ou en mer ont le charme évocateur des meilleures pages de l'*Intermezzo* et surtout du *Nordsee*. Le souvenir de Heine s'évoque d'ailleurs assez naturellement à la lecture de ces poésies, et il ne me paraît pas douteux qu'Ibsen ait subi, autant que son esprit indépendant et rebelle pouvait se façonner à la tyrannie d'une inspiration étrangère, l'influence du poète allemand dont il a, entre autres qualités, l'humour particulier, amer sous une apparence enjouée et volontiers sarcastique. (Cf. par exemple le ton de poésies comme *Souvenirs de bal*, *Complications*, *l'Enfant dans la fondrière aux myrtilles*.) Il y avait, en effet, dans ce lyrique délicat, dans ce rêveur volontairement enfermé en lui-même, une âme satirique qui se contient difficilement, un tempérament violent dont l'humeur et la verve éclatent au moindre choc. Enfin, l'admirable mythologie scandinave, si riche en symboles, se joint partout dans les poésies d'Ibsen aux aspects fugitifs du rêve, aux impressions personnelles de la nature et aux vivants échos de l'histoire.

M. de B. de C., dont la traduction fidèle et nette moule admirablement tous les contours de la pensée originale sans en altérer la plastique, n'a rien négligé pour que son recueil de *Poésies* nous donnât un ensemble aussi complet que possible de l'œuvre lyrique d'Ibsen ; au *Choix* publié par le poète lui-même en 1871, il a ajouté les poésies qui ont paru récemment dans l'édition nationale des *Œuvres complètes* ou dans diverses revues scandinaves, et même quelques pièces encore manuscrites.   E. MAYNIAL.

---

42. — **La serie dei prefetti di Egitto. I. Da Ottaviano Augusto a Diocleziano,** an, 30 av. J. C. an. D. 288, par Luigi CANTARELLI. — Roma, Salviucci, 1906, in-4 de 78 p.

L'Egypte, devint romaine le 1ᵉʳ août de l'an 30 av. J.-C., le jour où Alexandrie fut prise. Auguste, pour bien des raisons justifiées par la composition du pays, par l'esprit de ses populations, par la crainte de mettre ce grenier de Rome entre les mains d'un personnage consulaire qui aurait pu, en se révoltant, affamer la métropole, soumit l'Egypte conquise à un régime d'exception. Il rattacha la nouvelle province au domaine impérial ; les impôts du pays entrèrent dans la caisse privée de l'empereur. L'administration intérieure resta à peu près telle qu'elle était au temps des Ptolémées. A la tête de la nouvelle province, l'empereur plaça un simple chevalier résidant à Alexandrie, personnage à double face. Pour l'empereur, ce n'était rien de plus qu'un simple *procurator*, révocable à volonté ; pour les Egyptiens, c'était un vice-roi, jouissant de tous les droits civils et militaires, de l'*imperium* même ; dépourvu cependant du droit de porter les insignes proconsulaires. A cause de l'étendue de ses pouvoirs il reçut, non le titre modeste des procurateurs ordinaires, administrateurs des biens impériaux, mais le titre de *praefectus Alexandriae et Aegypti*, ou de *praefectus Aegypti*, et plus tard, au quatrième siècle, de *praefectus Augustalis* ou simplement d'*Augustalis*.

La série des préfets d'Egypte commence dès l'an 30 av. J. C. par C. Cornelius Gallus ; elle se poursuit jusqu'à l'année 642, date de la prise d'Alexandrie par les Arabes. Pendant cette longue période, il y eut des préfets d'Egypte célèbres, dont les noms se rencontrent dans les textes des auteurs ; d'autres ne sont connus que par des inscriptions, des papyrus et autres documents. M. Cantarelli a entrepris la tâche difficile de recueillir tous ces noms, de réunir les textes de toute nature qui les concernent, de les soumettre à la critique, d'en dégager tous les faits historiques auxquels furent mêlés les préfets d'Egypte. Il nous donne aujourd'hui la première partie de ce travail, d'Auguste à Dioclétien. On y retrouve la méthode et l'esprit judicieux de l'auteur, trop connus, trop souvent remarqués dans tous ses autres travaux pour qu'il soit nécessaire de les louer une fois de plus.

Henry Thédenat.

---

43. — **Haverford Library Collection of Cuneiform tablets or documents from the temple archives of Telloh**, édité par G. A. Barton, chez C. Winston à Philadelphie, et chez Headley à Londres. Part. I. [1906] ; folio, 28 p. 50 pl. (Prix : 30 fr.)

Old Babylonian temple records. R. J. Lau. — Columbia, University press et Londres, Macmillan, 1906, in-8 de 89+41 pp., plus 35 planches. (Prix : 8 fr. 50).

Un grand nombre de tablettes cunéiformes, distraites par les Arabes des ruines de Telloh pendant les mois qui séparent entre elles les saisons de fouilles de la Mission Sarzec, sont parvenues en Amérique, et y ont enrichi les bibliothèques d'universités. G. A. Barton vient de publier les textes que possède l'Haverford Collège, R. J. Lau ceux qui forment la collection de l'Université Colombienne [1]. Les documents des deux musées en question appartiennent à l'époque de Dungi et de la IIe Dynastie d'Ur.

Sous le nom d' « Archives du temple », on comprend les tablettes de comptabilité de l'administration des finances, du commerce et du travail de ces bourses générales qu'étaient pour la cité chaldéenne le temple et ses dépendances. Ces nouveaux textes forment avec les publications du Bristish Muséum (C. T. I, III, V, VII,

---

1. M. R. Arnold avait déjà publié en 1896 à l'occasion d'une thèse de doctorat vingt des textes aujourd'hui repris par Lau (New-York. 1896 : *Ancient Babylonian Temple Records*, viii+70. 8vo).

IX, X), de Reissner (*Tempelurkunden aus Telloh*, xvi° vol. des *Mitteilungen aus der Orientalischen Sammlungen*, Berlin, 1901), de Radau (Appendice de sa *Early Babylonian history*), de Thureau-Dangin (*Tablettes chaldéennes inédites*, 1897; *Recueil de tablettes cunéiformés*, 1903) un ensemble de grande valeur pour la philologie suméro-babylonienne et pour l'histoire économique des anciennes civilisations.

I. — Les 117 tablettes copiées par Barton sont datées des règnes de Dungi, Bur-Sin et Gimil-Sin (50 planches). Un registre avec description des documents précède les planches de reproduction (p. 19-27). Une introduction renseigne le lecteur sur l'origine de la collection, le caractère des documents et l'intérêt des données générales ou particulières. Barton signale comme élément d'influence sémitique l'emploi de *ana* et le phonétisme *Ka-lum* avec le sens de totalité. L'auteur affirme avec preuve à l'appui que la réduplication de l'idéogramme *rug-rug* n'est point nécessairement, quoiqu'en ait pensé Radau, déterminée par le nombre des individus; il établit de même qu'on ne peut conserver au qualificatif *nu-ur* la valeur hypothétique de « non tondu » puisque dans un document (n° 3, pl. 38; II, 2; III, 7) on donne le poids de laine d'un *puhad-nu-ur*. Barton signale à tort une date soi-disant nouvelle : l'année dont il s'agit est la 8° de Gimil-Sin (v. Thureau-Dangin, *Ins. Sum. Akkad*, p. 338; cp. Lau, *T. R.* n. 244. ob. 16). Dix-sept textes de différents genres sont donnés à titre d'exemples en transcription et traduction (pp. 10 à 18).

II. — L'Introduction que R. J. Lau a mise en tête de son ouvrage est un modèle d'étude attentive; elle montre comment on peut tirer de précieux renseignements philologiques et historiques de textes ingrats, quand on y regarde de près. Le paragraphe consacré aux dates (pp. 2 sv) ne nous met sous les yeux aucune formule nouvelle, mais plusieurs variantes; il nous révèle pourtant sous la forme *mu-ush-sa* (« année qui suivit celle où... ») une 47° année de Dungi (n° 160) et une 10° de Bur-Sin (n°ˢ 168, 248, 249). La date donnée sous le n° 15 est certainement erronée, du fait du scribe ou de celui du lecteur : il faut lire *uh* (= *ud* + n° 170 de la liste de signes), non *ud*, et par suite y reconnaître une variante de la date n° 16. Une tablette (n° 5) nous offre une confirmation intéressante de la chronologie déjà connue : elle compte quatre années de la 32ᵉ à la 35ᵉ de Dungi, et dix années de la 26ᵉ à la 36ᵉ du même règne.

De courts paragraphes traitent tour à tour des diverses sortes de documents, en expliquent la terminologie consacrée et en présentent des exemples en transcription et traduction : reçus (p. 6), dépenses (p. 10), payements (p. 17), revenus (p. 20), listes d'animaux (p. 23), soldes de fonctionnaires (p. 28), comptes d'alimentation et de vêtements (p. 35). Je signale spécialement l'étude détaillée des articles de bétail échangés ou vendus, l'étude des noms d'emplois, celle sur les divers aliments et les différentes sortes d'habits et tissus. M. Lau aurait dû lire dans Barton, qu'il cite, une remarque (p. 8-9) qui l'eut détourné de donner *puhadu-nu-ur* comme équivalent de « mouton non encore tondu » [1].

Cette introduction est suivie d'un catalogue détaillé (258 nᵒˢ) avec description des tablettes et résumé de leur contenu (pp. 47-89).

Enfin, avant les planches de reproduction, l'auteur a donné (pp. 1-19 de l'autographie) une liste des signes qui est en même temps un petit vocabulaire sumérien. Cette partie du travail me paraît beaucoup moins parfaite ; j'ai noté plus d'une identification douteuse et plusieurs d'erronnées. Je signale par exemple comme douteuses les identifications ou explications des signes 58, 104, 120 (v. Introd. p. 25), 128 et 142, 141 et 199, 232, 241 (signe assyrien), 247 (*Eninnu*, temple de Bel). Je tiens également pour erronées celles des signes 100 [2], 178, 216, 269, 272 (Br. 10.257. et non 10.253), et 274 (lecture *dara*) : la valeur *shu* paraît correspondre non au signe 269 ni 268 (v. tabl. 106. obv. 2), mais au signe coté 270 ; le signe 161 (Br. 9043) égale *eshebu* non *etsebu* ; l'identification du signe 178 est certainement inexacte, c'est la deuxième partie du signe côté 160 et elle possède la même valeur que le signe complet comme le montrent les variantes des tablettes Br. Mu. 94. 10. 16 — 9, 10, 14 et autres semblables (*C. T.* I).

La reproduction de 60 tablettes qui couvre 35 planches est d'une

1. Pourquoi ne pas lire *Ibe-Sin* suivant la lecture confirmée par la variante *bi* ? — P. 4, les tablettes rangées sous le nᵒ 11 correspondant au texte des numéros 9, 10 et 11 ; de même, les tablettes du nᵒ 18 au texte des numéros 17 et 18.

2. Signe 99 = Br. 802 ; Signe 100 = 7. D. 203 bis ; les textes cités au nᵒ 100 correspondent au signe 101.

main habile. On ne regrette que davantage de n'avoir pas sous les yeux tous les numéros décrits et utilisés. Ces critiques de détail ne doivent pas faire oublier le mérite de l'éditeur et l'intérêt des recherches dont il a donné les résultats dans son Introduction.

Henri de GENOUILLAC.

---

44. — **Phidias et la sculpture grecque au Ve siècle**, par Henri LECHAT. Collection « Les maîtres de l'art ». — Paris, librairie de l'Art ancien et moderne, 1906, in-8 de 176 p.

Il s'est fondé concurremment deux collections de monographies d'artistes, l'une sous le titre « Les grands artistes », l'autre sous le titre « Les maîtres de l'art ». De ces petits volumes sans prétentions, le *Douris* de M. Edm. Pottier, publié dans la première, qu'édite la librairie Laurens, a été unanimement louée comme un modèle d'une lecture aussi charmante qu'instructive. Le *Phidias* de M. H. L. qui a récemment paru dans la seconde, a droit à un égal éloge.

Le *Douris* avait comme sous-titre « *et les peintres de vases grecs* », et c'est qu'en effet, autour de Douris, dont la personnalité, auprès du grand public au moins à qui est destinée la collection, aurait pu paraître un peu mince, M. Pottier avait su grouper les notions essentielles sur les peintres de vases attiques ses contemporains. Le sous-titre du *Phidias* de M. L. est dû à un autre motif. Phidias à coup sûr était de taille à remplir le volume. Mais il convenait, paraît-il, que toute l'histoire de l'art grec fût répartie en trois tranches, dont les deux suivantes seront, d'une part Praxitèle et Scopas, de l'autre Lysippe et l'art hellénistique. La première devait donc comprendre, avec Phidias, *la sculpture grecque au Ve Siècle*.

Il y avait là une difficulté à surmonter, qui est devenue un élément de succès de plus.

Le premier chapitre sur « l'état de la sculpture au commencement du ve siècle » met en parallèle les deux « ordres » de sculpture que M. L. compare finement à l'architecture dorique et à l'architecture ionique : la sculpture, sinon d'école, — puisque, pour certains archéologues, la part de l'art proprement dorien se réduisait à fort peu de chose, — au moins d'esprit dorien, et la sculpture d'esprit ionien, dont « la juste et harmonieuse fusion seule devait permettre à l'art de mûrir ses plus beaux fruits d'or ». Un deuxième chapitre, consacré à « la statuaire au v⁰ siècle avant la primauté de Phidias » nous montre la persistance de ce double courant: M. L. en outre, traite rapidement de Polyclète, de Pythagoras et de Myron, de Polyclète et de Myron surtout, auteurs du « Doryphore » surnommé le « Canon » et du « Discobole » dont il caractérise les tendances opposées : « ainsi un nom abstrait, impliquant recherche d'une beauté idéale et heureux succès de cette recherche, désignait dans l'antiquité le chef-d'œuvre de Polyclète; un nom concret, évoquant une certaine action énergique, désigne la plus notable statue que nous ayons de Myron. »

« La sculpture décorative au v⁰ siècle avant le Parthénon », enfin, forme la matière du chapitre III, presque entièrement consacré aux frontons du temple d'Egine et aux frontons et métopes du temple de Zeus à Olympie, fronton est d'un calme majestueux, fronton ouest plein de tumulte et de violence, et pourtant l'un et l'autre reconnaissables à bien des traits communs comme l'œuvre d'un seul et même maître inconnu.

Vient alors Phidias, étudié en trois chapitres. « Triomphe de l'art athénien après 450, le rôle de Périclès, — statues d'Athéna et de Zeus, — les sculptures du Parthénon. » Sur les sculptures du Parthénon, en particulier, où il semblerait presque qu'il n'y eût plus rien à dire, M. L. a écrit des pages qui sont des meilleures de son livre. Ici, par exemple, pour réhabiliter les métopes, qu'il trouve parfois trop sévèrement jugées et qui pourtant, je crois, ne le seraient peut-être pas, n'étaient les très sages raisons qu'il donne de ne les apprécier qu'en fonction de leur rôle architectural, il insiste sur cette idée qu' « il faut considérer que des métopes, même sculptées, ne cessent pas d'être des pièces d'architecture et qu'elles prennent de cet office un caractère que n'ont pas les autres sculptures. » S'agit-il des frontons, il ne s'attarde pas à discuter les dénominations variées accolées aux différentes figures : son interprétation est plus vivante et plus haute, comme devant ce fronton oriental, où il se prend à songer que, des deux chars d'Hélios et de Séléné, « l'un accomplissant sa carrière au dessus, tandis que l'autre la continue au dessous, l'endroit où s'enfonce Séléné nous marque d'avance le point où disparaîtra à son tour Hélios, après la révolution diurne pour laquelle nous le voyons s'élancer : alors, à ces pensées, comme la scène s'élargit ! comme grandit ce fronton de moins de trente mètres, qui contient tout l'Olympe, peuplé de dieux, et à ses extrémités, en bordure de l'Olympe, l'Océan, et sur la divine assemblée, la courbe lumineuse du ciel entier, de l'horizon du matin à l'horizon du soir ! » L'esprit de cette décoration inégale du Parthénon, voilà ce qu'il importe avant tout de faire revivre, et n'est-ce pas vraiment donner de la procession des Panathénées encore une appréciation meilleure que bien des longs commentaires que d'évoquer le promeneur de l'Athènes antique, qui « passant près du Parthénon, de quelque côté que ce fût, apercevait entre les colonnes, comme un pan de ciel entre des arbres, un des traits, tantôt l'un, tantôt l'autre du rayonnant tableau de la cité.

L'influence de l'art de Phidias fut telle que Polyclète lui-même en fut pénétré : au « Doryphore » succède le « Diadoumène » d'une pensée un peu différente, et c'est le Polyclète « seconde manière » qu'imitent généralement et continuent ses nombreux élèves ; la sculpture attique du ve siècle réagit jusque sur l'école d'Argos. M. L. insiste justement sur ce trait dans son chapitre VII, consacré à « la statuaire après Phidias jusqu'à la fin du ve siècle. » Un huitième chapitre sur « la sculpture décorative après le Parthénon » et quelques pages d'éloquente conclusion terminent le volume.

Il faut enfin signaler, pour dire toute l'utilité dont le livre sera, non seulement les 27 gravures qui l'illustrent, mais les appendices qui le complètent : un tableau chronologique parallèle des faits d'histoire et des œuvres d'art, une bibliographie, non pas complète mais donnant pour chaque point le principal, une note détaillée sur les sculptures décoratives et un index alphabétique général.

Etienne MICHON.

---

45. — **Essai sur l'évolution intellectuelle de l'Italie de 1815 à 1830,** par Julien LUCHAIRE. — Paris, Hachette, 1906, in-8 de 339 p. (Prix : 7 fr. 50).

Cet ouvrage, qui a valu à l'auteur, avec grand succès, le doctorat-ès-lettres, n'est pas, nous dit-on, une histoire littéraire : on n'a voulu que donner des indications sur les « origines intellectuelles de l'Italie contemporaine », faire connaître l'esprit public ; c'est véritablement, selon l'expression de M. Gebhart, un essai de psychologie politique. Le plan, très original, expose d'abord les conditions de la vie intellectuelle en Toscane et les influences qu'elle subit, puis montre les grandes tendances du génie italien à cette époque, nationalisme, libéralisme, moralisme, pessimisme, ne présentant, pour chacune, « les individus qu'à titre d'exemples » ; enfin un chapitre sur « les approches de 1830 », qui, montrant, par quelques pages sur Mazzini, l'ère différente qui commence, justifie le choix de cette date terminale

L'étude sur la Toscane, avec un retour jusqu'à « l'âge d'or » de Léopold Ier, intéresse l'histoire politique comme l'histoire littéraire ; l'auteur s'est livré à une enquête consciencieuse sur les livres publiés ou introduits en Toscane, dépouillant le fatras littéraire d'où n'émergent que bien peu d'œuvres, trouvant des indications utiles jusque dans les actes de l'Académie des Géorgophiles, foyer peu incendiaire de libéralisme. — Au point de vue du plan de l'ouvrage, on peut, d'après le caractère général du titre, être surpris de la limitation de cet exposé à la seule Toscane. L'avant-propos montre la difficulté, que l'on conçoit, de recommencer cette étude pour tous les autres Etats d'Italie et, si l'auteur a choisi celui-ci, ce n'est pas que le mouvement intellectuel y fût plus actif, tant s'en faut, « mais la Toscane est malgré tout la Toscane ». Cependant la Toscane ne s'imposait pas par une primauté dans la période précédente : les trois grands écrivains, dont l'influence, bonne ou mauvaise, sur la génération suivante, est finement appréciée, Monti, Foscolo, Alfieri, ne sont pas des Toscans. Il ne paraît pas davantage que, dans la période étudiée, elle puisse aspirer à la première place : c'est Naples, avec Murat, qui lance le premier appel à l'indépendance et l'unité italiennes et se pose en champion du « nationalisme ». Le principal représentant du « libéralisme » est le Napolitain Colletta, celui du « moralisme » le Milanais Manzoni, et celui du « pessimisme », Leopardi, est de la Marche d'Ancône. La remarque n'est, à vrai dire, qu'un regret : ne pouvant exposer la situation intellectuelle de tous les Etats d'Italie sous peine de rester superficiel, l'auteur a choisi celui qu'il connaît à merveille et, d'ailleurs, il montre que la plupart des chefs du mouvement littéraire ont du moins séjourné en Toscane subissant en partie l'influence du milieu, et que des Toscans ont été leurs amis, leurs conseillers, même, comme pour l'historien Colletta, leurs collaborateurs. — Dans la répartition de la matière de ces premiers chapitres, on souhaiterait peut-être plus de rigueur : le chapitre au titre un peu matériel d' « importation et production intellectuelles » pourrait rentrer en partie dans celui des influences. — De cette étude complexe, l'auteur a remarquablement analysé les éléments ; il apprécie brièvement mais avec finesse les écrivains de la génération précédente dont l'ascendant fut le plus fort, Alfieri, passionné mais très vague dans ses doctrines politiques, Foscolo, plus moderne et plus démocrate, l'influence « stérilisatrice » de Monti ; il dégage nettement les actions multiples et souvent contradictoires, définit notamment, malgré la difficulté à les distinguer, le classicisme et le romantisme italiens.

Les mêmes qualités d'analyse et d'exposition, servies par une connaissance très complète des grands écrivains du *Risorgimento* dans sa période d'élaboration, distinguent les chapitres successifs sur les grandes directions intellectuelles. Nous avons déjà indiqué les principaux écrivains choisis pour les représenter. N'apparaissant, on l'a vu, qu'à titre d'exemples, on ne peut s'étonner de la dispersion parfois d'éléments les concernant ; on l'a critiquée au sujet de Léopardi dont on ne chercherait peut-être pas au chapitre « nationalisme » la biographie ; Niccolini se trouve dans le même chapitre pour sa tragédie de Jean de Procida, et, dans le « libéralisme » pour sa tragédie de Foscarini. Ce sont de légers inconvénients, auxquels remédie le sommaire très détaillé placé en tête du livre. — Sans pouvoir résumer les fortes et ingénieuses remarques de l'auteur sur les divers écrivains qu'il examine, notons son jugement très sympathique sur cette puissante et originale figure qu'est Colletta, qui, tant critiqué, tant calomnié, paraît avoir, dans les conditions déplorables où il était pour écrire l'histoire, gardé une probité et une équité vraiment méritoires. En revanche n'est-ce pas rabaisser Manzoni, les *Fiancés* de Manzoni, que l'on regarde justement comme un chef-d'œuvre du roman historique, que d'y voir essentiellement une œuvre de propagande morale, au sujet un peu naïf ?

Qu'il nous soit permis, en vue d'une seconde édition, de signaler, en terminant, quelques légers lapsus. Le Pepe avec qui Lamartine eut un duel n'est pas Guillaume, ni Frédéric, ainsi que corrige l'erratum, mais Gabriel. L'histoire de Colletta ne s'appelle pas « histoire civile » et sa date terminale est 1825 ; il eût été bon peut-être de noter qu'elle ne fut publié qu'après 1830. Nous ne pensons pas que le vers de Vigny cité page 303 ait en réalité treize pieds. Brünn est en Moravie, non en Bohême. Quelques fautes typographiques, non relevés dans l'erratum, notamment p. 163 et 198 (mots à supprimer), p. 166 (Termopyles), p. 185 (pluriel pour singulier) ; qu'elles nous aient arrêté est la preuve du soin, nullement méritoire, avec lequel nous avons lu un ouvrage dont la forme très distinguée fera apprécier d'autant plus le fond très solide, et qui mérite, par sa connaissance de l'Italie moderne et sa sympathie pour elle, un accueil également favorable dans ce pays.

Jacques RAMBAUD.

46. — **La Vertu, Conférences et Retraites**. Carême de 1906, par le chanoine E. JANVIER. — Paris, Lethielleux, 1906, in-8.

M. le chanoine E. Janvier poursuit, dans la chaire de Notre-Dame l'œuvre laborieuse et méritoire des années précédentes ; il la poursuit dans l'esprit qui l'a inspirée. Ses conférences sur la vertu et sur les diverses catégories de vertus : vertus intellectuelles, vertus morales, vertus divines, exposent la pure doctrine de saint Thomas avec ampleur, avec précision, avec force. Pour l'orateur philosophe et théologien avant d'être orateur, « l'épanouissement intégral de la vertu est l'épanouissement total de la nature », la nature, quoique déchue, n'est donc pas, tant s'en faut, entièrement pervertie ; et un certain pessimisme, héritier peut-être inconscient de Baïus et de Jansénius, essaierait en vain d'édifier sa branlante apologétique sur les sombres fantaisies de Schopenhauer. Et comme la nature est demeurée bonne dans ses éléments constitutifs, elle est restée capable de saisir le vrai ; elle affirme les premiers principes de la raison avec une infaillible assurance. Ces premiers principes et leurs conséquences légitimes fournissent à la foi chrétienne ses *fondements intellectuels* (c'est le mot de l'abbé de Broglie) ; d'autres fondements, qu'on prétendrait leur substituer, seraient essentiellement ruineux. Le surnaturel se superpose ainsi à la nature ; il la corrige, il la complète par une pure faveur de Dieu, et non en ce sens que la nature ait aucun droit à ce don qui la dépasse ; *datur indigenti, non exigenti*, a dit Thomassin. Tout cela, la conférence l'enseigne dans un langage auquel ne manquent ni les vifs mouvements, ni les images saisissantes. Des instructions de retraite, dont la vertu est aussi l'objet parachèvent les conférences dominicales.

Ajoutons que M. Janvier ne connaît pas seulement l'école d'où il sort et les théologiens qui l'ont illustrée ; il a fréquenté ailleurs, dans sa bibliographie très riche et très variée, à côté des noms anciens, on rencontre des noms modernes et très modernes.

A. Largent.

CHRONIQUE

4. — **La commanderie d'Aigrefeuille en Bresse**, par Gabriel Jeanton. — Bourg, 1906, in-8 de 64 p.

Cet établissement religieux, fondé apparemment au milieu du XIIIe siècle, était presque totalement oublié. Au début du XVIIe siècle, la commanderie fut abandonnée et échut à un médecin protestant, François Passin; qui démolit la chapelle ; mais il fut condamné à restituer la commanderie à Balthazar de Lemps (1646). Celui-ci mourut en 1652, après avoir été soigné dans sa dernière maladie par François Passin, qui fit saisir les bestiaux pour se payer de ses honoraires ! Désormais aucun commandeur ne résida à Aigrefeuille. Au début du XVIIIe siècle, l'Hôtel-Dieu de Tournus fut réuni à le Commanderie. Le travail de M. Jeanton est plein d'intérêt pour la géographie historique et les noms de famille de la Bresse.

Paul Deslandres.

5. — **Le livre de l'Épouse**, par Paul Combes, (Avignon, Aubanel frères, 1907, in-8 de 200 p. (Prix : 3 fr.) est un bon et utile ouvrage. L'auteur qui nous avait déjà donné une preuve de son talent dans *Le Problème du Bonheur*, — problème qu'il a fait descendre des hautes régions de la métaphysique pour le résoudre *dans la réalité* —, s'adresse cette fois particulièrement aux épouses. Il leur parle de ce qu'elles éprouvent, des pensées

qui leur viennent chaque jour à l'esprit, des sentiments qui les animent et dans lesquels elles ne voient pas toujours bien clair, et il leur montre comment il faut orienter tout cela *pour en faire du bonheur,* du bonheur pour leurs maris, du bonheur pour elles-mêmes.

Ce livre sera utile aussi aux jeunes filles qui songent au mariage. Il leur servira à comprendre d'avance en réalité ce qu'est le mari, ce que doit-être la vie conjugale. En résumé cette étude a le mérite de ne ressembler à rien de ce qui a été écrit jusqu'à ce jour sur les femmes et pour les femmes, de nous parler de la *vie réelle,* au lieu de ne considérer, comme le font trop souvent les psychologues, qu'un milieu factice et des épouses de fantaisie.

ACADEMIE DES INSCRIPTIONS ET BELLES-LETTRES

Séance du 22 février.

M. Théodore Reinach met sous les yeux de l'Académie une flûte de Pan datant de dix-sept ou dix-huit cents ans et trouvée dans les fouilles d'Alise Sainte-Reine. Il décrit cet instrument, qui est le seul spécimen connu de l'espèce et en montre le haut intérêt archéologique et musical.

L'instrument est si bien conservé qu'il peut encore servir ; pour le prouver, M. Reinach a emmené avec lui un flûtiste, M. Chabrier, qui exprime quelques sons constituant une gamme assez discordante. N'était la gravité du lieu et l'âge vénérable de cette flûte, on serait tenté de songer à certaine scène et à certain flûtiste que dans *Numa Roumestan,* Daudet a rendu immortel.

M. Perrot, secrétaire perpétuel, donne lecture d'un Mémoire de M. Gauckler signalant la découverte d'une statue de Niobide, à Rome, dans la villa Spithoever, sur l'emplacement des Thermes de Salluste.

M. d'Arbois de Jubainville lit un Mémoire sur le demi-dieu Cuchulainn le grand héros de la plus vieille épopée irlandaise; il explique les transformations qu'on lui supposait, sa taille devenant gigantesque et son œil unique devenant aussi vaste qu'un chaudron où on aurait pu faire cuire une génisse. Toutefois, cet étonnant personnage avait un grand succès auprès des femmes, et plusieurs d'entre elles devenaient borgnes comme lui.

M. Héron de Villefosse communique une étude du P. Delattre sur l'*areu* chrétienne de la basilique de Meidfa à Carthage.

M. Cagnat présente deux importantes études de M. J.-B. Mispoulet, professeur à l'Ecole des Hautes études. La première est un commentaire détaillé de l'inscription d'Aïn-el-Djemala (Tunisie) sur les grands domaines impériaux d'Afrique ; la seconde a trait à l'inscription d'Abjustrel (Portugal), relative au régime minier à l'époque d'Hadrien (117 à 138). Grâce à ce texte, on connaît maintenant les conditions d'exploitation des mines sous l'empire romain. Le concessionnaire avait un droit de propriété distinct de la propriété du sol — fait contesté jusqu'ici. Ces conditions se maintinrent durant tout le moyen-âge et s'appliquent à tout le territoire de l'empire.

Séance du 1ᵉʳ mars.

La séance est consacrée tout entière à l'examen en comité secret des titres des candidats au siège d'associé étranger laissé vacant par la mort de M. Ascoli.

Séance du 8 mars.

En comité secret, l'Académie procède à l'élection d'un membre associé étranger en remplacement de M. Ascoli, décédé.

M. Kern, professeur honoraire à l'Université de Leyde, en résidence à Utrecht, est élu. M. Kern est correspondant de l'Académie depuis 1890 ; il s'est signalé dans le monde savant par ses travaux sur l'indianisme.

M. Louis Havet établit par les vers de Plaute et la prose métrique de Cicéron que la seconde syllabe est brève dans *peculatus* et longue dans *peculium*.

Il passe ensuite à l'examen du mot *novicius* « nouveau venu » qu'il fait venir de *novus* et de *vicus*, ce dernier mot ayant signifié, à l'origine de la langue, maison dans le sens de maison patriarcale, comme en grec le mot *oikos*.

Enfin, M. Havet montre que Plaute évite en principe la terminaison *ere* devant une consonne à la troisième personne du pluriel. Quelquefois il l'emploie pour des raisons de métrique. Dans un vers d'*Epidique*, il s'en sert pour parodier une formule juridique. Dans un vers du *Carthaginois* il semble qu'il l'ait choisie pour donner à son capitaine fanfaron un ton de tragédie.

Sur le rapport de M. Chavannes, la commission du prix Stanislas Julien décide de décerner le prix, de la valeur de 1.500 fr. à MM. Aymonier et Cabaton pour leur *Dictionnaire cam-français*, mais en prélevant sur le montant de ce prix une somme de 500 fr. qui sera attribuée à titre de récompense à M. le commandant Lunet de Lajonquière pour son ouvrage intitulé : *Ethnographie du Tonkin septentrional*.

M. EDMOND POLLIER commence la lecture d'un Mémoire sur des vases de style mycénien trouvés en Crète et à Chypre, et acquis par le musée du Louvre. Il s'applique à en interpréter l'ornementation et les idées religieuses qui s'y rattachent en prenant pour base des découvertes récentes dans le même sens, en Susiane et en Chaldée, notamment.

SOCIÉTÉ NATIONALE DES ANTIQUAIRES DE FRANCE

Séance du 6 février. — M. A. Blanchet, membre résidant, signale des objets découverts dans différentes fouilles, notamment dans l'Ain, et qui peuvent être des pitons. — M. P. Lauer, associé, correspondant national étudie l'origine et la signification du nimbe carré. — M. Héron de Villefosse, membre honoraire, signale une lampe en terre cuite avec l'image d'un chien hurlant à la lune et l'inscription **APTEMIC**.

Séance du 13 février. — M. M. Prou. m. r. entretient la Société d'un tiers de sou mérovingien à la légende AMBEGANES. — M. P. Monceaux, m. r. interprète un fragment d'inscription métrique d'époque vandale récemment découvert à Tunis. — M. C. Chabrun, a. c. n. communique divers objets antiques trouvés dans la Mayenne. — M. F. de Villenoisy, a. c. n. signale une miniature où se voit une mariée coiffée d'une couronne d'orfèvrerie.

Séance du 20 février. — M. le comte A. de Loisne, m. r. signale la découverte d'un cimetière du IVe siècle à Hernes (Pas-de-Calais). — M. H. Clouot a. c. n. communique un fragment du carrelage de la chapelle du château d'Oiron, très différent des poteries faussement connues sous le nom de faïences d'Oiron. — M. H. Stein, m. r, entretient la Société de l'architecte du XIVe siècle Jean Auxtabours.

Séance du 27 février. — M. E. Rodocanachi, a. c. n. donne des détails curieux sur le siège du Château-Saint-Ange par les Impériaux en 1527. — M. E. Mâle, m. r. étudie l'influence du drame liturgique sur la sculpture du XIIe siècle. — M. A. Boinet a. c. n. signale des émaux champlevés, de l'école mosane, conservés dans l'église de Gault-la-Forêt (Marne). — M. P. Gauchery, a. c. n. étudie un manuscrit à miniatures du XVIe siècle de la Bibliothèque de la Haye, exécuté pour Jean Lallemant de Bourges. — M. Gauchery signale ensuite une écluse à sas avec vanne construite en 1510 à Vierzon, d'après un « pourctrait » fourni par « l'ingénieur de Milan ». — M. F. de Mély, m. r. présente les photographies de quelques miniatures du manuscrit du cardinal Rollin conservé à la Bibliothèque de Lyon, dont l'une porte la signature de Guyot Bernin. — M. Héron de Villefosse, m. h. communique, au nom de M. A. Merlin, a. c. n. trois inscriptions découvertes à Uci majus. — M. Ph. Lauer, a. c. n , signale deux feuillets d'un *credo* en images du XIIIe siècle.

L'Éditeur-Propriétaire-Gérant : Albert Fontemoing.

Imprimerie Générale de Châtillon-sur-Seine. — A. PICHAT.

BULLETIN CRITIQUE

47. — **Nature et société**, par le Dr S. JANKELEVITCH. Essai d'une application du point de vue finaliste aux phénomènes sociaux. — Paris, Alcan, 1906, in-16 de 188 p. (Prix : 3 fr. 50).

Cet ouvrage de philosophie prend à partie le monisme spencérien de toutes ses conséquences doctrinales.

Le fait social est un fait moral, non un phénomène naturel, et la sociologie n'est pas une branche des sciences naturelles. Celles-ci n'ont en vue de découvrir entre les phénomènes que des liens de causalité. La sociologie doit se préoccuper des fins que l'homme se propose dans l'action. La caractéristique du fait humain, du fait social, c'est précisément qu'il est produit en réaction contre l'influence des conditiont naturelles, soit qu'il les annihile dans leurs effets, soit qu'il les subjugue et les utilise, en vue d'un but arrêté.

De la lumière de cette distinction, M. J. étudie le darwinisme, théorie scientifique de la dynamique biologique, qu'il ne saurait confondre avec l'idée évolutionniste qui ne procède pas de lui, mais nous vient de l'école historique allemande du XVIIIe siècle, à travers l'hégélianisme, jusqu'à Spencer. Il n'admet pas que la vie se suffise d'une explication purement mécanique. Sans croire à une véritable « crise du darwinisme », il regarde comme constant que « l'apparition de la vie et de la conscience échappe à la conception mécanique de l'univers. » L'être vivant agit en vertu d'une fin qui est tout au moins la conservation de son être. A plus forte raison l'action humaine échappe-t-elle à l'étreinte du déterminisme naturaliste.

Notre auteur poursuit sa discussion en critiquant le collectivisme marxiste. Il y met en relief sa double donnée contradictoire : conception d'un idéal social, le plus noble, pense-t-il, qui ait paru depuis le christianisme, facteur idéologique agissant sur l'esprit et la volonté des hommes — et, d'autre part, théorie du *matérialisme historique* d'après laquelle toutes les manifestations de l'activité humaine (politique, droit, art, religion etc...) sont non seulement conditionnées, mais *déterminées* par des facteurs économiques agissant brutalement par leur propre vertu comme des forces cosmiques.

Enfin, arrivant à la morale, M. J. prend parti pour M. Rauh dans son livre sur l'*Expérience morale* contre M. Lévy-Bruhl et sa *Science des mœurs*. L'acte moralement bon n'est pas le reflet de la réalité sociale; il est l'acte jugé tel par « l'honnête homme ».

Ce livre n'est pas d'un spiritualiste et encore moins d'un chrétien. Toujours est-il qu'il combat énergiquement la conception moniste de l'Univers. Il fait surtout œuvre critique et négative. On ne s'explique guère son exclusivisme vis-à-vis d'une philosophie qui reconnaîtrait dans le monde les traits d'une finalité supérieure et générale. Les sciences naturelles en définissant des lois particulières ne préjugent rien touchant la Cause première. Et de même en s'insurgeant contre l'usage indiscret des explications finalistes dans le détail de l'histoire naturelle, elle ne prétendent pas dénier au philosophe le droit d'y découvrir des fins transcendantes.

Notre auteur sait d'ailleurs faire sa place à l'inexplicable. Qu'on en juge par les remarques suivantes : p. 70.

« L'évolution mécanique se trouve acculée au dilemne suivant : ou considérer la vie et la conscience comme des épiphénomènes, comme de simples accidents sans signification aucune, ou bien reconnaître que la vie et la conscience sont des propriétés générales de la matière et sont répandues dans tout l'Univers à des degrés variables. (Discrètement M. J. ne porte pas de jugement sur l'une ou l'autre alternative). Mais il y a une troisième hypothèse, celle qui admet, sans *l'expliquer*, une solution de continuité entre la matière brute et la matière organisée d'un côté, entre l'organisme inconscient et l'organisme conscient d'un autre côté... Il nous sera *à jamais impossible* de saisir sur le vif le passage direct de l'un de ces états à l'autre. »

On demeure surpris qu'après un tel aveu d'*ignorabimus* on se montre si entier dans son positivisme, et que l'on ose affirmer que « dans la Nature prise *dans son ensemble* il n'y a place que pour la causalité, et que vouloir y introduire une *finalité quelconque*, c'est

faire preuve d'un esprit anti-scientifique et retomber dans les errements d'autrefois. » S'il est une fissure par où puisse rentrer la Cause efficiente première; pourquoi pas aussi la Cause finale dernière.
L. de LACGER.

---

48. — **Platon**, par Clodius PIAT, agrégé de philosophie, docteur ès lettres. — Paris, Alcan, 1906, in-8 de 382 p. (Prix : 7 fr. 50).

En France ou à l'étranger, quel ami de la philosophie n'a pas entendu parler de la *Collection des grands philosophes*, due à une inspiration vraiment heureuse de M. l'abbé Prat ? Et qui ne félicitera ce dernier de s'y être réservé comme autant de pièces de choix Socrate d'abord (1900), Aristote ensuite (1903), et enfin leur trait d'union historique, Platon (1906) ? La règle d'objectivité absolue que le très distingué professeur s'est imposée et qu'il a donnée comme mot d'ordre à ses collaborateurs offre sans doute quelques inconvénients à côté de précieux avantages. Le critique se dérobant à dessein derrière l'œuvre ou la doctrine qu'il expose, ses lecteurs courent parfois le risque d'être embarrassés en présence de conceptions ou d'expressions propres à l'auteur et qu'ils aimeraient à voir expliquées et éclaircies dans un langage plus moderne. Mais aussi ils ont la certitude de n'être pas égarés par des interprétations étrangères: et l'auteur nous avertit lui-même que pour parler de Platon, non content de le lire tout entier, il a vécu dans un commerce intime et prolongé avec l'ensemble de ses dialogues.

Il en résulte que toute la partie de l'œuvre platonicienne qui est directement et immédiatement accessible à une intelligence contemporaine (les théories sur l'âme, la morale et la politique) se trouvent ici exposées de la façon la plus remarquable. Mais par d'autres côtés, « Platon tiendra toujours du Sphinx » (p. V) : il pose devant nous des énigmes difficiles à comprendre et plus difficiles encore à résoudre, et M. Piat lui-même ne me pardonnerait pas d'affirmer que partout, sans exception, il nous apporte des conclusions définitives. Je lui demande donc la permission de rester fidèle au titre même de cette Revue en laissant de côté tous les points (et ils sont nombreux) sur lesquels nous sommes pleinement d'accord, pour passer de suite à celles de ses thèses qui me paraissent discutables. Elles se rencontrent tout particulièrement dans les trois chapitres intitulés *Les idées — La nature — Dieu*.

M. Piat, je m'empresse de le dire, me paraît avoir très nettement marqué la route qui a conduit Platon aux Idées.

Les objets de l'expérience sont multiples et divers : la science vise en tout à l'unité du concept et de la définition. Les êtres que nos sens perçoivent sont changeants : il ne saurait y avoir de science de ce qui passe. « Si tout s'écoule sans cesse, la pensée elle-même fait partie du tourbillon universel » (p. 75): comment atteindre à « l'essentielle indestructibilité du savoir », s'il n'y a rien au monde que de fluides et de mobiles sensations? Enfin dans la nature tout est frappé de quelque imperfection : et cependant il faut que la perfection soit. — Autant de raisonnements que nous retrouvons chez Descartes, chez Bossuet, chez Leibniz, chez tous les métaphysiciens qui ont admis le rôle supérieur de la raison, avec cette différence peut-être qui tient de près à l'imagination de Platon, sinon au génie hellénique lui-même, à savoir qu'au lieu d'envisager les idées purement et simplement comme des catégories de l'entendement, Platon les voit, Platon les contemple, Platon les admire dans leur pleine et immuable splendeur : elles sont pour lui un spectacle, et c'est là sans doute ce qui lui a fait choisir dans la langue courante pour les désigner les deux termes εἶδος et ἰδέα. Ainsi pour les logiciens ordinaires, les idées constituent « un échafaudage de notions abstraites, appauvries et comme éteintes » : pour Platon, ce sont des réalités à la plus haute puissance. « Chacune d'elles, existant en elle-même et par elle-même, égale éternellement son propre idéal et n'en est que l'acte exhaustif » (p. 78); aussi bien la page peut-être la plus brillante des dialogues, celle en tout cas qui témoigne d'une conviction particulièrement enthousiaste, n'est-ce pas la magnifique description de la Beauté incréée dans le *Banquet*?

Jusqu'ici je partage sans hésiter l'avis de M. Piat, mais il n'en est plus de même quand il ajoute : « Il faut donc que les Idées vivent de quelque manière, et quelle peut être cette vie, puisqu'il s'agit d'intelligibles, sinon la pensée? » (p. 79). Pareil raisonnement, que je sache, le *Sophiste* tout au plus excepté, ne se rencontre nulle part chez Platon. Et sans doute le modèle sur lequel le monde a été formé (Idée d'un caractère d'ailleurs tout à fait à part, puisqu'elle ne comporte qu'une unique copie) est qualifié par l'auteur du *Timée* de τέλεον καί νοητόν ζῶον (39 E), mais nulle part il ne nous est présenté comme pensant, pas plus que l'idéal de l'artiste humain.

Considère-t-on maintenant les étapes successives du platonisme dans la pensée de son fondateur? il est certain que les Idées vont « se pythagorisant de plus en plus » : le *Philèbe* les assimile à des « proportions mathématiques », tandis que dans le *Timée* la nature, mobile et vivante image des idées, « n'est plus qu'un système de proportions musicales ». Je ne sais cependant quel accueil eût fait même Platon vieillissant à cette définition des Idées : « de l'infini éternellement et intégralement mathématisé » (p. 84). Au surplus toutes les fois qu'interviennent les propriétés des nombres, on observe que le langage du philosophe athénien devient tout aussitôt « complexe et mystérieux ».

Mais de quoi y a-t-il des Idées? Grave et difficile problème. D'après le *Phédon*, il n'est rien de si accidentel et de si éphémère qui n'ait son Idée et n'y trouve sa raison suprême. Voici que dans le *Sophiste* il est même parlé d'une Idée du « non-être » : inconcevable paradoxe que M. Piat voudrait expliquer par le point de départ tout logique de l'idéologie platonicienne. Mon impression est bien différente. A la fin de sa carrière le maître d'Aristote (sans doute sous la pression des objections de son élève) aurait fini, dit-on, par faire de ses Idées la cause exemplaire uniquement de ce qu'il y a de constant dans la nature, et il faut reconnaître avec M. Piat que nous touchons ici de très près à la notion de *loi* telle que l'entendent les modernes (p. 87). Amenée à ce point « la philosophie des Idées est une sorte d'atomisme », lequel semble bien appeler comme correctif un certain mélange, une κοινωνία τῶν γενῶν, telle qu'elle est enseignée dans le *Sophiste*. Mais comment concilier ce point de vue avec ce qu'on lit partout ailleurs chez Platon sur l'incommunicabilité des Idées?[1] D'ailleurs l'être logique n'est et ne peut être que le *summum* de l'abstraction ; cependant, si nous en croyons M. Piat, « ce cinquième et suprême genre n'apparaît pas seulement à l'esprit comme le point culminant du monde intelligi-

---

1. Cf. *Revue de philosophie*, mars 1904.

ble. C'est plus que le sommet d'une pyramide : il est partout, il est en tout, il emplit tout de son immensité, à la manière d'un Océan » (p. 94). C'est là, sauf erreur, du néoplatonisme cinq siècles avant Plotin. N'est-il pas préférable de s'en rapporter à cette page si connue de la *République* où le Bien, défini « la partie la plus belle et la plus brillante de l'être », nous est présenté comme le type par excellence de la science et de la vérité, comme la raison d'être des intelligibles ?

Voici un autre point, non moins important, où j'ai le regret de me séparer complètement de M. Piat. « D'après les dialogues de la période moyenne — écrit-il (p. 98) — il existe une science éternelle, immuable, absolue » (plus exactement, à ce qu'il me semble, une science de l'éternel, de l'immuable et de l'absolu), et il ajoute tout aussitôt : « Il existe une pensée qui est elle-même une idée,... pénètre les autres idées, en enveloppe à la fois les profondeurs et les contours, pensée éternellement intérieure à tout ce qui se comprend ».

Un peu étonné, je consulte les textes justificatifs et je rencontre notamment le passage célèbre du *Phèdre* où se trouve décrite l'existence supra-céleste « de l'essence sans couleur, sans forme et impalpable, visible soit par la pensée divine qui se nourrit d'intelligence et de science sans mélange, soit par toute âme avide de l'élément qui lui convient ». J'avoue n'apercevoir en aucune façon comment il est possible d'en déduire « qu'une pensée éternelle et parfaite (serait-ce la pensée divine ?) est immanente aux idées, comme la notion logique à son objet immédiat interne » (p. 98, note). Peut-être est-ce faute de bien comprendre ce langage que je n'en sais pas découvrir la justesse. Mais dans l'alinéa suivant M. Piat parle en toutes lettres de la pensée « qui s'exerce en chacun de nous » et qu'il déclare non moins « immanente aux Idées » que la première. En les apercevant, elle ne fait « que réaliser sa propre nature ». Que notre âme ait une étroite parenté avec les intelligibles, c'est ce que Platon ne se lasse pas de répéter ; ainsi le voulait ce principe à peu près universellement admis dans l'antiquité ; Τὸ ὅμοιον τῷ ὁμοίῳ γιγνώσκεται. Mais il ne me paraît pas que Platon ait jamais enseigné que l'âme humaine « forme avec les intelligibles une seule chose à deux aspects divers » (p. 99). Ici encore, c'est vrai, différents textes sont invoqués en note : mais celui-là même qui est allégué comme le plus précis et le plus décisif, j'entends *Phédon* 76 D-77 A, lorsqu'on le lit sans parti pris, a une tout autre signification, et veut dire simplement que du fait de la réminiscence on doit conclure qu'avant la naissance terrestre de chacun de nous notre âme existait en même temps que les essences qu'il lui fut donné de contempler. Rejette-t-on cette interprétation? autant dire que le mythe du *Phédon*, désormais sans raison d'être, obscurcit totalement la thèse même qu'il était destiné à éclaircir.

Une autre affirmation paraîtra presque aussi singulière, celle de la parfaite intelligibilité de l'Idée pour l'entendement humain. « Il n'y a rien dans la Bonté ou dans la Beauté qui soit décidément réfractaire à notre esprit... Les Idées sont essentiellement pensables : elles le sont dans chacun de leurs éléments et jusqu'au fond. Et d'autre part nous pouvons toujours les penser, puisque nous les portons au dedans de nous-mêmes » (p. 109).

Ce point de vue est-il compatible avec l'embarras hautement avoué que Platon éprouve à définir les plus importantes d'entre elles (χαλεπὰ τὰ καλά, aime-t-il notamment à redire), avec l'intervalle qu'en tant d'endroits il établit entre la science humaine et la science divine (p. ex, *Timée* 53 D), avec le passage de la *République* (V, 476 B) où il gémit sur le petit nombre de ceux qui sont capables de s'élever jusqu'au Bien et de le saisir dans son essence, enfin avec ces lignes remarquables du *Phèdre* : « Les âmes les plus heureuses, les plus voisines des dieux peuvent à peine entrevoir les essences : la plupart en ignorent un grand nombre, d'autres s'imposent des efforts impuissants pour atteindre à ces régions supérieures » ?

Mais où j'applaudis sans réserves M. Piat, c'est lorsqu'à l'exemple de M. Brochard il soutient énergiquement (contre M. Lutoslawski et ses partisans) que le conceptualisme prétendu des dernières années de Platon est « le roman du platonisme ». « On n'a pas le droit, ajoute-t-il très justement, de penser qu'un philosophe cesse de croire à ce qu'il a dit, par le fait qu'il cesse de le dire. Pour mettre un auteur en contradiction avec lui-même, il faut quelque chose de plus que le silence : il faut des paroles » (p. 107). Et cette déclaration se complète de la façon la plus heureuse par la suivante : « Le dernier mot de la philosophie de Platon, c'est le moralisme. Il a magnifiquement étendu et approfondi la pensée de son maître : il l'a fait remonter au ciel, et même au-delà. Il n'en est point sorti » (p 96).

Au dessous des Idées, il y a la nature qui ne se laisse pas réduire en formules dialectiques : nous entrons dans le domaine de l'opinion et de la conjecture. Deux vérités dominent ici toute la discussion. D'une part l'univers doit avoir sa cause efficiente, et de l'autre « le bien, qui préside à la constitution de ce qui est toujours et n'a pas de naissance est aussi la raison ultime et la loi de ce qui devient toujours et n'est jamais » (p. 119). La matière, pourvue d'une âme ou principe vivant qui abandonné à sa rudesse originelle, lui imprime une agitation désordonnée, voilà le premier élément des choses, avec cette double réserve assez inattendue que « le mouvement dont il se revêt n'existe pas, faute d'être déterminé », et que « la matière elle-même n'est de son chef qu'un être de raison » (p. 125).

Mais voici apparaître le Démiurge, personnification de la finalité intelligente et providentielle : de lui le monde recevra une âme nouvelle destinée à assurer la régularité et la perpétuité de ses mouvements. Tout cet épisode du *Timée* est hérissé de difficultés, et ce n'est pas un mince mérite pour M. Piat d'avoir réussi à jeter quelque lumière de plus que ses devanciers sur les deux moments, le premier de synthèse, le second d'analyse, qui se succèdent dans cette énigmatique création. Au surplus si l'on se plaint de l'obscurité çà et là malgré tout subsistante, qu'on veuille bien se figurer que Platon lui-même, mis ici personnellement en cause par un de ses contemporains, se serait contenté de répondre par un sourire discret.

La transcendance des Idées (p. 114) à l'égard du monde sensible est tenue à bon droit pour un corollaire de leur définition : mais c'est à tort qu'à la page suivante elle est assimilée à ce que Teichmüller appelait leur « parousie » dans les choses. Elles sont hors de la nature, et néanmoins il existe une certaine participation de la nature aux Idées. Que peut-elle être? Celle de la copie à son modèle : le monde mobile est fait à l'image du monde immobile Bien plus, pour Platon comme pour Aristote, la nature organisée par le Démiurge « tend sans relâche à réaliser elle-même la perfection de l'intelligible » (p. 114 : à ce propos faisons remarquer que dans le texte du *Banquet* cité ici, les mots ἡ θνητὴ φύσις visent spécialement la partie mortelle de l'être humain) ; c'est « une lyre vivante qui joue un hymne éternel à la splendeur de l'être » (p. 131). Son existence même est en rapport étroit avec « l'idée du bien », ou (ce qui à mon sens serait plus exact) avec la bonté du démiurge. « La loi du meilleur — lisons-nous p. 115 — demande qu'au-dessous de la partie de l'être qui est achevée, il y en ait une autre où il se fragmente et se dégrade, afin que le bonheur, qui est la fin suprême de toute chose, se multiplie le plus possible ». Il me semble que Platon aurait quelque peine à retrouver ici sinon sa pensée, du moins ses expressions.

J'approuve M. Piat de rejeter l'interprétation moniste d'après laquelle « les idées s'unissent, se mélangent, se croisent d'une infinité de manières, et ce sont ces croisements qui constituent la nature, le monde n'étant que de la logique en mouvement » : j'accorde même, si l'on veut, que selon le point de vue où l'on se place, on peut tour à tour soutenir que le fini est *séparé* de l'infini, et *immanent* à l'infini (p. 131) : mais affirmer que « le fini procède de l'infini, comme d'une source éternelle » (p. 132), est-ce parler en platonicien? Quant aux triangles dont sont formés les êtres matériels, ce sont, suivant M. Piat, « des moules de nature intelligible », ce qui ne veut pas dire « de simples abstractions géométriques ». La matière ne fait que « rendre accessible aux sens l'invisible dessin de la figure qui lui sert de limite » (note 2, p. 143).

Le monde est unique (du moins c'est l'opinion que l'auteur du *Timée* juge la plus vraisemblable) : la somme de la vie et du mouvement y demeure constante. Il est sphérique, parce que cette forme est supérieure à toutes les autres : placé au centre du système, notre globe, séjour de l'homme, a été entouré intentionnellement comme d'un diadème de lumière. Faut-il aller plus loin et affirmer que ce temple de la beauté est éternel et qu'il a toujours existé (p. 143), parce qu' « entre l'origine du devenir chaotique et celle du devenir bien ordonné il ne s'écoule pas de temps véritable : il n'y a qu'un instant logique » (p. 144)? A mon avis c'est se mettre sans raison suffisante en contradiction formelle avec les déclarations explicites du *Timée*. Que ce dialogue ait des parties mythiques, on peut le concéder : mais encore un coup, le mythe a pour rôle de symboliser la conception du philosophe, jamais de la contredire ouvertement.

Et pour montrer avec quel succès M. Piat sait à l'occasion rivaliser avec son modèle en donnant à son style la séduction de la poésie, il me suffira de transcrire les dernières lignes de ce chapitre malgré tout si remarquable : « La Physique de Platon est son œuvre au sens plein du mot. Et comme il lui a fallu s'emplir les yeux de la lumière divine de l'Attique, du bleu de son ciel et de ses mers ! avec quel regard d'artiste il a dû contempler la blancheur virginale de ses marbres et la magie des couleurs qu'y produisent les rayons du soleil pour arriver à cette conception apollinienne de la nature qui fait de notre monde un spectacle de bienheureux ! » (p. 153).

Mais les principes qui précèdent ne suffisent pas à Platon : il en invoque un autre « qui occupe dans sa pensée une place prépondérante » (p. 154) et représente « l'âme de sa philosophie ». Ce principe, c'est Dieu. Il est à remarquer en effet qu'avec les années le rôle de la divinité ne fait que grandir dans les écrits platoniciens, tandis que celui des idées, qui dominent tout dans la *République,* est allé en diminuant (p. 287, note).

« S'il fallait prendre le *Timée* à la lettre, Dieu serait extérieur au monde, et peut-être aux intelligibles eux-mêmes ». Mais le *Timée* est mythique, et ne nous livre pas la véritable pensée de Platon. « L'unité, voilà le but par excellence du philosophe : ou cette unité n'existe plus, elle se trouve entièrement détruite si Dieu est transcendant ». Qu'est-il donc ? « La partie achevée de l'âme mondiale », immanente de quelque manière aux âmes individuelles. (p. 167). Ce n'est pas ici le lieu de discuter cette thèse moniste et panthéiste que pour ma part je ne saurais croire exacte [1]. Il n'est pas facile assurément de la concilier avec les affirmations et les démonstrations réitérées de Platon touchant la Providence : il est plus difficile encore de la maintenir en face de cette déclaration expresse du *Philèbe* : « Ce sont deux choses, et non pas la même, que la cause et ce qui résulte de l'action de la cause dans son passage à l'existence ». Et je cherche vainement des textes pré-

---

[1] Cf. *Revue de l'Institut catholique de Paris,* mai-juin 1906.

cis faisant de Dieu « un être inférieur et dérivé... tenant d'un principe supérieur et son existence et ses attributs et la règle éternelle de ses actions » (p. 173).

Le considère-t-on maintenant dans son rapport avec les Idées ? Je reconnais que le problème est des plus obscurs. Selon M. Piat, « en tant que pensée, Dieu procède du bien parallèlement aux idées » (p. 172), sans se confondre, comme tant d'interprètes l'ont soutenu, avec l'idée même du bien. Et de fait, cette dernière explication non seulement est absente du VIe livre de la *République*, mais elle n'y paraît nulle part sous-entendue. Il y a beaucoup de profondeur et peut-être quelque subtilité dans la façon dont M. Piat établit que « le mal a sa racine dans le bien » (p. 177), ce dernier « présidant à toutes les déterminations de l'être, comme la première et la plus élevée des causes efficientes » (p. 184).

Dans les matières auxquelles sont consacrés les trois derniers chapitres *L'âme humaine*, — *Le bien moral*, — *La cité*, — l'interprète de la doctrine platonicienne ne se heurte plus à des controverses aussi épineuses, et le talent philosophique si brillant de M. Piat, son intelligence affinée des sociétés antiques s'y révèle avec un incontestable succès. Impossible de souhaiter et de concevoir un résumé plus exact, plus complet et dont toutes les parties soient mieux enchaînées. Une dernière citation empruntée à la page initiale de la *Conclusion* aura, je l'espère, les suffrages de tous mes lecteurs :

« Platon est peut-être la plus haute et la plus complète personnification du peuple grec ; il représente au suprême degré sa foi profonde en l'hégémonie de la raison, la conception apollinienne qu'il s'est faite de la vie, la finesse de son goût artistique et la puissance créatrice de son imagination... Après Socrate et sous son influence excitatrice, Platon invente une théorie du monde qui s'élève d'un coup jusqu'au principe suprême des choses et qui, des âmes où elle trouve son point de départ, s'étend à toutes les formes du savoir, élargissant les horizons, multipliant les analogies et communiquant sa lumière aux plus infimes détails. Le concept de substance, la philosophie de la nature, la religion, la morale, la politique et l'esthétique, tout se transforme et s'éclaire au contact de son idéologie, avec une puissance qui ne sera pas dépassée ».

C. HUIT.

49. — **Entwerung und Eigentum im deutschen Fahrnisrecht.** Ein Beitrag zur Geschichte des deutschen Privatrechts und des Judenrechts im Mittelalter, von Hubert Meyer, Dr jur. — Iéna, Gust.-Fischer, 1902, in-8 de xvii-314 pp.

Ce volume contient une série d'études, qui toutes concernent l'histoire des moyens du droit donnés au propriétaire ou au possesseur d'un meuble, lorsque la saisine lui en a été enlevée contrairement à sa volonté, c'est-à-dire en cas de vol ou dans des hypothèses apparentées au vol.

I. — Le droit romain ne réservait pas seulement aux immeubles sa conception d'un droit de propriété absolument distinct du fait de la possession : il l'appliquait sans hésitation aux objets mobiliers. Au service de ce droit il mettait l'action en revendication, que le propriétaire d'un meuble intentait avec succès contre tout détenteur qui, sans juste motif, se refusait à lui restituer sa chose. L'action était donnée dans tous les cas, non seulement contre le voleur ou son ayant-cause, mais contre le tiers qui avait acquis la chose par le fait, souvent illicite, de celui à qui le propriétaire en avait confié la détention, par exemple contre le tiers auquel un dépositaire infidèle avait vendu l'objet confié à ses soins. Au surplus, en cas de vol, le propriétaire était protégé d'une manière efficace contre la prescription acquisitive qu'aurait pu invoquer un tiers : on sait, en effet, que la chose volée était imprescriptible.

Il en allait autrement d'après les principes de l'ancien droit germanique. D'après l'opinion généralement reçue, ce droit ne connaissait, en matière de meubles, aucune action en revendication. Il protégeait seulement la situation, assez analogue à la possession romaine, qui est connue sous le nom de saisine et encore il ne la protégeait pas dans tous les cas. Saisi d'un meuble, je vous l'ai remis à titre de prêt ou de dépôt ; vous avez trompé ma confiance et l'avez vendu à un tiers. Je ne saurais pour aucun motif inquiéter ce tiers ; c'est vous seul que je puis poursuivre en dommages intérêts. Je ne recouvrerai donc pas la chose elle-même ; je n'obtiendrai une indemnité adéquate que si vous êtes solvable. Tant pis pour moi si j'ai mal placé ma confiance ; suivant le vieil adage, là où j'ai laissé ma foi, là je dois la chercher. Que si au contraire j'ai été victime d'un vol, en vain le voleur transmettra l'objet volé à un acquéreur ou même à une série de sous-acquéreurs. En ce cas j'ai été dessaisi de ma chose contre ma volonté ; j'ai le droit de poursuivre l'objet entre les mains, non seulement du voleur, mais des acquéreurs et des sous-acquéreurs. L'action qui m'appartient pour atteindre ce but et qui est soumise à une procédure spéciale et rigoureuse, c'est l'*anefang* du droit germanique. Elle ne repose nullement sur la propriété, qu'elle ne suppose pas nécessairement chez le demandeur, mais simplement sur la saisine.

C'est cette action que M. Hubert Meyer étudie avec beaucoup de soin dans les deux premières parties de l'ouvrage que je signale au lecteur.

Il expose d'abord le fondement de la protection de la saisine germanique, qu'il rattache à la théorie de la publicité proposée par M. Hubert [1] : il se préoccupe en effet de montrer l'exactitude de cette théorie en ce qui concerne les objets mobiliers. Il étudie successivement la procédure formaliste qui sert à la recherche des meubles volés, et la procédure de l'*anefang* dont cette recherche est souvent le préliminaire. Il met en lumière le caractère de l'*anefang* qui n'est nullement, à son avis, une action en revendication. Il tient que cette doctrine est vraie même dans les temps primitifs ; notamment il écarte une opinion de M. Hermann pour établir (p. 20) que la marque imprimée sur l'objet volé ne sert nullement à démontrer la propriété du réclamant, mais seulement sa saisine. Puis il étudie l'*anefang* dans son hypothèse primitive celle du vol, et dans les extensions que cette action a reçues : cas de la perte de l'objet mobilier, cas de l'infidélité du conjoint, des enfants, des domestiques, du propriétaire, ou des ouvriers auxquels il a confié l'objet [2].

Dans la seconde partie de son livre, M. Meyer expose la situation du défendeur à l'*anefang*. Cette situation est d'autant plus difficile

---

1. Huber, *die Bedeutung der Gewere im Deutschen Sachenrecht*; Berner für Halle, Berne, 1894.

2. L'auteur estime que lorsqu'une chose a été confiée par nous à des gens de notre maison, nous ne nous en sommes pas effectivement dessaisis. Aussi, lorsque notre surbordonné infidèle la vend à notre insu, le déssaisissement s'opère contre notre volonté, ce qui justifie l'extension de l'*anefang* (p. 51 et 76).

que, d'après le droit commun germanique, aucune prescription, pas même celle d'an et jour, ne saurait être invoquée. (p. 152). L'auteur passe en revue les diverses hypothèses qui peuvent se présenter. Peut-être, le défendeur essaiera-t-il de garder la chose, en prétendant, par exemple, que ce n'est pas celle qui a été volée. Peut-être, se résignant à la restitution de la chose, tentera-t-il seulement d'échapper aux conséquences infamantes ou pénales du vol. En tout cas, le moyen auquel il aura le plus souvent recours, c'est la mise en cause de son auteur, qui est son garant. M. Meyer passe ensuite à l'étude des contre-prestations que le défendeur est parfois en droit de réclamer. Il insiste sur les circonstances à raison desquelles le tiers acquéreur peut être autorisé à se faire rembourser son prix d'achat par le demandeur. Cette solution suppose, en général, que le marché avait été entouré d'une certaine publicité ; à raison de la sécurité que l'acheteur était en droit d'en attendre, on estime injuste qu'il perde à la fois la chose et le prix.

Toute cette étude repose sur l'examen d'innombrables textes qui révèlent les usages suivis non seulement en Allemagne, mais en France et dans les autres régions de l'Occident. La documentation de l'auteur est riche ; il cite très largement les textes, qu'il classe d'ailleurs avec méthode.

II. — Laissant de côté le droit germanique, M. Meyer entreprend de rechercher la solution donnée aux mêmes questions par les coutumes des communautés au moyen-âge ; Quel traitement ces coutumes faisaient-elles à la victime d'un vol? Le Talmud résolvait ces questions par une distinction, suivant que les circonstances de la cause attestaient ou n'attestaient par le *Yusch*, c'est-à-dire suivant que la personne lésée par le vol devait ou ne devait pas être considérée comme ayant implicitement au moins, renoncé à l'objet volé ; d'ailleurs, en cas de doute, le *Yusch*, était souvent présumé. S'il y avait *Yusch*, l'acheteur d'une chose volée en devenait propriétaire sans bourse déliée, à moins qu'il n'eût acquis la chose d'un voleur notoire; en ce dernier cas, il pouvait garder la chose, mais à la condition d'indemniser le volé. S'il n'y avait pas *Yusch*, l'acheteur ne devenait jamais propriétaire de la chose ; mais pourvu qu'il n'eût pas traité avec un voleur notoire, il avait le droit de ne la rendre au véritable propriétaire que contre restitution du prix que lui-même avait payé. Ces solutions furent modifiées par la jurisprudence juive postérieure au Talmud, si bien que voici, d'après M. Meyer, les solutions pratiques auxquelles se conformaient les juifs du moyen-âge. Le propriétaire d'une chose volée pouvait toujours en obtenir la restitution ; mais, en général, il était tenu d'indemniser le tiers détenteur des sacrifices faits par lui, soit parce qu'il avait acquis la chose à titre onéreux, soit parce qu'elle lui avait été engagée comme sûreté d'un capital prêté. Toutefois ce droit à une indemnité cessait lorsqu'il était prouvé que le détenteur, au moment où il avait reçu la chose, avait eu connaissance du vol. Il fallait une connaissance objective ; le détenteur conservait son droit à l'indemnité s'il avait seulement soupçonné le vol, ou sans le connaître positivement, il avait acquis la chose d'un individu de réputation détestable, tel qu'un voleur notoire. Grâce à cet exemple de dispositions, il était extrêmement rare que le détenteur d'un objet volé fût exposé à l'obligation de le restituer au propriétaire sans obtenir d'indemnité et ce privilège, reconnu aux Juifs par leurs lois, leur fut confirmé à diverses reprises par les Empereurs du moyen-âge, de telle façon qu'il s'appliquait dans les rapports entre juifs et chrétiens aussi bien que dans les relations des juifs entre eux. Nous le trouvons d'ailleurs au moyen-âge sanctionné en beaucoup de contrées ; ainsi, dans une ordonnance sur les Juifs rendue par le roi de France Jean le Bon [1], et dans un privilège accordé en 1355 par le Dauphin Charles de France aux Juifs de la petite ville Dauphinoise de Saint-Symphorien d'Ozon [2].

Toutefois le privilège des juifs fut dès le moyen-âge considéré comme exorbitant. Or il y avait deux manières de porter remède au mal. On pouvait atténuer le privilège ; c'est ce qu'on fit par

1. *Ordonnances*, t. III, p. 477, cf. une Ordonnance de Charles V, t, V, p. 493.

2. Il est intéressant de citer ce texte, publié en 1883 par M. A. Prudhomme : « Item, si per aliquam personam erga dictos judeos pignus aliquid impignoratum fuerit, quod reperiretur esse alterius quam impignorantis, propterea dicti Judei nullam penam incurrant, nisi tamen tempore impignorationis earumdem dicti Judei scirent illud pignus alterius esse quam tradentis, *ipsumque pignus restituere non cogantur, donec sibi solutum esset pretium pro quo esset impignoratum.* (*Les Juifs en Dauphiné*, dans le *Bulletin de l'Académie Delphinale*, 3ᵉ série, t. XVIII, année 1881-1882, p. 222.)

diverses mesures, notamment en interdisant aux juifs d'acquérir, à quelque titre que ce fût, des objets consacrés au culte chrétien, des vêtements suspects parce qu'ils étaient ensanglantés ou encore humides, des socs de charrue, des instruments de travail nécessaires aux ouvriers ou aux domestiques, etc. En pareil cas, si un juif contrevenait à la loi, il devait restituer sans indemnité l'objet illégalement acquis. On pouvait en outre communiquer le privilège aux non juifs qui faisaient le métier de brocanter ou de prêter sur gages; c'est ainsi que le privilège des juifs fut dès le xvie siècle étendu aux Caorcins, aux Lombards, et à nombre de chrétiens dont le rôle économique ressemblait fort à celui des juifs. Au surplus le privilège juif, critiqué de toutes parts, fut aboli au xvie siècle, au moins dans les pays allemands; il arriva d'ailleurs, vers cette époque, en Allemagne, que certaines autorités juives conseillèrent aux Israélites d'y renoncer.

III. — M. Meyer examine ensuite, en bref, la question de la protection des meubles après que le droit romain eût été reçu en Allemagne. Il ne peut d'ailleurs que constater la confusion introduite par l'invasion des idées romaines. A la faveur de cette confusion les institutions se modifient. C'est ainsi que la victime d'un abus de confiance peut désormais agir tout comme la victime d'un vol. C'est ainsi que l'*anefang*, perdant son caractère primitif se dédouble en une action de revendication mobilière et une action mobilière possessoire. C'est ainsi enfin que, d'après une idée d'origine romaine, quand il s'agit de reconnaître au tiers acquéreur le droit d'être indemnisé de ses débours, on s'attache, non plus à une condition objective, comme l'était la notoriété de l'acquisition passée en foire ou marché, mais à une condition subjective, la bonne foi de l'acquéreur.

L'ouvrage de M. Meyer est un exposé utile d'un chapitre important de l'histoire du droit; il lui faut être particulièrement reconnaissant d'y avoir introduit l'histoire du droit des communautés juives.

P. F.

50. — **Livret de Folastries**, par P. de Ronsard, publié par A. van Bever. — Paris, Mercure de France, 1907, in-16, 275 p. (Prix : 3 fr. 50).

C'est en 1553 que fut imprimé pour la première fois, sans nom d'auteur, ce livre rarissime dont M. van Bever nous procure aujourd'hui une réimpression fidèle, pour la grande joie des bibliophiles et des lettrés. De l'édition primitive on ne connaît jusqu'à présent qu'un exemplaire, conservé à la Bibliothèque de l'Arsenal, et dont l'édition de M. v. B. est la reproduction exacte, la seule qui en ait été donnée. Car on ne peut faire état des réimpressions risquées par Gay en 1862 et 1865, établies sur un texte apocryphe de 1584, incomplètes, inexactes, et qui justifient dans une certaine mesure, par des préoccupations spéciales, étrangères à la littérature, les poursuites correctionnelles auxquelles elles donnaient lieu sous le second Empire.

Qu'est-ce que ce *Livret de folastries* que leur auteur publia, — après les *Odes* de 1550 et les *Amours* de 1552, — sur les instances de ses amis, alors que les pièces qui le composent avaient déjà circulé librement? Il comprend huit *folastries* distinctes, les « dittyrambes à la pompe du bouc de Jodelle, » deux sonnets fort libres, dix-sept épigrammes, inspirées et non traduites du grec. — A ce recueil M. v. B. a joint les *Gaietés*, des *Odes bachiques et satyriques*, un choix de poésies diverses du même ton et de la même inspiration. Nous avons là, sinon le meilleur de Ronsard, du moins le plus original et peut-être aussi le vrai Ronsard, celui que n'ont point altéré ou déformé les préoccupations d'école.

L'intérêt de cette œuvre généralement peu connue est en effet de nous révéler la verve originale d'un poète que l'influence d'un groupement littéraire a détourné de sa voie primitive. Ronsard, avant la Pléiade, nous apparaît, grâce à ce choix de poésies « mignardes, » d'une sensualité un peu mièvre et dont l'esprit du temps justifie les rares brutalités d'expression, comme le continuateur des vieux maîtres français, comme un disciple imprévu de Marot. Parcourez ces *folastries*, où se complaît l'imagination encore neuve de l'écrivain, plus soucieux de ses sensations personnelles, de ses souvenirs de jeunesse, que des modèles antiques et du lourd bagage de la mythologie grecque, lisez ces hommages naïfs aux faciles beautés du pays natal, ces complaisantes descriptions des plaisirs et des jeux de l'âge tendre, et voyez s'il n'y a pas dans ces vers, quelquefois touchants et toujours gracieux, un peu de ce badinage élégant qui a fait la fortune et qui reste le charme de Marot. Peut-être un peu moins d'esprit et de préciosité, — mais peut-être aussi un peu plus de sincérité et de cœur ; la désinvolture et la hardiesse du ton, la recherche du trait, le goût des diminutifs, l'abus des antithèses sont des caractéristiques communes aux deux poètes et que l'on ne peut contester. Ronsard qui tant de fois, dans ses *Amours* et ses *Sonnets*, s'excitera à froid paraît ici vibrer sincèrement, s'échauffer ou s'attendrir au souvenir des émotions récentes. En particulier, la pièce intitulée *des baisers* et qui commence ainsi :

> Baiser, fils de deux lèvres closes...

est un petit chef d'œuvre de sensibilité juvénile.

On voit cependant apparaître dans ces premières poésies de Ronsard les germes de cette philosophie mélancolique, à la fois voluptueuse et attendrie, qui caractérise sa manière définitive. L'ode imitée d'Anacréon et dédiée à Guillaume Aubert Poitevin (p. 224) rappelle la pièce plus fameuse : « Mignonne, allons voir si la rose... ; » le thème est le même, et la comparaison entre les deux développements est tout à fait intéressante.

M. V. B. a fait précéder son édition d'une notice sur Ronsard où il s'est surtout préoccupé de rétablir les circonstances précises dans lesquelles ces pièces de même inspiration furent écrites et publiées. Il faut lire cette étude, très informée et clairement présentée, qui restera comme un excellent chapitre d'histoire littéraire sur la vie et l'œuvre d'un des plus grands poètes français.

Le portrait de Ronsard que M. v. B. a placé en tête du *Livret* de *folastries* se trouve au musée de Blois et provient du château de Beauregard, ancienne demeure du président Ardier. Ce portrait est anonyme ; de facture assez modeste, il doit surtout son intérêt à la rareté des effigies authentiques du poète ; on ne sait s'il fut fait du vivant de Ronsard ; en tout cas, la ressemblance qu'il présente avec le buste de profil qui surmonte l'édition de Buon, garantit la fidélité de cette image. — Sur l'iconographie de Ronsard, on consultera avec profit l'article de M. Pierre Dufay. (*Mercure de France*. 1ᵉʳ avril 1907, p. 421.)

E. MAYNIAL.

51. — **Les Essais de Michel de Montaigne**, publiés d'après l'exemplaire de Bordeaux, avec les variantes manuscrites et les leçons des plus anciennes impressions, des notes, des notices et un lexique, par Fortunat-Strowski, professeur adjoint à l'Université de Bordeaux, sous les auspices de la commission des archives municipales. T. I. — Bordeaux, Imprimerie Nouvelle, F. Pech, 1906, in-4 de xxiv-475 pp.

Croirait-on — si d'ailleurs on ne le savait — que nous ne possédions pas encore une édition définitive des *Essais*, alors que cette édition définitive, préparée par Montaigne lui-même, attendait dans une bibliothèque publique qu'on voulut bien enfin la publier ? C'est qu'aussi la chose était moins facile qu'elle ne le semble, ainsi présentée : il ne fallait pas seulement déchiffrer les annotations manuscrites portées par l'auteur sur l'exemplaire de Bordeaux, il fallait encore les dater ou du moins les replacer dans leur ordre chronologique et se constituer un « art de lire cet exemplaire » ; ce n'était pas un manœuvre, c'était un savant qui seul pouvait s'acquitter de cette tâche. Aussi faut-il remercier la Ville de Bordeaux d'avoir eu l'idée d'élever à la mémoire de Montaigne ce monument plus précieux que tous les monuments de pierre ou de bronze ; et il faut remercier M. Strowski d'avoir consacré plusieurs années de sa vie à procurer cette publication.

M. Strowski nous a donné le texte écrit de l'édition de 1588 (les deux textes de 1580-87 et de 1588 étant distingués par des lettres marginales) ; il y a ajouté les corrections et additions de l'exemplaire manuscrit (en alinéas distincts rangés selon l'ordre chronologique). Dans l'appareil critique, il a donné : 1° les variantes de 1588 c'est-à-dire ce que Montaigne a supprimé ou modifié de cette dernière édition imprimée ; 2° les variantes du manuscrit, c'est-à-dire les différentes corrections entre lesquelles Montaigne a pu hésiter avant de s'arrêter à la correction définitive. Dans trois appendices enfin, il a donné : 1° les variantes d'orthographe et de ponctuation ; 2° les leçons des éditions de 1580 82 ; 3° un choix des leçons de 1595.

M. Strowski a admirablement exécuté l'édition qu'il avait conçue ; mais il y a deux points où cette conception même me paraît discutable. Pourquoi avoir rejeté en appendice les variantes de 1580-1582 ? et pourquoi y avoir rejeté un choix seulement des variantes de 1595 ! En réalité, les *Essais* ne sont pas un livre, ils sont trois livres différents : il y a les premiers *Essais* représentés par les éditions antérieures à 1588, les seconds *Essais*, représentés par l'édition de 1588, les troisièmes *Essais* représentés par l'exemplaire de Bordeaux et par l'édition de 1595. Il me semble que le meilleur système eût été de trouver une combinaison typographique, qui sur une même page, sans qu'on fut obligé de recourir à un appendice, permit de *voir* la succession de ces trois textes. Pour les éditions de 1580 et 1582 (puisque celle de 1587 n'est qu'une réimpression fautive de la précédente), il n'y avait vraiment aucune difficulté : les variantes recueillies ne forment pas dix pages et, reportées dans tout le volume, elles n'auraient vraiment guère compliqué l'appareil critique. Pour l'édition de 1595, la chose est plus discutable. M. Strowski ne parait ici avoir heureusement renversé une erreur commune : l'édition de 1595 n'est pas indépendante de l'exemplaire de Bordeaux, mais en dérive, et le plus grand nombre des leçons nouvelles qu'elle fournit est dû soit à des erreurs soit à des modifications volontaires de mademoiselle de Gournay ou de ses collaborateurs. Mais M. Strowski reconnait que quelques-unes de ces variantes peuvent plus ou moins distinctement provenir de notes ou d'indications de Montaigne. Cela seul rend aux variantes de 1595 une certaine valeur. Puisque M. Strowski nous a mis en défiance contre cette édition, et nous a montré dans quelle faible mesure on doit lui faire confiance, ces réserves indiquées, il aurait pu cependant nous en donner toutes les variantes et au bas des pages : nous ferions ainsi le contrôle sans être obligés de courir à l'appendice et même de consulter un exemplaire ou une reproduction de l'édition de 1595.

Mais critiquer est aisé ; et quand on lit l'édition municipale, on ne se représente pas assurément toutes les difficultés que M. Strowski a rencontrées pour l'établir. Il serait donc injuste d'attacher trop d'importance à ces objections légères. Le vrai c'est que M. Strowski nous a donné pour l'étude des *Essais* et de Montaigne l'instrument le meilleur qui existe : sa consience, son exactitude scrupuleuse, sa science ont mis à notre portée cet exemplaire unique et précieux que « l'incomparable auteur de l'art de conférer » destinait à la postérité. Remercions l'en de nouveau, et avec lui tous ceux qui ont favorisé la publication de l'*édition municipale*.

G. MICHAUT.

52. — **La femme italienne à l'époque de la Renaissance,** par E. RODOCANACHI. — Paris, Hachette 1907, in-4 de 440 p. (Prix : 30 fr.)

On connaitrait imparfaitement la Renaissance si l'on ignorait la femme italienne du xvie, son caractère, ses accès de frivolité et de passion. Aussi M. Rodocanachi a-t-il constitué un dossier des plus utile à consulter sur la Renaissance Italienne en notant avec une remarquable érudition les faits et les anecdotes aussi bien qu'en collectionnant, avec le goût délicat qui éclaire ses choix en pareille matière, toutes les œuvres d'art relatives aux belles contemporaines de Botticelli, de Raphael, de Michel-Ange et du Titien. Il déborde même de ce cadre et ne dédaigne pas à titre de préliminaires ou de conclusion de jeter un coup d'œil sur l'existence féminine à la fin du Moyen-Age ou dans les cours des xviie et xviiie siècles. Ceci l'amène à constituer l'album très varié des élégances mondaines pendant une longue et brillante période de l'histoire. Soixante seize feuilles sont consacrées à des reproductions d'œuvres d'art où les femmes tiennent la première place. Tel est l'album disséminé dans les quatre cent quarante pages d'une œuvre considérable.

L'auteur suit dans ses péripéties ordinaires la vie d'une femme. Les rites pompeux de la naissance lui fournissent une première occasion de décrire le luxe des Italiennes de la Renaissance et leurs pratiques superstitieuses. L'éducation des femmes est tout naturellement un des chapitres principaux du livre, chapitre un peu trop prolongé peut-être, car, pour montrer les bons effets de l'instruction donnée à l'époque de la Renaissance, M. R. énumère aussitôt les succès des Italiennes lettrées. Les cérémonies du mariage sont le point de départ d'une enquête très étendue sur le *Concept de la beauté féminine* et sur son accompagnement inséparable, la toilette. L'attrait de l'étude approfondie à laquelle s'est livré M. R. à ce sujet ne provient pas seulement des nombreux documents artistiques qu'il a consultés et proposés à l'admiration de ses lecteurs, mais aussi du charme malicieux que le spirituel auteur a mis à nous conter l'insuccès des lois somptuaires éditées par beaucoup de municipalités italiennes. Les Catons du trecento ou du quatrocento n'ont pas éprouvé moins de déconvenues que leur prototype de l'antiquité. Vanité des vanités disent les moralistes ! Mais de toutes choses la plus vaine est encore l'obstacle que l'on prétend opposer à la vanité ! Les femmes italiennes ont en se jouant éludé toutes les restrictions et défenses de leurs avares gouvernants qui mesuraient les traines des robes, expertisaient les fourrures, pesaient les bijoux. Seule la république de Venise — à son incomparable police revient le mérite de cette victoire — nous montre des patriciennes disciplinées qui, aux jours de gala, étalent dans le palais des doges les soies chatoyantes, les ors et les perles, dépouilles de l'Orient, pillées par leurs ancêtres, tandis que dans la vie habituelle, elles se contentent de la robe noire prescrite par les lois. Il est vrai que la République, modérant ses exigences, laissait aux dames la consolation d'appliquer du fard sur leurs joues et sur leurs cheveux cette merveilleuse teinture que les modernes prennent volontiers pour un signe héréditaire de la noblesse des lagunes.

Il y avait, paraît-il, des peintres sur visage féminin. C'est dommage que M. R. n'ait pas eu le loisir ou la possibilité de rechercher quels étaient leurs gains, leurs titres à la confiance de leur clientèle et dans quelle mesure ils s'astreignaient au secret professionnel. Du reste nous aurions volontiers cherché dans le livre de M. R. des renseignements sur les professions qui travaillaient à embellir la femme et les grands couturiers de la Renaissance ne nous auraient pas moins intéressés que leurs belles clientes. Les tailleurs pour dames existaient puisqu'un réglement somptuaire à Florence les rendait responsables du luxe immodéré des confections. La place dans ce beau volume ou les documents dans les archives ont fait défaut sur ce point.

Nombreux au contraire sont les renseignements que M. R. a recueillis sur la condition juridique des femmes. Après avoir passé en revue les situations exceptionnelles : femmes esclaves, servantes, nonnes, l'auteur détermine la situation faite aux femmes du monde. Il semble bien que cette situation était à double aspect. Nombreuses au temps de la Renaissance et dans toutes les classes de la société furent les femmes d'intérieur, strictement fidèles aux préceptes religieux, résignées aux incapacités juridiques de leur sexe, fières de leurs nombreux enfants et de leurs ménages bien ordonnés. Plus nombreuses qu'à mainte autre époque furent aussi les femmes qui voulurent s'égaler aux hommes, les *viragos* — l'épithète était alors louangeuse — qu'une éducation masculine plaçait au niveau intellectuel du sexe fort. A ces compagnes, à ces collaboratrices en quelque sorte des artistes et des humanistes des xve et xvie siècles M. R. rend un juste hommage quand dans sa préface il dit : « Quels prestigieux modèles ce devaient être ces italiennes, si élégantes par nature, si habiles et si occupées à s'embellir qui assujetirent la mode à être non plus quelque chose de conventionnel et de rigide, mais un auxiliaire complaisant de leurs avantages personnels !... la femme fut donc l'inspiratrice charmante et un peu la créatrice de la Renaissance Italienne. »

Modèle inspirateur plutôt qu'agent de Renaissance, la femme Italienne n'ajoute rien à l'immortel patrimoine que le siècle de Léon X légua à l'Italie et à l'humanité. M. R. s'étonne qu'aucune des femmes formées dans l'atelier d'un maître aux glorieux travaux de la peinture et de la sculpture n'ait laissé d'œuvre véritable. Dans le domaine littéraire l'auteur énumère beaucoup de noms féminins qui brillèrent d'un vif éclat, mais il fait remarquer que des femmes poètes et orateurs de cour il ne reste qu'un bagage bien mince. « Ce qui contribua considérablement au grand renom où l'on tint les femmes savantes, objecte judicieusement l'auteur, ce fut l'importance qu'on donnait alors au style, à l'élégance du langage, indépendamment du fond qui comptait peu. » Ce défaut, après avoir affaibli la portée de la littérature classique au xvie siècle, atteignit les autres arts que la recherche d'un charme féminin trop raffiné conduisit peu à peu vers la décadence. Une confiance enthousiaste dans la puissance de l'esprit humain soutenait les grands génies de la Renaissance. Leurs successeurs aspirèrent le plus souvent à interpréter la beauté où la grâce subtile émanant de l'élite de leurs contemporaines. L'abandon de l'idéal ancien comporta pour l'art une déchéance. Que l'on compare les sibylles de Michel-Ange aux divinités païennes des Caraches, et l'on sera bien près de convenir avec M. R. qu'aux femmes d'Italie la Renaissance Italienne dût à la fois son exquise perfection et sa décadence.

Gardons-nous toutefois d'aborder les questions d'esthétique auxquelles convie la magnifique illustration du volume et signalons plutôt, comme il convient, la grande richesse de documentution que présente un appendice de soixante neuf pages imprimées en petits caractères. Fragments littéraires, textes juridiques, statuts de plusieurs villes italiennes, les sources les plus variées sont mises à contribution pour étayer le texte très solide de M. Rodocanachi. La bibliographie et l'index alphabétique, modèle du genre pratique, réjouiront à juste titre les chercheurs.

H. GAILLARD.

---

53. — **Voltaire**, par G. LANSON. (Collection des Grands Écrivains français.) — Paris, Hachette, 1906, in-12 de 224 p. (Prix : 2 fr.)

M. G. Lanson vient d'écrire, pour la collection des grands écrivains français, une étude sur Voltaire qui semble bien être le modèle du genre. « J'ai tâché, nous dit l'auteur dans son avertissement de parler, de Voltaire exactement, historiquement, sans apothéose et sans caricature, sans regarder les préoccupations sur l'actualité contemporaine, en rapportant toujours l'idée ou l'expression de Voltaire aux choses de son temps. » Et M. Lanson a tenu sa promesse. On sent qu'il parle avec sympathie de son héros, mais, s'il a plaisir à nous présenter les multiples séductions de cet esprit si actif et délié, il ne nous tait ni ses vilenies, ni ses mensonges, ni ses injustices, ni ses haines.

Ce n'est pas en deux cents pages qu'on peut donner une biographie détaillée de Voltaire. La nouveauté du volume, si nouveauté il y a, est dans l'étude de l'art de Voltaire et dans l'analyse de ses idées religieuses, philosophiques, politiques et sociales. M. Lanson proteste contre ceux qui vous répètent que l'œuvre de Voltaire est toute négative. Sans doute il a beaucoup démoli, mais ce n'était pas pour le seul plaisir. Il avait des idées très arrêtées. Tout en combattant la religion chrétienne, il est resté déïste obstinément et il s'est efforcé d'élaborer tout un système de morale dont la justice et la bienfaisance sont les vertus cardinales. En politique, comme chacun sait, il n'était pas révolutionnaire, mais il voulait la réforme des abus dans l'état de choses existant. Il réclamait, par dessus tout, la liberté de penser et d'écrire et la liberté de conscience, mais il n'avait garde d'oublier la sauvegarde de la propriété.

Voltaire ne peut guère prétendre à la gloire d'avoir été un penseur profond et original. « Son influence en beaucoup de cas est celle d'un agent de transmission qui met la puissance contagieuse de sa passion et la puissance séductrice de son talent au service des idées qu'il sert et qu'il n'a pas créées.. Il disciplinait, coordonnait les aspirations que ses contemporains avaient en commun avec lui et l'on ne pouvait pas aisément décider s'il était le général de l'armée du progrès ou s'il en était le tambour. » (p. 202.)

Quoiqu'il en soit, son influence a été considérable; ses livres ont été la nourriture intellectuelle de beaucoup d'hommes, pendant plusieurs générations et il n'y a qu'à établir la liste des diverses éditions qu'on a faites de ses œuvres pour se faire une idée de sa popularité.

Il a agi comme artiste et comme philosophe. — Artiste, il a contribué à maintenir les principes classiques, à faire de la langue française une langue claire, alerte, spirituelle. Les Voltairiens seront les pires ennemis du romantisme.

Philosophe, il a surtout fourni des armes aux ennemis de l'Eglise. « Dans le Voltairianisme, une partie émerge et finit par le constituer à elle seule, c'est la haine de l'Eglise et le mépris de la religion. » (p. 216). On aime à entendre dire à M. Lanson que cette influence néfaste de Voltaire ne peut plus s'exercer aujourd'hui. « Un homme instruit de nos jours, et qui sait les conditions de la recherche de la vérité, ne se munit plus de connaissances chez Voltaire. Outre les inadvertances et les erreurs matérielles auxquelles nos méthodes exigeantes ne pardonnent plus, le progrès des sciences philosophiques et historiques, celui de la psychologie et de l'exégèse religieuse, en particulier, ont fait apparaître des aspects des questions que Voltaire n'a pas soupçonnés. Si Renan, qui le remplaçait, le déclassait déjà, à plus forte raison ne pouvons-nous plus considérer, comme il faisait, le phénomène de la croyance et l'histoire des religions et nous ne pouvons plus en parler, comme il faisait... Nous ne voyons plus dans toute sa polémique antichrétienne, arguments et forme, qu'un musée historique. » (p. 217.)

Voici la conclusion de cette remarquable étude : « Il me paraît hors de doute que, si Voltaire a encore quelque action à exercer dans notre France, ce doit être surtout une action littéraire et intellectuelle de pure forme... A mesure que se dissipera et s'éloignera le romantisme, il se pourra que l'on reprenne le goût des idées claires et bien filtrées, l'amour de l'expression simple et fine et qu'on demande quelques leçons d'analyse et de style aux parties de l'œuvre Voltairienne les plus dégagées des règles et des ornements classiques, aux *Mélanges*, aux *Romans* et à la *correspondance*. Il semble que depuis la chute du naturalisme et la crise symboliste, l'évolution de la prose se fasse vers l'aisance et la lumière, c'est-à-dire vers le XVIIIe siècle et Voltaire. » (p. 218.)

P. HERVELIN.

CHRONIQUE

M. l'abbé Gabriel Plat a publié en tirage à part un mémoire qu'il a lu à la Société archiologique du Vendômois, intitulé : *Notes pour servir à l'histoire monumentale de la Trinité de Vendôme* (Vendôme, 1907). 1° *L'église de 1040*. De ses observations personnelles l'auteur conclut que, si le transept de la Trinité porte tous les caractères d'un édifice bâti d'après les formules du gothique primitif, ses murs n'en sont pas moins ceux dont les constructeurs de Geoffroy Martel jetèrent les fondations. Ce transept n'est plus, il est vrai celui de l'église primitive du XIe siècle, mais il en conserve des vestiges caractéristiques. — 2° *Une ancienne absidiole dans le transept de la Trinité*. M. l'abbé G. Plat a découvert, dans le mur Est du transept une vaste arcade et, au-dessus, dans le mortier, les traces d'une voûte détruite. Il y avait en cet endroit une voûte en tiers-point et à nervure ayant appartenu à une absidicle contemporaine non de l'église de 1040 mais d'un remaniement opéré à fin du XIIe siècle. — 3° *La déviation de l'abside de la Trinité*. Sans prendre position dans la question très controversée, M. l'abbé P. établit, d'une manière indiscutable, que la déviation de l'abside de la Trinité est absolument voulue. — 4° *Les toitures de la Trinité*. Etude chronologique des différents remaniements des toitures et des charpentes. — 5° *Particularités de quelques contreforts. Liaison de l'église romane et du clocher*: — 6° *L'abside et la grande nef. Quelques dates précises*. Etude détaillée de la reconstruction de l'édifice pendant les XIIIe et XIVe siècles, étude basée sur des observations personnelles et sur les documents d'archives.

Depuis qu'il a publié ce mémoire, M. l'abbé Gabriel Plat a fait, à deux reprises, des fouilles dans le sous sol de la Trinité. Il en rendra compte prochainement. Ces fouilles lui ont fourni, sur l'église primitive de la Trinité, des documents du plus grand intérêt et bientôt il pourra donner au public un plan complet de l'ancien édifice dont, jusqu'à ses travaux, la disposition était complètement inconnue.

.*.

Le Comte Olivier Costa de Beauregard a publié en tirage à part deux communications qu'il a faites à la *Société nationale des Antiquaires de France*. La première concerne une aiguière en bronze avec anse ornée, à sa jonction avec la panse, d'une tête de Méduse d'un beau style. Ce beau vase, a été trouvé en 1840 à Condé ou à Presle (Aisne), dans les fouilles exécutées pour l'établissement d'écluses du canal de l'Aisne. En divers endroits de la gaule, notamment à Lillebonne et à Néris, on a trouvé des vases analogues. — La deuxième communication a trait à deux bronzes figurés antiques trouvés à Saint-Jean-de-la-Porte (Savoie), au lieu dit Lourdin. Le style de ces deux belles figures antiques permet de les attribuer au Ier siècle après J.-C. L'un d'entre eux est une tête de satyre, jeune, imberbe, d'un modelé énergique. Le Musée du Louvre possède un bronze exactement semblable, mais beaucoup moins bien conservé. Cette tête a été remplie de plomb et munie d'un anneau de suspension ; ce qui donnerait lieu de croire qu'on l'a transformé en peson de balance. Un gracieux buste de femme, trouvé en même temps, a pu également être utilisé comme peson de balance. Le Comte Olivier Costa de Beauregard se propose de faire une fouille à l'endroit d'où proviennent ces objets intéressants.

.*.

La Société française d'archéologie vient de publier le volume contenant les travaux de sa 72e session tenue à Beauvais en 1905 (un volume in-8°, de 719 pages avec 136 planches ou figures).

Le volume commence par un *Guide archéologique*, qui a été distribué aux congressistes pour les guider dans la visite des lieux qui devaient être visités par le Congrès : Beauvais, Marissel, Allonne, maladrerie de Saint-Lazare, églises de Bury et de Cambronne, Clermont, Gisors, Gournay-en-Bray, Saint-Germer, Senlis, Nogent-les-Vierges, Villiers-saint-Paul, Montataire, Saint-Leu-d'Esserent, Compiègne, Vez, abbaye de Lieu-Restauré, Fresnoy-la-Rivière, Morienval, Ourscamp, Noyon. Ce guide, sérieusement documenté et richement illustré, a été rédigé par MM. E. Lefèvre Pontalis, le chanoine Marsaux, M. de Bonnault d'Houët, Louis Regnier. Chaque partie est suivie d'une bibliographie très complète. Ce n'est pas une simple étude de circonstance destinée à vivre l'espace d'un congrès; c'est aussi, pour l'avenir, un précieux instrument de travail. Suivent les procès verbaux des séances du congrès. Vingt-six mémoires forment le corps du volume. A. Houlé, *Etude sur les cimetières francs des vallées du Thérain, de* la *Brèche et du petit Thérain*. — Le Comte Olivier Costa de Beauregard, *Le torques d'or de Saint-Leu-d'Esserent, Oise*. — L. Thiot. *Les inscriptions en miroir sur poteries gallo-romaines dans l'Oise*. — Dr V. Leblond. *Le pays des Bellovaques : essai de géographie historique et de numismatique*. — Comte de Caix de Saint-Aymour. *Le temple de la forêt d'Halatte et ses ex-voto*. — Léon Fautrat. *Les temples d'Halatte et d'Essarois*. — Dr V. Leblond. *Le balnéaire gallo-romain de Beauvais*. — J. Depoin. *La vie de Saint-Germer*. — Dr R. Parmentier. *Le prieuré de Saint-Jean-du-Vivier*. — J. A. Brutails. *Les voutes du chevet de Morienval*. — Marcel Aubert. *L'église de Mogneville*. — Louis Régnier. *L'église de Villetertre (Oise)*. — Comte des Méloizes. *La pierre tombale de Berthaut de Fresnoy et de Philippe des Champs au musée de Beauvais*. — L. Régnier *Une particularité architectonique du chœur de Saint-Étienne de Beauvais*. — Abbé Beaudry. *L'église de Montigny-en-Chaussée*. — Philippe des Forts. *Les tapisseries de Gui de Baudreuil, abbé de Saint-Martin-aux-Bois*. — Marquis de Fayolle. *La tentation de Saint-Antoine, verre peint en grisaille par Nicolas Le Pot*. — Chanoine Marsaux. *Les messes miraculeuses de Saint-Grégoire dans l'Oise*. — Eugène Lefèvre Pontalis. *Les clochers du XIIIe et du XVIe siècle dans le Beauvaisis et le Valois*. — Georges Durand. *Clochers picards avec flèches gothiques en maçonnerie, du XVIIe et XVIIIe siècles*. — Amédée Boinet. *L'évangéliaire de Morienval à la cathédrale de Noyon*. — Hector Quignon. *Une plaque de reliure en os de la collection Troussures*. — Chanoine Morel. *Pierres tombales de Chevrières, Longueil Sainte-Marie et Remy*. — Joseph Berthelé. *La famille Cavillier*. — O. Jourdain. *Une fonderie de cloches à Noyon au XVIIe siècle*.

Le volume se termine par le compte-rendu de la cérémonie d'inauguration du médaillon du Comte de Marsy, successeur de Léon Palustre, prédécesseur de M. Eugène Lefèvre Pontalis, dans la direction de la *Société française d'archéologie*. Ce médaillon, œuvre de M. Emmanuel Fontaine, orne, au cimetière de Compiègne, la tombe du Comte de Marsy, qui fut un ami et un collaborateur du *Bulletin Critique*.

On ne saurait trop louer, en rendant compte de ce beau volume, la science, l'activité et le désintéressement avec lesquels M. Eugène Lefèvre Pontalis préside aux destinées de la *Société française d'archéologie*, organise et dirige ses congrès et en publie les travaux.

La soixante-quatorzième session du *congrès archéologique de France*, s'ouvrira le mardi 11 juin prochain, sous la présidence de M. Eugène Lefèvre Pontalis. Elle se tiendra à Avallon. Des excursions seront faite à Vézelay, Flavigny, Semur, Montréal, Saulieu, Autun, Vermenton, Clamecy, Pontigny. On visitera également les villes d'Auxerre et de Sens.

H. T.

L'Éditeur-Propriétaire-Gérant : Albert Fontemoing.

Imprimerie Générale de Châtillon-sur-Seine. — A. Pichat.

BULLETIN CRITIQUE

54. — **La vie religieuse en France sous la Révolution, l'Empire et la Restauration. — Monseigneur du Bourg, évêque de Limoges (1751-1822)**, par Dom du Bourg. — Paris, Perrin, 1906, in-8 de 472 p. (Prix : 7 fr. 50).

C'est une biographie qu'a écrite Dom du Bourg : biographie puisée aux Mémoires d'une famille dont Mgr. d'Hulst qui s'y rattachait aimait à redire les rares vertus, le viril christianisme. C'est aussi l'histoire d'une époque dans une partie de la France. Chanoine de Toulouse avant la Révolution, Marie Jean Philippe du Bourg s'était préparé, par une vie austère et apostolique, à la mission encore insoupçonnée que lui destinait la Providence. Quand la tempête se fut déchaînée sur la France, le chanoine du Bourg n'émigra point ; et investi de pouvoirs par onze évêques que les menaces et les violences avaient contraints à fuir, il dirigea dans le Languedoc la résistance au schisme ; au prix de rudes fatigues, à l'aide d'ingénieux stratagèmes, il exerça, auprès d'âmes nombreuses, son secourable ministère. Il faut lire, dans l'ouvrage de Dom du Bourg, l'énumération des travaux de l'héroïque apôtre, et des épreuves qui lui furent infligées. J'indiquerai aussi le dramatique récit de l'exécution de son frère Mathias ; le fils adolescent du condamné avait suivi son père jusque sur les marches de l'échafaud de la barrière du Trône.

Après Brumaire, le Concordat fut conclu, non sans de longues et laborieuses négociations, et tira de l'anarchie, arracha à d'incessantes menaces d'oppression la France catholique. De nos jours, on a maintes fois contesté la nécessité de ce grand acte ; les contemporains n'en doutèrent pas, à l'exception d'un petit nombre d'hommes qu'aveuglaient des passions très dissemblables.

C'est l'évêque constitutionnel de la Haute-Garonne, le carme Sermet, qui dans une lettre à Grégoire, évêque de Loir et Cher, écrivait sans le vouloir le vrai mot de la situation : « On a beau dire : » jamais sans le concours du pape nous n'aurons la paix intérieure. » Plus on s'aigrira contre lui, plus il gagnera du terrain, *piano*, » *piano*. Rome ne meurt jamais. » (15 avril 1795)

Le Concordat auquel l'abbé du Bourg avait applaudi, fit de lui, malgré lui, un évêque. A Limoges où il fut envoyé, et dont il gouverna durant vingt ans le vaste diocèse qui comprenait trois départements, Mgr. du Bourg déploya un zèle industrieux, inlassable, toujours en éveil. Les lecteurs de sa *Vie*, atttristés par le spectacle des ruines que l'heure présente accumule, apprendront comment, par la grâce de Dieu, un évêque vraiment évêque relève ou restaure ce qu'on avait abattu.

Par ses traditions de famille, par son éducation, par ses sentiments intimes, Philippe du Bourg était attaché à l'ancienne royauté, et c'est avec joie qu'en 1814 il salua le retour des Bourbons. Mais chez lui, le chrétien, le prêtre soucieux avant tout du salut des âmes, domina toujours le royaliste. On sait qu'au cours de la Révolution les maîtres de la France exigèrent des prêtres des serments ou des déclarations qui torturaient souvent les consciences : semblables, comme dit Bonald, à « ces hypocrites dont » parle l'Evangile, qui imposent aux autres des fardeaux qu'eux-» mêmes ne touchent pas du bout du doigt. » Quelles que fussent les répugnances de Philippe du Bourg pour certaines de ces déclarations ou de ces promesses, il les souscrivit ou permit qu'on les souscrivit presque toutes. Ces promesses étaient la condition de la tolérance qu'on voulait bien accorder aux catholiques ; et M. du Bourg partageait l'avis de M. Emery qui disait : « Je ne » puis me faire à l'idée d'un pays sans culte » ; il eût redit le mot du futur cardinal de Bausset : « On ne doit pas déserter la cause » de la Foi pour des opinions politiques. »

D'une orthodoxie invulnérable, attaché aux doctrines romaines comme on ne l'était guère dans la France du dix-huitième siècle et des débuts du dix-neuvième, M. du Bourg était en même temps d'une charité exemplaire pour les prêtres qui avaient failli, pour ceux surtout qui s'étaient relevés. Il avait déploré l'élévation de Claude Primat à l'archevêché de Toulouse ; mais il reconnut volontiers les méritoires efforts que fit l'ancien intrus pour réparer son passé. Enfin, il ne tint pas à l'évêque de Limoges que l'ex-oratorien Tabaraud, devenu son sujet, rétractât les erreurs jansénistes qui ont compromis l'honneur d'une ferme et savante résistance au schisme constitutionnel. A. LARGENT.

---

55. — **L'année philosophique**, 16ᵉ année, 1905, par F. PILLON. Cinq mémoires originaux et une bibliographie philosophique française de l'année 1905. — Paris, Alcan, 1906, in-8. (Prix : 5 fr.)

1. V. Brochard. — La morale de Platon : « La morale est peut-être la partie du système de Platon qui, du moins en France, a été le moins étudiée par les historiens et les critiques. Il semble que leur attention ou leur curiosité, si souvent attirées par la théorie des Idées ou la théologie et la physique platoniciennes, se croient fatiguées ou épuisées dans ces difficiles recherches. Cependant, à ne considérer que le nombre et l'étendue des ouvrages qu'il lui a consacrés, il est aisé de voir que le philosophe lui-même a regardé cette partie de son œuvre comme la plus importante. »

M. B. examine tout d'abord la doctrine platonicienne de la vertu et montre à quel point elle s'écarte de celle de Socrate pour qui la vertu était une science. Toutefois si l'on considère non les vertus inférieures, mais la vertu par excellence, qui est précisément la science, ce qu'enseignait Socrate reste vrai, à savoir que personne n'est méchant volontairement. Puis viennent de longues et intéressantes pages sur le bien, envisagé par Platon d'abord et surtout au regard de l'homme, en tant qu'il peut-être possédé ou réalisé ici-bas, puis en lui-même en dehors de toute relation. La conclusion : « Le vrai sage, selon Platon, prend part à la vie active, il s'intéresse à la chose publique et combat sur les champs de bataille. » Il est athlète, soldat, musicien, magistrat, législateur, prêtre même avant d'être philosophe. La philosophie n'est pas pour lui un abri, un refuge, un asile qui permet de se soustraire aux devoirs de la vie civile ; elle est plutôt comme une terre promise où il n'accède qu'après l'avoir vaillamment gagnée. Avant de goûter les douceurs de la vie divine, il lui faut avoir vécu la vie humaine, et c'est parce qu'il a appris tout ce qu'on peut savoir de l'Etat et de l'Univers qu'il devient capable d'embrasser l'ensemble des choses dans le studieux loisir où se complait sa vieillesse. En un mot l'idéal moral de Platon est l'expression du génie grec à son plus beau moment, avant qu'il eût été déformé par le temps ou les influences étrangères. Pour former le portrait du sage, Platon a rassemblé, en la complètant et en l'élevant à un plus haut degré de perfection, tout ce qu'il y avait de meilleur dans l'Athénien généreux et cultivé du siècle de Périclès.

2. G. Rodier. — L'évolution de la dialectique de Platon.

Effort pour retrouver la vraie notion de la dialectique de Platon sous les diverses interprétations qu'en ont données les critiques.

3. O. Hamelin. — L'opposition des concepts d'après Aristote. L'objet de ce mémoire est de montrer comment avant Kant, Aristote a été amené par l'Eleatisme à réfléchir sur l'opposition des concepts. Il distinguait quatre sortes d'opposition : celle des relatifs, celle des contraires, celle de la privation et de l'habitude, celle de l'affirmation et de la négation. M. H. discute cette théorie, en montrant ses défauts et ses mérites.

4. F. Pillon. — Un ouvrage récent sur la philosophie de Renouvier. Il s'agit du livre de Gabriel Séailles : La philosophie de Charles Renouvier, introduction à l'étude du néo-criticisme. Renouvier a passé par trois phases progressives que ses ouvrages permettent de très bien suivre : d'abord panthéiste, il est devenu néo-criticiste, ce qui l'a conduit au théisme. M. Séailles ne s'occupe que de la deuxième phase, en considérant le néo-criticisme comme la véritable philosophie de R. et en négligeant le théisme créationiste de la dernière époque qui serait un recul. M. P. croit répondre au nom de son ancien maître et ami que la dernière forme de sa pensée est un progrès logique issu du néo-criticisme. Aussi tente-t-il dans une étude très intéressante de détruire la force des objections qu'on a opposées à ce phénomènisme rationel.

5. L. Dauriac. — La philosophie de Gabriel Tarde. — Tarde est l'un des philosophes les plus originaux du xixe siècle. Il est ici étudié sous trois aspects assez différents : 1° la psychologie ; 2° les idées directrices de la psychologie sociale ; 3° la métaphysique.

Pour Tarde le propre de l'homme est d'imiter son semblable. Toute invention est une synthèse d'imitation antécédente. L'imitation va du centre à la circonférence. Autrement dit nous imiterions les pensées de notre modèle avant d'imiter ses paroles et ses gestes. C'est autour de ces quelques idées-principes que Tarde a les éléments de sa psychologie individuelle et sociale et de sa métaphysique.

Suivent 130 pages de bibliographie très intéressante, bien que l'on y juge les livres d'un point de vue quelque peu exclusif.

.*.

Newman, par Villiam BARRY, traduit de l'anglais par A. Clément. — Paris, Lethielleux, 1906.

Nous avons indiqué dans un compte-rendu précédent (cf. B. C. 5 août 1906) l'abondance de la littérature newmanienne. Cette traduction mérite plus qu'un énoncé bibliographique. Voici comment, dans une étude d'ensemble, M. Dimnet nous présente l'auteur : « Le français qui entend dire pour la première fois que dans un village des environs d'Oxford habite un prêtre catholique d'une intelligence si ouverte, d'une culture si large, d'un talent d'écrivain si indiscutable que non seulement ses coreligionnaires, mais ses compatriotes protestants eux-mêmes le regardent comme un maître, ne peut se défendre d'une très grande surprise. Les Gorini sont rares en tout temps et en tout pays, mais le curé de campagne qui s'impose à l'attention du monde autant qu'à celle des savants est sans doute une exception unique. Or le prêtre dont il s'agit se fait lire depuis longtemps dans les revues de Londres et de New-York les moins accessibles, il se défend contre les éditeurs que tant d'autres courtisent, on recherche sa collaboration à des collections scientifiques entreprises par les universités et l'accent de déférence avec lequel la critique prononce unanimement son nom est trop rare pour n'être pas mérité. Ce n'est pas tout. Dans l'intervalle de ses travaux plus sérieux, le même prêtre écrit des romans et ces romans se lisent, se réimpriment et même se traduisent. Le premier essai de ce genre qu'il a fait — anonyme et en trois volumes comme il convenait au roman anglais d'il y a vingt ans — eut huit éditions et ce succès a été dépassé par plusieurs des romans publiés depuis. »

L'auteur dans une suite de huit chapitres parle tour à tour de l'Enfance et la Jeunesse, des Tractariens, de la première Période catholique, de l'Apologia pro vita sua, de la logique de la croyance, du songe de Gérontius, de l'Ecrivain, de la place de Newman dans l'histoire.

Très érudit et connaissant bien les littératures étrangères le Dr Barry se complait aux parallèles (Rosmini, Savonarole, Fénelon, etc.) M. Brémond lui reproche avec un peu d'âpreté de voir un peu trop par le dehors et de brouiller l'impression d'ensemble par trop de spirituels à peu près.

Le livre se lit avec beaucoup d'intérêts. Mais le chapitre qui nous a paru écrit avec le plus de soin et d'effort, heureux du reste, est celui qui a pour sujet : la logique de la croyance. La traduction française faite avec clarté et élégance est ornée de nombreux portraits de Newman.

D. S.

---

56. — **Petit guide du candidat à la licence ès-lettres et du jeune professeur**, par Jean CALVET, agrégé ès-lettres. — Paris, Bloud et Cie, 1907, in-16 de 104 p. (Prix : 1 fr. 50).

« L'expérience de l'enseignement supérieur m'a appris que beaucoup de jeunes gens, candidats à la licence ès-lettres, perdent, à leur arrivée à la Faculté, plusieurs mois d'un temps précieux, faute d'indications pratiques. D'autres, dans l'isolement, voudraient travailler déjà en vue de l'examen futur, mais ils manquent des notions les plus élémentaires. C'est à ces étudiants que s'adresse mon modeste manuel ; et, pour dire toute ma pensée, c'est aux étudiants « ecclésiastiques » surtout que je pense. Mais comme « les moyens de parvenir » sont les mêmes pour tous, j'ose espérer que les laïques trouveront eux aussi quelque profit à me lire. » D'après ces lignes de l'Avant-Propos, le travail de M. Calvet s'adresse à deux sortes d'étudiants : les uns (surtout ecclésiastiques), isolés, sans guides et sans ressources par suite de leur éloignement des Facultés ; les autres qui, dans les Facultés, perdent du temps faute d'indications pratiques. Remarquez bien que M. Calvet ne dit pas : « faute de *savoir profiter* d'indications pratiques » ; il trouve que ces indications manquent. J'éprouve une première surprise : car justement, depuis plusieurs années, j'entends parler de ces indications pratiques parmi les réformes dont on s'est préoccupé ; et, pour ma part, bien avant qu'il en fût question, je n'ai pas commencé d'année scolaire sans consacrer une leçon à des renseignements et des conseils d'une nature analogue à ceux que nous offre la brochure de M. Calvet ; je crois que mes collègues en faisaient autant.

M. Calvet, il est vrai, joint l'exemple au précepte et donne des modèles d'explications grecque, latine et française (traduction littérale, observations, traduction, commentaire) ; mais, dans la pratique, ces exemples résultent de l'enseignement, de la manière d'expliquer du professeur ou des élèves eux-mêmes en conférence.

Il est naturel que, parmi les notions dont il veut pourvoir les étudiants inexpérimentés, l'auteur fasse une place importante à la bibliographie. Là encore, je suis un peu déconcerté. Je craignais, à certains symptômes, que cette science, nouvelle dit-on, ne fût devenue envahissante : or je vois que, sur ce terrain M. Calvet se contente de beaucoup moins que nous n'en apprenions à nos étudiants, il y a vingt-cinq ans, dans la moindre Faculté de province. Ses indications pour la littérature latine sont tout à fait insuffisantes et arbitraires. P. 6, parmi les grammaires à connaître et à pratiquer, il n'est pas permis d'omettre Madvig, et il eût été bon de signaler Gantrelle pour sa sûreté et sa clarté, Kühner pour ses nombreuses et utiles références ; parmi les manuels de littérature latine, l'ouvrage de Deltour ne devait pas être passé sous silence ; il est même, peut-être le mieux conçu au point de vue des services qu'un étudiant demande à ce genre de livres, en même temps qu'il n'est pas sans valeur littéraire.

Mais c'est surtout au sujet des éditions que le langage de l'auteur me surprend ; après avoir recommandé la collection Weidmann (et la collection Teubner, avec notes ? et les collections anglaises ?), M. Calvet ajoute : « Depuis *quelques années*, la librairie française, elle aussi, a publié des textes avec une annotation *soignée* (sic) (p. 38). » Depuis une trentaine d'années, à la suite d'Eugène Benoist, on a publié en France nombre d'éditions latines qui ne le cèdent en rien aux éditions étrangères; dans toute la collection Hachette, M. Calvet trouve à citer *Les morceaux choisis de Platon*, de M. Baudin, et je sais que c'est une excellente édition, mais enfin il n'y a pas que celle-là ! Je pense aussi le plus grand bien de l'*Horace* de M. Lechatellier (p. 39) pour l'avoir étudié de près et pu l'apprécier en annotant moi-même après lui les Odes et Epodes d'Horace ; et je n'approuve pas moins que l'on recommande (p. 30) la *Métrique* de L. Havet ou l'*Evolution du vers français* de Maurice Souriau. Mais les choix faits par M. Calvet ne sont pas tous aussi bien justifiés, et telle exclusion, encore moins. Croit-on, par exemple, que les éditions du x⁰ *livre de Quintilien* et de la 7⁰ *satire de Juvénal* de J. A. Hild (collection Klincksieck), que le *Dialogue des orateurs* de Gœlzer, le *César* de Dosson, le *Salluste* de Lallier et Antoine, que le *Dictionnaire étymologique* de Bréal et Bailly, la *Métrique et prosodie* de Waltz, le *De Re metrica* de L. Müller ne devaient pas être signalés ?

P. 78, je lis que « l'on consultera avec fruit le manuel de Schanz (4 vol) ; un candidat à la licence ? j'en doute... et nulle part je ne vois mentionné Teuffel, beaucoup plus pratique pour nos étudiants, facile à consulter (à la différence de Schanz où les recherches sont parfois ardues), et qu'il est nécessaire de connaître et de savoir manier. En revanche, p. 11, M. Calvet recommande d'avoir recours au Manuel d'orthographe latine de Brambach, dont l'utilité ne m'apparaît pas beaucoup depuis que nous avons de bonnes éditions scolaires d'une orthographe irréprochable. Il ne faut pas (même p.) écrire *adolescens* ni *intelligere*, d'accord ; mais ce sont là de bien petites choses que l'on ne s'attend pas à voir notées dans un ouvrage si peu étendu, où se rencontre d'ailleurs (p. 30) un paragraphe des moins favorables à l'enseignement philologique, d'il y a une vingtaine d'années, et à l'importance qu'on attachait alors à l'orthographe.

Je louerai plus volontiers dans le livre de M. Calvet certaines pages délicates et justes, comme la p. 88 sur le profit, le devoir qu'il y a pour un étudiant à réserver dans sa journée quelques instants pour la « réflexion » ; de même, p. 89, ce qui est dit de « l'observation » ; p. 94, de « l'expression ». Je ne suis pas aussi sûr que l'auteur soit dans le vrai quand il juge, p. 99, que les punitions « proprement dites » (restriction qui manque de clarté) « devraient être bannies de la classe » ; et les récompenses ? Je ne bannirais ni les unes, ni les autres.

Malgré les critiques qu'il me paraît mériter, je souhaite que le

Petit guide du candidat à la Licence ès lettres et du jeune professeur soit lu, parce qu'il est l'œuvre d'un esprit très honnête et distingué ; il peut contribuer à donner à des étudiants le goût de ce qu'ils ont à faire, à les encourager en leur montrant que l'on s'occupe d'eux et que l'on comprend leur état d'esprit. Mais je persiste à croire que ceux qui fréquentent une Faculté ne sont pas privés de renseignements pratiques autant qu'il semble à M. Calvet. Quant aux autres, et en particulier aux étudiants ecclésiastiques, puisque c'est à eux que va d'abord la pensée de l'auteur, je me rappelle, au cours des onze ans que j'ai passés dans les Facultés de province, avoir été frappé d'un fait qui n'est pas sans signification : maintefois, dans des compositions écrites ou des examens oraux, j'ai constaté que des candidats venus du dehors, surtout de jeunes abbés, étaient parfaitement au courant de mon enseignement, qu'ils avaient su, par intermédiaire, se procurer des notes et qu'ils s'étaient approprié les idées, tandis que, parmi les élèves de la conférence quelques-uns paraissaient n'avoir pas gardé de souvenir des leçons auxquelles ils avaient assisté.

Frédéric Plessis.

---

57. — **Die ursprüngliche Templerregel**, Kritisch untersucht und herausgegeben, par le Dr Gustav Schnürer, professeur à l'Université de Fribourg en Suisse. — Fribourg in Brisgau, Herder, 1903, in-8 de 157 p. [1]

Cette étude appartient à la Collection des travaux d'histoire publiés par la Görres-Gesellschaft sous la direction de M. Hermann Grauert. Elle a été faite avec un soin minutieux, conformément aux règles de la critique, après examen attentif des divers manuscrits contenant la Règle du Temple. En voici les conclusions principales :

1° Des deux formes sous lesquelles se présente à nous la Règle du Temple, la forme latine est inconstestablement la plus ancienne ; la forme française en une traduction faite à une époque sensiblement postérieure.

---

1. Cet ouvrage constitue le fascicule 1 et 2 du tome III des *Studien und Darstellungen aus dem Gebiete der Geschichte*.

2° La forme latine elle-même dévoile deux rédactions successives. La première date du concile tenu à Troyes en 1128 sous la présidence du cardinal Mathieu d'Albano ; Saint Bernard y prit une part prépondérante. La seconde rédaction sortit d'un travail de révision accompli au commencement de l'année 1130, par le patriarche Etienne de Jérusalem, qui s'inspira en certains points des décisions du chapitre général de l'Ordre, et modifia ou compléta l'œuvre du concile et de Saint-Bernard.

3° Postérieurement à 1130, le texte de la règle demeura invariable ; les statuts de l'ordre furent complétés par des décisions des chapitres généraux.

Pour établir ces conclusions, M. Schnürer passe en revue les articles de la règle latine, afin d'en démêler les éléments suivant leur origine. C'est ainsi qu'il fait remonter à la première rédaction, non seulement les passages d'édification où se reconnaît la main de Saint Bernard, mais aussi nombre d'autres fragments, et notamment les emprunts à la règle de Saint Benoît, qui sont assez nombreux. Il fait remarquer, d'ailleurs, que contrairement à une opinion accréditée, on ne trouve pas dans la Règle du Temple d'emprunts à la Règle de Saint-Augustin.

Le volume se termine par un chapitre où l'auteur reconstitue l'histoire de la Règle des Templiers, et par une édition du texte latin de cette Règle ; les variations des caractères typographiques y mettent en lumière l'origine des divers éléments dont elle est composée.

Il ne paraît pas qu'on puisse contester les vues d'ensemble qui se dégagent de cette consciencieuse étude. Toutefois la critique trouvera matière à discuter quelques-unes des conclusions de M. Schnürer. Peut-être aura-t-elle peine à lui accorder que le texte de la Règle n'a subi aucune altération après 1130 ; en effet certains articles, comme l'article 21 et l'article 59 par exemple, semblent avoir été rédigés à une époque où l'Ordre avait pris une grande extension, par conséquent à une date postérieure à 1130. Au surplus, ces controverses, et d'autres analogues, ne sauraient ébranler l'ensemble des résultats acquis par M. Schnürer.

La Justice criminelle au Moyen-âge, par Maurice Bauchond, docteur en droit, avocat à Valenciennes, membre de la Commission historique du département du Nord. — Paris, Picard, 1904, in-8 de 314 p. (Prix : 7 fr. 50).

L'auteur fait remarquer, à bon droit, au début de son livre, que les justices municipales des villes françaises ont été souvent négligées par les historiens du droit; il cite à ce propos des observations très justes d'Adolphe Tardit. C'est pour contribuer à combler cette lacune que M. Bauchond a entrepris d'exposer l'administration de la justice criminelle par le magistrat de Valenciennes au Moyen-âge. Il traite successivement de l'organisation de la juridiction municipale, et de la procédure qui y était suivie en matière criminelle. Puis une seconde partie est consacrée aux pénalités prononcées par le magistrat. L'auteur passe en revue les diverses peines et insiste particulièrement sur la peine si caractéristique de l'abattis de maison, qui remonte à la charte communale de 1114 et qui fut usitée jusqu'au milieu du XVe siècle. C'était un moyen de défense particulièrement énergique qui ne pouvait être dirigé que contre un étranger à la ville. La commune se vengeant par ce procédé de l'outrage commis par cet étranger envers l'un de ses membres.

M. Bauchond use largement des documents inédits, notamment de ceux qui sont conservés aux Archives et à la Bibliothèque communale de Valenciennes. Son ouvrage fournira des renseignements nombreux et intéressants pour l'histoire du droit pénal. Quant à l'histoire de l'organisation judiciaire, l'exposé en décèle une certaine inexpérience; l'évolution des institutions ne se dégage qu'imparfaitement.

P. F.

---

58. — **Die Dipylongräber und die Dipylonvasen**, par Fréderik Poulsen. — Leipzig, B. G. Teubner, 1905, in 8 de 138 p. avec 3 planches. (Prix : 6 mk.)

Un grand nombre de pages du tome VII de l'*Histoire de l'Art dans l'Antiquité*, publié en 1899 par MM. Perrot et Chipiez, sont consacrées à l'étude des monuments du Dipylon, cimetière athénien situé entre le Céramique intérieur et le Céramique extérieur, et en font bien connaître les caractères [1]. Cependant M. Frédérik Poulsen, qui a profité de son séjour en Grèce, du printemps à l'automne de l'année 1903, pour étudier attentivement le Dipylon, a pensé que le sujet pouvait être encore utilement traité sous la forme d'une monographie.

Il suit assez fidèlement, et il convient de l'en approuver, les développements de MM. Perrot et Chipiez. Les sépultures du Dipylon offrent de nombreux exemples d'inhumation à côté d'un certain nombre d'incinérations. L'auteur a donc consacré son premier chapitre à des recherches sur la signification et l'ancienneté du rite de l'incinération; les très nombreux exemples qu'il mentionne, de différentes nécropoles, fournissent de précieux éléments de comparaison. Son second chapitre nous donne une intéressante histoire des fouilles, et une description des monuments et des deux systèmes de sépulture, que son érudition et son expérience du terrain rendent très instructive.

La seconde partie de l'ouvrage, sur les vases du Dipylon, commence par une étude du style géométrique qui caractérise cette poterie. On sait que sous le nom de vases du Dipylon les archéologues désignent d'abord les vases trouvés dans le cimetière athénien, mais aussi toute la poterie du même style, quelle qu'en soit la provenance. Les questions relatives à l'origine et au développement du style géométrique sont fort bien exposées par M. Poulsen, toujours avec une grande abondance de citations et de références. Enfin l'auteur passe en revue les vases du Dipylon depuis les plus anciens jusqu'aux plus récents, notant leurs différentes formes, étudiant la diversité et les modifications des dispositions géométriques qui les décorent. Des croquis sans prétention, intercalés dans son texte, p. 81, 83, 94, 97, 105, 122, 129, aident le lecteur à comprendre ses explications. Les trois planches sont bien utilisées pour montrer quelques formes de vases, avec les caractères du style géométrique et spécialement les va-

---

1. M. Pottier, dans son Catalogue des vases antiques du Louvre, première partie, p. 212-233, a fort bien apprécié aussi l'art du Dipylon; c'est lui qui nous paraît avoir le mieux mesuré la part d'influence qu'il convient de reconnaître à l'Asie et à l'Egypte sur les manifestations de cet art.

riétés du méandre. Mais lorsqu'il s'agit des grandes compositions, avec figures d'hommes et de femmes, qui annoncent une nouvelle évolution de l'art de la décoration, le lecteur regrette de n'avoir pas sous les yeux la reproduction d'une au moins de ces scènes. On s'intéresse davantage aux explications de l'auteur, lorsqu'on voit en même temps les figures de l'ouvrage de MM. Perrot et Chipiez. L'illustration du mémoire de M. Poulsen n'est donc pas tout à fait suffisante. D'ailleurs son texte nous paraît aussi complet et consciencieux que possible, et son ouvrage mérite d'être bien accueilli. 	Philippe VIREY.

---

59. — **Étude sur l'Ancienne église de Saint-Philibert de Grandlieu** (Loire Inférieure), par R. P. Camille de la CROIX S. J., d'après des fouilles, des sondages et des chartes. Accompagné de 21 planches. (Extraits des *Mémoires de la Société des Antiquaires de l'Ouest*, tome XXIX.) — Poitiers, 1906, in-8 de 201 p.

Une étude archéologique du R. P. de la Croix est toujours une leçon de méthode d'autant plus instructive que l'auteur n'épargne rien pour nous rendre sensibles ses démarches et les considérations critiques qui les ont déterminées. Après les fouilles du P. de la Croix il semble qu'il n'y ait plus rien à découvrir dans les fondations de l'église Saint-Philibert de Grandlieu ; après la publication des notes de l'archéologue avec l'album qui l'accompagne on peut croire qu'il n'est plus nécessaire de visiter la localité pour se rendre compte de l'intérêt que présente son vieux sanctuaire.

Neuf plans, où figurent des indications en quantité vraiment étonnante, reproduisent les divers états de l'église à l'époque Gallo-romaine et à diverses dates de la période Carolingienne. Les modifications de la crypte et du chevet, les profils des arcs et des piliers, tous les éléments de l'histoire de l'édifice apparaissent aux yeux. Les divers aspects du monument sont présentés dans de très belles planches photographiques dues à M. Robuchon. La valeur de ces planches est encore accrue par un plan qui indique les différents points où s'est placé l'opérateur.

Le R. P. de la Croix ne s'est pas contenté d'examiner en détail l'église soumise à sa critique. Il a fouillé le sol, sondé les fondations de manière à reconnaître dans leurs substructions les monuments qui se sont succédé et unis sur le même emplacement. Les résultats de ces fouilles ont manifesté toutes les ressources que l'archéologie bien entendue, bien pratiquée fournit à l'explication d'un texte. En l'espèce il s'agit du texte des miracula d'Ermentaire si savamment édité par M. Poupardin. Le texte hagiographique a fourni des dates précises pour diverses étapes de la construction, mais son imprécision sur la portée de chaque remaniement a cessé et s'est changée, grâce aux sondages, en réelle clarté. A peine est-il besoin de dire que le savant archéologue n'a pas voulu s'enfermer dans le champ un peu étroit de l'hagiographie ; il sert avant tout la science à laquelle il s'est voué et d'autant plus utilement qu'il ne professe pas un respect superstitieux pour les cadres conventionnel des styles. L'auteur des fouilles de Déas (nom romain de Grandlieu) ne se borne pas à reconnaître dans l'église Saint-Philibert les caractères ordinaires des bâtisses Carolingiennes. Il démontre la persistance des procédés d'architecture au-delà des limites chronologiques convenues des différentes périodes archéologiques. Il fait notamment cette très importante remarque : « il est aisé de conclure que l'emploi de la pierre blanche et de la brique dans toutes les baies de cet édifice est simplement dû au remploi des mêmes matériaux, ce qui a été fait à toutes les époques auxquelles ce monunent a été remanié depuis son origine Gallo-Romaine jusqu'à la fin de la période Romane ; il serait donc vraiment téméraire de considérer l'ancienne église de Déas comme Carolingienne et d'enseigner que l'alternance des pierres avec deux rangs de briques est la caractéristique des monuments de cette époque. »

La conclusion du livre à laquelle ces lignes sont empruntées démontre en outre la portée historique d'exhumations que l'on croit trop exclusivement profitables au progrès des connaissances artistiques. L'archéologue tire en quelque sorte du sol de Déas les preuves de trois notions historiques qui importent beaucoup à la connaissance exacte de nos origines. 1º à Déas, sur l'emplacement de Saint-Philibert de Grandlieu, le P. de la Croix retrouve un de ces centres ruraux comme il en a exploré à Sanxay (Vienne) et à Berthouville (Eure). Une sorte de basilique champêtre au plan imprévu devait faire partie d'un champ de foire installé dans un domaine rural. Cette basilique a fourni une partie de ses murs et tous ses matériaux à l'église.

2° Mais elle-même était faite de débris. Un monument Gallo-Romain construit dans le voisinage, avait été ruiné vers la fin du IIIe siècle par les barbares ou par les Bagaudes. Ici encore l'exploration archéologique du Déas antique se lie à d'autres études du P. de la Croix et en souligne la portée. Il est advenu à l'humble station rurale du Bas Poitou un désastre analogue à celui qui avait frappé la capitale Poitevine. Sous les terrains amoncelés aux abords du Palais de Justice de Poitiers [1], le P. de la Croix a reconnu les débris calcinés de boutiques Gallo-Romaines qui bordaient primitivement une rue ou place commerçante, coupée après la catastrophe, par des remparts romains construits vers la fin du IIIe siècle de notre ère. Ainsi se trouve vérifiée sur des points assez distants de la région occidentale de la France [2] la force destructive d'invasions dont l'histoire a longtemps refusé de tenir compte parce qu'elles avaient précédé le Moyen-Age. Aucun doute cependant ne peut subsister sur la redoutable transformation caractérisée en ces termes par M. Bloch [3]. « Il semble que les barbares aient laissé comme une table rase tant le contraste est frappant entre les villes des trois premiers siècles et celles qui s'élevèrent à leur place. Jamais pays ne changea d'aspect si rapidement et si complètement. »

3° Sur une autre invasion encore les recherches archéologiques de Saint-Philibert de Grandlieu nous donnent de précieux et pittoresques renseignements. L'exode d'une communauté fuyant un rivage infesté par les invasions Normandes comporte beaucoup de péripéties. La ruse employée par les moines de Héri pour déro-

---

1. *R. P. C. de la Croix.* Les origines des anciens monuments religieux de Poitiers et celles du square du Palais de Justice et de son donjon. (Extrait des mémoires de la Société des Antiquaires de l'Ouest t. XXIX) Poitiers, 1906.

2. Nous pourrions signaler comme un autre document archéologique très probant sur la gravité des invasions du IIIe siècle, les ruines de Jublains, (Mayenne) disparu en tant que capitale de cité à l'époque où la villa de Déas et la ville de Poitiers subissaient de si fâcheux bouleversements.

3. *E. Lavisse.* Histoire de France, tome Ier, 2e partie, p. 300.

ber aux profanations la relique de leur vénéré patron, la construction si secrète et si ingénieuse de la crypte où la dépouille mortelle de Saint Philibert ignorée brava deux descentes des pirates du Nord et échappa indemne à la dévastation de Déas; le double transfert des reliques de l'île de Noirmoutiers à Grandlieu, puis de Grandlieu en Anjou abondent en curieux détails que l'étude architecturale de l'église Saint-Philibert permet seule de comprendre.

Telle est la belle page d'histoire déchiffrée par le P. de la Croix sur les pierres tant de fois remuées d'une vieille chapelle de couvent.
H. Gaillard.

---

60. — **Élise Hoskier**. Portrait religieux, par Morten Pontoppidan, Pasteur à Stenlöse (Danemarck) Traduction française. — Paris, Ch. Delagrave.

Parmi les victimes de l'incendie du Bazar de la Charité le 4 mai 1897, se trouvait madame Elise Hoskier femme du consul général de Danemarck à Paris qui périt avec sa seconde fille madame Roland-Gosselin. On trouva dans les papiers de la défunte des notes écrites au cours de ses méditations. Cette découverte procura aux survivants beaucoup de consolation en leur permettant de communiquer encore avec la disparue. M. Hoskier, en souvenir de sa femme publia sous ce titre: [1] *Pensées, Souvenirs, méditations* un certain nombre de ces pages. Le recueil était destiné seulement aux parents et aux amis intimes, mais bientôt il fut lu avec avidité par les parents éloignés et même par les étrangers.

Un ministre protestant Morten Pontoppidan pasteur à Stelöse (Danemark) eut l'idée de faire profiter ses compatriotes du bienfait que lui-même avait reçu de la lecture de ces pensées. Mais au lieu d'une traduction complète, il en fit des extraits importants groupés en un ordre harmonieux, reliés par des réflexions personnelles de manière à donner de madame Élise Hoskier « une image fidèle, un portrait qu'on aimera à contempler ».

---

1. Indiquer la référence complète si on la possède.

C'est la traduction, faite en un très beau style, de ce livre que la librairie Delagrave présente au public. La lecture de ces pages écrites par une âme très élevée, pieuse dans le meilleur sens du mot, pendant ses instants de recueillement et de prière est d'un très grand charme et d'un véritable profit moral. Sans doute, il y est souvent question de ses relations, des incidents de sa vie, de sa famille à qui elle se consacre avec une intelligence rare et un dévouement absolu, mais il se dégage de ces écrits un portrait très attachant, très instructif. L'ouvrage est composé non pas de façon à faire une biographie, mais plutôt une peinture d'âme, la peinture d'une âme très aimante de Dieu et des siens d'abord, mais aussi des pauvres et des déshérités.

Tous les chapitres sont intéressants ; bien que l'ordre logique qui les relie ne soit point apparent, tous ensemble cependant ils donnent l'idée de la vie chrétienne dans ce qu'elle a de plus pur, de plus noble, de plus courageuse. Ceux qui nous ont le plus intéressé, sont les suivants : *Vivre par le cœur. — Trouver le moment. — Surge. — L'activité chrétienne.*

Élise Hoskier prenait la vie très au sérieux et voyait surtout dans sa situation les obligations qu'elle lui imposait : « Quel sacerdoce que le mariage, dit-elle, Dieu en a fait un sacrement. Qui donc y pense ? » L'existence doit avoir un but élevé et utile : « Il faut *saisir* sa vie ne pas la laisser aller à la dérive. » Et pour elle, saisir sa vie consiste à en saisir les moments, les occasions fugitives : « Attaque l'occasion de front, elle est chauve par derrière ». Elle fait sienne la pensée d'Augustin Cochin : « Mon Dieu, combien je vous aime pendant qu'on vous discute ».

Elle ne discuta jamais Dieu, mais élevée dans la religion grecque (Eglise orthodoxe russe) elle conçut bientôt le désir d'entrer dans l'Eglise Catholique où, dit-elle « on a tout ce qu'il faut pour essuyer les larmes de la terre et gagner les palmes du ciel. » Elle triompha des nombreux obstacles qui s'opposaient à son projet et quand elle l'eut réalisé, jamais le moindre doute ne vint effleurer son âme. L'auteur quoique protestant en racontant cette partie de sa vie rend pleine justice à l'Eglise catholique en disant : « Il y a des côtés de la vie chrétienne et des forces chrétiennes que l'Eglise Catholique a su développer tout autrement que nous surtout au point des soins de la vie intérieure ».

En ce qui concerne le sens de la Fête de Pâques, les réflexions de l'auteur ne sont pas aussi justes, et le traducteur qui a toujours respectée fidèlement sa pensée intervient avec son autorisation pour montrer que l'on peut être d'un avis différent.

M. Pontoppidan dit que, dans sa marche courageuse et vaillante, madame Hoskier avait toujours montré une soumission silencieuse et résignée à la souffrance en prenant pour modèle Notre Seigneur Jésus-Christ sur la croix. Il ne lui semble pas que cette âme a participé autant à sa résurrection : « Nous ne trouvons pas dans le livre de madame Hoskier une manifestation énergique et vigoureuse de la joie pascale ». Peut-être, dit-il, ne faut-il attribuer qu'à un hasard l'absence de ces paroles de triomphe, peut-être, est-ce le fait de l'Eglise à laquelle elle appartient. Ne veut-il point dire par là que l'Eglise Catholique est plus préoccupée, et plus capable de consoler la souffrance que de nous diriger à travers la vie ? C'est une des grandes objections modernes contre le catholicisme. Le traducteur, quoique protestant lui-même et sans trancher la question n'a pas de peine à montrer que la résurrection du Sauveur tient autant de place dans l'Eglise et sa liturgie dans la pensée du chrétien et de madame Hoskier que la Passion. Elle parle souvent aussi de Pâques comme d'un principe de joie : « Quels jours lumineux et consolants ! Nous sommes sauvés et après les jours douloureux de la Passion, voilà, Jésus qui revient comme Dieu et nous montre qu'il peut être à la fois au ciel et sur la terre... Soyez près de moi à l'aube de la vie, sur le chemin d'Emmaüs, au Cénacle, partout... Nous naissons, nous vivons, nous souffrons, nous mourons avec le Christ, mais nous ressuscitons avec lui. Amen ».

Il y a profit pour les personnes de la condition de madame Hoskier à voir comment elle a su concilier les exigences de la vie du monde avec celles de la piété la plus sincère, tous peuvent y apprendre dans un exemple vivant que la piété est sans doute affaire d'intelligence et de sentiment, mais avant tout de volonté. Ce n'est pas un lit de malade sur lequel l'âme puisse s'étendre. « Il n'y a qu'une chose vraiment positive dans les progrès spirituels, ce sont les sacrifices qu'on s'impose et les victoires qu'on remporte sur soi-même ».

A. MOLIEN.

61. — **Gordon-Pacha,** par Biovès. — Paris, Fontemoing, 1907, in-12. (Prix : 3 fr. 50).

Quoique les brillants « conquistadors » aient disparu sans laisser de traces, ce serait une erreur de croire que le fantastique et l'imprévu aient à leur tour abandonné notre globe, où tout est arrangé avec le soin méticuleux et monotone que nous savons. Sans doute le monde est bien connu ; il a été parcouru en tous sens ; et, pour la géographie, nous pouvons le dire : « il n'y a plus de mystères. » Néanmoins, que les chercheurs d'aventures ne se découragent pas. Ils trouveront encore, s'ils le veulent, de quoi se contenter. Pour s'en persuader, qu'ils lisent le livre de M. Biovès, sur « Gordon-Pacha ». Ils prendront contact avec une âme, telle qu'on en rencontre dans les romans de chevalerie et aux débuts de la Renaissance. On n'espérait pas en trouver de pareille, en plein xix° siècle. Aussi l'ouvrage, si bien écrit et documenté de M. B., nous cause-t-il la plus agréable des surprises. Il nous montre un homme original, curieux, et nous sort de la banalité actuelle.

Si nous nous reportons à ses hérédités, nous ne nous étonnerons pas de ce qu'il est devenu. Son père était soldat, (il parvint au grade de lieutenant général), et sa mère appartenait à une famille de marins, qui chassaient la baleine dans l'hémisphère austral. Aussi dès sa naissance (arrivée le 28 janvier 1833) fut-il décidé qu'il serait marin ou militaire. En réalité, il fut l'un et l'autre, et cela ne surprit pas sa famille.

Après des études mal faites, une jeunesse dissipée et turbulente, durant laquelle il apprit peu de choses, il réussit à se faire recevoir sous-lieutenant et partit, en 1854, pour la Crimée.

Il s'y fit vite remarquer, car on lui donna des missions délicates, dont il s'acquitta à merveille. Nommé capitaine, il rentra en Angleterre, sans enthousiasme. Il pensait s'y ennuyer ; et cela arriva. La monotonie de la vie civilisée ne lui convenait nullement. Aussi est-ce avec joie qu'il obtint une place dans les armées alliées, lors de l'expédition de 1860 contre la Chine.

Il assista à la prise de Pékin, au pillage du palais d'été, et accompagna les troupes appelées dans le Kiang-Sou pour protéger les européens contre les Taïpings. C'était en 1862.

Qu'étaient-ce que les Taïpings ? Si l'on veut, ils ressemblaient aux

Boxers actuels. Mais ceci leur donne un cachet particulier — ils agissaient sous l'influence d'un mystique, Hong, imbu de Bouddhisme, de christianisme, d'islamisme, et qui voulait se faire passer pour un nouveau Mahomet. En réalité il avait des desseins moins élevés, il travaillait à renverser la dynastie impériale alors régnante. Dans ce but, il sut grouper autour de lui des mécontents, beaucoup de brigands, qu'il arma et mena en campagne. Les sectateurs de Hong terrorisèrent plusieurs provinces. Ils détruisirent des villes, dévastèrent des campagnes, massacrèrent des milliers de personnes, à la face du pouvoir impérial alarmé et impotent. Nul doute que ce dernier n'eut sombré, sans une intervention européenne : les Taïpings ayant menacé des établissements « occidentaux », les consuls résolurent de soutenir la cour de Pékin et obtinrent l'organisation d'une véritable armée chinoise, dont la direction, après divers tâtonnements, fut confiée à Gordon.

Voilà notre héros à la tête de singulières troupes ! Indisciplinés, cruels, ivrognes, voleurs, les soldats qu'il lui faut commander ne valent pas plus que ceux qu'il va combattre. Il le sait, mais ne désespère de rien, car il connait déjà le fond du caractère chinois. Il n'ignore pas, qu'en remplissant les conditions acceptées, il pourra faire quelque chose de ces brigands. — Aussi veille-t-il à ne mécontenter aucun individu, grand ou petit ; et, grâce à cela, il obtint, après bien des difficultés, un succès final, à peu près définitif.

Nous ne raconterons pas les campagnes de Gordon : cela nous entraînerait trop loin. Il faut les lire dans l'ouvrage si intéressant de M. Biovès. Faisons pourtant remarquer la diplomatie, un peu brutale, dont il use pour ne pas tomber dans les pièges que lui tendent les rusés mandarins. En lisant les chapitres II et III, nous nous apprendrons à connaître les débuts de l'illustre Li-Hung-Chang, et nous perdrons sur sa personne les quelques illusions que nous pourrions avoir.

Néanmoins, il faut rendre justice au pouvoir impérial : il reconnut les services que lui rendit Gordon. Sur la fin de la campagne notre héros fut nommé « titou », grade équivalent à celui de général en chef. A cet honneur s'en ajoutèrent d'autres. M. B. les énumérer (p. 95), et les commente Gordon devint alors célèbre : jamais on aurait cru, en Europe, qu'un Anglais put devenir

« mandarin »... Aussi est-ce au milieu d'une curiosité universelle qu'il débarqua à Southampton à la fin de 1864. Tout le monde voulait le voir, l'entendre, l'admirer.

La seconde partie de sa vie — la plus connue — est peut-être moins intéressante. Ne la croyons pas cependant dénuée d'imprévus. Elle abonde au contraire en épisodes, curieux, en aventures fantastiques. Mais quand on a réussi à se faire nommer mandarin à une époque où la Chine conseillait encore le massacre des étrangers, qu'est ce qui peut désormais surprendre ? — Oui, c'est bien dans son titre de « titou » que réside la véritable gloire de Gordon. C'est sur ce titre en tous cas qu'elle s'est édifiée, et qu'elle est devenue solide, pour ne pas dire immortelle.

Nous ne songeons même pas à analyser ici les expéditions que dirigea notre héros dans l'Afrique équatoriale. Il nous faudrait entrer dans des subtilités diplomatiques — très obscures — que rien ne résume, et qu'il vaut mieux lire dans le travail de M. B. Nous assisterons alors à ses succès et à ses échecs, car Gordon connut les uns et les autres. Nous le verrons « pacha », nom désormais inséparable du sien ; nous pourrons juger avec impartialité ses rapports avec les souverains ; nous admirerons enfin sa mort, (1885) devant Khartoum, survenue à l'improviste et acceptée bravement, en face ; car s'il était un peu « bohème » ; c'était non seulement un grand et habile conducteur d'hommes, mais encore un beau caractère.

M. Biovès en est si persuadé, qu'il consacre tout un chapitre à l'étude psychologique de Gordon : il l'intitule « l'apôtre » — C'était en effet une sorte de missionnaire « modern-style » que ce meneur de brigands. Revenu jeune au christianisme, il lui fut fidèle le reste de sa vie. Il le prêcha et l'encouragea de toutes manières. Il fit plus : lui-même voulut un jour vivre en parfait chrétien ; et, dans cette idée, il transforma, sans affectation, sa maison en asile. Il était avec cela profondément libéral ; à la façon des Anglais intelligents. Il parle avec respect et même sympathie des missionnaires catholiques (p. 115) si dévoués à leur cause ; il était enfin sincèrement bon, obligeant, accessible à tous ; le livre de de M. Biovès abonde en traits dignes d'éloges. Gordon qui se méfiait de son caractère très sensible, le cachait sous des aspects parfois très durs. Mais ces colères — souvent fort justifiées — passaient vite ; et l'on retrouvait avec joie l'ami exquis que « les nécessités du service » avaient fait disparaître. Notons — pour terminer — que sa vie privée reste, jusqu'à présent, intacte. Nous n'y trouvons pas de ces intrigues amoureuses, banales et fades, côté faible des héros, dans lesquelles sont tombés quelquefois les génies les plus positifs, Napoléon, par exemple. Gordon, lui, ne s'est pas laissé prendre à un sourire ; et cela rehausse sa gloire.

Pierre MARESTAING.

---

62. — **Rome,** par René SCHNEIDER. — Paris, Hachette 1907, in-12 de 334 p. (Prix : 3 fr. 50).

Ceux qui aiment Rome pour l'avoir longtemps habitée, en cherchant à la connaître, seront tour à tour charmés et agacés par la lecture de ce livre. La langue de l'auteur, vive et expressive des nuances les plus tenues, ne leur laissera guère la ressource de l'indifférence. Ils seront donc charmés par ce livre, quand ils y trouveront leur Rome fidèlement peinte et reflétée ; agacés, au contraire, quand elle leur paraîtra défigurée. Ils n'échapperont guère à l'une et à l'autre impression. Le livre de M. S. est un livre de « sensibilité », comme il le dit dès la première page. C'est donc dans un sens un livre indiscutable, et l'on ne s'attardera pas à juger du plan tout poétique suivant lequel il est bâti. Mais l'impression juge de l'impression et cela d'une façon souveraine ; j'ai peur que la « sensibilité » de M. S. ne heurte souvent bien des « sensibilités » différentes. Il faudrait en outre garder pour soi et quelques amis les impressions uniques ou trop exquises; elles sont incommunicables ; elles déconcertent plus qu'elles n'agréent, et d'ailleurs l'on éprouve une pudeur à devenir le confident de tant de secrets et de choses intimes.

Je crois cependant que les impressions de M. S. rencontreront, en plus d'un passage, celles d'autres « Romains pérégrins » et ceux-ci auront une joie exquise à les retrouver prises en une langue très délicate et déliée. Je cite d'après mon sentiment : p. 14 sur Poussin et le paysage que compose Rome ; p. 33 sur les acanthes et les plantes du Forum ; p. 35 sur la rusticité du Palatin primitif; p. 59 sur la coureuse laconienne du Vatican ; p. 83 sur la poésie des cloîtres romains; p. 92 sur le sarcophage de Girgenti; p. 103 sur les portraits de S. Bernardin de Sienne; p. 109 sur les fêtes qui suivirent à Rome la bataille de Lépante; p. 118 sur les rapports de Nicolas V et de Fra Angelico; p. 201 sur les statues laissées inachevées par Michel-Ange; p. 265 sur les bœufs dans l'histoire de Rome. Et je reproduis, pour le plaisir de le transcrire p. 278, le dernier trait admirablement exact par où s'achève la description du paysage aperçu de la villa d'Este : « enfin plus rien que de l'air bleu qui vibre : on pressent la vie latine ». Et d'autres *sensibilités* noteront bien d'autres passages à leur goût. Et aussi bien ce n'est pas à quereller M. S. sur sa « sensibilité » particulière qu'il faut s'attarder.

On se demandera plutôt s'il ne lui arrive pas de couvrir de ce beau mot de sensibilité des développements qui ne relèvent nullement de la sensibilité, en sorte que parfois il paraît nous leurrer en se leurrant lui-même.

Il écrit en parlant de l'art alexandrin p. 51 : cet art « ne se défend jamais d'aller de la grâce jusqu'à la manière, de l'ingéniosité jusqu'à l'esprit » lui de même. Il est très spirituel, péché mortel à Rome, au dire de Stendhal, l'esprit interposant un voile entre nous et les choses.

Ce ne serait rien : on croit discerner que les yeux jouent le petit rôle dans ses impressions et que le cerveau souvent voit à leur place; que de même, si la sensibilité s'échauffe, c'est au contact des idées de l'auteur autant et plus qu'à celui de la réalité. Exemple d'idées qui substituent leur pouvoir à celui de l'objet : P. 50, à propos de l'œil sans prunelle des statues d'empereur : « l'œil de marbre ou de pierre, dépourvu de point visuel, s'arrondit et s'harmonise à la forme même du monde ». Averti, on en découvrira bien d'autres : l'assimilation p. 67 de la place de Saint-Jean de Latran à Jérusalem est une inévitable gageure qui frise le calembourg, je devrai dire, qui s'y enfonce : « quelques touristes reluisants comme des rois mages, reviennent des tombeaux de la voix latine et se dirigent vers Sainte-Marie « à la crèche »... le soir j'y ai entendu la grenouille croasser au fond de l'herbe sa moncorde jérémiade »; p. 163, l'assimilation de Rome à la Léda mythique qui se tourne vers le Nord, se termine par ce beau trait : « je l'ai vue naguère, toute frémissante sur les rives de son Tibre où surgissait une floraison spontanée de mâts et de drapeaux, attendre le blanc cygne des bords de la Sprée. Léda s'ouvrait aux chevaliers du Cygne ». C'est beaucoup exalter l'enthousiasme officiel que Rome naguère témoigna poliment à Guillaume II en visite chez elle. Et si l'auteur n'avait enfin de compte quelque belle philosophie à substituer à la vision et à donner pour mesure à la réalité il manquerait un trait à sa figure de Français intellectuel qui promène en Italie ses idées sur le monde. Il a une philosophie nietschéenne et dyonisiaque. Vous apprendrez donc que la Rome de la Renaissance, sauf un trait de spiritualité, rendu par Raphaël dans les Loggie s'exprime entièrement en trois figures : la Diane d'Ephèse, le mythe de Léda, et le personnage d'Impéria. Un tiers du livre s'édifie là-dessus. Et vous saurez par exemple que si Jean d'Udine se plaît aux animaux, aux fleurs et aux fruits, ce n'est pas tant pour le plaisir que les yeux prennent aux formes charmantes et aux couleurs fraîches, que dans un sentiment de communion à la vie universelle qu'alimente la Diane d'Ephèse aux cent mamelles. P. 139. « Sur l'escargot Jean d'Udine s'est penché avec une piété panthéistique : il y a écouté sourdre l'Océan de la vie obscure ».

Et c'est en définitive le trait le plus caractéristique du livre de M. S. que les yeux y sont de peu d'usage, que l'amour de la forme pour elle-même y tient peu de place. La Beauté n'a pas sa langue propre, en dehors et au delà des idées et des sens : Impéria ou les conceptions philosophiques et théologiques de la chambre de la Signature, telles sont les deux extrémités des domaines où M. S. la confine. A ce point qu'il ne semble pas s'être aperçu qu'il y a à Rome une architecture.

En somme, il a recommencé l'erreur de Taine, d'aborder Rome avec les idées faites qu'un français cultivé emporte de Paris, diverses suivant les époques, quand il boucle son bagage pour l'Italie. Il y aurait néanmoins injustice à ne pas reconnaître que même sur les limites de la vérité, la sensibilité intellectuelle de M. S. doit souvent à sa délicatesse de rester charmante. Et j'en veux donner cet exemple en correctif des critiques précédentes. P. 278, après avoir parlé des yeux circulaires et remplis d'ombre des vierges byzantines : « La vierge de majesté de Buccio di Buoninsegna, dans son tableau de l'œuvre en 1313, a pour la première

fois des yeux en amande, dont les paupières demi-closes semblent restreindre le champ de ce qu'il faut aimer pour le mieux aimer ».
Louis PONNELLE.

---

63. — **Études musicales**, troisième série, par Camille BELLAIGUE. — Paris, Ch. Delagrave, 1906, in-18 de 394 p. (Prix : 3 fr. 50).

Toujours ingénieuses et fines et d'ailleurs sans visées didactiques, ces critiques semblent beaucoup plus personnelles quand elles partent de la musique, que lorsqu'elles y aboutissent.

Si l'exposé des doctrines musicales d'un Aristote ou d'un Nietzsche paraît donc superficiel et lâché, une large revanche est promptement prise avec telle poétique fantaisie d'imagination comme celle intitulée « Idées musicales dans la Sixtine ». L'auteur a cherché et trouvé d'heureuses correspondances entre le monde plastique créé par Michel-Ange et les formes polyphoniques de la musique du XVIe siècle qui déroulèrent leurs volutes contrapontiques sous les Prophètes et les Sibylles.

Les réussites de cet ordre n'étonnent plus chez M. Bellaigue ; à peine pourrait-on lui reprocher, léger travers de virtuose, une nuance visible de satisfaction dans son style.

Mais que l'œuvre se plie spécialement à la nature du critique, celui-ci ne peut réaliser ses petites merveilles de grâce raffinée qu'en frôlant de près la mièvrerie. C'est son cas lorsqu'il nous parle du « Requiem » de M. Fauré. En ces rencontres, une habituelle élégance de forme paraît réagir *à rebours* et si l'on peut dire, *en remontant*, sur la sensibilité, l'inclinant à des pâmoisons trop efféminées.

Hâtons-nous d'ajouter que par une heureuse conséquence l'analyse et l'expression se font plus viriles devant des œuvres robustes et hautes. Les pages consacrées au Beethoven des quatuors et des sonates de piano sont d'un interprète qui se garde de l'arbitraire et qui dégage avec une chaleureuse précision le caractère de ces chefs-d'œuvre. Oubliant la douce et dangereuse tyrannie de la phrase *ronde* et de ses caresses, l'*écrivain* nous émeut par son émotion.

Signalons aussi la vigueur et l'accent convaincu de l'étude qui s'occupe de la « réforme de la musique religieuse ». La vaillante croisade, hélas! encore si peu triomphante prêchée par Pie X, a porté bonheur à l'éloquent défenseur qui la commente ici. Nous oublions presque certaines admirations contradictoires et sans réserve qui s'attardent au long des premiers paragraphes de l'article traitant de « la musique d'église au théâtre. »

Ce volume fait aimer deux fois les œuvres qu'il célèbre : par leur musicalité mise en lumière et par les développements littéraires si agréablement colorés que l'auteur en tire avec aisance.

A. G.

ACADÉMIE DES INSCRIPTIONS ET BELLES-LETTRES

Séance du 15 mars.

M. Georges Perrot, secrétaire perpétuel, lit un rapport de M. Jouckler sur la découverte qu'il vient de faire à Rome, grâce aux indications de M. Saint-Clair-Baddeley des restes du *lucus Furrinæ* où se tua Caïus Gracchus. Ces vestiges sont situés dans la villa Scierra, sur le versant est du Janicule, en face de l'Aventin. La déesse Furrina doit être considérée comme une nymphe latine et non comme une furie à la façon des Erinnyes grecques.

A l'époque impériale, son sanctuaire fut affecté au culte des divinités syriennes, Jupiter Kerounios, Jupiter Heliopolitanus, Adadus, Jupiter Maleciabrudus. Espérons que l'édifice sera bientôt tout à fait dégagé.

M. Pottier continue la lecture de son Mémoire sur les vases mycéniens de Chypre.

La séance se termine en comité secret.

Séance du 22 mars.

Le président rappelle que conformément à la tradition, la prochaine séance dont la date tomberait le jour du vendredi saint serait reportée au mercredi prochain 27 mars.

M. Barth rend compte des résultats actuels de la mission Pelliot dans le Turkestan.

M. Cagnat dépose sur le bureau en en faisant l'éloge une note de M. le baron de Baye sur les *Goths de Crimée*.

Sur le rapport de M. Maurice Croiset, le prix extraordinaire Bordin, de la valeur de 3,500 fr., est réparti de la façon suivante :

1,500 fr. à M. Paul Monceaux, professeur au Collège de France : *l'Afrique romaine* ;

500 fr. à M. Mazon : *Essai sur la composition des comédies d'Aristophane* :

500 fr. à M. Pichon : *Les derniers écrivains de la Gaule romaine* ;

500 fr. à M. Allègre : *Sophocle : les ressorts dramatiques de son théâtre* ;

500 fr. à M. Gaffiot : *Le subjonctif de subordination en latin* ;

Le prix Saintour, de la valeur de 3,000 fr. est ainsi réparti :

1,000 fr. à M. Homo : *Essai sur le règne de l'empereur Aurélien* ;

1,000 fr. à M. Merlin : *l'Aventin dans l'antiquité* ;

500 fr. à M. Audollent : *Defixionum tabellæ* ;

500 fr. à M. Bourguet : *L'administration financière du sanctuaire pythique, au quatrième siècle avant Jésus-Christ*.

Sur le rapport de M. Thomas, le prix Chevée, de la valeur de 1,800 fr. est décerné à *l'Atlas linguistique de la France*, de M. Jules Gilliéron, directeur d'études à l'École pratique des Hautes-Études, et Edmond Edmout.

Après vote au scrutin secret, l'Académie à la majorité de 31 voix, attribue le prix Estrade-Delern, de la valeur de 8,000 fr. à M. Joseph Halévy, directeur à l'école des Hautes-Etudes pour l'ensemble de ses travaux sur l'antiquité orientale.

Sur le rapport de M. CHATELAIN. M. Bulard, membre de l'école d'Athènes, est désigné au choix de la Société centrale des architectes pour l'attribution de la médaille d'or que cette Société décerne annuellement à un archéologue.

M. Bulard a pris une part très active et très éclairée aux fouilles de Délos.

M. D'ARBOIS DE JUBAINVILLE revient sur le héros Cuchuleinn. lequel, suivant la composition épique de Cooley, intitulée *Enlèvement des vaches*, dédaignait de s'emparer des vêtements, des armes, des chars et autres objets de prix de ses ennemis vaincus. Il se bornait à les déposséder de leur tête. Diodore de Sicile dit que les Gaulois en faisaient autant et donnaient ces têtes à leurs serviteurs, qui durent longtemps être des Germains. De là, le sens du mot allemand *beute*, en français butin, venant d'un accusatif francique *beutin*. C'est un dérivé du mot celtique *cheudiboudi*, signifiant victoire. Les Gaulois enrichirent ainsi les Germains qui, par la suite, triomphèrent d'eux, grâce à ces richesses mêmes.

M. HAVET commente quelques passages de Plaute : il montre que dans l'un d'eux, emprunté au *Capitaine fanfaron*, le terme *equidem plané* est une faute de copiste pour *Ionem plone*, signifiant un vrai Ionien. C'est-à-dire un homme charmant. Dans la même comédie, le composé inédit *præfaciunt* est restitué par M. Havet avec le sens de « il font les premiers. »

M. LE MARQUIS DE VOGÜÉ donne de bonnes nouvelles des travaux de M. CLERMONT-GANNEAU en Egypte et des heureuses trouvailles qu'il a faites.

Séance du 5 avril.

Le congrès de Montpellier, qui compte parmi les membres du comité des travaux historiques et archéologiques bon nombre de membres de l'Académie, les vacances de Pâques aussi, produisent des vides considérables dans l'assemblée.

M LÉOPOLD DELISLE communique une Etude sur le dernier cahier d'un exemplaire manuscrit de la *Bible moralisée* qu'il avait eu occasion de parcourir rapidement jadis et qui après des fortunes diverses passa en Amérique dans la bibliothèque de M. Pierpont Morgan. Le riche amateur s'est fait un plaisir de le communiquer à M. Delisle qui le place sous les yeux de ses confrères. Ce qui rend si précieux ce document ce sont les miniatures très nombreuses et de grand format dont il est orné, et qui sont les plus belles peut-être que le treizième siècle ait exécutées. Parmi celles qu'il faut mettre hors de pair, on doit remarquer surtout les deux peintures superbes représentant le roi et la reine sous les auspices desquels l'ouvrage est placé ; elles représentent Saint Louis et sa mère ou sa femme.

M. BABELON, dans un Mémoire intitulé *La stylis, attribut naval sur les monnaies*, précise la date à laquelle débuta la frappe des monnaies d'or d'Alexandre le Grand, et démontre que la croix, attribut constant de la Victoire au revers de ces pièces n'est pas une hampe de trophée, mais un des éléments du gréement des navires antiques, nommé *stylis*. Cruciforme et soutenant l'aplustre à l'arrière des vaisseaux, elle symbolisait la puissance maritime au même titre que la proue ou le gouvernail. Les Athéniens l'avaient placée à la main de la Victoire sur les amphores panathénaïques de l'année 336, date de l'avènement d'Alexandre et c'est pour leur plaire qu'Alexandre l'adopta dès le début de son règne; de même, il plaça sur ses pièces d'or la tête d'Athéna des monnaies corinthienne parce que l'émission en commença immédiatement après la réunion de la diète panhellénique de Corinthe, où Alexandre fut proclamé stratège général de toutes les forces grecques et chargé de conduire la guerre résolue contre les Perses.

M. Héron de Villefosse remplit les fonctions de secrétaire perpétuel en l'absence de M. G. Perrot qui est parti en Grèce pour un voyage d'études qui durera environ six semaines.

M. S. Reinach, président, annonce la mort de M. Adolphe Neubauer, savant orientaliste, correspondant étranger de l'Académie depuis 1889, et fournit l'énumération de ses principaux travaux.

Lecture est donnée d'une lettre du maire de Cannes invitant l'Académie à se faire représenter à la cérémonie d'inauguration d'un monument à la mémoire de Mérimée, le 28 avril prochain M. *Héron de Villefosse* est désigné par ses confrères. On trouvera, d'autre part, dans le journal, quelques détails sur cette cérémonie.

L'Académie passe à l'ordre du jour sur le vœu qui lui est demandé par une Académie étrangère de s'intéresser aux développements d'une langue internationale. Ce n'est pas ici que l' « esperanto » a chance de jamais triompher.

M. Clermont-Ganneau rend longuement compte de la mission archéologique dont il avait été chargé dans la Haute-Egypte à Eléphantine, île située au milieu du Nil, à la première cataracte, en face d'Assouan. Il rend d'abord hommage au zèle dont a fait preuve en l'accompagnant dans ces longues et laborieuses recherches, un de ses élèves, M. Clédat. Parmi ses plus importantes trouvailles il cite deux grandes statues en diorite, couvertes d'inscriptions de l'époque de Thoutmès III dont l'intérêt est exceptionnel pour l'histoire de la Haute-Egypte ; puis un curieux sanctuaire décoré de minuscules obélisques et recouvrant une nécropole de béliers sacrés, soigneusement momifiés ; puis encore de curieux fragments de poteries connus sous le nom d'*ostraca*. Dans le nombre, il y en a une centaine qui, écrits en lettres et en langue araméennes ont pour auteurs des Juifs établis à Eléphantine au cinquième siècle avant notre ère, documents précieux et définitifs pour établir la présence de Juifs dans l'île à cette haute époque et le quartier où ils étaient circonscrits.

Les travaux considérables auxquels donneront lieu les fouilles qui restent à pratiquer feront l'objet d'une seconde campagne ; M. Clermont-Ganneau a le plaisir de proclamer que les frais de la première ont été en partie couverts par le baron Edmond de Rothschid, qui y a affecté une somme de dix mille francs.

M. Senart, est désigné pour représenter l'Académie à l'Association internationale des Académies qui aura lieu à Vienne à la fin de mai.

M. d'Arbois de Jubainville fait connaître que dans les langues celtiques le même mot est employé pour désigner le forgeron et le poète. Il y a lieu d'en être surpris sans se l'expliquer, et de se demander si de notre temps les poètes et les musiciens prendraient en bonne part cette bruyante assimilation. Et le savant philologue conclut en rappelant ces deux vers de Boileau à l'adresse de Chapelain :

> De son rude marteau martelant le bon sens,
> Il fit de mauvais vers douze fois douze cents.

Sur le rapport de M. Haussoullier, le prix Allier de Hauteroche (numismatique), de la valeur de 1,000 fr. est partagé également entre M. Hugo Gaebler, de Berlin, pour ses *Etudes sur les monnaies de la Macédoine* e M. George Macdonald, de Glascow, pour son *Catalogue des monnaies grecques de la collection Hunter*.

M. Havet continue son commentaire de passages obscurs de Plaute.

M. Monceaux, professeur au Collège de France, lit un mémoire sur « l'Isagogé de Marius Victorinus ».

BULLETIN CRITIQUE

64. — **Das Deloralied**, erklärt von V. Zapletal. O. P. — Freiburg Schweiz — Universitaets Buchandlung.

Après sa remarquable étude sur l'Ecclésiaste, le savant professeur de Fribourg a eu la bonne pensée d'appliquer au Livre des Juges sa méthode de travail à la fois si rationnelle et si prudente. Et il commence par le Cantique de Débora dont il publie le texte hébreu, restitué en vers, une traduction, un commentaire, le tout précédé d'une magistrale introduction.

Ce passage relativement court constitue un document d'une grande importance pour l'histoire d'Israël. Il date d'une très haute antiquité, et permet de vérifier plusieurs assertions de la Bible, contestées par des éxégètes modernes. Ainsi dans le danger que Sisara fait courir à Israël, les différentes tribus, établies en Chanaan, se liguent aussitôt contre l'ennemi commun. Donc les liens qui unissaient les tribus hébraïques n'étaient pas alors aussi lâches qu'on le prétend; depuis pendant la période des Juges, ces tribus se pénétrèrent peu à peu, elles entrèrent en relations de plus en plus fréquentes, sentirent la nécessité de s'organiser entre elles, et préparèrent ainsi l'unité nationale qui se réalise par l'institution de la Royauté.

En outre, on peut prouver à l'aide de ce cantique la vérité des opinions traditionnelles en ce qui concerne la distribution des Israélites en tribus et la place qui leur fut assignée en Chanaan, le séjour prolongé des Kémites en Palestine, même après la conquête des contrées montagneuses par Israël, les relations amicales qui existèrent entre les Israélites et les Kémites, enfin l'unité du culte de Gahveh qui dès cette époque était le Dieu des tribus du Nord aussi bien que de Juda.

Ces questions sont étudiées dans les six chapitres de l'Introduction : vue d'ensemble sur le cantique — sa composition métrique — son origine — son importance pour l'histoire de la Religion d'Israël. Rapport du cantique avec le chapitre IVe des Juges.

A propos de l'origine du Cantique, le P. Zapletal refuse la théorie de Niebuhr qui le datait de la seconde moitié du huitième siècle. Quant à l'auteur, le P. Z. croit qu'on n'en sait pas le nom, quoi qu'en prétendent certaines hypothèses dont aucune ne lui paraît sérieuse.

Les seules réserves que l'on puisse faire, portent sur la restitution du cantique en strophes et en vers. Ces remaniements du texte, excusés par la raison métrique, paraissent à première vue, excessifs : ainsi le verset 2e est placé après le 4e, des mots sont supprimés ; d'autres ajoutés ou transformés. De cette façon, le P. Z. arrive à présenter le Cantique de Débora sous la forme d'une pièce en vers régulièrement composée de 23 strophes de deux distiques, chaque distique ayant 6 pieds ou 6 accents. Ce résultat peut justifier son système de prosodie à qui déjà il doit d'avoir découvert le métrique du Kohelet, et reconstitué la versification de ce livre tout entier. Mais bien des exégètes en sont les adversaires pour des raisons sérieuses. En ce moment, il vaut mieux se contenter d'enregistrer ces bons résultats, et attendre, pour discuter et se prononcer, le traité de prosodie hébraïque, où le P. Zapletal exposera complètement sa pensée.

Cette première étude fait bien augurer de celles qui suivront ; et nous ne doutons pas qu'avec son talent d'exégète perspicace et prudent, le P. Zapletal ne mette en pleine lumière « le livre des Juges », si souvent commenté, dont tant de passages restent obscurs, tant de questions sont encore en suspens.

.˙.

La ville de David, par le R. P. Barnabé MEISTERMANN, O. F. M., missionnaire apostolique, avec une préface de Mgr. Frédien Giannini, enrichi de 25 illustrations dans le texte et hors texte. — Paris, Picard et fils, 1905, in-8 de XXVII-248 pp. (Prix : 5 fr.)

L'identification de la colline de Sion est d'une très grande importance pour fixer l'emplacement des anciens édifices de Jérusalem, et pour bien comprendre l'histoire de cette ville. La citadelle de David, le palais de Salomon et les autres dépendances de la cité de David comme les tombeaux des rois, les jardins royaux, etc., étaient sur le mont Sion. Mais laquelle des collines de Jérusalem était le Sion ? Une ancienne opinion le plaçait à la partie méridionale de la colline occidentale. Et ainsi le cénacle se serait trouvé sur le Sion des Jébuséens ; d'où le nom de *Sainte Sion* donné à l'Eglise primitive.

Cette théorie dite du « Sion traditionnel » a fait place vers la fin du XIXe siècle à un autre, plus scientifiquement établie, celle du Sion à l'Ophel. D'après cette opinion, Sion n'était pas la colline de l'Ouest, mais la pointe méridionale de la colline orientale : c'était donc au sud du temple que devaient être situées la citadelle de David et le palais de Salomon.

Cette thèse du Sion à l'Ophel fut d'abord proposé par certains savants archéologues allemands et anglais, puis défendue et considérablement fortifiée par les études du P. Lagrange dans la *Revue Biblique* de 1892 (p. 17-38). La force de leurs preuves est telle que les assomptionnistes s'y sont rallié dans les « *Echos d'Orient* » et dans leur guide à l'usage des Pélerins de la Terre-Sainte : « *la Palestine* ». Le dictionnaire de la Bible de Vigouroux constate lui-même que cette thèse des « ophélites » « s'impose à tout point de vue ».

Le P. Meistermann O. F. M. n'est pas de cet avis. Il tient à l'ancienne opinion qu'il appelle l'opinion du « Sion *traditionnel,* » et il entreprend, avec toutes les ressources « de son érudition de bon aloi » la réfutation détaillée « des conclusions hâtives, sinon prématurées de ses adversaires ». Il part en guerre avec un entrain digne d'une meilleure cause ; mais ce n'est peut-être pas tout à fait l'amour pur de la Science qui l'inspire ; le R. P. a beaucoup de piété filiale pour son ordre — et les pères franciscains, gardiens attitrés des Lieux saints se croient atteints dans leur patrimoine par la nouvelle théorie qu'ils considèrent comme révolutionnaire. Peu importe dès lors qu'elle ait pour elle toutes les apparences de la vérité et les arguments les plus décisifs. On s'acharnera quand même à prouver qu'elle est l'erreur.

Cette tradition d'ailleurs dont le R. P. s'autorise tant, remonte sans doute au-delà de Constantin ; mais le R. P. sait très bien que longtemps avant Constantin les agrandissements successifs et les remaniements de Jérusalem amenèrent des changements de nom qui rendent très difficile l'identification certaine des lieux et permettent de douter des indications fournies parce qu'à tort il appelle « la tradition ». Il n'avait peut-être pas le droit de profaner ce nom ; il semble créer en faveur de sa thèse une équivoque entre la tradition dogmatique et la tradition archéologique ; et, à peu de frais, il se décerne ainsi à lui-même un diplôme d'orthodoxie, tout en laissant planer sur ses adversaires un léger soupçon d'hérésie. De grâce, ne mêlons pas les questions de foi aux questions d'archéologie ; ce sont deux ordres tout à fait distincts ; quoi qu'en dise, dans sa préface magistrale, Mgr. Frédien Giannini, il n'y a aucun danger « même non apparent » pour la foi, on ne récuse pas on n'affaiblit pas la valeur de la tradition dogmatique quand on discute en matière de topographie une ancienne opinion si peu fondée.

En tous cas, je plains cette tradition, si elle n'a pas de meilleur défenseur ; le P. Meistermann atteint précisément le but contraire à celui qu'il visait. Son livre est un argument de plus en faveur des Ophélites ; il est mal fait ; on y trouve des inexactitudes et des erreurs d'archéologie et de philologie. Bien des références sont fausses ; d'autres trop vagues ; les transcriptions des textes français ou de langue étrangère sont parfois incorrectes. Quand il cite, le R. P. n'hésite pas à remanier la ponctuation, à modifier les temps des verbes, à supprimer des mots sans dire qu'il les omet. On ferait une brochure si l'on voulait relever tous les défauts de ce travail.

Le style ne vaut pas mieux que l'érudition ; la correction ne semble pas le premier soin de l'auteur ; l'orthographe elle-même n'est pas toujours respectée ; mais l'éditeur mérite des éloges ; le livre est imprimé en beaux caractères, sur beau papier ; les illustrations ne laisseraient rien à désirer si elles avaient toujours leur raison d'être.

Ce travail comprend une introduction et sept chapitres : Ch. I^e : Le Mont Sion — Ch. II : L'Ophel — Ch. III : Siloë — Ch. IV : Gihon — Ch. V : Le Gihon supérieur d'Ezéchias — Ch. VI : Le livre de Néhémie — Ch. VII : La terminologie Biblique.

P. BUGNICOURT.

65. — **Essai sur les Passions**, par Th. Ribot de l'Institut. (Bibliothèque de philosophie contemporaine). — Paris, Alcan, 1906, in-8 de vii-192 pp. (Prix : 3 fr. 75).

M. R. s'est proposé d'attirer l'attention des psychologues et de projeter un peu de lumière sur une région délaissée de la vie affective : les passions.

L'homme est un faisceau de besoins et d'inclinations dont le retentissement affectif est continu, mais ordinairement peu intense. M. R. appelle *affections simples* cet ensemble confus et vaguement senti d'états qui composent la trame de notre vie affective. Qu'un évènement imprévu surgisse, utile ou nuisible, et sur ce fond terne et monotone apparaît l'*émotion*, rupture d'équilibre essentiellement transitoire, mécanisme préétabli et parfaitement déterminé dans ses contours. L'émotion a sa raison dans une tendance préexistante. On ne saurait la confondre avec la *passion*, qui est une tendance, mais une tendance d'espèce particulière. Ses caractères sont l'idée fixe, la stabilité, et l'intensité. La passion est une tendance nettement spécialisée ; elle dure, et cette stabilité, relative il est vrai, suffit à différencier la passion de l'émotion, et les émotifs-impulsifs des passionnés ; enfin, elle est intense, c'est-à-dire qu'elle se manifeste par des émotions et par des actes plus fréquents et plus énergiques.

Tels sont les caractères spécifiques de la passion. Comment naît-elle ? Par l'action de causes externes et de causes internes. Les causes externes sont le milieu, l'imitation, la suggestion. Les causes internes sont les plus puissantes, et, dans la genèse des grandes passions, les seules efficaces. Elles consistent dans une disposition congénitale, dans une *diathèse* psycho-physiologique qui se révèle à un moment donné, sans cause apparente, ou sous l'influence d'une cause insignifiante : la passion est née.

Comment agit-elle ? A la manière de l'être vivant, elle puise dans son milieu tout ce qui peut l'alimenter et élimine le reste (association et dissociation). A un degré plus haut, l'imagination vient se mettre au service de la passion et construit un idéal vers lequel le passionné tend de toutes ses forces comme vers le suprême désirable. Mais ce qu'il faut bien voir, c'est que l'imagination est, chez lui, de nature affective ; les images qu'il agence ne sont pas de froides représentations, elles l'émeuvent; ce sont des souvenirs affectifs. L'imagination intellectuelle n'engendre que des passions factices; l'imagination affective seule suscite des passions réelles, ou plus exactement, elle procède de la passion et réagit sur elle. — Quels rapports la passion soutient-elle avec les opérations logiques? La passion raisonne-t-elle ou bien est-elle foncièrement irrationnelle? Pour répondre à la question il faut distinguer une logique essentielle à la passion, mais extra-rationnelle, et une logique rationnelle, mais extrinsèque, accidentelle. Dans toute passion se rencontre une opération logique très simple, un *jugement de valeur*, qui consiste à n'estimer une chose qu'en fonction de son accord ou de son désaccord avec le but de la passion. — La logique extrinsèque se manifeste par le raisonnement constructif et par le raisonnement justificatif. Le raisonnement constructif, que nous avons déjà étudié à propos de l'imagination, tient une place très exiguë dans les passions violentes (passion amoureuse, jalousie féroce); par contre, il peut jouer un très grand rôle dans les passions réfléchies (ambition, avarice); mais il est au service de la passion; il en est un élément auxiliaire, non un facteur intégrant. Le raisonnement de justification est encore plus accidentel: la plupart du temps, la passion dédaigne de se justifier.

On peut donc définir la passion: une tendance énergique et spéciale, entraînant dans son tourbillon une foule de perceptions, d'images et d'idées, ajoutant au réel le travail de l'imagination, et soutenue par une logique rationnelle et extra-rationnelle.

Comment la passion agit-elle sur l'activité motrice? Dans les passions dynamiques l'élément moteur est le plus fort, l'élément intellectuel le plus faible: elles se rapprochent des impulsions. Dans les passions statiques (vengeance froide, avarice...) le rapport est renversé: elles sont surtout inhibitrices. (Chap. I: *Qu'est-ce qu'une passion?*)

Après la passion, M. R. étudie les passions, et en établit la généalogie. Comme la passion n'est, suivant la définition classique, qu'une inclination prédominante, la seule méthode rationnelle est: 1° de déterminer la source originelle de chaque passion; 2° de montrer quels sont les éléments qui s'ajoutent aux tendances primitives pour constituer ces tendances de formation secondaire. A la vérité, cette méthode n'est pas d'un emploi facile car les psychologues ne sont pas d'accord sur le nombre des tendances primitives. M. R. adpote une classification qui correspond à peu près à la division classique : tendances qui ont pour but la conservation de l'individu ; tendances qui ont pour but la conservation de l'espèce ; tendances qui ont pour but l'expansion de l'individu; tendances « idéales ».

Du besoin de conservation physique naissent la *gourmandise* et *l'ivrognerie*, passions homogènes et essentiellement individualistes, celle-ci moins précoce et susceptible d'un développement plus riche que celle-là (l'ivresse recherchée comme source de consolation et d'inspiration).

L'amour sort de l'instinct sexuel; mais la *passion amoureuse* n'apparaît que chez l'être qui a dépassé l'instinct et s'est élevé jusqu'à l'émotion complexe, jusqu'à l'idée. Les formes qu'elle peut prendre sont très variées : l'*amour* sans épithète, si bien décrit par Spencer, faisceau extrêmement complexe de tendances homogènes, c'est-à-dire orientées dans le même sens : l'*amour jaloux* et l'*amour-mépris*, composés hétérogènes et contradictoires; l'*amour-haine*, nettement pathologique et qui se rencontre chez les émotifs-impulsifs plutôt que chez les vrais passionnés.

La tendance fondamentale à l'expansion ou volonté de puissance est à la racine de passions qui paraissent totalement différentes. L'expansion peut s'opérer par sympathie, par conquête ou par destruction. L'expansion par sympathie donne naissance à des sentiments d'intensité moyenne : bienveillance, amitié, sentiments familiaux, plus qu'à des passions. — L'expansion par conquête est autrement riche et prend les formes les plus diverses, depuis l'*amour des* aventures, dont la *passion du jeu* est une curieuse variété, jusqu'à l'*ambition* et l'*avarice*. — L'expansion par destruction procède de l'antipathie et donne naissance à deux passions : la *haine*, la *jalousie*.

Telles sont les passions-types que l'on rencontre dans tous les temps et dans tous les lieux. Moins générales et ordinairement plus complexes, les passions qui suivent forment un groupe à part. La *passion esthétique* procède de l'instinct du jeu et commence lorsque l'art est conçu comme le bien absolu. — La *passion religieuse* prend une double forme : contemplative et active, d'où procèdent respectivement le mysticisme et l'ascétisme d'une part, l'apostolat et le fanatisme-persécuteur d'autre part. — La *passion politique* procède de l'instinct social et de la volonté de puissance. — La *passion morale* est issue du sentiment moral et se manifeste soit par l'apostolat de la parole, soit par les actes. (Chap. II et III : *Généalogie des passions*).

Comment les passions finissent-elles ? elles peuvent disparaître par épuisement : l'individu étant à l'état de tension continuelle l'excitabilité nerveuse décroît et finit par s'éteindre : la disparition de la tendance est la traduction psychique de ce processus. — Parfois elle se transforme, c'est-à-dire qu'elle change moins dans sa nature que dans son objet : après comme avant sa conversion, Ignace de Loyola est toujours le paladin héroïque et batailleur. — Dans quelques cas très-rares, une passion est remplacée par une passion totalement différente : il y a substitution ; par exemple Alfieri, rompant avec une vie de débauches, et, à vingt-sept ans, « entrant en littérature » comme on entre en religion. — La passion se termine quelquefois par la folie ; certains psychologues prétendent même qu'il existe une parenté étroite entre la passion et la folie. Mais cette thèse, récemment soutenue par Renda, est au moins prématurée. Tout ce que l'on peut dire, c'est que la passion, avec son caractère d'exclusivisme jaloux, est un état anormal, sinon pathologique. — Une dernière terminaison de la passion, c'est la mort. Toutes les passions peuvent y conduire : l'amour, l'ambition, l'avarice, le fanatisme aussi bien que la gourmandise et l'ivrognerie. (Chap. IV. *Comment les passions finissent.*)

La richesse et la concision de la pensée, une aptitude admirable à éclairer les questions les plus obscures, l'art des simplifications fécondes sont les qualités maîtresses du talent de M. R. On les retrouvera dans cet ouvrage dont il est difficile de ne pas accepter les idées essentielles. Il est permis de penser que sa théorie génétique des passions n'est pas absolument définitive, mais il a décrit, avec une vigueur décisive les caractères, la naissance, le rôle et l'extinction des passions, et les a nettement séparées des émotions avec lesquelles la plupart des philosophes, abusés peut-être, par la terminologie cartésienne, continuent à les confondre.

H. VILLASSÈRE.

66. — Apulei opera quae supersunt Vol. II Fasc I. — **Apulei Platonici Madaurensis** pro se de Magia liber (Apologia) recensuit Rudolphus Helm. In ædibus B. G. Teubneri. (*Bibliotheca scriptorum graecorum et Romanorum Teubneriana*). — Lipsiae, MCMV; in-8 de 120 p. (Prix : 2 mk. 40).

Cette édition du *De Magia* d'Apulée se présente sans Préface ni avertissement d'aucune sorte ; elle est simplement précédée de l'indication des manuscrits qui ont servi à constituer le texte, savoir ; les deux *Medicei*, F. (Medic. bibl. Laurent, 68, 2) et φ (Medic. bibl. Laurent, 29, 2), les seuls qui aujourd'hui peuvent être mis à profit utilement, puis, *v*, qui représente la vulgate (manuscrits inférieurs et éditions anciennes). Comme φ n'est qu'une copie de F, le texte repose en somme sur ce dernier presque uniquement. Il ne faut pas voir dans l'absence d'autres renseignements une lacune de l'édition, mais un inconvénient résultant de ce fait que M. Helm doit publier le second volume des Oeuvres d'Apulée après le premier, dont le présent fascicule forme une partie. M. H. eût pu éviter cet inconvénient en suivant l'exemple de Goetz-Schoell qui, dans un cas analogue, ont mis en tête du deuxième fascicule de leur Plaute une Préface qui avait sa place naturelle au commencement du premier ; il est vrai que, la publication terminée, ce procédé paraît manquer de logique. Suivant toute vraisemblance, M. H. nous donnera dans un prochain volume la Préface que nous voudrions trouver ici.

Quoiqu'il en soit, cette édition sera fort bien accueillie par la critique pour deux raisons dont la première est sans contredit la compétence toute particulière que s'est acquise M. H. par ses études anciennes sur Fulgence Plauciade, la *Simia Apulei*, et par son travail récent sur le texte même d'Apulée ; v. le *Philologus*, supplemtbd IX, 4 (pages 513-588). La seconde est d'ordre différent. On sait que l'Apulée publiée par M. Van der Vliet il y a quelques années à peine dans la *Bibliotheca Teubneriana* fut l'objet de nombreuses critiques qu'il n'est pas à propos de discuter ici. En ce qui concerne le *De Magia*, nous n'avions pas encore d'édition qui réponde aux exigences de la critique moderne ; à défaut de l'édition de M. Van der Vliet, il était difficile de se contenter de la compilation méritoire, mais empirique, de Hildebrandt, qui date de plus de soixante ans, ni de l'édition de Krueger, excellente il y a trente ans, mais démodée aujourd'hui. M. H. comble donc une lacune en éditant Apulée ; par ce que nous avons sous les yeux, il la comblera heureusement.

La base du texte est F, et, à défaut, φ ; en cela, M. H. a parfaitement raison. Toutefois à quoi bon indiquer par la note (φ), dans un grand nombre de cas, que φ confirme une leçon de F? On pourrait alléger l'apparat de beaucoup de notes superflues ou peu utiles ; voir par ex. 4, 17 : pithagorā (φ) ; 4, 21 : dissolveret (φ) ; 16, 2 : accendunt (φ) ; 26, 2 : zalmoxi (φ) ; 30, 6 : recepisti (φ) ; 43, 25 : magiis (φ) etc. Quand les leçons de F φ sont bonnes et admises dans le texte, il n'est pas besoin de les signaler dans l'apparat ; quand elles sont manifestement fautives et qu'il ne s'agit pas d'une simple particularité orthographique, il serait bon de dire toujours très exactement si la correction adoptée, quand il y en a une, provient de M. H., ou d'un manuscrit *deterior*, ou d'une édition antérieure, ou d'une conjecture d'érudit ; à ce point de vue il y a dans l'apparat quelques lacunes ; voir par ex. 49, 11 : molitur ; 67, 16 : clari*us* diflucet ; 27, 25 : Empedocli catharmoe, etc. ; toutefois ces lacunes sont très rares. Dans tous les cas, M. H défend la tradition le plus possible contre les nombreux essais d'améliorations anciennes et modernes qui ne s'imposent pas de toute évidence. Ce n'est pas à dire que sa circonspection aille jusqu'au maintien systématique des erreurs de F φ. Souvent il adopte des corrections de *v* ou des éditions anciennes, de Casaubon, Scipion Gentilès, Colvius, Oudendorp, Bosscha et autres ; il ne rejette pas à priori un certain nombre d'excellentes conjectures plus récentes ; il connaît, cite et approuve à l'occasion divers travaux de fraîche date, les *Quaestiones Appuleianae* de Beyte, celles de Novák, les études de Van der Vliet, Rossbach, Kronenberg, etc. ; il corrige lui-même le texte en plus de quarante passages et propose dans l'apparat un nombre plus grand encore de restitutions personnelles moins fondées ; il laisse une croix en six ou sept passages irrémédiablement altérés. Tout ceci prouve avec quelle conscience a été préparé le texte et composé l'apparat. Les corrections sont signalées par les procédés typographiques en usage dans la collection Teubner. Peut-être y a-t-il un abus dans l'emploi de ces procédés qui donnent au texte un aspect souvent bien choquant. Est-il bien utile, même dans une édition critique, de laisser subsister dans le texte, entourées de crochets, des lettres ou des syllabes parasites qui figurent dans les Mss, mais qui ne sont dues qu'à la négligence ou à l'ignorance des scribes. Ce sont la plupart du temps des barbarismes qu'il suffirait de noter dans l'apparat. Pourquoi, par ex., imprimer 53, 3 : p[l]ublice ; 64, 7 : oc[c]ulis ; 98, 13 : si [p]uerum velis ; 99, 17 : scrib[s]eret ; 22, 22 : [s-o] Crates ; 68, 1 : filio[s] suo[s] Sicinio... ; 68, 1 : I [oh]annes ; 90, 11 : viro[c] currat (*vir occurrat* (φ) ; pourquoi pas, à ce compte, *viro[c]currat* ?) ; 101, 1 : illud etiam, [c] ne quid ; 102, 21 : a[m]mplam, etc. ? Je ne m'explique pas le maintien de formes aussi rébarbatives dans le texte. Pourquoi en revanche mettre entre crochets ou onglets certains mots qu'il n'est pas absolument nécessaire de modifier ou de supprimer, comme 103, 11 : [philosophiae] (supprimé par Bosscha) ; 60, 22 : ⟨*in*⟩ solita, qui n'est pas inintelligible ; 88, 13 : tu a[m] villa[m]... abhorreas) *abhorrere* avec l'accusatif, n'est pas rare, ni à l'époque classique, ni dans la décadence) ?

Voici quelques autres remarques, peu importantes d'ailleurs, que suggère la lecture de l'édition M. H. Faute d'une index des sigles et abréviations employées, les lecteurs qui n'ont pas une compétence toute spéciale dans la matière sont parfois embarrassés. On ne s'explique pas toujours la raison d'être des signes / et // dans le texte ; les abréviations très sommaires relatives aux éditions, aux savants et même parfois aux manuscrits se complètent sans doute assez facilement ; néanmoins il n'eût été ni long, ni difficile, ni après tout indigne d'une édition critique, d'indiquer au début ce qu'il faut entendre par *cod Pilh.*, *ed Bas pr*, *Scip gent*, *Colv*, *Ald*, *Hilv Kr*, *Pric* etc. Je remarque en passant que, suivant un usage fréquent dans les éditions allemandes savantes, les abréviations de noms propres ne sont pas suivies d'un point ; comme d'autre part certains noms sont cités sous leur forme entière (*Novàk*, *Bosscha*, *Engelbrecht* etc.), il en résulte ou il peut en résulter incertitude et confusion : *Hild*, *Baechr*, *He* ne se lisent pas nécessairement *Hild(ebrandt)*, *Baechr(ens)*, *He(lm)*.

Pourquoi 6, 6 ne pas rejeter à la ligne le vers de Catulle, comme le sont les autres vers quelques lignes plus haut ? Il en est de même 9, 21 (vers de Solon) ; cf. 31, 7 suiv. ; 85, 20 suiv. etc. Il eut été bon 19, 17 suiv., de signaler les quatre vers grecs ajoutés dans les éditions anciennes à ceux qui sont cités en ce passage. Page 97, il manque en marge l'indication du chapitre 88.

Si je suis réduit à faire des remarques aussi peu importantes, la chose tient à ce que l'édition de M. H. ne mérite en somme que des éloges. Le nom d'Apulée est restitué, d'après la meilleure tradition, en la forme que nous lisons déjà dans Saint-Augustin : *Apuleius Platonicus Madaurensis*; le prénom *Lucius*, mal justifié, est rejeté avec raison. Le titre du livre, *De magia liber*, et non *Apologia*, est celui que nous transmettent les meilleurs manuscrits; mais alors pourquoi conserver *Apologia* en haut des pages ? Au chapitre 66, F indique très explicitement le commencement d'un second livre; la réduction des deux livres en un seul est une innovation de Casaubon qu'ont suivie les yeux fermés les éditeurs suivants. Pourquoi ne pas reprendre la division primitive en deux livres ? La transition qui se lit au commencement du chapitre 66 paraît annoncer assez clairement une deuxième partie. En divers passages, la défense d'Apulée est interrompue par des lectures de témoignages et documents divers; il y aurait peut-être lieu de signaler ces interruptions autrement que par un simple tiret.

M. H. reproduit en chiffres penchés, à chaque page, la pagination et le numérotage des éditions d'Oudendorp (marge de gauche) et de Krueger (marge de droite.) Ces renseignements peuvent être d'une grande utilité.

L'édition se termine par une liste d'*auctores* et un *Index nominum*. La première nous fait regretter que M. H. n'ait pas cru devoir, à l'exemple de Van der Vliet, nous donner également une liste des *imitamenta*; dans une œuvre où fourmillent les allusions et souvenirs littéraires, cette liste eût offert un grand intérêt. J'en dirai autant d'un *Index verborum* où seraient relevées les plus curieuses particularités, — et elles sont nombreuses, — de la langues du *De Magia* : néologismes, archaïsmes, ἅπαξ λεγόμενα etc. Mais en formulant ces vœux, j'oublie que nous avons affaire à une édition critique, et qu'il serait déplacé de lui demander ce qu'elle n'a pas à fournir.

Quand M. H. aura publié le reste de l'œuvre d'Apulée suivant les principes adoptés pour le *De magia*, nous aurons enfin de cet écrivain si intéressant l'éditon critique vainement attendue depuis longtemps. Espérons que nous aurons peu à attendre.

J. Vessereau.

---

67. — **La très élégante, délicieuse, melliflue et très plaisante histoire du très noble victorieux et excellentissime roi Perceforêt...** (Edité par M. Hugues Vagani). — Mâcon, Protat frères, 1907, in-8 de 48 p. (Spécimen.)

Le présent spécimen contient les XV premiers chapitres du roman de Perceforêt. M. V. a reproduit avec la plus scrupuleuse exactitude les éditions de Galliot Dupré de 1528 et 1531 [1]. Il aurait pu toutefois choisir dans le roman des passages présentant plus d'originalité. Tout ce début n'est en effet qu'une traduction peu fidèle, faite par un clerc assez ignorant du latin, de la chronique de Geoffroi de Monmouth [2]. Le sujet n'étant pas neuf, le texte ayant été mis au goût du XVIe siècle par l'éditeur de Galliot-Dupré, et ayant par suite perdu pour les philologues son principal attrait, l'intérêt de cette réédition nous paraît assez mince. Il aurait été sans doute préférable de faire une sélection dans ce très long roman et d'essayer de rétablir le texte dans son ancienne forme, grâce aux manuscrits qui subsistent. Nous souhaitons que M. V., s'il persévère dans ces projets de réédition, ne se borne pas à une simple réimpression et nous donne un texte critique de la partie originale de Perceforêt.

Henri Lemaitre.

---

[1]. M. V. a poussé le souci de l'exactitude jusqu'à reproduire les majuscules, là où elles se trouvent dans les éditions utilisées par lui, scrupule dont il eût pu s'affranchir; par contre il imprime *triomphe* au lieu de *triūmphe* au début du Prologue. Il aurait du de plus remarquer que dans l'éd. de 1528 le signe *lr* remplace le *K* qui faisait probablement défaut dans les cases de l'imprimeur.

[2]. Cf. W. Perrett. *The Story of King Lear from Geoffrey of Monmouth to Shakespeare...* (Berlin, 1904. In-8) p. 77. M. V. cite cet ouvrage dans sa préface, mais il est à présumer, qu'il ne l'a pas lu; car s'il l'avait lu, il n'aurait sans doute pas entrepris sa réimpression.

68. — **Bibliothèques municipales dans l'Empire romain**, par R. Cagnat. Extrait des Mémoires de l'Académie des Inscriptions et B. L. T. XXXVIII, 1ʳᵉ partie. — Paris, Klincksieck, 1906, in-4 de 30 p. avec 2 pl. hors texte et 5 fig. dans le texte. (Prix : 2 fr. 10).

La découverte des bibliothèques publiques d'Ephèse, par MM. Benndorf et Héberdey, et de Timgad par l'auteur et M. Ballu en 1901, ont inspiré à M. Cagnat le désir de rechercher tout ce que l'on sait sur les bibliothèques municipales dans l'Empire romain.

Il dresse donc la liste de ces bibliothèques ; relève, quand cela est possible, le prix qu'a coûté leur établissement, puis reconstitue, à l'aide des ruines leur disposition matérielle. Elles se composaient, comme il est naturel, d'une salle de lecture et de dépôts de livres. La salle de lecture était soit rectangulaire, soit demi-circulaire. En face de la porte d'entrée une niche monumentale contenait une statue de Minerve. Des statues, des bustes d'écrivains illustres, parfois des médaillons, des statues allégoriques, ornaient la pièce. Des niches ou armoires à livres étaient ménagées dans les murs de la salle, en dehors de laquelle il pouvait aussi exister des magasins. Les livres étaient classés par genres. On croit que les distiques concernant la bibliothèque d'Isidore de Séville et qui caractérisent les diverses branches de l'activité intellectuelle, reproduisent des inscriptions fixées sur les différents meubles. On ne sait rien sur l'administration de ces bibliothèques, sinon qu'il était permis d'emprunter des livres.

*
* *

Introduction à l'Histoire romaine, par Basile Modestov, traduit du Russe par Michel Delines, préface de M. S. Reinach, de l'Institut. — Paris, Alcan, 1907, in-4 de xiii-474 pp. avec 39 pl. hors texte et 30 fig. dans le texte. (Prix : 15 fr.)

Depuis un peu plus de quarante ans les études préhistoriques et protohistoriques ont pris en Italie un développement considérable, au point même de faire négliger aux jeunes archéologues l'âge classique. Malheureusement les résultats de ces recherches étaient jusqu'à présent dispersées à l'infini, les faits nouveaux un peu noyés au fur et à mesure des découvertes dans les nombreux recueils spéciaux édités en Italie. C'est pourquoi des savants de la valeur de M. Pigorini, pour citer seulement le maître le plus autorisé de la paléthnologie italienne, n'ont pas obtenu jusqu'à présent la grande notoriété à laquelle ils ont droit.

Un savant russe, M. Modestor, philologue et archéologue, qui a séjourné à Rome, plusieurs années, a eu l'heureuse idée de passer au crible et de systématiser cette abondante littérature. Avec quelle compétence, M. Salomon Reinach nous le dit dans sa préface. Avec quelle hauteur un peu dédaigneuse pour quelques autres savants, voir des plus illustres, il nous le fait entendre aussi, et c'est pourquoi nous préférons nous en tenir à cette simple indication.

Manuel très documenté, abondamment illustré de la préhistoire et de l'histoire primitive de l'Italie, le livre de M. Modestor est autre chose encore. Le titre choisi le dit assez. Aborder l'histoire romaine de l'époque la plus reculée, tel est en effet l'objet que se propose l'auteur. Ce livre doit être considéré comme une préparation à l'histoire primitive de Rome, et le Latium est le centre vers lequel convergent les faits qu'il a principalement étudiés. Enfin M. Modestor ne se contente pas d'analyser les théories d'autrui, il prend position, et très nettement, dans les principales questions. Il a son système, présenté avec une grande puissance de logique et une parfaite clarté.

Tentons nous-mêmes de résumer ses conclusions.

La péninsule Italique a été habitée dès les temps les plus reculés, en toutes ses parties. On connaît assez bien l'outillage, la nourriture de l'homme quaternaire, rien de son être intellectuel et moral, sinon qu'il devait être intelligent et courageux, puisqu'avec des armes très primitives il a su lutter avec avantage contre les bêtes féroces dont les ossements abondent dans les cavernes naturelles qui lui servaient d'habitation.

La civilisation néolithique semble avoir été apportée en Italie par une autre population. Elle aurait commencé vers l'an 4000 et aurait suivi un développement uniforme jusqu'à l'introduction qui marque une nouvelle étape (période énéolithique). Les échanges étaient dès lors assez actifs. Les sépultures se pratiquaient dans des grottes artificielles. Le passage de l'âge de pierre à celui du cuivre, puis du bronze s'explique par les relations avec l'Orient (civilisation prémycénienne, Santorin, Chypre, etc.), sans qu'il soit nécessaire de supposer une nouvelle couche de population. Dans l'Italie du Nord les mêmes progrès ont pu être réalisés également par une influence orientale, mais venue par voie de terre (péninsule des Balkans).

L'auteur admet l'hypothèse, très discutée, et qu'il défend fort habilement, sur l'origine Africaine des populations primitives de l'Italie. Ligures et Ibères ne seraient qu'une même race, les premiers ayant été poussés par les seconds hors de la péninsule hispanique. Des anthropologues autorisés (Dr Jacques, Gssel, H. et L. Siret, confirment cette parenté). Les Siciles, qu'il ne faut pas confondre avec les Sicanes, seraient une branche des Ligures. Premiers habitants du Latium, selon les auteurs anciens, ils ne sont pas toutefois apparentés avec les Latins, qui sont des Aryens.

La civilisation des terramares, dont l'auteur donne la plus ingénieuse description, vient ensuite. Elle se distingue par l'usage du bronze. Les habitants des terramares pratiquaient l'incinération, fait nouveau, qui traduit une origine aryenne. C'est à la vallée du Danube qu'il convient de rattacher la civilisation des terramares qui nous conduit jusqu'aux premiers temps de l'âge du fer. Venue du Nord, la population des terramares est de race Indo-Européenne. Elle avait son centre dans les Carpathes, d'où elle rayonna sur divers points de l'Europe centrale.

Or il existe un lien évident entre les terramares et la civilisation primitive du Latium (céramique, orientation des villes avec le *Kardo* et le *decumanus*, qualités psychiques, telles que l'ordre, l'endurance, l'instinct de l'organisation). A la fin du deuxième millénaire avant Jésus-Christ, les populations des terramares auraient abandonné ces dernières et seraient parvenues jusqu'au Tibre inférieur. Sur la rive gauche elles auraient donné les Latins, sur la rive droite des Falisques. Tels sont les véritables ancêtres des Romains.

Les Ombriens seraient une autre branche aryenne, car ils présentent à la fois des ressemblances et de notables différences avec les précédents. La civilisation dite de Villanova ne serait autre que la civilisation ombrienne. Ici l'auteur se sépare nettement de

M. Pigorini qui rattache aux terramares la civilisation villanovienne. Elle n'est pas moins distincte de la civilisation étrusque.

L'origine des Etrusques divise, comme on sait, les savants en deux camps : les uns à la suite de Niébuhr (Pigorini, Helbig etc.) les font venir du Nord, des Alpes Rhétiques ; les autres d'Orient, et plus particulièrement de la Lydie (M. Martha, après avoir soutenu la première thèse dans son beau livre sur l'Art Etrusque, paraît dans le Manuel d'archéologie étrusque et romaine, se rapprocher de la seconde). M. Modestor fait table rase des opinions antérieures et préconçues. Il analyse 1° les textes anciens ; 2° les monuments. Sans hésitation ni réticence il conclut à l'origine Lydienne. La presque unanimité des auteurs anciens s'accorde sur ce point. Denys d'Halicarnasse, s'appuyant d'ailleurs sur un raisonnement faible et bizarre, fait exception. Néanmoins il faut à l'aide de l'archéologie et de la linguistique vérifier les deux thèses, Or : 1° Il existe une ressemblance frappante entre les chambres funéraires étrusques et les tombeaux d'Asie Mineure. 2° Il n'y a aucun rapport entre ces caveaux et les grottes artificielles néolithiques ou énéolithiques, ni aucune trace de transition. 3° Ils n'ont aucun lien avec les tombes à puits et à fosses. (M. Helbig persiste à affirmer le contraire.) 4° L'usage de la route, l'appareil des murailles de villes et leurs tours se rattachent à l'Orient. 5° Les peintures et reliefs des tombeaux avec leurs lions, tigres, léopards, sphinx, centaures etc., tiennent de près à la décoration orientale. Les éléments, qui survivent en Etrurie même aux importations grecques, y sont trop invétérés pour qu'on puisse les attribuer à une simple influence commerciale ; à plus forte raison les rites funéraires, l'architecture militaire ; 6° le costume est oriental. 7° Les instruments de musique à vent, trompette, flûte ont toujours été rattachés à la Phrygie et à la Lydie. 7° La divination, si en faveur chez les Etrusques, est un art oriental. 8° Les insignes royaux des Tarquins sont ceux des rois de Lydie. 9° Les jeux et spectacles des Etrusques, leur goût pour les festins ne relèvent pas moins de l'Orient. 10° Enfin ce que l'on connaît de la langue étrusque permet de la rattacher aux rives orientales de la Méditerranée et de croire que les Etrusques appartiennent à la famille pélasgique.

On ne saurait nier que la saisissante synthèse établie par M. Modestor ne donne une vigueur nouvelle à l'hypothèse orientale de l'origine des Étrusques, laquelle rallie d'ailleurs des partisans de plus en plus nombreux. L'auteur la considère comme « résolue et scientifiquement résolue ». A ceux qu'il a réfutés de nous dire ce qu'ils en pensent. André BAUDRILLART.

---

69. — **Andegaviana** (5ᵉ série), par F. UZUREAU, directeur de l'*Anjou historique*. — Paris, Picard, 1906, in-8 de 500 p. (Prix : 4 fr.)

Cette cinquième série de documents angevins ne le cède aux premières ni en variété, ni en importance. Fidèle à sa méthode qui n'a pas les inconvénients qu'on lui reproche parfois, M. Uzureau insère des documents à la suite les uns des autres, sans aucun souci de l'ordre chronologique, mais il a soin de rétablir ce dernier dans la table des matières, de sorte que l'on s'y retrouve aisément. Toutefois en espaçant les pages écrites par la même main, il lui arrive parfois de répéter ce qu'il a dit sur leur auteur, c'est ainsi qu'on peut lire quatre ou cinq fois que « l'abbé Rangeard fut archiprêtre d'Angers, curé d'Andard, et qu'il vécut de 1723 à 1793. » Vétille au demeurant qui n'enlève à ces pages rien de leur intérêt ! Ce nouveau volume s'ouvre par de très curieux Mémoires du chanoine angevin, Guy Arthaud sur l'épiscopat de M. Henry Arnauld, l'un des frères du grand Arnauld, qui gouverna le diocèse d'Angers de 1650 à 1692 « avec une activité devenue légendaire ». Ces copieux Mémoires furent rédigés sous forme d'annales en 1685 ; leur auteur né à Angers même en 1610, mourut en 1688. Ils renferment de très piquants détails sur l'administration du prélat et la façon dont il défendait ses droits, comme aussi les moyens qu'il employait parfois pour se soustraire à des obligations, de minime importance d'ailleurs.

Comme dans les recueils précédents, les documents qui concernent la Révolution sont de beaucoup les plus intéressants. Je signale tout particulièrement au lecteur les notes écrites par madame de la Rochejacquelein à M. de Barante qui s'était chargé de réviser la rédaction de ses mémoires. On y trouve des détails inédits sur cette guerre de Vendée que Napoléon qualifiait de guerre de géants.

D'après madame de la Rochejacquelein, et contrairement à une opinion accréditée entre autres par Pitre-Chevalier et Crétineau-Joly, si j'ai bon souvenir, jamais les fameux Mayençais ne songèrent à se joindre aux Vendéens, du moins elle n'en entendit jamais parler ; et ce qu'elle croit pouvoir certifier, c'est qu'aucun d'eux ne déserta en réalité la cause républicaine.

L'illustre marquise qui elle-même fit la « grande guerre » on sait quelle intrépidité, lorsqu'elle s'appelait madame de Lescure, raconte que Henri de la Rochejacquelein, dont plus tard, devenue veuve, elle devait épouser le frère, n'oubliait jamais de faire le signe de la croix « quand il se mettait dans un péril évident. »

En août 1816, elle constatait que la Vendée était « fort mal gouvernée » et qu'il s'y commettait « de grandes trahisons, de grandes lâchetés. » Elle écrivait à la fin de l'année 1830, après la révolution de juillet par conséquent, toujours à M. Barante « Croyez-moi, aucun Vendéen ne veut prendre les armes. Ils ne demandent que le repos et la liberté des cultes. Ils s'empressent d'obéir au gouvernement, dieu merci. »

Ce n'est pas après avoir écrit ces mots qu'elle eut conseillé la prise d'armes de 1832. Le 27 mai de cette année, le fils du généralissime Cathelineau tombait à la ferme de la Chaperonnière, paroisse de Jallais, lâchement assassiné par un officier.

Madame de la Rochejacquelin qui avait fait les frais de son éducation l'appelait son fils adoptif et le qualifiait de saint. Elle mandait à M. de Barante le 14 février 1833 : « Je vous envoie le *procès d'Orléans* sur mon cousin (M. de Civrac) et l'assassinat de saint Cathelineau, mon fils adoptif. Son assassin Régnier porte sa montre qu'il a volée ; on n'a pas voulu le dire dans son plaidoyer.

Déjà, on appelait le généralissime « le saint de l'Anjou ». Bonchamp était le « saint du Poitou ».

Madame de la Rochejacquelin mourut le 15 février 1857. Mgr. Pie tint à prononcer son oraison funèbre.

En insistant sur ces pages inédites concernant la Révolution, j'ai voulu donner au lecteur une idée de l'intérêt de cette cinquième série d'*Andegaviana*, qui, je l'espère bien ne sera pas la dernière. Je souhaite plus que jamais à l'abbé Uzureau de faire une école.

A. ROUSSEL.

CHRONIQUE

6. — **Saint Justin et les Apologistes du II° siècle**, par J. Rivière, directeur au grand séminaire d'Albi. Introduction par Mgr Batiffol, recteur de l'Institut catholique de Toulouse. — Paris, Bloud, 1907, in-16. (Prix : 3 fr. 50).

Pour qui s'intéresse aux origines chrétiennes, il n'est peut-être pas d'époque plus attachante que le II° siècle et, dans le second siècle, que le groupe des Pères Apologistes. Le christianisme, à cette époque, désormais sorti de son obscurité primitive et déjà aperçu du monde païen, y est attaqué de toutes parts : calomnié par la populace, raillé par les philosophes, suspecté par les hommes politiques, condamné par la loi. Cette universelle attaque suscita un splendide mouvement de défense Suppliques à l'empereur ou au sénat, appels à l'opinion, traités philosophiques, dialogues ou discours à l'usage des gens du monde, tout fut mis en œuvre par les chrétiens pour obtenir le respect et la liberté de leur foi. Ce fut le principal rôle des Apologistes. Encore aujourd'hui il y a plaisir et profit à entendre ces voix aussi éloquentes que généreuses, dont l'accent ne manque pas toujours d'une certaine actualité.

En même temps, les Apologistes se préoccupent d'interpréter leur foi pour la rendre accessible aux intelligences païennes : ils tentent de faire du christianisme une « philosophie », la plus haute et la plus vraie. Jusque-là le christianisme s'était propagé parmi les simples et surtout par voie d'affirmation ; maintenant il se propose aux esprits cultivés, et dès lors on voit s'ébaucher une apologétique et une théologie. Les Apologistes représentent le premier éveil de la pensée chrétienne ; ils sont à la source de ce courant de spéculation qui aboutit à Origène.

Telle est la littérature que le présent volume offre au public. Une savante et substantielle introduction de Mgr Batiffol expose le rôle général des Apologistes au triple point de vue historique et littéraire, apologétique, théologique. M. Rivière met sous les yeux du lecteur, groupés dans les cadres de la théologie classique, les passages significatifs de leur pensée. La première place revient naturellement à saint Justin ; mais Tatien, Athénagore et Théophile, Minucius Félix et Tertullien, sans oublier de nombreux anonymes, apportent leur précieux contingent à cette synthèse.

De la sorte, cet ouvrage se trouve résumer tout un siècle de l'histoire de l'Eglise. Et s'il en fut de plus glorieux et de plus fécond, nous n'en connaissons guère de plus intéressant ni de plus varié.

7. — **Charles Darwin**, par E. Thouverez, professeur à la Faculté des lettres de l'Université de Toulouse. — Paris, Bloud, 1906, in-12. (Prix : 1 fr. 20).

On trouvera, dans ce volume, en même temps qu'un exposé critique et complet du Darwinisme, une sorte de biographie psychologique, succincte, mais singulièrement suggestive, de Darwin. L'auteur étudie successivement l'Hérédité des Darwin, puis l'Education de Charles Darwin, son Voyage autour du monde, sa Vie pendant le Séjour a londres, enfin les Dernières années à Down. Passant à l'examen du système, M. Thouverez consacre un premier chapitre aux prédécesseurs de Darwin : Erasme Darwin en Angleterre, Gœthe en Allemagne, Lamarck et Buffon en France. Ainsi il arrive à l'exposé et à la discussion des idées émises par Darwin dans le livre sur l'*Origine des espèces* et présentées analytiquement dans les *Variations*. Après un bref résumé des ouvrages publiés postérieurement, vient l'histoire du Darwinisme chez les disciples de Darwin jusqu'à nos jours. L'auteur termine par une critique du système qui définit « une certaine forme entre plusieurs possibles, du transformisme qui est luimême une forme de l'évolution », et montre comment on peut, établir, sur la théorie évolutionniste, une thèse qui concilie les exigences techniques et positives de l'intelligence spéculative avec les exigences métaphysiques et religeuses de la volonté morale.

8. — **Le Théâtre édifiant en Espagne**. Cervantes, Tirso de Molina, Calderon, par Marcel Dieulafoy, membre de l'Institut. — Paris, Bloud, 1907, in-16. (Prix : 3 fr. 50).

Personne n'avait étudié dans ses manifestations si multiples et si captivantes le théâtre religieux de l'Espagne et les chefs-d'œuvre enfantés durant le *Siècle d'Or*. Il fallait connaître les terrains divers où s'alimenta dès sa naissance la civilisation de nos voisins et découvrir les raisons qui les inclinèrent tantôt vers la France orthodoxe, tantôt vers l'Islam vaincu et repoussé. C'est le cas M. Dieulafoy. Aussi bien les travaux qu'il a entrepris depuis de longues années sur la renaissance espagnole aussi bien que ses belles et fructueuses recherches sur le moyen âge en France et en Perse l'ont-ils conduit à s'occuper des œuvres édifiantes portées à la scène de l'un ou de l'autre côté des Pyrénées. Dans quel esprit et dans quel dessein ces pièces furent-elles composées? Quelle fut l'origine et la caractéristique de l'évolution du genre remarquée en Espagne au début du XVIIe siècle? Quels sont les matériaux étrangers qui furent utilisés en cette circonstance? Quel profit l'esprit public et la religion tirèrent-ils du théâtre édifiant espagnol ? Telles sont les questions posées et résolues ici avec l'ampleur qu'elles exigent et avec cette pénétration toute personnelle, et cette science sûre et sans aridité qui donnent tant de prix aux travaux de M. Dieulafoy. L'éminent écrivain prouve que la pensé chrétienne fut la directrice et le guide de l'évolution du théâtre édifiant ; mais il montre aussi que la traduction des Miracles de Notre-Dame et de la Légende Dorée furent mis à profit et même certaines solutions données par les docteurs musulmans de problèmes où la foi n'était pas en péril. Il établit ensuite que le théâtre ainsi transformé devint un auxiliaire précieux dans la lutte entreprise contre le luthéranisme ; il dit enfin avec quelle ardeur, quel talent, quelle sincérité les grands poètes dramatiques, les illustres représentants du *Siècle d'Or* répondirent aux intentions du pouvoir et comment ils surent allier dans leurs œuvres le charme à l'intérêt, la beauté souveraine à l'exposition des thèmes sévères.

De courtes notices relatives à trois des grands tragiques. — Cervantes, Tirso de Molina et Calderon — qui prirent part à cette sorte de croisade littéraire et la traduction fidèle, complète et respectueuse du *Truand béatifié* du *Damné pour manque de confiance* et de *La Dévotion à la Croix* complètent ce travail et montrent par des exemples décisifs que le théâtre édifiant espagnol, sans rival par sa richesse, son originalité et sa supériorité littéraire est unique par sa haute portée morale et sa valeur religieuse.

9. — **L'Epanouissement social des Droits de l'Homme**, par C. Boucaud, docteur en droit. — Paris, Bloud, 1906, in-12. (Prix : 0 fr. 60).

On montre dans ce volume que les « droits de l'homme » se résument dans le droit de l'homme à l'épanouissemment moral et social de sa personnalité : l'homme a droit à l'épanouissement de soi-même et, par prolongement, à la possession de tout ce qui est véritablement sien. La *liberté* et la *propriété* sont ainsi les deux pôles sur lesquels roule toute la sphère des droits de l'homme. On esquisse la critique des abus et des doctrines qui méconnaissent les droits imprescriptibles de la personnalité humaine dans la vie économique et sociale, et on signale quelles sont les limites sociales du droit individuel. Le volume s'achève par un chapitre consacré au « droit de l'enfant » que méconnaît le monopole de l'enseignement et que compromet le divorce. Ce qu'il y a d'inflexible, ce qu'il y a de souple, ce qu'il y a de complexe et ce qu'il y a de délicat dans les « droits de l'homme » : tel est, en résumé, l'objet de cette étude ; — la synthèse de tous ces droits dans la vocation naturelle qui appelle tous les êtres à être intégralement et parfaitement tout ce qu'ils doivent être : telle en est la structure.

10. — **Les Silex taillés et l'Ancienneté de l'Homme**, par A. DE LAPPARENT, de l'Académie des Sciences. — Paris, Bloud, 1907, 2 vol. in-12. (Prix : 1 fr. 20).

Le présent opuscule contient un exposé logiquement enchaîné des vicissitudes que la préhistoire a traversées depuis le jour où elle s'est imposée à l'attention des hommes de science. Si, dans le principe, l'auteur avait pris la plume surtout pour faire ressortir les déconvenues récemment infligées à ceux qui se plaisent à réclamer pour l'espèce humaine une antiquité fabuleuse, du moins il s'est efforcé de séparer le bon grain de l'ivraie et de distinguer avec soin ce qui peut être considéré comme acquis des affirmations où la passion a plus de part que la science proprement dite. Le savant auteur, dans une première partie, fait une revue et une mise au point des problèmes que soulève, d'une manière générale, l'étude de la préhistoire. Dans la seconde, il examine particulièrement la question de l'ancienneté de l'homme.

11. — **A.-A Cournot**, par FLORIAN MENTRÉ, professeur de philosohie. — Paris, Bloud, 1907, in-12. (Prix : 0 fr. 60).

Depuis quelques années, Cournot est en faveur dans le monde philosophique. Mais la plupart de ses ouvrages sont devenus introuvables et le public ne les connaît guère que par des articles de revue. Ce grand méconnu, dont l'œuvre égale celle d'un A. Comte ou d'un Renouvier, attend encore un livre d'ensemble où ses idées soient exposées intégralement. Il était donc opportun de résumer ses principales théories, notamment celles qui ont trait à la religion et au christianisme. Car ce penseur, doublé d'un savant, ne craignit pas d'aborder le problème religieux et il le fit avec sa profondeur et son originalité coutumières. On trouvera dans le présent volume des vues ingénieuses, d'une actualité saisissante, sur la science, la philosophie et la religion. L'auteur s'est efforcé d'imiter la manière de Cournot, et il le cite souvent pour que ses lecteurs puissent l'apprécier directement et éprouvent le désir de méditer l'œuvre elle-même, féconde en enseignements d'un intérêt durable. Cette brochure peut servir d'initiation à la philosophie de Cournot, dont le nom sera bientôt célèbre ; dès maintenant, il n'est plus permis à aucun homme instruit de l'ignorer.

ACADÉMIE DES INSCRIPTIONS ET BELLES-LETTRES

Séance du 12 avril.

M. Perrot, secrétaire perpétuel, donne lecture d'une lettre de M. Gauckler rappelant la découverte qu'il a faite, il y a quelques années, à Carthage, d'un monument élevé en l'honneur de sainte Félicité.

A ce propos, M. Héron de Villefosse communique une lettre du P. Delattre sur la trouvaille analogue que ce savant vient de faire d'une inscription relatant le martyre de sainte Perpétue, sainte Félicité et leurs compagnons. L'inscription paraît bien représenter l'emplacement de la sépulture de ces martyrs, c'est-à-dire de la *basilica major* mentionnée par Victor de Vite.

Le P. Delattre ajoute que non loin de là il a découvert une mosaïque fort intéressante malgré son état de délabrement complet.

M. de Mély communique et explique deux signatures de miniatures, H. B. et H. R., appartenant aux *Très riches heures du duc de Berry*, conservées au musée Condé, et il en identifie l'auteur avec Henri de Bellechose, peintre du duc de Bourgogne, qui a signé de la même façon un tableau que possède le Louvre; le *Martyre de saint Denis*, que l'on attribuait à Jean Malouel.

Sur le rapport de M. Philippe Berger, le prix Bordin (ouvrages sur l'Orient) est réparti de la façon suivante : M. Doutté pour son ouvrage : *Merrakech*, 1,000 fr.; — M. Adamantion : chronique de Morée, 500 fr.; — M. Guérinot : *Bibliographie du jaïnisme*, 500 fr.; — M. Migeon : *Manuel d'art musulman*, 500 fr.; — M. Touzard : *Grammaire hébraïque*, 500 fr.

M. de Vogüé offre, au nom de la Commission du *Corpus inscriptionum semiticarum*, un nouveau tome de la partie araméenne. Il signale la part considérable qui revient dans cette œuvre à M. l'abbé Chabot, auxiliaire de la Compagnie, mais il omet de dire qu'il a lui même contribué pour une part au moins égale à l'établissement de cette publication, exigeant un travail d'une érudition extrême.

M. Havet commente divers passages en termes obscurs de Plaute.

L'Éditeur-Propriétaire-Gérant : Albert Fontemoing.

Imprimerie Générale de Châtillon-sur-Seine. — A. Pichat.

BULLETIN CRITIQUE

———•○•———

70. — **Histoire de Rome et des Papes au Moyen-Age**, par le P. Hartmann Grisar, S. J. professeur à l'Université d'Inspruck. Vol. I. Rome au déclin du monde antique. Traduction de l'allemand, par Eug-Gabr. Ledos, archiviste-paléographe. — Rome, Paris, Lille, Société de Saint-Augustin, 1906, 2 vol. gr. in-8 de 465-426 p., avec une carte en couleur de la « Forma, Urbis Romæ » et 140-84 figures et plans historiques. (Prix : 25 fr.)

Grâce au labeur de M. Eug. Ledos, le public français se trouve maintenant à même de prendre connaissance, pour les débuts au moins, du beau travail que le P. Grisar consacre à la Rome et aux Papes du Moyen-Age. L'œuvre de l'historien vaut la peine qu'on s'y arrête ; celle du traducteur n'est pas non plus banale. Il est temps encore de parler de l'une et de l'autre.

Le P. Grisar est à la fois historien et archéologue : il n'en saurait être autrement pour quiconque aborde le passé de Rome, soit antique, soit ecclésiastique. A cette double caractéristique ses pages empruntent un cachet d'attachante et forte originalité. Le R. P. a écrit ce livre avec science, avec foi aussi et avec amour. Ce sont là trois éléments que l'on ne rencontre pas tous les jours à une dose aussi égale dans les ouvrages de haute érudition contemporaine : raison de plus pour en signaler la présence ici. La trame historique est concise, mais résumée par une maîtresse plume qui sait se borner à l'essentiel. Ce premier volume de la traduction française renferme cinq livres ou grandes divisions. Les premières pages du récit transportent le lecteur à Rome en 394, au moment de la lutte décisive avec le parti païen : les dernières lignes nous amènent jusqu'à la veille du pontificat de saint Grégoire le Grand.

Et quelles étapes parcourues en ce laps de temps ! L'Eglise respire à peine après sa longue résistance passive contre les chefs officiels de l'Empire et du paganisme, que déjà il lui faut lutter à nouveau ; mais cette fois contre un adversaire sorti de son sein — l'hérésie. En effet, voici d'abord l'arianisme ergoteur et flagorneur, dont les suppôts exploitent habilement à leur profit les tendances césariennes des premiers empereurs chrétiens. Voici le pélagianisme rationaliste et subtil qui, par ses brutales attaques, ébranle jusqu'en ses principes la vie morale du chrétien. Voici le nestorianisme et le monophysisme qui, en sens inverse l'un de l'autre, poursuivent la lutte contre la christologie catholique. A ces affirmations de l'erreur les évêques de Rome, héritiers de la primauté de Pierre, opposent les décisions des conciles ou les leurs propres.

Citer des noms est-il bien nécessaire ? Ceux par exemple de Silvestre, de Jules, de Libère et de Damase demeurent liés au souvenir de la lutte contre l'arianisme. Et qu'on ne vienne plus nous objecter la chute de l'avant-dernier de ces Pontifes : cette accusation ne repose sur aucune certitude historique. Innocent Ier, Zozime, Célestin Ier et Sixte III ont de leur côté tenu tête aux arguties pélagiennes et semi-pélagiennes. C'est encore Célestin Ier et Sixte III que l'on rencontre en face de Nestorius et de ses adhérents : tandis que le doux, l'énergique Léon le Grand fixe contre Eutychès le dogme de l'Incarnation et de la personne du Christ. Ces luttes doctrinales, de même qu'un peu plus tard les longs déchirements du schisme acacien, ne mettent que mieux en évidence la suprématie universelle des évêques de Rome. De toutes parts, et sans contrainte, on s'adresse à eux : d'Orient, d'Egypte, de Grèce, de Gaule, d'Afrique. Ils sont réellement les détenteurs autorisés du magistère de la foi et le P. Grisar a fait ressortir excellemment cette situation sans pareille. Un danger pourtant pouvait sortir de là. Aux jours d'élection, le haut rôle déjà réservé au successeur de saint Pierre dans l'ancienne capitale de l'Empire et au dehors pouvait devenir un appat pour les ambitieux et tenter les convoitises des membres du haut clergé animés de sentiments mondains. Cela servit en effet du temps de Damase et plus tard encore sous Symmaque.

Les événements marchent et avec eux les hommes. Les pâles

successeurs de Théodose font triste figure dans les séries impériales. Bientôt ils sont remplacés en Occident par une suite de souverains barbares. Les Wisigoths d'Alaric, les Vandales de Genséric et les Huns d'Attila, qui, tour à tour, marchent au sac de Rome ou de l'Italie, traitent encore avec ces fantômes d'empereurs. Mais Odoacre plus hardi se pare du titre de roi et le porte durant dix ans. Celui-là n'est qu'un condottiere : son fragile pouvoir s'effondre sous la formidable poussée des Ostrogoths de Théodoric. A son tour ce dernier fonde une monarchie et tout d'abord ce nouvel essai présente de plus sérieuses chances de vitalité. Théodoric n'est pas un souverain ordinaire ; il voit grand, il a le goût du juste et du beau. Autour de lui, du reste, on trouve groupés les derniers tenants de la culture latine : Cassiodore, Boëce, Symmaque. Tout va bien tant que l'influence de ces hommes conserve prise sur le Barbare. Mais dans ses vieux jours Théodoric devient sectaire et persécuteur. Il n'épargne pas plus les vies de ses conseillers que la liberté du pape Jean Ier. Pour son malheur, l'élément gothique demeuré arien s'est refusé à toute fusion avec la population indigène. De ce fait l'œuvre de Théodoric est caduque et vouée à une irrémédiable ruine. La vaillante épée de Vitigès, pas plus que celles de Totila et de Teïas, ne seront capables, de barrer le chemin aux Byzantins conduits par Bélisaire et Narsés.

Ce duel à mort se prolonge dix-huit ans. Rome est assiégée trois fois, prise, livrée au pillage, reprise et, dans ce cadre d'horreurs, se meuvent tragiquement les figures de Silvère le martyr, de Vigile et de Pélage II. On est tout surpris de rencontrer au milieu de ce sombre récit quelques pages reposantes, dont le contenu contraste avec ce qui précède autant qu'avec ce qui suit. Ce sont celles que le P. Grisar a consacrées aux origines du monachisme à Rome et à son expansion en Italie. En quelques traits d'une main sûre nous sont esquissés de façon exacte et la physionomie de Benoît de Nursie et le caractère de son œuvre.

Après les Barbares, Byzance. L'Italie désolée, ruinée pour des siècles gagne peu au change. Sous la solennité des formules de l'administration impériale se cache mal l'étroitesse de vues et la rapacité de la bureaucratie subalterne. Les Exarques de Ravenne ne seront pas toujours non plus des voisins commodes pour les papes. Par surcroît, les Lombards païens ne tardent pas à venir à leur tour disputer la place aux nouveaux occupants et, une fois de plus, en la personne de Grégoire le Grand et de ses successeurs, l'Eglise reprend avec une sereine patience son œuvre d'éducatrice et de civilisatrice des peuples enfants.

J'ai dit que le P. Grisar était archéologue : c'est dans ce domaine surtout qu'il se meut à l'aise. L'archéologie, ou, si l'on aime mieux, l'histoire des monuments de Rome mise au point à l'aide de tous les résultats scientifiques acquis jusqu'aujourd'hui, voilà ce qui constitue comme la puissante ossature de son travail. Rome est connue par le R. P. dans ses moindres détails : palais, temples, basiliques, cimetières, voies et aqueducs, enceintes — il n'est rien qui ait échappé à sa vigilante attention. Et avec quelle bonne grâce il se fait le guide — le cicerone de son lecteur au milieu de ces vestiges du passé. Comme il en sait démêler l'histoire vraie, tranquillement, sans pitié d'ailleurs pour les légendes dont sa critique n'épargne pas la riche floraison ! Que l'on prenne par exemple sa « promenade dans Rome au moment de sa transformation » au vi[e] siècle. C'est un morceau plein de vie et absolument achevé. J'en pourrais dire autant des chapitres intitulés. « L'art et la civilisation romaine dans leur efflorescence chrétienne » — « Les établissements grecs à Rome et dans les environs » — « Contrastes monumentaux à Rome. Les Forums impériaux et la voie flaminienne. Les cimetières chrétiens de l'époque byzantine ». L'on trouvera réunis là une masse de renseignements du plus haut intérêt sur l'architecture, la peinture, la mosaïque, la statuaire chrétienne antiques. Même remarque au sujet des pages qui traitent de « Quelques côtés de la vie religieuse à Rome ». La description de l'*Initiatio Christiana* dans la basilique du Latran est exquise.

La tâche qui incombait à M. L. pour rendre dans notre langue un ouvrage de cette sorte, était plutôt ardue. Il l'a surmontée avec autant de bonheur que de savoir faire. Sa traduction est claire, élégante : on n'y sent pas l'effort. Surtout des divisions bien ménagées permettent à l'œil de se diriger sans trop de peine au milieu d'un texte un peu compact. L'affection d'une sœur a assuré à M. L. une collaboration à laquelle il se plaît à rendre hommage : une partie de l'éloge dû en toute justice au traducteur revient donc de droit à ce gracieux concours. Ajouterai-je que les éditeurs en conservant à cette édition française une partie de l'illustration qui orne l'édition allemande, ont assuré par là même à leurs volumes le meilleur et le plus indispensable des compléments.

D. L. Guilloreau.

---

71. — **Les Substituts de l'âme dans la psychologie moderne**, par M. Kostyleff, docteur de l'Université de Paris. — Paris, Alcan, 1906, in-8 de xx-228 pp. (Prix : 4 fr.)

C'est une nouvelle formule du parallélisme psycho-physique que cherche M. K. Il examine d'abord les différentes tentatives faites pour trouver un substitut objectif de l'âme et assurer ainsi l'unification du savoir.

La théorie chimique de Le Dantec explique peut-être la vie : assimilation, adaptation, différenciation, hérédité, mémoire. Explique-t-elle également les faits de conscience? Selon Le Dantec, la conscience est un épiphénomène des neurones; or un neurone ne diffère pas essentiellement d'un plastide, et comme le plastide est un composé de molécules et d'atomes la logique nous amène à l'hypothèse de la conscience atomique de Haeckel. — Mais cette hypothèse, loin d'expliquer les idées abstraites et l'unité des images mentales n'explique même pas l'unité de la conscience humaine. Le « modèle » chimique, M. Le Dantec insiste là-dessus, ne révèle pas l'unité objective de la vie; dès lors, il ne saurait expliquer l'unité de la conscience, que l'on considère comme une fonction des phénomènes vitaux, au sens mathématique du mot. (p. 49. 51). Dans ce système, les phénomènes physiques n'ont donc pas d'équivalent objectif.

La conception mécanique de Zehnder permet de concevoir l'unité d'une image mentale, d'une idée, du moi, car un système de cellules dans lequel nous découvrons une grande variété de structure est plus complexe, plus profond qu'un système de cellules douées de propriétés chimiques. Mais si le « modèle » mécanique explique l'aspect statique des images mentales, il n'en contient pas la vie. Du moment que chaque image est représentée par une cellule du cerveau, on ne comprend plus le flux de la vie mentale, ni l'existence des idées abstraites. « La conscience de l'homme, construite sur le modèle mécanique, serait remplie d'images concrètes, et toujours présentes ». (p. 105).

A ces méthodes impuissantes qui négligent la valeur propre des données fournies par l'introspection, M. K. oppose l'effort des savants autrichiens pour substituer au schème statique une conception dynamique de la conscience. Mais Wahle s'est arrêté en chemin : il n'a pas su rapprocher les données psychologiques des données physiologiques qu'il conçoit sous un aspect statique. Mach alla beaucoup plus loin et admit « à la place des états statiques des processus moteurs tout à fait en rapport avec la nature motrice des images mentales » (p. 157). Mais les données positives lui ont manqué pour fournir une base positive aux formes supérieures de la vie psychique.

Les données qui manquaient à Mach, on les trouve dans le « développement fonctionnel des réflexes » ou mouvements cérébraux. Sans doute, cette hypothèse ne peut être vérifiée par l'expérience. Mais l'auteur prouve qu'elle est aussi nécessaire à la psychologie que l'hypothèse de l'éther l'est à la physique. Dans cette hypothèse seulement l'apparition et le développement de la conscience ont un correspondant objectif : l'apparition et le développement des réflexes cérébraux. Dès lors, l'âme se révèle à nous par deux espèces de signes qui se correspondent rigoureusement : des signes matériels et des signes spirituels. La traduction objective, rigoureuse et complète, réalise l'unification du savoir.

H. V.

---

72. — **Le contrat de travail, les salaires, la participation aux bénéfices**, par Roger MERLIN, bibliothécaire archiviste du Musée social. — Paris, Alcan, 1907, in-8 de 164 p. (Prix : 2 fr. 50).

Le petit livre de M. Merlin sur le contrat de travail se recommande par sa clarté et sa solidité, et par le désir, qui y paraît, devoir se constituer une législation ouvrière *organique*. C'est une œuvre sage.

Voici les principales idées qui y sont contenues, quant au contrat de travail, quant aux salaires, quant à la participation aux bénéfices.

I. — En ce qui concerne le contrat de travail, l'auteur remarque que la convention entre employé et employeur, qui, sous le régime anarchique issu de l'idéologie révolutionnaire, était nécessairement individuelle, devient, depuis la loi de 1884 sur les syndicats, de plus en plus collective et il juge, avec raison, ce changement comme un progrès organisateur.

Il définit le contrat de travail « une association non pas juridique sans doute, mais économique, » (p. 87.) entre patron et ouvriers.

Il examine les juridictions compétentes en cas de conflit entre ouvriers et patrons et en découvre l'impuissance ou l'insuffisance, enfin il expose les grandes lignes du projet Barthou sur le contrat de travail.

Quelques points de son étude méritent de retenir notre attention ou appellent la discussion.

C'est avec raison que l'auteur réclame pour les syndicats le droit de propriété : car la propriété collective, en intéressant les syndicats à la conservation sociale, serait un garant de paix et les forcerait à se pourvoir d'une direction professionnelle et administrative. Cela a bien été saisi et marqué.

L'histoire de la législation économique au XIX° siècle, telle que la rapporte M. M. veut quelques commentaires.

Et d'abord remontant jusqu'à l'ancien Régime, voici ce qu'il écrit, (p. 17) : « Il est superflu de faire remarquer que sous l'ancien Régime le contrat de travail existait déjà... Ces règlements (corporatifs) étaient sanctionnés par l'autorité royale. C'était là matière de droit public et non plus de droit civil; le travail étant considéré comme un droit octroyé par licence royale. » Loin d'être superflue, cette remarque est au contraire excellemment opportune. Si la réglementation corporative était « matière de droit public », c'est que l'organisation du travail apparait bien, en dernière analyse, comme une question *politique*. Cela n'a-t-il pas échappé à l'auteur? un gouvernement n'a pas le droit de se désintéresser d'une question qui intéresse la vie publique et dont la solution lui ressortit très précisément ; en sorte qu'il est vrai de dire que l'ordre politique domine l'ordre économique. On la bien vu à l'expérience. Le législateur révolutionnaire crut, dit M. M., « que la liberté des conventions suffirait à tout prévoir. » Il s'ensuivit l'isolement du travailleur en face du patron, dans l'instant où le machinisme rendait cette situation moins supportable que jamais, attendu qu'il éloignait déjà matériellement et socialement le patron de l'ouvrier : tous les liens étaient rompus. Cela a été bien observé. Mais l'auteur a tort d'ajouter, (p. 27) : « Il **est** évident que les auteurs du code ne pouvaient prévoir un bouleversement semblable et qu'à un régime économique nouveau il fallait une législation nouvelle. » Ils pouvaient au moins ne pas détruire, pour une idée, un ordre éprouvé! Et leurs successeurs pouvaient aviser aux moyens de réglementer le machinisme aussitôt qu'apparu. Or, la première en date des lois ouvrières est celle du 25 mai 1864 qui accorde le droit de coalition ; ce fut une lourde faute de donner le droit de coalition ou de grève avant le droit d'association : dans une autre partie de l'ouvrage, à propos des effets de la grève, l'auteur cite un texte de M. Gide, où la grève est comparée au « coup de pouce qui permet à l'aiguille qui marque le taux des salaires de prendre sa position normale : elle n'est que cela. » (p. 119.) Inaugurer les réformes sociales par une institution qui consiste dans un coup de pouce accidentel, c'est ne vouloir rien fonder. Une institution doit être une réglementation fondamentale et instaurer un ordre permanent. La loi de 1864 porta un défi au bon sens.

Enfin comparant les *trade-unions* anglais disciplinés aux syndicats révolutionnaires français, l'auteur exprime l'espoir que ces derniers suivront l'exemple de leurs prédécesseurs britanniques. Or, rien ne nous en donne l'assurance. L'analyse des faits seule pourrait déterminer les conditions qui ont permis cette régularisation des syndicats anglais, d'une part, et de l'autre, celles qui pourraient réduire les syndicats français à leur fonction professionnelle. Celles-ci semblent encore loin de la réalité. Quant au chartisme, tentative politique d'esprit démocratique, il a échoué contre la ferme constitution anglaise, monarchique et aristocratique ; et l'échec du chartisme a favorisé le développement professionnel des *trade-unions*. En France, la situation est inverse : les pouvoirs publics favorisent une sorte de chartisme, au préjudice de l'organisation corporative.

II. — Dans une IIe partie, M. M. analyse les causes de variation d'où dépend la hausse ou la baisse des salaires.

Ces causes sont : la loi de l'offre et de la demande, la productivité du travail, le coût de la vie, l'état général de la richesse d'un pays, l'action des lois et des institutions, l'influence de la coutume et l'action des obstacles naturels. M. M. réfute les théories absolues qui ont prétendu calculer le montant du salaire suivant une règle fixe et unique : par exemple, celle du fonds des salaires et la loi trop stricte de l'offre et de la demande, « l'illusion de vouloir fixer par une législation internationale la durée uniforme de la journée du travail, » (p. 100) ; il dit encore, p. 102 : « vouloir l'égalité des salaires pour l'ensemble de leur profession, c'est nier que l'énergie individuelle puisse être récompensée. » Il combat (p. 108) « l'erreur de Lassalle et des socialistes, qui, formulant leur fameuse *loi d'airain*, prétendent que le salaire ne peut se régler que sur la valeur strictement nécessaire » pour les besoins de la vie : les faits démentent cette théorie.

Les conclusions de M. M., après cette analyse précise, sont du moins surprenantes : l'action des divers facteurs d'où le salaire résulte, lui semble manifester la prépondérance de la liberté et de la volonté humaines en matière économique : il y a là ou un abus de langage ou une perversion de la pensée. Si l'on se réfère aux analyses faites par l'auteur des causes de variation des salaires, on trouve que la part de la liberté humaine y est en effet très petit. Serait-ce qu'il estime libre et volontaire la coutume qui distingue les hommes et les attache à une profession ou à une partie du globe, — ou l'aptitude professionnelle qui est l'effet de dons naturels ou de l'habitude, — ou les besoins intellectuels et moraux de l'ouvrier qu'il n'est pourtant pas libre de ressentir ou non, — ou les institutions qui, une fois créées, engendrent des coutumes?

Dans tous ces phénomènes ne paraît aucune liberté. La seule expression convenable est celle de fait humain; du fait de l'homme, être variable et inquiet, les lois économiques sont loin d'être toujours rigides et fixes : voilà le point juste. Cependant M. Merlin a très adroitement résolu les nuées théoriques assemblées par certains économistes et il a démontré que les faits économiques échappent le plus souvent au fatalisme grossier des doctrinaires socialistes.

III. — La troisième partie de l'ouvrage de M. M. est consacrée à la question des primes et de la participation aux bénéfices. Cette participation peut être individuelle, collective ou contractuelle. La participation contractuelle est la plus délicate, attendu que l'ouvrier qui est un associé économique, n'est pas associé juridique, que les opérations patronales de l'inventaire, qui fixent la part de l'ouvrier aux bénéfices, doivent être réservées et tenues secrètes et que l'intelligence, la direction et le capital ont, dans toute industrie, des prérogatives intangibles. Selon M. M., il y avantage à confier, autant que possible, la gestion des fonds provenant de la répartition des bénéfices, à des conseils ou comités composés d'ouvriers afin de les initier à l'administration d'un bien collectif, augmenter leur responsabilité et multiplier leurs rapports avec le patron. La participation aux bénéfices, ainsi entendue, confond les intérêts des deux parties dont les fonctions demeurent distinctes.

.*.

La conclusion générale de M. Merlin est purement morale et l'on peut s'en étonner.

Voici ses propres termes, (p. 154) : « C'est la bonne volonté de chacune des parties qui amènera l'accord, et cette bonne volonté dérive surtout d'un ensemble de qualités morales que la société ne peut créer... Grâce au développement de la civilisation, le salaire dépend de moins en moins des fatalités économiques et toujours davantage de la productivité du travail, en relation directe avec la volonté humaine. »

C'est souvent un danger et, en tout cas, un défaut de composition, que de faire intervenir soudain la morale dans une matière purement économique et politique. Sans doute la moralité est, en l'espèce, digne de considération; mais, comme le fait observer l'auteur, il n'appartient pas à la *société*, entendez la société civile, l'Etat, de la créer, ni de la développer directement. C'est affaire à une société religieuse, à une Eglise. Le rôle de l'Etat, en matière de morale économique, c'est de s'abstenir de certains actes discordants, c'est de ne pas rompre l'accord social par sa nature même (et cela exclut tout gouvernement d'origine révolutionnaire et de tendance factieuse), et c'est de ne pas contredire les enseignements spirituels. Dans ce sens, l'auteur eût pu développer des conclusions, non pas morales, mais exactement politiques et donc convenables à son sujet.

Quant à la fonction prépondérante de la volonté dans l'évolution humaine, que de réserves sont à faire ! Suivant M. M., la fatalité et la volonté seraient les deux termes opposés de cette évolution. En fait, le progrès de la civilisation emporte avec lui un degré croissant de complication, partant d'imperfection, qui rend toujours plus nécessaires l'intervention, la régularisation, la systématisation humaines. Il importe que l'ordre artificiel complète l'ordre spontané. Au contraire, l'ordre spontané est presque suffisant dans les phénomènes plus simples, dont les lois rigoureuses donnent l'illusion d'une exacte fatalité. Voilà le vrai sens des faits observés par M. M. et nous le lui recommandons d'autant plus volontiers qu'A. Comte l'a proposé.

Ces remarques ne tendent pas à contester le mérite du livre de M. M., qui est simple de ton, bien documenté et utile.

Pierre GILBERT.

---

73. — **Lygdami carmina**, *accedit Panegyricus in Messalam*, par GEYZA NÉMETHY. — Budapest, éditions critiques de l'Académie des Lettres de Hongrie, 1906, in-8 de 179 p.

Dans son édition de Tibulle, dont il a été rendu compte ici, *Bull. crit.* du 25 juin 1906, M. Némethy annonçait qu'il publierait à part les élégies de Lygdamus avec le panégyrique de Messalla. Ce nouveau livre est conçu sur le même plan que le Tibulle : texte suivi d'un commentaire explicatif (92 pages), notes critiques, index des mots ; puis, sous le titre d'*Addenda*, un opuscule destiné à grossir le volume, formé d'une notice de 8 pages sur un passage de Virgile *Buc.* 4, 47, et de brèves observations sur quatre passages de Tibulle (I, 1, 29 et 45 ; 9, 35 ; II, 1, 51 ; 3, 3 et 5), concernant, en fait, l'édition du même auteur ; puis, sur six autres de Lygdamus et trois du Panégyrique, ce dernier groupe rentrant dans l'édition de Lygdamus et méritant seul, à vrai dire, le nom d'*Addenda*.

Le texte est établi avec prudence d'après l'Ambrosianus et le Vaticanus, sans préjudice des *Excerpta*, florilèges et fragments, voy. p. 125 ; cependant, M. N., avec raison, ne rejette pas tout à fait la Guelferbytanus, cher à Bæhrens et bien discrédité aujourd'hui, et il reçoit les leçons de ce manuscrit là où elles sont bonnes ; voy., par exemples 2, 7 *est* ; 10 *super* ; 3, 24 *at* ; 5, 4 *sacrilegos*. Au vers 12 de la première élégie, M. N .introduit une conjecture personnelle, *rubra* au lieu de *facta*, et il cherche à la justifier p. 126 du commentaire ; son argumentation ne me paraît pas du tout convaincante ; en outre, en faveur de *facta*, leçons de tous les mss. (éd. de Bâle de 1569 *pacta*, L. Müller *festa*), voy. Ovide, *Her.* 5, 2 *littera facta*. — Au vers 8 de la même élégie, M. N. adopte la conjecture de Muret, *tuis*, et p. 177 de son commentaire, il penche pour *novis*, correction de Postgate. Les mss. donnent tous *meis*, conservé par Haupt, L. Müller, Hiller et par de la Ville de Mirmont dans son édition de Louvain-Paris (1904), que M. N. d'ailleurs paraît ne pas connaître. Ce changement de *meis* en *tuis* vient de l'idée bizarre de Muret de faire de cette élégie un dialogue entre le poète et les Muses (voy. Muret, *Tibullus* 1568, *schol.* p. 55). La suite et le sens sont pourtant bien simples : « Voici l'époque où l'on envoie des présents ; dites-moi, Muses, quel présent j'enverrais à Néère ». Et les Muses aussitôt, inspirent au poète l'idée d'adresser à la jeune fille un exemplaire de ses élégies ; il n'y a ni nécessité, qu'elles prennent elles-mêmes la parole [1], ni vraisemblance qu'elles le fassent pour donner à Lygdamus des conseils relatifs à l'embellissement matériel de son livre, et, comme nous dirions aujourd'hui, des conseils de typographie et de reliure [2] !

Le commentaire explicatif est bref, mais généralement substantiel. On lui doit même cet éloge très sérieux que, simple, clair et sans affectation d'érudition, il gagne à être examiné de près. Il n'est pas, comme le livre de Dissen, alourdi de rhétorique ; il ne verse nulle part dans la dissertation diffuse et à côté, et dans l'énu-

---

1. Pas plus que, dans l'Enéide VII, 37 suiv., parce que Virgile invoque Erato et qu'au vers 41 il lui dit *Tu vatem, tu, diva, mone*, il n'y aurait lieu de croire que la parole doit-être laissée à la Muse, et qu'au v. 45, dans *major rerum mihi nascitur ordo* il faudrait remplacer *mihi* par *tibi*.

2. *Contra*, De la Ville de Mirmont, ouvr. cité ; mais, voulant avec raison garder *meis*, il en arrive à mettre au compte de la Muse le vers 7 *Carmine formosae* etc... et dans la bouche du poète le v. 8 ; il me paraît difficile de séparer ainsi les deux vers d'un même distique, de sorte que le pentamètre se présenterait isolément.

mération inutile, écueils de ces commentaires imprimés à la suite du texte. D'autre part, il est conçu dans une méthode plus rigoureuse et avec plus d'expérience philologique que celui de M. Martinon. Ses références avec les autres élégiaques y prennent une large place ; M. N. nous dit pourquoi dans sa préface, p. 5 ; il a tenu à montrer surtout ce que Lygdamus doit à Tibulle et à Properce d'abord, ensuite à Catulle, Virgile et Horace, et ce qu'à son tour lui doit Ovide, qui l'a imité, bien loin que ce soit lui qui ait imité Ovide. — Dans cette préoccupation des rapprochements, je m'étonne que M. N. n'ait pas songé pour les vers 6, 33-34, à renvoyer à Catulle 76, 13-14 [1]; pour 3, 32 *conjuge posse frui*, il pouvait aussi rappeler le vers 5 (*conjuge sum... fructa*) de l'épitaphe bien connue d'Helvia Prima [2]. Dans un autre ordre d'idées, au vers 32 de l'élégie 6, du moment que M. N. écrit *multos* (sans prévenir dans l'apparat critique, p. 130, que l'Ambrosianus et la première main du Vaticanus donnent *multas*), on attendrait dans le commentaire, p. 81, une note expliquant comment dans un même vers un même nom, *dies*, peut-être pris tour à tour au masculin et au féminin : *Venit post multos una serena dies*. Bæhrens et De la Ville, frappés sans doute de cette difficulté, ont préféré *multas*, bien qu'ils écrivent *longos* au vers 54 : *Et tecum longos pervigilare dies*.

Mais j'ai hâte d'arriver à un point très particulier de l'édition de M. N.; selon lui, le Panégyrique de Messalla doit-être attribué à Properce ; triste présent qu'il lui fait là [3] ! Heureusement pour

---

1. Voici les deux passage ; Lygd. 6, 33.
      ... difficile est imitari gaudia falsa,
        Difficile est tristi fingere mente jocum.
Catulle 76, 13 :
      Difficile est longum subito deponere amorem ;
        Difficile est...

2. *C. I. L.* IX, 1837 ; Büch., 960; n° 38 dans le recueil d'*Epitaphes* que j'ai publié en 1905.

3. Le Panégyrique de Messalla est une œuvre fort ennuyeuse et médiocre ; il serait étrange que même jeune, même écolier, un poète de talent n'eût pas trouvé moyen, en 211 vers, d'y mettre en quelque coin un peu de la flamme sacrée. Quoi qu'en dise G. Larroumet (*De 4° Tibulli libro*, p. 29), l'élégie 7 du premier livre de Tibulle, où est traité un sujet tout à fait analogue, vaut beaucoup mieux, débute même par d'assez beaux vers (1-12) et porte la marque des goûts rustiques de Tibulle (29 suiv.; 61-62).

Properce, l'argumentation de M. N., qui occupe les p. 88 à 94 du commentaire, ne prouve qu'une chose : — c'est qu'il y a entre l'auteur du Panégyrique et Properce de curieux rapports de langue et de style inaperçus jusqu'ici ; M. N. gardera le mérite de les avoir signalés, et il y a là une constatation intéressante en elle-même. Mais, pour que cette constatation permît d'attribuer le poème à Properce, il faudrait qu'elle vînt appuyer une tradition ancienne, témoignage d'un manuscrit ou d'un auteur de l'Antiquité. Or, ce témoignage n'existe pas ; en son absence et en l'absence d'aucune raison de croire à des rapports entre Properce et Messalla, les analogies relevées par M. N. montrent tout au plus que le Panégyrique, en ce qui concerne la langue et le style, *peut être* de Properce, non qu'il *est* de lui. J'ajouterai que, parmi les assertions de M. N., plus d'une ne saurait être admise sans réserve, et il y en a même qui sont à écarter.

M. N. note (p. 89,) dans quatre vers du Panégyrique l'emploi d'un substantif abstrait pour le concret (vers 29, 45, 112 et 180), et il observe que cet usage est relativement fréquent chez Properce. Sans doute, mais il n'est point particulier à Properce : ainsi Tibulle I, 4, 3 *tua sollertia* = *tu sollers*; Lygdamus 2, 13 *matris dolore* = *a matre dolente*.

Nare, pris pour *navigare* se lit au vers 70 du Panégyrique, et il se trouve de même chez Properce III, 12, 32. Mais ne parait-il pas dans le même sens chez Catulle, 66, 45 suiv. (*cumque juventus Per medium classi barbara navit Athon*) et chez Tibulle I, 5, 76, où M. N., dans son édition, accepte avec raison la leçon du Guelferbytanus, *nat* ?

Où M. N. a-t-il pris que *deficere* est pour *desinere* dans les vers 191 du Panégyrique et 1, 8, 23 de Properce ? Il n'y a aucun motif de lui enlever son sens ordinaire. Et quelle conclusion tirer de ce que l'auteur du Panégyrique, au vers 67, a dit *inferno regno*, Properce IV, 11, 3, *infernas leges* ?

M. N. prétend que, dans le vers 13 du Panégyrique et deux fois chez Properce I, 3, 9 et II, 9, 45, *vestigia* est mis pour *pedes* ; si cela était on pourrait d'ailleurs lui signaler Catulle 64, 162 (voy. note de Riese dans son édition) et Ovide, *Métam.* VIII, 570 où le mot apparaît dans les mêmes conditions et a été interprété ainsi, ce qui montre que cet usage ne serait pas spécial à Properce. Mais il n'est même pas exact que *vestigia* soit mis pour *pedes*, comme le prouve d'une manière péremptoire le vers 10 de la *Lydia* :

> In quibus illa *pedis* nivri *vestigia* ponet.

Nous tenons là une preuve de plus qu'un mot n'a jamais qu'un sens : *vestigium* indique dans ces passages des traces de pieds, mais il continue de signifier *trace*, et non *pied*.

M. N. (p. 92) fait état d'un rapprochement entre le vers 200 du Panégyrique (*Posse Melleteas nec mallem vincere chartas*) et II, 34, 29 de Properce où « il ne doute pas », dit-il, que l'on doive écrire :

> Quidve Meletaei tibi prosunt carmina lecta?

Le Neapolitanus donne *erechti* ; les mss de Bæhrens, F, D et V, et le Holkhamicus, pour lequel H. Phillimore revendique une part d'autorité, ont *erethei* ; dans ces conditions, je trouve très probable la leçon *Erechtei*, reçue par Palmer, Phillimore et Rothstein (voy. la note explicative dans l'édition de ce dernier).

Je conclus : M. N. exagère, en nombre et en importance, les ressemblances qu'il a su découvrir entre Properce et l'auteur du fastidieux panégyrique ; je serais surpris que son attribution trouvât bon accueil dans la critique, et, quant à moi, le talent ingénieux de M. N. ne m'a pas convaincu. Cela n'empêche pas ni son édition de Lygdamus, ni même celle du Panégyrique de Messalla, d'être de bonnes éditions qui témoignent de la familiarité de l'auteur avec les Elégiaques latins et de la clarté agréable de son esprit.

Frédéric Plessis.

---

74. — **A propos du corpus tibullianum, un siècle de philologie latine classique**, par A. Cartault, professeur de poésie latine à la faculté des lettres de l'Université de Paris. — Paris, Alcan, 1906, in-8 de 568 p. (Prix : 18 fr.)

« Ce livre n'est pas un répertoire bibliographique, bien qu'il puisse jusqu'à un certain point en tenir lieu... : c'est une étude d'histoire et de méthodologie. » Le Livre de M. Cartault est effectivement cela, et même un peu plus.

Le *fond matériel* de cet ouvrage est constitué par une collection d'analyses critiques dans lesquelles l'auteur expose et discute, livre par livre, article par article, les résultats des études tibuliennes au dernier siècle. L'exposé est objectif, et cela seul suffirait ; mais il a de plus le mérite d'être clair et ordonné. La critique des doctrines est avant tout indépendante : tels travaux, adulés, comme ceux de Ritschl, ou admirés, comme ceux de Ribbeck, ou tolérés, comme ceux de Martinon, n'obtiennent de M. C. qu'un arrêt de discrédit. Cette indépendance n'est d'ailleurs que la condition subjective de la méthode scientifique : la critique ne formule pas une appréciation qu'il ne l'appuie sur la réalité, et pour justifier cinq mots, il lui arrive d'articuler plus de vingt faits (p. e. page 26, notes 1-5; p. 31, n. 2-6, etc.) Ce même esprit scientifique, exclusif des partis pris, élève les jugements de M. C. à la plus difficile impartialité, celle qui condamne sans miséricorde un amas de sottises et ne dédaigne pourtant pas de louer quelques bonnes remarques ensevelies dans ce fatras (p. e. § 220), ou celle, plus rare encore, qui relève comme il faut l'incorrection de l'homme, et ne laisse pas de rendre justice entière à l'ouvrage (p. e. p. 130, ligne 6 et note 2, p. 136-142). Quant à la disposition critique, l'auteur a préféré aux jugements d'ensemble des appréciations distinctes et motivées portant immédiatement sur chaque point de la doctrine exposée. Sous ce premier aspect, le livre de M. C. apparait comme une immense collection de faits philologiques, cotés chacun à sa plus réelle valeur. Mais l'abondance même de ces matériaux fera regretter l'absence de deux index alphabétiques, l'un des textes, l'autre des auteurs cités, que la table méthodique placée à la fin du livre, quelque précieuse qu'elle soit pour les investigations complexes, ne paraît pas pouvoir remplacer pour les recherches de détail.

A défaut de ces index, l'ordre chronologique qui domine tout le livre sera d'un grand secours. M. C. s'y est strictement conformé et c'est par là qu'il a fait *œuvre historique* : non pas seulement en suivant dans son exposé l'ordre de composition des trois cent travaux dont il rend compte, mais en montrant leur enchaînement, en signalant l'influence de chaque ouvrage sur ceux qui sont venus après lui, en déterminant pas à pas, le développement ou l'arrêt des études tibulliennes sous l'action et la réaction variables des doctrines, des hommes et des écoles. Surtout, quatre résumés (§§ 36, 133, 188, 313) présentent, en une vigoureuse synthèse, la perspective totale des grandes étapes accomplies, et permettent de saisir à des moments caractérisques l'ensemble des lacunes comblées et des progrès à faire.

M. C. aurait pu se borner à exposer, à juger et à situer les faits : il a entrepris de les expliquer, et c'est là ce qui donne à son livre sa plus haute valeur. Cette explication, cette *philosophie* des faits philologiques porte sur deux ordres de causes, le tempérament des philologues et leur méthode. — Quoique M. C. ne le dise nulle part, il ne s'interdit pas de faire œuvre *psychologique*, discrètement, à touches rares, mais significatives pour son objet : l'indécision somnolente et sceptique de Heyne (pp. 52 et 57), l'indépendance respectueuse de Bach (p. 93), la virtuosité de Huschke (p. 97), l'esprit moitié positif, moitié aventureux de Kleemann (p. 285), l'union étrange de la pénétration et du formalisme ennuyeux chez Dissen (pp. 152, 154), le goût brillant et nul de Soury (p. 248), tous ces traits de caractère, et mille autres font mieux comprendre le bien et le mal des œuvres, et éclairent parfois la fermeté de l'appréciation d'un sourire inattendu. « Io. Aug. Goerenz a exercé sa sagacité critique sur vingt-cinq passages de Tibulle et il ne s'est pas toujours trompé » (p. 76 § 8; cf. pp. 64. l. 13, 71. l. 1, etc.) — Mais ce qui est surtout mis en relief, c'est la *méthodologie* : M. C. fait peu ou pas de théories, mais à l'occasion des erreurs qu'il redresse, c'est une vérification perpétuelle et expérimentale des fautes de méthode saisies dans leurs conséquences. Ehrengruber n'a pas de méthode du tout (p. 419); d'autres en ont une qui est subjective, dilettantes comme Heinsius (p. 18), constructeurs d'hypothèses, comme Haase ou Baehrens (pp. 155, 352), esprits systématiques comme Fritzsche et Belling, qui étendent à toute une œuvre un procédé saisi en quelques passages (ppp. 276, 438), amateurs d'intuition divinatoire, comme Voss ou Passow (pp. 88, 128), faiseurs de conjectures comme Francken, Cornelissen, Postgate (pp. 316, 319, 493); d'autres sont logiques dans leurs déductions, mais ne vérifient pas leurs sources, comme Ayrmann (p. 35), ou partent d'une affirmation *a priori*, comme Ritschl (p. 207,) ou mesurent tout à un parti pris de conservatisme intransigeant, comme Wilhelm (p. 460); d'autres encore ont de bons principes, dont ils se servent mal, comme Richter (p. 203), soit qu'ils en ignorent la subordination respective, comme Brockhuisen (pp. 20-23), soit qu'ils les manient avec trop peu de tact : ainsi Hankel ne sait pas appliquer le criterium esthétique à la question d'authenticité (p. 264), Diskowsky s'en sert à tort pour établir la chronologie des œuvres de Tibulle (p. 282;) d'autres enfin, plus heureux, mais peu imitables, réussissent, comme Huschke, à obtenir à force de sagacité, des conclusions acceptables par de mauvais procédés (p. 115). Ce n'est là que le côté négatif de la méthodologie. M. C. indique aussi, chemin faisant, la méthode objective, les criteriums sûrs, les points de départ solides, les positions fondées, mais il m'est impossible de tout relever.

En définitive, en déterminant avec exactitude l'état des questions pendantes (p. e. pp. 376, 546 s. qq.), cet ouvrage permettra aux philologues d'orienter sur le champ leurs travaux futurs sur Tibulle et d'éviter sans peine les errements anciens. Par tout ce qu'il renferme, il sera d'ici longtemps le meilleur des instruments pour les études tibulliennes, et tel qu'on en souhaiterait de semblables pour tous les problèmes relatifs aux autres écrivains classiques. On le lira donc, on l'étudiera, surtout on lui empruntera ; mais je doute que beaucoup, surtout de ceux qu'il critique, se souviennent toujours de le citer : on ne reconnaît volontiers que les petits services.

X. Roiron.

75. — **Grammaire éthiopienne**, par M. Chaine S. J. — Beyrouth, Imprimerie des PP. Jésuites, 1907, in-8. (Prix : 10 fr.)

La grammaire éthiopienne de M. Chaine S. J. d'une composition soignée jusque dans ses moindres détails est un excellent ouvrage de vulgarisation et un manuel indispensable à ceux qui veulent étudier le ge'ez. Elle a toutes les qualités qui font les grammaires de valeur : elle ne contient pas de hors d'œuvre; elle est simple, claire, complète et concise. Aussi, nous ne saurions trop la louer.

Pratique avant tout et très facile à lire, elle rendra de signalés services aux débutants à qui d'ailleurs elle est destinée. « Notre intention, dit l'auteur dans sa préface, en rédigeant ces quelques notes de grammaire a été uniquement d'aider les débutants dans l'étude de la langue éthiopienne. » Ce but exclusif toujours poursuivi rend compte de la composition même de la grammaire. «... Nous avons divisé notre travail, ajoute l'auteur, d'une façon aussi nette que possible. Dans l'exposé des principes nous ne nous sommes attaché qu'aux grandes lignes et aux principaux points; partout nous avons visé à l'ordre et à la simplicité et toujours nous avons fait en sorte de présenter des formules et des divisions claires, capables d'être facilement saisies par un commençant. »

M. C. a traité son sujet avec beaucoup de maîtrise. Il lui faut savoir gré d'avoir condensé en quelques lois les principaux résultats positifs de la phonétique éthiopienne et montré leur application immédiate au nom et au verbe, d'avoir dans la morphologie donné de nombreux tableaux des formes tant verbales que nominales, d'avoir enfin divisé avec justesse et développé suffisamment la syntaxe et surtout d'avoir choisi avec soin et multiplié les exemples, qui en grammaire ont un rôle si important pour l'intelligence de la langue.

Signalons ici quelques chapitres où les sujets de grammaire sont traités avec une exactitude et une rigueur particulières. Nous pouvons citer entre autres le chapitre des modifications phoniques p. 14 à p. 23, celui des adjectifs numéraux p. 86 à p. 95, celui sur la valeur et l'emploi des temps et des modes p. 135 à p. 162, celui sur la construction de la phrase simple p. 183 à p. 201. De tels exposés permettent aux étudiants d'avancer rapidement dans la connaissance des éléments.

Ne s'écartant jamais du but proposé, M. C. a évité aux élèves des tâtonnements, de longues recherches, des pertes de temps, des lacunes dans l'acquisition des principes. En effet, il leur a présenté en de solides résumés tous les éléments dont ils pouvaient avoir besoin immédiatement. C'est ainsi que les étudiants seront très heureux de trouver (nous donnons seulement quelques exemples pris çà et là) un spécimen de prononciation où il est tenu compte de l'enseignement des mammerans p. 11, une courte liste des mots usuels redoublés p. 20, une excellente énumération des verbes doublement faibles et gutturaux p. 45, un aperçu sur la notation du temps p. 92, un appendice bibliographique logiquement divisé et au courant des travaux récents p. 267, et aussi d'avoir constamment sous la main, puisqu'il est renfermé dans une brochure séparée, l'ensemble des paradigmes suivi d'un index des matières et d'un index des mots et des formes qui ont donné lieu à quelques observations. Tout cela est très précieux et allège pour autant la tâche de l'élève. Nous devons donc féliciter l'auteur de n'avoir pas négligé les détails même minimes et d'avoir eu sans cesse en vue l'intérêt des étudiants.

Dans son exposition M. C. a été droit au but sans aucune déviation. Il a même poussé le scrupule jusqu'à s'interdire de donner une introduction, si courte fut-elle, sur la langue éthiopienne, ses origines, son développement et un aperçu sur la littérature ge'ez, son contenu, ses caractères, son apogée, ce qui sous sa plume n'aurait point manqué d'intérêt.

La simplicité se rencontre partout. Les lois sont toujours énoncées dans des termes sobres et faciles à comprendre. Peut-être même y a-t-il parfois (très rarement, hâtons-nous de le dire) un peu d'affectation dans la recherche de cette qualité. C'est ainsi que l'exposition des sens, des formes verbales p. 23 à p. 26 ferait croire que la question des sens dans les différentes formes va toujours sans aucune complexité.

L'ordre et la clarté ne font jamais défaut non plus. Les divisions sont nombreuses, nettes et précises. Tout en les multipliant, l'auteur a su conserver l'unité dans l'exposition et se préserver du danger de fragmenter les questions ou de les répartir d'une manière artificielle. Nous sera-t-il permis de dire que la syntaxe de l'état construit aurait pu être exposée dans un seul chapitre, au lieu d'être traitée en deux endroits différents p. 171 et p. 181.

Il n'y a rien d'incomplet (nous ne voulons parler bien entendu que des éléments) dans la grammaire de M. C. Cela montre avec quelle conscience l'auteur a compris son devoir. A peine peut-on de loin en loin faire quelques additions de détail v. g. remplacer la loi énoncée p. 15 § 28 II en ces termes : « ă se change en ĕ devant une gutturale du sixième ordre » par cette autre loi : « toute gutturale non vocalisée à ā peut changer l'ă précédent en ĕ », cf. *Aeth. Gramm.* de Dill. p. 78 § 45 b ; ajouter p. 18 § 31 que wă = ō et yă = ē, p. 21 § 38 que les voyelles oū et ī peuvent rester après l'addition ; p. 208 § 248, 6 que le nominatif absolu se rencontre aussi dans les phrases nominales, cf. S. Matth. ch. 13, v. 55.

Une autre qualité que possède la grammaire de M. C. c'est la concision. L'auteur excelle partout dans les exposés succincts et substantiels. C'est cette qualité qui fait de la grammaire de M. C. un manuel éminemment utile. Tout au plus peut-on se permettre de dire que la recherche continuelle de la brièveté a empêché quelquefois (exceptionnellement, il est vrai) l'auteur de donner à certains phénomènes l'entière importance qu'ils ont en réalité. Le rôle du nominatif absolu, celui de l'attraction du sujet d'une subordonnée dans une principale comme complément, le phénomène de l'attraction dans les phrases relatives auraient pu donner lieu à quelques développements.

Nous devons donc conclure que la grammaire de M. C. est un ouvrage de grande valeur et constitue un progrès considérable sur l'*Aethiopische Grammatik* de Praetorius. M. C. aurait pu, étant donné son sens de l'éthiopien, indiquer brièvement avec beaucoup de compétence certains problèmes d'un grand intérêt, esquisser le génie propre de l'éthiopien et montrer son originalité, déterminer sa position dans le groupe sémitique, exposer la liberté de la syntaxe éthiopienne et la facilité que possède le ge'ez d'exprimer les pensées les plus nuancées, mettre en relief quelques-unes des délicatesses de la langue (ce que Dillmann appelle *die Feinheiten der aeth. Sprache*), parler des mots étrangers, montrer la connexion de quelques principes de grammaire, appliquer certaines théories de Paul de Lagarde [1] et de Barth [2] dans l'exposition des formes nominales et verbales etc, mais tout cela, n'étant pas d'une utilité immédiate à l'étudiant, a été impitoyablement écarté. M. C. a voulu faire œuvre utile. Il a admirablement réussi. Sa grammaire demeurera ; les mérites en seront reconnus universellement. Quant à nous, nous souhaitons sa diffusion la plus complète.

Sylvain Grébaut.

---

1. *Uebersicht über die im Aramaischen, Arabischen und Hebraischen übliche Bildung der Nomina.* — Gottingen, 1889.
2. *Die Nominalbildung in den semitischen Sprachen*, 1889-91.

76. — **Les grands écrivains français.** — **Bossuet**, par Alfred Rébelliau. — Paris, Hachette, 2ᵉ éd. 1905, in-12 de 207 p. (Prix : 2 fr.)

M. Rébelliau était tout désigné pour donner le présent volume à la *Collection des grands écrivains français*. On sait déjà, puisque nous en sommes à la seconde édition, avec quelle maîtrise il a rempli sa tâche. Ce n'est pas lui qui aurait voulu nous représenter un Bossuet de convention dans un portrait magnifique et solennel comme celui de Rigaud, avec une pompeuse majesté et une autorité impérieuse qui rappelle le Joad de Racine. Dès sa première page il s'élève contre cette conception, blamant le mot du P. de Neuville qui soutenait « qu'un Bossuet naît tout entier. » Au contraire, il prétend nous montrer « le Bossuet vrai qui a changé, lutté, vécu. » (pp. 5 et 6.)

Peut-être même, dans la multitude des questions qu'il soulève en un si petit volume, est-il un peu trop enclin, au lieu de flatter son auteur, à mettre en relief les petits côtés du grand homme, ses incertitudes en philosophie, son insuffisance en exégèse, les contradictions entre l'apôtre et l'humaniste, les timidités d'une doctrine qui ne pousse pas à bout les antinomies de la foi et de la raison. Dans ses rapports avec Fénelon, il nous apparaît avec « une charité hautaine où perce une bienveillance avare » (p. 169.) Pourtant, si subtils que soient les détours de l'amour propre, est-il bien sûr que Bossuet ait été mal inspiré, par une sorte de jalousie née du dépit de n'avoir pas à la Cour la même influence que son rival ? On aime mieux le croire doué d'une bénignité foncière, avec une droiture et même une naïveté de goûts, une sorte de candeur qui le faisait porter ses vues, comme dit son secrétaire, « à la seule gloire de Dieu sans rien s'attribuer » (p. 203).

Pour juger justement Bossuet, c'est le dernier mot de ce livre, « il importe de toujours voir, derrière le génie de l'homme, l'âme du prêtre qui l'excite et le contient. » Ce mysticisme n'est sans doute pas pour plaire à l'esprit rationaliste qui s'infiltre partout de notre temps, même chez les meilleurs. M. Rébelliau ne semble pas y avoir entièrement échappé, encore qu'il avoue (p. 69) que « ce n'est pas des actes de la raison que la foi du chrétien découle, mais de la grâce. » Malgré cela, il paraît bien tenir la raison et la foi pour inconciliables ; seulement il regretterait, comme, Bossuet, de pousser les difficultés aux dernières précisions et, par d'heureuses inconséquences il se résigne aux contradictions insurmontables, elles sont réelles, à quoi bon les nier ? Mais aussi elles sont nécessaires, et l'on ne parviendrait pas à les concilier en faisant de la foi une raison plus éclairée. La foi est d'un tout autre ordre, puisque c'est une vertu surnaturelle.

Cette étude n'en est pas moins complète dans sa brièveté ; elle fait ressortir en plein relief l'homme et son œuvre et Bossuet y apparaît aussi bien rendu que bien compris. Sans parler de l'intelligence de l'historien à laquelle M. Rébelliau était si bien préparé, une des parties les plus neuves de son ouvrage, c'est le renouveau de l'influence des classiques sur Bossuet à partir de l'éducation du Dauphin. Du reste, rien n'y est banal et tout y révèle une connaissance approfondie de l'œuvre immense de l'apôtre que fut Bossuet.

A. Boué.

---

77. — I. **Alfred de Musset; l'homme et l'œuvre; — les camarades; — les femmes,** par Léon Séché. — Paris, Mercure de France, 1907, 2 vol. in-18 de 387 et 292 p. (Prix : 7 fr).

II. **A. de Musset. — Correspondance (1827-1857),** publiée par Léon Séché. — Paris, Mercure de France, 1907, in-8 de 293 p. (Prix : 7 fr. 50).

M. Léon Séché poursuit la publication de ses études d'histoire romantique : après un Lamartine, un Vigny et un Sainte Beuve, voici qu'il nous donne aujourd'hui deux volumes de documents dont Musset est l'occasion plutôt que le sujet ; presque en même temps il nous présente la correspondance du poète qui nous servira à mieux connaître sa vie, sinon à mieux goûter son œuvre.

Rien de ce que publie M. Séché ne peut laisser indifférent un public, qui par une disposition d'esprit et un changement du goût assez intéressants à noter, se montre plus friand aujourd'hui de révélations biographiques sur les grands écrivains que curieux de leurs œuvres mêmes. Un nouveau livre sur G. Sand, Flaubert, Musset ou Balzac peut escompter un succès qu'envieraient beaucoup de romans, et ce succès est justifié quand [les pièces soumises au jugement des lecteurs ont la nouveauté, la précision et l'intérêt de celles que M. Séché nous offre.

M. S. est un habile chercheur de documents : il faut louer son flair et sa patience; de plus, il apporte dans ce commerce intime avec la pensée et la vie des morts une discrétion qui n'est pas commune et qui n'en est que plus estimable; enfin il sait mettre en œuvre habilement, d'une façon originale et vivante, la matière sur laquelle il travaille. Ce n'est pas qu'on ne puisse lui reprocher un peu de confusion et de longueur dans certaines parties de ses livres : il y a par exemple des redites formelles d'un chapitre à l'autre ; mais peut-être sont-elles inévitables dans une œuvre de ce genre.

Le premier tome de ces études est plus spécialement consacré aux *Camarades* du poète : à part quelques pages sur les origines d'A. de Musset, sa famille, son éducation, les premières influences qu'il subit et qui éveillèrent sa vocation, M. S. s'est surtout préoccupé de faire revivre le milieu littéraire ou mondain, l'entourage dont sa vie est inséparable. La *jeunesse dorée*, titre que M. S. réserve à l'une de ses futures publications, conviendrait aussi bien à celle-ci. Aimer, danser, chanter, faire des vers et dépenser de l'argent, boire, jouer, aller au théâtre et monter à cheval, voilà, avec le ragoût plus rare d'un enlèvement ou d'un procès scandaleux, l'existence quotidienne de ces dandys sympathiques, jolis cœurs et beaux esprits, jeunes entre vingt et cinquante ans, jusqu'au jour où ils se marient ou se convertissent, pour faire une sortie décente. Pour éveiller le souvenir de ces temps héroïques, il suffit à peu près de prononcer des noms comme ceux de d'Alton-Shée, d'Ulric Guttinguer, du prince Belgiojoso, du major Frazer, de Roger de Beauvoir, d'Alfred Tattet et de Félix Arvers. Mais on saura aujourd'hui, grâce à M. S., que ces personnages prestigieux ne furent pas de simples fantoches et que derrière la façade de leur existence agitée, il y a un peu de passion sincère ou de vrai talent, ce qui excuse bien des choses.

C'est avec raison que M. S. fait une place à part dans cet entourage de Musset à l'ami fidèle, Alfred Tattet, et au frère dévoué, Paul de Musset. L'un et l'autre ne cessèrent d'accompagner pas à pas le poète dans toutes les démarches de sa vie, et c'est surtout aux heures de crise qu'on les trouve et qu'on les reconnaît. Ce sont peut-être les seuls qui n'étaient pas pour lui simplement des compagnons de plaisir; ajoutons que leur influence directe sur l'œuvre de l'écrivain fut réelle, et que, comme tels, il se lient plus étroitement à son souvenir.

Peut-être trouvera-t-on que le nom de Musset est un peu noyé et oublié dans cette reconstitution de la jeunesse romantique ; il y a, en effet, tel chapitre où il est permis de le perdre de vue. Pourtant, les portraits successifs que M. S. nous trace et les personnages qu'il évoque lui permettent de faire revivre nettement les deux seuls milieux qui aient marqué une empreinte durable sur le caractère et l'œuvre du poète : c'est d'abord l'Arsenal et le Cénacle, le salon des Nodier; puis le Boulevard de 1840, Tortoni et le Café de Paris. A ces chapitres, M. S. a joint d'une façon assez inattendue quelques jolies pages sur ce qu'il appelle les idées religieuses de Musset, et fait une place méritée, dans les heures de faiblesse, de doute et de lutte, aux pures et nobles figures de madame de Castries et de la sœur Marceline, l'ange-gardien et la garde-malade.

Ces dernières pages nous conduisent naturellement au second volume que M. S. consacre tout entier aux femmes. Elles ont joué dans la vie de Musset un si grand rôle, qu'on ne saurait leur faire la part trop belle. Et j'aurais voulu que M. S. mît comme une épigraphe, à l'entrée de cette galerie où il les a toutes rangées, les chastes et les passionnées, les sincères et les coquettes, cette phrase que Musset écrivait dans une de ses premières lettres, quand il n'avait encore que dix-sept ans : « Je hais les femmes en théorie... mais j'ai beau faire, j'y serai pris; trompez-moi, méchantes, trompez-moi, mais vous n'aurez pas de mérite à me tromper! » Il est vrai que l'une d'elles, qui le connaissait bien, laissera entendre un jour que, pour lui demeurer fidèle, il aurait fallu avoir le caractère d'une sainte.

Ce pourrait être l'excuse de G. Sand, si elle avait besoin d'excuse. L'histoire de sa liaison avec Musset est refaite une fois de plus par M. S., avec soin, semble-t-il, avec sincérité, on veut le croire, mais non sans parti-pris. Je ne sais si le public se fatiguera jamais d'entendre conter cette merveilleuse et lamentable aventure, à laquelle nous devons un grand poète et d'incomparables pages d'éloquence passionnée. Mais il est vraiment curieux qu'on ne puisse la conter, aujourd'hui, après plus de soixante-dix ans, sans pitié ou simplement sans équité : il est trop facile d'accabler l'un des deux amants de Venise, en laissant de côté les preuves qui établiraient la culpabilité de l'autre. Et d'ailleurs doit-on parler de culpabilité? pourquoi vouloir trouver un coupable? La passion qui ne connaît ni mesure ni logique, distingue malaisément son devoir; quand vient l'heure des regrets et des souvenirs sans miséricorde, l'âme meurtrie et désabusée ne veut plus croire à la beauté et à la dignité de certaines souffrances. Ceux mêmes qui se montrent le plus indulgents à Musset et le plus sévères pour G. Sand, goûteraient sans doute beaucoup moins leur poète, si l'on retranchait de sa vie la femme fatale qu'ils accablent d'un mépris irréfléchi et injuste.

M. S. a été plus heureux, à notre avis, dans les autres chapitres de son livre. Certains de ses portraits ont un grand charme et on ne peut les lire sans émotion. Parmi ces femmes, belles amies et capricieuses amantes, deux figures surtout ressortent avec un relief singulier : ce n'est ni la princesse Belgiojoso, cette folle romanesque et hautaine, qu'il aima peut-être tristement et qui le fit souffrir; ni l'inconstante Rachel, qu'il ne réussit pas à fixer; ni l'ingrate Pauline Garcia, qu'il admirait sans qu'elle le lui rendît; ni même cette terrible Louise Colet qui le tyrannisa pendant six mois sous couleur de le consoler. Mais devant ces comparses de sa vie se détachent nettement deux femmes, l'amie et l'amante, madame Jaubert et madame Alan-Despréaux, dont l'affection et l'amour l'auraient sauvé, s'il avait pu être sauvé de lui-même. Celle qu'il appelait sa « marraine, » la fée minuscule aux petits pieds, resta sa confidente à travers les pires aventures de sa carrière orageuse : ce fut peut-être la seule femme que Musset respecta. L'autre, qui, suivant un mot qui a fait fortune, bien qu'il ne soit pas fort exact, « rapporta le *Caprice* de Russie, dans son manchon, » inspira à Musset une passion plus durable et sans doute plus profonde que toutes celles où son cœur s'était usé et dispersé jusque-là : il n'oublia jamais qu'elle lui avait ouvert les portes de la Comédie-Française et qu'il lui devait ses meilleurs succès au théâtre. Sa reconnaissance d'auteur dramatique envers une actrice intelligente et dévouée entrait certainement pour quelque chose dans cet amour très tendre, un peu respectueux aussi, auquel il resta fidèle pendant plus d'un an, ce qui était beaucoup pour lui. Les jolies lettres que madame Allan écrivait à madame Samson-Toussaint nous renseignent sur les diverses péripéties de cette liaison.

En revanche, celles qu'elle reçut de Musset ont été détruites, et on doit le regretter. Elles constitueraient à coup sûr un dossier des plus curieux dans la *Correspondance* du poète.

Sur cette *Correspondance* que M. S. publie en même temps que ses deux volumes, une première remarque s'impose : c'est qu'elle ne ressemble nullement, par la nature des sujets traités et le ton des lettres, aux correspondances d'écrivains publiées ces dernières années. On y chercherait vainement ce que l'on trouve dans les lettres de Flaubert, de G. Sand, de Vigny, de Baudelaire même, le commentaire perpétuel et vivant d'une œuvre littéraire. Les lettres de Musset sont surtout des lettres d'amour ou des confidences d'amour : cela est vrai naturellement pour les lettres à G. Sand que l'on retrouvera dans ce livre et où l'on admirera une fois de plus les superbes élans d'une passion presque sauvage ; cela l'est aussi pour les lettres à madame Jaubert, toutes exquises, et qui sont autant de confessions à la charmante marraine, à la sage petite fée, sur les vicissitudes des amours du poète avec la princesse Belgiojoso ou avec Rachel. Quelques billets à un éditeur, à un directeur de revue, de journal ou de théâtre, parmi ces deux correspondances essentielles, sont d'un intérêt bien restreint [1].

Que conclure de ces trois beaux volumes qui nous donnent un Musset plus sincère, plus humain, plus près de nous que celui que nous connaissions ? C'est qu'il serait à propos, peut-être, après avoir lu tant de documents ou de souvenirs sur l'homme, de se mettre à lire enfin ou à relire l'œuvre. Dépêchons-nous, pendant qu'il en est temps encore : peut-être nos fils ne le liront-ils plus. Déjà Musset rencontre peu d'admirateurs dans notre génération positive. Notre indifférence ou notre mépris sont-ils justifiés ? On se le demande en parcourant le livre de M. Séché. On ne se le

---

[1]. Le texte de ces lettres n'est peut-être pas établi avec tout le soin désirable. On relève quelques fautes de lecture, parmi lesquelles je signalerai : p. 159 *sourire* pour *souffrir* ; p. 181 *à Mantes* pour *de Mantes*.

demandera plus, si on lit sincèrement ces œuvres admirables, uniques dans notre littérature, que sont les *Nuits*, les *Proverbes* et la *Confession d'un enfant du siècle*.   E. MAYNIAL.

---

78. — **L'Italie intellectuelle et littéraire au début du XXe siècle**, étude critique précédée d'une introduction sur le rôle de la critique psychologique, par Albert REGGIO. — Paris, Perrin, 1907, in-16 de 312 p. (Prix : 3 fr. 50).

L'auteur appelle son livre « l'esquisse d'une synthèse psychologique de la pensée et du sentiment littéraires italiens d'aujourd'hui ». Il croit utile de placer en tête, sur « le rôle de la critique psychologique », une longue « introduction » qui n'a aucun rapport avec le sujet. Elle est fort obscure, d'autant plus que le style, compliqué d'inversions, de parenthèses, usant de termes déjà peu clairs (méthodes-systèmes, modalités spirituelles), semble une traduction littérale d'un texte étranger pas très bien compris. Quelques principes ressortent : « Le sens psychologique ne se développe activement que chez les pessimistes » ; la critique est essentiellement subjective ; impossibilité, par suite, d'avoir une notion générale d'une littérature.

Cette introduction franchie, un « avant-propos », qui est en majeure partie un éloge de Jean Dornis. (En notes de fines remarques sur ses traductions). Puis un « coup d'œil général », commençant par une longue comparaison entre l'horizon intellectuel d'Italie et un crépuscule printanier, qui pourra paraître superflue dans un livre qui devrait nécessairement être très condensé. C'est un reproche général à adresser à l'ouvrage, que de s'encombrer de réflexions, de citations et d'une nomenclature étrangères au sujet [1] ; une foule de noms sont pris, un peu au hasard, comme exemple ou comparaison, dans la littérature italienne antérieure ou dans les autres pays. Le « coup d'œil général » est un véritable défilé de noms, depuis Dante. Aussi a-t-on un index de plus de mille noms pour environ deux cents pages vraiment dans la ques-

---

1. Rencontrant le nom du palais du Té, l'auteur donne des renseignements artistiques et étymologiques, plus à leur place dans un Guide.

tion; c'est dire que la plupart ne répondent qu'à la citation même du nom ou à quelques lignes souvent sèches.

La composition laisse aussi à désirer. Les trois divisions établies, Poètes, Prosateurs, Critiques et théoriciens, font pour certains auteurs une dispersion fâcheuse et obligent à mettre dans la dernière catégorie par exemple les journalistes et les voyageurs. Dans la place donnée aux écrivains, disproportion très grande et souvent peu justifiée : madame Ristori, l'illustre actrice, n'étant point auteur, paraît trop avantagée; des sympathies personnelles, sans doute, expliquent la part faite à M. Arturo Colautti et à M. Vettore Vittori, ce dernier débutant de 1905; dans un tout autre esprit, le nombre de pages consacrées à M. Ojetti n'est pas propre à lui faire préférer M. Diego Angeli, qui n'obtient que quelques lignes. L'auteur avertit légitimement qu'il n'a pu nommer tous les écrivains actuels; cependant il est des omissions peu explicables, surtout étant donnée la place faite à d'autres. Par exemple, pourquoi ne pas nommer, parmi les poètes, M. Ceccardi; parmi les romanciers, MM. Sangiacomo et A. Lauria et madame Dora Melegari. On cite des philologues et pas le plus illustre, Ascoli. Le choix des historiens est remarquablement arbitraire : ni M. Païs pour l'histoire ancienne, ni MM. Lemmi, De Cesare ou le regretté Franceisco Nitti pour les temps modernes; M. Rajna, qui fait autorité dans les études sur l'épopée au moyen-âge, n'est que nommé, et l'on reconnaîtrait difficilement, dans la mention qui en est faite, M. Venturi, l'éminent historien de l'art italien. A un point de vue plus général, l'imprécision du terme « l'Italie intellectuelle » est sensible : il semble que l'on n'ait pas voulu éliminer absolument les artistes, mais alors pourquoi nulle allusion aux économistes, aux savants, qui sont actuellement une des gloires les plus solides de l'Italie. En s'en tenant aux limites littéraires, et puisqu'une place d'honneur est donnée à un Dalmate, M. Colautti, on attendait quelques indications sur les écrivains italiens ou de langue italienne à l'étranger, qui ne sont pas les moindres agents de l'influence littéraire de l'Italie [1].

A part ces réserves, l'auteur paraît bien informé; ses jugements

---

[1]. Les titres d'ouvrages sont, sans raison, tantôt en italien tantôt en français.

sont souvent fins et heureusement exprimés. Même après les récents travaux sur la littérature italienne contemporaine, il fait connaître ou mieux apprécier nombre d'écrivains. Sa critique, très personnelle, paraît réellement indépendante. Il est de fait que la gloire et le « fétichisme » officiels ne l'éblouissent pas, qu'ils semblent même l'inciter à réagir : M. d'Annunzio et même Carducci ne sont nullement encensés : du second, il met du moins en relief la grande action morale; le premier imitateur avisé, « aussi prestigieux que peu pénétrant », réaliserait le « tyran positiviste » de Renan. Une très juste place est donnée à M. Benedetto Croce, le philosophe et critique napolitain, mais il convenait d'insister davantage sur l'érudition profonde, en art, en histoire, en littérature, qui donne à ses théories la base la plus solide. Citons aussi l'appréciation très juste du talent poétique de M. G. A. Cesareo, auquel le naturel, la sincérité d'inspiration donnent une rare valeur. Le reproche fait aux écrivains dialectaux d'être comme « rivés à l'observation de leur milieu » paraît tout à fait excessif, par exemple pour un psychologue, délicat comme M. Di Giacomo !

De tous les genres littéraires, la poésie seule manifesterait réellement de la vigueur. De la stagnation générale des esprits, de cet assujettissement à l'étranger, surtout à la France, l'auteur accuse surtout le régionalisme; il déplore la persistance de la littérature dialectale; il faut à l'Italie actuelle l'unité littéraire et un centre intellectuel. On est libre de se demander si ce régionalisme ne produit pas précisément plusieurs des œuvres les plus savoureuses et les plus originales de la littérature contemporaine, et si, en l'absence d'un centre, qui n'aurait pas nécessairement cette action, il n'est pas, ne fut-ce que par les rivalités provinciales, la plus sûre atténuation de cet engouement déploré pour l'étranger.

Jacques RAMBAUD.

---

79. — **Prêtres, soldats et juges sous Richelieu**, par le vicomte G. d'AVENEL. — Paris, A. Colin, 1907, in-8 de 372 p. (Prix : 3 fr. 50).

L'auteur de la *Noblesse française sous Richelieu* continue son enquête sociale en donnant aujourd'hui le résultat de ses recherches sur les prêtres, soldats et juges à la même époque. Le nouveau livre plein de renseignements précis, de vues originales, respire en outre une généreuse passion. Passion pour la vérité historique et pour les idées libérales attestée par la sincérité avec laquelle M. d'Av. fait le bilan du régime concordataire de l'Eglise sous l'ancien régime ou accuse certains traits peu flatteurs de la véritable physionomie de Richelieu. Passion sincère pour les intérêts de la France contemporaine manifestée par des comparaisons soudaines entre l'ancien régime et le nouveau d'où ne ressort pas toujours l'évidente supériorité de ce dernier. Admiration passionnée enfin pour tout ce qui dans la société du xvii° siècle contient ou symbolise une noble tradition. La préoccupation des faits contemporains ne nous paraît nullement inopportune dans cet exposé des choses d'Ancien Régime. D'ailleurs l'histoire ne nous semblerait être qu'une gymnastique intellectuelle un peu vaine si un historien d'expérience et de talent comme M. d'Av. ne pouvait entremêler son opposé de jugements et de conseils pour le temps présent. Certains jugements trouveront peut-être des lecteurs mal disposés à les admettre. Les partisans intransigeants du service militaire universel apprécié surtout comme moyen d'égalisation démocratique pardonneront-ils à M. d'Av. l'éloge qu'il fait des années de métier et les doutes qu'il émet sur le progrès réalisé au point de vue humanitaire par le système de la nation armée. Pour ceux toutefois qui trouvent l'éloge des institutions anciennes paradoxal, nous nous bornerons à remarquer combien la recherche passionnée de tout ce qui anime et ennoblit le sujet fait jaillir de traits brillants, de pensées profondes et personnelles sous la plume de M. d'Av. L'auteur dit par exemple à propos du rôle des commissaires et intendants de l'armée : « C'est par des civils que fut instituée la justice militaire et créée par suite la discipline. » Il plaint la France des sacrifices pécuniaires que les victoires du xvii° siècle lui ont coûtés et il demande « si les traités de Westphalie valaient ou non le prix qu'on les a payés. » Parlant des charges vénales de la magistrature M. d'Av. dit « une fois entrées dans le patrimoine de certaines races, elles n'en sortaient guère, comme les valeurs rares classées dans les portefeuilles opulents sur lesquelles il n'est pas souvent donné au public de mettre la main. »

Le livre de M. d'Av. joint donc des qualités qui trop souvent s'excluent l'éloquence et l'exacte érudition. Son livre est bourré de chiffres sans que la lecture en soit nulle part rendue plus difficile. Sur le nombre des personnes engagées dans les ordres ou dans les charges de la magistrature, sur la valeur des biens d'Eglise, sur le rendement de la dîme entre les mains des curés ou des épices entre les mains des juges M. d'Av., par des calculs fort probants, arrive à des résultats aussi justes que possible. Du moins l'étendue et la précision de ses renseignements rend la part approximative d'erreur très minime. Cependant comme tous les détails ne peuvent pas être également impeccables, signalons un chiffre qui retarde et qui est facile à rectifier. M. d'Av. dit (p. 327) « Toulon avait alors environ 7.000 habitants, d'après le dernier recensement, il en a 70.000. » Le dernier recensement, celui de 1906 proclame qu'au xxe siècle la population de Toulon dépasse 100.000 âmes. Soumettons encore une rectification de détail qui nous parait plus importante : parmi les exemples destinés à faire ressortir le caractère sauvage de la guerre au xviie siècle M. d'Av. citant (p. 224) les noces sanglantes de Magdebourg, attribue l'incendie de la ville aux seuls soldats de Tilly et répète le propos prêté par Schiller à ce général : « Il faut bien que le soldat s'amuse après tant de travaux et de fatigues. » Les modernes érudits allemands ont fait justice de cette calomnie; on sait maintenant que les Croates de Tilly n'ont guère été plus responsables de l'incendie de Magdebourg que les Français ne le furent de l'incendie de Moscou.

Trois points de vue nous ont frappé principalement à la lecture. En ce qui concerne la vie matérielle des prêtres, l'étude de M. d'Av. la dépeint aussi étroite et humble sous l'ancienne monarchie qu'elle l'était naguère sous le régime parcimonieux du Concordat. L'administration royale était à beaucoup d'égards un vrai parasite de l'Eglise. — Sur les progrès de la discipline dans l'armée l'influence prépondérante de Sublet des Noyers est enfin manifestée sous son véritable jour; la physionomie de ce ministre gagne beaucoup à sortir de la pénombre. — Dans l'enquête relative aux juges l'auteur constate que sous l'étiquette des charges de magistrature les fonctions étaient déjà surabondantes dans l'ancienne France. La superfétation des fonctionnaires dans notre pays est de tradition monarchique.

H. GAILLARD.

80. — **Une ambassade Persane sous Louis XIV**, par Maurice Herbette. — Paris, Perrin, 1906, in-8 av. 13 gr. hors texte. (Prix : 5 fr.)

Aucun écrivain n'avait encore conté avec précision l'histoire de cette ambassade persane que reçut Louis XIV quelques jours avant sa mort, qui fit la joie des badauds parisiens et amusa même la curiosité blasée du vieux roi. Grâce à de nombreux documents inédits puisés aux Archives des Affaires étrangères, M Maurice Herbette a pu la reconstituer dans ses moindres détails. Il nous a donné un livre charmant qui unit l'exactitude critique d'une étude historique à l'intérêt du plus piquant des romans d'aventures.

L'ambassadeur pervan était Mehemet Riza Bez, Ralender, c'est-à-dire percepteur d'impôts, de la province d'Erivan; le chah n'avait pu trouver que ce modeste fonctionnaire pour accepter le périlleux honneur de se rendre auprès de Louis XIV. Il fallait en effet traverser le territoire ottoman et les mésaventures qu'y subit le pauvre Mehemet Riza prouvèrent que les craintes des grands seigneurs persans n'étaient pas vaines. Il lui fallut six mois, mille subterfuges et une admirable persévérance pour arriver à franchir le pays turc. Mais dès qu'il eut échappé aux dangers, il se mit à prendre sa revanche et son caractère apparut dans toute sa déplaisante et bizarre originalité. Il trouvait moyen d'unir une avarice sordide à une morgue toute orientale. Maussade, grognon, taquin, il se mettait dans des accès de fureur qu'il fallait plusieurs heures pour calmer et durant lesquels il poussait des imprécations d'une voix de taureau. Après une entrée triomphale qu'il exige malgré tous les usages, il s'installe à Marseille et s'y trouve si bien qu'on a beaucoup de peine à le faire partir. Commence alors un long voyage à travers la France, calvaire du pauvre M. de Saint Plon qui ne sait qu'inventer pour résister aux exigences de l'intraitable ambassadeur. Ce ne sont tout le long de la route qu'incidents tragi-comiques et intermèdes bouffons. Ici, il veut coucher dans l'église du pays, ailleurs il prétend voyager seul dans son carrosse, déclarant que sa religion lui défend d'être assez pris d'un chrétien pour en être touché et s'enfermer dans une boîte avec lui. En réalité, il ne sait qu'imaginer pour prolonger son voyage où son avarice trouve si bien son compte : il touche chaque jour

400 livres et une quantité fantastique de provisions en nature dont il s'empresse de revendre une grande partie. On arrive enfin à Paris et c'est autour du baron de Breteuil, introducteur des ambassadeurs, d'entrer en lutte incessante avec le Persan. Toute la conciliante courtoisie et les ingénieuses subtilités de diplomate échouèrent parfois devant la mauvaise volonté de l'irascible Ralender : il fallut recourir à la violence et pour le convaincre le secouer par ses boutons. Le marquis de Torci lui-même se dérangea pour l'ambassadeur et dérogea pour lui plaire aux règles de l'étiquette. Une réception presque unique lui fut faite à Versailles : Louis XIV voulut pour la première fois depuis quarante-sept ans paraître sur son trône, étincelant de joyaux, dans la grande galerie, entouré de toute la pompe royale. L'ambassadeur fut ébloui et presque intimidé. Aussitôt après, il s'installe à Paris, dans l'hôtel des ambassadeurs, rue de Tournon, vit largement aux frais du roi, cause mille ennuis par ses exigences et ses indiscrétions et se trouve si heureux qu'il faut, au bout de six mois, presque de la brutalité pour se débarrasser de lui. Il se décide enfin à aller s'embarquer au Hâvre, pour regagner son pays par la Moscovie, évitant ainsi les périls du territoire ottoman. Mais, parmi ses aventures galantes, le Persan avait choisi une favorite, une certaine marquise d'Epinay. Il ne pouvait consentir à se séparer de sa bien-aimée. Or, il était impossible d'enlever ouvertement « une jeune chrétienne » pour l'amener en Perse : il trouva un artifice ingénieux ; la sultane fut installée dans une caisse à trous rendue habitable grâce à un matelas et à un oreiller. La caisse transportée sur la frégate ne fut ouverte que quand il eut gagné la haute mer. Un courrier spécial, portant l'ordre de s'opposer au départ de la dame, eut beau galoper à franc étrier, il arriva deux jours trop tard. L'histoire finit tragiquement : de retour en Perse, le Ralender apprend que son protecteur le Rhan d'Erivan est remplacé par un enfant de treize ans, que le grand vizir d'Ispahon a été renversé par un intrigue de cour. Ne sachant comment justifier son inconcevable retard, le pauvre ambassadeur s'empoisonna.

Au cours de l'amusant récit, on trouve des aperçus historiques ou de piquantes anecdotes. Par exemple ; renseignements sur les relations entre la Perse et la France, à propos du traité de commerce conclu avec Metenet Riza Bey; amusantes questions de cérémonial ; importance qu'attachait Louis XIV aux moindres détails de l'étiquete (p. 150) ; indifférence orientale, servant d'illustrations à ce que disait Renan des peuples de l'Islam, (p. 201).

En somme, étude intéressante et originale.

A. Prat.

---

81. — **Le Président Charles Ducros et la société protestante en Dauphiné au commencement du XVIIe siècle,** par Brun-Durand. — Valence, Jules Céas et fils, 1906, in-8 de 156 p.

Un historien de Lesdiguières a écrit ces lignes : « Le président du Cros était l'un des plus habiles hommes de sa robe, autant pour les affaires du monde que pour celles de sa profession »[1]. C'est à cet habile homme, que M. Brun-Durand, si connu par ses études sur l'histoire du Bas-Dauphiné, vient de consacrer une étude très documentée et très intéressante.

Probablement originaire des régions alpestres, fils d'un marchand de Die qui appartenait à la haute bourgeoisie protestante, Charles Ducros tint d'abord une place importante dans sa ville natale. C'est ainsi qu'une part prépondérante lui appartient dans la fondation de l'Académie de Die, qui devait être pendant quatre-vingt ans, sous le régime de l'Edit de Nantes, le « principal foyer intellectuel des protestants du Sud-Est ». Bientôt il est mêlé aux affaires de la province ; inspiré par Lesdiguières, il intervient fort heureusement dans le procès que les villes et communautés de la province ont intenté aux privilégiés à propos de la perception de la taille ; c'est lui qui fait, des revendications populaires, l'exposé « méthodique et précis » auquel le Tiers-Etat est probablement redevable de la décision favorable obtenue par lui en 1603[2]. Mais c'est surtout des affaires religieuses que Ducros eut à s'occuper.

Quoique élevé au collège des Jésuites de Tournon, Ducros demeura toute sa vie dévoué à la religion réformée et à la cause pro-

---

1. Videl, *Histoire de Lesdiguières*, t. II, p. 78.
2. L'opinion générale, bien à tort, a attribué cet exposé à Claude Brosse, « l'intrépide syndic des Communautés villageoises, en qui le procès des tailles est, pour ainsi dire, personnifiée. » (Brun-Durand, p. 37 et 38).

testante : il en donna la preuve en maintes circonstances, notamment quand il adressa à Lesdiguières un mémoire pour le dissuader de se faire catholique, dût-il ne jamais atteindre la dignité de Connétable, dont l'éclat l'attirait si fort. Mais c'est un protestant modéré, qui, sans hésitation, accepte pour lui-même et travaille à faire accepter dans la province le régime de l'Edit de Nantes, c'est ainsi qu'il se trouve en communion étroite d'idées avec Lesdiguières, lui-même si dévoué à la politique royale qu'il se déclarait prêt, s'il était nécessaire, à faire rentrer la messe à Die à coups de canon. Toute sa vie Ducros fut en lutte avec les protestants extrêmes, qui, non contents de jouir de la liberté religieuse, voulaient conserver leur organisation politique comme un instrument de combat et, au besoin, de domination. Cette lutte, il la soutint dans sa ville et dans sa province, et aussi sur un plus grand théâtre, quand il se trouva chargé, près de la Cour, des fonctions de député général de la religion réformée. M. Brun-Durand a su très bien débrouiller l'histoire compliquée des relations du protestantisme français avec Henri IV, après l'Edit de Nantes, et avec Louis XIII, pendant la première partie de son règne; il en dégage nettement le rôle joué par Ducros. Il le montre, lui et son maître Lesdiguières, aux prises avec une espèce de cléricalisme protestant, violent et intransigeant, qui était un danger permanent pour la paix religieuse, encore si fragile. Il fait apparaître les résistances que ces opinions extrêmes provoquèrent parmi les réformés ; eux-mêmes divisés en deux partis. C'est ainsi qu'à l'assemblée nationale des protestants tenue à Saumur en 1613, on vit « d'une part, la majorité presque exclusivement composée de pasteurs et de députés des Eglises, toujours à la remorque des plus audacieux et des plus violents; de l'autre, la noblesse, et, faisant cause commune avec elle, pour avoir un point d'appui, quelques hommes de sens rassis et de froide raison qui, tout en ne désertant pas, de bien s'en faut, leurs croyances religieuses, distinguaient assez la politique de la religion pour faire à chacune sa part [1]. Ce n'était pas la première fois, ce ne devait pas être la dernière qu'en France, dans un même camp religieux, se manifestait l'opposition de l'esprit modéré et de l'esprit intransigeant.

1. Brun-Durand, p. 95.

Charles Ducros, ou pour parler comme les contemporains, le président Ducros (il était alors président de la Chambre de l'Edit du Parlement de Grenoble) paya de sa vie son affection aux idées modernes et à la politique de Henri IV. Chargé par Lesdiguières d'une mission de pacification auprès du duc de Rohan, qui commandait dans le Languedoc au nom des Eglises réformées, il s'était rendu à Montpellier pour y négocier ; c'est là que, le 22 février 1621, il fut assassiné, à l'instigation du pasteur Suffrein, par un groupe de jeunes fanatiques, qui l'accusaient de travailler « à détraquer » le duc de Rohan, et de brasser la ruine du protestantisme « avec ce beau Lesdiguières ; à qui il ne tient, disaient-ils, que toute notre religion ne soit bouleversée en France [1]. » Et cependant, à suivre les conseils de Ducros à s'abstenir de se considérer comme un état dans l'Etat, le protestantisme français eût peut-être gagné de désarmer les méfiances et les colères de la monarchie absolue. Les réformés et la France entière avaient intérêt à éviter les solutions extrêmes que préparaient inconsciemment les intransigeants ; et qui furent funestes au pays tout entier.

J'en ai dit assez, je l'espère, pour montrer combien est suggestive et piquante la lecture du récent ouvrage de M. Brun-Durand.

Paul FOURNIER.

---

82. — **Le Tiers-Etat et les Privilèges**, par HOCQUART DE TURTOT. — Paris, Perrin, 1907, in-12 de 286 p. (Prix : 3 fr. 50).

Le sujet choisi par M. H. de T. est intéressant, même pour un ouvrage de vulgarisation. On s'en tient trop volontiers d'ordinaire à la distinction traditionnelle des trois ordres consacrée par les élections de 1789. On ignore ce qu'ils étaient au juste, et que les limites ne sont pas toujours nettes, à la fin de l'ancien régime, entre les deux ordres dits *privilégiés* et le troisième. Il y a matière à une définition du tiers-état et à une distinction de ses éléments très variés. Mais cette étude doit être précise, méthodique et limitée à une époque déterminée, si l'on veut sortir des généralités vagues et déjà connues. Elle requiert aussi une information éten-

---

[1]. Textes cités par M. Brun-Durand, p. 145.

due et minutieuse, en documents imprimés et manuscrits. Visiblement, M. H. de T. a marqué des éléments et de la préparation nécessaires à un pareil travail. Comme recueil de textes, l'Introduction du *Moniteur*, comme ouvrages généraux, Tocqueville, Taine et le manuel d'Alf. Rambaud, comme travaux spéciaux, le *Machault* de M. Marion, la *Vie privée des financiers* de M. Thirion et quelques articles du Vte d'Avenel font à peu près toute sa bibliographie. Il a des intentions louables de méthode et de critique, et les proclame en termes convaincus (p. 144); mais il cite les *Mémoires* de Madame Campan comme un témoignage sérieux et la *Cynégétique de France en 1900* comme un travail historique (p. 60 et 137). Il reproduit de longs passages de Lacretelle, mais ne connaît pas les livres de Stourm, Loutchisky, Ardacheff, etc. Il ignore les recueils des textes les plus connus, comme la *Correspondances des Intendants*, il n'a pas utilisé les cahiers de 1789 et il paraît croire que les documents diplomatiques sur le règne de Louis XVI sont encore inaccessibles (p. 226). On croirait même qu'il n'est pas venu à Paris depuis un demi-siècle, car il affirme sans ironie que les galeries du Palais Royal « offrent aujourd'hui un des marchés les plus brillants de l'Europe » (p. 227).

Le sujet n'est pas nettement défini. Nulle part M. H. de T. ne dit au juste ce qu'il entend par Tiers-État. Tantôt il y comprend le peuple, ou, comme il dit, *les deux peuples* (urbain et rural), tantôt il les distingue et les oppose. Parfois il y fait entrer les anoblis (p. 72). C'est incidemment, et presque à la fin du livre, qu'il précise — et bien peu, — en quoi consiste l'ancienne noblesse. Nulle part il n'essaie un compte approximatif des membres du tiers-état privilégié, comme il aurait pu le faire avec les rôles de suppléments d'imposition des privilégiés pour les six derniers mois de 1789. Rarement il précise l'époque dont il parle : son travail, nous dit-il « embrasse la société française *vers* les xviie et xviiie siècles, en remontant même plus haut lorsque les exemples nous ont paru utiles et concluants » (p. 9). Des huit chapitres, un seul (le septième, sur Machault) est net et bien ordonné : il le doit au livre de M. Marion, qu'il résume et cite à chaque page. Les autres sont décousus, chargés de citation interminables (p. 199-210 une citation de onze pages d'un discours de Calonne); de nombreuses affirmations générales dénuées de preuve et parfois d'exactitude (p. 19, 21, 46 etc.); d'appendices inutiles (p. ex. à la fin, la liste des notables de 1787). Partout des digressions, sur l'enseignement de l'histoire il y a cinquante ans (p. 17), sur les droits féodaux au moyen-âge (p. 19 et suiv.), sur le progrès (p. 145), sur les intrigues du duc d'Orléans sous Louis XVI (p. 225 et suiv.) etc. L'auteur nous fait connaître, en passant, son opinion sur toutes sortes de sujets : sur les armées modernes (p. 45 et 58), sur l'anoblissement (p. 139), sur la question sociale (apostrophe aux socialistes p. 148) etc.

Autant qu'on peut le démêler, M. H. de T. a en vue de prouver que la haine du peuple pour l'ancienne société n'est justifiée ni à l'endroit de la noblesse, ni à l'endroit du gouvernement, qui fit de grands efforts pour supprimer les privilèges d'impôt. Les coupables sont les financiers, les Parlementaires et le Clergé, tous bénéficiaires et défenseurs acharnés de l'inégalité. L'auteur en tient pour l'aristocratie, et sacrifie sans hésitation les biens et privilèges de l'Eglise. Il est en cela d'une espèce devenue bien rare. On ne peut malheureusement en dire autant de son livre.

R. G.

---

83. — **L'Avènement de Bonaparte**, par Albert VANDAL, tome II, (*La République consulaire*). — Paris, Plon, 1907, grand in-8. (Prix : 8 fr.)

Michelet définissait l'histoire une résurrection. S'il pouvait lire les admirables œuvres de M. Albert Vandal, il serait satisfait. Ce n'est pas que nous voulions comparer en tous points M. Vandal à Michelet ; il a une documentation vaste et scrupuleuse, une critique sévère, surtout une équité sereine qui ont trop souvent manqué au célèbre auteur de *l'Histoire de France*, mais, comme lui, il est un émouvant évocateur des temps disparus. Peintre de portraits et peintre de fresques, il ressuscite les individus et les foules ; il sait, avec un art égal, donner la vision des gestes extérieurs et des mouvements d'âmes. A notre avis, c'est là ce qui, en constituant son originalité, place hors de pair M. Vandal. Tandis que d'autres ne voient dans l'histoire qu'une matière à thèses ou à polémiques, qu' « une façon, ainsi que s'en plaignait déjà il y a quarante ans Fustel de Coulanges, de travailler pour un parti et de combattre un adversaire », — lui, enregistrant les faits, laissant parler les textes, essaye loyalement de reconstituer, tel qu'il fut, le passé. Sans doute, à ses tableaux, le temps rendra nécessaires quelques retouches, car le définitif n'existe guère en histoire, mais, ses conclusions s'imposent dans leur ensemble, et resteront.

Cette fois, c'est au lendemain du 18 brumaire que M. Vandal nous convie à assister avec lui. Dans son précédent volume, il nous avait montré, avec une abondance de preuves et une force d'arguments qui obligèrent au silence même les apologistes les plus aveugles de la Révolution, la France du Directoire prête à mourir au milieu des ruines : tout un peuple pitoyable et las, ayant le dégoût du présent, l'effroi de l'avenir, ployé sous une tyrannie d'autant plus brutale qu'elle se sentait plus faible ; il nous avait dépeint le territoire serré, comme dans un étau, entre la guerre civile et la guerre étrangère ; il nous avait fait un inoubliable récit des journées du coup d'état. Maintenant, le Consulat est proclamé. Une constitution, machine compliquée où se retrouve la main de Siéyès, est promulguée ; apportera-t-elle à la France quelque chose de bon ? Plus de 3.000.000 de suffrages contre 1500 l'approuvent. Mais ce n'est pas d'elle qu'on attend le salut. Et cependant, pour la première fois depuis tant d'années, un espoir a tressailli au fond des cœurs. Bonaparte ! Celui-là n'est pas un politicien comme les autres ; comme les autres, il ne sort pas des clubs : il vient des champs de bataille glorieux, et, d'un élan spontané, la grande masse a eu foi dans son étoile. Elle ne fut point déçue. En cette année 1800 que nous fait revivre M. Vandal, Bonaparte répondit au vœu de la nation. « Affranchissant les Français de la tyrannie jacobine sans les courber encore sous la lourdeur de son despotisme, il posa les premières bases de la réconciliation et de la reconstitution nationales [1]. »

Avant toute autre chose, le pays demandait la paix. La paix ! c'est le cri qui s'échappait de toutes les lèvres — paix intérieure, paix extérieure. Bonaparte s'employa à la donner. Entre les royalistes encore fidèles à leur principe et les jacobins aigres d'avoir perdu le pouvoir, la tâche n'était point aisée : le consul rusa avec les jacobins et sévit contre les royalistes. Dans des chapitres qui

---

1. VANDAL, I, préface.

sont parmi les plus neufs de son livre, M. Vandal a étudié les intrigues, les complots, les combinaisons souterraines qui enveloppèrent le gouvernement nouveau. A sa suite, nous pénétrons dans les cabarets où les terroristes impénitents clament leurs déceptions et leurs rancunes, dans les bois de l'ouest où les chouans en armes attendent les bleus pour la bataille, dans les salons entr'ouverts des vieux hôtels où les émigrés qui se sont risqués à rentrer, chuchotent leurs rêves. La lutte fut longue et souvent la répression terrible; elle alla jusqu'au crime, témoin le jour où, malgré le sauf conduit qui le couvrait le chevaleresque Frotté fut arrêté dans un guet-apens et, après un simulacre de jugement, fusillé — impardonnable félonie qui, sans les absoudre, explique les attentats dont le consul va devenir le but.

Heureusement pour sa gloire, Bonaparte sut trouver des moyens plus efficaces de calmer les passions que des ordres de sang. En ces débuts du Consulat, qui sont vraiment l'heure la plus belle de sa carrière, il fait penser, avec plus de génie, aux vieux rois de la souche capétienne : comme eux, arbitre dans tous les litiges ; comme eux, actif artisan de la construction nationale. En moins de six mois, il redonna à la France un gouvernement et une administration. On est émerveillé, en lisant M. Vandal, de l'intelligence, du bon sens, de l'esprit de prévoyance et d'à propos dont il témoigne à chaque instant dans sa grande œuvre. Toutes les affaires, législation, finances, diplomatie, instruction publique, armée, police, etc, lui passaient sous les yeux; il était partout à la fois, au conseil des ministres, au Conseil d'état, dans les camps, dans les commissions particulières, et, partout, il était le grand excitateur au travail, le grand découvreur des solutions justes. Il mettait en train le règlement des questions épineuses ; la question religieuse, celle des émigrés, celle des propriétés nationales. Il posait, pour plus d'un siècle, les bases de l'organisation départementale et communale, de l'ordre judiciaire, etc. Et, à ce propos, M. Vandal émet une vue aussi originale que profonde. « Le régime royal, dit-il, avait péri pour n'avoir pas pu se simplifier, se débarrasser de ses parties mortes et encombrantes, en un mot s'organiser. Bonaparte reprit l'œuvre et y réussit. On dit surtout qu'il organisa la Révolution. En matière d'administration, c'est le contraire qu'il faudrait dire : il organisa l'ancien régime. »

Le résultat fut presque immédiat. Se sentant gouverné, le pays reprit goût à la vie. Du jour au lendemain, un entrain fécond, une ardeur joyeuse et, par dessus tout, la confiance, malgré les ruines encore debout, animèrent les citoyens, du petit au grand ; comme sous une prodigieuse poussée, on vit renaître l'agriculture, l'industrie, le commerce. Selon le mot de Chateaubriand, « cette nation qui semblait au moment de se dissoudre, recommençait un monde ».

Que ce fût Bonaparte l'âme de ce renouveau, c'est ce qui éclata lorsque, pour quelques semaines, il dut quitter Paris afin de se mettre à la tête de l'armée d'Italie. Il pouvait ne pas revenir, être tué, fait prisonnier : qui sait ? Instantanément, les politiciens recommencent dans l'ombre leurs manèges. Chacun tient prête une solution. Les uns murmurent les noms de Carnot, de La Fayette, de Pichegru ; d'autres songent à un Bourbon ou au duc d'Orléans. Des chouans silencieux se rassemblent dans la capitale. Les financiers spéculent. Le peuple s'inquiète et s'énerve. Quand on crut la bataille perdue, ce fut bien pire encore. « Sur Paris subitement figé, dit M. Vandal, il parut qu'une opprimante atmosphère s'étendait » ; la consternation régnait sur tous les visages, dans tous les cœurs. Mais, le lendemain, on apprit la victoire : Marengo ! et il y eut « une éruption d'enthousiasme ».

Rentré à Paris, Bonaparte se remit à l'œuvre inachevée. Le succès facilitait sa besogne. De toutes parts, arrivaient des adhésions au régime consulaire. Des royalistes sages cessaient leur opposition à un gouvernement d'ordre ; des jacobins se ralliaient et, déjà, réclamaient des places. Il n'y aura bientôt plus que les casse-cous des deux partis pour continuer, par des attentats, une lutte sans grandeur. Bonaparte profita de cette faveur publique. Ce fut alors qu'il prépara le Concordat et le Code civil, qui sont parmi ses plus beaux titres à la gratitude de la France. Ce fut alors également — et, de cela, nous le louerons moins — que, rompant les freins de son ambition, il prépara l'Empire.

En terminant son beau livre, M. Vandal se demande : Bonaparte, qui réorganisa supérieurement l'état, s'occupa-t-il aussi de réorganiser la nation ? L'historien, nous semble-t-il, hésite un peu, à répondre. Qu'il nous excuse si, après avoir lu son exposé si lumineux et impartial, nous nous permettons d'être, sur ce point, plus net que lui. La Révolution, pour employer le mot profond de Talleyrand, avait « désossé » la France. Avouons que Bonaparte ne sut pas, ne voulut pas lui rendre des cadres. Aux grands corps constitués, Magistrature, Université, Clergé, il ne permit d'être que des rouages administratifs toujours à la discrétion du pouvoir, et non pas des forces sociales ; et, par une horreur héritée des hommes de 89 pour tous les groupements de régions, d'intérêts, de professions, il maintint la masse à l'état informe, — prête pour le despotisme ou pour l'anarchie. Mais, cette constatation faite, nous ajouterons tout de suite avec M. Vandal : « Cet insigne chef de guerre fut le pacificateur des Français. Il refit la cohésion nationale ; c'est sa gloire, son incontestable gloire, et rien ne prévaudra contre elle. »

Bernard de LACOMBE.

---

84. — **Les Puys de Palinod de Rouen et de Caen,** ouvrage posthume de Eugène de ROBILLARD de BEAUREPAIRE. — Caen, Delesques, 1907, in-8.

M. E. de Beaurepaire était le modèle de ceux qu'on appelle, avec commisération, les savants de province. Son gros livre sur les Puys de Palinod est plus qu'une « contribution », c'est une monographie définitive sur un point de détail de notre histoire littéraire. Je me contenterai d'exposer les conclusions certaines de ce travail.

Qu'est-ce qu'un *puy* ? une montagne, un lieu élevé, par analogie une tribune, enfin les tréteaux, le théâtre, sur lequel on lisait les pièces couronnées au Palinod ; et qu'était-ce qu'un palinod ? le refrain de certaines poésies, par extension les poésies à refrain, chants royaux, ballades, rondeaux, etc., qu'on présentait à ces vieux concours poétiques, célébrés en l'honneur de « la fête aux Normands. » Institution en somme plus religieuse que littéraire, à ses débuts, et devenue par la suite des temps une arme contre les protestants, le Puy de Rouen est institué en 1072 : c'est une confrérie consacrée à l'Immaculée Conception. Elle ne se développe du reste qu'à partir de 1436 comme œuvre à la fois religieuse et littéraire. En 1520 une bulle papale consacre d'une façon définitive cette association, et lui accorde la prééminence sur toutes celles de la province.

Une fois par an le Puy est célébré au cloître des Carmes, sur un théâtre orné de tapisseries. Les prix sont disposés sur la grande table autour de laquelle siègent le Prince, c'est-à-dire le président, et les confrères : de droite et de gauche, le lecteur, les concurrents. La cérémonie débute par un sermon qui ne doit pas durer plus d'un quart d'heure. Puis on lit les pièces couronnées, qui toutes doivent contenir plus ou moins directement l'éloge de la Vierge; on distribue les récompenses : au premier prix de chant royal une palme, au second une fleur de lys; au premier prix d'épigramme latine un chapeau de laurier, au second une étoile d'or; à la meilleure ballade une rose; au meilleur rondeau un signet d'or. Les trompettes sonnent au moment où l'on décerne les prix : les lauréats peuvent échanger le signe du prix contre une somme équivalente en bonne monnaie bien trébuchante.

La fête rouennaise se poursuit ainsi pendant des siècles, remaniée de temps en temps, en 1597, en 1614, en 1769, etc. Au XVIIe siècle l'esprit de l'institution première est fort oublié : c'est alors une académie bien plutôt qu'une confrérie.

A Caen, le Palinod apparaît en 1527 seulement; dès le début c'est surtout une manifestation de la vie universitaire : bien vite c'est le Recteur qui devient Prince du Puy. C'est dans la *Salle des Droits*, avec le concours de la musique du Régiment d'Artois que les prix sont distribués; en 1734, on couronne une ballade sur l'établissement d'une bibliothèque à l'Université. Les concours sont du reste assez sévèrement jugés : l'Université procède avec autant de rigidité que pour ses examens ordinaires; en 1740, elle se croit obligée en conscience de mettre, en tête du volume qui contient les pièces couronnées, l'avertissement suivant : « on ne doit pas être surpris si les poésies de ce recueil ne sont pas sans défauts. Quand il ne s'en trouve pas de parfaites, on est obligé de donner le prix aux moins mauvaises. »

La Révolution allait bientôt modifier d'abord, puis supprimer, les Puys à Caen, aussi bien qu'à Rouen. A la fin de 1792, on publie encore un recueil des pièces couronnées « au concours du Palinod établi dans l'Université de Caen en l'honneur de l'Immaculée Conception de la Sainte Vierge », mais les sujets ont bien changé : il est question de Brunswick, de l'homme libre, de Louis XVI devenu « l'horreur de l'univers. » Par contre quelques pièces royalistes apparaissent encore, celle-ci par exemple où un témoin de l'assassinat du major de Belzunce tente l'apologie du roi contre le despotisme de l'Assemblée :

> Il ne manque plus à leur crime
> Que de belzuncer leur victime
> Et de proclamer Dorléans.

Puis on supprime l'*allusion* à la Vierge qui terminait réglementairement toutes les pièces et rappelait ainsi l'esprit de la fondation des Palinods : la suppression en avait été proposée par un des doyens de l'Université, le citoyen Pottier : « cette forme, dont le catholicisme peut s'applaudir, mais dont le génie s'indigne, n'est propre qu'à retarder les élans de l'imagination ; vous rendrez donc aujourd'hui aux Muses cette liberté chérie sans laquelle elles ne peuvent enfanter que dans la crise et toujours avec embarras. » Pottier conseillait également de ne plus admettre que des sujets « analogues à la révolution. » Et en effet, au concours de 1794 nous trouvons une ode de l'instituteur Langrais sur la chûte des Girondins :

> Par ses éléments purs la sublime *Montagne*
> A déjà du *Marais* dissipé les vapeurs ;
> Un air vivifiant s'étend sur la campagne
>   Et la pare de fleurs.

Puis on accorde le prix de l'idylle, c'est-à-dire « une simple bergère représentée avec ses charmes naturels et un bouquet de fleurs champêtres » à une pièce de Picquot, *le berceau républicain* : les juges qui ont remplacé les professeurs de l'Université suprimée, les instituteurs, y trouvent « quelque chose de la simplicité de Théocrite, de la délicatesse de Virgile, de la finesse de Moschus, de la spiritualité de Bion. » C'est beaucoup d'éloges pour qui a lu la pièce, et surtout cette fin :

> Ah ! calme tes chagrins, mère sensible et tendre !
> J'oubliais que ton fils, né sous le règne heureux
> Des lois et des vertus, des mœurs républicaines,
> Goûtera les plaisirs sans connaître les peines.
> Jouis de l'avenir le plus délicieux.
>   Au milieu d'un peuple de frères,
>   Sous l'aile de l'égalité,
> Méprisant de l'orgueil les trompeuses chimères
> Il vivra pour la gloire et pour la liberté.

L'esprit nouveau qu'on avait voulu insuffler au vieux Palinod ne réussit pas à prolonger ses jours : il mourut en 1795, sans être très vivement regretté.

Pourtant, malgré la forme artificielle, et forcément un peu monotone à la longue, imposée aux concurrents, ces Puys de Caen et de Rouen n'ont pas été dénués de toute valeur littéraire : ils ont eu leurs moments de célébrité. La pièce qui peut servir de type pour apprécier le genre des Palinods et leur symbolisme traditionnel est certainement le chant royal du *Beau Dauphin*. L'auteur, Apvril, célèbre les vains effors d' « ung fin pescheur » poursuivant avec acharnement, dit le refrain :

> Le beau Dauphin qui ne fut jamais pris.

On trouve le mot de l'énigme à la fin, à l'*envoy* :

> Le pescheur est Sathan qui perd ses pas :
> Ses reths, ses dards, sont bien dits par compas
> Mauldit peché qui ne touche au pourpris
> De l'humble Vierge appelée en ce pas
> Le beau Dauphin qui ne fut jamais pris.

Voilà le genre : on en devine immédiatement le grand danger : les applications symboliques à la Vierge ne se peuvent varier indéfiniment : les plus naturelles sont d'abord trouvées : peu à peu on est obligé, pour imaginer du nouveau, de se jeter les subtilités de pensée, ou dans les bizarreries de forme : *enchaineure parfaite, rondeaux rétrogrades à double couronne, vers septains,* etc. C'est le triomphe des versificateurs, et le désespoir des poètes. Aussi les vraies poésies sont-elles rares. On ne peut guère citer, à Caen, qu'une belle ode de Malfilâtre, ou peut-être encore l'ode sur le Minotaure de « Mgr. le duc de Saint-Aignan, pair de France. » Rouen est plus heureux : en 1521 Jean Marot est couronné pour un chant royal, et décide son fils Clément à concourir également. Il est vrai qu'on préfère au grand Marot Sagon, genre de mésaventure assez fréquent dans les concours : *inde iræ* ; la célèbre querelle de Sagon et de Clément a sans doute d'autres causes encore, mais le Palinod de Rouen n'y a pas nui, si nous en croyons le bon valet Fripelipes :

> Vraiment il me vient souvenir
> Qu'un jour vers luy te vey venir

> Pour un chant royal lui monstrer,
> Et le prias de l'accoustrer,
> Car il ne valloit pas un œuf ;
> Quand il l'eut refait tout de neuf,
> A Rouen en gaignas (povre homme !)
> D'argent quelque petite somme, etc., etc.,

Que de détails curieux dans l'étude si bien documentée de M. de Beaurepaire ; elle serait de tous points excellente si l'auteur avait développé davantage le chapitre glorieux du Puy de Rouen, le prix de Jacqueline Pascal, en 1640, pour des « stances sur la conception de la Vierge ». M. de Beaurepaire les trouve « peu remarquables ». Il aurait fallu pourtant citer ces vers d'une enfant de quinze ans, de beaucoup supérieurs à la moyenne, à la bonne moyenne, de tous ces palinods : Victor Cousin a publié, dans la *Bibliothèque de l'école des Chartes* ces stances sur l'arche d'alliance considérée comme « figure » de la Vierge : voici le début et la fin de la pièce :

> Exécrables auteur d'une fausse créance,
> Dont le sein hypocrite enclot un cœur de fiel,
> Jetez vos faibles yeux sur l'arche d'alliance :
> Vous la verrez semblable à la reine du ciel.
> . . . .
> Si donc une arche simple et bien moins nécessaire
> Ne saurait habiter dans un profane lieu,
> Comment penserez-vous que cette sainte mère,
> Etant un temple impur, fut le temple de Dieu ?

M. de Beaurepaire aurait dû citer toute la pièce, et surtout ne pas oublier d'ajouter que, Jacqueline n'assistant pas à son triomphe, ce fut Pierre Corneille lui-même qui se chargea d'improviser un remercîment au Prince :

> Pour une jeune muse absente,
> Prince je prendrai soin de vous remercier ;
> Et son âge, et son sexe, ont de quoi convier
> A porter jusqu'au ciel sa gloire encor naissante.
> De nos poètes fameux les plus hardis projets
> Ont manqué bien souvent d'assez justes sujets
>   Pour voir leurs muses couronnées ;
>   Mais c'en est un beau aujourd'hui :
>   Une fille de douze années
> A, seule de son sexe, eu des prix sur ce Puy.

Sans doute cette improvisation ne vaut pas le mot légendaire de Châteaubriand sacrant d'Hugo « enfant sublime ». Mais une institution qui pouvait réunir dans une séance la sœur de Pascal, et Corneille, méritait d'être tirée des limbes de l'histoire littéraire où elle végétait.   Maurice SOURIAU.

---

85. — **Le Château royal de Vincennes, de son origine à nos jours,** par Ernest LEMARCHAND. — Paris, H. Daragon, 1907, in-8.

Cet ouvrage très documenté, très complet aux points de vue historique et anecdotique est fort intéressant, mais les parties techniques et archéologiques, secondaires évidemment pour l'auteur, présentent quelques lacunes.

On voudrait voir dans le volume, à côté des gravures anciennes, des dessins ou des photographies du château actuel; y trouver la description de ce qui existe et non pas seulement de ce qui fut. Il n'est pas inutile d'avertir avec précision le lecteur qui peut devenir un visiteur, de faire ressortir à ses yeux, ce qui présente en l'état actuel une valeur d'art ou de style. A cet égard les belles salles carrées du Donjon mériteraient mieux qu'une mention très courte avec le simple qualificatif de gothique. Le plan de leurs voûtes est intéressant, avec leurs quatre croisées d'ogive qui laissent retomber huit nervures ou doubleaux sur un pilier central; ce pilier central lui même, d'une élégance charmante vaudrait une courte description avec sa base polyprismatique, ses huit faisceaux de minces colonettes à chapiteaux feuillagés, ses petites arcatures tréflées surmontées de gables et sa frise de feuillages sous la retombée des nervures.

C'est peu pour les belles cheminées, d'exprimer encore qu'elles sont gothiques, pourquoi ne pas attirer l'attention sur ces colonnettes aux chapiteaux ornés de feuilles de chêne et de rhubarbe qui supportent la hotte à quatre pans, sur le léger bandeau de pampres de vigne à jour qui borde cette hotte, avec de petites têtes de chiens sculptées à la gouge courbe par dessous le feuillage.

Toute cette ornementation finement fouillée et de menu relief, les prophètes et les anges tenant des phylactères, sous la retombée des voûtes, affectent, non pas, comme il est dit page 22, les caractères du xiiie siècle mais bien tous ceux du xive. Il en est de même pour les nervures des voûtes dont le profil présente un tore aminci en amande avec filet, entre deux cavets profonds, pour les bandeaux et crochets de feuillages en relief, sous le balcon et au 5e étage. Même la jolie voûte qui termine l'escalier menant à la plate forme paraît d'un style plus avancé encore, ses quatre nervures ont en effet le profil prismatique et déprimé caractéristique du flamboyant. Pourquoi ne pas remarquer que le bel escalier royal à la large spirale, ne commence qu'au 1er étage et ne va dans la tourelle d'angle que de l'appartement du Roi à celui de la Reine? que, par suite, une entrée directe avait dû exister pour le Roi au 1er étage du donjon; qu'un pont levis partant du cabinet de Charles V, au dessus du porche, devait enjamber le fossé, donnant ainsi à l'appartement royal un accès plus facile et plus convenable que le petit escalier étroit et raide qui va de la base à la plateforme supérieure. On aperçoit encore sur la paroi Est du donjon au 1er étage la trace d'une baie ancienne qui justifie cette hypothèse.

Quant à la chapelle, l'auteur après nous avoir dit qu'elle fut construite sur le modèle de celle de Saint-Louis qui n'existe plus, se contente de nous en donner une description du xviie siècle, document vague et imprécis; puis il s'étend sur les verrières. N'y a-t-il donc dans ce charmant vaisseau, pour ne parler que de l'ornementation, pas autre chose à signaler que ces vitraux très restaurés et d'une valeur surfaite sauf celui des martyrs? Pourquoi ne pas indiquer, par exemple, ces groupes variés d'une exécution habile et verveuse qui forment culs de lampe à chaque pile de la Chapelle? Il y a là, reliées par un élégant bandeau de feuillage, 16 petites scènes symboliques, d'une composition originale, où dominent des évêques porte glaive, ou tirant des cordages, et accolés de monstres qui semblent les tenter. Partout dans les passages et les sacristies, les nervures des voûtes retombent sur des culs de lampe aussi intéressants, aussi jolis que ceux de la chapelle. Dans le tympan de la porte du trésor existe un couronnement de la Vierge, morceau charmant et du meilleurs style; et les piscines sont entourées d'un délicat cordon de rosiers en fleurs. N'y a t-il pas là tout un ensemble de sculptures bien digne d'attention? Quoi qu'il en soit, et sans plus insister sur ces légères lacunes, il faut reconnaître qu'elles n'enlèvent rien à l'intérêt historique, anecdotique de l'ouvrage et qu'on trouvera profit et plaisir à sa lecture. L'auteur est ici dans son élément, il a su puiser aux bonnes sources ; largement averti et documenté, il sait faire passer à propos sous nos yeux des pièces authentiques dont la saveur corse le récit.

Les origines, les démêlés des Minimes avec les habitants de Montreuil, Louis XIV à Vincennes, la mort de Mazarin, une série d'anecdotes sur les prisonniers, la tragédie du duc d'Enghien, l'histoire de Daumesnil, l'agonie de la garnison insurgée sous la commune, une foule d'autres renseignements, forment un ensemble bien classé, clair et complet. C'est sans nul doute un des plus intéressants ouvrages qui aient paru sur Vincennes.

L'auteur émet à la fin un vœu auquel on ne saurait trop vivement s'associer : La suppression des magasins et ateliers qui encombrent le donjon et défigurent les salles Royales. Déjà bien des dégats ont été commis par ce fait aux piliers et aux sculptures, et le danger est permanent. Il serait inconcevable qu'une indifférence complète se prolongeat d'avantage à l'égard d'un édifice de cette valeur.

Lefebvre des Noëttes.

CHRONIQUE

12. — **La Propagation du Christianisme dans les trois premiers siècles**, par J. Rivière, directeur au grand Séminaire d'Albi. (Collection *Science et Religion*). — Paris, Bloud, 1907, in-12. (Prix : 1 fr. 20).

Parmi ces grands faits qui servent d'arguments à l'apologétique traditionnelle, un des plus saillants comme aussi des plus exploités a toujours été la propagation du Christianisme dans l'Empire romain. Des Apologistes du II siècles à M. Paul Allard, il n'est aucun des défenseurs de notre foi qui ait négligé de mettre en valeur cette preuve de sa divinité. Cette preuve, cependant, résiste-t-elle à l'étude sérieuse et désintéressée de l'histoire, telle que notre siècle, fécond en travaux critiques, l'a instituée ? M. Rivière a pensé qu'il serait bon de montrer en utilisant les travaux d'un savant moderne et peu suspect d'une sympathie exagérée pour la thèse traditionnelle, que cette thèse n'a aucunement perdu de sa force. C'est sur les ouvrages de M. Harnack qu'il s'appuie. Il montre que pour cet historien, malgré les explications qu'il en a données, le fait de la propagation du Christianisme reste un phénomène « étonnant ». En mettant ce fait au nombre de ceux qui justifient le témoignage de l'Eglise et font qu'elle est elle-même « un grand et perpétuel motif de crédibilité », le Concile du Vatican a donc confirmé un argument que la critique impartiale n'ébranlera jamais.

13. — **Newton**, par le baron Carra de Vaux. (Collection *Science et Religion*). — Paris, Bloud, 1907, in-12. (Prix : 0 fr. 60.)

Les résultats des travaux de Newton sont pour la plupart entrés dans l'enseignement classique ; mais ils y sont répartis d'une façon quelquefois un peu artificielle entre les enseignements élémentaire, spécial et supérieur ; et ils n'y sont pas toujours exposés avec la méthode même de l'auteur. Dans ce livre, tout en recherchant la simplicité autant que de pareilles questions la comportent, M. Carra de Vaux a rendu à ces résultats leur groupement et leur unité originels ; il a fait voir comment le génie de Newton les avait obtenus et sur quels antécédents il s'était appuyé. Il a d'ailleurs mis en relief la physionomie philosophique et morale du grand savant, et montré chez lui, à côté du génie qu'on ne peut qu'admirer, des qualités comme le scrupule scientifique, l'honnêteté civique, la foi religieuse, que le plus modeste travailleur peut et doit imiter.

14. — **Les idées morales d'Horace**, par M. Victor Giraud, professeur à l'Université de Fribourg. — Paris, Bloud, 1907, in-12. (Prix : 0 fr. 60).

Le poète Horace n'est assurément pas un philosophe, ni même un penseur au sens rigoureux du mot, et ses idées générales sur le monde, sur l'homme et sur la vie manquent un peu de profondeur et d'originalité. Mais, en un certain sens, elles n'en sont que plus intéressantes : elles nous renseignent d'abord sur le caractère du poète, qui est essentiellement un épicurien avec les velléités de stoïcisme ; ensuite, sur son temps, dont il reflète les tendances contradictoires avec une singulière fidélité ; et enfin sur une disposition permanente de l'humanité qu'Horace symbolise excellemment. La morale d'Horace, en effet, s'appelle de son vrai nom *la morale des honnêtes gens* ; et on lira avec intérêt les pages suggestives où, en retraçant à travers l'histoire des idées, les vicissitudes successives de cette morale, M. Victor Giraud montre que la fortune et le renom d'Horace en sont inséparables.

SOCIÉTÉ NATIONALE DES ANTIQUAIRES DE FRANCE

Séance du 6 mars. — M. P. MONCEAUX, membre résidant, au nom du R. P. DELATTRE, associé correspondant national, communique une bulle de plomb byzantine avec l'image de la Vierge. — M. E. A. DURAND GRÉVILLE, a. c. n. revendique pour Raphael une Vierge de la galerie Staedel à Francfort attribuée au Péruguin.

Séance du 13 mars. — M. le d. A. GUÉBHARD, a. c. n., signale des sépultures taillées dans le roc découvertes près de Menton. — M. Ph. LAUER, a. c. n., présente une reproduction en couleurs du tissu à l'éléphant provenant de la chasse de Charlemagne à Aix-la-Chapelle. — M. LEFEBVRE DES NOËTTES, a. c. n., soumet une série de photographies de l'abbaye de Royaumont près Luzarches. — M. HÉRON DE VILLEFOSSE, membre honoraire, au nom de M. L. H. LABANDE, a. c. n., communique dix huit sceaux antiques en bronze appartenant au musée Calvet à Avignon. — M. E. LEFÈVRE-PONTALIS, m. r., s'élève contre la confusion faite par M. de Mély entre divers personnages chartrains : M. de Mély maintient ses conclusions.

Séance du 20 mars. M. F. DE MÉLY, m. r., signale la découverte, en diverses constructions, d'ossements humains noyés dans la maçonnerie et destinés à la solidifier. — M. de MÉLY présente ensuite un petit cavalier en terre cuite qui surmontait le toit d'une vieille maison de Bayeux et un pavé vernissé, orné d'une fleur de lys du XIII° siècle. — M. L. DIMIER, a. c. n., étudie les recueils de portraits au crayon formés par Flévret de Fontette. — M. E. LEFÈVRE-PONTALIS, m. r., attire l'attention sur une statue de Saint Martin datée de 1315 et portant le nom d'un donateur.

Séance du 27 mars. — M. le baron J. DE BAYE, m. r., lit un mémoire sur des nécropoles de Crimée. — M. HÉRON DE VILLEFOSSE., m. h., entretient la Société des fouilles du P. Delattre dans le cimetière chrétien de Mcidfa à Carthage et annonce la découverte d'une *memoria* portant les noms de Sainte Félicité, de sainte Perpétue et de leurs compagnons martyrs.

L'Éditeur-Propriétaire-Gérant : ALBERT FONTEMOING.

Imprimerie Générale de Châtillon-sur-Seine. — A. PICHAT.

BULLETIN CRITIQUE

---

86. — **Valeur des définitions doctrinales et disciplinaires du Saint-Siège,** par Lucien Choupin, professeur de théologie et de Droit canon au scolasticat d'Ore, Hastings. — Paris, Beauchesne, 1907, in-16 de viii-388 pp.

Ce livre, dont les parties sont d'inégale grandeur, répond à des questions que l'on s'est souvent posées, et que l'on se pose encore tous les jours. A quelles conditions s'exerce, jusqu'où s'étend l'infaillibilité pontificale? Quelle autorité doit-on reconnaître aux actes pontificaux qui ne contiennent point une définition *ex cathedra*? Quelle est la valeur des décrets des Congrégations romaines, notamment de ceux du Saint-Office, et des condamnations qui furent portées en 1616 et en 1633 contre le système de Galilée? Enfin, quelle est la valeur du *Syllabus* de 1864?

Le R. P. Choupin était parfaitement qualifié pour répondre à toutes ces questions; il le fait avec une rare compétence, en homme qui a fréquenté les théologiens d'autrefois, qui connaît aussi ceux d'aujourd'hui. Il énonce, d'après le concile du Vatican, les conditions requises pour qu'on soit tenu de voir dans un acte pontifical une définition *ex cathedra*. « Il faut, » dit le P. Choupin, « 1° que le Pape parle comme docteur et pasteur suprême; 2° qu'il définisse une doctrine concernant la foi ou la morale; 3° qu'il porte une sentence définitive; 4° qu'il ait l'intention suffisamment manifestée d'obliger l'Eglise universelle. » Le P. Choupin ajoute qu' « il est théologiquement certain que l'Eglise est infaillible quand elle condamne des erreurs avec des notes inférieures à celle d'hérésie, et quand elle prononce définitivement sur des faits dogmatiques. »

Comme tous les théologiens, le P. Choupin distingue, dans les constitutions dogmatiques, la partie historique, narrative, de la définition elle-même, laquelle seule est garantie par l'infaillibilité, et conséquemment exige un acte formel de foi.

Il est des actes solennels où le Pape enseigne et ne définit pas, — telles les mémorables Encycliques de Léon XIII ; — quelle sera, vis-à-vis de ces actes, la conduite du catholique ? Pour répondre à cette question, le P. Choupin emprunte la réponse d'un des rédacteurs de la *Revue thomiste*, le R. P. Pègues. « C'est l'enseignement du Pasteur et du Docteur suprême dans l'Eglise, » dit le savant dominicain ; « d'où, pour tous les fidèles, l'*obligation stricte* de recevoir cet enseignement avec un infini respect. On ne doit pas même se contenter de n'y pas contredire ouvertement... *l'adhésion intérieure de l'esprit s'impose*... Mais enfin, cette adhésion n'est pas la même que l'adhésion exigée dans l'acte formel de foi. Il se pourrait, à la rigueur, que cet enseignement fût sujet à l'erreur. Il ne l'a probablement jamais été, et il est *moralement certain qu'il ne le sera jamais*. Mais, absolument partant, il pourrait l'être, en ce sens que Dieu ne s'en porte point garant, comme il se porte garant de l'enseignement formulé par mode de définition... »

Ici se présente la question du *Syllabus*, question que le P. Choupin a traitée avec un soin particulier. Il en a retracé l'histoire ; et, dans la cinquième partie de son ouvrage, il commente les quatre-vingts propositions condamnées, en replaçant chacune d'elles dans le document pontifical d'où elle avait été extraite.

Le *Syllabus* n'est point, comme on l'a dit « un simple catalogue anonyme, sans autre valeur que sa conformité plus ou moins grande avec les divers documents pontificaux antérieurement promulgués » ; il « a, de lui-même, l'autorité d'un document adressé par le Pape à l'Eglise universelle, en matière doctrinale. » Et l'unanimité morale des évêques a accepté le *Syllabus* comme un jugement authentique du Souverain Pontife. Les deux faits sont indéniables ; la conséquence que des théologiens d'ailleurs éminents prétendent en tirer l'est beaucoup moins. Le P. Choupin s'en explique avec précision. « Une des conditions essentielles d'une *définition ex cathedra*, » dit-il, « est la *volonté, l'intention suffisamment manifestée de prononcer définitivement sur la doctrine*. Jusqu'à présent a-t-on clairement démontré que cette condition était réalisée pour le Syllabus ? Elle ne semble pas résulter de la *forme sui generis* du *Syllabus*, ni du ton de la circulaire qui le notifie. L'histoire montrerait plutôt que le Pape, dans le cas, n'a pas voulu faire appel au maximum de son autorité enseignante. » Et quant à l'argument tiré de l'adhésion unanime de l'Episcopat au *Syllabus*, le P. Choupin répond : « Cet argument serait absolument sans réplique, si l'on prouvait qu'en effet l'Episcopat catholique a reconnu dans le *Syllabus* une *définition ex cathedra*, ou que, après l'acceptation du *Syllabus*, les propositions qu'il contient ont passé dans l'enseignement de l'Eglise universelle.

« Or rien de moins prouvé, et d'autres docteurs font à bon droit les deux observations suivantes :

« D'abord... on ne peut soutenir que l'unanimité morale des évêques ait déclaré voir dans le *Syllabus* une *définition ex cathedra*.

« Ensuite, lorsque des propositions tirent du *magistère dispersé* une infaillibilité certaine, c'est qu'il y a eu accord véritable, unanimité *morale* de l'Episcopat catholique à défendre chacune de ces propositions, c'est que leur doctrine a pris corps dans l'enseignement ordinaire de l'Eglise. Peut-on dire qu'il en va de même pour les quatre-vingts propositions, très variées, parfois très complexes, que les évêques reçoivent en bloc dans un document pontifical ?...

« La chose est d'autant moins claire que les interprétations épiscopales ont été moins concordantes...

« Le désaccord des interprètes ne changerait évidemment rien à l'infaillibilité *objective*, s'il s'agissait d'un acte déjà *infaillible*, comme rendu par le Pape *ex cathedra* et diversement compris par les évêques.

« Mais quand c'est du *consentement moralement unanime des évêques* qu'il s'agit de *tirer l'infaillibilité elle-même*, et que ce consentement n'existe qu'avec des nuances de doctrine fort accentuées, est-il évident et incontestable que les propositions s'imposent par l'infaillibilité de l'Eglise universelle ? »

Un tel langage atteste la liberté dont le théologien peut user dans les larges limites tracées par l'orthodoxie ; il n'a rien d'irrespectueux pour le Saint-Siège. « En somme, » conclut le P. Choupin, « si l'on ne peut pas dire avec certitude que le *Syllabus* est une *définition ex cathedra*, ou qu'*il est garanti dans toutes ses parties par l'infaillibilité de l'Eglise*, il est au moins, sans contredit, un acte du Souverain Pontife, une décision doctrinale du Pape, faisant autorité dans l'*Eglise universelle*, à laquelle par conséquent tous les fidèles *doivent* respect et obéissance. »

Sur la nature de l'autorité qu'exercent les Congrégations romaines, le P. Choupin reproduit l'enseignement des théologiens et des canonistes les plus sûrs.

Seule, la congrégation du Saint-Office qui a porté bien des décrets disciplinaires, a qualité pour rendre des décisions doctrinales proprement dites. Ces décisions, une fois revêtues de l'approbation du Pape, sont publiées ou *in forma communi*, comme disent les canonistes, ou bien *in forma specifica*. « Si le décret est simplement approuvé *in forma communi*, » dit le P. Choupin, « le décret *est et reste un décret* de la *sacrée congrégation* »; il ne saurait engager l'infaillibilité pontificale. « L'approbation *in forma specifica* transforme la décision de la congrégation en un acte proprement et strictement papal, émanant directement de l'autorité suprême du Souverain Pontife... Le Pape fait cette décision *sienne*, et elle vaut, elle oblige par son autorité immédiate... Est-ce à dire, » demande le P. Choupin, « que le Pape prononce chaque fois une définition *ex cathedra?* Bouix sans doute soutient que les décrets dogmatiques du Saint-Office, ainsi approuvés par le Souverain Pontife, sont infaillibles, » mais « cette opinion n'a jamais été le fait que de quelques docteurs, et, malgré l'autorité du docte canoniste, on ne peut la regarder comme probable. » Or, les décrets qui atteignirent le système de Galilée, n'ont reçu que l'approbation *in forma communi*; et l'on peut même regarder comme purement disciplinaires, non seulement le décret de l'Index du 5 mars 1616 (la chose est évidente, car « la congrégation de l'Index est absolument incompétente pour porter des décrets *dogmatiques* »), mais aussi le décret du Saint-Office du 21 juin 1633. Les considérants des deux sentences sont sans doute d'ordre doctrinal; mais les sentences ont directement pour objet de prohiber des livres; elles ne contiennent aucune qualification de doctrine. « Les décrets de 1616 et de 1633, » conclut le P. Choupin, « sont donc des actes des congrégations et des actes administratifs, disciplinaires, judiciaires, et non des décrets dogmatiques. » Certes, on peut regretter qu'une interprétation trop timide de l'Ecriture ait inspiré de tels considérants et dicté de tels arrêts à des juges effrayés par les audaces de l'exégèse protestante et surtout de l'exégèse socinienne; mais enfin, ni les considérants ni les arrêts eux-mêmes ne fournissent un argument contre l'infaillibilité du Pape; et c'est le point que la consciencieuse étude du P. Choupin a mis en pleine lumière.

A. LARGENT.

---

87. — **Dieu, l'âme, Jésus-Christ, l'Eglise,** conférences apologétiques faites aux étudiants, par Louis BOUCARD. — Paris, Beauchesne, 1907, in-12 de VIII-305 pp. (Prix : 3 fr. 50).

Les seize conférences que M. Boucard, réunit aujourd'hui en un gracieux volume, ont été données devant des étudiants, dans l'Eglise Saint-Sulpice. Elles traitent de l'existence, des perfections et de la Providence de Dieu, de la spiritualité et de l'immortalité de l'âme, du culte dû à Dieu, de la Révélation, du miracle, de la valeur historique des évangiles, de la divinité de Jésus-Christ, de la fondation de l'Eglise, des sectes protestantes et schismatiques, enfin du sens exact de la formule « Hors de l'Eglise pas de salut ».

Ce livre peut-être fort utile : il y a un sérieux effort, et souvent couronné de succès, pour présenter d'une façon moderne et scientifique les explications et les expositons classiques. Il ne faudrait point chercher ici de l'inédit; non, c'est plutôt une bonne utilisation de livres excellents.

Et, à ce propos nous ferons à M. Boucard une petite chicane : sans doute par le fait d'une mémoire trop fidèle, il lui arrive très souvent de prendre à son compte des phrases, des passages entiers des auteurs qu'il résume, sans les nommer. Prenons un seul exemple, dans la 1re conférence : Les mots *soulignés* seuls sont de M. Boucard; tout le reste est emprunté à Mgr d'Hulst, qui du reste n'est pas cité : « Il faut au monde une intelligence *supérieure* qui le gouverne, car le monde est ordonné, il n'est pas un chaos, *il était appelé avec raison par les Grecs* un Cosmos, c'est-à-dire un système d'harmonie et de beauté (p. 5)... L'univers est pour eux une société anonyme sans président ni directeur (p. 11)... Que l'ordre règne dans le monde, spécialement dans le monde physique, là où n'intervient pas ce facteur indocile qu'on appelle la liberté, actuellement on ne le conteste guère (p. 10)... Il n'y avait en elle que des forces aveugles, inconscientes, fatales. Au cours *de l'évolution* (d'Hulst : du développement) *il s'est produit d'abord* des effets fortuits, une longue suite d'essais mal venus, de groupements instables *entre ses divers éléments*. Enfin *avec le temps par le hasard heureux de la* loterie éternelle, les *atomes ont fini par se rencontrer dans la* combinaison harmonique actuelle (d'Hust : grâce à l'infini du temps une combinaison harmonique sort à son tour de la loterie éternelle p. 14 et 15) et parce que cette combinaison était harmonique, elle a été viable, elle s'est établie, se perpétue et se perfectionne ».

On le voit par ces exemples qu'il serait aisé de multiplier, M. Boucard n'hésite pas à prendre à son compte des phrases très caractéristiques de Mgr d'Hulst et d'autres, sans se référer à ces auteurs. Après tout, c'est peut-être une façon de rendre hommage au ciselé, au définitif de la pensée de grands maîtres !

Et peut-être cela vaut-il mieux encore que de citer inexactement : M. Boucard pêche aussi quelquefois par là : Je prends encore en exemple Mgr d'Hulst. Dans une seule citation (p. 3) il y a trois erreurs de transcription : une sans importance : « il avait reçu » pour « Dieu lui avait donné » — une faute de langue que M. Boucard prête à Mgr d'Hulst « au delà des réalités » pour « par delà les réalités » —, enfin une véritable trahison de pensée : Mgr d'Hulst dit « Nos puissances seraient-elles des puissances si elles ne servaient qu'au rêve ? » M. Boucard lui fait dire « si elles ne pouvaient servir. » — M. Boucard semble donc jouer de malheur avec Mgr d'Hulst, (et je voudrais que ce ne fut qu'avec lui...) Quand il ne le cite pas il le reproduit à merveille ; quand il le cite, il le modifie...

Henri Pradel.

---

88. — **L'infinité divine depuis Philon le Juif jusqu'à Plotin.** — **Les réminiscences de Philon le Juif chez Plotin**, par Henri Guyot, docteur ès-lettres. — Paris, Alcan, 1906, in-8 de xii-260 pp. (Prix : 5 fr.); — in-8 de 92 p. (Prix : 2 fr.)

On sait le rôle qu'a joué Philon dans l'histoire de la philosophie grecque : juif par sa naissance et par sa religion, grec par son éducation littéraire et philosophique, il a contribué plus que personne à rapprocher du judaïsme l'hellénisme alexandrin, à combiner, en les déformant d'ailleurs presque également, les enseignements de Moïse et ceux de Platon. Après lui, l'école d'Alexandrie est restée largement ouverte aux influences orientales et l'on ne peut nier qu'il ait été un des principaux promoteurs de ce mouvement.

Ces constatations générales sont acquises depuis longtemps; il y a donc intérêt à discuter certaines questions plus précises, et à délimiter l'apport personnel de Philon dans les principales conceptions philosophiques de Plotin. C'est une étude de ce genre qu'a entreprise M. Guyot dans ses deux thèses : il la fait porter sur un point central, la question de l'infinité divine. Il pense que ce concept étranger à la philosophie grecque, est passé des juifs à Philon et de Philon à Plotin.

Cette affirmation surprendra quiconque a lu d'un peu près Philon : la transcendance divine est affirmée chez lui à chaque page; l'infinité n'apparaît pas. Si l'on se reporte aux livres de M. Guyot, on cherche en vain un texte décisif. Dans chacun de ces deux ouvrages [1], il s'est efforcé d'établir ce point qui était pour lui capital; je ne pense pas qu'il y ait réussi. Philon affirme sans doute que Dieu est sans qualité (ἄποιος); mais c'est en vain qu'on chercherait à tirer de là une une affirmation de l'infinité: si Dieu est sans qualité, ce n'est pas parce qu'il est infiniment parfait, c'est parce qu'il est transcendant par rapport à toutes les espèces et à tous les genres.

Cette faute d'interprétation suffirait à renverser la thèse de M. Guyot; au reste, les autres pièces de sa construction ne sont pas plus fermes: entre Philon et Plotin il semblerait, à le lire, qu'il n'y ait eu que Plutarque et Numénius, et que de ces trois sources seules tout le plotinisme dérive; comme si, dans la question de l'infinité de Dieu, on pouvait négliger l'influence que la pensée chrétienne a exercée sur Plotin.

L'étude des sources de Philon est pareillement négligée; M. Guyot ignore les travaux qui ont été consacrés à cette question, et il n'a pas pris la peine de refaire lui-même l'enquête. Il n'est donc pas surprenant qu'il se méprenne sur le caractère de mainte thèse phi-

---

1. *L'infinité divine*, p. 45-52; *les réminiscences*, p. 5-7.

lonienne, et qu'il croie voir des traces de judaïsme dans les théories et les formules les plus purement helléniques.

Ces deux thèses ont fait de M. Guyot un docteur ès-lettres et lui ont donné l'occasion de formuler contre l'infinité et la personnalité divines des objections qu'il croit décisives, s'il ne s'est pas proposé d'autre but en les écrivant, il a rempli son programme.

J. LEBRETON.

89. — **Italische Sakrale Poesie und Prosa**, von Carl THULIN. — Berlin, Weidmannsche Buchhandlung, 1906, gr. in-8. (Prix : 2 mk.)

Ce livre est l'enquête d'un métricien sur les plus anciens monuments de la littérature sacrée italienne. Tour à tour y sont étudiés le fragment de Tarquitius Priscus, l'inscription de Corfinium, celles du tombeau des Scipion, le *Titulus Memmii*, le chant des frères Arvales, les *Responsa* des haruspices, les *Carmina*, des vers de Livius et de Névius. L'auteur passe en revue les commentaires auxquels ils ont donné lieu, les discute et s'abstient de conclure, sauf pour le texte d'Agram, qu'il croit positivement emprunté aux livres sacrés des Etrusques et rédigé non en vers, non en prose, mais dans une sorte de prose articulée. Voilà donc un cas où l'on peut échapper à l'alternative posée par le maître de M. Jourdain. Le résultat peut sembler un peu mince. Retenons-le à titre d'indication. Il existe un peu partout des proverbes, dictons, sentences dont on ne peut dire s'ils sont de la prose ou des vers, qui attestent les goûts du peuple pour l'allitération, l'assonance, la rime et le rythme, mais dont l'extrême liberté ne saurait se réduire aux règles fixes d'aucune versification. Pourquoi n'en aurait-il pas été de même aux temps de l'Etrurie et de la Rome primitive ? Il reste douteux que les auteurs anonymes de *Carmina* se soient souciés du saturnien ou de tout autre vers. Une métrique a pu sortir, à la longue, et par suite de certaines interventions raisonnées, de ces balbutiements de la Muse latine. Qu'elle y ait préexisté, la chose n'est ni prouvée ni probable. J'avoue pour ma part que sur ce point des gamins de village ou de vieilles nourrices m'en apprennent autant que Ritschl, Néo, Norden, Westphal, Gleditsch et tous les métriciens dont les discussions ingénieuses, laborieuses et contradictoires n'ont pas encore résolu un problème qu'il était un peu vain de poser.

.*.

Ausgewählte Inschriften Griechisch und deutsch, von Dr WALTHER JANELL. — Berlin, Weidmannsche Buchhandlung, 1906, gr. in-8. (Prix : 4 mk.)

Un cours professé au gymnase de Bostock a donné naissance à ce recueil d'Inscriptions grecques et à la version allemande qui les accompagne. Il ne peut point lui demander grande originalité. Du moins a-t-il le mérite de nous offrir, traduits de façon amusante et quasi moderne, et, éclairés d'annotations précises, un heureux choix de documents caractéristiques sur la vie religieuse, politique et surtout municipale des Grecs. On y trouve, habilement classés, des textes de contrats, des formules de serments, des inscriptions funéraires, des décrets honorifiques. Ceux-ci sont particulièrement savoureux. Ils nous apprendraient, si on ne le savait d'autre source, à quel point les habitants de ces vieilles cités, démocratiques ou non, avaient le goût de la louange. On y devine une profusion d'adresses, de couronnes d'or, d'ex-votos de marbre qui nous semble quelque chose de très actuel. Très édifiants d'ailleurs, les titres à ces félicitations publiques : Aristote et son neveu Callisthène sont félicités par Delphes et gratifiés d'une couronne pour avoir dressé le catalogue des victoires aux Jeux Pythiques. Démotélès reçoit le même honneur à Andros, pour avoir collectionné des légendes locales. A Rhodes, c'est un médecin qu'Athènes honore d'un ex-voto dans le temple d'Asclépia, pour exercice gratuit de son art. A Cyzoique, un architecte est couronné pour ses travaux d'agrandissement du port. En revanche, voici Phélon et Stratoclès mis avec leurs enfants au ban d'Amphipolis, en vertu d'un décret signé par Philippe de Macédoine : commentaire significatif aux invectives de Démosthène! Ces formules monotones sont pourvues de considérants qui les font pleines de vie. Et voilà, grâce à l'initiative du Dr Janell, les gymnases allemands pourvus d'un bon livre, qu'on souhaiterait aux lycées de France.

De Aeschyli copia verborum capita selecta, von Wolfgang-Aly. — Weidmann, Berlin, 1906, gr. in-8. (Prix : 4 mk.)

Après avoir constaté, à la suite de Barlen, Gerth, Franklin, Wittekind et Wilamowitz, que la langue des dialogues tragiques, à Athènes, fut quelque chose d'artificiel et de composite, l'auteur, se bornant au cas d'Eschyle, commence par chercher, dans ses trimètres, les formes ioniennes et vieil-attiques. A cette étude de morphologie dialectale il en ajoute une, plus considérable, intéressant le vocabulaire même d'Eschyle. Ce vocabulaire, à son tour, ne se composerait pas seulement des mots de la langue usuelle ; il comprendrait en outre des éléments issus du vieil attique, de l'ionien, voire du sicilien. Répartition quelquefois difficile. Rutherford croyait à l'intervention exclusive du vieil attique, Wittekind à celle de l'ionien, M. Wolfgang-Aly ne les a pas toujours mis d'accord. Je ne vois pas, par exemple, que sur le mot ἀκτή, l'un des pivots de cette savante discussion, il ait fait toute la lumière désirable. Il n'est pas douteux, selon lui, qu'ἀκτή soit un mot attique. Or, comme nom propre, il le trouve employé sur presque toutes les côtes grecques. Comme nom commun, les poètes l'emploient communément. Parmi les prosateurs, il n'y a guère à citer qu'Aristote, Xénophon, et surtout Hérodote, un Ionien. Qu'après cela ἀκτή soit un mot attique, il se peut ; mais non point, ce semble, un mot exclusivement attique. On conclurait aussi bien, avec Wittekind, à sa provenance ionienne. Au reste, là même où il laisse la question ouverte, le livre de M. Aly n'en est pas moins un utile répertoire de vocables et de formes où toute discussion nouvelle devra prendre ses éléments. Ajoutons qu'il est écrit dans un latin généralement clair et quelquefois d'une élégance toute philologique.   Auguste Dupouy.

90. — **Les grands écrivains français.** — **Fontenelle**, par A. Laborde-Milaa. — Paris, Hachette, 1905, in-12 de 175 p. (Prix : 2 fr.)

Fontenelle a vraiment tous les bonheurs. Il eut celui de naître d'une sœur des Corneille, et celui de vivre cent ans entre deux grands siècles littéraires. Il sut vieillir, ce qui est déjà une preuve d'intelligence, surtout quand on a de plus, comme ce Nestor de la littérature, l'art de rajeunir en vieillissant.

On l'avait un peu oublié au xix° siècle et le mot de Nisard avait bien l'air d'une épitaphe définitive : « Fontenelle n'a pas voulu de l'admiration pour les autres ; sa punition est de n'en pas inspirer pour lui-même. » Mais voilà que pour ce condamné l'on en rappelle. N'est-il pas le précurseur du xviii° siècle et ne doit-il pas participer à sa gloire ? On n'est pas éloigné maintenant de trouver que « Cydias » eut du génie. Qui l'aurait dit à La Bruyère l'eût bien étonné et peut-être aussi Voltaire dont le *Micromégas* raillait agréablement le secrétaire de l'Académie de Saturne, « un homme de beaucoup d'esprit qui n'avait à la vérité rien inventé, mais qui rendait un fort bon compte des inventions des autres et faisait passablement de petits vers et de grands calculs. » Le petit et charmant livre que nous apprécions trop tardivement s'est promis de changer tout cela. Il voit dans Fontenelle bien autre chose que l'écrivain précieux et le vulgarisateur, il découvre et admire le philosophe et le savant qui a plus que personne travaillé à organiser les deux grandes idées séductrices des esprits contemporains ; l'idée de progrès et l'idée de science. Cette opinion fait son chemin et il semble bien que, dans son récent livre sur Fontenelle, M. Maindron s'en soit inspiré, quand il formule ainsi le résumé de sa pensée : « Ce bel esprit devint un grand esprit. » D'accord, et nous n'avons point ici à nous inscrire en faux. Si Fontenelle n'a pas inventé les idées de progrès et de science, il est certain qu'il les a largement répandues, sans doute même avec plus de zèle que de mesure. Car visiblement il croit trouver dans ces mots la solution de tous les problèmes qu'aborde son universalité intellectuelle. Sa religion ne se hausse pas au-delà de cette courte philosophie. Et l'on a beau nous assurer qu'il mettait sa foi chrétienne au-dessus de ses conceptions scientifiques, il n'eut jamais qu'un culte, celui de la raison, qu'il prêchait à la fille de madame Geoffrin ; content des lueurs incomplètes qu'elle offre à l'esprit, il fut sceptique sur tout le reste. Son ironie délicieusement perfide soulève, sans les satisfaire, les doutes sur la religion ; comme Bayle et Voltaire, il annonce de ses fines railleries la grande clameur irréligieuse du siècle finissant et l'on doit conclure avec Faguet qu'il a d'une main nonchalante semé les dents du dragon. Il a déjà le fétichisme de la science qu'il pare d'agréments empruntés et parfois peu naturels, mais il n'a pas le sens du mystère. Son cœur, comme le disait madame de Tencin, n'était que de la cervelle; c'est donc un grand esprit, si l'on veut, un esprit toutefois amoindri, *sine affectione,* sans les grandes pensées qui viennent du cœur.   A. Boué.

---

91. — **Byron et le romantisme français**, par E. Estève. — Paris. Hachette, 1907, in-8, de xvi-560 p. (Prix : 7 fr. 50).

Depuis quelques années, le romantisme provoque une crise de curiosité hostile ou bienveillante qui n'est pas sans intérêt ni sans enseignement. A peine est-il nécessaire de rappeler ici quelques-uns des ouvrages les plus significatifs qui lui ont été consacrés: l'*Italie et les romantiques* de M. N. Mengin, le *Sentiment de la solitude morale chez les romantiques et les Parnassiens* de M. R. Canat, le *Roman personnel de Rousseau à Fromentin* de M. J. Merlaut et, tout récemment, le livre de N. Lasserre qui est peut-être plus un réquisitoire qu'une thèse. A son tour, M. E. Estève nous apporte une importante contribution à l'histoire du romantisme et son livre, malgré d'évidentes divergences de pensée et de goût, se rencontre cependant avec ceux que nous venons de mentionner, puisqu'il étudie de près l'une des causes les moins contestables de ce « mal du siècle » dont on veut rendre le romantisme français responsable.

Tout d'abord, M. E. s'est proposé de définir le *byronisme* et d'expliquer cet irrésistible courant d'idées qui pendant plus de trente ans va pénétrer notre littérature. « Individualisme hautain, irréductible, absolu, » telle est la définition générale à laquelle l'auteur s'arrête et il montre en quelques pages, peut-être un peu rapides, comment toute l'œuvre de Byron est le reflet de sa personnalité fougueuse, diabolique et rebelle, de son tempérament énergique et de sa destinée fatale. Mais si Byron et son œuvre ont été si vite accueillis et compris en France c'est que le poète anglais nous rapportait beaucoup de nous-mêmes; en réalité il y a un *byronisme* avant Byron et si Young, Goethe et Schiller ont contribué à le former, Rousseau, Voltaire et Chateaubriand, l'un par sa conception de l'amour, son culte de la nature, sa passion de la solitude et sa perpétuelle attitude de révolté, le second par son ironie et son scepticisme, le dernier enfin par son incurable et volontaire ennui, par son dédain aristocratique des autres hommes, lui ont fourni plus d'un élément essentiel. Les poètes français de la nouvelle école qui se réclamaient de Chateaubriand retrouvèrent dans Byron des idées et des accents qui leur étaient déjà familiers.

M. E. nous dit ensuite les vicissitudes diverses de l'œuvre de Byron en France ; sa plus grande vogue coïncide exactement avec la période la plus brillante du romantisme lui-même. De 1812 à 1820, Byron n'est encore connu chez nous que de quelques initiés : autour de son nom se prépare la lutte qui se livrera pendant quatre ans, de 1820 à 1824 et qui n'est qu'un épisode de la grande bataille littéraire où doivent se mesurer les partisans de l'école nouvelle et ceux de la tradition. Parmi les romantiques byroniens, M. E. distingue deux générations ou plus précisément deux états d'esprit distincts : un premier groupe d'écrivains, l'avant-garde de 1825, est surtout influencé par ce qu'il y a de mélancolie et de satanisme dans l'œuvre du poète anglais ; la grande génération, celle de 1830, connaît, admire et imite un Byron plus complet, et recherche surtout en lui l'ironie cruelle et la passion dominatrice. C'est tour à tour *Lara* et *don Juan* qui s'imposent à l'imagination de nos poètes en mal d'inspiration. Mais à partir de 1835 commence le déclin : l'enthousiasme juvénile tiédit ; les passions s'éteignent ; l'heure des passions est passée. Le nom de Byron, qui n'est plus un cri de ralliement, n'attire que cette vénération calme et lointaine qui est peut-être la vraie gloire.

Toute cette partie historique, très méthodique et très sûre, est excellente dans le livre de M. E. L'évolution du byronisme français y est retracée avec un soin et une clarté si parfaits que le lecteur n'a presque plus rien à apprendre dans les chapitres plus particulièrement littéraires de l'ouvrage : M. E. y étudie chez les maîtres du romantisme français, V. Hugo, Lamartine, Vigny, Musset, A. Dumas et G. Sand, l'influence spéciale du poète anglais. On retrouvera là, éclairées de rapprochements précis et de citations intéressantes, la plupart des idées directrices dont on a vu la genèse et le développement dans la première partie de la thèse. Nous ne pouvons suivre l'auteur dans le détail de son analyse. Mais de cet imposant amas de documents on emporte une impression d'ensemble très nette que l'on peut résumer avec M. E. : Byron n'a pas créé le romantisme à lui seul ; mais il a créé le *type romantique* et l'a réalisé. Une pareille conclusion ne paraîtra pas sans intérêt, après certaines des contributions à l'histoire du romantisme que je rappelais au début de cet article, et ce n'est pas trop d'un gros livre consciencieux, bien pensé et bien écrit, pour la légitimer.

***

Hommes et femmes d'hier et d'avant-hier, par A. Mézières. — Paris, Hachette, 1907, in-16 de 332 p. (Prix : 3 fr. 50).

D'une lecture très attachante par l'intérêt et la variété des sujets traités, le dernier livre de M. Mézières n'est pas un livre de critique banal. Sur aucune de ces figures que M. M. nous présente à l'occasion d'une étude nouvelle il n'est indifférent de savoir ce qu'il pense, et souvent son compte-rendu, par la netteté des idées personnelles, a la valeur d'un document original. C'est vraiment de l'excellente critique, historique ou littéraire, à l'heure où l'on pourrait croire que la critique est morte, victime de l'esprit mercantile qui nous tient lieu de goût.

Le public, s'il y en a encore un et qui lise, n'a pas le temps nécessaire ou la bonne volonté de se tenir au courant de toutes les enquêtes qui renouvellent incessamment l'histoire proprement dite ou l'histoire littéraire. Les journaux, les magazines et les romans à bon marché accaparent l'attention de la foule. Mais ceux mêmes qui réservent leur curiosité et leurs loisirs pour de plus nobles lectures ne peuvent pas lire consciencieusement tous les ouvrages qui paraissent chaque année sur les grands faits ou les personnages marquants de notre histoire. Ce sont volumes sérieux, en général, qui veulent une préparation spéciale et une attention soutenue. Le rôle de la bonne critique serait néfaste si elle devait dispenser d'aborder directement les livres dont elle rend compte. Mais n'est-ce pas le plus bel éloge qu'on puisse faire d'un ouvrage comme celui de M. M., de dire qu'il permet de se faire une idée juste et complète des travaux qu'il analyse et de rester au courant des solutions nouvelles que la science ou la patience des érudits apportent aux problèmes qui les occupent? On peut faire son choix dans cette vingtaine de livres qu'il nous présente et l'on sait à l'avance ce qu'on peut trouver dans chacun d'eux.

Cette galerie de portraits, empruntés à notre histoire ou à notre littérature, est fort variée et fort riche, puisqu'elle nous mène de Descartes au P. Didon, en passant par Voltaire, madame de Prie, mademoiselle de Lespinasse, Marie-Antoinette, Thiers, Jules Simon et quelques autres. Certains voisinages sont même plaisants, mais le fin lettré qu'est M. M. doit trouver un plaisir malicieux à ces rapprochements dont Sainte-Beuve a donné l'exemple dans ses *Lundis*.

Voici, par exemple, Descartes directeur spirituel, partagé entre une affection délicate, presque tendre, pour la princesse Elisabeth de Bohême, et son admiration un peu naïve, très tyrannique, pour la reine Christine de Suède dont l'amitié le flatte, le gâte et le perdra; — voici madame de Genlis gouverneur de princes, montrant dans une situation où bien des hommes auraient échoué, un sans-froid, une énergie, une logique de volonté au-dessus de son sexe; — voici l'étrange silhouette de ce chevalier d'Eon qui sut exploiter la curiosité perverse de son siècle en entretenant autour de lui une atmosphère de mystère qui servait ses intrigues personnelles et la politique secrète de son souverain, mais qui finit par se prendre à son propre piège et sera contraint de porter ces vêtements de femme qu'il ne méritait guère; — et voici, d'après M. L. Z. Pélissier, une nouvelle comtesse d'Albany, qui n'est plus la compagne orgueilleuse d'Alfieri, mais une sorte de petite bourgeoise, toute heureuse d'échapper à ses souvenirs de reine déchue, et qui trouve dans l'affection d'un nouvel ami, le peintre Fabre, de Montpellier, ce bonheur médiocre qu'elle n'avait pas encore goûté.

Ces hommes et ces femmes d'hier et d'avant-hier, dont la pieuse sollicitude de leurs biographes fait presque nos contemporains, défilent sans désordre et sans hâte dans le beau livre de M. Mézières; la lecture de ces études, dont la forme claire et élégante fait un plaisir délicat, est en même temps un gain pour l'esprit.

E. MAYNIAL.

92. — **Les Arabes en Syrie avant l'Islam,** par René Dussaud. — Paris, Leroux, 1907, in-8. de 178 p. (Prix : 7 fr. 50).

Le livre de M. Dussaud sur « les Arabes en Syrie avant l'Islam », résumé d'un cours, aussi intéressant que savant, professé au Collège de France en 1905-06, présente néanmoins un défaut général d'une espèce particulière. L'auteur — un maître dans sa partie — a le tort de croire que tout le monde est de sa force. Vraiment il oublie un peu trop qu'en dehors de quelques rares érudits, aucun historien n'a tenté l'exploration méthodique du désert de Syrie ; et enfin, qu'au strict point de vue géographique, la région Syro-arabe est la seule qui, avec le Thibet, demeure encore presqu'inconnue. M. Dussaud semble en effet n'avoir écrit que pour des arabisants consommés, et dans ce cas il devrait le dire. Il ne définit pas d'une façon assez précise, assez claire, certains termes, très importants, travail qu'il juge sans doute inutile, puisqu'il le laisse de côté. En veut-on un exemple ? Le fameux mot « Safaïte », qui reste la base de l'ouvrage, mériterait un commentaire ethnographique, historique, géologique même développé. Or ce commentaire existe bien. Mais il est tellement vague ; les explications sont si éloignées les unes des autres, qu'il faut un véritable labeur pour les rassembler et finir ainsi par connaître ce que M. D. veut dire par « Safaïte » — Je sais fort bien que pour des hommes comme MM[rs] Clermont-Ganneau, Halévy, Derenbourg etc. mon observation est sans valeur. Mais, hélas, tout le monde ne possède pas la science de ces grands savants, même des personnes très instruites. Que M. D. s'en souvienne, car je n'ai point été le seul à faire cette observation.

Cela dit, je ne saurai jamais louer assez le volume de l'éminent explorateur. Il expose, suivant la vraie méthode, c'est-à-dire en s'appuyant sur des faits bien choisis et bien interprétés, des théories non seulement originales, mais encore très vraisemblables. De plus, M. D. possède une supériorité évidente. Ce n'est point un esprit aventureux ; il a souvent la sagesse de ne donner ses idées que pour des hypothèses et non pour des réalités. Il agit ainsi, parce qu'il est un vrai historien ; et c'est là une qualité aussi rare que désirable. Tout le monde croit la posséder, et peu nombreux sont les esprits qui l'ont réellement.

M. Dussaud débute par un aperçu ethnographique sur le désert de Syrie dès l'époque où nous entrevoyons quelque chose de son histoire. Il nous parle d'un grand nombre de tribus et nous expose succinctement d'où elles venaient et où elles allaient. Nous en donnerons la liste, mais auparavant faisons, avec l'auteur, une remarque importante.

« Par le mot Arabes il ne faut pas entendre uniquement les habitants de l'Arabie, mais les nomades qui parcourent le centre et le Nord de l'Arabie et tout le désert de Syrie. Ainsi les populations sédentaires du Sud de l'Arabie ne sont pas des Arabes » (p. 2). Ce sont des « himyarites » qui ont reçu du commencement de notre ère à la conquête musulmane dans les royaumes du Yémen, de Saba [1] etc, et dont l'histoire n'est dénuée ni d'intérêt, ni de grandeur.

A vrai dire, ce qui distingue les Arabes entre toutes les nations voisines, c'est leur vie nomade. Leurs migrations ont la régularité fatale des saisons. Ils passent l'hiver dans le centre de l'Arabie, en particulier dans le Nedjd — puis au printemps, ils s'avancent vers le Nord à la recherche des prairies.

Tels ils sont aujourd'hui, tels ils furent autrefois. Cependant jadis ils s'imposaient avec violences aux tribus sédentaires qu'ils trouvaient sur leur passage. Celles-ci, souvent mal défendues, se soumettaient sans combat, leur offraient l'hospitalité, puis finissaient par les fixer. Ce fut là en particulier le but auquel tendirent les Romains. Ils avaient compris les dangers que présentaient pour l'ordre ces tribus nomades et puissantes : aussi cherchèrent-ils à les rendre moins voyageuses. Ils y parvinrent pour quelques-unes

---

1. Nous avons sur les origines du royaume himyarite quelques renseignements assez précis. Vers le huitième siècle avant notre ère nous rencontrons des souverains minéens, solidement établis dans le Sud. Des tribus nomades, venant du Nord, appelées « Sabéennes », renversèrent ces royaumes vers le vɪ° siècle. Elles semblent avoir régné en paix jusqu'au premier siècle, date des débuts de la puissance himyarite. Celle-ci disparut lors des débuts de Mahomet.

Il y eut, sous Trajan, une province d'Arabie, formée avec les restes de la « région » nabatéenne. Les romains créèrent des villes ou ranimèrent le mouvement commercial de certaines d'entre elles (Bostra, Petra..) Ils établirent même des voies importantes comme celle de Bostra au golfe élanitique.

et l'Orient demeura durant des siècles assoupi dans le plus grand des calmes. Ce ne fut point du Sud en effet que survinrent les grandes invasions, ce qui aurait pu arriver, si les Romains n'avaient, pour ainsi dire, prévu le cas, en pacifiant tout d'avance.

Donnons maintenant la liste des tribus arabes qui atteignirent la Syrie vers le commencement de notre ère, et qui y laissèrent des traces.

1º les Tenoukhides (peu connus, et sans grand intérêt)
2º les Salihides (id)
3º les Ghassanides. Ils ont laissé une trace dans l'histoire.

Ils arrivèrent jusque dans le Haéiran et furent assez puissants pour faire respecter leur indépendance par les Romains. Ils laissèrent sur la limite du désert des traces nombreuses de leur passage [1].

4º les Ituréens. Grâce à eux nous pouvons suivre un mouvement de pénétration arabe en Syrie. Rangés par l'Ancien Testament (Gen. 25. 15) parmi les fils d'Ismaël, c'est-à-dire parmi les tribus de race arabe, nous les trouvons à l'époque romaine fortement établis dans l'Antiliban, où ils se livrèrent à toutes sortes de brigandages. Ils eurent un chef habile, Zénodore, qui vit même vers l'époque d'Auguste, son autorité s'étendre sur la Trachonitide. Ils inquiétaient Byblos et Béryte quand Pompée vint mettre un terme à leurs exactions.

5º les Nabatéens — fixés au Sud de la Palestine avec Pétra pour capitale. « Maîtres dès le IVe siècle avant notre ère des routes commerciales entre l'Egypte, la Syrie, l'Arabie, la Basse-Mésopotamie, [ils] pénétrèrent peu à peu en Transjordanie. Vers l'an 85 de notre ère, le roi Nabatéen Arétas III occupe Damas alors capitale du royaume Séleucide avec le consentement de ses habitants, et prend pour complaire à ses nouveaux sujets le titre de philhellène » (p. 15.)

Comme on peut en juger, les Arabes étaient solidement implantés en Syrie avant la conquête musulmane. Leur puissance résista à la chute de l'empire romain. J'expliquerai ainsi la rapidité avec laquelle l'islamisme se propagea dans ces pays qui, quoique

---

1. V. la discussion de cette opinion au chapitre II.

sémitiques, semblaient attachés pour toujours aux traditions judéo-chrétiennes [1].

A ce chapitre d'éthnographie générale M. D. en joint un second se rapportant à l'art syrien antéislamique. Malgré son intérêt, je le passerai sous silence, ayant hâte d'arriver aux questions de philologie générale qui ont pour moi plus d'attraits.

Dans son chapitre sur « les écritures Sud-Sémitiques », M. D. définit, suivant son habitude, d'une manière un peu vague, les divers types de ces écritures. Mais pour cela il use d'un procédé excellent. Il prend comme base, les mieux connus des alphabets sémitiques, l'hébreu et le phénicien, puis en s'appuyant sur eux, il détermine la valeur phonétique des autres signes.

Il existe quatre sortes d'écritures sud-sémitiques actuellement étudiées : le sabéen (ou himyarite) ; on a relevé des inscriptions sabéennes jusqu'à el-Oléa dans le nord de l'Arabie — le lihyanique, nom donné aux caractères septentrionaux hiyarite ; — le thamoudéen. Cet alphabet, dont on trouve des traces au dessus de Médine, se rattache au Safaïtique, qui reste, lui, la plus septentrionale de ces écritures, comme il en est la plus récente.

Ces définitions établies, M. D. ajoute : « le lihyanique et le thamoudéen nous montreront comment le sabéen s'est déformé jusqu'à aboutir au safaïtique ; mais aussi de cette étude particulière nous dégagerons une loi générale que nous proposerons d'appeler la loi d'oscillation. Nous essaierons également de voir, ce qui est plus délicat, comment l'alphabet sabéen se rattache à l'alphabet phénicien » (p. 67).

Et alors M. D. se lance dans une des études les plus intéressantes de la linguistique primitive, peut-être même la plus passionnante, celle de l'origine de l'alphabet. Il reprend sous un jour nouveau ce grave problème et, il incline vers des conclusions, qui, quoiqu'originales, paraissent vraisemblables, ce qui ne se rencontre pas toujours en pareille matière, n'en déplaise à nos aventureux constructeurs de systèmes.

Rappelons que depuis le mémoire d'E. de Rougé sur « l'origine égyptienne de l'alphabet phénicien » on admettait que les phéni-

1. Nous suivrons l'ordre établi par M. D., et réserverons pour la fin, l'étude de la plus importante des tribus arabes en Syrie : les Safaïtes.

ciens avait puisé dans le hiératique les éléments de leur écriture, et demeuraient les inventeurs de l'alphabet, la plus étonnante des découvertes de l'esprit humain, d'après Renan. Aujourd'hui cette opinion est battue en brèche : on ne peut le nier, la science est allée de l'avant, malgré son allure d'imperturbable dilettante ; les archéologues ont réunis à la lumière des documents jusqu'alors inconnus, documents qu'à leur tour les linguistes ont interprétés ; et le résultat de ces travaux a été tel que des savants comme MM. Maspero, Berger [1], etc. sont devenus, depuis déjà plusieurs années, beaucoup moins affirmatifs, sur la théorie jusqu'ici en honneur. En un mot, l'origine égyptienne se trouve très incertaine, et très contestée [2].

En tout cas, pour revenir au sujet qui nous intéresse, si l'alphabet phénicien est le premier de tous, il faut supposer entre lui et le sabéen un intermédiaire, car ce dernier semble sortir d'une écriture grecque archaïque, plutôt que du phénicien lui-même. Je sais fort bien que tout cela n'est qu'une hypothèse. Mais je n'ai pour le moment d'autre désir que celui d'exposer le dernier système des orientalistes.

M. D. arrive enfin à nous dire qui étaient les Safaïtes, quelle langue ils parlaient et quelle religion ils professaient. Nous ne le suivrons pas dans sa discussion savante sur le dialecte dont ils usèrent, dialecte arabe, fortement empreint d'éléments étrangers ; nous ne dirons rien non plus de son chapitre sur le panthéon sa-

---

1. V. Maspéro, *Histoire ancienne des peuples de l'Orient classique* t. II 575 Berger. *Histoire de l'écriture* p. 120.
2. Les célèbres fouilles, faites en 1900 à Knossos, par M. Evans ont changé la face du problème. « Les ruines de Knossos qui remontent au xixe siècle avant notre ère, ont fourni des milliers de tablettes gravées de caractères énigmatiques. En dehors de la numération, qui est décimale, M. Evans a reconnu trois sortes d'écriture. L'une la plus ancienne est pictographique ; la seconde est dite hiérogyphique ; la troisième linéaire. Celle-ci se divise en 2 classes A et B, la première contenant encore quelques signes hiéroglyphiques.

La ressemblance entre un assez grand nombre des 34 signes linéaires isolés jusqu'ici par M. Evans avec les lettres de l'alphabet phénicien ont conduit... à supposer que l'écriture égéenne avait été introduite en Palestine, par les Phéniciens, émigrés de Crète. A leur contact les Phéniciens se seraient initiés au système crétois et en auraient extrait leur alphabet » (p. 85.)

faïtique — le seul exposé des théories contenues dans ces pages nous entraînerait trop loin. Arrêtons plutôt un moment sur ce que M. D. a nommé « l'assimilation définitive des Safaïtes. »

On appelle de ce nom, la race arabe qui grava dans les premiers siècles de notre ère les inscriptions que l'on trouve encore « au sud-est de Damas, à l'entrée du désert de Syrie, tout autour de la région volcanique appelée le Safâ » (p. 1). Ils étaient, comme leurs frères, des bergers nomades. « L'hiver ils séjournaient dans le Harra, tout autour du Safâ, depuis Zal'at Erzag jusqu'au Djebel Seis. L'été, tels les Arabes-Safâ de nos jours, ils remontaient avec leurs troupeaux la pente du Djebel Haurân. » (109). Malgré la simplicité de leurs mœurs, ils possédaient une certaine civilisation. Ils connaissaient et aimaient le beau langage ; de plus leur religion sans être très compliquée dénote pourtant une élévation morale. Tels ils nous apparaissent aux débuts de leur histoire.

Peu à peu ils devinrent sédentaires. Ils se soumirent à la puissance romaine ; et allèrent jusqu'à prêter main forte au « pays de Roum »[1] lorsque il tenta la conquête du royaume nabatéen. — Puis, avec les siècles, ils finirent par perdre leur caractère propre, et s'assimilèrent définitivement aux Syriens : c'était vers le IVe siècle après J.-C.

Malgré les apparences, ce court épisode de l'histoire d'Orient offre un intérêt de premier ordre ; et c'est un des mérites de M. D. de l'avoir signalé. Désormais grâce à son étude sur les Safaïtes, nous pouvons étudier de près la pénétration d'un groupe nomade en Syrie ; et par suite nous faire une idée de ce que fut, à une époque quasi-préhistorique, l'entrée des Israëlites en Palestine, le même pays. Le volume de M. D. présente donc, j'oserai le dire, un côté exégétique, dont on pourrait peut être tirer des leçons utiles.

Il est rempli d'ailleurs d'aperçus originaux ; je regrette de ne pas les énumérer, mais la place me manque. Qu'on se reporte donc au volume lui-même ; car, quoique persistant dans ma première et unique critique, c'est-à-dire quoique lui reprochant un manque manifeste de définitions et un certain vague qui déroute le lecteur, je n'hésite pas à déclarer que cet ouvrage doit être étudié avec le soin que demandent les travaux de premier ordre.

P. MARESTAING.

[1] Pays des Romains.

93. — **Les origines chrétiennes dans la province romaine de Dalmatie**, par Jacques ZEILLER, [fascicule 155 de la Bibliothèque de l'Ecole des Hautes Etudes. Section des Sciences historiques et philologiques]. — Paris, Champion, 1906, in-8 de XVIII-186 pp. avec 3 plans. (Prix : 6 fr.)

Des fouilles heureuses, on le sait, ont renouvelé depuis quelques années l'histoire de la Dalmatie chrétienne. M. Zeiller les avait déjà fait connaître [1] ; il publie aujourd'hui un travail d'ensemble qui vise à coordonner et à expliquer les résultats acquis.

Abstraction faite d'un premier et court chapitre qui étudie l'évangélisation de la province et discute à ce propos, très sagement, la date de *II Timothée*, le travail de M. Z. se compose de deux parties, nettement distinctes : la première [2] est une étude hagiographique, la seconde [3] une étude archéologique. La première critique les légendes de Domnius et d'Anastase. Domnius est un martyr de l'époque dioclétienne, qui est attesté par la *petite Chronique* [M. G. — Auct. Ant. IX. 738] : on l'a pourvu plus tard d'une légende qui fait de lui un contemporain de S. Pierre. M. Z. la date, p. 29, du X-XIe siècle. Quant à Anastase, M. Z. adopte le système du R. P. Delehaye [*Analecta*. XVI-488] : la légende de Venant n'a pas été calquée sur la légende d'Agapet ; c'est la légende d'Agapet qui a été modelée sur la passion de saint Venance de Salone, laquelle reposait sur un texte authentique. M. Z. croit, en effet, que le *roi Antiochus* de *Venant Agapet* n'est autre que Flavius Antiochianus, consul de 270, préfet de Rome sous Aurélien, et il incline à penser que cet Antiochianus est à identifier avec l'usurpateur dalmate Septimius,

---

1. Les dernières fouilles de Salone [*Mélanges... Ecole de Rome*. 1902] ; les derniers résultats des fouilles de Salone [*Mélanges...* 1904).

2. Chapitre II. Les légendes. S. Domnius [1. les sources ; 2. Les faits certains ; 3. la légende ; 4. les rapports de l'histoire et de la légende]. — Chapitre III. Y a-t-il eu une église à Salone au second siècle. — Chapitre IV. Saint Anastase et saint Venance. — Chapitre V. Les autres saints de Salone.

3. Chapitre VI. Les diverses chrétientés dalmates au IVe siècle et au début du Ve siècle ; Salone, ses cimetières et sa basilique urbaine. — Chapitre VII. Les chrétientés dalmates au Ve siècle. — Chapitre VIII. Les chrétientés dalmates au VIe siècle, jusqu'à la ruine de Salone.

que nous fait connaître Aurelius Victor [*Epit.* 35]. — La seconde partie expose tout ce que nous savons aujourd'hui des cimetières désormais fameux de Manastirine, de Marusinac et de Vranjié, et tire un heureux parti des inscriptions et des rares textes littéraires qui nous sont parvenus.

Le sujet était fort intéressant ; il a été traité avec beaucoup de science et de finesse. Ce n'est pas à dire que je partage toutes les idées de l'auteur. Vouloir extraire d'une légende ce qu'elle contient d'histoire (? ? ?) est une méthode qui est peut-être aussi téméraire que traditionnelle ; le point capital, c'est de dater le texte et de *le rapprocher des autres textes contemporains.* Je doute que Antiochus ait rien à voir avec Septimius ni avec Antiochianus : il est emprunté à l'histoire des Macchabées ; il y a toute une famille de manuscrits d'*Agapet* qui ignorent Anastase [1] ; et l'auteur de *Domnius*, qui a emprunté sa Mygdonia (p. 28) aux actes de Thomas l'apôtre et qui nous rappelle fort *Apolinaire, Valentin, Pergentinus*, pourrait bien avoir vécu avant le xᵉ ou le xiᵉ siècles. En revanche, je suis tout à fait d'accord avec M. Z. pour juger que Félix de Spello n'a aucun rapport avec la Dalmatie ; c'est bien *Spellatensis* qu'il faut lire, non *Spalatensis* ; les gestes sont étroitement apparentés aux légendes ombriennes. Naturellement, je refuse avec lui d'admettre qu'il y ait eu deux Domnius : les apostolicisations nous sont connues d'ailleurs ! Et j'insiste sur les pages curieuses qui nous décrivent les vieux cimetières dalmates au vᵉ et au viᵉ siècles. Le plus ancien est celui de Manastirine : une inscription le qualifie de cimetière *legis sanctæ christianæ* ; il s'étendait à une centaine de mètres du mur de Salone, au nord ; son origine est incertaine, mais on peut affirmer qu'il existait dès la fin du iiiᵉ siècle. M. Z. a su très heureusement tirer parti des données un peu hétérogènes dont on dispose aujourd'hui pour faire revivre ces temps passés. Il serait à souhaiter que, pour chacune des provinces romaines, nous pûssions disposer d'une étude aussi claire, aussi savante, aussi attachante.

Albert Dufourcq.

---

[1]. Je renvoie à ce propos, (et aussi à propos d'*Agapet*,) au tome III de mon *Étude sur les Gesta Martyrum romains.*

94. — **Registres du Conseil de Genève,** publiés par la Société d'histoire et d'archéologie de Genève, T. II. — Genève, Kündig, 1906, in-8 de 571 p.

En 1900 un honorable notaire de Genève, érudit à ses heures, publiait seul et sans secours un premier volume des Registres du conseil de Genève. Sa publication allait du 26 Février 1409 au 6 Février 1461. Mais il s'agissait de donner une suite au travail de M. Emile Rivoire que pour diverses raisons il ne voulait pas continuer. Si le document qu'il exhumait était déjà par lui-même fort intéressant, il était, en effet, certain que sa continuation le serait plus encore. Avec les années qui suivent nous approchons de l'heure où Calvin arrivera, appelé par Farel, et connaître l'état de la ville et celui des esprits à cette date est non seulement chose d'intérêt, mais de souveraine importance. Aussi la société d'histoire a-t-elle tenu à poursuivre l'œuvre isolée de l'un de ses membres. Grâce au concours généreux de M. Rivoire, elle put confier à un des meilleurs historiens de Genève, M. Victor van Berchem, le soin de continuer la publication des registres et c'est ce volume qui vient de paraître. Il n'embrasse pas une période de très longue durée puisqu'il va seulement du 10 Février 1461 au 9 Février 1477, et forme les volumes 5 à 7 des Registres; mais en ces seize années que d'évènements importants. C'est le temps où Louis XI de France exerçait sur les affaires de Savoie une influence si prépondérante qu'une révolte finit par éclater contre le duc Louis en 1462 dirigée par le propre fils du duc, Philippe de Savoie. Ce fut aussi le temps des guerres de Bourgogne avec et contre Charles le Téméraire. Or ce sont là des évènements qui ont une grande importance pour Genève et expliquent sa politique future. Lentement, elle est obligée de s'orienter vers la Suisse, de faire avec Berne, Fribourg et autres villes des traités de cumbourgoisie qui faciliteront plus tard l'œuvre de Calvin. D'autre part dès cette époque, et par ces faits, Genève commence à faire de la politique internationale. Elle a des relations de tous côtés et, sa situation géographique aidant, elle ne tardera pas à jouer dans le monde le rôle que l'on sait. — A l'arrière plan se détache l'histoire intérieure de la ville, ses relations avec la Savoie, son organisation en franchises, sa vie de tous les jours, menus faits souvent très instructifs. Le volume se termine par un copieux Index. Peut-être eût-il mieux valu le faire en français. Bien que les registres soient, naturellement, écrits en latin, il eût été plus aisé pour le lecteur de faire ses recherches sur une table écrite en français, cela surtout pour les noms propres. Enfin d'excellentes notes avec des renvois bibliographiques utiles complètent et éclaircissent, au bas des pages, le texte lui-même. Espérons que les volumes suivants paraîtront régulièrement.

A. Prévost.

---

95. — **Bismarck et la France d'après les Mémoires du Prince de Hohenlohe, la Mission de M. de Gontaut-Biron à Berlin**, etc., par Jacques Bainville. — Paris, nouvelle librairie nationale, 1907, in-8 de xviii-300 pp. (Prix : 3 fr. 50).

« Nous voudrions, confesse M. Jacques Bainville, écrire un jour un ouvrage d'ensemble sur les causes de ces révolutions européennes [1] qui ont anéanti un ordre de choses tout à l'avantage de la France, et dont la disparition a été pour elle une catastrophe. » (Avertissement, p. viii.) Tout occupé qu'il était à réunir les matériaux de ce grand ouvrage, M. Jacques Bainville continuait de commenter, dans *la Gazette de France*, les documents nouveaux et les livres récents qui se rapportaient à son sujet. Il a fait un recueil de quelques analyses très précises et très précieuses qu'il avait publiées au cours des évènements : cela forme un bon ouvrage, sous le titre de *Bismarck et la France*. L'auteur présente des faits, les explique et les ordonne : son dessein est de les laisser seuls enseigner ses contemporains. Car il entend ne se livrer encore qu'à l'examen de cas diplomatiques et offrir des vues, réservant pour d'autres temps l'exposition entière de la vérité politique. Et pourtant ce qu'il nous propose aujourd'hui, excite déjà vivement l'intelligence.

Rien ne peut remplacer la lecture du livre de M. J. Bainville; mais quelques réflexions donneront ici, d'aventure, une idée du grave sujet qui y est abordé. L'état des partis en France et en Allemagne, après 1871; l'histoire des « premières armes de Bis-

---

1. Il s'agit de la formation de l'unité allemande et de l'italienne.

marck; » enfin le jugement qu'il convient de porter sur Thiers, ont provoqué ces réflexions.

L'unité allemande était, en 1871, une œuvre encore fragile. L'Allemagne y répugnait profondément : ce ramas de peuples, divisé par des habitudes séculaires, portait tous les caractères sauf celui de la cohésion; cet assemblage paradoxal était menacé de dissolution par l'esprit particulariste, toujours vivace dans une Allemagne qui n'avait pas répudié son long héritage d'anarchie féodale dans le court instant où des signatures étaient échangées au bas d'un parchemin. Provinces danoises annexées, Hanovre, Bavière, Pologne, Alsace, tout luttait contre la politique prussienne. Et si la division régnait en Allemagne, la dissension était aussi en Prusse, l'opposition dans le Parlement, le désaccord dans les conseils de l'Empereur. L'esprit public allemand faisait encore défaut. C'est dans ces conjonctures que Bismarck poursuivit les fins de la patrie allemande. Il ne pouvait faire fond sur les libéraux, gens de 1848, dont la fidélité dynastique était douteuse. La Bavière catholique accordait ses sympathies à l'Autriche et à la France, ses corréligionnaires. Enfin les conservateurs, légitimistes et traditionnels, et l'Empereur lui-même étaient effrayés de tout ce qu'ils découvraient de révolutionnaire dans le chancelier : révolutionnaire, Bismarck l'était bien par la nouveauté de sa politique allemande, dans la vieille Europe, une Allemagne unie était une révolution et Bismarck la servit. Les procédés qu'il tint avec la France, témoignent de la bonté de ses services.

En France, la question de régime était posée. Trois partis s'offraient : la Monarchie capétienne, l'Empire, la République La république, c'était la révolution en puissance, état de choses odieux à tous les gouvernements européens : car les politiques, dont la tête est nécessairement réaliste, n'imaginaient pas que le régime républicain pût échapper à son destin qui est de passer toujours à gauche et de porter en soi la révolution indéfinie; et l'on ne peut pas dire que les gouvernements européens aient été aveuglés par la passion : or, ils redoutaient la contagion de l'anarchie. L'Empire, mélange d'autorité et de principes démocratiques, eût replacé sur le trône un chef plébiscité, livré aux disputes des factions, et en fait de politique étrangère, le principe des nationalités. Le gouvernement des Bonaparte agréait fort à Guillaume : la solidarité des intérêts monarchiques d'une part, de l'autre son intérêt de prince prussien l'engageaient à conserver à la France un monarque sans doute, mais un monarque d'une espèce qui comportât le moindre degré d'essence monarchique. D'ailleurs il avait de grandes dettes de reconnaissance à Napoléon III, pour qui il professa toujours des sentiments d'affection d'où n'était peut-être pas exclue la forte ironie teutonne. La monarchie capétienne était, à plus d'un titre, haïssable au jeune empire allemand : la politique étrangère des Bourbons avait toujours consisté à entretenir en Allemagne l'émiettement et la division et à y nouer des alliances particulières; et, en tant que puissance catholique, il était dans sa nature de lier partie avec la Bavière et l'Autriche et de seconder la politique du centre catholique allemand.

Tel étant l'état des partis en Allemagne et en France, Bismarck n'ignorait pas les sympathies profondes et les alliances naturelles qui pouvaient unir ces divers partis allemands et français. Il assigna donc à son effort ce double but : puisqu'il y a dans les deux pays un parti qu'on pourrait appeler français, c'est-à-dire catholique et anti-prussien, le ruiner et assurer le triomphe du parti allemand tant en Allemagne qu'en France.

Quel pouvait être le parti allemand en France?

Hohenlohe note à plusieurs reprises que Bismarck voulait, pour notre pays, un gouvernement incapable d'alliances, occupé seulement de ses dissensions intestines et malveillant pour le catholicisme. Peut-être si l'Empire n'avait pas été renversé, Bismarck s'en fût-il accommodé; mais trouvant le régime républicain installé, il le jugea fort opportun et toute l'affaire fut de l'aménager au goût prussien. « M. Thiers était l'homme qui lui convenait pour accomplir ses desseins... Il (Bismarck) préférait de beaucoup la République conservatrice, c'est-à-dire un état de choses d'apparence fort convenable, mais dissolvant de sa nature. » (*Souvenirs de Gontaut-Biron*.) Il importait donc d'abord de consolider la situation de Thiers et d'acclimater en France le régime républicain. A cet effet, le paiement de l'indemnité était un prétexte suffisant pour intervenir dans nos affaires intérieures et le corps d'occupation de l'Est était prêt à appuyer efficacement les vœux que le chancelier formait pour M. Thiers. Dans ce temps-là, notre ambassadeur à Berlin était contraint de rendre compte à l'Empereur Guillaume des évènements de Paris et de donner des explications sur les séances de l'Assemblée. La menace allemande était suspendue sur la tête des adversaires de M. Thiers. — L'ambassadeur allemand à Paris, d'Arnim, coupable de favoriser une restauration des Bourbons, fut rappelé et jugé. Le prince de Hohenlohe qui lui succéda, reçut pour instruction d'entrer en relations étroites avec le nouveau régime républicain et surtout d'empêcher la France, même par l'intimidation, d'exercer en Europe le protectorat catholique. « Si la France soutient les catholiques en Allemagne, je n'attendrai pas qu'elle soit prête. » Ce sont les propres termes d'une sommation adressée par Bismarck au gouvernement français, en 1875. Thiers de son côté ne fuyait pas l'embrassement du vainqueur. Il venait fréquemment s'aboucher avec Hohenlohe et plut tant que sa chute causa à Berlin une grande consternation. Il continua d'ailleurs d'entrer avec le porte-paroles de Bismarck en des conférences où la politique et l'amitié étaient également partagées. « On dit que vous ne sortez pas de chez M. Thiers, » faisait observer le duc Decazes à Hohenlohe [1]. Les mauvaise intentions de Bismarck contre le gouvernement des monarchistes qui succédèrent à Thiers, ne sont pas douteuses. A Berlin, M. de Gontaut-Biron saisissait le fil des intrigues que Bismarck ourdissait à Paris de complicité avec l'opposition. Elles furent d'ailleurs couronnées de succès. « La constitution de 1875, écrit H. J. Bainville, peut être considérée comme l'acte additionnel du traité de Francfort. » (p. 29.)

Mais ce n'était pas encore assez : il restait à vaincre à Paris les

---

[1]. Les sujets de ces parlottes nous sont connus. Les deux points qui étaient particulièrement sensibles à la chancellerie de Berlin, y étaient abordés : la question patriotique et la question religieuse

« Il y avait longtemps qu'il (Thiers, Hohenlohe rapporte un propos du libérateur du territoire) était lié avec le prince de Bismarck, et les négociations de paix avaient encore accru chez lui ce sentiment d'amitié. Le prince lui avait beaucoup facilité les choses et modéré autant que possible les conditions. « Je ne dis pas cela à mes compatriotes qui trouvent que l'on a été beaucoup trop dur, ajouta-t il. Mais telle était son opinion. Et de là sa gratitude pour Bismarck. » (Mémoires de Hohenlohe.)

Et le 16 avril 1876, Thiers vint trouver Hohenlohe pour lui exposer « que la communauté des intérêts dans la lutte contre l'ultramontanisme serait une garantie pour la continuation des bonnes relations entre l'Allemagne et la France. » (Ibid.)

conservateurs, défenseurs du catholicisme et fauteurs possibles de coalitions, et, à Berlin, à briser la faction française, où était entrée l'Impératrice et qui prenait de l'influence sur l'esprit de l'Empereur lui-même : Gontaut-Biron en faisait mouvoir les ressorts cachés. Il fallait donc convaincre l'Empereur allemand et l'électeur français de l'utilité d'une politique jacobine en France; il fallait compromettre la France aux yeux de l'Europe et à cet effet renverser le gouvernement de droit à Paris et éloigner M. de Gontaut-Biron de Berlin. Bismarck prononça une offensive générale : l'aveu de l'Empereur fut emporté sans trop de peine; on aida la chance des *rouges* en montrant à la France un front irrité. Les bruits de guerre répandus dans ce temps où notre armée n'était pas prête, et l'agitation démagogique de Gambetta qui, en dépit de ses fanfares, exploitait la peur de la guerre, déconcertèrent l'opinion, qui est, de son essence, mobile : il ne fut pas difficile de rendre le parti catholique responsable de la malveillance allemande. Nos traditions catholiques, si parfaitement conformes à nos intérêts les plus certains, ne résistèrent pas à l'alliance du fanatisme et de la peur. Le beau fut que, après cette capitulation, on put encore couvrir d'un masque patriotique un anticléricalisme aussi électoral que prussien. L'appareil belliqueux habilement machiné par Bismarck, contribua, pour une bonne part, au succès des amis de Gambetta dans les élections du 16 octobre 1877 [1].

Enfin un an plus tard, M. de Gontaut-Biron était rappelé.

La guerre religieuse étant déclarée en France, Bismarck trouva le moment choisi pour la terminer aussitôt en Allemagne et faire sa paix avec Rome. La France était jouée.

Cette histoire, que M. Bainville illustre de nombreux textes et documents, porte en elle une grande leçon. Quand l'auteur écrit (p. 62) : « On peut dire, et l'évènement le prouve, que les élections de 1877 achevèrent en France et hors de France ce que Sadowa et Sedan avaient commencé, » il résume en peu de lignes toute une philosophie politique : il découvre en effet le rapport étroit qui lie

1. Le 6 septembre, Bismarck s'entretenant avec Hohenlohe des élections françaises, lui exposait « qu'il serait nécessaire, pendant la période électorale, de paraître un peu menaçant. Mais il ne faudrait pas faire cela de Paris. On mettrait les choses en scène à Berlin. » (Mémoires de Hohenlohe.)

la politique intérieure d'un pays et sa politique étrangère. On est trop habitué à séparer les diverses actions du pouvoir, à en morceler l'exercice. Montesquieu nous a légué le préjugé de la séparation des pouvoirs, qui n'est pas une loi politique : elle n'existe idéalement qu'en Angleterre, où pourtant la constitution, loin d'exiger la séparation pratique des pouvoirs, réclame au contraire leur union, à défaut de leur réunion. En outre, bien des esprits sont victimes d'une habitude didactique : le soin d'écrire l'histoire devrait appartenir aux politiques; or, il est laissé à des professeurs, qui imposent aux faits une distribution souvent violente par chapitres : rien n'est plus dommageable à l'intelligence. Il faut bien concevoir que dans une nation, il y a toujours un pouvoir suprême et indivisible : toujours il y a un ressort d'autorité qui décide et règle les mouvements du corps politique. Cette puissance s'exerce souverainement tant à l'intérieur du pays qu'au dehors et comme c'est de là, comme c'est de ce même endroit que partent tous les actes publics importants, ceux-ci sont toujours coordonnés entre eux. L'opération du pouvoir est nécessairement cohérente; elle est une dans son siège et dans ses effets; et comme l'acte trahit la nature de l'agent, si le même agent commet divers actes, tous ces actes reproduiront le même caractère. Ainsi les institutions politiques influent très directement sur la diplomatie; ou plutôt, le même régime commande toutes les manifestations de la vie publique, dans les limites des frontières et au-delà : le pouvoir général se soumet tout. Rien n'est plus vain que l'état d'esprit de prétendus politiques occupés, comme on dit, à faire la part des choses : tantôt ils désavouent toute idée de politique intérieure pour s'adonner seulement aux questions diplomatiques; ils vous ont des systèmes d'impérialisme de poche, sans souci de les appuyer sur des institutions politiques favorables; ou bien ils professent de l'indifférence pour les problèmes étrangers et réservent toute leur attention aux débats législatifs ou constitutionnels; ils légifèrent en chambre pour un peuple qui habiterait seul une planète. Combien est illusoire leur volonté de sacrifier la diplomatie à la politique ou la politique à la diplomatie! Comment ne savent-ils pas qu'il n'y a point de bonne politique étrangère sans un gouvernement historique, capable de gérer aussi bien tous les intérêts du pays, et qu'il n'y a point non plus de bon gouvernement qui puisse être négligent des relations extérieures?

Ces rapports une fois marqués, il paraît évident que toute diplomatie est, nécessairement et par définition, un instrument d'ingérence étrangère, ingérence politique et pacifique, dans le gouvernement intérieur d'un pays : sa destination est de gagner sur le pays où elle est accréditée, des avantages. Or, tandis que la force militaire d'une nation est organisée en vue de réprimer certaines actions contrariantes d'une autre nation, la diplomatie est chargée de les prévenir, autant que possible, et pour les prévenir, la voie la plus courte, la plus certaine, est d'influer sur la volonté de cette nation, d'agir sur sa tête, sur son cerveau, sur son cœur, de s'emparer par force, par persuasion ou par surprise, du centre même de sa vie. Si la part du diplomate est souvent de préparer ou de seconder l'action du soldat, il doit encore plus souvent la rendre inutile. C'est où Bismarck a si merveilleusement réussi en dotant la France d'institutions propres à consolider les résultats obtenus par les armes. Les institutions sont ce qu'il y a de plus durable dans un peuple ; elles sont les directrices souveraines des gestes variables et incertains des mortels : elles fixent leurs destins aventureux.

L'histoire de Bismarck et le cas de Thiers apportent à cette vérité un surcroît de démonstration.

La vie n'a pas ménagé les épreuves à Bismarck. M. Jacques Bainville nous fait le récit de ses « premières armes » : d'abord fourvoyé dans des emplois inférieurs et sans lustre, bientôt ruiné et incapable de soutenir le moindre personnage, enfin privé de la faveur royale par la maladie de Frédéric-Guillaume IV et tombé en disgrâce auprès du Régent, envoyé à Saint-Pétersbourg dans une sorte d'exil diplomatique, pourtant le succès couronna la carrière du prince de Bismarck. La cause de ce succès, ce n'est pas un accord chimérique d'une volonté individuelle avec le mystérieux hasard, mais l'alliance bien plus raisonnable du politique avec de sages institutions humaines. Le service de la monarchie brandebourgeoise constitue l'harmonie d'une existence traversée d'obstacles : cette monarchie était nécessaire non seulement au succès des idées de Bismarck, mais aussi à celui de sa carrière : elle formait la pièce centrale de sa politique et il lui dut de ne jamais errer sur le but à atteindre; d'autre part et comme en retour, elle répara les injures du sort à son égard et, dans les circonstances les plus désespérées, rétablit sa fortune. Cet échange de justes procédés éprouve l'heureux équilibre des institutions, leur adaptation, leur convenance aux réalités. Ainsi la profonde antipathie qu'inspirait à Guillaume Ier, encore régent, le futur chancelier, céda naturellement sous un régime où les personnes se renonçaient pour l'intérêt général. Il est remarquable que de deux rois de Prusse, doués des génies les plus différents, l'un tira Bismarck de l'obscurité où sa condition le retenait, l'autre le releva de la disgrâce prononcée par l'inimitié. Un Hohenzollern était toujours trop l'ami de son nom, pour méconnaître un pareil serviteur : ici, l'on sent la vertu d'une institution.

Mais voici la contre-partie de l'histoire :

Thiers, si clairvoyant sous l'Empire, n'eut pas, quand il prit la direction des affaires, le pouvoir d'échapper à l'influence corruptrice des institutions républicaines : sa vertu, à supposer qu'il en eût, courait un péril politique. Il faut bien le dire : plus sa conscience se croyait assurée et sa volonté droite, plus il devait sentir l'impérieuse nécessité de rester au gouvernement, à quel prix que ce fut, même au prix d'une défaillance diplomatique. Mais pour peu qu'un grain d'intérêt particulier, d'ambition ou d'amour-propre se mêlât à la pureté de ses intentions, il ne pouvait plus quitter la place, il devait immoler la patrie à la passion personnelle. Il était emporté par le jeu des institutions : celles-ci trahissaient ses velléités et lui trahissait le véritable intérêt du pays : tout souffrait de la perversion du régime.

Le livre de M. Jacques Bainville donne à penser : il est d'ailleurs d'une grande discrétion dans les développements philosophiques. La leçon de l'histoire une fois indiquée dans l'Avertissement, le reste du volume est surtout consacré à l'exposé des faits. L'auteur nous propose une forte nourriture sans mélange ; son récit passionne la raison.

La clarté, la mesure, la probité sont des qualités intellectuelles que M. J. Bainville possède à un haut degré : il y joint la force de l'esprit qui ordonne et maîtrise une matière compliquée. Enfin l'amour de la civilisation française, gardienne des plus belles traditions humaines, et l'intelligence de l'ordre français, qui sont marqués dans son livre, lui donnent de précieux titres à notre reconnaissance. Ils inspirent aussi le désir et la curiosité du grand ouvrage qu'il nous doit.

Pierre Gilbert.

96. — **L'Irlande contemporaine et la question irlandaise**, par L. Paul Dubois. — Paris, Perrin, 1907, in-8 de 516 pp. (Prix : 7 fr. 50).

Une rapide analyse montrera les mérites de ce livre. Après une introduction historique, l'auteur étudie « l'état politique et social », en d'autres termes, il cherche à préciser la force des partis dont l'opposition entretient l'anarchie dans le pays. D'une part c'est une oligarchie de grands seigneurs terriens d'origine anglaise, ayant à sa dévotion une administration permanente, de l'autre c'est la démocratie mécontente, foule confuse d'Irlandais, mêlés à des Ecossais et à des Anglais immigrés; un lord-lieutenant et un secrétaire d'Etat sont théoriquement chargés de rendre à toutes les classes une justice impartiale, en fait, comme ils doivent leur poste aux hasards d'une combinaison ministérielle et qu'ils ne connaissent pas le pays qu'ils doivent gouverner, la bureaucratie irresponsable triomphe, et l'antibritannisme reste toujours le sentiment prédominant dans la masse du peuple. Les conséquences de cette longue guerre de classes tantôt latente et plus souvent ouverte, sont envisagées dans une seconde partie. La situation agraire est lamentable, l'industrie est nulle. La population émigre pour échapper à la misère matérielle. Dans une dernière partie, M. P.-D. se demande s'il n'existe pas des possibilités de relèvement. On peut beaucoup attendre du caractère vif et enjoué, de l'intelligence souple et active des Irlandais. Ils semblent d'ailleurs avoir repris courage depuis quelques années. Les divisions confessionnelles, entretenues par l'oligarchie, s'atténuent. L'homme du peuple prend conscience de sa personnalité, il parle de nouveau la vieille langue, il a la volonté de s'instruire. Sa condition économique se trouve modifiée par cette rénovation psychologique. On voit par cette analyse, quelque imparfaite qu'elle soit, combien l'ouvrage de M. P.-D. est clair, bien composé, complet.

Chemin faisant l'auteur développe des idées générales fort intéressantes et neuves. Je ne crois pas avoir lu nulle part que l'Irlande avait eu de l'influence dans l'éducation de la démocratie anglaise. C'est O'Connell, déclare M. P.-D., qui le premier sut organiser l'agitation populaire, et frapper l'opinion publique non pas tant par des conférences ou des campagnes de presse que par des manifestations monstres. Il est naturel que l'honneur d'avoir mis en œuvre de nouveaux moyens d'action politique revienne à un peuple éminemment imaginatif.

L'Irlande a donné à l'île sœur bien d'autres sujets de scandale. Dès qu'un homme d'Etat anglais aborde la question irlandaise, il est saisi de vertige. S'il emploie la manière forte, ses projets de lois sont abominables; s'il préfère les concessions, il viole les règles élémentaires du droit. Rien de plus barbare que les mesures de coercition prises au cours des deux derniers siècles. Rien de plus contraire à nos idées sur le droit de propriété que ces dernières lois agraires aux termes desquelles le fermier et le landlord sont co-propriétaires.

Quoi d'étonnant que l'Anglais s'impatiente et s'irrite devant ce peuple qui le force à des mesures d'exception, qui trouble la solennité de son Parlement, qui lui rappelle inlassablement les luttes d'autrefois! N'est-il pas anormal que ce peuple refuse de goûter le bonheur d'appartenir à un Empire fort, riche, libre? La résistance de l'Irlande à la conquête offre un problème curieux. On y voit la preuve du peu d'aptitude des Anglais-Saxons à la colonisation : ne sachant pas s'assimiler les vaincus, ils les exterminent. Peut-être les circonstances ont-elles plus fait que je ne sais quel défaut inhérent à la race. A peine l'Irlande, colonie lointaine et d'accès difficile, était-elle conquise que des révolutions ou des guerres continentales détournaient l'Angleterre de l'œuvre de pacification. Le midi albigeois, la Bretagne, la Vendée même seraient-ils français aujourd'hui si le pouvoir n'avait pas été assez sûr du succès final pour se montrer clément? Dans cette hypothèse l'Irlande serait la rançon dont l'Angleterre a payé ses libertés constitutionnelles acquises grâce à un affaiblissement obstiné de la royauté.

Ecrit avec soin, le volume de M. P.-D. prête à peu d'observations. On nous permettra quelques remarques faites en lisant : p. 29, à propos de Cromwell qui « n'osa pas aller jusqu'au bout » de son plan de conquête, il aurait fallu citer ses rapports au Parlement où l'on devine à travers l'exultation du général victorieux, de sérieux scrupules de conscience. — *Ibid.*, l'archevêque Pluket fut jugé non par « un semblant de tribunal », mais par un jury régulier, mais frappé, pourrait-on dire, eu égard aux circonstances, de suspicion légitime. P. 43, il faudrait une note explicative à « loi commune » traduisant *Common Law*. Pp. 361, 396, Trinity College n'est pas absolument indifférent aux études celtiques. L'Université de Dublin décerne tous les ans trois prix d'Irlandais.

L'exécution typographique est soignée. Je n'ai relevé que les fautes suivantes : p. 38 Swift en *1827*, p. 333 *mètre* pour *mille* carré et de temps à autre un *y* final omis dans un mot anglais : *daily*, p. 134, *century*, p. 136, etc.   Ch. Bastide.

---

97. — **Egyptiens et Anglais**, par Moustafa Kamel Pacha. — Paris, Perrin et Cie, 1906, in-16. (Prix : 3 fr. 50).

Dans une préface intéressante et presque pathétique, madame Adam, qui se charge de présenter au public français l'auteur du livre, cite de lui ces paroles caractéristiques : « Je veux travailler par la parole, par l'école, par le journal et par le livre, à réveiller le patriotisme de mes compatriotes, à rendre les Egyptiens à l'Egypte, et l'Egypte aux Egyptiens. »

Quand il parlait ainsi, M. Moustafa Kamel Pacha avait dix-neuf ans. Le temps n'a point changé ses dispositions, et la promesse faite alors est aujourd'hui tenue. Le jeune patriote a fondé l'école qu'il rêvait, école essentiellement nationale et démocratique, où les enfants pauvres reçoivent la même instruction que les riches et apprennent comme eux qu'ils peuvent être les ouvriers de cette grande œuvre, la régénération de leur pays par la liberté.

Une telle fondation indique nettement d'avance ce que peut-être le livre dont nous parlons aujourd'hui : c'est un appel à l'indépendance, un réquisitoire contre l'oppresseur, c'est-à-dire l'Anglais. Voilà les idées auxquelles l'auteur a consacré sa vie, celles qu'il a exposées dans des nombreuses conférences au cours de ses voyages à travers l'Europe entière, avec une ardeur de conviction qui obligeait même les plus sceptiques à l'écouter et à réfléchir. Ce sont aussi ces théories que Moustapha Kamel Pacha s'obstine à répandre dans l'Egypte et l'Orient au moyen d'un journal fondé en 1900, et déjà très influent, *Al Lewa* (*l'Etendard*).

On ne peut s'empêcher d'admirer l'énergie presque audacieuse d'un homme qui, pénétré de la grandeur nationale, ose ainsi, en face de l'ennemi, crier l'appel à la révolte, et réclame la suppression du joug écrasant. Cette haute protestation, le monde l'entendra-t-il? Il semble qu'un pays en particulier devrait l'écouter : la France... la France, qui a laissé prendre aux Anglais dans l'Orient et notamment en Egypte une si forte domination...

C'est en souvenir de cette fâcheuse politique, c'est pour raviver notre vieux sentiment chevaleresque, que Moustapha Kamel Pacha écrit en français son livre, ardent plaidoyer, émouvante supplication, qui, peut-être, si de certains politiciens le lisent, excitera en leur âme une sorte de remords. Faut-il espérer que de ce remords la France passe jamais à l'acte chevaleresque lui-même, et tente le geste d'émancipation? C'est peu probable. Mais il restera à l'auteur de ce volume la gloire d'avoir, sans peur comme sans charlatanisme, cherché à faire revivre, dans l'indépendance à laquelle il aurait droit, ce merveilleux pays d'Egypte, si noble par son passé, et demeuré si fidèle à ses traditions, même sous l'influence étrangère : et, de fait, ne devrait-elle pas être maîtresse d'elle-même, cette terre qui, selon les paroles de Moustapha Kamel Pacha, « a une telle personnalité, qu'elle condamne les étrangers qui s'y fixent à disparaître ou à être pétris par elle »?

Pascal MONET.

---

98. — **L'Aurore australe**, par BIARD d'AUNET. — Paris Plon, Nourrit et Cie, 1907, in-16 de 402 p. (Prix 3 fr. 50).

« Les Français s'occupent peu de l'Australie. Ils s'imaginent sans doute n'avoir rien à craindre ni à espérer d'un pays situé aux antipodes... Pourtant tout pays en état de transformation active mérite qu'on s'y intérese, et c'est le cas de l'Australie. »

Personne ne contestera la justesse de la première partie de l'assertion de M. Biard d'Aunet, car, à part quelques notions géographiques plus ou moins complètes, quelle idée se fait le grand public du pays australien, et surtout de sa population et des aspirations qui l'agitent? Tout au plus va-t-on chercher pour le besoin des causes des exemples plus au moins vérifiés d'innovations ou de réformes, admirés et cités de confiance par ceux qui pensent y trouver des arguments pour leur parti. Pour le dire en passant, c'est d'ailleurs une manière assez habituelle à notre tempérament : ne nous-représente-t-on pas en ce moment l'impôt sur le Revenu en Angleterre et en Allemagne comme étant l'objet de l'approbation unanime — ce qui vaudrait au moins d'être prouvé ?

Personne non plus, après avoir lu ce livre, ne contestera qu'il y ait intérêt à regarder et à observer attentivement et impartialement ce qui se passe dans le pays qui n'est pas seulement « le pays de convicts. » Il y a certainement, en-dehors du profit immédiat de déduire d'une manière plus juste les effets et les conséquences du mouvement des idées en Australie, l'avantage aussi de mieux connaitre la situation politique et économique d'un pays qui peut être amené un jour à tenir une place beaucoup plus active dans le monde.

Dans une première partie, M. B. d'A. nous introduit dans la société australienne. Ayant vécu, lui-même, douze ans dans le pays, il nous met, d'une manière légère et pleine de tact, au fait de cette société très particulière et très mal connue en Europe ; très homogène puisque 95 0/0 des habitants actuels sont de descendance britannique ; très imbue d'idées anglaises car les nouvelles ne lui arrivent que par l'Angleterre qui les choisit et les façonne un peu à sa guise.

— Un second chapitre est tout entier consacré au socialisme. Je n'en retiens que ceci pour le soumettre à ceux qui cherchent des arguments en faveur des doctrines chères à M. Jaurès dans de lointains et vagues exemples, c'est que les socialistes australiens sont imbus « d'un patriotisme ardent, méfiant, intransigeant jusqu'à l'exclusivisme, vibrant jusqu'à la gasconnade ; » qu'ils sont pénétrés du respect de l'ordre public et « sans déclamation. » — On lira ici avec curiosité la manière dont le labour party a lutté contre la concurrence et l'histoire des règlements draconiens sur l'immigration, interdite à « toute personne qui ne parvient pas à écrire sous la dictée et à signer en présence d'un fonctionnaire un passage de cinquante mots *en une langue choisie par ce* fonctionnaire ! »

La 3ᵉ partie, sur la constitution australienne, expose le nouveau régime du Commouwealth.

La 4ᵉ, sur la valeur et la situation matérielle de l'Australie, touche à quantité de questions économiques : minime accroissement de la population ; état de l'agriculture, de l'industrie et du commerce ; finances de la Fédération et finances des divers Etats.

Avec la 5ᵉ partie, enfin, nous jetons un coup d'œil général sur l'Australie « vue du dehors. » Nous passons rapidement en revue les questions de l'Impérialisme et le sujet tout actuel de l'Impérial Council ; celui qui nous touche directement des Nouvelles Hébrides où dit M. B. d'A., des fautes ont été commises parce que « nous avons vécu dans le domaine de la fiction. » —

Tout cela est intéressant, écrit avec une grande compétence. Nous ne pouvons demander qu'en ce petit volume où tant de sujets sont abordés, les questions soient toutes également approfondies. — J'aurai aimé cependant plus de détails sur le curieux fonctionnement des constitutions. De même la partie qui concerne le société touche à peine à certains points que l'on aurait aimé connaitre davantage. Bien des sujets ne sont qu'effleuré. Il ne pouvait guère en être autrement, mais j'aurais voulu au moins plus de références ; non pas que la documentation puisse paraitre insuffisante ; on sent, au contraire, que l'auteur a vu et entendu ce qu'il rapporte et sa réserve même devant les conclusions à affirmer est une preuve de plus du sérieux de ses informations et de ses réflexions ; mais des références sont toujours secourables au lecteur qui veut poursuivre ses investigations sur quelque point particulier. —

« Si l'Australie, dit en terminant M. B d'A. concentre ses efforts à la mise en valeur de ses richesses naturelles... si elle met au premier plan le travail, et l'agitation politique au dernier, un bel avenir est devant elle. Cette *aurore australe* peut devenir pour les vieilles nations, selon qu'elles seront actives ou négligentes, un bienfait ou un danger... La France ferait bien de regarder ce qui le passe là-bas. »

Gaston de Monicault

---

99. — **Les instructions écrites du magistrat au juge-commissaire dans l'Egypte romaine,** par Louis Boulard, chargé de conférences à la Faculté de Droit de l'Université de Paris. — Paris, Leroux, 1906, in-8 de viii-125 pp. (Prix : 5 fr.)

L'étude des documents juridiques trouvés en Egypte avait fait croire généralement que la procédure extraordinare en usage dans ce pays sous les empereurs romains n'était pas sans ressemblances avec la procédure formulaire, tant par la délégation donnée par le magistrat au judex, que par l'emploi même de la formule.

Un examen approfondi a conduit M. Boulard à des conclusions différentes. Il montre d'abord qu'en Egypte la nomination d'un juge commissaire par le magistrat n'est pas nécessairement accompagnée d'instructions écrites. Puis il discute les exemples d'instructions écrites où l'on a cru voir des formules, et prouve que malgré les apparences il y manque toujours un des caractères essentiels de la formule. Il en conclut qu'on ne saurait voir dans les intructions écrites délivrées par le magistrat de l'Egypte romaine au juge-commissaire « une extension, un dérivé, ou même une imitation de la formule de *l'ordo judiciorum*, » et qu'ainsi ce n'est pas dans les usages de la procédure romaine qu'il faut en chercher l'origine.

C'est dans l'Egypte elle-même qu'il recherche cette origine. Il a noté que l'Egypte n'était pas comme les autres provinces romaines, et qu'elle constituait, même sous l'empire une survivance du royaume pharaonique, qui reconnaissait l'empereur romain pour Pharaon; le préfet d'Egypte étant le représentant de ce Pharaon plutôt qu'un fonctionnaire romain.

Il montre que dans l'Egypte pharaonique on voit le roi, source de toute justice, déléguer la connaissance des appels qui lui sont adressés. Il croit trouver dans les inscriptions du tombeau de Rekhmara un exemple bien net de délégation générale de juridiction « analogue à la délégation qui devait « être, dans l'empire ro- » main, l'origine de la juridiction presque souveraine des préfets » du prétoire, auxquels M. Revillout compare notre personnage. » On peut signaler, à l'appui de cette opinion, le texte qui donne à Rekhmara le titre de *smen hapou* « celui qui maintient les lois », titre ordinairement réservé aux Pharaons.

M. Boulard indique ensuite que les délégations particulières de juridiction n'étaient pas moins connues dans l'Egypte ancienne. Enfin il mentionne dans les documents ptolémaïques trois exemples de délégation avec instructions écrites. Les instructions écrites délivrées au juge-commissaire par le magistrat de l'Egypte romaine ne sont donc que la persistance de pratiques en vigueur à l'époque ptolémaïque.

Quelques remarques sur la nature des instructions écrites terminent cette étude bien conduite, d'un intérêt un peu spécial, mais qui montre que la connaissance de l'ancienne Egypte peut rendre d'utiles services aux études juridiques, comme tant d'autres genres d'études.

Philippe Virey.

CHRONIQUE

15. — **Jésus et ses Contemporains.** Conférences prêchées à la chapelle de l'Institut Catholique de Paris, par M. l'abbé Vieillard-Lacharme. Paris, Bloud, 1907, in-16. (Prix : 3 fr. 50.)

M. l'abbé Vieillard-Lacharme, qui s'est fait connaître avantageusement des lecteurs chrétiens, au cours de ces dernières années, par deux ouvrages d'apologétique : *La Divinité de Jésus-Christ* et *l'Œuvre messianique de Jésus-Christ*, vient de publier le troisième volume de ses belles et graves conférences sous le titre : *Jésus et ses Contemporains*. C'est la suite naturelle des ouvrages Précédents et une précieuse contribution à l'étude psychologique des origines chrétiennes. M. l'abbé Vieillard-Lacharme a prêché dans la chapelle de l'Institut Catholique, aux Carmes, pendant le Carême de 1906, les sept discours qui forment la matière de ce solide travail. Les personnages de l'Evangile nous y sont montrés avec leurs vrais visages, si souvent et parfois si odieusement défigurés par une critique impie ou égarée. La dernière conférence surtout mérite d'attirer l'attention par l'élévation et l'originalité des vues qui renouvellent les idées traditionnelles, par le relief extraordinaire qu'y prennent successivement les divers témoins de la Résurrection, les Disciples, les Saintes Femmes.

La logique la plus serrée, la plus chaude éloquence réunies dans cette œuvre remarquable en font un des livres les plus propres à nourrir ou à ranimer la foi chrétienne à notre époque troublée.

16. — **L'organisation professionnelle et le Code du Travail.** *Etude sur les principes du catholicisme social*, par Henri Lorin, président de *l'Union d'Etudes des Catholiques sociaux*. — Paris, Bloud, 1907, in-12. (Prix : 0 fr. 60.)

L'Encyclique *Rerum novarum*, après avoir rappelé les principes de justice qui doivent présider à la réglementation des rapports économiques, indique formellement les deux moyens pratiques de réaliser ces principes dans le monde contemporain: 1° l'organisation professionnelle ; 2° l'intervention législative de l'Etat. Quels doivent être les principes de l'organisation professionnelle, quels doivent être, relativement à la question fondamentale du salariat, les principes de l'Etat interventionniste, rédacteur d'un code de travail, c'est ce que l'auteur, éminemment qualifié, de ce travail, s'est efforcé de marquer ici avec autant de précision que de force.

17. — **Les variations des théories de la Science**, par le vicomte R. D'Adhémar. — Paris, Bloud, 1907, in-12. (Prix : 0 fr. 60.)

La critique des Sciences a été l'une des œuvres notables de ces quinze dernières années.

Pour critiquer, il faut d'abord savoir à fond.

L'auteur montre donc, tout d'abord, avec assez de détail, quelles sont actuellement, les larges doctrines fondamentales de la Physique théorique.

Il montre la *Physique thermodynamique* et la *Physique de l'électron* s'opposant et se complétant.

Il a alors établi une base suffisante pour discuter cette question : « Qu'est-ce que la Science ? » Après avoir critiqué, il faut reconstruire. C'est ce que fait le Néo-Positivisme dont la doctrine naissante, touchant la Science, la Foi, leur hétérogénéité et leur ressemblance, est très profonde.

Mais remarquons bien que la Philosophie nouvelle suppose l'esprit de géométrie et l'esprit de finesse. — Faute d'une culture assez vaste, certains n'y voient qu'une forme nouvelle de Scepticisme.

Erreur totale, contre laquelle l'auteur proteste énergiquement.

18. — **Le prétendu Mariage de Bossuet.** *Etude Critique*, par G. Gaignet, ancien supérieur de séminaire. — Paris, Bloud, 1907, in-12. (Prix : 0 fr. 60.)

La misérable question du Mariage de Bossuet semblait depuis longtemps résolue, lorsque, naguère, elle fut de nouveau mise en avant, non sans exciter quelque scandale. Aussi les *Bossuetistes* se sont-ils trouvés mis en demeure de réfuter à nouveau cette calomnieuse légende. Pour la ruiner, il suffisait d'ailleurs de distinguer le fait historique certain qui demeure, de la rumeur éphémère et du « racontar », qui tombent. C'est ce que fait l'auteur en étudiant successivement : 1° les témoins ou accusateurs ; 2° les témoignages et les accusations ; 3° l'origine, la nature vraie, le motif des relations de Bossuet avec mademoiselle de Mauléon.

ACADÉMIE DES INSCRIPTIONS ET BELLES-LETTRES

Séance du 19 avril

M. Héron de Villefosse remplit les fonctions de secrétaire perpétuel en l'absence de M. G. Perrot qui est parti en Grèce pour un voyage d'études qui durera environ six semaines.

M. S. Reinach, président, annonce la mort de M. Adolphe Neubauer, savant orientaliste, correspondant étranger de l'Académie depuis 1889, et fournit l'énumération de ses principaux travaux.

Lecture est donnée d'une lettre du maire de Cannes invitant l'Académie à se faire représenter à la cérémonie d'un monument à la mémoire de Mérimée, le 28 avril prochain. M. Héron de Villefosse est désigné par ses confrères. On trouvera, d'autre part, dans le journal, quelques détails sur cette cérémonie.

L'Académie passe à l'ordre du jour sur le vœu qui lui est demandé par une Académie étrangère de s'intéresser aux développements d'une langue internationale. Ce n'est pas ici que l' « esperanto » a chance de jamais triompher.

M. Clermont-Ganneau rend longuement compte de la mission archéologique dont il avait été chargé dans la Haute-Egypte à Eléphantine, île située au milieu du Nil, à la première cataracte, en face d'Assouan. Il rend d'abord hommage au zèle dont a fait preuve en l'accompagnant dans ces longues et laborieuses recherches, un de ses élèves, M. Clédat. Parmi ses plus importantes trouvailles il cite deux grandes statues en diorite, couvertes d'inscriptions de l'époque de Thoutmès III dont l'intérêt est exceptionnel pour l'histoire de la Haute-Egypte : puis un curieux sanctuaire décoré de minuscules obélisques et recouvrant une nécropole de béliers sacrés, soigneusement momifiés ; puis encore de curieux fragments de poteries connus sous le nom d'*ostraca*. Dans le nombre, il y en a une centaine qui, écrits en lettres et en langue araméennes ont pour auteurs des Juifs établis à Eléphantine au cinquième siècle avant notre ère, documents précieux et définitifs pour établir la présence de Juifs dans l'île à cette haute époque et le quartier où ils étaient circonscrits.

Les travaux considérables auxquels donneront lieu les fouilles qui restent à pratiquer feront l'objet d'une seconde campagne ; M. Clermont-Ganneau a le plaisir de proclamer que les frais de la première ont été en partie couverts par le baron Edmond de Rothschild, qui y a affecté une somme de dix mille francs.

M. Senart, est désigné pour représenter l'Académie à l'Association internationale des Académies qui aura lieu à Vienne à la fin de mai.

M d'Arbois de Jubainville fait connaître que dans les langues celtiques le même mot est employé pour désigner le forgeron et le poète. Il y a lieu d'en être surpris sans se l'expliquer, et de se demander si de notre temps les poètes et les musiciens prendraient en bonne part cette bruyante assimilation. Et le savant philologue conclut en rappelant ces deux vers de Boileau à l'adresse de Chapelain :

> De son rude marteau martelant le bons sens,
> Il fit de mauvais vers douze fois douze cents.

Sur le rapport de M. Haussoullier, le prix Allier de Hauteroche (numismatique), de la valeur de 1,000 fr. est partagé également entre M. Hugo Gaebler, de Berlin, pour ses *Etudes sur les monnaies de la Macédonie* et M. George Macdonald, de Glascow, pour son « Catalogue des monnaies grecques de la collection Hunter ».

M. Havet continue son commentaire de passages obscurs de Plaute.

M. Monceaux, professeur au Collège de France, lit un Mémoire sur « l'Isagogé de Marius Victorinus ».

Séance du 26 avril.

M. Delisle donne lecture d'une lettre de M. Macon, conservateur-adjoint du musée Condé, au sujet de la Notice que M. de Mély a consacrée récemment aux peintures des Très Riches Heures du duc de Berry. M. Macon ne partage pas l'opinion émise par M. de Mély sur l'attribution d'une signature H. R. ou H. B. à Henri Bellechose ou à Henri Rust. Il n'y voit pas une signature, mais un motif de décoration. Il estime qu'il faut s'en tenir aux termes d'un inventaire de 1416 qui désigne comme auteur de ces peintures « Pol de Limbourg et ses frères ».

M. le comte Durrieu communique un Mémoire sur la véritable origine du manuscrit célèbre de la Bibliothèque de Munich, connu sous le nom de *Boccace de Munich*. Il contient la traduction française du traité : *Des cas des nobles hommes et femmes malheureux* ; et il est orné de 91 miniatures extrêmement remarquables, dont tous les critiques sont d'accord pour attribuer au moins une partie au grand peintre français du quinzième siècle, Jean Foucquet.

Ce manuscrit porte à plusieurs endroits, dans les miniatures mêmes, la devise du premier possesseur qui est : « Sur ly n'a regard ». En 1855, on a formulé l'hypothèse que cette devise devait désigner Étienne Chevalier, le trésorier de France qui a possédé le merveilleux Livre d'Heures dont les fragments sont à Chantilly. Le « Boccace de Munich » est ainsi devenu le « Boccace d'Etienne Chevalier ».

Le comte Paul Durrieu vient de découvrir que cette prétendue origine est une pure légende. Il a retrouvé sous un grattage le nom du véritable personnage pour qui le livre a été copié et illustré. Le *Boccace de Munich* ne provient aucunement d'Etienne Chevalier ; il a été exécuté en réalité pour M° Laurens Gyrard, notaire et secrétaire du roi Charles VII et contrôleur de la recette générale de ses finances. Le nom de ce personnage n'était pas seulement inscrit à la fin du volume ; il est encore contenu, en anagramme, dans la devise : « Sur ly n'a regard ».

En comité secret, l'Académie entend le rapport de M. Thomas sur le prix Gobert. Le vote aura lieu vendredi prochain.

M. l'abbé Breuil présente au nom de M. Cartailhac et au sien les fruits de leur commune exploration des cavernes pyrénéennes de Niaux (Ariège) et de Gargas (Hautes-Pyrénées) A Niaux, caverne de 1,400 mètres de profondeur découverte l'été dernier par M. le capitaine Molard, il a été relevé un grand nombre de figures symboliques et de signes peints en rouge, d'animaux divers, bisons, chevaux, bouquetins, cerfs, la plupart percés de flèches, peints en noir.

A Gargas, les explorateurs ont constaté cent vingt mains humaines dont les doigts sont repliés systématiquement. Cette décoration remonte aux plus anciens temps de l'âge du renne.

M. Collignon lit une étude sur une tête d'Athéna en marbre provenant d'Egine et qui, après avoir fait partie de la collection Pourtalès appartient aujourd'hui à M. le marquis de Vogüé. Postérieure aux statues des frontons d'Egine, cette tête s'en rapproche cependant pour la technique. Elle doit dater du cinquième siècle et montrer l'influence de l'art attique sur l'art éginète.

M. Gustave Schlumberger présente diverses considérations sur une médaille inédite du fameux juris consulte français du seizième siècle, André Tiraqueau, qui fut l'ami de Rabelais. Elle représente ou revers une main sortant des nuages, et tenant des balances chargées d'un côté d'un poids surmonté d'une caducée, d'un serpent enroulé, de l'autre. On ne connaissait jusqu'ici du personnage qu'une médaille uniface portant un très beau buste de profil.

M. Havet continue son commentaire de passages obscurs de Plaute.

M. Héron de Villefosse offre au nom de M. Jules Lair la quatrième édition de son savant ouvrage sur *Mademoiselle de La Vallière*, orné de nouvelles illustrations empruntées à des documents de source anglaise.

M. Clermont-Ganneau présente au nom de M. le docteur Weisgerber un ouvrage tout d'actualité et fort intéressant: *Trois mois de campagne au Maroc*.

M. Gustave Schlumberger fait hommage au nom de madame la comtesse de Béarn des deux premiers fascicules du catalogue de sa collection, publication fort belle, tirée à petit nombre et dirigée par M. Frœhner.

La commission mixte du prix Volney a décerné un prix 1,500 fr. au P. Schmidt, pour ses ouvrages sur les langues malayo-polynésiennes, — et un autre prix de même valeur à M. Albert Cuny pour son livre sur *le Nombre duel en grec*.

SOCIÉTÉ NATIONALE DES ANTIQUAIRES DE FRANCE

Séance du 3 avril. — M. F. de Mély, membre résidant, rapproche les représentations de la Bête de l'Apocalypse, telle que l'ont réalisée les artistes du moyen-âge, du naja de l'Inde : diverses objections sont élevées contre ce rapprochement.

Séance du 10 avril. — M. A. Blanchet, m. r., signale l'importante découverte faite par M. Coloman de Darnay à Szalacska, en Hongrie d'un atelier celtique de monnayage et d'une fonderie. — M. le comte A. de Loisne, m. r., présente une extrémité de massue en bronze, qu'il croit gallo-romaine, découverte aux environs de Thérouanne. — M. le baron J. de Baye, m. r., lit une étude de M. A. Houlé, associé correspondant national, sur une boucle franque trouvée à Escame (Oise).

Séance du 17 avril. — M. Lefebvre des Noëttes, a. c. n., entretient la société de l'Abbaye des génovéfains de Saint-Martin-au-Bois (Oise.) — M. Ch. Ravaisson-Mollien, m. r., compare la massue signalée à la séance précédente avec quelques dessins de Léonard de Vinci — M. P. Vitry, M. r., annonce l'entrée au Louvre d'un fragment du tombeau du maréchal Jacques II de Matignon érigé à Thorigny-sur-Vire.

Séance du 24 avril. — M. le comte P. Durieu, m. r. signale une peinture du xviie siècle du Musée national bavarois à Munich reproduisant une admirable pièce d'orfèvrerie française de la fin du xive s. ou du commencement du xve. — M. F. de Mély, m. r., communique plusieurs photographies du fameux manuscrit du roi Alexandre de la collection Dutuit, où se voient des inscriptions qui lui semblent des signatures. — M. J. J. Marquet de Vasselot, m. r., présente une petite Vierge en bronze doré récemment acquise par le Louvre. — M. le baron J. du Teil, a. c. n., étudie plusieurs monuments se rapportant à Guillaume Fillastre, abbé de Saint-Bertin.

L'Éditeur-Propriétaire-Gérant : Albert Fontemoing.

Imprimerie Générale de Châtillon-sur-Seine. — A. Pichat.

BULLETIN CRITIQUE

100. — **Le catholicisme et la société**, par M. LEGENDRE, agrégé d'histoire, et J. CHEVALIER, agrégé de philosophie, avec une préface sur l'*Eglise et l'Etat à travers l'Histoire*, par L. LABERTHONNIÈRE. — Paris, V. Girard et Brière, 1907, in-12 de XLV-30 pp. (Prix : 2 fr. 50).

« On s'est proposé » disent les auteurs dans l'*Introduction*, « de présenter... un exposé de la politique de l'Eglise. Qu'il y ait une politique de l'Eglise, c'est ce dont témoigne l'histoire ; mais ce fait est fondé en droit.

« Par sa morale, en effet, le christianisme inspire jusque dans le détail la conduite de ses adeptes qui sont en même temps des citoyens ; — de plus, il a organisé, *comme un moyen indispensable à la réalisation de ses fins morales*, une société visible, qui a sa hiérarchie, son chef, et qui est investie d'une autorité propre : l'Eglise. C'est pourquoi la société civile doit compter non seulement avec les individus chrétiens, mais encore avec la société chrétienne ; — de même que l'Eglise reconnaît la légitimité de la société civile, qui a ses fins propres, et dont la puissance vient de Dieu. Il est donc impossible de concevoir une séparation rigoureuse entre les deux pouvoirs civil et religieux... » Cette séparation étant impossible, c'est l'histoire des relations mutuelles de ces deux pouvoirs, et de la politique suivie par l'Eglise, que les auteurs ont étudiée, avec l'espérance de trouver dans le passé des lumières et des ressources pour l'heure présente et pour l'avenir. Nous donnons les titres des sept chapitres dont se compose leur ouvrage ; *L'Eglise et l'Empire romain* ; — *l'Eglise et les Barbares* ; — *l'Eglise et l'Absolutisme* ; — *l'Eglise et la Révolution* ; — *l'Eglise en Angleterre* ; — *l'Eglise aux Etats-Unis*.

J'aime à signaler dans ces pages, avec le sentiment catholique qui les anime, avec une conviction sincère de l'inépuisable vitalité de l'Eglise, une trame historique assez résistante, et bien des observations justes, quelquefois ingénieuses. La pensée de MM. Legendre et Chevalier, sur l'influence du catholicisme au cours des siècles dont ils retracent l'histoire, peut se résumer dans ce passage que je détache du chapitre III. « Dans toute cette histoire de la Réforme et de la Renaissance, comme dans les époques précédentes, la papauté est restée au premier rang dans le débat des grandes questions, même politiques, qui intéressent la civilisation générale; elle a eu parfois l'initiative du progrès, souvent l'initiative de la solution juste. Et ce qu'on peut lui reprocher vient des éléments du monde qui se sont glissés en elle à l'époque impériale romaine, et plus encore à l'époque féodale, et qui n'ont pu être éliminés que par des efforts progressifs. » Ce n'est pas, tant s'en faut, que j'approuve tout dans ce livre. Par exemple, les auteurs qui distinguent trois gallicanismes, le gallicanisme *royal*, le gallicanisme *ecclésiastique* et le gallicanisme *parlementaire* (Claude Fleury n'en distinguait que deux : le gallicanisme des parlements et le gallicanisme des évêques); les auteurs, dis-je, ont un faible pour le gallicanisme *royal*. « Dans son principe, » d'après eux, « le gallicanisme royal contient un élément profond de réforme, c'est-à-dire de distinction progressive du spirituel et du temporel (le contraire de ce qu'a été, en pratique, la Réforme); malgré certains abus du pouvoir royal, le grand siècle du gallicanisme royal a été un grand siècle pour l'Eglise. » MM. Legendre et Chevalier n'useraient-ils pas ici du paralogisme si connu; *post hoc, ergo propter hoc*?

Comme l'indique le sommaire de cet ouvrage, les auteurs ont abordé des sujets contemporains, des sujets d'avant hier et d'hier, des sujets aussi d'aujourd'hui. Les sujets d'aujourd'hui, je les laisse de côté, non sans regretter un peu la dureté que MM. Legendre et Chevalier montrent aux *réactionnaires* (le seul *réactionnaire* auquel ils fassent large mesure de bienveillance est le comte de Chambord); non sans m'étonner aussi des éloges qu'ils décerne à Gambetta et à Jules Ferry, « ces grands républicains qui ont su se dégager, au prix de la popularité, de la politique de représailles. » L'article 7, du projet Ferry, et les décrets de 1880, accusaient-ils donc un libéralisme bien magnanime? Mais si je laisse les questions encore très contemporaines, il en est une, — elle est d'avant hier, et elle sera de demain, — sur laquelle je voudrais m'expliquer; c'est la question de la loi de 1850. « Il n'est pas juste, » disent nos auteurs, plaidant des circonstances atténuantes que nous repoussons, « d'exagérer les inconvénients de la loi Falloux et d'en rendre l'Eglise responsable. Il ne faut pas croire que l'intention de ses principaux auteurs ait été d'abord le bien de l'Eglise, ni même que le bien de l'Eglise indépendamment de cette intention en ait résulté. M. Thiers, par horreur pour le désordre, aurait volontiers livré au clergé tout l'enseignement populaire... M. de Falloux a dépensé, dans l'élaboration de la loi, de merveilleuses ressources d'esprit; mais est-ce en vertu de son catholicisme, ou de ses préjugés sociaux, qu'il travaillait? » Et cette loi, née ainsi, — on l'affirme, — sous les auspices de la peur et de la politique, n'a pas produit les résultats que l'on en attendait; ceux qui l'appliquèrent n'étaient pas prêts, et beaucoup de leurs élèves n'ont été que des citoyens et des chrétiens médiocres.

Eh! bien, cet arrêt est injuste. Les catholiques qui, armés d'une promesse formelle de la charte, réclamèrent la liberté de l'enseignement, et l'obtinrent en 1850, ne poursuivaient qu'un but très étranger à la politique : ils voulaient préserver leurs enfants des périls qu'un rationalisme trop répandu dans l'Université faisait courir à leur foi. Si lors de la discussion de la loi, Thiers fut un merveilleux auxiliaire, l'initiative et l'inspiration venaient d'ailleurs. Disons, sans insister, que ceux qui n'étaient pas prêts en 1850, ont montré depuis lors qu'ils l'étaient. Quant aux résultats, on aurait tort d'en juger uniquement d'après une lettre sévère de Montalembert ou d'après d'autres documents d'une haute valeur. Nos collèges n'ont pas été ouverts seulement pour ces jeunes gens des classes riches, auxquels on a si souvent reproché leur apathie et leur mollesse. Ils ont été fréquentés, ils le sont encore par ces nombreux enfants de familles modestes et laborieuses, qui, habitués de bonne heure au travail, ont fondé, fondent partout des foyers chrétiens, suprême espérance de la patrie en nos jours d'angoisse.

L'ouvrage est précédé d'une Introduction que M. Laberthonnière a marquée de son empreinte vigoureuse, parfois un peu chagrine. M. Laberthonnière prétend déduire tous les droits, toutes le pérogatives de l'Eglise, d'une seule idée que lui fournissent l'Evangile et la tradition : l'Eglise est une société essentiellement spirituelle. Et de fait, à toutes les époques, c'est par des moyens d'ordre spirituel que l'Eglise s'est attachée à conquérir les âmes. Mais s'ensuit-il que pour maintenir ses conquêtes, et dans l'intérêt même des âmes qu'elle veut sauver, l'Eglise n'ait jamais pu employer des moyens d'un autre ordre, que la bienveillance des gouvernements lui offrait? Je pose simplement la question, en rappelant à M. Laberthonnière que des déductions même rigoureuses d'une idée unique, isolée de tout ce qui l'expliquerait et la compléterait ne suffisent pas à résoudre cette question. Je ne prétends pas que tout ce qui a été fait dans le passé ait été bien fait, et je prétends moins encore que tout ait été fait pour le mieux ; je dis seulement que sur cette grave et délicate question, l'histoire de l'Eglise, l'enseignement des docteurs, les Encycliques des Papes, ont bien leur mot à dire ; et ce mot, M. Laberthonnière, très capable de l'entendre, ne l'a peut-être pas assez écouté.

A. LARGENT.

---

101. — **La morale sans bien**, par Léon JOUVIN. — Paris, Perrin, 1907, in-8 de 330 p. (Prix : 3 fr. 50).

Autant qu'on peut apercevoir un dessein dans un livre où règne la plus grande confusion des idées et où le style fuit la précision, il me semble bien que le propos de l'auteur ait été d'instruire le procès de la morale dite libérale. Cela ressort notamment de l'Introduction, où la pensée, plus concise, risque d'être plus claire, et de divers autres passages. M. Jouvin traite, p. 195, de « la liberté pour la liberté, ce faux absolu, cette liberté dans le vide, justement condamnée sous le nom de libéralisme ». Il est vrai qu'il a le tort d'ajouter aussitôt après : « liberté purement relative ou relative à rien, » car cette liberté ne peut être ensemble absolue et relative. Mais il donne, pp. 6 et 7, une assez bonne définition du libéralisme moral : « Ce n'est pas seulement de la jouissance, mais encore de la morale que nous (les contemporains) célébrons l'avènement. On est tellement certain *qu'elles vont s'établir pour ainsi dire toutes seules*, qu'on ne s'occupe que de détruire la religion qui ne leur cède pas la place assez vite ».

M. Jouvin critique donc la doctrine d'un arrangement libre et naturel des choses, appelé par lui *ordre du monde*, qui serait un fondement ruineux pour la morale, et, comme aujourd'hui l'Etat, par un effet de la misère où l'individualisme et le libéralisme ont réduit l'individu, entreprend sur les consciences et qu'il a d'ailleurs adopté la théorie facile du « laissez faire » moral, et comme cet Etat, détenteur d'une vérité monopolisée, peut l'imposer par les moyens coercitifs qui lui sont propres, M. J. estime à sa valeur, l'instrument d'Etat qu'est *le Droit* et développe la série des griefs qu'il a contre *l'Etat* lui-même : après quoi, en forme de conclusion, il démontre, par des arguments peut-être plus formels que solides, que l'accaparement de la prédication morale par l'Etat a pour effet d'émanciper *le relatif* et de le faire prononcer sur les questions morales, où il est par définition indifférent et incompétent, que le relatif postule l'absolu, — et que la morale doit être commandée au nom de l'*Absolu*, qui est aussi l'*Infini* et l'*Un*.

Ces thèses sont défendues avec une telle ardeur, mais sans égard pour l'exagération de la pensée ou du langage. La vérité n'est le plus souvent qu'approchée et bien des propositions seraient à reprendre, qui forment pourtant le nœud de l'argumentation.

Que la pensée soit trouble et fuyante, on en jugera par quelques exemples.

M. J., qui professe de bouche des sentiments anti-libéraux, est si peu soucieux de faire la critique de ses idées, que, sur trois points importants, il donne les mains au libéralisme, en politique, en économie sociale et en philosophie, il verse doucement dans une bonne anarchie.

En politique, il est certain que l'alliance de l'individualisme et du libéralisme, qui sont deux moments d'une même maladie, dissout la société et institue une conspiration permanente contre l'Etat. Mais comme cette « insurrection de l'individu contre l'espèce » (A. Comte) ne peut pas avoir pour effet de soustraire l'homme à la nécessité des lois politiques et aux servitudes attachées à sa condition et qu'il ne peut se passer ni de la société de ses semblables ni d'un Etat, l'individu révolté doit composer la révolution dans un certain mélange avec l'organisation et donner au moins à l'anarchie qu'il instaure les apparences d'un gouvernement : la société est révolutionnée, l'Etat énervé, ils sont tous deux disposés contre les lois de la nature et de la raison qui défendent d'associer les contraires : la figure de l'ordre politique avec les réalités de l'anarchie libérale : tout de même il y a un Etat révolutionnaire et une société individualiste, qui dureront bien le temps de faire figure. M. J. les combat parce qu'ils engendrent la tyrannie du nombre, oppriment l'individu, suppriment la liberté (cf. p. 9) et ne sont d'ailleurs pas viables : on ne peut le contester. Mais il donne dans un autre excès, qui est de ruiner le principe d'Etat par haine de l'Etat jacobin et de tenir des propos d'anarchiste par dégoût du libéralisme. Historiquement, il reconnaît le rôle de l'Etat et confesse n'en avoir découvert aucun, d'aucun temps qui contente son cœur de moraliste superbe. En sorte que, par un détour, M. J. retombe dans l'erreur qu'il voulait condamner. En effet il réduit l'Etat à la fonction judiciaire : la politique est honnie par lui et sacrifiée à la morale du Bien, parce qu'elle risque d'entraver l'initiative individuelle, c'est-à-dire la liberté d'action ; et le même auteur a déclaré : « Liberté et Bien sont incompatibles ». Que croire ?

Si M. J., qui est catholique, a médité le *Syllabus*, il s'est aperçu que le libéralisme y est censuré sous toutes ses formes : l'économique comme l'intellectuelle. Car c'est un système qui corrompt toutes les parties de la pensée, déconcerte tous les genres d'action. Cependant M. J., qui a trouvé une ingénieuse formule pour définir et détester la licence de l'esprit [1], nourrit contre le socialisme menaçant une haine si dure qu'il perd toute modération, embrasse le libéralisme qu'il vient d'abjurer et s'emporte jusqu'à exalter le désordre économique qui marqua le dernier siècle. Cf. p. 234. Quelle est cette contradiction ? Et sommes-nous nécessairement condamnés à l'une de ces deux formes de barbarie sociale : le libéralisme imprudent et dissipateur d'énergies ou bien le socialisme compresseur et inerte ? M. J. ne sait-il pas que ce sont deux manières d'individualisme qui ne sont pas radicalement opposées ?

1. « La pensée a aussi son libre échange et sa protection ; la liberté laisse les forts écraser les faibles ; la protection peut permettre à ceux-ci de cultiver la vérité et de vivre. » (p. 167.)

Et encore le socialisme, et surtout celui qui pourra nous être administré, cela voudrait être défini. L'Etat jacobin, doté d'institutions électives, est engagé dans la voie du socialisme ; mais aussitôt il le corrompt en lui appliquant les idées démocratiques et individualistes. Il s'institue alors une série de relations, d'actions et de réactions, qui seraient, à noter. L'auteur n'a pas bien démêlé le point juste.

C'est en matière philosophique que la pensée de M. J. semble le plus inconsistante. Nous avons vu déjà que le libéralisme, ou la liberté qui a elle-même pour fin, était, dans la même page, qualifié d'absolu et puis de purement relatif. Mais comme l'auteur se pique de présenter la défense de l'absolu (du véritable,) il n'insiste pas sur la confusion du libéralisme avec l'absolu, qui est certaine, et se retranche sur l'identité du libéralisme damnable et du relatif, qui est fausse. Aussi, fort de son aversion pour le libéralisme, entreprend-il une critique générale du relatif. Or, il y a une doctrine philosophique qui rejette toute discussion touchant l'absolu, comme oiseuse et indécise, et se borne à l'étude du relatif. Cette doctrine a très fortement marqué son hostilité au libéralisme. Cependant force est bien à l'auteur de l'envelopper dans la réprobation qu'il jette sur tout le relatif, coupable de libéralisme. Mais il advient qu'en un chapitre qui semble particulièrement viser cette doctrine, M. J. est obligé, pour diriger ses traits, de prendre la position non plus d'un libéral, mais d'un libertaire : où se fier? Et ce chapitre de *la circulation* (1re partie, § VII.) est, par une singulière rencontre, un monument d'erreur et tout plein de propositions aventureuses qui n'intéressent d'ailleurs en rien la thèse défendue.

Les critiques adressées par M. J. à ce qu'il veut bien appeler le relatif, n'atteignent pas cette doctrine du relatif, qui échappe même à la condamnation formelle qui est prononcée contre elle. Enfin il se trouve que ce qu'il y a de meilleur dans le livre de M. J., appartient justement à cette doctrine, sinon en propre, du moins en commun avec le catholicisme : je veux dire l'idée de la supériorité du sentiment sur la raison pour la décision des actes de la vie et la distinction du temporel et du spirituel, (cf. pp. 220 et 221). Cette doctrine, c'est le positivisme. En bonne logique, M. J. devait s'interdire de l'attaquer.

Il n'avait pas le droit non plus d'employer des termes mal définis ; d'abuser du langage et de traiter avec témérité des questions qui lui sont mal connues.

Les erreurs de faits abondent dans son livre, son interprétation de la religion positiviste de l'humanité est fausse ; la proposition qu'il soutient, que « il n'y a pas d'erreur plus grande que de confondre la patrie avec l'Etat : l'Etat est peut-être le plus grand ennemi de la patrie », (p. 14) [1] est pernicieuse et ambiguë : car une patrie libre sans Etat ne s'est jamais vue et toute la question serait de déterminer par analyse les meilleures conditions de l'Etat pour parvenir à ses fins patriotiques. Aussi bien les exemples appelés par M. J. à l'appui de sa thèse, sont faux pour la plupart. Une phrase (p. 15), mérite d'être citée pour la belle ingénuité qui y éclate : « comment une patrie pouvait-elle résister aux apanages capétiens ? » Le fait est que la patrie française y a résisté [2] ; Mais l'auteur ne s'en avise pas. L'Histoire de Pologne n'est pas mieux comprise que celle de France : « N'est-ce pas l'Etat polonais qui a causé le partage de la patrie polonaise ? » (Ibid.) Non, mais l'Etat électif ou absence d'Etat [3]. L'auteur donne, contre son intention, des raisons de renforcer l'Etat pour préserver la patrie.

Certaines réflexions pénétrantes, des notations subtiles révèlent en M. Jouvin un psychologue assez fin ; mais il n'est certainement pas un économiste, ni un politique, ni un historien : or, toutes ces qualités lui eussent été nécessaires pour traiter avec suffisance le sujet qu'il a abordé : même sa philosophie semble peu sûre. Ses intentions pouvaient être très pures, lorsqu'il a entrepris son œuvre ; je crois certaines de ses conclusions exactes ; mais les raisons qu'il allègue, sont décevantes ; d'autres fois, si la pensée est juste, les déductions sont fautives.

---

1. Il serait peut-être indiscret de demander à M. J. s'il pense que l'Etat catholique, état politique, a été ou non une condition nécessaire du maintien et de l'expansion de *l'idée* catholique.

2. Elle en a même profité ; dans une brochure sur *la formation de l'unité française*, M. A. Longnon, de l'Institut, a démontré les heureux effets de l'institution des Apanages.

3. En Hongrie et en Bohême, la même cause eut le même effet : cette remarque est de M. Lavisse, rapportée par M. Jacques Bainville, (*Gazette de France*, 13 mai 1907.)

Enfin M. J. a le grand tort de se servir d'images et de métaphores comme d'arguments et de prendre pour des traits d'esprit des familiarités de langage ; on n'est pas à ce point cavalier. Si M. J. réprouve la morale sans bien, il a le goût du style sans convenance.

Pierre GILBERT.

---

102. — **L'Idée de juste Prix. Essai de Psychologie Economique,** par Alfred de TARDE, Docteur en droit, avocat à la Cour d'Appel. — Paris, F. Alcan, 1907, in-8 de 373 p.

« A la mémoire vivante de mon père, Gabriel Tarde, je dédie ces pages tout imprégnées de son souvenir et de son enseignement », telle est la dédicace qui ouvre le volume. M. Alfred de Tarde a vraiment soutenu à son honneur le poids d'un grand nom et il est permis de penser que le savant sociologue dont la science déplore encore la perte eut été heureux et fier de voir en son fils un disciple aussi remarquable et aussi fidèle.

C'est bien la méthode illustrée jadis par la psychologie économique que M. Alfred de Tarde fait sienne : il s'est proposé dans cet ouvrage de considérer l'idée du juste prix comme un fait d'observation et de suivre l'influence de cette idée sur la formation de la valeur dans la conscience individuelle : cette idée est pour lui la forme même du jugement de valeur dans la conscience : de plus le contenu de cette idée, dépend, comme le contenu du jugement de valeur, de l'Etat des consciences individuelles dont il suit les modifications successives.

Avec une pareille conception, c'est vraiment un problème général qui embrasse tout le domaine économique que l'auteur a voulu étudier, et il a de fait étudié.

Le problème est pour lui double :

Un problème théorique d'abord : comment concevoir l'action de l'idée d'un juste prix sur la détermination de la valeur? Pour le résoudre, l'auteur reprend la série des théories émises sur la valeur pour montrer de quelle façon ces diverses théories se sont faites une idée actuelle du juste prix et leur oppose la théorie psychologique, qui se fond sur l'analyse du jugement évalue :

Puis un problème pratique : comment s'excuse en fait cette action de l'idée d'un juste prix sur les prix réels? Et, dans quelques chapitres des plus nouveaux, M. de Tarde suit cette influence à propos du prix du travail (le juste salaire) du prix de l'argent (le juste intérêt), du prix de la terre (le fermage usuraire).

La démonstration se trouve ainsi doublement administrée de la thèse prise au début de l'ouvrage.

Nous avons voulu donner cette rapide analyse du volume publié par M. de Tarde pour montrer tout à la fois l'intérêt du problème abordés et la manière nouvelle et intéressante qui les renouvelle.

.*.

Le problème agraire du Socialisme, par Michel AUGÉ-LARIBÉ. La Viticulture industrielle du Midi de la France, à la Bibliothèque Socialiste Internationale. — Paris, Giard et Brière, 1907, in-12 de 362 p.

M. Augé-Laribé est un spécialiste des questions agraires. Un précédent volume : *Petite ou grande propriété?* Histoire des doctrines en France sur la répartition du sol et la transformation industrielle de l'agriculture, 1902, avait déjà donné au public une idée de l'esprit d'observation et du talent de l'auteur du présent ouvrage. Dans le livre d'aujourd'hui, M. Augé-Laribé pose une question générale : le problème agraire du Socialisme, c'est-à-dire la vérification des théories de K. Marx sur la concentration capitaliste appliquée à l'agriculture, et en cherche non pas la solution, mais un des éléments de solution dans la viticulture industrielle du Midi de la France.

A ce souci théorique qui suffit à faire lire le livre s'ajoute une question des plus actuelles, posée par les récentes grèves du Midi de la France et la situation du Prolétariat viticole. M. Augé-Laribé nous donne le résultat d'une enquête menée sur place et on sent, au travers de son livre, l'impression directe des faits.

Après un intéressant historique de la production viticole dans la région de l'Aude, de l'Hérault et du Gard, vient ensuite un exposé minutieux de la situation présente, puis une étude détaillée de la condition du prolétariat agricole.

Notre vignoble du Midi, la première de nos régions françaises, au moins par la quantité de ses produits, traverse une redoutable crise due à la surproduction. M. Augé-Laribé y relève les progrès du capitalisme et conclut ainsi ses remarquables observations :

« Il est très probable que la suprématie du capital s'affirmera plus nettement dans l'avenir. On peut donc admettre que les théories Marxistes restent valables pour la région viticole du Midi de la France, mais l'évolution économique qui doit préparer les voies au collectivisme est lente et incertaine. »

Bien des réserves d'ailleurs accompagnent cette conclusion principale : il y a en effet un abîme de l'esprit de forme et d'observation de l'enquêteur à l'esprit de généralisation dogmatique du chef des Collectivistes.

Tous ceux que préoccupe soit ce problème théorique, soit l'étude pratique de la crise et du moyen d'y remédier liront avec intérêt et profit le nouveau volume. Il restera à côté des études de Kantiky et de Van der Velde une des plus utiles contributions à l'Economie rurale contemporaine.   B. R.

---

103. — **Begriff der Tragodie nach Aristoteles**, Von Prof. Dr. Knoke. — Berlin, Weidmannsche Buchhandlund, 1906, in-16.

Ces 80 pages, M. Knoke les consacre à reprendre minutieusement les huit lignes de la Poétique par lesquelles Aristote exprime sa conception de la tragédie. Ce célèbre passage en a vu bien d'autres : cependant les multiples questions qu'il soulève ne semblent pas encore résolues. Depuis Lessing, il semble qu'on se soit peu à peu mis d'accord sur l'ἔλεος et le φόβος. La vraisemblance porte à croire que ces deux mots se rapportent au même objet, qui est le héros de la tragédie. D'autre part, on incline de moins en moins à ramener la crainte à la pitié, ainsi que le voulait Mendelssohn. Ce sont bien là deux sentiments très distincts dans notre psychologie comme dans celle d'Aristote. Nous croyons avec M. Knoke qu'il y a toujours intérêt à rechercher ces distinctions. La crainte commence dès qu'on soupçonne la possibilité d'une catastrophe ; la pitié commence avant que la catastrophe ait eu lieu. Bien qu'elles soient ainsi souvent parallèles chez les spectateurs, crainte et pitié sont cependant différentes dans leurs concepts.

Avec la κάθαρσις, nous quittons le terrain relativement solide de l'observation pour nous lancer parmi les interprétations les plus fantaisistes. Qu'est-ce que cette « purgation » τῶν τοιούτων παθημάτων? Peu nous importent à l'heure actuelle les explications vieillies de Castelvetro, de Dacier, de Reiz. L'esthétique, nettement amorale, d'Aristote, s'accommode peu de l'essai que tenta Lessing de donner à cette « purgation » un sens d'amélioration, de réforme morale. Plus fine est l'interprétation pathologique de Bernays, reprise par Ueberweg, Döring, Reinkens. Seulement les hellénistes répugneront toujours à croire qu'Aristote ait réellement jamais pensé aux propriétés curatives du théâtre, et qu'il ait vu dans la tragédie un moyen thérapeutique à recommander aux névropathes! Nous ne suivrons pas M. Knoke dans les très intéressants rapprochements qu'il suggère avec ce qu'Aristote dit de l'effet produit par la musique sacrée. Retenons seulement ses conclusions : les sentiments dont parle notre texte sont provoqués chez le spectateur par un violent ébranlement de l'âme. Après cette κίνησις qui rejette l'homme hors de la réalité coutumière, la κάθαρσις ou κατάστασις rétablit l'équilibre de l'âme, lui ramène la notion de l'ordre universel, la laisse guérie de ses angoisses passionnelles, la restitue, pacifiée, aux tâches de la vie courante. D'autre part, et cette fois sur la scène, M. Knoke nous signale, à la fin du spectacle tragique, une sorte d'allègement, une réconciliation des forces sociales et des aspirations individuelles, une harmonie suprême qui expire en accords de tonalité plutôt grise, mais de valeur reposante.

Il est un peu regrettable que ces idées, nous soyons obligés, pour les saisir dans leur ensemble, de sauter du milieu du livre à ses dernières pages. Entre ces aspects complémentaires de la « purgation » prennent place des considérations fort raisonnables sur la qualité morale du héros tragique, et sur la « faute » qui conditionne sa destinée. Cette faute, M. Knoke, la trouve chez tous les héros, même chez Œdipe. Et nous voici tentés de protester; mais la façon dont il distingue l'ἀδικία de l'ἀτυχία et de l'ἁμάρτημα, en rendant si légère la responsabilité qui atteint Œdipe, décourage nos protestations.

Oswald HESNARD.

104. — **Handlexikon zu Cicero**, von H. Merguet. — Dieterich'sche Verlagsbuchkandlung, Theodor Weicher. — Leipsig, 1905, in-4 de IV-816 pp. (Prix: 24 mk.)

Tous les latinistes connaissent les travaux de M. Merguet et surtout ses deux lexiques complets des discours et des traités philosophiques de Cicéron. Ces ouvrages, définitifs sur la matière, ont dispensé les auteurs du *Thesaurus Linguæ Latinæ* de faire pour cette partie de la littérature latine comme pour presque tout le reste, le dépouillement de tous les textes.

Le nouveau livre de M. Merguet appartient à un genre différent. Ce n'est plus un dictionnaire complet, donnant tous les exemples de chaque mot, mais un *Handlexikon* où l'essentiel seul est cité. Devant nécessairement se borner, l'auteur a, du moins, su choisir parfaitement les exemples. Dès qu'un passage présente un intérêt spécial, soit au point de vue de la langue, soit au point de vue de l'idée exprimée, on est sûr de la trouver dans le *Handlexikon*. Aussi croyons-nous cet ouvrage destiné à rendre les plus grands services non seulement aux savants qui font des recherches approfondies sur la grammaire ou la lexicographie latine, mais à tous ceux qui veulent avoir une connaissance sérieuse du latin. Dans l'intention de l'auteur, le lexique est destiné aux professeurs de l'enseignement secondaire ; nous souhaitons qu'on le trouve bientôt dans les lycées et collèges de France comme dans les gymnases d'Allemagne.

Les quelques remarques suivantes portent sur des détails de peu d'importance :

Nous regrettons l'omission presque complète des noms propres. En général les noms de peuples sont cités seulement lorsqu'ils sont employés comme adjectifs (*Attica dictio*); mais ils sont omis quand ils jouent le rôle de substantifs (*isti novi Attici*). Encore cette règle n'est-elle pas toujours suivie : *graeculus* n'est pas cité quoiqu'on lise dans le *Pro Flacio* 10, 23 : « motum quemdam temerarium *graeculae* contionis ». Je m'étonne aussi que M. Merguet ait omis *Arcitenens* (Phaen. 426) et cité *Sagittipotens* (Phaen 311) qui me paraît exactement dans les mêmes conditions.

Les variantes importantes sont relevées soigneusement ; de même les principales conjectures ; mais on ne voit pas pourquoi certaines d'entre elles sont notées à leur place alphabétique, et d'autres, non. Ainsi *perdomo* forme un article spécial; *innocivus*, *triceni* n'en forment pas. Cependant le seul exemple de *perdomo* est une conjecture, probablement malheureuse (*perdomiti* pour *redomiti*, Sul. 1. 1.); *innocivus* est une variante de *internicivus* (Dom 23, 61); *triceni* se trouve dans les manuscrits de Ver. 4, 26, 58; et c'est probablement à tort que plusieurs éditeurs corrigent en *trigemini*.

Les mots *adangesco* (Phaen. 182) et *almus* (Phaen. 698) ont été oubliés.

Pour *caeles, itis*, le *Handlexikon* ne cite qu'un exemple, tiré des vers de Cicéron; mais ce mot poétique a été employé une fois en prose dans le *Songe de Scipion* (Rep. 6, 9, 9).

On est étonné de rencontrer comme titre d'un article la forme *spolium*. Il eût mieux valu, ce semble, écrire *spolia*, puisque le singulier ne se rencontre pas dans Cicéron.

L'impression est très correcte; cependant j'ai remarqué: p. 179: *daclarat* pour *declarat*, p. 782: *vindeum* pour *vinetum*; p. 383: *linteum* placé par inadvertance après *lintriculus*.

Ces quelques défauts sont bien peu de chose dans un volume qui comprend environ 80 000 textes; quel travail il a fallu pour ne laisser échapper que des imperfections de ce genre, ceux qui ont tenté des travaux d'érudition le comprendront.

En remerciant M. Merguet de l'excellent instrument de travail qu'il met entre nos mains, nous ne pouvons nous empêcher d'exprimer le regret qu'il ne nous ait pas encore donné le dictionnaire complet des Lettres de Cicéron et celui des ouvrages de rhétorique. Nous souhaitons de les voir paraître bientôt. Alors M. Merguet aura achevé l'œuvre monumentale qu'il a commencée il y a trente ans.

L. LAURAND.

---

105. — **Études sur l'Histoire de la Littérature latine dans les Gaules**. — *Les derniers écrivains prafanes* (Les Panégyristes; — Ausone; — le *Querolus*; — Rutilius Namatianus), par René PICHON. — Paris, Ernest Leroux, 1906, in-8 de ix-332 pp. (Prix: 7 fr. 50).

Dans ce volume, M. Pichon entreprend, non pas de faire « une histoire complète de la Littérature gallo-romaine », mais de « rechercher ce que les textes qu'il y étudie nous apprennent sur l'état d'âme de leurs auteurs et de leurs contemporains, sur l'histoire morale et sociale de la Gaule du IV° siècle. » Il s'agit aujourd'hui des écrivains profanes, y compris Rutilius Namatianus, dont le poème appartient au début du v° siècle ; les écrivains religieux seront étudiés plus tard.

En abordant ainsi une époque qui a été longtemps négligée chez nous sous l'absurde prétexte que ce serait une époque d'extrême « décadence », M. P. rend un grand service aux amis des lettres qui n'ont pas le loisir d'étudier les monographies et ne veulent pas se contenter des secs renseignements donnés dans les manuels. Aussi bien, cette étude vient à son heure. Depuis une quinzaine d'années, bien des Français se sont remis à fouiller dans l'histoire du IV° siècle et en ont tiré des livres intéressants. Mais, si on en excepte quelques chapitres suggestifs de M. G. Boissier, nous n'avons aucun ouvrage qui renferme des vues d'ensemble et des conclusions générales, rien qui puisse remplacer des exposés vieux de plus d'un demi-siècle, je veux dire les leçons un peu superficielles d'Ampère et le livre trop systématique d'Am. Thierry, que connaît bien M. P., ainsi que certaines pages fort pénétrantes de Fauriel ou même d'Ozanam qu'il serait injuste de passer complètement sous silence. M. P. a l'intention de combler cette lacune.

Sur les écrivains du IV° siècle, M. P. émet des idées qui, sans être absolument neuves, ne manquent pas d'originalité ; je crains bien qu'il ne les fasse pas accepter aisément. Il tâche à découvrir en eux des caractères, qualités et défauts, qui se retrouvent, par une sorte de filiation ininterrompue, chez les historiens, compilateurs, docteurs, théologiens et autres écrivains du moyen-âge, chez les humanistes de la Renaissance et chez les auteurs les « plus classiques » du XVII° siècle. L'esprit « français » aurait déjà été tel au temps d'Ausone qu'il se présente sous François Ier, sous Louis XIV et aujourd'hui encore. Par suite, contrairement à l'opinion la plus généralement admise, M. P. voit dans la littérature gallo-romaine non-seulement une fin; « mais un commencement aussi »; c'est « une esquisse anticipée de notre littérature à nous, telle qu'elle a été dans sa période la plus classique et la plus véritablement nationale »; ce serait « à peine user d'une formule paradoxale que de l'intituler « la littérature française avant les Francs ». Sans doute cette théorie peut se soutenir. Mais, dans la suite du livre, M. P. y réussit à l'aide de généralisations et de formules qui plaisent surtout par l'ingéniosité. Peut-être rencontre-t-il trop aisément le présent dans le passé. Parler de « snobisme », d' « illusionnistes », de « tarabiscotage », d' « esprit universitaire », de « mandarinat chinois », d' « état d'âme professionnel » à propos des Panégyristes ou d'Ausone, comparer la « préciosité » de certains panégyristes à celle de Balzac, de Voiture ou même de Trissotin, faire d'Ausone « le premier poète bourgeois et familier de France », voir dans Saint-Hilaire une sorte de « prélat gallican », évoquer le souvenir de Madame de Staël à l'occasion de la « Société mondaine » du ive siècle, etc... c'est, je le crains, ne pas toujours examiner les choses sous leur vrai jour ou par leur côté le plus important.

Cela ne veut pas dire que les vues de M. P. soient fausses ou que son travail soit superficiel. Loin de là ; le livre fait penser à certaines séries d'articles de la *Revue des Deux Mondes* où l'agrément de la forme n'exclut pas la solidité du fond. M. P. s'est donné beaucoup de mal pour se mettre au courant. Il connaît bien des travaux antérieurs ; en cas de besoin, il leur emprunte, soit pour les approuver, soit pour les contredire. Qui l'en blâmerait? Où en serions-nous, s'il fallait perpétuellement découvrir du « nouveau »? Il n'est pas nécessaire que la science soit faite *tout entière* par ceux qui la vulgarisent. Il est toujours utile, souvent indispensable de *savoir* mettre au point les recherches des prédécesseurs et d'en présenter la substance aux lecteurs qu'effaroucherait l'érudition trop nue. En empruntant à M. G. Boissier, à M. Monceaux, à M. de la Ville de Mirmont, à M. Havetl, à M. Martino et à d'autres des opinions qu'il a, avec une entière indépendance d'esprit, modifiées, réformées ou réfutées, M. P. a fait œuvre éminemment utile. Ses discussions n'excluent d'ailleurs ni les vues originales, ni les faits « nouveaux ». Personnellement, je lui sais le plus grand gré d'avoir bien voulu mettre à profit mon étude sur Rutilius Namatianus et de l'avoir fait connaître d'un public auquel elle n'était pas destinée. S'il est en désaccord avec moi sur plusieurs points, cela ne tire pas à conséquence ; quand il s'agit d'opinions discutables, il est bon de ne pas s'asservir à celle d'autrui. Mais j'hésite toujours à croire que

Rutilius n'a pas visé exclusivement les Juifs quand il s'indigne contre le Juif de Falérie (voir *Un antisémite au v* siècle*, dans le *Bulletin des Cours* et *Conférences de la Faculté des Lettres de Poitiers*, Juillet 1906) et je me demande si le poète apparaît bien à ceux qui ont lu son œuvre comme le type du « grand fonctionnaire gallo-romain. » J'ai d'autre part bien de la peine à admettre, malgré les arguments de M. P., que le poème n'a pas été composé au jour le jour ; pour ce qui est de la date, j'ajoute ici qu'il faut adopter la fin de l'année 417 (voir *Rutiliana*, dans la *Revue de Philologie*, XXX, 1ᵉʳ Janvier 1906).

Je n'entre pas dans l'analyse détaillée du livre ; il suffit de le lire pour apprécier la manière de M. P. Je signale très particulièrement le souci que prend l'auteur de condenser en « formules » le résultat de ses observations ; quelques-unes de ces formules ont une saveur moderne très accentuée. Les chapitres les plus documentés et les plus neufs sont ceux qu'il consacre au « monde des écoles dans la Gaule romaine » (chap. I) et à la « politique impériale » (chap. II) d'après les Panégyriques ; là sont finement étudiées et jugées des questions d'histoire littéraire, politique, religieuse et sociale d'un rare intérêt. Le chapitre III nous fait vivre quelques instants dans l'entourage d'Ausone et nous y éprouvons du plaisir. Je crains toutefois que le titre (*La société mondaine au* IVᵉ *siècle, d'après les poésies d'Ausone*) ne corresponde mal au contenu ; la société où nous pénétrons à la suite d'Ausone est relativement restreinte, même à Bordeaux ; il y a inconvénient à trop généraliser. J'en dirai autant du chapitre IV (*Une comédie de société gallo-romaine : le* Querolus) ; le *Querolus* est une comédie aussi gaie qu'érudite où se trahit partout la préoccupation d'adapter, si j'ose dire, Plaute et Térence, aux mœurs raffinées d'un public élégant ; il serait exagéré d'y voir l'image *complète* de ce public. Bien peu nombreux sont les groupes qui savourent réellement une « comédie de société » : si nous n'avons pas d'autre représentant de ce genre que le *Querolus*, nous ne pouvons guère, par cet unique exemple, juger les goûts des « salons » auxquels elle était destinée. Le chapitre V est consacré à Rutilius Namatianus. Quatre appendices (*L'Origine du Recueil des Panégyriques ; — Le texte des Panégyriques et la prose métrique ; — Les points douteux de l'Histoire d'Ausone ; — Observations sur le texte d'Ausone*) forment la partie « érudite » du travail ;

cette partie est destinée à montrer qu'une « histoire vraiment scientifique ne doit sacrifier « ni les conclusions générales ni les recherches de détail ». Les recherches de ce genre n'offrent un réel intérêt que si elles accompagnent l'étude d'un texte ou fournissent des éclaircissements sur les questions étudiées dans le corps de l'ouvrage ; ce n'est guère le cas ici.

Je n'emploierai pas en parlant du livre de M. P. le mot déplaisant de *vulgarisation* ; ce n'est pas ce qu'il a fait, ni ce qu'il a voulu faire. Au grand public, aux étudiants, à tous les lecteurs qui désirent connaître la littérature gallo-romaine sans recourir aux sources, il a fourni un ensemble de renseignements et de jugements dont beaucoup sont originaux et qui tous sont présentés sous une forme attrayante. C'est là un mérite sérieux. J. VESSEREAU.

---

106. — **Gaspar Mercader : El prado de Valencia,** édition critique publiée par Henri MÉRIMÉE. — Toulouse, E. Privat ; Paris, A. Picard, 1907, CIX-238 pp. (Prix : 7 fr.)

C'est une œuvre rare et bien originale que ce *Prado de Valencia* de Gaspar Mercader dont la première édition en France nous est donné par M. H. Mérimée, maître de conférences à la Faculté de Montpellier, dans la collection de la *Bibliothèque méridionale*. Œuvre rare, par la rareté même des exemplaires qui nous l'ont transmise, puisqu'elle n'a jamais été réimprimée depuis l'année 1600, où l'auteur la proposait au public ; œuvre originale, dans la littérature espagnole même et dans la littérature européenne de l'époque, par son triple caractère de roman pastoral, de *cancionero* et de roman à clef. Aussi semble-t-elle mériter, avec la curiosité et l'estime des lettrés, toute la peine que M. H. Mérimée a prise pour nous en communiquer le texte exact, d'après l'édition *princeps* ; et l'on doit louer avant toutes choses l'esprit critique et le soin scrupuleux avec lesquels ce texte est établi.

Sur la personnalité même de D. Gaspar Mercader, une étude biographique copieuse et détaillée, écrite avec un souci de la précision qui n'exclut pas les agréments d'une forme vivante et colorée, nous renseigne abondamment.

M. M. a été assez heureux pour ranimer une figure que l'histoire semblait oublier et qui mérite de survivre. Les archives de Valencia et de Madrid lui ont fourni d'intéressants documents sur une vie qui fut bruyante et brillante en son temps ; son émotion et la sympathie visible qu'il a pour son personnage, lui ont permis de camper une fière silhouette de gentilhomme, bel esprit, qui aima les Muses parce qu'elles étaient femmes, la poésie parce qu'elle plaisait aux femmes, qui trouva à utiliser dans le culte des lettres les loisirs que lui laissait la galanterie et dans le commerce des dames l'esprit qu'il n'avait point dépensé à écrire. Il faut lire cette biographie pour comprendre tout ce qu'il peut y avoir de passion sincère, d'orgueil efficace et d'intelligence active dans une existence vide en apparence et désœuvrée.

Après nous avoir tracé un portrait net de D. Gaspar Mercader, M. M. s'attache à faire revivre le *prado* de Valencia, tel qu'il était à la fin du xvi° siècle ; aussi bien l'un ne va-t-il pas sans l'autre et le cadre habituel où se déroule cette existence ne peut-il être séparé du portrait. Voici donc, sur la rive gauche du Guadalaviar, en face de Valencia, et dans le prolongement du *llano*, ou esplanade, qui précède le palais royal, la promenade champêtre, ombragée de bosquets, égayée de cascatelles, où les galants cavaliers et les dames coquettes se réunissaient, comme les Florentins de Boccace aux jardins de la villa Schifanoja, pour goûter la fraîcheur des soirs et mêler leurs propos d'amour et leurs devis spirituels aux jeux multiples de la lumière déclinante. Séjour obligatoire des idylles préliminaires, des rendez-vous décisifs ou même de marchés plus cyniques, le prado de Valencia fut le théâtre des exploits de D. Gaspar Mercader, et c'est pourquoi il le choisit tout naturellement comme cadre de son roman.

Est-ce vraiment un roman que cette œuvre où l'auteur s'est soucié surtout de faire revivre les souvenirs de sa jeunesse, de noter tout ce qui avait occupé son esprit et flatté son orgueil, de rappeler ses succès de galant homme et d'homme d'esprit ?

M. M. distingue dans le *Prado de Valencia* un triple caractère : par le décor, les personnages, le développement de l'intrigue et le ton du récit, c'est d'abord un roman pastoral. Le site y est suffisamment idéalisé, d'après les conventions du genre, pour qu'il soit malaisé de le reconnaître ; les mœurs y sont idylliques à souhait ; les bergers et les bergères plus occupés de leurs soupirs et de leurs flammes que de leurs troupeaux ; l'intrigue fort dégagée de la ressemblance. On ne peut s'y tromper : c'est bien l'œuvre d'une littérature et d'une époque qui nous ont envoyé tant de Céladons et de Silvandres, tant de Daphnides de la Galatées.

Mais ce roman n'est pas seulement une pastorale fade et conventionnelle, ou plutôt la pastorale y sert de prétexte aux joutes poétiques et permet à l'auteur de constituer l'une des anthologies les plus intéressantes que nous ayons des poètes valenciens de la fin du XVIe siècle. C'est le *cancionero* qui confère à l'œuvre son second caractère et son plus réel mérite. D. Gaspar Mercader ne s'est pas contenté d'y reproduire ses propres poésies ; il a accueilli et sauvé de l'oubli un choix important de romances, octaves, sonnets, quatrains, pièces de circonstance pour la plupart, dont les auteurs lui avaient fait hommage ou qu'il a copiées dans des recueils contemporains. Ainsi le *Prado de Valencia* se trouve être, en quelque façon le livre d'or de toute une pléiade poétique à son déclin.

Enfin cette pastorale où bergers et bergères font assaut de chants amœbées, comme les pasteurs de Théocrite ou de Virgile, est en même temps un roman à clef où les contemporains aimaient à reconnaître et où nous pouvons encore deviner l'identité des personnages, sous les noms bucoliques dont ils sont affublés. M. M. nous guide dans cette identification qui n'est pas également aisée pour tous les héros du roman : il établit sans réserves que le personnage principal, le berger Fideno, représente D. Gaspar Mercader luimême, et Belisa sa maîtresse, Dª Catalina de la Cerda ; il propose, sans affirmer, de voir sous les traits de Lisardo et de Nisida, Guillén de Castro et sa femme Dª Marquesa Rebolledo, hypothèse séduisante que de bonnes raisons permettent de soutenir.

Il faut souhaiter que M. M. donne à cette curieuse publication une suite toute naturelle, et nous prenons bonne note de la promesse qu'il nous fait de nous dire quelque jour plus en détail quelle place le livre de Gaspar Mercader occupe dans la littérature espagnole de Valencia.

Précis de phonétique historique de l'Allemand, par F. Piquet. — Paris, C. Klincksieck, 1907, in-12 de xv-240 pp. (Prix : 3 fr. 50).

C'est par une singulière confusion de termes que ce livre se trouve rangé dans une « collection à l'usage des classes; » en réalité ce précis, comme l'excellent précis de phonétique française de M. Bourciez, qui appartient à la même série, s'adresse essentiellement aux étudiants des facultés et aux professeurs; et M. Piquet lui-même n'a pas dû formuler sans quelque ironie l'hypothèse que « les élèves des classes supérieures des lycées et collèges le feuilleteraient avec intérêt et profit. » Cette réserve faite, il n'y a qu'à louer la méthode, l'ordonnance claire, la précision scientifique et aussi la nouveauté de cet exposé, appelé à rendre les plus grands services à tous ceux qui abordent l'étude difficile de la phonétique allemande : que de fois, égarés dans le marécage perfide de la philologie germanique, les étudiants novices ont appelé de leurs vœux le guide expérimenté et fidèle qui leur est offert aujourd'hui. Les plus courageux devaient faire pour eux-mêmes, avec une incertitude et des tâtonnements qui en compromettaient les résultats, ce travail de recherches préparatoires qui permet de s'attaquer aux ouvrages solides et compacts de Kauffmann ou de Braune. Ce travail nécessaire M. Piquet l'a fait pour eux : sous cette forme nette et concise, qui distingue les livres français d'érudition des livres allemands similaires, il retrace successivement l'histoire des voyelles, des dihtongues, des consonnes et des sonantes depuis l'indo-européen jusqu'au haut allemand moderne, en suivant les diverses modifications avec une grande rigueur méthodique : le plan et la disposition typographique du livre, où les exceptions rejetées dans les remarques sont très soigneusement distinguées de la règle, — procédé qui malgré sa simplicité presque naïve n'est pas toujours observé dans les ouvrages les plus distingués et les mieux cotés, — ne permettent pas à l'esprit de s'égarer.

Deux parties surtout paraissent neuves dans cet excellent manuel : c'est, d'une part, une brève étude historique où, en moins de vingt-cinq pages, qu'illustre une carte parfaitement claire, M. P. a condensé tout ce qu'il est essentiel de savoir sur l'origine et l'évolution de l'allemand, sur les trois périodes du haut allemand, et sur les différents dialectes. — D'autre part, les notions de phonétique descriptive qui suivent cette étude constituent une originalité réelle dans un livre de ce genre : l'auteur semble même dépasser le cadre modeste qu'il s'est fixé, car sa description des organes vocaux, éclairée par une figure anatomique très nette, l'exposé qu'il consacre aux lieux et aux modes d'articulation des sons restent précieux également pour tous les curieux de phonétique, sans distinction de langue ; c'est le précis le plus simple et le plus complet que nous connaissions des premiers éléments d'une science ardue et parfois déconcertante. Il y a tout lieu de croire que ce petit livre rencontrera dans le public auquel il s'adresse tout le succès qu'il mérite.

* * *

Le sentiment de la nature, par Michel Epuy. — Paris, de Rudeval, 1907, in-12 de 228 p. (Prix : 3 fr. 50).

La seule excuse d'un livre comme celui-ci est sans doute le plaisir que l'auteur a pu prendre à l'écrire; mais encore n'est-ce pas une raison suffisante pour le faire imprimer. Sur un sujet qu'un grand talent ne sauverait peut-être pas de la banalité, M. Michel Epuy se raconte, ou se confesse, avec une complaisance qui serait touchante, si elle pouvait-être tout à fait sincère. Peut-être pouvait-on écrire sur le sentiment de la nature une étude philosophique; mais M. E. se défend ou se retient d'être philosophe; à défaut d'une explication personnelle ou d'une théorie neuve, il était intéressant de rechercher et de suivre dans les œuvres littéraires les expressions diverses d'un sentiment essentiel pour le développement de l'imagination et de la sensibilité poétiques ; une enquête de ce genre n'a de valeur qu'à la condition d'être précise et limitée : tout développement général et qui ne se fonde pas sur l'étude critique des textes, reste superficiel et sans intérêt. M. E. qui n'apporte aucune interprétation claire d'un des instincts les plus admirables et les plus profonds de l'âme humaine, ne cherche pas davantage à nous rendre compte des manifestations diverses de cet instinct. S'il avoue ne pouvoir dire pourquoi nous aimons la nature, il dédaigne sans doute de nous montrer quand et comment on l'a le plus et le mieux aimée. Ce qui semble l'intéresser uniquement, c'est l'analyse de ses propres sentiments et l'exposé de ses impressions successives. Il est regrettable que M. E. n'ait pas utilisé de préférence les uns et les autres pour orner un roman de quelques digressions descriptives ou alimenter une inspiration poétique à laquelle il ne doit pas se montrer rebelle.

Car, dans ce livre, dont le titre seul est trop ambitieux et le plan trop complexe à la fois et trop audacieux, on ne peut nier qu'il n'y ait quelques bonnes pages, intéressantes par la sincérité, même naïve, de celui qui s'y confesse. Encore que l'auteur, qui doit-être très jeune, y abuse un peu des eaux, — ou des ciels, — teintés de lilas et de mauve, du ciel chimérique, de la nuit féérique, et des âmes des fleurs, — il y a plus d'une notation juste et fine, dans ce roman d'amour d'une âme humaine vibrante et généreuse avec la nature immuable, plus de coquetterie et de sentimentalité, peut-être, que de sensualité et d'ardeur. On ne lira pas sans plaisir les pages sur la solitude et la rêverie, — sur la femme (en dépit des « chants d'éperdue tendresse *fredonnés* autour des fleurs royales, sous les cieux enchantés; ») et sur l'enfant. Si M. E. n'avait pas eu l'ambition de renfermer en moins de cent pages tout ce qu'il pense savoir de l'expression du sentiment de la nature dans tous les arts et à toutes les époques, s'il avait limité à une très brève analyse subjective, présentée plus nettement en un style plus simple, une étude où il y a du goût et de la bonne volonté, s'il avait renoncé à soulever des montagnes et à enfoncer des portes ouvertes, si enfin il s'abstenait de se poser presque à chaque page des questions auxquelles il avoue immédiatement ne pas pouvoir ou ne pas vouloir répondre, son livre se lirait sans doute avec quelque agrément. On peut espérer que M. E. trouvera à utiliser des qualités, qui sont gâchées ici, dans quelque autre livre moins dogmatique et moins puéril. — E. MAYNIAL.

---

107. — **Un poète réaliste anglais : Georges Crabbe**, par R. Huchon. — Paris, Hachette, 1906, in-8 de xii-688 pp.

Nous arrivons un peu tard pour louer le livre de M. H. La presse anglaise et française l'a déjà trop bien accueilli pour qu'il soit possible d'en dire le bien qu'on en pense sans répéter autrui. Un fait d'ailleurs domine toutes les critiques : c'est sans doute ici la première des thèses de notre nouvelle école d'anglicisants qui paraisse simultanément chez un grand éditeur français et en traduction chez un grand éditeur de Londres : M. Murray.

C'est en effet essentiellement une biographie à l'anglaise, et il n'est pas mauvais que nous en ayons un spécimen en notre langue, ne fût-ce que pour nous faire honte et nous rappeler que peu de nos grands poètes ont encore été présentés au lecteur français avec ce souci du détail, ce respect de toutes les menues informations que le crible du hasard a laissées parvenir à nous, avec cette sorte d'humble attachement, ce besoin de faire revivre les moindres gestes, de les situer dans leur cadre et leur atmosphère propres, avec cette plénitude sobre et cette force lente et sûre, que nous admirons ici dans l'étude d'un poète étranger et d'un poète étranger de second ordre.

Crabbe, « le plus hollandais des poètes anglais », né dans un pays plat, que balaient et assombrissent les tempêtes de la Mer du Nord, au milieu d'une population de pêcheurs qui s'enivrent et qui fraudent, fils d'un père violent mais d'une mère patiente et pieuse, gardera toute sa vie (et elle sera longue, puisque il mourra en 1832, âgé de 77 ans) une certaine amertume profonde, une humeur de désabusé que sa position de clergyman poussera vainement à la prêcherie moralisante. Imaginez un Teniers qu'un sort ingrat ferait monter en chaire.

Oui, un sort ingrat : car il avait commencé des études de médecine qui lui convenaient mieux : il était de la race des médecins-poètes du dix-huitième siècle : des Garth, des Blackmore, des Akenside et des Armstrong. Toute sa vie, il fut botaniste, et il devint, sur le tard, quelque peu géologue. Mais apprenti pharmacien ou apothicaire de village, il souffrit cruellement de sa pauvreté et, à vingt-six ans, il se décida de tenter la fortune des poètes. Elle lui fut longtemps adverse et Crabbe connut à Londres en 1781 toutes les misères que la fierté romantique n'avait pas encore ennoblies, toutes les servitudes que le dix-huitième siècle, en Angleterre comme ailleurs, couvrait mal de dédicaces hyperboliques. Enfin l'accueil inespéré que lui fit le grand cœur de Burke lui valut, et de pouvoir publier son premier poème, et de se voir bientôt admis dans les ordres de l'Eglise Anglicane. Rien de curieux d'ailleurs comme l'histoire de cette vocation soudaine : Crabbe entrait dans le ministère sacerdotal à peu près comme nos symbolistes devaient entrer un siècle plus tard dans nos bureaux de préfecture ou d'enregistrement : la « vie cléricale » était une demi sinécure plus grasse que d'autres, affaire de recommandations d'ailleurs : aucune étude théologique sérieuse n'était requise, une teinture de grec suffisait à passer le petit examen de l'ordination : un premier désir était exprimé dans une lettre du 27 mars et le 21 décembre suivant, Crabbe, diacre et vicaire de paroisse, prêchait et mariait...

Il se mariait lui-même peu après, froidement, sagement, à la suite de longues fiançailles. Et il mena jusqu'à la fin à travers les tourmentes de l'ère révolutionnaire la vie ordonnée et digne, d'un ordre un peu compassé, d'une dignité un peu distante, d'une sagesse très moyenne, de prêtre père de famille, et bientôt magistrat local « Justice of the peace ». Les ennuis des dîmes mal payées, ou des échanges de cures insuffisamment profitables, voilà les petitesses de la carrière, à ses débuts du moins. Plus tard, avec le renom d'auteur qui grandit les « saisons » passées à Londres en étaient les grandeurs commodes.

En somme, ce fut une existence terne, sans passions, bonnes ou mauvaises. Et il y a bien de cela dans l'œuvre : avec un souci croissant de l'unité et peut-être un souci décroissant de la portée didactique et morale, elle offre d'un bout à l'autre des vignettes, — pas de vastes tableaux — où les vices communs de l'homme — point les crimes énormes — sont notés, sans excès de couleur, comme en simple bistre, mais avec un dessin merveilleux de force et de précision. Cela ne retentit pas beaucoup en nous : cela ne semble pas avoir beaucoup retenti en Crabbe lui-même, plus prompt à la satire grondeuse qu'à la pitié profonde et à l'indignation virulente. Beaucoup de flegme (un flegme hollandais encore) lui a permis de prolonger à sa façon jusqu'en plein dix-neuvième siècle cette veine de réalisme qu'avaient exploitée les descriptifs du siècle précédent, et auquel les naturalistes allait revenir. Ce réalisme était un peu court, il croyait trop se suffire à lui-même, il reste sans pouvoir d'évocation complémentaire, il ne se dépasse pas à la lecture, il n'éveille jamais les échos mystérieux de la « forêt de symboles » qu'a chanté Beaudelaire. Mais aussi ce réalisme échappe aux dangers de la systématisation artistique et philosophique.

Et c'est là son charme spécifique. M. H. l'a indiqué, en des notes qui auraient du prendre la place d'analyses vraiment bien longues. Avec une simplicité admirable, qui chez ce vieillard, dont l'œuvre était célébrée par tout un parti, devint presque une vertu, Crabbe s'obstina à décrire et à conter — à raconter, faut-il dire parfois, lorsqu'il devient bavard. Probe, sûr, son œuvre constitue plutôt qu'un grand exemple, une bonne leçon : une leçon de patience et de paix : elle a la solidité un peu massive, la sévérité un peu lourde de cette face fortement modelée dont le dessin par Chantrey forme le frontispice du très sûr et très probe livre de M. Huchon.

A. Koszul.

---

108. — **Quelques poètes**, par L. Arnould, avec une préface de Fr. Coppée. — Paris, Oudin, 1907, in-12 de xi-462 pp. (Prix : 3 fr. 50).

Ce livre contient une série d'études inégalement intéressantes sur un certain nombre de poètes, voire même de prosateurs, puisqu'il débute par une étude sur Sainte-Beuve et sa méthode biographique de critique littéraire et qu'il se clôt par quelques pages consacrées au *Critus*.

M. Arnould nous apprend qu'il partage les idées de Sainte-Beuve en critique : il ne croit pas pouvoir nous faire connaître suffisamment l'œuvre d'un poète, sans nous le faire connaître lui-même, et, comme il conte avec esprit, on sent qu'il a plaisir à nous conter, de temps en temps, une anecdote, le lecteur aussi aime les anecdotes : on lira son livre avec plaisir.

L'étude sur Malherbe et celle sur Racan sont de beaucoup les meilleures, l'auteur connaissant beaucoup cette époque de la littérature française. La thèse qu'il publiait il y a quelques années avait en effet pour sujet Racan lui-même et l'étude actuelle est empruntée à ce travail.

Professeur à l'Université de Poitiers, M. Arnould s'est amusé à exhumer de l'oubli, où il méritait bien de dormir à jamais, un pharmacien de cette ville, nommé Paul Contant qui employait les loisirs que lui laissait son office à collectionner des plantes rares et des bêtes empaillées et à écrire de méchants vers. Sa devise était paraît-il : *Du don de Dieu, je suis content*. S'il entendait parler du don poétique, il se contentait à bon compte.

M. Arnould étudie ensuite André Chenier, Victor Hugo de 1832 à 1848, et enfin Sully-Prudhomme, dont le portrait est reproduit en tête du premier volume. Est-ce pour remercier l'auteur de l'application apportée à étudier son œuvre que l'illustre poète de la Justice et du Bonheur y a joint cette dédicace discrète : « A Monsieur Louis Arnould très sympathique hommage. » ? Quand on se rappelle la belle étude de Jules Lemaître dans les *Contemporains*, on ne peut s'empêcher de trouver celle de M. Arnould un peu pâle. Elle contient cependant des détails intéressants et inédits sur la jeunesse de Sully-Prudhomme, mais ni ses idées philosophiques et religieuses, ni son génie poétique ne sont suffisamment fouillés et mis en lumière. C'est peut-être pour cela qu'il s'est contenté d'offrir sa photographie à l'auteur et que M. Arnould a dû s'adresser à Fr. Coppée pour avoir une préface.

.*.

Livres et questions d'aujourd'hui, par Victor Giraud. — Paris, Hachette, 1906, in-16 de xv-283 pp. (Prix : 3 fr. 50).

Voici le sommaire de ce volume qui est composé d'articles parus au cours des dernières années :

Pascal et la critique contemporaine. — Bossuet et son dernier historien. — Les principaux courants de la littérature au XIXe siècle. — Les œuvres de Sainte-Beuve. — La troisième France. — Anticléricalisme et catholicisme. — Notes sur la littérature suisse contemporaine.

Faut-il chercher un lien entre ces diverses études ? On le trouverait dans la préoccupation des problèmes religieux que l'auteur voit au fond de tout. « L'histoire de la littérature française » n'est, d'après lui « que celle d'un long duel ininterrompu entre ceux qui croient et ceux qui ne croient pas, entre ceux qui croient d'une certaine manière et ceux qui croient d'une autre. » (Préface, p. VII.)

Evidemment, comme le remarque d'ailleurs M. V. G., on ne peut juger les œuvres de nos écrivains, de cet unique point de vue.

Faute d'une certaine maîtrise dans l'exécution, une œuvre, où de hautes questions pourraient être agitées, n'existerait pas, littérairement parlant. Mais, d'autre part, un ouvrage peut atteindre au point de vue de la forme à une haute perfection ; s'il ne touche pas aux grands problèmes qui tiennent l'humanité aux entrailles, s'il ignore le problème religieux, il n'intéressera pas profondément nos âmes, il n'atteindra point à la suprême beauté de la vie. On ne peut contester que nos plus grands écrivains directement ou indirectement aient tous été émus par ces grandes questions dont l'intérêt est éternel. Attentif à rechercher dans toute œuvre littéraire, la manifestation de l'idée religieuse, M. V. Giraud excelle à en dégager par là même ce qui en fait « l'actualité », si de nos jours, plus que jamais, la question religieuse est la grande question qui passionne et divise tous ceux qui pensent.

Là est le véritable intérêt de ce volume.

Pierre HERVELIN.

---

109. — Les Saints successeurs des Dieux. — *Essais de mythologie chrétienne*, par P. SAINTYVES. — Paris, Émile Nourry, 1907, in-8. (Prix : 7 fr. 50).

M. Saintyves veut prouver que le culte rendu aux saints et aux martyrs est d'origine païenne. Dans la première partie de son ouvrage, il étudie cette origine d'après les rapprochements historiques qui la rattachaient au culte des héros de l'antiquité. La seconde partie traite des sources des légendes hagiographiques ; la troisième, de la mythologie des noms propres.

Il est incontestable que le christianisme naissant a dû, pour se faire comprendre aux peuples, se servir des formules anciennes, accepter des usages établis et certaines coutumes rituelles. Mais, de là à conclure que l'hommage rendu aux saints et aux martyrs découle d'une source païenne, il y a un abîme.

Le tort de certains critiques ingénieux — surtout aujourd'hui où l'exégèse mythologique est de mode — est de vouloir généraliser des cas particuliers. Le titre seul de l'ouvrage de M. Saintyves : *Les Saints successeurs des Dieux*, indique bien cette tendance trop absolue. Comme le fait très bien remarquer un savant bollandiste, le Père Delehaye, dans son ouvrage : *Les légendes hagiographiques*, le culte des saints est issu du culte des martyrs et non du culte des héros « L'histoire des deux cultes, dit-il, nous fait assister à un développement logique parallèle, mais sans nulle dépendance. » M. Marignan, dans ses *Études sur la civilisation française* (*le culte des saints sous les Mérovingiens*), dit que la croyance, fort ancienne, en la puissance surnaturelle des héros a certainement collaboré à la dévolution envers les saints du christianisme. « Mais ajoute-t-il, on ne peut cependant rattacher à aucune de ces croyances l'origine de cette dévotion. Elle nait surtout de l'état mental de l'humanité à cette heure historique et n'est pas la copie servile du passé. »

L'homme a toujours été entraîné vers un idéal : le besoin de rendre un hommage aux êtres supérieurs est inné dans la nature humaine. Mais le rite des héros païens et celui des saints chrétiens proviennent d'une conception théologique tout différente. Avec le christianisme naquit une nouvelle idée de la sainteté. La religion païenne était avant tout personnelle ; la morale y était absente. Il ne faut pas s'étonner que les légendes chrétiennes ont certains traits communs avec des récits antiques. Mais il est téméraire de conclure qu'il y a succession où il n'y a qu'une similitude, un exercice littéraire d'un hagiographe trop ingénieux.

Le rapprochement des dates de certaines fêtes païennes avec la commémoraison de saints de l'Eglise, offre, à première vue, une base séduisante pour la thèse soutenue par M. Saintyves. Il faut cependant se rappeler que les fêtes d'une même divinité étaient souvent fort nombreuses et que les dates en variaient parfois suivant les contrées. La différence des calendriers rend une toute concordance absolument illusoire. Il est donc difficile d'admettre comme une rigoureuse continuité une coïncidence fortuite.

M. Saintyves a déployé certes une grande érudition dans son livre ; mais il nous semble dangereux d'accepter entièrement ses conclusions.

André Le Glay.

110. — **Deux princesses d'Orient au XIIe siècle. Anne Comnène, témoin des Croisades. — Agnès de France**, par Louis du SOMMERARD. — Perrin et Cie, 1907, in-18 de 354 p. (Prix : 3 fr. 50).

Si je ne craignais pas de commettre une indiscrétion, je révèlerais le véritable nom de l'auteur, une des rares femmes françaises qui affrontent la poussière des livres qu'on ne lit plus et savent y trouver le charme de l'inconnu. Citons par exemple l'histoire de Constantinople du Président Cousin, collection des historiographes grecs qui ont raconté à tour de rôle les intrigues de la cour byzantine. Dans cette *farrago*, si souvent inextricable, L. du S., a fixé son esprit méthodique et son talent de narrateur lucide et précis sur deux personnages particulièrement intéressants, deux femmes, deux princesses, dont l'une a écrit l'histoire du long règne de son père, et dont l'autre nous touche de près, ayant porté la grâce du beau pays de France sur le trône des *basileis* de Constantinople.

Anne Comnène est la fille de l'empereur Alexis Ier. Dans son livre, l'*Alexiade*, elle a raconté les évènements qui ont précédé, puis suivi l'intronisation de son père. Notre auteur la cite parfois textuellement et par ces citations nous transporte en des temps et des lieux ignorés de la généralité des lecteurs, où les passions les plus violentes et la diplomatie la plus raffinée engendrèrent tant de drames sanglants. On peut suivre, presque toujours, grâce au fil d'Ariane que nous offre ce livre, la succession variée des évènements qui remplissent le XIIe siècle byzantin ; presque toujours, disons-nous, parce que certaines parties du récit, il faut bien en convenir, gardent encore quelque obscurité. Du reste aucun historien de cette époque troublée n'échapperait peut-être à cette critique. Mais, en tous cas, la lecture de ces pages, où l'histoire positive se déroule avec art, a tout l'attrait d'un roman sensationnel. On y rencontre çà et là plus d'une figure française, Robert Guiscard, Gauthier Sans Avoir, Pierre l'Ermite, Hugues, frère du roi Philippe Ier, Godefroy de Bouillon, Bohémond, etc... On assiste à l'arrivée des Croisés en Orient. Nous ne sommes pas habitués à voir ces héros et les bandes fanatiques, indisciplinées qu'ils conduisent, racontés et jugés par un historien contemporain, grec de nation et surtout par une femme, dont L. du S. se fait l'interprète et l'écho. On ne lira pas sans quelque émotion les pages où la famille impériale est aux prises avec une situation des plus critiques, où l'empereur se débat, placé entre les Turcs et les Occidentaux également menaçants et redoutables. Mais les tableaux ne sont pas toujours sombres dans ce livre, et j'y relève une légitime protestation contre le préjugé qui nous fait considérer l'Empire de Byzance comme exclusivement livré aux coups de force et aux tragiques aventures, nous empêchant de voir « ce qu'il y avait d'attachant et de noble dans cette civilisation chrétienne. » (P. 153.) Le personnage d'Anne Comnène est retracé avec un soin délicat, grâce aux détails touchant le rôle historique et littéraire de l'héroïne. Le jugement porté sur Anne écrivain est impartial. Si ses qualités sont mises en relief, ses défauts ne sont pas moins reconnus et qualifiés.

La jeune Agnès, fille du roi Louis VII et d'Alix de Champagne, et par conséquent sœur de Philippe-Auguste, quitta Paris au printemps de l'an 1179, pour aller épouser Alexis II Comnène, fils de l'empereur Manuel. Elle était alors âgée de 12 ans. Il est visible que son biographe a pour elle une réelle prédilection, on la suit avec intérêt durant son enfance et sa jeunesse; on assiste aux pompes de son mariage, puis aux terribles évènements qui se dénouent par la strangulation de son royal et insignifiant époux. Le nouvel empereur, Andronic, dont la vie aventureuse et les crimes ont inspiré des pages colorées à notre historien, s'unit à la princesse Agnès, à laquelle il fait partager la vie de sa concubine et des jolies musiciennes qui peuplent la cour. « En face d'elles, et tenant la droite de l'Empereur, la jeune *basilissa*, parée comme une idole, pressée de tous côtés par ses compagnes de hasard, beautés brunes et blondes, écume variée du monde barbare et du monde grec, laissait s'endormir au rythme toute sa fierté et toute sa conscience. » Poursuivi par le parti d'Isaac l'Ange, Andronic périt sous les pierres de la populace. Agée alors de 15 ans, Agnès est négligée par son père le roi de France et par toute sa famille, et l'histoire perd presque de vue celle que Villehardouin devait appeler « une des plus grandes princesses du monde. » En 1193 son intimité avec un jeune seigneur, Théodore Branas « ressemblait à un mariage. » Ce Branas était le fils d'un homme qui avait servi Andronic. Plus tard on retrouve Agnès, assagie par l'âge, rendant des services aux Croisés par son intercession auprès de la cour byzantine et contribuant à leur maintien dans l'Orient grec. Elle finit par épouser Branas en 1205. La réconciliation des Grecs et des « barbares » (c'est le nom que reçoivent les Latins dans ce livre) amène ceux-ci à gratifier les nouveaux époux de la principauté d'Andrinople. En 1218, Agnès marie sa fille à Nargeot de Trocy, dont le fils, Philippe mourut jeune. Avec lui s'éteignit la postérité connue de la princesse. — Des appendices, au nombre de dix-huit, ont pour objet soit de démêler l'écheveau si embrouillée des généalogies, soit de reproduire certains documents, tel, par ex. le traité conclu en 1108 par Bohémond prince d'Antioche, avec le *basileus* Alexis, ou des extraits plus ou moins étendus de l'*Alexiade* dans lesquels Anne Comnène développe certains récits forcément résumés dans le cours de l'ouvrage. — Cette double monographie est une savante contribution à l'histoire de l'Empire grec au XII° siècle, en même temps qu'une œuvre de vulgarisation. Elle ne peut manquer de plaire aux lectrices françaises, chaque jour plus nombreuses, qui, s'intéressent aux études sérieuses quand elles sont présentées, comme ici, dans un style ferme et sous une forme attrayante.   C. E. Ruelle.

---

111. — **Les Martyrs**, tome V. Recueil de pièces authentiques sur les Martyrs, depuis les origines du christianisme jusqu'au xx° siècle. — **Le Moyen Age**, par le R. P. Dom H. Leclercq. — Paris, Oudin, 1906, in-8. (Prix : 4 fr. 50).

Dom Leclercq, par ses nombreuses publications continue, selon une juste remarque, à *frapper d'étonnement les érudits*. En ce qui concerne sa collection et sa traduction des *Actes des martyrs*, il tient parole et, chaque année, donne régulièrement deux volumes. Les lecteurs du *Bulletin Critique* savent ce qu'il faut penser de ce recueil qui, tout en s'adressant d'abord aux personnes pieuses, cherchant à s'édifier, n'en renseigne pas moins les amis de l'histoire et de l'archéologie.

C'est qu'en effet l'auteur, dans le but d'orienter le lecteur, fait précéder ses volumes de préfaces copieuses, véritables études historiques ou littéraires, parfaitement au point.

Dans le présent volume, parmi les récits les plus attachants, il importe de mentionner la captivité et la mort, au Maroc, en 1443, d'un infant de Portugal et surtout le récit du martyre de saint Thomas Becket de Cantorbéry. Déjà très captivants par eux-mêmes et à cause des circonstances dans lesquelles se sont produits ces martyres, ces actes sont d'une lecture particulièrement réconfortante, tant ils empruntent d'intérêt aux événements contemporains.

La plupart de ces documents appelant des réserves critiques, l'auteur a préféré les ranger dans la catégorie des actes légendaires, mais seulement pour se conformer à une méthode adoptée dans les volumes précédents et au simple point de vue typographique.

Une longue préface est consacrée « *aux martyrs dans la littérature* », du XVIe siècle jusqu'à nos jours. Là, on trouvera sur les pièces de Corneille, Rotrou, Châteaubriand de substantielles analyses empruntées à nos meilleurs critiques littéraires, ainsi que l'exposition succincte des œuvres moins connues de Calderon, d'Aubigné, Dumas, Leconte de Lisle, Jules Lemaître, M. de Vogué, etc., etc. Une observation fort judicieuse de l'auteur est à retenir, au sujet non pas des *martyrs* (ce mot ne saurait leur convenir) mais des *victimes* du Protestantisme, qui souvent sont dignes de tout respect, n'étant pas nécessairement des forcenés. « Parmi elles se trouvent des consciences délicates et tendres, engagées dans la Réforme par le seul fait de leur naissance et de leur éducation. »

Donc Leclercq, qui ne craint pas de se montrer sévère, autant dans le choix des *Actes* que sur les *procédés hagiographiques* du moyen âge, se devait, dans un volume consacré précisément au moyen âge, de parler franchement. Il n'y a pas manqué, et il sera aisé de retrouver là les idées formulées déjà, particulièrement dans le tome I, à la page XXXVI de la préface. C'est un convaincu. Ses vastes études lui en donnent le droit, et il en use.

Il n'est pas tendre par exemple pour les pièces dites : *Drames de collège*, pas plus que pour une certaine *Histoire de sainte Perpétue et de ses compagnons*. C'est à propos d'un détail de ce dernier récit, qu'il cite le mot suivant : *Mentoux comme une vie de saint.* Dicton vraiment typique, tout à l'honneur du bon sens populaire, lequel s'est rendu compte des fantaisies trop souvent semées à plaisir au cours de certaines *vies des saints*.

Ces quelques réflexions suffiront à montrer qu'à son mérite du choix excellent de lectures édifiantes la collection : *les Martyrs* ajoute celui d'un recueil précieux pour les esprits curieux d'Histoire et d'archéologie religieuses.   L'abbé H. VILLETARD.

---

112. — **Les Martyrs**, tome VI. **Jeanne d'Arc, Savonarole,** par le R. P. Dom LECLERCQ. — Paris, H. Oudin, 1906, in-8 de LXXI-368 pp. (Prix : 4 fr. 50).

En plaçant Jeanne d'Arc et Savonarole au nombre des martyrs, Dom Leclercq nous prévient qu'il ne demande à personne d'adopter son opinion ou de lire son livre. « A ceux qu'un simple titre, — deux noms, — inquiète ou indispose, je conseille, dit-il à la fin de son Introduction, de poser le livre et de ne point l'ouvrir ». Il sait bien que son conseil ne sera pas suivi, mais que le paradoxe, en piquant la curiosité, lui vaudra « probablement quelques nouveaux lecteurs ».

Ne les plaignons pas. Ils verront comment l'érudition de Dom Leclercq sait choisir pour son recueil les pièces authentiques et se jouer en résumant les questions les plus controversées. Ils liront avec satisfaction, n'en doutons pas, la discussion si intéressante sur l'abjuration prétendue de Jeanne d'Arc au cimetière de Saint Ouen et en adopteront les conclusions.

Ils n'est pas dit pour autant qu'ils ratifieront le titre de martyrs donné à Jeanne d'Arc et surtout à Savonarole. Martyre de la patrie, soit; c'est une gloire souvent attribuée à Jeanne d'Arc et rien n'empêche de considérer Savonarole comme une victime aussi de sa conception patriotique. Mais en faire des *témoins* de la foi, à cause de leur mort « pour crime imaginaire d'hérésie, » c'est au moins douteux et sujet à discussion. L'auteur lui-même est au fond inquiet de ce doute; car enfin, si personne ne refuse de lui accorder qu'il n'ignore pas les conditions du martyre chrétien, il sait bien aussi qu'attester la foi en Jésus-Christ devant ceux qui déjà la professent diminue le rôle des témoins et que les juges, fussent-ils des « monstres », comme un Cauchon ou un Alexandre VI, l'iniquité de leur jugement ne saurait faire qu'ils aient condamné en haine du Christ.

Puis enfin, comment mettre sur le même pied Savonarole et Jeanne d'Arc, le tribun de Florence et la pucelle d'Orléans? L'une sera bientôt honorée comme une sainte et l'autre ne semble pas être en voie de canonisation. On n'est pas près de voir ériger dans le cloître de Saint-Marc l'autel qui attend la statue de la bienheureuse héroïne dans la basilique de Domrémy. A. Boué.

113. — **La Peur en Dauphiné**, (juillet et août 1789), par Pierre Conard, ancien élève de l'Ecole supérieure, agrégé d'histoire. — Paris, 1904, in-8 de 282 p.

Cet ouvrage est consacré à l'étude de la jacquerie rurale qui se produisit dans le Bas-Dauphiné le 27 juillet 1789 et les jours suivants. L'auteur décrit attentivement la marche des fausses nouvelles venues du Bugey, qui pénètrent en Dauphiné d'abord par Morestel chef-lieu de canton de l'arrondissement actuel de la Tour-du-Pin; il fait connaître heure par heure la propagation de l'alarme dans la région qui constitue aujourd'hui cet arrondissement et dans les régions voisines. Ici ce sont des brigands, là les troupes du roi de Sardaigne que l'on s'attend à voir apparaître; rapidement les paysans se réunissent pour se mettre en état de défense. Comme ils ne tardent pas à s'apercevoir qu'ils ont été mystifiés, ils ne veulent pas s'être dérangés pour rien. Ils comptent bien que l'Assemblée nationale les débarrassera des droits féodaux; mais, devançant son action, ils estiment plus sûr de s'en débarrasser eux-mêmes; aussi s'en vont-ils brûler systématiquement les terriers conservés dans les archives des châteaux, et parfois aussi les châteaux avec les terriers. M. Conard suit à la trace ces bandes qui se dispersent dans la région et enregistre avec soin leurs exploits. Il montre les tentatives de résistance, d'abord hésitantes et locales, puis mieux coordonnées et plus efficaces, sous la direction de la Commission des Etats intermédiaires du Dauphiné.

L'auteur s'est adressé aux meilleures sources et en a tiré de nombreux témoignages qui forment la trame de son récit. Toutefois il ne me semble pas avoir donné la solution définitive du problème qui se pose aux historiens : cette jacquerie fut-elle spontanée, ou devons-nous y voir le résultat d'un complot? M. Conard, qui semble d'ailleurs fort indulgent pour les émeutiers, voit dans leur révolte un mouvement spontané et nécessaire, fatalement engendré par l'impatience des paysans, qui, depuis le commencement de l'année, attendent la réforme du régime de la propriété foncière. C'est possible ; mais, pour en être certain, il faudrait comparer le mouvement dauphinois aux mouvements analogues qui, à la même date, se produisent dans la plupart des provinces. Remarquez, par exemple, que le 28 juillet éclatent, à Angoulême, des faits semblables à ceux qui se produisent à Bourgoin le même jour. Ces coïncidences, dont on pourrait multiplier les exemples, sont bien étranges s'il ne faut assigner au mouvement que des causes tenant à la psychologie des foules : il est peu vraisemblable que le Saintongeais et le Dauphinois se soient d'eux-mêmes trouvés unis le même jour pour la jacquerie. En somme, l'étude de M. Conard, très complète pour le Dauphiné, ne suffit pas à démontrer la spontanéité du mouvement.

Je dois ajouter qu'elle s'ouvre par un chapitre intéressant sur la situation des paysans du Viennois au XVIIIe siècle et se termine par d'importantes pièces justificatives, les unes consacrés à l'énumération des droits féodaux qui pesaient sur les classes rurales de la région et les autres au soulèvement des paysans pendant les derniers jours de juillet 1781.

P. F.

---

114. — **La Société française pendant le Consulat.** 5e série. **Les Beaux Arts ; la Gastronomie,** par Gilbert STENGER. — Paris, Perrin, 1907, in-8 de XXI-334 pp. (Prix : 5 fr.)

Cette 5e série de la *Société française sous le Consulat* associe d'une façon un peu inattendue les Beaux-Art et la Gastronomie. La raison en est, nous dit-on, que Carême et ses émules sont « des artistes aussi ». Soit, mais pas plus assurément que les ciseleurs ébénistes, bronziers et tous les artistes de l'ameublement et de la décoration dont M. S. n'a rien dit. Et pourquoi les artistes cuisiniers feraient-ils tort aux artistes coiffeurs ou tailleurs pour dames?

Vingt pages de préface nous présentent « à grands traits, un aperçu d'ensemble », sur tous les arts des « siècles antérieurs ». Puis viennent des séries de notices sur les principaux artistes, avec listes d'œuvres et citations de critiques. Les sources principales sont Charles Blanc, Gabet, Lavoix et les dictionnaires biographiques de Didot et de Michaud. La sauce, — je veux dire les anecdotes, — est fournie par les *Mémoires* de toute espèce et de toutes mains, rarement avec références, toujours sans critique. On trouve, par endroits, des affirmations au moins surprenantes, par exemple que Clarke avait été envoyé en Italie par le Directoire « pour demander à Bonaparte des explications sur sa conduite » (p. 136), ou que le « *marquis Cobentzel* » était *ambassadeur de Prusse* à Paris sous l'Empire (p. 289). Ce volume, fait aussi rapidement que les précédents et d'après la même recette, a la même valeur. S'il était pourvu d'un index, il serait le *vade mecum* des conférenciers mondains, des « critiques d'art » improvisés et des Mécènes de la politique.

R. G.

---

115. — **L'élaboration de la charte constitutionnelle de 1814, (1ᵉʳ avril-4 juin 1814)**, par Pierre Simon. — Paris, Cornély, 1906, in-8 de 184 p. (Prix : 6 fr.)

Si, comme il semble, ce travail fut un mémoire pour le Diplôme d'Etudes supérieures d'histoire, on peut le donner comme un modèle du genre : sujet restreint et nettement délimité, recherches très consciencieuses dans les archives, mémoires, journaux du temps, avec indication précise de ce qu'ont fourni les diverses sources, références scrupuleuses, index des noms [1]. Cantonné strictement dans l'histoire constitutionnelle de ces deux mois, l'auteur expose les étapes qui conduisirent à la Charte : constitution sénatoriale du 6 avril, promesses du comte d'Artois, déclaration de Saint-Ouen, enfin travail de la commission qui rédigea l'acte.

[1]. Est-il bien nécessaire, pour les livres récents, très connus, de donner la cote de la Bibliothèque Nationale, d'autant plus qu'elle n'est pas donnée pour tous ? De même pour les notes biographiques de personnages sur lesquels les dictionnaires renseignent facilement. Pourquoi Sorel, d'ailleurs cité dans une note, n'est-il pas dans la bibliographie ? Pourquoi pas Nettement, ni Lamartine ?

L'auteur regrette de n'avoir pu ajouter beaucoup à ce que l'on savait, notamment quant à la part de chacun des commissaires dans l'élaboration ; Vitrolles, Beugnot restent les sources principales. De ce dernier, il a pu préciser quelque peu le rôle, qui ne fut point aussi considérable que Beugnot le dit, et il relève dans ses mémoires des erreurs qui les lui font regarder avec beaucoup de défiance. Les bulletins de police, les procès-verbaux du Sénat ont fourni des détails intéressants. On eût souhaité davantage sur le rôle d'Alexandre, sur la personnalité des divers collaborateurs, sur le choix même du nom Charte (nous apprenons que Beugnot l'inventeur présumé, l'écrivait « chartre »). La conclusion est certainement excessive : le roi, ayant rassuré les acquéreurs de biens nationaux et les hommes en place, « aurait pu retarder sans inconvénient l'accomplissement de ses promesses. » Il reste, toutefois, que Louis XVIII fit preuve de bonne foi et d'empressement.

Un appendice donne de la Charte une édition critique remarquablement consciencieuse : variantes du préambule et des divers articles, « sources » de chacun d'eux (le modèle anglais est malheureusement laissé de côté), observations : ce travail tiendra lieu, jusqu'à un certain point des procès-verbaux de la Commission qui n'ont pas été tenus. — Jacques RAMBAUD.

---

118. — **L'empire libéral**, tome XII : *Le Ministère du 2 Janvier*, par Emile OLLIVIER. — Paris, Garnier, 1908, in-18 de 642 p. (Prix : 3 fr. 50).

Les onze premiers volumes de l'ouvrage de M. Emile Ollivier n'étaient à tout prendre qu'une intéressante et très vivante introduction. Avec le tome XII, l'auteur aborde vraiment son sujet, puisqu'il raconte la formation et les débuts de ce ministère du 2 janvier 1870, qui constitue à proprement parler l'Empire libéral. Il change en même temps d'épigraphe, et fidèle à son culte pour les classiques latins, emprunte à Tacite ou à Tite-Live[1] cette devise:

---

1. Dans le titre du volume, la phrase est attribuée à Tacite, et à la page 346, à Tite-Live ; j'écris cet article à la campagne, et je ne suis pas à même de faire la vérification.

« *Quibus artibus magistratus petierat, iisdem gerebat.* » Mais la traduction qu'il en donne : « Il fut au gouvernement ce qu'il avait été dans l'opposition, » a le tort de n'être point assez fidèle, ou de laisser supposer que l'opposition est par essence un moyen, un procédé pour se hisser au pouvoir, ce qui est très loin assurément de la pensée de M. Ollivier, ce qui a surtout été très loin de sa manière d'agir.

Après avoir vu sa carrière brisée par une catastrophe nationale, après avoir été accablé d'attaques auxquelles la mesure et le courage faisaient également défaut, un homme politique a bien le droit sans doute, au bout de *trente-sept années* révolues, de faire appel à la justice de la postérité et de présenter sa défense. Mais cette apologie produirait plus d'effet, si le diapason en était moins continuellement enthousiaste : Que M. Ollivier ait soigneusement gardé les lettres de félicitations qui manquent rarement de pleuvoir autour d'un bureau ministériel, rien de plus légitime : il aurait pu se dispenser de les publier comme des documents historiques, et surtout de reproduire l'article d'un admirateur qui comparait ses discours à ceux du grand de Serre. Il aurait pu aussi s'abstenir, avant de citer un de ces mêmes discours, de ce préambule : « Que ne puis-je remettre, dans des paroles maintenant froides, mortes, la flamme qui les fit tomber comme des tisons embrasés dans l'auditoire frémissant ! » (p. 570). M. Ollivier connaît assurément le mot d'Eschine exilé, disant à des auditeurs qu'avait transportés la lecture d'une harangue de Démosthène : « Que n'avez-vous entendu le lion rugir ! » Nous éprouvons comme une sorte de gêne, quand c'est Démosthène en personne qui nous interpelle : « Que ne m'avez-vous entendu rugir ! »

Dans le même ordre d'idées, disposés que nous étions à rendre hommage à la droiture et à la valeur des ministres du 2 janvier, nous nous sentons un peu interloqués par cette affirmation : « Il n'y a jamais eu, en effet, dans un gouvernement une réunion d'hommes plus dignes de respect par le mérite et par le caractère. » (p. 228). Provoqués ainsi à des comparaisons dont l'impertinente idée ne nous serait même pas venue à l'esprit, nous songeons à tels ministères de la Restauration ou de la monarchie de Juillet, que les collègues de M. Ollivier n'ont point aussi complètement éclipsés qu'il paraît le supposer. Lui-même d'ailleurs, quatre pages plus loin, ne nous dit-il pas de l'un des plus en évidence parmi ces collèges tant vantés : « Il avait de la culture, pas assez pour se préserver de l'infatuation entêtée des esprits courts. » (p. 232). Voilà qui est pour rassurer la fidélité de notre culte aux mémoires de Laîné, Pasquier, Molé, Broglie, Guizot, Thiers, Villemain, etc.

M. Ollivier fait succéder un volume à l'autre avec une rapidité qui serait méritoire à tout âge, qui chez un octogénaire est un magnifique exemple d'application au travail. C'est pour cela peut-être qu'il est forcé de négliger la besogne de revision matérielle. « Prendre *leur* part à... » (107) semblera risqué à tous les puristes, même sous la plume d'un académicien. Le marquis de Talhouët a été oublié dans l'énumération des ministres du 2 janvier (p. 219), comme l'homme d'Etat italien Sella dans la liste du cabinet dont il était l'un des chefs (p. 289). En citant un soi-disant *article* de Rochefort, l'auteur le ponctue d'interruption, ce qui donne à penser qu'il s'agit en réalité d'un *discours* (p. 465-466). En racontant le procès intenté au prince Pierre Bonaparte après le meurtre de Victor Noir, M. Ollivier (surprenante confusion de la part d'un juriste), traite de « défenseurs » Floquet et Laurier, qui étaient les avocats de la partie civile (p. 591).

Il me tarde de mettre fin à cette nécessaire, mais fatigante énumération, pour dire qu'en prenant un accent de plus en plus personnel, le récit de M. Ollivier ne fait aussi que croître en émotion et en intérêt. Si c'est un témoignage inévitablement partiel qu'il apporte sur les événements de la fin de 1869 et du début de 1870, c'est aussi le témoignage d'un protagoniste du drame politique ; à côté de nombreux documents inédits, son récit contient de véritables, d'importantes révélations. Comme les précédents, ce volume renferme quelques portraits remarquables, celui notamment de Nubar-pacha (p. 75 et s.), un peu flatté peut-être par l'amitié. La narration du meurtre de Victor Noir (p. 396 et s.) est un modèle de précise animation.

La politique extérieure ne tient ici qu'une place secondaire : l'auteur établit comment Bismarck, jugeant une guerre avec la France, et une guerre défensive, nécessaire pour parfaire l'unité allemande, prépara insensiblement dans la candidature Hohenzollern l'incident qui devait faire éclater cette guerre. Comment le gouvernement français n'eut point la clairvoyance de déjouer cette tactique, c'est ce qu'un des prochains volumes tentera assurément de nous expliquer, et il est de toute équité de suspendre jusque-là notre appréciation.

Au point de vue de la politique extérieure, il résulte du récit de M. Ollivier qu'après avoir à plusieurs reprises refusé d'entrer aux affaires, il lui parut impossible de décliner l'appel que lui adressa Napoléon III dans les derniers jours de 1869. Mais décidé alors à accepter le pouvoir, il n'était point fixé sur la question, pourtant capitale, de savoir s'il s'associerait d'anciens serviteurs de l'empire autoritaire ou s'il lierait partie avec les chefs du centre gauche d'alors, Daru et Buffet. En fait, il fit à ces derniers une ouverture accueillie sans empressement, faillit conclure avec Magne et Chasseloup-Laubat, puis, sur un désaccord de la dernière heure, se retourna vers le centre gauche, dans des conditions qui limitaient sa liberté d'allures et le mettaient largement à la merci de ses collaborateurs ; ceux-ci en effet choisirent leurs portefeuilles et imposèrent leurs conditions, dont la principale était l'absence de premier ministre ou de chef officiel du cabinet. Une des caractéristiques de ce ministère du 2 janvier était ainsi le manque d'homogénéité, grave défaut au moment où l'on restaurait le régime parlementaire. Dans ce qu'on a appelé le cabinet Ollivier. M. Ollivier n'était point le chef incontesté dont la décision est unanimement obéie : de là des germes de dislocation, qui ne devaient pas tarder à se développer.

Il est un autre point sur lequel le lecteur demeure très hésitant, à savoir le degré non pas de sympathie personnelle, (ceci ne saurait faire question), mais de confiance politique accordé par Napoléon III à ses nouveaux ministres. Les affirmations très catégoriques de M. Ollivier ne sont pas toujours d'accord avec certains faits précis, que nous révèle son ordinaire loyauté. De plus, faut-il tenir pour inventée de toutes pièces une conversation confidentielle que reproduisent les Mémoires d'Haussmann ? La vérité me paraît être que l'empereur, vieilli, fatigué, inquiet, se résignait à faire l'expérience du libéralisme parlementaire, mais que ses convictions intimes, les souvenirs de la période glorieuse de son règne, les remontrances ou les bouderies d'une partie de son entourage, tendaient à le reporter vers le régime d'autorité. Quoi d'ailleurs de plus malaisé que de se déprendre de l'habitude du pouvoir absolu, quand on l'a longtemps exercé ? Napoléon III, comme on le vit dans la discussion du principe des candidatures officielles, était surtout en garde contre ce qui aurait pu passer pour une critique ou un désaveu des actes antérieurs de son gouvernement. Ceci compliquait encore la tâche des ministres libéraux, en les condamnant à une certaine timidité de langage et de conduite ; ce fut peut-être le principal obstacle à une dissolution du Corps Législatif, dissolution qui semblait commandée par la logique de la situation et qui eût pu prévenir la catastrophe de la déclaration de guerre.

En voilà bien long sans doute, mais trop peu encore pour indiquer tous les problèmes d'un grave, d'un douloureux intérêt, que pose ce volume. Puisse la laborieuse et verte vieillesse de l'auteur ne pas nous faire longtemps attendre la suite d'une apologie qui suscitera sans doute des objections et des critiques, mais qui est singulièrement instructive et émouvante. De L. de L.

---

117. — **Mitteilung über den Ritus der verhüllten Händen.** (Note sur le rite des mains gantées). Extrait des actes du 2e congrès internationnal des religions à Bâle, par Dr DIETRICH.

Deux pages seulement pleines d'intérêt.

Une foule de monuments chrétiens, surtout mosaïques et reliefs de sarcophages, d'une haute antiquité, témoignent de l'usage de ne pas toucher un objet sacré ou de ne pas approcher une personne hautement respectable, les mains nues. On y voit apôtres et saints recevoir du Christ dans leurs mains gantées les Livres Saints, les clefs, la couronne du martyre.

Un bouclier d'argent à Badajoz, datant de 393, représente un fonctionnaire aux mains gantées devant l'empereur Théodore. Un texte d'Ammien Marcellin permet de faire remonter à Constantin cet usage qui désormais fait partie de l'étiquette de cour. Il paraît naturel de le rattacher au nouveau régime institué par Dioclétien.

Les témoignages écrits relatifs à des ambassadeurs se présentant devant les monarques les mains gantées, ou à des statues de Dieux les mains gantées aussi, remontent aux temps helléniques. Un seul texte, le plus ancien de tous, nous raconte que Cyrus fit exécuter des personnes coupables de s'être présentées à lui les mains nues, et nous montre l'usage en vigueur à la cour du grand roi.

Enfin tout un groupe de monuments et de textes sont relatifs au culte d'Isis, — non au culte égyptien mais au culte grec. Ils insinuent peut-être le sens primitif du rite. Le très-saint, l'eau sainte, à savoir Osiris, ne doit-être touché qu'avec des mains gantées. Voir les passages d'Apulée et de Lucien, une statue au musée du Capitole, une fresque de Pompée et un relief du Palais Mattei. Le rite fut religieux à Rome sans doute avant de se laïciser à Byzance, peut-être à partir de Dioclétien. Son origine serait persane.

L. de LACGER.

118. — **Description des sceaux des familles seigneuriales de Dauphiné**, par J. ROMAN. — Paris, A. Picard, 1906, in-8 de XL-376 pp.

L'étude des sceaux a pour l'histoire, pour l'archéologie, et même à un point de vue purement artistique, une importance qui n'a jamais été méconnue, et que démontrerait, au besoin, la récente et très opportune publication de M. J. Roman. Je dis : très opportune, car ces monuments, intéressants à tant de titres, sont d'une extrême fragilité et exposés à de multiples chances de destruction. Beaucoup ont péri ou sont détériorés d'une façon lamentable. Plus nombreux encore sont ceux qui ont été arrachés, on ne sait quand, des actes originaux auxquels ils étaient appendus.

Il importe donc de rechercher avec soin, province par province, les sceaux qui subsistent, de les décrire, de reproduire les plus beaux ou les plus curieux, en apportant à cette œuvre de patience la précision et la méthode auxquelles des maîtres, comme Douët d'Arcq et Demay, nous ont habitués, mais dont nos vieux historiens, mal servis par leurs dessinateurs ou leurs graveurs, n'avaient pas donné l'exemple.

Le volume de M. Roman, que d'autres suivront sans doute, traite exclusivement des sceaux des *familles seigneuriales*. On peut dire qu'il comble une véritable lacune. Ce n'est pas que la sillographie du Dauphiné eût été complètement négligée. Il est juste de rappeler ici l'*Etude sur la sigillographie de Dauphiné*, d'Emmanuel Pilot de

Thorey, et l'*Inventaire des sceaux relatifs au Dauphiné conservés dans les archives départementales de* l'Isère, du même auteur. Mais ces travaux estimables ne sauraient soutenir la comparaison avec le livre de M. Roman. Pilot avait eu le tort de borner ses recherches aux archives départementales de l'Isère, et, même dans ce dépôt qu'il connaissait pourtant fort bien, il restait encore beaucoup à trouver. On s'en aperçoit sans peine aujourd'hui !... Le répertoire de M. Roman est plus riche que celui de son devancier, mais il n'a pas que ce seul mérite. Les descriptions sont plus exactes que celles qu'avait données Pilot. Enfin, c'est surtout dans la reproduction des sceaux, aussi fidèle qu'élégante, qu'éclate la supériorité de M. Roman.

Près d'un millier de sceaux sont décrits. Une introduction substantielle contient des notions précises sur la forme et la matière des sceaux, les modifications des différents *types* qui y sont gravés. Je ne puis que renvoyer le lecteur à cet exposé très clair et très documenté. Les renseignements généraux sur l'origine du blason sont peut-être un peu vagues. A vrai dire, il s'agit là d'une science, qui n'est pas encore constituée, et dont ne saurait tenir lieu la doctrine, trop récente et peu sûre, de nos anciens « hérauts d'armes » des xve et xvie siècles.

Les sceaux ecclésiastiques les sceaux municipaux, et quelques autres ont été exclus de la présente publication. Il est permis d'espérer que M. J. Roman nous donnera quelque jour le complément obligé d'un répertoire sigillographique, qui, tel qu'il est, sera accueilli avec reconnaissance et rendra de réels services [1].

R. Delachenal.

---

[1]. Je voudrais, en terminant, et pour montrer à M. Roman que je ne me suis pas contenté de feuilleter son gros volume, attirer son attention sur un ou deux points. — P. 156, n° 405. Grolée. Il faut certainement lire, sur le sceau de Gui de Grôlée : *Sigillum Guidonis de Groleio de Neriaco* (et non *de Nereone*) Neyrien (Ain ; commune de saint Benoist, arrondissement de Belley) est une terre appartenant aux Grôlée. — 260, n°s 683, 684. Jean et Louis de la Poype (1418, 1419), sont-ils des *Saint-Jullien*, comme Gabriel de la P., le gouverneur de Gap (n° 685 ; 1572)? Je les rattacherais plûtot aux *la Poype-Serrière*, la principale branche à la famille.

119. — **Une forteresse Ibérique à Osuna**, fouilles de 1903, par A. Engel et P. Paris. (Extrait des Nouvelles Archives des missions scientifiques, t. XIII). — Paris, Imp. Nat., 1906, in-4 de 134 p. accompagné de nombreuses planches hors texte.

Le monde savant n'a cessé de suivre avec intérêt les recherches de MM. Engel et Pâris sur la civilisation propre de l'Espagne antique. Le volume qu'ils publient aujourd'hui fait connaître le résultat des fouilles exécutées à Osuna en 1903.

Osuna, l'antique Urso ibérique, qui, lors de la guerre entre César et les fils de Pompée, joua un rôle de quelque importance, devint sous la domination romaine la puissante colonie Julia Genetiva, et a, sous ce nom, acquis la notoriété chez les modernes, grâce à sa loi municipale qui a été retrouvée en grande partie, gravée sur des tables de bronze. Le sol de l'ancienne colonie romaine abonde en ruines et débris de toutes sortes, et MM. Engel et Pâris, en les fouillant, eussent pu s'assurer un succès facile et certain. Mais tel n'est pas, on le sait, le but de leurs investigations. C'est pourquoi ils se sont résolument attaqués au territoire du bourg primitif, ou plutôt à un coin de ce territoire. Leur découverte la plus curieuse et la plus inattendue fut celle de la fortification élevée en hâte par les habitants pour se défendre contre l'attaque des Césariens. Elle était constituée par une forte muraille, épousant les contours du sommet qu'elle couronne et flanquée de demi tours. Une multitude d'armes de fer, de boulets en pierre et de balles de frondes accuse l'acharnement de la lutte.

Parmi les pierres qui avaient servi à l'édification hâtive de la forteresse, un certain nombre étaient sculptées et remontent certainement à la période ibérique. Des chapiteaux s'inspirent des modèles grecs, mais avec une heureuse liberté. Certains ornements en relief sont de pur style mycénien. On se souvient que les auteurs avaient déjà signalé ce trait de certaines œuvres de l'art ibérique primitif. Beaucoup de sculptures d'animaux ou d'hommes ont été trouvées, parmi lesquelles une frise de guerriers peut-être de race nègre, mais armés et vêtus à la façon des Ibères; d'autres guerriers, dont un joueur de trompe, qu'au premier regard, volontiers, on prendrait pour un Romain; enfin un prêtre et une joueuse de flûte dont la robe, serrée à la taille par une ceinture, évasée par le bas, frappe par son apparence moderne. Tous ces bas reliefs fournissent aux auteurs plusieurs remarques intéressantes sur le costume et l'armement des Ibères. Signalons un très curieux acrobate, d'un type bien connu dans l'art classique, mais que l'on s'étonne de rencontrer ici.

Ces œuvres indigènes sont en général lourdes et molles, parfois d'une extraordinaire maladresse.

Une autre curieuse découverte a été celle de deux tombes phéniciennes, mais il eût fallu pour fouiller la nécropole démolir la forteresse. Les explorateurs ont donc préféré s'en tenir à la constatation d'un fait qui tire de lui-même une importance suffisante.

La céramique et la numismatique ont fourni peu de chose.

Les objets trouvés au cours de ces fouilles ont heureusement pu entrer au Louvre, qui, on le sait, possédait déjà de précieux spécimens de l'art ibérique. André BAUDRILLART.

---

120. — **De la préparation à la vie chrétienne dans les Collèges religieux. Les Educateurs**, par l'abbé VALLÉE. — Paris, Beauchesne, 1907.

Cette brochure (134 pages) est de tous points excellente. Elle doit être lue et méditée par tous ceux qui ont le souci de l'éducation chrétienne. Elle attire l'attention sur cette question si importante et si oubliée « de la recherche et de la culture des vocations pédagogiques. » On est facilement incliné à faire tenir tout le problème pédagogique dans les réformes qui regardent les élèves, quand le principal élément est le choix et la formation des maîtres. Les meilleures œuvres de jeunesse, la meilleure organisation extérieure ne servirait à rien, si les maîtres n'ont pas « comme première préoccupation l'éducation des âmes. » On ne peut donc que s'associer au sentiment de M. l'abbé Vallée quand il regrette que « le recrutement des maîtres ne se fasse le plus souvent ni avec une suffisante méthode, ni d'une façon absolument rationnelle. » « C'est en effet méconnaître l'œuvre de l'éducation chrétienne que de la confier sans discernement à de jeunes ecclésiastiques, parce qu'ils n'ont pas le goût des fonctions sacrées; ou qu'on ne leur voit pas d'aptitude au ministère paroissial; ou, si le conseil de révision les ajourne, parce qu'on veut charitablement leur épargner la dépense d'un plus long stage au grand séminaire. C'est la compromettre avec une rare imprudence, que d'en livrer fût-ce la moindre part à des clercs dont la vocation incertaine ou chancelante a besoin d'une épreuve plus prolongée que l'épreuve normale ; à des ecclésiastiques surtout dont les vertus mal affermies courraient, semble-t-il, trop de dangereux hasards dans la liberté de la vie paroissiale ; c'est enfin la trahir méthodiquement que de borner ses soins à l'entretenir de sujets brillants dont on ne considère que l'intelligence, sans se mettre assez en peine d'observer si cette intelligence est bien le pur rayonnement d'une âme de prêtre. » On souhaiterait donc dans tous les diocèses, comme cela existe déjà dans quelques-uns, un *Directeur général* qui, en rapports suivis avec les supérieurs et les maîtres, contrôlerait tous les renseignements, et, de par l'Evêque serait pour les Collèges religieux ce que sont pour les Paroisses les Vicaires généraux. Il ferait en outre au grand séminaire quelques cours de Pédagogie : histoire de l'Education chrétienne, lecture commentée de biographies d'éducateurs distinguées, leçons de psychologie, etc.

On aimerait également voir se réaliser ce vœu exprimé, il y a plus de cinquante ans par Mgr Dupanloup « qu'il y eût en France pour le clergé... une grande école de professeurs, une sérieuse école normale, où les jeunes gens... apprendraient.... outre la matière de l'enseignement, la manière d'enseigner, et surtout l'art, le grand art de l'éducation ; » vœu repris par M. l'abbé Pautonnier demandant au moins à l'Institut catholique de Paris « une quatrième année d'études dans laquelle les jeunes licenciés feraient un peu de pédagogie. » Ne peut-on pas espérer que l'Institut catholique qui prend en ce moment sur d'autres points de si heureuses initiatives songera aussi à prendre celle-là qui n'est pas une des moins urgentes !

Il y a encore, dans la brochure de M. Vallée, d'excellentes pages sur ce que peuvent et doivent faire les supérieurs pour assurer la *vie sacerdotale* de leurs maîtres : délicate vigilance, lectures spirituelles, exercices religieux en commun, et aussi indispensable attention à ne pas accabler le maître d'une telle multiplicité de services ou d'heures de services qu'il ne lui reste plus le loisir de travailler à sa sanctification intérieure... « Nulle part, ni pour personne le devoir professionnel ne doit être accablant au point d'absorber toute l'activité, d'user toute l'énergie ; et entre les heures de service, en outre des moments que la nature exige impérieusement pour les délassements proprement dits, il est nécessaire encore que chacun puisse compter sur des heures de liberté qu'il soit possible de consacrer en paix aux devoirs les plus intimes et les plus sacrés... »

On trouvera dans la brochure de M. l'abbé Vallée de bonnes références et une utile bibliographie. — Il est à souhaiter que de semblables études se multiplient, pourvu qu'elles ne passent pas inaperçues de ceux-là qui ont principalement le devoir de les connaître. Puissent-elles contribuer à relever l'idée qu'on se fait du rôle d'éducateur, *trop souvent*, dans l'opinion et auprès de la hiérarchie ecclésiastique ! Ph. P.

121. — **Paroles de sincérité**, par Etienne GIRAN. — Paris, Fischbacher, 1906, in-8.

En lisant ces discours religieux de M. E. Giran, pasteur à Amsterdam, on se rappelle involontairement ce qu'un récent article du *Correspondant* « Le crépuscule du luthéranisme » nous révélait sur l'état de l'Allemagne luthérienne. Beaucoup de pasteurs réclament le droit de prêcher l'incrédulité du haut de la chaire chrétienne. M. Giran n'admettait probablement pas qu'on lui prêtât ce dessein. Les protestants libéraux qui nient la divinité du Christ, le surnaturel, la grâce, le mystère, le miracle prétendent être plus chrétiens que les orthodoxes. Aussi contentons-nous d'exposer quelques idées de l'auteur. Le premier discours est consacré à Renan qui y est glorifié. « Comme les apôtres, par d'autres sentiers il a suivi le Maître » (p. 17.) On y cite avec enthousiasme les célèbres paroles de la *Vie de Jésus* : « Quels que puissent être les phénomènes inattendus de l'avenir, Jésus ne sera pas surpassé, etc... » Opposant Renan à l'Ecclésiaste, M. Giran écrit ceci : « Il ne nous déplaît pas d'avoir trouvé en dehors des Eglises établies et parmi la foule de ceux qu'on accuse de scepticisme un homme de foi et dans la Bible un écrivain sceptique : l'Esprit souffle où il veut » (p. 26.) Ailleurs, il est violemment anticlérical, sans du reste faire grâce au corps protestant organisé en églises (p. 84, 85). Ailleurs, il est antibiblique, épargnant toutefois les synoptiques. Les doctrines de l'apôtre Paul et de l'évangéliste Jean, les rêves d'Esaïe « ont dévoyé la mentalité chrétienne ». (p. 87.) La conception de Jésus mourant pour les hommes est repoussée à l'égal d'un scandale. « Ils en sont venus à consentir au sacrifice d'un juste pour expier leurs fautes personnelles et à adorer un Dieu qui exige ce sacrifice ». (p. 88.) Avec cela une sorte d'agnosticisme. « Les croyances ne sont que des impressions personnelles, des explications inhabiles et incomplètes; c'est pour cela que les dogmes, même les moins incertains, ne sont que des appréciations transitoires ». (p. 169.) Ce sont des documents humains (p. 170.)

On sent circuler dans toutes ces pages un esprit de paradoxe qui se complaît en lui-même. On n'est pas mécontent d'étonner et de scandaliser son auditeur ou son lecteur. Parfois du reste de fortes touches : « Une conscience droite ne peut vivre en paix avec tous les hommes. Elle ne le *doit* pas. Si elle découvrait vraiment qu'elle est en paix avec tous les hommes, elle devrait se demander à quelle obligation elle est infidèle ». (p. 71.)

Pour l'historien du protestantisme qui voudrait continuer l'*Histoire des Variations*, ce livre est à joindre aux ouvrages de Jean Réville, du pasteur Bost, de Wagner sur le protestantisme libéral.

D. SABATIER.

CHRONIQUE

19. — M. Joulin a commencé, dans la *Revue archéologique* (Janvier, février 1907), la publication d'un excellent mémoire sur *Les établissements du bassin supérieur de la Garonne* (carte). Après avoir indiqué les données historiques essentielles, l'auteur procède par régions : Toulouse d'abord, et les restes de son enceinte, puis ses faubourgs et sa banlieue. Viennent ensuite les trois grandes divisions de la région : 1° Au sud de Toulouse : vallée de la Garonne; de Toulouse à Luchon et affluents de la Garonne : l'Ariège et le Salat. 2° Contrée de l'Est de Toulouse : Vallées de la Garonne, de l'Hers, du Tarn, de l'Agou. 3° Contrée à l'ouest de Toulouse.

M. Joulin note soigneusement tous les restes antiques relevés dans ces contrées. Ce sera un répertoire très utile, un point de départ pour tous ceux qui voudront désormais étudier, dans ces différentes régions, l'histoire des temps anciens. La deuxième partie est consacrée à l'étude d'ensemble de certains vestiges qu'il est inutile ou impossible de classer géographiquement : 1° Sépultures préromaines, antérieures au IV° siècle et postérieures au v° siècle avant J.-C. ; sépultures romaines. 2° Céramique indigène ; antérieure au IV° siècle et postérieure au V° av. J.-C. ; céramique importée; céramique romaine et gallo-romaine. 3° Monnaies. 4° Armes parures, objets divers. (*A suivre.*)

H. T.

20. — **Notice sur le manuscrit latin 886 des nouvelles acquisitions de la Bibliothèque nationale**, par H. Omont, contenant différents opuscules mathématiques de Gerbert, un traité de Jean d'Argilly, etc. (Tiré des *Notices et extraits des manuscrits*, t. XXXIX). — Paris, 1907, in-4 de 30 p.

Le titre du mémoire de M. Omont suffit à en faire comprendre l'intérêt. Le manuscrit étudié par lui, et qui provient du célèbre érudit troyen, M. Camuzat, contient des morceaux copiés à des dates diverses, de la fin du XI° siècle à la fin du XII°. L'un deux permet d'apporter d'assez nombreuses variantes au texte des œuvres mathématiques de Gerbert et d'Hériger de Lobbes. Un autre est une lettre relative aux productions littéraires d'un auteur champenois dont le nom ne nous est malheureusement pas donné. Le plus curieux peut-être est une *Lamentatio* composée en 1152 par un chanoine de Dijon, Jean d'Argilly, jusqu'ici inconnu, sur la mort de son frère Aimeri. Le texte, à côté d'amplifications de rhétorique sans valeur, contient quelques passages d'un accent de sincérité particulièrement simple et touchant. Il est accompagné de diverses lettres du même personnage au doyen de la cathédrale de Verdun et à différents religieux des abbayes de Saint-Mihiel et de Saint-Denis de Reims.

R. P.

21. — **La Peur de la Vérité**, par B. Allo, professeur à l'Université de Fribourg. (Collection *Science et Religion*, n° 448). — Paris, Bloud, 1907. (Prix : 0 fr. 60).

L'auteur de cet opuscule a voulu s'exhorter lui-même, avec tous les catholiques occupés d'études religieuses, à n'aborder celles-ci qu'avec une pleine confiance dans la vérité *telle qu'elle est*, en se mettant au-dessus de tous les petits calculs utilitaires ou peureux qui trop souvent stérilisent nos recherches et notre enseignement. Tous également soumis à l'Eglise, nous devons sortir, par un acte de confiance généreuse dans la vérité d'autrui, qui ne saurait au fond contredire la nôtre, de ces dédains ou de ces méfiances réciproques des spécialités ou des écoles. Le public religieux ne les ignore plus, et sa foi en est troublée. L'union des esprits est la condition de celle des efforts, dont les catholiques de France ont plus besoin que jamais. Cette pensée a décidé l'auteur à leur dire cette parole de foi, et une parole de foi ne saurait être qu'une parole de paix.

ACADÉMIE DES INSCRIPTIONS ET BELLES-LETTRES

Séance du 3 mai.

L'Académie procède au vote pour l'attribution de la fondation Gobert.

Le premier prix, de la valeur de 9,000 fr., est attribué à M. Ch. Bémont, secrétaire de l'Ecole des Chartes, professeur à l'Ecole des Hautes-Etudes, pour sa publication des *Rôles Gascons* dans la collection des Documents inédits de l'histoire de France.

Le second prix Gobert, de la valeur de 1,000 fr., est attribué à M. Louis Halphen, docteur ès lettres, secrétaire de la *Revue historique*, pour son ouvrage sur les premiers comtes d'Anjou.

M. le docteur Capitan donne lecture de la note suivante :

« Dans la séance du 11 août 1905, j'ai communiqué à l'Académie, au nom de l'Abbé Arnaud d'Agnel et au mien, des silex néolithiques incontestablement égyptiens qui, d'après l'abbé Arnaud d'Agnel avaient été découverts par lui dans l'île Riou, au sud de Marseille. J'en avais moi-même recueilli en place.

« Des doutes se sont élevés de divers côtés, non sur l'authenticité des objets, mais sur celle de la trouvaille. Ils n'étaient que trop justifiés. Un vieillard aujourd'hui très malade qui désire que son nom ne soit pas connu, vient de faire des aveux circonstanciés à M. Clerc, conservateur du musée Borély à Marseille. Il lui a raconté que les silex en question, acquis à Marseille avaient été déposés par lui dans l'île Riou afin de tromper l'abbé Arnaud d'Agnel.

« Ayant eu l'honneur d'entretenir l'Académie de la découverte de ces silex égyptiens à Riou — fait dont les conséquences historiques étaient considérables — j'ai le devoir de l'aviser de la supercherie qui a été commise et qui est aujourd'hui avouée par son auteur. »

M. SALOMON REINACH communique un Mémoire dans lequel, sous le titre : « Un indice chronologique », il étudie les variations que fournit l'art grec dans les figures féminines en ce qui concerne l'écartement et le diamètre des seins. L'intervalle entre les seins, dit-il, a diminué progressivement dans la sculpture grecque entre 450 et 350 avant J. B.. En résumé, le critérium proposé par M. Reinach introduit un élément nouveau dans la chronologie de l'art grec ; ainsi, la *Vénus de Milo* descend au milieu du quatrième siècle, tandis que la Callipyge de Naples, considérée comme alexandrine ou romaine doit être attribuée à une époque beaucoup plus ancienne, peut-être à l'école de Scopos.

M. Pottier fit une notice sur un petit vase à figures rouges de la collection Peytel. C'est une très jolie peinture attique du cinquième siècle, représentant une clinique chez un médecin grec. On y voit le chirurgien à sa consultation, examinant et soignant des blessés qui portent tous des bandelettes de pansement. Des documents de ce genre sont rares et précieux ; M. Pottier énumère ceux qu'il a rencontrés.

M. Havet continue son commentaire de Plaute.

Séance du 10 mai.

M. Léopold Delisle, absent, écrit à l'Académie pour lui annoncer la mise en vente à Londres d'un volume qui aurait appartenu à la Bibliothèque de Charles V au Louvre. Or, M. Delisle affirme, pour bien connaître le sujet, que ce volume n'a jamais appartenu à Charles V ; c'est un livre très vulgaire qu'un faussaire adroit a manipulé.

M. Collignon présente une tête d'Eros en marbre trouvée à Rome en 1872 dans des fouilles faites près de la voie Appienne, par M. le baron des Michels. Cette tête a fait partie de la collection de la comtesse d'Harcourt et appartient aujourd'hui à son gendre M. de Bioncourt, notre ancien ambassadeur à Rome, qui a bien voulu l'apporter lui-même à la séance. C'est une excellente réplique de la tête de l'*Eros tendant son arc*, qui nous est connue par de très nombreuses copies, et dont l'original paraît être l'Eros de bronze exécuté par Lycippe pour un temple de Tespies.

M. Ch. Normand entretient l'Académie des trouvailles archéologiques qu'ont révélées les récentes démolitions de l'îlot voisin de la Sainte Chapelle et auxquelles nous avons, ces jours derniers, consacré un écho ; puis, il commente un bas-relief parisien, encore inédit et inexpliqué, trouvé dans les dernières fouilles du Marché aux Fleurs. On y voit des personnages placés les uns derrière les autres ; l'un d'eux a les épaules couvertes d'un capuchon dans lequel M. Normand reconnait le *cucullus* que l'on voit figurer à Pompéï dans une taverne de bas-étage. Ce vêtement était le symbole habituel au commerce des boissons et autres lieux publics.

M. Clermont-Ganneau lit un mémoire sur l'ancienne nécropole juive d'Alexandrie, à l'est de cette ville, d'après les découvertes de M. Breccia, conservateur du musée d'Alexandrie.

La commission du prix Lagrange, sur le rapport de M. Emile Picot, décerne cette récompense dont la valeur est de 1,000 fr. à M. Constans, professeur à l'Université d'Aix, pour les deux volumes publiés en 1904 et 1906 de son édition du *Roman de Troie*.

Sur le rapport de M. LE DOCTEUR HAMY, la commission du prix Loubat décide : 1º l'attribution du prix, avec une somme de 2,000 fr. à M. Henri Vignaud, premier secrétaire de l'ambassade des Etats-Unis à Paris, pour l'ensemble de ses travaux sur Christophe Colomb.

2º Une mention avec 600 fr. à M. Jules Humbert, docteur ès lettres, professeur agrégé au lycée de Bordeaux, pour ses études sur les *Origines vénézuéliennes*.

3º Une seconde mention avec 400 fr. à M. Léon Diguet pour ses publications sur les résultats de ses fructueuses missions dans le centre et l'ouest des Etats-Unis du Mexique.

Séance du 17 mai.

Après la lecture du procès-verbal et d'une dépêche de M. Merlin, directeur des antiquités et des arts de la régence de Tunis, annonçant la découverte d'un vase égyptien portant un carthouche d'un Pharaon Amasis dans un tombeau de la nécropole de Borjdedid à Carthage, le président fait part de la perte cruelle que l'Académie vient de faire en la personne de M. Jules Lair, et se conformant à la volonté du défunt qui a interdit tout discours, lève aussitôt la séance en signe de deuil.

Séance du 24 mai.

En rappelant que les funérailles de M. Jules Lair ont eu lieu samedi dernier, le président lit une notice émue sur la vie et les travaux du regretté défunt qui, on le sait, n'avait pas voulu qu'il fût prononcé de discours au moment de ses obsèques.

Sur le rapport de M. LONGNON, la commission du prix Prost alloue : 1º une récompense de 800 fr. à M. Albert Grenier pour son livre *Habitations gauloises et villes latines dans le pays des Mediomatrices*; 2º une récompense de 400 fr. à la revue messine et lorraine *l'Austrasie*.

Sur le rapport de M. OMONT, la commission du prix du budget attribue ce prix, dont la valeur est de 2,000 francs à M. R. Poupardin, sous-bibliothécaire du département des manuscrits de la Bibliothèque nationale pour son livre : *le Royaume de Bourgogne* (888-1308) ; *étude sur les origines du royaume d'Arles*.

M. POTTIER présente, de la part de M. Jules de Morgan, le calque d'un nouveau fragment de céramique grecque trouvé dans les fouilles de Suse. C'est un morceau de grand vase décoré de figures d'hoplites combattant. Le style paraît être conforme à celui des amphores attiques ou ioniennes du vi⁰ siècle avant notre ère; il fournirait par là une preuve de relations commerciales établies entre le monde grec et l'empire perse, bien avant les guerres médiques, à moins que l'on ne voie dans ce monument une épave provenant des villes grecques d'Ionie, pillées par l'armée de Darius.

M. Havet continue le commentaire qu'il a entrepris des passages obscurs de Plaute.

M. Clermont-Ganneau communique un Mémoire sur la *defixio*, ayant pour objet de livrer aux divinités infernales par le procédé de l'incantation, une personne désignée à cet effet.

Séances du 31 mai.

M. Héron de Villefosse lit une note de M. Eusèbe Vassel sur cinq stèles puniques votives inédites, élevées en l'honneur de Tanit et découvertes, à Carthage, dans la propriété de M. A. Bessis, les estampages en sont offerts par M. Vassel.

M. Adrien Blanchet, bibliothécaire honoraire à la Bibliothèque nationale, fait une communication relative à diverses statues de divinités reproduites sur des monnaies de Corinthe, frappées entre 425 et 338 avant J.-C. On reconnaît sur ces pièces des statues archaïque de Zeus et d'Appollon et quelques autres, de style plus récent, parmi lesquelles une figure d'Arès, le pied droit posé sur un rocher, pourrait être la copie d'une œuvre perdue de Lysippe. Une monnaie de Leucas, colonie de Corinthe, présente un Hermès attachant sa sandale, type créé par Lysippe, qui était né à Sicyone, près de Corinthe. Les statues qu'on voit sur les monnaies autonomes de Corinthe ornaient sans doute les temples et les places de cette ville, avant la prise célèbre par le consul Mummius, en 146 av. J.-C.

M. Pottier expose les trouvailles faites à Montlaurès, localité voisine de Narbonne, par M. Rouzaud. Ancien universitaire, ancien député, aujourd'hui percepteur à Narbonne, M. Rouzaud a recueilli avec une sagacité et une persévérance égales un très grand nombre d'objets antiques : lampes, monnaies, bijoux et surtout poteries, qui justifient l'importance dont jouissait, de temps immémorial, cette région située au point où la vallée de l'Aude se réunit aux défilés côtiers qui forment un des points les plus accessibles de l'Espagne. Les pièces découvertes datent d'une période allant du sixième au deuxième siècle avant l'ère chrétienne. Aucun indice de l'occupation romaine n'y a subsisté et c'est ce qui fait croire qu'à cette époque le centre de la région était passé de Montlaurès à Narbonne. On est donc en présence d'un emplacement pré-romain d'un intérêt très vif pour l'histoire de la Gaule méridionale antique. Cette communication, écoutée avec une attention soutenue, donne lieu à un échange de réflexions entre la plupart des membres présents.

M H.-F. Delaborde, professeur à l'Ecole des Chartes, présente un document de genre tout à fait rare, retrouvé par M. Philippe Lauer, et qui pourrait être rapproché du célèbre album de Villars de Honnecourt. C'est une suite de dessins appartenant à la seconde moitié du treizième siècle. M. Delaborde y reconnaît des compositions inspirées par le commentaire du *Credo* de Joinville; il démontre que cette suite n'était pas un projet d'illustration d'un livre, mais un projet de décoration murale, et, du rapprochement de certains passages du commentaire avec un charte de 1263, il conclut que cette décoration pouvait être destinée à la chapelle fondée par l'ami de Saint Louis à de l'Hôtel-Dieu de Joinville.

Séance du 7 juin.

L'Académie décerne la médaille Paul Blanchet, fondée en mémoire de l'explorateur Blanchet, à M. le capitaine Donau, commandant du cercle supérieur de Kebilli, pour ses découvertes archéologiques en Tunisie.

M. Théodore Reinach signale la découverte et la publication par M. le professeur Heiberg, de Copenhague, d'un traité inédit d'Archimède rédigé sur un palimpseste de Constantinople. Ce curieux document traite de l'application de la mécanique à la géométrie par l'emploi d'une méthode qui ressemble à celle du calcul intégral. Par là Archimède se révèle comme un précurseur de Leibnitz et de Newton.

M. le général de Beylié rend compte d'un voyage archéologique qu'il a effectué dans le bassin du Tigre, au nord de Bagdad, pour y recueillir des renseignements sur l'architecture des Abbassides aux huitième et neuvième siècles de notre ère. Les photographies des monuments visités et, en outre, de nombreuses inscriptions attestent l'utilité scientifique de cette expédition.

Séance du 14 juin.

M. Derenbourg signale deux inscriptions arabes relevées par le général de Beylié, à Diyârbékir, l'Amida des Romains, l'Amid du moyen-âge, ayant trait à la construction, dans les fortifications de la ville, d'une tour, en 1208, par le prince ortokide de Him-Kaïfa, Mahmoud l'Ortokide. Au-dessus de chacune de ces inscriptions, apparaît clairement l'aigle à deux têtes, qui caractérise les monnaies des Ortokides; au-dessous, deux lions affrontés, d'une sculpture délicate, constituant une infraction à la loi musulmane, qui interdisait les représentations figurées. Au surplus, l'architecte était un chrétien, Jean, fils d'Abraham, « de la famille des banquiers », autrement dit de la Monnaie.

De son côté, M. Dieulafoy insiste sur divers points de la communication faite à la dernière séance par le général de Beylié et montre quel intérêt elle offre pour l'archéologie musulmane.

M. Cagnat lit, au nom de M. Merlin, directeur des antiquités tunisiennes, une note sur la découverte, dans un tombeau à Carthage d'un vase égyptien remontant à l'époque de l'Amasis d'Hérodote.

M. Clermont-Ganneau commente une inscription concernant Syllœos, grand-vizir du roi nabatéen Obodas. Ce personnage joua un rôle politique considérable à l'époque d'Hérode ; sa carrière remplie de méfaits se termina par sa décapitation sur l'ordre de l'empereur Auguste.

M. Léon Dorez présente deux monuments importants. Le premier, qui vient d'être acquis par M. Pierpont Morgan, est un magnifique Pontifical exécuté, vers l'an 1500, pour le cardinal Giuliano della Rovere, le futur Pape Jules II. Il est orné de nombreuses miniatures qui semblent dues à quatre mains. Les plus belles, dont une porte la signature et la devise de l'artiste, composition et dans la technique rappellent, par plus d'un côté, l'art d'André Mantegna, ont été peintes par le célèbre Francesco dai Libri, de Vérone ; d'autres sont l'œuvre de son fils, non moins célèbre que lui, Girolamo dai Libri. Une autre encore prouve que le style de Jean Fouquet avait été apprécié et imité de très près dans la haute Italie.

Le second monument est un buste de l'empereur Jean Paléologue, exécuté à Florence en 1439, par Antonio Averlino dit Filarete, l'auteur des fameuses portes de bronze de Saint-Pierre de Rome. Ce portrait magistral, découvert il y a quelques semaines à Rome, au musée de la Propagande, par M. Antonio Mugnoz, identifié par lui et par M. le baron Michel Lazzaroni, est le plus ancien buste-portrait antérieur à 1450 qui puisse être sûrement daté. M. Dorez montre en même temps les photographies d'un autre buste du même sculpteur, représentant Jules César, et qui fait partie de la collection de M. Lazzaroni. Ces deux œuvres sont d'une énergie admirable ; mais la plus belle, probablement parce qu'elle a été exécutée d'après nature, est celle qui reproduit les traits de l'empereur de Constantinople.

Au nom de la Société de Semur, M. le commandant Espérandieu, correspondant de l'Académie, annonce la reprise des fouilles d'Alesia et fait l'exposé de leurs résultats récents. Un nouveau monument public a été reconnu ; la façade en était constituée par une colonnade dont il reste le soubassement. On a découvert aussi un aqueduc admirablement conservé. Parmi les menus objets provenant des fouilles, M. Espérandieu signale plus particulièrement les fragments de deux vases, en poterie rouge dite samienne, à l'intérieur desquels étaient des reliefs reproduisant le type traditionnel de Mithra tauroctone.

La séance se termine par une communication de M. Seymour de Ricci sur « les quarante-neuf vieillards de Scété ».

L'Éditeur-Propriétaire-Gérant : Albert Fontemoing.

Imprimerie Générale de Châtillon-sur-Seine. — A. Pichat.

BULLETIN CRITIQUE

---

122. — **Les Registres des Papes**, dans la seconde moitié du xiii° siècle. Bibliothèque des Ecoles Françaises d'Athènes et de Rome. — Paris, Fontemoing, 1907, in-4.

Jean GUIRAUD : *Les Registres d'Urbain IV* ; 6ᵉ 7ᵉ 8ᵉ fascicules : tome III, p. 129-471 ; 9ᵉ fascicule, tome IV, p. 1-79 ; années 1904 à 1906.

Edouard JORDAN : *Les Registres de Clément IV* ; 4ᵉ fascicule, p. 345-440 ; année 1904.

Jean GUIRAUD : *Les Registres de Grégoire X* ; 4ᵉ fascicule, p. 287-425 ; année 1906.

Jules GAY : *Les Registres de Nicolas III* ; 2ᵉ fascicule, p. 113-208 année 1904.

Georges DIGARD : *Les Registres de Boniface VIII* ; 7ᵉ 8ᵉ 9ᵉ 10ᵉ fascicules ; tome II, p. 798-971 ; tome III, p. 1 ; années 1904-1906-1907.

Depuis longtemps, les lecteurs du *Bulletin Critique* n'ont pas été entretenus des progrès des publications de l'Ecole française de Rome, à laquelle ils s'intéressent pour tant de motifs [1]. Je me propose de combler cette lacune. Aujourd'hui, je me borne à appeler leur attention sur les Registres des Papes de la seconde moitié du xiii° siècle, me réservant d'achever ma tâche dans les prochains fascicules du *Bulletin*.

I. — *Registres d'Urbain IV* (1261-1264). Grâce à l'infatigable activité de M. Jean Guiraud, professeur à l'Université de Besançon,

---

[1]. Je tiens à signaler ici le *Rapport adressé à l'Académie des Inscriptions et belles-lettres sur la publication des Registres Pontificaux*, en 1905, par Mgr Duchesne, directeur de l'Ecole française d'archéologie et d'histoire. Ce rapport a été publié dans le tome XXV des *Mélanges* de l'Ecole de Rome.

qui est chargé de les mettre au jour, les Registres d'Urbain IV, sont ceux dont la publication a marché le plus rapidement ; de 1904 à 1907, quatre fascicules (portant les nºs 6, 7, 8 et 9) ont été livrés au public. On sait que le registre caméral avait ouvert la publication ; vinrent ensuite les registres ordinaires, qui se terminent avec le fascicule 8. Le 9ᵉ fascicule comprend trois appendices, consacrés à des bulles non enregistrées. Le premier de ces appendices contient les bulles d'Urbain IV qui figurent dans les recueils rédigés à la fin du xiiiᵉ siècle, pour son usage particulier, par Bérard de Naples, le célèbre notaire de la chancellerie romaine ; ces recueils sont connus sous le nom de *Dictamina* et d'*Epistolae notabiles* [1]. Le second est composé des bulles du même pontife découvertes par M. Guiraud au cours de ses voyages, non moins utiles que les « voyages littéraires » des Bénédictins ; ces documents proviennent des Archives capitulaires du Latran, d'Anagni et du Rieti, des archives de l'archevêché de Spolète, des archives municipales de Gubbio, des Archives Nationales de Paris, des archives départementales des Bouches-du-Rhône, du Calvados, du Cher, de la Côte-d'Or, du Doubs, du Maine-et-Loire, du Puy-de-Dôme, de la Haute-Saône, et aussi de divers autres dépôts. Evidemment les résultats dûs aux pérégrinations de M. Guiraud ne sont que des résultats partiels ; comme le savant éditeur ne pouvait que transcrire les bulles que le hasard de ses recherches lui a fait découvrir, il faut nous résigner à penser qu'il en est un bien plus grand nombre qui demeurent inconnues. Quoi qu'il en soit, nous sommes redevables à M. Guiraud des 125 bulles inédites qui constituent ce second appendice. Enfin, le troisième appendice, beaucoup moins important, indique les bulles d'Urbain IV mentionnées par deux inventaires anciens et détaillés, celui de l'abbaye cistercienne de Grandselve conservé aux archives de la Haute-Garonne, et celui de l'archevêché de Narbonne conservé à la Bibliothèque de cette ville. En somme,

---

1. Sur les recueils de Bérard de Naples, voir le mémoire de M. L. Delisle, dans les *Notices et extraits des manuscrits*, t. XXVII, 2ᵉ partie. Parmi les anciens possesseurs du manuscrit de la Bibl. Nat., Latin 14173, M. Guiraud (tome IV, p. 9 ; cf. *Registre de Grégoire X*, p. 288,) cite Nicolas Chorcer ; ce doit être une lecture erronée, qui déguise le nom de Nicolas Chorier, l'historien dauphinois.

ces trois appendices ajoutent 210 numéros aux 3525 numéros qui représentent le contenu des registres [1].

Comme toujours, les documents insérés au registre ordinaire concernent, pour la plupart, les matières bénéficiales. On y constate l'influence de plus en plus grande exercée dès le xiii⁰ siècle par le Saint-Siège sur la collation des bénéfices ; sous l'influence des courants juridiques si forts à cette époque, le gouvernement de l'Eglise devient de plus en plus centralisé. Je n'en donnerai qu'un exemple : nombreuses sont les mentions de prébendes conférées par les papes, à titre d'expectative, à des clercs qu'ils veulent favoriser, *si vacat ad presens in eadem ecclesia vel quam primum ad id se facultas obtulerit* [2]. Au moins cet usage peut se défendre lorsque, ainsi que nos registres en contiennent plusieurs exemples, le Pape s'attache à pourvoir de pauvres clercs ou des sujets méritants, par exemple ceux qui se sont livrés à de longues études dans les Universités. Je signalerai en passant une concession de ce genre toute en faveur d'un pauvre clerc Espagnol, Bernard de Adarronna en considération de son oncle, Raymond de Pennafort [3].

L'exploitation des bénéfices par des clercs avides donna lieu, comme on fait, à des abus, dont un des moindres ne fut pas le cumul d'opulents bénéfices sur une même tête. Nous trouvons au n° 1802 une lettre adressée à l'archevêque de Tours pour signaler ces abus, dont la persistance tenace fut un fléau pour l'Eglise de France, et pour rappeler les règles de la discipline ecclésiastique qui les proscrivaient. D'ailleurs le Pape ne se désintéressait pas de la surveillance qu'il lui appartenait d'exercer sur la conduite

---

1. 508 pour le registre caméral, 3017 pour les registres ordinaires.
2. Exemple : n° 1304.
3. N° 1220 ; acte du 9 janvier 1264. Comme toujours, les lettres portant provisions de bénéfices contiennent des renseignements intéressants. Ainsi le n° 1210 (13 janvier 1264) fait connaître un Guillaume d'Auvergne, chanoine de la collégiale de S. Pierre de Lille et archidiacre de Liège, distinct de l'évêque de Paris bien connu, et distinct aussi de Guy d'Auvergne, prévôt de S. Pierre de Lille de 1251 à 1268, archidiacre de Thérouanne à la même époque, et plus tard archevêque de Vienne (Mgr Hautcœur, *Histoire de l'Eglise collégiale et du chapitre de S. Pierre de Lille*, I, p. 463) ce Guy d'Auvergne était frère de Guillaume XI, comte d'Auvergne, et d'Alix de Brabant. Le chanoine Guillaume d'Auvergne était sans doute son parent ; en tout cas il ne doit pas être confondu avec lui.

des prélats ; voyez la procédure qu'il institue contre l'évêque de Rodez, auquel la rumeur publique reproche de très graves faits d'immoralité [1].

On trouvera, surtout dans les lettres provenant de Bérard de Naples, nombre de documents intéressant la politique générale, notamment les affaires d'Italie, où Guelfes et Gibelins sont aux prises et où déjà la Papauté oppose Charles d'Anjou aux descendants de la maison de Souabe ; déjà aussi le Pape s'efforce de réconcilier Charles d'Anjou et sa belle-sœur, la femme de S. Louis, Marguerite de Provence (n° 2834), réconciliation que nombre de Pontifes Romains ne manqueront pas de tenter après Urbain IV, sans d'ailleurs y réussir. Aux luttes intestines qui déchiraient l'Angleterre font allusion quelques documents concernant Boniface de Savoie, l'archevêque de Canterbury réfugié en France lors de la levée de boucliers des barons anglais [2] ; le pape lui est très sympathique et lui maintient, pendant son exil, le libre exercice de sa juridiction [2]. Je pourrai citer aussi nombre de textes intéressants qui concernent la croisade et les privilège des croisés.

A côté des informations concernant la haute politique, les registres comme toujours, abondent en information utiles sur des faits d'un ordre plus modeste. Ainsi le 23 décembre 1261, le Pape prend des mesures pour faciliter à S. Louis le recrutement, parmi les religieux et les religieuses de l'ordre des Augustins, du personnel nécessaire aux Maisons-Dieu qu'il fonde avec tant de sollicitude ; il s'agit alors des Maisons-Dieu de Pontoise, de Compiègne et de Vernon, dont l'origine est due à la charité du saint roi [3]. Les

---

1. Cf. n°s 2886, 2970, 22972. Il s'agit sans doute de l'évêque Vivien Boyer, frère mineur, consacré en 1247 par Innocent IV et mort en 1274. La notice du *Gallia Christiana* (au tome I) présente cet évêque contre un prélat irréprochable. Nous ne connaissons pas l'issue du procès ; il semble que l'instruction en fut très difficile. — Il est à remarquer que les relations des évêques français avec le Saint-Siège étaient peu fréquentes ; le 21 mai 1264, Urbain IV signale l'évêque de Limoges comme le seul qui soit venu à Rome, et, pour l'en récompenser, le comble de privilèges (n°s 2756 et s.). Il est étrange qu'un pape français n'ait pas davantage attiré les évêques français.

2. N°s 1322, 1359, 1358 et s. — Ces documents se rapportent à l'année 1264.

3. N° 2879.

archéologues constateront avec intérêt que Urbain IV renouvelle en 1262 les concessions d'indulgences faites par ses prédécesseurs Innocent IV et Alexandre IV à ceux qui contribuent à l'œuvre de la cathédrale de Clermont, que l'évêque et le chapitre ont entrepris de restaurer *opere nimium sumptuoso* [1]. En 1264, le même pontife confirme la résolution prise par le chapitre de Toul de consacrer une année des revenus de chaque prébende vacante *operi fabrice ipsius ecclesie dudum incepte opere sumptuoso*, c'est donc à cette époque que s'élève la belle cathédrale gothique qui est l'un des joyaux de la vieille cité épiscopale — Enfin on n'apprendra point sans intérêt que le Champenois Urbain IV et son compatriote le cardinal Anchier, du titre de Ste Praxède, avaient à Rome un barbier de Troyes, Guillaume Jolinet, qui était sans doute aussi quelque peu chirurgien ; prévoyant le jour où Jolinet, après la mort de ses patrons, reviendrait en son pays, l'abbé de Saint-Loup de Troyes lui assura la jouissance viagère d'une maison, *ob ipsius domini pape reverentiam et interventum prefati domini cardinalis;* une bulle d'Urbain IV confirma cet arrangement et attesta du même coup les sentiments du Pape à l'égard de son barbier [2]. Heureux serviteur, qui passa trois ans à Rome, à l'ombre du Siège Apostolique, et fut ensuite logé gratuitement à Troyes jusqu'à la fin de ses jours !

II. — *Registres de Clément IV* (1265-1268). M. Edouard Jordan, chargé de ce pontificat, a depuis plusieurs années achevé la publication des registres. Je n'ai à signaler qu'un quatrième fascicule, contenant la portion la plus importante d'un supplément; en un dernier fascicule seront réunies la fin du supplément, l'introduction et les tables. Le supplément est emprunté à un recueil de bulles de Clément IV conservé dans cinq manuscrits des archives du Vatican ; ce recueil n'est nullement un registre officiel. Il a été largement utilisé par dom Martène, dans la publication des lettres de Clément IV qu'il a insérées au tome II de son *Thesaurus novus anecdotorum*. Il est cependant quelques-uns des 542 documents mentionnés dans ce fascicule qui ont été omis par dom

---

1. N° 2927.
2. N° 2141.

Martène ; voyez notamment les n°ˢ 1336 et s., textes concernant surtout la préparation de la campagne de 1268 où Charles d'Anjou devait écraser les derniers représentants de la maison de Souabe. Au surplus, si les pièces inédites sont rares, nombreuses sont « les rectifications au texte, aux dates et aux adresses données par Martène ». D'autre part, les tables alphabétiques qui terminent le volume de M. Jordan suppléeront à l'insuffisance des tables de Martène. C'est pourquoi nous n'avons qu'à nous féliciter de la résolution, à laquelle s'est arrêté M. Jordan, de comprendre dans sa publication cet ensemble de bulles, encore qu'elles soient étrangères aux registres proprement dits.

III. — *Registres de Grégoire X* (1271-1276). Avec Grégoire X, nous retrouvons M. Guiraud. La publication du registre proprement dit avait été achevée par lui depuis longtemps. Le fascicule qu'il y a ajouté en 1906 (4ᵉ fascicule) contient un supplément, composé exactement des mêmes éléments que le supplément ajouté par M. Guiraud aux registres d'Urbain IV et signalé ci-dessus. La première partie est tirée du recueil de Bérard de Naples : la seconde, des bulles recueillies dans les dépôts indiqués à propos d'Urbain IV, auxquels il faut ajouter les Archives d'Etat de Sienne, Rome, Florence, Naples et Turin, et les archives des départements du Rhône, de Seine-Inférieure et d'Indre et Loire ; la troisième partie a pour sources les inventaires de Grandselve et de Narbonne mentionnés plus haut.

Nombre des bulles analysées par M. Guiraud dans ce fascicule contribuent à faire mieux connaître la politique générale de Grégoire X, profondément différente de ses prédécesseurs, beaucoup plus conciliante et beaucoup moins angevine. Grégoire X cherche à rétablir partout la paix, à assurer le repos de l'Empire sous le sceptre de Rodolphe de Habsbourg, à unir les Guelfes et les Gibelins, les partisans et les adversaires de la maison d'Anjou, les chrétiens latins et orientaux; il ne veut de lutte que contre les ennemis de la civilisation chrétienne. On trouvera des traces nombreuses de ces vues élevées dans les bulles du supplément; j'en signale quelques-unes à titre d'exemple. En mai 1275, le Pape travaille à établir une alliance matrimoniale entre la famille de Charles d'Anjou et celle de Louis, palatin de Bavière, l'un des partisans de Rodolphe de Habsbourg ; celui-ci semble disposé à se prêter à la réalisation de ce projet, et le Pape s'en réjouit comme d'un indice de rapprochement entre Rodolphe et Charles d'Anjou (n° 708). Il n'épargne pas les tentatives pour faire cesser la discorde entre le même Charles d'Anjou et ses belles-sœurs, Marguerite et Eléonore de Provence, reines douairières de France et d'Angleterre (n°s 751, 760, 761 et s.) ; il sait en effet de quelle importance serait cette réconciliation pour la paix de l'Occident. Enfin il ne néglige rien pour rétablir la paix troublée par des discordes intestines à Lyon (n° 771), à Valence (n° 785, et *passim*)[1], aussi bien que dans les villes d'Italie[2]. On pourrait multiplier ces exemples : tous contribueraient à donner la même impression de la politique du successeur de Clément IV ; elle était fort peu favorable aux vues ambitieuses de Charles d'Anjou.

IV. — *Registres de Nicolas III* (1277-1280). J'ai signalé naguère le premier fascicule des registres de Nicolas III, dont la publication est confiée à M. Jules Gay. En décembre 1904 a paru le second fascicule, comprenant les lettres curiales de la première année et bon nombre des lettres communes de la seconde.

Nicolas III suivit une politique dont les grandes lignes sont les mêmes que celles de la politique de Grégoire X. On s'en convaincra sans peine en parcourant ses actes ; le second fascicule donne bien la même impression que le premier. Le maintien de l'union entre les Eglises d'Occident et d'Orient, rétablie au concile de Lyon, préoccupe justement le Pontife (n°s 367 et ss.). Il confirme les privilèges des églises et des monastères, notamment ceux de Cluny (n°s 458 et s.), mais sait à l'occasion procéder contre les

---

1. J'estime que le *castrum de Pirenzano*, tenu du chapitre Saint-Barnard de Romans, dont il est question au n° 786, n'est autre que le château de Pisançon, dans la Drôme. Il y a sans doute une faute de transcription. Voir aussi, sur ces affaires de Valence, le n° 1014.

2. Le Pape se préoccupe de rétablir la paix entre Rodolphe de Habsbourg et le comte de Savoie. Voir les bulles n°s 785 et 784, et rapprocher ces documents de ceux publiés par M. Kaltenbrunner, *M. Herlungen aus dem Vatikanischen Archiv.*, I ; voir notamment n° 90. Il est fâcheux que les éditeurs français n'aient pu renvoyer aux textes identiques ou analogues qui figurent dans le recueil de M. Kaltenbrunner.

prélats indignes (n°s 340 et 422), en mettant en mouvement la procédure *per inquisitionem*. Cependant, il prend la défense de Pierre de Benais, l'évêque de Bayeux compromis dans le procès de Pierre de la Brosse, et ne l'abandonne pas à la veangeance de Philippe le Hardi et de sa seconde femme Marie de Brabant (n° 388 et s.)[1]. D'ailleurs, si dévoué qu'il soit à la croisade, il n'hésite pas à refuser à Philippe le Hardi, dans une lettre du 3 décembre 1278, l'extension des indulgences des croisés aux fidèles qui se contenteraient de faire une offrande assez importance pour la croisade (n° 392). Cette bulle présente beaucoup d'intérêt pour l'histoire des indulgences. Il est à remarquer qu'elle mentionne expressément la théorie du trésor spirituel de l'église, administré par le Pape et les évêques; cette théorie parait avoir été construite peu de temps auparavant par Alexandre de Halès, S. Bonaventure et S. Thomas[2].

Je tiens à faire remarquer que le second fascicule du pontificat de Nicolas III s'arrête au cours d'une longue et importante bulle (n° 517) datée du 3 février 1279 et portant règlement pour le chapitre de la basilique Vaticane. Cette bulle n'est d'ailleurs pas inédite[3].

---

1. Il faut remarquer que la dernière des bulles curiales de la première année (n° 395), adressée au legat Simon de Brion, le futur Martin IV, concerne le *negotium vicedomini canonici Laudunensis* sur lequel la lettre ne s'explique pas. Mais nous savons par Guillaume de Nangis que ce chanoine vidame de Laon était une sorte de faux prophète, qui parait comme les deux béguines flamandes de la même époque, avoir mis en circulation des bruits défavorables à la reine Marie de Brabant. On sait que Pierre de la Brosse fut accusé ne s'être servi de ces bruits contre la reine. (Voir le texte Guillaume de Nangis dans *Historiens de France*, xx, p. 502; et C. V. Langlois, *Le règne de Philippe-le-Hardi*.) La lettre transcrite au registre de Nicolas III et imprimée sous le n° 395 est datée du 30 novembre, sans indication d'année; mais elle appartient à l'année 1278.

2. Cf. Adol Gottlob, *Kreuzablass und Almosenblass*, p. 272, étude publiée en 1906 dans l'importante série des *Kirchenrechtliche Abhandlungen* de M. Ulbrich Stultz.

3. Il arrive quelquefois, surtout dans les actes longs, que l'éditeur s'est montré trop avare de ponctuation; rien n'est plus utile pour l'intelligence des textes qu'une ponctuation exacte et suffisamment abondante.

V. — *Registres de Boniface VIII* (1294-1303). M. Georges Digard, l'un des hommes qui connaissent la mieux l'histoire du règne de Philippe-le-Bel et du pontificat de Boniface VIII, a livré au public, depuis 1904, le huitième, le neuvième, et le dixième fascicules des lettres de ce pontife. On y trouve une bonne partie des lettres communes de la sixième année du pontificat, celui de la septième année, et les lettres curiales de ces deux années; tous ces documents se rapportent aux années 1300 et 1301. Le tout constitue un ensemble de 428 lettres, publiées *in extenso* ou simplement analysées.

Les lettres les plus importantes pour l'histoire générale se trouvent naturellement dans les curiales; mais on en rencontre aussi de grand intérêt parmi les communes. On remarquera particulièrement les lettres consacrées aux affaires de Sicile, où Boniface VIII, guelfe passionné, pousse énergiquement les Angevins contre Frédéric d'Aragon, et lève à leur profit des décimes sur le clergé italien. Plusieurs de ces lettres (n°s 3869 et s.; n°s 4127 et s.) paraissent inédites. Une bulle du 20 septembre 1301, rendue à propos des événements de Sicile, contient un long et important règlement sur la perception des décimes en Italie (n° 4131). Une lettre de la même époque (n° 4128), délègue à la maison de banque des Bardi, établie à Florence, le produit éventuel des décimes, pour la couvrir d'une avance faite à Charles II d'Anjou. Diverses bulles, dont plusieurs sont déjà connues (n°s 3927 et s. n°s 4391 et s.) concèdent à Charles de Valois, pour son expédition en Italie, des décimes dont plusieurs doivent être levées sur les biens du clergé en France et dans les provinces ecclésiastiques de Lyon, Vienne, Besançon et Tarentaise, c'est-à-dire dans une grande partie du royaume d'Arles.

Si le Pape soutient ses amis, il s'efforce aussi de lutter contre ses adversaires. On lira dans ces fascicules une série de lettres inédites par lesquelles Boniface VIII partage entre ses partisans les dépouilles des Colonna et de leurs alliés (n°s 3911 et s. et 4956). Dans une lettre de 22 juillet 1300 (n° 3899), le Pape menace des foudres de l'Eglise les Florentins qui viennent de se montrer rebelles aux exhortations de son envoyé le cardinal Matteo et Acquasparta réprimande sévèrement les chefs de la cité, parmi lesquels il comprend les prieurs, dont était Dante. Il adresse vers le même temps à Philippe-le-Bel, à propos du comté de Melgueil, que le roi conteste à l'Eglise, une lettre d'ailleurs connue, où se révèle un ton hautain et amer qui fait pressentir le conflit prochain (n° 3901). Cependant une lettre, aussi connue, annonce ce jubilé de 1300 qui fut un triomphe pour l'Eglise romaine (n° 3875). Viennent ensuite les lettres célèbres qui marquent les premières étapes de la lutte contre Philippe-le-Bel : les documents relatifs à la détention de Bernard Saisset, évêque de Pamiers ; les bulles *Salvator mundi* (n° 4422) et *Ausculta fili* (n° 4442 ; au coin de celle-ci, M. Digard a imprimé en italique la portion détruite sur le registre du Vatican au temps de Clément V) ; les lettres relatives à la mission en France d'un notaire pontifical, Jacques de Normannis, et à la convocation à Rome des prélats français et de plusieurs théologiens, qui doivent s'y réunir en concile.

Ces fascicules contiennent en grand nombre les dispositions qui se retrouvent toujours en matière bénéficiale. J'y rencontre assez souvent, et c'est un signe du temps, des dispenses d'observer les règles canoniques qui prohibent la pluralité des bénéfices (n°ˢ 3942, 3959, 3966, 3966 ; 3968 ; et *passim*). Il faut citer particulièrement un clerc de haut parage, Thiébaut, frère du comte de Bar, mentionné dans ces lettres (n° 3856). Ce personnage possédait des prébendes dans les chapitres de Paris, Reims, Lincoln, Liège, Beauvais, Troyes, Verdun, Toul, sans compter celles qu'il prétendait lui appartenir à Metz et au Mans, et la cure, sans doute opulente, qu'il s'était fait concéder en Angleterre ; or, Boniface VIII leur permet de jouir de tous ces bénéfices, et le dispense, non seulement de l'obligation de résider, mais aussi de celle de se faire promouvoir aux ordres majeurs, comme s'il voulait pardonner les abus monstrueux dont l'aristocratie féodale se rendait coupable en détournant les biens d'Eglise de leur disparition. L'aristocratie romaine n'était pas la dernière dans cette course aux bénéfices, et les poursuivait avec âpreté ; les lettres de Boniface VIII en fourniraient la preuve, s'il en était besoin. Les Colonna, dès la fin du xiii° siècle et au xiv°, exploitèrent les riches églises du Nord de la France et notamment la collégiale de Saint-Omer. M. Claude Cochin a mentionné un certain Matteo Colonna, qui, du temps de Boniface VIII, fut prévôt de cette collégiale, et y résida, tout en possédant d'autres bénéfices [1]. Lors de la guerre ouverte entre Boniface VIII et les Colonna, les gens bien pensants de l'époque firent grise mine à Matteo, qu'ils soupçonnaient de complicité avec ses parents. Mais Matteo se justifia et obtint du Pape une lettre, qui n'est pas la moins curieuse du recueil, où il est déclaré que le prévôt de Saint-Omer, n'ayant pas participé au « schisme » des Colonna, ne mérite pas la persécution dont il est l'objet (n° 3777). C'est que, pour les partisans de Boniface, les Colonna étaient devenus un objet d'horreur, si bien que le Pape dispense un noble romain de l'observation des fiançailles contractée avec la fille d'un Colonna, *ne propter hoc participandi cum eosdem scismaticis materia preberetur* (n° 4114).

Au surplus, si Boniface VIII est impuissant à réprimer de graves abus, il en est cependant qu'il essaie de détruire. Il s'efforce notamment de mettre un terme à des exactions commises par les recteurs de Bretagne à propos des funérailles de leurs paroissiens (n°s 4124 et 4125) [2]. Il travaille à rétablir l'ordre troublé par des conflits locaux : c'est ainsi qu'une bulle détermine les droits respectifs de l'évêque de Clermont et de l'abbé d'Aurillac sur la ville d'Aurillac (n° 3756), et qu'une autre bulle prépare la solution d'une querelle entre l'évêque d'Orléans et les dix docteurs chargés de lire *ordinarie* en droit canonique et civil dans l'Université de cette ville, qui se refusaient à recevoir un nouveau collègue nommé par l'évêque (n° 4913) [3].

En somme la publication des registres de la seconde moitié du xiiie siècle est fort avancée. Les documents sont imprimés en très grande majorité ; il ne faudra qu'un médiocre effort pour terminer l'œuvre. Ce qui manque et ce qu'il importera de donner au lecteur, ce sont des tables aussi claires et aussi complètes que possible ; sans ces tables, les registres courent risque d'être trop souvent délaissés comme des instruments inutiles ; et ce se-

---

1. Claude Cochin, *Recherches sur Stefano Colonna*, dans la *Revue d'histoire et de littérature religieuses*, X (1905). p. 354, et abbé Clerval, *les Ecoles de Chartres*, p. 408.

2. M. Digard a publié jadis un travail sur ce sujet dans les *Mélanges de l'Ecole de Rome*.

3. Cette bulle a été publiée par M. Marcel Fournier, *Statuts et privilèges des Universités françaises*, I, n° 17.

rait grand dommage. Nous attendons aussi avec impatience les introductions ; il y a parmi les éditeurs des registres des maîtres qui, à l'exemple de leurs aînés, sont capables de renouveler des chapitres entiers de l'histoire de l'Eglise catholique à une des époques les plus intéressantes de son développement.

Paul Fournier.

---

123. — **Le progrès du libéralisme catholique en France sous le Pape Léon XIII**. Histoire documentaire, par l'abbé Emmanuel Barbier. — Paris, Lethielleux, 1907. Tome Ier, (2e éd.)

On doit des égards aux vivants ; aux morts, on ne doit que la vérité. Cette maxime aurait besoin d'être complétée. Oui, l'on doit des égards aux vivants, encore qu'on les leur ait refusés maintes fois ; mais à quels morts ne doit-on que la vérité, ou ce qu'on croit la vérité ? Traitera-t-on les morts de la veille, voire de l'avant-veille, comme on traiterait ceux qui ne nous apparaissent que dans le lointain du passé ? Et, puisqu'il s'agit d'un ouvrage où le dernier Pape est jugé avec une amère sévérité, sommes-nous aussi libres, — libres dans tous les sens du mot, — pour apprécier Léon XIII que nous le sommes pour juger, par exemple, Paul III ou Benoît XIV ?

A cette question, j'en ajouterai une autre. Nous sommes en pleine bataille ; l'accord, la confiance sont plus que jamais rigoureusement nécessaires entre les soldats d'une armée dont ses ennemis prédisent déjà la prochaine et irréparable déroute. Le moment est-il bien choisi pour venir déclarer aux catholiques français que le dernier pontificat par une politique de concessions à outrances, les a désarmés, et les a réduits à la situation où ils se débattent aujourd'hui ? N'accroîtra-t-on pas encore cette tristesse qui est un commencement de défaite, et ce scepticisme qui, désenchanté du passé, ne croit pas davantage à l'avenir ?

Qu'on ne s'y méprenne point cependant, c'est la politique du défunt Pape, ce n'est pas son enseignement que M. Barbier incrimine. « Sans scruter, » dit-il « les fins mystérieuses de la Providence » pour lesquelles Léon XIII a été élu successeur de saint

Pierre, on peut croire que Dieu a voulu donner au monde une preuve de l'infaillibilité du Pape, et, en même temps, marquer les limites et le caractère de cette infaillibilité.

« Comme personne privée, et comme homme politique, Léon XIII s'est trompé dans des questions de la plus grande importance, et ses erreurs ont eu des conséquences désastreuses... Mais ce même Pape a rempli sa fonction de docteur universel avec l'assistance visible du Saint-Esprit. Quand il enseigne les membres de l'Eglise et les peuples chrétiens, la pureté, l'ampleur, la majesté de la doctrine rayonnent sur le monde. » M. Barbier cite de nombreux fragments des Encycliques de Léon XIII, et je lui sais gré de m'avoir fait relire des pages où ce Pape redit, avec une sérénité lumineuse, les enseignements de ses devanciers et, en même temps, les marque d'une empreinte très personnelle. Mais quels sont donc les méfaits que l'on reproche à la politique de Léon XIII?

Reconnaissons-le sans peur, cette politique a eu son caractère propre. Léon XIII avait été diplomate, et, dans sa studieuse retraite de Pérouse, il avait emporté l'estime d'hommes d'état, entre autres, celle du premier roi des Belges; il croyait à la vertu des négociations, de certaines concessions, même de certains silences. Comme tous ses prédécesseurs, comme Pie VII qui vint à Paris sacrer Napoléon, comme Grégoire XVI qui, discrètement, blâmait Mgr de Quélen de son attitude vis-à-vis de Louis-Philippe, Léon XIII pensait que les fidèles, les prêtres surtout, doivent à un gouvernement établi leur déférence et leur soumission, et il l'a dit, en mettant les points sur les *i*, dans son Encyclique du 16 février 1892. Excédait-il en tenant ce langage, si digne du *casuiste* universel de la chrétienté? M. Barbier ne le dit ni ne le pense. Que plusieurs commentateurs aient excédé, c'est très possible. Mgr d'Hulst me citait un jour ce mot d'un journaliste nullement *réfractaire* : « Je suis avec le Pape qui parle en latin; non avec ceux qui prétendent le faire parler en français. » Certains journalistes ont exigé des catholiques français, dont Léon XIII respectait les souvenirs et les espérances, une adhésion qui fût allée jusqu'à l'amour, jusqu'au dévouement que les jacobites avaient voué aux Stuarts. Il n'en est pas ainsi; le Pape nous demandait seulement de respecter les institutions existantes, et non pas même de les maintenir; car, selon le mot un peu excessif de Bonald, « les bonnes institutions se maintiennent elles-mêmes et sans le secours des hommes, et les mauvaises périssent malgré leur appui. » Mais, sur plus d'un point, dans l'illusoire espérance d'apaiser un gouvernement sectaire, Léon XIII n'a-t-il pas amorti les coups que l'épiscopat et les fidèles auraient portés à des lois mauvaises ? Sur la question scolaire, sur celle des catéchismes électoraux, sur la question des fabriques et sur celle du droit d'abonnement, n'a-t-il pas été trop diplomate; n'a-t-il pas négocié quand il aurait fallu résolûment combattre ? Incontestablement, sur ces points où il s'agit non pas de promulguer l'immuable vérité, mais de choisir les voies et moyens qui paraissent les meilleurs, les Papes, bien qu'assistés d'en haut, ne le sont point jusqu'à l'infaillibilité; l'histoire de l'Eglise montre plus d'une fois, de règne en règne, des changements de conduite et d'attitude.

Il est un point aussi, d'une gravité majeure, sur lequel M. Barbier incrimine Léon XIII. Ce Pape qui, dans ses Encycliques, a si magistralement affirmé tous les droits de l'Eglise, aurait favorisé les tenants du libéralisme catholique, devenus les champions de sa politique. D'après M. Barbier, une des caractéristiques du libéralisme catholique, c'est se borner à réclamer pour l'Eglise le *droit commun* qu'elle tient de la constitution d'un pays, en niant ou du moins en taisant les droits supérieurs et imprescriptibles qu'elle tient de son divin Fondateur. Evidemment, ceux qui sans mandat (et d'où pourrait leur venir un tel mandat ?) déclarent que l'Eglise se tiendra exclusivement désormais sur le terrain du droit commun; qu'elle renonce pour le présent et pour l'avenir à revendiquer d'autres droits; ceux-là se trompent, et se condamnent eux-mêmes à d'inévitables désaveux. Ces désaveux, sans nommer personne, Léon XIII les a plus d'une fois infligés. Mais est-on atteint de libéralisme catholique, lorsque sans méconnaître aucun des droits de l'Eglise, on juge plus opportun de réclamer, devant un public indifférent ou hostile, incapables de comprendre toute la doctrine catholique, les droits que les institutions existantes n'ont pu enlever aux fidèles? Mgr Parisis qui, sous Louis-Philippe, usait d'une telle méthode, était-il un des promoteurs du libéralisme catholique ? Et avant l'évêque de Langres, en Belgique, sous la domination hollandaise, M. de Gerlache avait inauguré un tel système de défense et de conquête. « Nous avions une charte que nous tenions du gouvernement, » a écrit l'illustre homme d'état ; il s'en prévalait pour opprimer nos consciences ; nous trouvions dans cette charte des armes pour notre légitime défense. » (*Histoire du royaume des Pays-Bas depuis 1814 jusqu'en* 1830). Nombre d'entre nous ne font-ils dans les chambres et dans la presse pas ce que M. de Gerlache faisait en 1825, et Mgr Parisis en 1844 ?

A. LARGENT.

---

124. — **Principes d'économie politique**, par A. MARSHALL, t. I. Traduction française par F. Sauvaire-Jourdan, 1 vol. de la Bibliothèque internationale d'économie politique. — Paris, Giard et Brière, 1907, in-8 de xiii-544 pp. (Prix : 10 fr.)

M. Sauvaire-Jourdan, professeur d'économie politique et de Science Financière à la Faculté de droit de l'Université de Bordeaux publie le premier volume de la traduction française des principle of économics de M. Alfred Marshall. La Bibliothèque internationale d'économie politique continue d'enrichir des ouvrages des principaux économistes étrangers : le second volume suivra sous peu. Il est inutile de revenir sur l'ouvrage de M. Marshall, qui remonte déjà à 1890, mais que de fréquentes éditions ont tenu au courant depuis cette époque : il fait partie de la littérature économique au même titre, peut-on dire, que les ouvrages de Schmoller ou de Wagner. On connaît le caractère général de ces hardis anglais ou américains et la tendance d'observation et d'analyse qui les révèlent dans les études économiques. Le plan en étonnera peut-être quelque peu le lecteur français. Livre I. Aperçu préliminaire. Livre II. De quelques notions fondamentales. Livre III. Des besoins et leurs satisfactions. Livre IV. Les agents de la production : nature, travail, capital et organisation. A la vérité, il semble bien que cette manière de procéder dans l'exposé des phénomènes économiques n'aille pas sans de très notables avantages de clarté, puisqu'elle permet d'approfondir davantage les divers problèmes, une fois que l'esprit a été familiarisé avec les notions fondamentales et les grandes lignes.

La traduction de M. Sauvaire-Jourdan ajoute aux qualités de

précision et d'exactitude celles d'élégance et de clarté et, à tout prendre, le volume constituera un précieux instrument de travail pour tous ceux, encore nombreux aujourd'hui, qu'une langue étrangère pourrait arrêter ou encore pour ceux, qui pressés par la besogne professionnelle, n'ont pas toujours la possibilité ou le loisir de se reporter à l'original.   B. R.

---

125. — **The Babylonian Expedition of the University of Pennsylvania**. Series A : Cuneiform texts edited by HILPRECHT, volume XX, part. I, *Mathematical, metrological and chronological tablets from the Temple library of Nippur*, by Hilprecht, in-4 de XVI-70 pp, 30 planches de textes cunéiformes autographiées, et XV planches de reproductions photographiques. (Prix : 25 fr.)

M. Hilprecht expose d'abord en quelques pages très documentées ses vues sur l'antiquité de la civilisation et de la littérature babyloniennes. Les Babyloniens de la dernière période de l'empire, du VIe siècle av. J.-C. par conséquent, pouvaient, dit-il, suivre l'histoire de leur pays à l'aide des listes des rois jusqu'au IVe millénaire avant notre ère. Mais nous pouvons remonter plus haut encore. Les noms de mois et les mythes astronomiques ne répondent pas aux saisons de l'époque historique, IVe millénaire et au-dessous, mais à celles d'une époque bien antérieure. Ainsi le nom de Tammuz qui correspond à mai-juin dans les temps historiques signifie « mois de la semence ». Ce nom a donc dû lui être donné à une époque où il correspondait au mois de février, soit 7000 ans avant notre ère. On peut en dire autant du mois d'Elul, le « mois de la moisson » qui coïncide avec août-septembre à l'époque historique, alors que la moisson se fait en mai-juin. Les grands textes mythologiques et religieux, légendes, hymnes, incantations, etc., le code de Hammurabi, datent du IIIe millénaire. Mais ils attestent une civilisation extrêmement avancée et qui ne pouvait être que l'œuvre de longs siècles antérieurs. Les beaux monuments découverts sur différents points de la Babylonie, tels que le vase d'argent d'Entemena, la stèle de Narâm-Sin, la stèle des vautours, etc. ne sont évidemment eux aussi que le produit d'un art qui avait atteint un développement considérable. Pour tous ces motifs, M. Hilprecht pense que la civilisation babylonienne remonte au VI⁰ ou au VII⁰ millénaire et que c'est également à cette époque qu'il faut placer la date des premières couches de Nippur.

Les documents qu'il publie aujourd'hui sont d'une époque très postérieure. Ils n'en sont pas moins intéressants. Beaucoup relèvent du domaine des mathémathiques. Nous n'avions jusqu'ici que quelques échantillons de ce genre, au British Museum, au Musée de Berlin et au Musée de Constantinople, ces derniers livrés par les fouilles du P. Scheil à Abou-Habba (Sippara). Les textes de Nippur comprennent des tables de multiplication, des tables de division, des tables de carrés, des tables de racines carrées, etc. Les indications de division (:), de multiplication ($\times$), de fraction (/), de plus (+), de moins (—), des carrés et des cubes, sont rendues par des signes spéciaux, tout comme aujourd'hui. M. Hilprecht va même jusqu'à déduire du texte n° 30 qu'à l'époque cassite, c'est-à-dire vers le xv⁰ siècle avant notre ère, les Babyloniens étaient déjà capables de déterminer le volume d'un vase par ses trois dimensions. Ce n'est pas certain, le texte n'est pas clair, mais sa déduction est appuyée sur des considérations très ingénieuses.

D'autres textes encore plus obscurs ont résisté aux efforts combinés des assyriologues et des mathématiciens. Tel le n° 25 où on voit clairement le rapport qui existe entre le 1ᵉʳ nombre de chaque ligne pair et celui de chaque ligne impair, mais où on ne perçoit pas la relation qui doit exister entre les deux nombres qui composent chacune des lignes pair.

Dans cette tablette comme dans toutes les tablettes de multiplication et de division qui proviennent de Nippur, de Sippara ou de la bibliothèque d'Assurbanipal à Ninive, on retrouve à la base de tous les calculs le nombre 12.960.000. M. Hilprecht a remarqué que ce nombre était précisément le fameux nombre de Platon (*La République*, livre viii⁰), que Platon appelle « le maître des naissances meilleures et pires » et qui était à ses yeux l'expression arithmétique d'une loi fondamentale de l'univers. Il en conclut que Platon ou plutôt Pythagore qu'il suivait avait emprunté à l'orient babylonien et ce nombre et le sens ou le pouvoir qu'il y attachait. Toute cette démonstration, p. 29 et suivantes, est à lire par les philosophes et les historiens. Ils admireront le profit que M. Hilprecht a su tirer de textes si arides et en apparence si peu importants et les vues aussi suggestives que variées qu'il a su faire jaillir de leur étude.

Par exemple je ne crois pas que 7, 11 et 13 aient été tenus pour de mauvais nombres parce qu'ils ne sont pas des diviseurs de 12.960.000 (p. 34). La crainte de 13 a probablement une tout autre origine ; quant à 7, sinon à 11, il ne paraît pas avoir passé pour un nombre funeste dans l'antiquité orientale.

M. Hilprecht a encore glané dans les collections de Nippur quelques fragments de syllabaires, textes peu appréciés du grand public mais qui forment la base du lexique assyrien. Il y avait d'abord signalé à tort les mots *ra-aq-qu*, p. xii, et *ug-gu-qu*, p. xiii, comme distincts de *raggu* et de *uggugu*. Il a reconnu depuis son erreur, et il m'écrit qu'il adopte la lecture avec mimation *ra-ag-gum*, « méchant », et *ug-gu gum*, « irrité ».

Mais en dehors des tablettes de calcul, la pièce maîtresse du volume est une liste chronologique des premiers rois de la Babylonie. Quand elle sortit des mains du scribe, elle devait comprendre environ 180 noms de rois. Intacte, elle aurait eu une valeur inappréciable pour la reconstitution de l'histoire de la Babylonie primitive. Malheureusement il ne nous en est parvenu qu'un fragment, pas même la moitié. Encore le *recto* est-il couvert de dépôts qui en rendent la lecture impossible tant qu'il n'aura pas été traité chimiquement. La partie conservée du verso contient une liste des rois d'Ur et d'Isin avec le nombre respectif de leurs années de règne. On y relève un nom nouveau, celui de *Gimil-ibi-shu* et une lecture définitivement fixée, celle du nom du roi *I-bi-Sin* au lieu de *I-ne-Sin* ou *I-de-Sin*.

Telle quelle, elle prouve que jusque dans les derniers temps de l'empire néo-babylonien, jusque sous Nabonide si épris de l'histoire de son pays, les historiens du temps avaient à leur disposition des listes établies avec soin, qui leur permettaient de remonter jusqu'à la plus haute antiquité babylonienne. Le premier roi dont le nom est conservé sur cette liste, *Ur-engur*, roi d'Ur, peut se placer entre 2500 et 2200 av. J.-C. Or d'après ce qui reste de la tablette, ce nom devait être précédé de 135 autres environ.

Il ne faut donc pas mépriser les indications des scribes de Nabonide, mais plutôt chercher à reconnaître la méthode qu'ils ont suivie dans l'utilisation des documents. S'ils ont erré, c'est surtout, fort probablement, parce qu'ils ont toujours considéré comme successives des dynasties qui parfois régnaient simultanément sur diverses régions de la Babylonie.

C'est sur ce principe que M. Hilprecht, après avoir rappelé les systèmes de Lehmann et de Winckler, fait reposer son propre essai sur le classement des dynasties babyloniennes. Cet essai ne saurait être définitif dans l'état actuel de la science, son auteur le reconnaît fort bien. Mais les principes de critique qui y sont formulés, les vues ingénieuses et personnelles qu'il contient et la richesse des renseignements qu'il fournit rendent sa connaissance indispensable à tous ceux qui voudront travailler à la reconstitution de l'histoire babylonienne. François MARTIN.

---

126. — **Remarques sur Bossuet,** d'après les Mémoires de LE GENDRE rectifiés conformément au manuscrit de Tours — I. *Bossuet à l'assemblée du Clergé de 1682.* — II. *Bossuet et Mademoiselle de Mauléon.*

Les mémoires du chanoine Le Gendre constituent, pour l'histoire ecclésiastique de la fin du dix-septième siècle et du commencement du dix-huitième, un document de la plus grande valeur, aussi bien en raison de leur exactitude, que du caractère et de l'esprit de l'auteur, et de la sûreté, de la finesse et de la modération de ses jugements sur les personnes et sur les choses, qu'il fut placé pour bien voir, souvent dans le plus intime.

Ce document n'a été publié qu'en 1863, ainsi intitulé : *Mémoires de l'abbé Legendre publiés d'après un manuscrit authentique, avec des notes historiques, biographiques et autres,* par M. Roux [1]. L'éditeur n'a accompagné l'ouvrage d'aucune introduction, son annotation est quasi nulle, et il s'est même dispensé d'indiquer le « manuscrit authentique » dont il s'est servi.

M. Charles Gérin, dans la *Revue des questions historiques* de 1878 [2]

---

1. A Paris, chez Charpentier, in-8 de 420 pages.
2. T. XXIV, p. 378, n. 2.

a mis le public sur la voie de la bibliothèque de Tours : « Nous croyons savoir, dit cet historien si érudit que le *manuscrit authentique* dont M. Roux prétendait s'être servi, et sur lequel cependant il ne nous a donné aucun éclaircissement, appartient à la Bibliothèque publique de Tours... »

Le tome II du *Catalogue des manuscrits* de cette bibliothèque, publiée en 1905, porte, en effet, sous les numéros 1185 et 1186, la mention suivante : *Histoire secrète du Pontificat de M. de Harlay et de M. de Noailles, Archevêques de Paris, des Mémoires de messire Louis Le Gendre, abbé de Clairfontaine, sous-chantre et chanoine de Paris et historiographe de France.* Le titre exact, tel qu'il se trouve en tête du premier volume[1] est celui-ci : *Mémoires de M. Louis Le Gendre abbé de Clairefontaine et chanoine de Paris*[2].

M. Gérin ajoutait : « Il serait fort important de comparer le texte de ce manuscrit avec celui du volume publié chez M. Charpentier. »

Il y a longtemps que, pour notre part, nous désirions procéder à cette comparaison, que nous venons d'achever avec la plus minutieuse attention[3].

Nous avons constaté, à certains signes, que c'était bien là le manuscrit qui avait servi à l'édition de 1863. C'est une copie du XVIIIe siècle, qui provient *peut-être* de la bibliothèque du duc de Choiseul. Que sont devenus les cinq originaux que visait le testament de l'auteur[4] ? Il vaudrait la peine de les rechercher très soigneusement.

---

1. Copie du XVIIIe siècle, 2 volumes de 168 et 209 feuillets; 315 sur 200 millimètres. Demi-reliure peau blanche.

2. Le nom et les qualités ne se trouvent marqués que par des initiales: *Mémoires de M. L. L. G. A. de C. f. et C. de P.*

3. Nous avons commencé ce travail au commencement de mai, à Tours même, où nous avons bénéficié des soins très obligeants du bibliothécaire de la ville, M. Collon ; puis M. Rebelliau s'est empressé, avec sa bonne grâce habituelle, de faire venir le manuscrit à Paris, à la Bibliothèque de l'Institut où nous avons pu l'examiner tout à loisir.

4. Moreri (éd. de 1759, t. V, p. 126, col. I), dit, à ce propos : « Tout » Paris a su les fondations singulières dont le testament de l'abbé Le Gen- » dre se trouve rempli. Le même testament porte qu'il a composé cinq » histoires de sa vie, dont il veut que l'on tienne compte au public. Cha- » cune est écrite d'un style et d'un goût différents, et ceux qui en ont lu » quelques endroits les ont trouvées fort singulières. »

L'éditeur de 1863 a commis quelques erreurs de lecture et il s'est permis de modifier le texte du manuscrit en une multitude d'endroits, mais ce n'a été, d'ordinaire, que pour rectifier des incorrections de style : il s'est permis aussi quelques omissions plus ou moins regrettables. Nous devons dire cependant que nulle part, si ce n'est en un seul point, il ne nous a semblé qu'il eût tendancieusement altéré le sens.

Parmi les modifications d'une certaine gravité, il en est deux surtout qui regardent Bossuet, et auxquelles nous voulons uniquement nous arrêter aujourd'hui [1].

Il s'agit d'abord de l'assemblée générale de 1682. Le Gendre, nous dit [2] comment l'archevêque de Paris, M. de Harlay, dont il était le secrétaire, se voyant obligé de renoncer pour lui-même au chapeau, fit malicieusement en sorte de l'écarter de la tête de M. Le Tellier, archevêque de Reims, et de celle de M. Bossuet, évêque de Meaux. Or, le moyen de la fameuse assemblée parut, pour cela excellent, au « pape d'en deçà des monts ». Voici, à ce propos comment s'explique notre chanoine :

Texte du manuscrit de Tours [3].	*Texte de l'édition de 1863* [4].
La déclaration du clergé ne fut pas d'abord applaudie ; loin de cela *il y a des gens qui* l'attribuèrent à la lâcheté, disant que c'était l'effet de l'obéissance servile *que les évêques avaient* pour les volontés de la cour ; d'autres *trouvaient* qu'il n'y avait ni prudence, ni honnêteté à s'élever de gaîté de cœur con-	La déclaration du clergé ne fut pas d'abord applaudie ; loin de *là, plusieurs* l'attribuèrent à la lâcheté, disant que c'était l'effet de l'obéissance servile *des* évêques pour les volontés de la Cour ; d'autres *trouvèrent* qu'il n'y avait ni prudence ni honnêteté, à s'élever de gaîté de cœur contre les préten-

L'enquête pourrait être facilitée par l'indication que nous venons de donner (p. 420 n. 2), les *Initiales* qui désignent l'auteur en tête du manuscrit de Tours

Le testament de Louis Le Gendre serait aussi à rechercher dans les études de notaires de Paris.

1. Nous avons signalé ces variantes à M. Lévêque et à M. Urbain.
2. P. 35. 36 de l'édition de 1863.
3. Vol. I, n° 1185, F°s 34v°, 35.
4. P. 46.

tre les prétentions du Pape, dans le temps même que le *Pape* risquait tout pour soutenir les leurs. Ce soulèvement qui était quasi-général contre les prélats de l'assemblée, produisit des écrits piquants, où M. de Harlai était le plus maltraité, parce qu'on le regardait comme le premier mobile, et quasi comme l'unique auteur de tout ce qui s'y était fait. Les prélats qui y avaient été étaient les premiers à le dire, nommément M. Le Tellier, archevêque de Reims, et M. Bossuet, évêque de Meaux. *Ceux-ci le disaient par ressentiment* : M. de Harlai, malgré eux et par jalousie, *les avait engagés d'en être*...	tions du Pape dans le temps même que le *pontife* risquait tout pour soutenir les leurs. Ce soulèvement, qui était quasi-général contre les prélats de l'assemblée, produisit des écrits piquants, où M. de Harlay était le plus maltraité, parce qu'on le regardait comme le premier mobile, et quasi comme l'unique auteur de tout ce qui s'y était fait. Les prélats qu'y avaient été les premiers à le dire nommément M. Le Tellier, archevêque de Reims, et M. Bossuet, évêque de Meaux. *C'était par ressentiment de ce que M. de Harlai* LEUR AVAIT, *disaient-ils* FAIT JOUER, *malgré eux et par jalousie,* UN ROLE IMPORTANT DANS L'ASSEMBLÉE...

Nous dirions aujourd'hui : *obligés* plutôt qu'*engagés*, et c'est bien le même sens qu'il faut entendre ici.

Il ressort de ce texte du manuscrit de Tours que, non seulement MM. Le Tellier et Bossuet n'eussent pas voulu jouer un rôle important au sein de l'assemblée de 1682, mais qu'ils eussent fort souhaité de n'en point même faire partie : et cela tend à prouver davantage une certaine défaillance de caractère[1] chez l'aigle de Meaux, à l'égard de la Cour, en même temps que le peu de foi qu'il avait en la doctrine gallicane des quatres articles[2].

---

1. Arnauld écrit ce Bossuet, dans une de ses lettres : «... Il y a néanmoins » un *verumtamen* dont j'appréhende qu'il n'ait à rendre compte à Dieu; » c'est qu'il n'a pas le courage de rien représenter au Roi. C'est le génie » du temps même à l'égard de ceux qui ont de grandes lumières. » (Pièce citée par l'*Intermédiaire* du 20 mai 1907, col. 742.)

On peut rappeler, à ce propos, l'honorable conduite de Bossuet vis-à-vis de Madame de Montespan : mais cela prouve seulement que les plus grands hommes ne sont pas toujours égaux à eux-mêmes.

2. Dans son beau livre; *De la Monarchie pontificale*, en réponse à M. Maret, évêque de Sura (Paris, Palmé, 1870), page 12, Dom Guéranger, montre comment, jusque vers le dernier tiers du xviie siècle, la Sorbonne tint ferme, contre les légistes, la bannière de la doctrine catholique, que

Ici M. Roux semble bien par exception, sentant le bât le blesser ainsi que ses congénères, à un endroit trop cher, avoir altéré le texte à dessein, car il ne se peut qu'il n'en ait compris l'importance, et, du reste, jugeant encore assez embarrassant celui qu'il a substitué au véritable, il a cru devoir y mettre une note personnelle d'une érudition insuffisante :

La déclaration de 1682 est entièrement dans la tradition du clergé français et dans l'esprit national de notre pays, et les principes qu'elle proclame sont nécessaires à tout Etat catholique qui veut rester indépendant. Dès le XIIIe siècle, Saint-Louis d'accord avec le clergé de France, avait déjà limité la puissance du Saint-Siège *en rendant la célèbre ordonnance dite de la Pragatique-Sanction*, qui fut une protestation éclatante contre les usurpations de l Eglise et une sorte de déclaration d'indépendance. (*Note de l'Éditeur.*)

Venons maintenant au point qui a été de nouveau débattu, ces derniers temps, d'un prétendu mariage entre Bossuet et Mademoiselle de Mauléon. M. Charles Urbain notamment [1], tout en proclamant, ainsi qu'il convient, en vertu de tant de témoignages contemporains et de ceux qui ressortent de la vie même du personnage, l'invraisemblance d'un pareil engagement de la part d'un si grand homme de l'Eglise, cite nécessairement le texte de Le Gendre comme le plus digne de retenir l'attention des historiens, et

ceux-ci se plaisent à nommer ultramontaine, et il rappelle que « le vénérable recteur (grand maître) de Navarre, Nicolas Cornet, le maître de Bossuet », était de ses principaux champions. Bossuet n'était certainement pas, au fond de l'âme, sans tenir compte de l'enseignement qu'il avait reçu de maîtres si vénérables. Voir l'*Oraison funèbre* de ce saint prêtre, où Bossuet le proclame « docteur de l'ancienne marque, de l'ancienne sim-
» plicité, de l'ancienne probité... illuminant l'Eglise par sa doctrine, et
» ne voulant lui faire savoir que sa seule soumission » (*Œuvres de Bossuet*, éd. Lachat, 1863, t. XII, p. 667 et 669) : Voir, d'autre part, les édifiantes contradictions du magnifique discours sur l'*Unité de l'Eglise* (cf Rebelliau : *Bossuet*, 1900, p. 139, et tout le chapitre si magistralement étudié, comme le reste).

1. Dans la *Revue du clergé français* du 15 Août, 1er et 15 septembre 1906, avec tirage à part.
Voir aussi une étude publiée depuis, répondant en partie à la précédente, par M. J. Gaignet: *Le prétendu mariage de Bossuet* (Paris, Bloud, 1907, in-18.)

qui mérite le mieux qu'on cherche à l'éclaircir. Or, voici le texte exact du chanoine :

Texte et manuscrit de Tours[1].

Quelques jours après la mort de M. Bossuet (1704), une demoiselle, sa vieille amie, demanda, se disant sa veuve, son domaine et ses conventions. Quel phénomène dans les conjonctures où l'on était alors ! Ce fut sagesse de l'étouffer, en ordonnant aux héritiers d'apaiser CETTE PRÉTENDUE VEUVE, et à la demoiselle de se taire. Cette prétendue veuve n'était point une aventurière : *c'était une fille de famille*, fille d'un M. de Mauléon, qui tenait un appartement au doyenné de St. Thomas du Louvre, dans le temps que M. Bossuet, *qui n'était alors* que sous-diacre, y était en pension, chez le doyen de cette Eglise. Le jeune homme était beau et bien fait, la demoiselle avait son mérite : quoiqu'elle fût sur le retour, lorsque j'eus occasion d'aller chez elle, en 1700, elle avait encore de grands restes de ce qu'elle *était* dans son printemps. Demeurant en même maison, ils se voyaient com-

Texte de l'édition de 1863[2].

Quelques jours après la mort de M. Bossuet, une demoiselle, sa vielle amie, demanda, se disant sa veuve, son domaine et ses conventions. Quel phénomène dans les conjonctures où l'on était alors ! Ce fut sage de l'étouffer, en ordonnant aux héritiers d'apaiser le SCANDALE, et à la demoiselle de se taire. Cette prétendue veuve n'était point une aventurière ; *loin de là, c'était la* fille d'un M. de Mauléon, qui tenait un appartement au doyenné de St. Thomas du Louvre, dans le temple que M. Bossuet, *n'étant* que sous-diacre, était en pension chez le doyen de cette église. Le jeune homme était *alors* beau et bien fait *et* la demoiselle avait son mérite. Quoiqu'elle fût sur le retour, lorsque j'eus occasion d'aller chez elle, en 1700, elle avait encore de grands restes de ce qu'elle *avait été* dans son printemps. *Jeunes tous deux* et demeurant en même maison...

modément ils s'aimèrent sous promesse de mariage, à la charge de le tenir secret. Ainsi parlait la demoiselle. Ce qu'il y a de certain c'est que, dans les différents temps de la vie de M. Bossuet, elle a toujours été la maîtresse chez lui, qu'elle y ordonnait de tout, et que la recommandation de cette si belle ancienne connaissance était la plus efficace et la plus forte qu'on pût avoir pour obtenir des grâces du prélat.

On voit que le mot *scandale* n'est point dans le manuscrit ;

[1]. Vol. II, n° 1186, f°s 53-53 v°.
[2]. P. 265-266.

M. Roux l'a substitué sans malice, seulement en vue de la forme, aux mots : *cette prétendue veuve*, parce que ceux-ci se trouvent répétés à la ligne suivante.

Ce n'était donc pas un scandale qu'il s'agissait « d'apaiser », dans l'esprit de Le Gendre, mais bien une femme qu'il ne qualifie, à deux reprises, que de « prétendue veuve » ; car il ne vise point de contrat de mariage qu'il sache avoir été produit. Il se borne à présenter, pour sa part, Mademoiselle de Mauléon comme une « vieille amie » de Bossuet, et à noter, en terminant, que la grande amitié qui unissait « cette si belle ancienne connaissance » au prélat, était de notoriété publique [1]. Tout le reste, il le laisse au compte de la demoiselle, « se disant veuve » de M. de Meaux, et il a soin de conclure l'exposé des allégations de Mademoiselle de Mauléon par ces mots : « Ainsi parlait la demoiselle. »

Quelqu'un pourrait objecter que le mot « phénomène » équivaut presque au mot *scandale* ; mais ce terme n'avait pas alors la valeur qu'on lui attribue aujourd'hui, et Le Gendre l'emploie ailleurs simplement dans le sens d'un fait saillant qui se produit à l'improviste.

On ne peut nier toutefois que le texte de cet historien ne comporte une fâcheuse insinuation ; mais, encore une fois, il ne prouve rien, pour ce qui est de la réalité du prétendu contrat de mariage, et la gravité en est encore atténuée par la disparition du mot *scandale*.

Aussi importe-t-il de se souvenir que Le Gendre avait été le secrétaire de Harlay, et que, tout incapable qu'il fût de calomnier, il a pu, dans la circonstance, céder à la tentation de médire un peu de l'illustre prélat que jalousait son ancien maître et bienfaiteur.

Pour ce qui est des témoignages rendus à Bossuet par ses contemporains, je ne vois pas qu'on ait fait encore état de celui de Spanheim, proclamant « la régularité de sa vie et de ses mœurs [2]. »

---

1. Le trait le plus frappant de la grande affection qui liait Bossuet à cette « vieille amie » se trouve certainement dans la pensée qu'il a eue pour elle, à son lit de mort, ordonnant à son secrétaire « d'assurer Mademoiselle de Mauléon de son souvenir jusqu'à la fin. » (Le Dieu : *Journal*, 2 avril 1704, — veille de la mort de Bossuet — tome II, p. 97.)

2. *Relation de la cour de France en 1690* (éd. Bourgeois, 1900, p. 447.)

Ce témoignage est d'autant plus fort que le ministre de l'Electeur de Brandebourg, zélé calviniste, ne ménage pas, d'autre part, l'évêque de Meaux, touchant son attitude vis-à-vis des protestants français, et qu'il n'a pu ignorer la grossière attaque du prédicant Jurieu, à laquelle le prélat a répondu avec une si grande dignité [1].

Je saisis l'occasion d'ajouter ici, pour compléter les renseignements qu'a donnés M. Urbain, sous les personnages du nom de *Des Vieux* ou *Le Vieux* qu'il a pu rencontrer au cours de ses recherches, ceux que j'ai autrefois trouvés moi-même, en prenant copie, à la bibliothèque de l'Institut, des Registres où sont inscrits les portraits peints par Hyacinte Rigaud, ses élèves et les autres artistes qu'il employait [3] :

En 1685 : « M. *Desvieux* » [4].

En 1690 : « M. *Devieux* » [5].

En 1703 : « Mademoiselle *Desvieux* », aliàs : « *Des Vieux* », original et copie [6]. La même année, le vêtement de ce portrait a été peint par Fontaine [7].

En 1709, « M. *Desvieux*, major au régiment de Navarre » [8]. La même année [pour le même portrait], « un habillement en cuirasse de M. *Des Vieux* », a été peint par Bailleul [9].

En 1733, « Monsieur et Madame *Desvieux*, fermier général [10] ».

En 1735, « Madame de Saint-Contest *Desvieux* (*en son nom de fille*. — Mademoiselle *Desvieux* depuis Madame de Saint-Contest [11] ».)

Hyrvoix de Landosle.

---

1. Bossuet : *Sixième Avertissement aux protestants*, IIe partie, XV. — Cf. J. Gaignet : *Le prétendu mariage de Bossuet*, p. 9-II.

2. *Revue du clergé français*, p. 30 et suiv, et p. 73, n. 2 le tirage à part.

3. Mss. 139 et 140. — voir, sur ces registres, dans la *Revue Bossuet* du 25 décembre 1906, p. 296-298, l'article sur un portrait de l'évêque de Meaux qui m'appartient.

4. Ms. 139, f° 2vo.

5. Ms. 139, f° 6.

6. Ms. 139, f°s 21 et 22vo.

7. Ms. 140, f° 15 : « Habillé Mademoiselle Des Vieux. »

8. Ms. 139, f° 29.

9. Ms. 140, f° 25vo.

10. Ms. 139, f° 44vo.

11. Ms. 139, f° 45.

127. — **Paul Verlaine, sa vie, son œuvre,** par E. Lepelletier. — Paris, Mercure de France, 1907, in-18 de 568 p. (Prix : 3 fr. 50).

Ce livre est une bonne œuvre peut-être encore plus qu'une œuvre utile. Tant de racontars malveillants et d'odieuses légendes entourent le souvenir du grand poète Verlaine, qu'on doit accueillir avec reconnaissance ces pages sincères, d'une information sûre et d'une piété discrète. M. Lepelletier, qui les a écrites, a entendu l'appel angoissé que son ami lui adressait du fond de sa prison de Mons : encore se montre-t-il moins soucieux de défendre la mémoire du poète, — devoir d'amitié qui reste secondaire devant l'histoire, — que de faire mieux connaître l'écrivain et de nous aider à pénétrer ainsi plus intimement une œuvre que nous aimons tous.

Il y a un peu plus de onze ans que Verlaine est mort. Qui le croirait, à considérer sa place et son influence parmi nous, dans un temps où les réputations hâtives survivent peu à ceux qui les soutenaient? Il n'est guère de poète aujourd'hui qui ne se réclame à quelque titre de Verlaine; son nom et son œuvre dominent toute la génération littéraire de notre nouveau siècle. On fait mieux que de le lire : on le sait et on le cite; les femmes mêmes, dont l'indifférence est notoire en matière de poésie, ont pour lui cette curiosité sentimentale ou passionnée dont leurs aïeules accablèrent Lamartine; on lui a fait les honneurs d'une édition définitive telle que les meilleurs poètes du romantisme ou du Parnasse n'en ont pas toujours eu de semblable. Ce sont là des indices d'une gloire solide. M. Lepelletier n'a pas été mal inspiré d'élever à la mémoire et à la gloire de son ami, — comme il dit, — « cet hommage imprimé, » qu'une modestie exagérée l'empêche de qualifier de « monument. » Le livre est bon, précis, complet et vivant : on le lit sans interruption et sans fatigue; on y pourrait souhaiter un souci plus méticuleux du style et une composition plus serrée : certaines phrases, écrites trop vite et non relues, déconcertent; quelques répétitions et surtout de nombreuses digressions et des redites, sans doute involontaires, frappent le lecteur qui ne peut pas se permettre d'être distrait. Mais ce sont là de faibles critiques : il semble qu'on les doive à un ouvrage aussi sérieux. La sincérité de l'information, une bonne division chronologique des chapitres, un index alphabétique complet font de ce livre intéressant un livre utile à quiconque, sûr d'aimer Verlaine, désire le mieux connaître.

On ne peut résumer, même rapidement, les dix-sept chapitres de ce volume. Dans une existence si douloureusement mouvementée, si féconde en crises de toute nature, quelques événements se détachent au premier plan. Ce sont ceux qui, ayant contribué à la formation intellectuelle ou morale du poète, colorent son œuvre de nuances nouvelles : la jeunesse parnassienne, le mariage et la rupture, les voyages et les séjours en Angleterre et en Belgique, la détention à Mons sont les épisodes essentiels de sa vie, et ces étapes décisives sont marquées par autant d'œuvres caractéristiques : les *Poèmes Saturniens*, la *Bonne Chanson*, *Romances sans paroles* et *Sagesse*.

Pour raconter la vie et l'œuvre, expliquer l'une en fonctions de l'autre, M. L. apporte-t-il une documentation nouvelle? Il faut distinguer dans son livre trois sources d'information différentes : les souvenirs personnels, l'œuvre même du poète, contrôlée et corrigée par ces souvenirs, enfin les lettres de Verlaine à son ami.

C'est pour la première partie de la vie, depuis les années de lycée (1860) jusqu'au mariage environ (1870) que les souvenirs personnels de M. L. sont surtout précieux : camarades de classe, liés par des goûts littéraires communs, Edmond Lepelletier et Paul Verlaine s'écrivaient pendant la séparation des vacances; grâce à ces premières lettres qu'il a conservées et qu'il publie en partie, M. L. nous renseigne avec précision sur ces années de jeunesse, si décisives dans l'évolution d'une âme de poète : Verlaine aux champs, loin du collège, délivré des études arides qui lui déplaisaient, mais qu'il acceptait cependant avec docilité et avec conscience, ce sont les premiers rêves, le choix caractéristique des lectures favorites, les essais timides, les admirations juvéniles, les projets enthousiastes pour l'avenir. Dans l'histoire littéraire, il y a peu de spectacle aussi beau et aussi réconfortant que celui de ces amitiés de jeunesse entre poètes ou écrivains, ces échanges de confidences, qui seraient puériles, si elles n'étaient touchantes, ces engagements solennels pour le reste de la vie, ces vastes desseins, cette exaltation réciproque de deux imaginations qui vibrent à l'unisson. Ces lettres de Verlaine à son camarade, au sortir du lycée, comme celles de Flaubert, presque enfant, à ses amis Le Poittevin et Ernest Chevalier, aident plus à comprendre la formation et l'évolution de l'écrivain, que les déclarations ou les confidences de l'âge mûr.

Les pages dans lesquelles M. L. a fait revivre les salons littéraires où Verlaine fit ses débuts et rencontra le groupe d'écrivains avec qui les tendances de son esthétique naissante plus que les habitudes d'une vie déjà indépendante le mirent en relations, sont une excellente contribution à l'histoire du Parnasse : c'est dans l'un de ces salons, celui de la marquise de Ricard, mère de Xavier de Ricard, que la Parnasse eut son berceau; Catulle Mendès, F. Coppée, A. France, Sully-Prudhomme, Villiers de l'Isle-Adam, J. M. de Hérédia, bien d'autres encore y fréquentaient; presque tous se retrouvaient chez l'étrange Nina de Callias, où l'on faisait un peu de tout, politique, philosophie, spiritisme, mathématiques, musique et même littérature; chez Nina, la porte était ouverte à toute heure du jour et de la nuit; poètes, artistes, peintres, journalistes, politiciens de Montmartre, du café de Madrid ou du café de Fleurus, y tenaient leurs assises nocturnes; Ch. Cros y lut ses premiers vers; Ch. de Sivry y improvisait au piano; Verlaine prit peut-être dans ce milieu ces mœurs bohêmes qui convenaient à son tempérament. Le chapitre consacré à Nina, dans le livre de M. L. est un de ceux qui restituent le plus exactement l'entourage habituel de Verlaine et aident le mieux à comprendre son caractère.

Sur Verlaine employé à l'Hôtel-de-Ville, sur son attitude pendant la Commune, M. L. apporte aussi beaucoup de détails précis et curieux. Mais le grand événement de la vie de Verlaine, celui qui pesa sur toute son existence et détermina toute sa destinée, c'est l'histoire de son mariage et de son divorce. On la trouvera présentée ici avec une impartialité remarquable : M. L. ne cherche pas à dissimuler les torts de son ami, dont l'humeur inégale, exaspérée par l'alcoolisme, dont la conduite irrégulière rebutèrent trop vite une femme mal conseillée par des parents aveugles; — mais il ne se montre pas non plus indulgent pour l'épouse qui, en refusant un pardon possible, et en écartant le fils du père avec une cruelle obstination, perdit une existence qui aurait pu être tout autre. La postérité égoïste doit-elle regretter ce lamentable malentendu? nous devons à la misère morale et matérielle de Verlaine les accents les plus sublimes et les plus douloureux de *Sagesse*, comme nous devons à cet unique amour, si vite meurtri, la divine tendresse dont frissonne toute la *Bonne Chanson*.

L'impression qui demeure de cette longue et minutieuse biographie de Verlaine, est celle d'une âme bonne et faible, d'une bonté enfantine et naïve, sans énergie et sans défense contre les tentations et les difficultés de la vie. Verlaine était bon, et de cette bonté candide est venue toute la tristesse de sa destinée, toute l'amertume de son génie : il fut dominé et vaincu par sa femme et par ses beaux-parents, il fut incompris des siens, souvent exploité, il fut enfin victime de l'amitié. L'âpre et brutal Arthur Rimbaud, qu'il considérait comme son meilleur ami, apparaît en réalité comme le mauvais génie de sa vie : il lui doit toutes ses mauvaises heures, toutes ses faiblesses, toutes ses fautes ; cela, il fallait le dire, et M. L. l'a dit impitoyablement. Tout en purifiant les relations des deux écrivains des suspicions calomnieuses qui les ont souillées, il a montré quelle influence détestable cette amitié avait exercée sur Verlaine, jusqu'au jour de la tragi-comédie de Bruxelles. L'histoire de cet attentat, suivi de la détention à Mons, était jusqu'à présent obscure; Verlaine lui-même, dans ses écrits autobiographiques, s'en est mal expliqué. Le récit de M. L. éclairé par des documents inédits, fait comprendre nettement cet épisode. Les lettres que Verlaine adressait à son ami de la prison de Mons, celles qu'il lui écrivit pendant les vingt dernières années de son existence misérable, sont des pièces de premier ordre qui donnent un intérêt considérable à cette partie du livre. Elles permettent de suivre de très près non seulement l'histoire de cette existence, mais celle d'une œuvre que rien ne pouvait retarder, ni le désespoir, ni le dénuement, ni la douleur.

Sur un point seulement, le récit de M. L. paraît contestable : il donne l'impression, peut-être sans le vouloir, de ne pas croire à la sincérité de la conversion de Verlaine. Il y avait mieux à dire, semble-t-il, sur cette crise capitale de la vie d'un poète, sur cette heure trouble que Dieu choisit pour frapper au seuil de la pauvre âme dévastée. Ce sont choses dont il faut parler sans légèreté et sans ironie. Verlaine ayant eu la pudeur de ses sentiments, et n'ayant pas abusé des confidences, nul n'a le droit de railler sa marche sur le chemin du retour et de suspecter la franchise de son évolution.

A part cette réserve, le livre de M. L. satisfera pleinement le lecteur le plus difficile ; tous ceux qui voudront désormais étudier l'œuvre d'un des plus grands parmi nos poètes du xixe siècle, ne pourront se dispenser de la lire ou de la consulter.

E. Maynial.

---

128. — **Le Graduel de l'église cathédrale de Rouen au XIIIe siècle**. — Rouen, J. Lecerf, 1907, 2 vol. in-8.

Voici un ouvrage remarquable à plus d'un titre. Il n'a été tiré, assure-t-on, que pour les souscripteurs, soit à quarante-six exemplaires. C'est la reproduction fac-similé du manuscrit latin 904 de la Bibliothèque nationale, « grâce (I, 199) à la collaboration du Soleil, devenu de nos jours imprimeur [1]. » Aux 536 phototypies du volume de Paris s'en sont jointes 9 autres, empruntées à la Bibliothèque de Rouen.

Le promoteur de l'entreprise, M. l'abbé Collette, chanoine honoraire de Rouen, a pu doubler l'intérêt de sa belle publication, grâce au concours de deux spécialistes éminents : M. Henri Loriquet, qui a vécu de longues heures parmi les plus anciens manuscrits d'Hincmar et de Théodolphe, et le R. P. dom J. Pothier, qui depuis plus de quarante ans étudie avec amour les origines du chant de l'Eglise. Le premier a composé un grand mémoire historique et liturgique sur ce *Graduel* ; le second, en y considérant surtout le chant et le drame, a écrit une cinquantaine de pages, où l'on appréciera de savantes théories musicales, peu familières au profane.

L'éditeur s'est modestement effacé derrière ces deux maîtres, en se contentant de dresser « un abrégé très sommaire des matières » de ce livre de chœur pour l'office du matin, accrues de renseignements complémentaires puisés dans deux manuscrits de Rouen.

---

1. Il y a un demi-siècle que Soltykof fit faire à cet incomparable collaborateur son apprentissage sur un manuscrit du mont Athos; mais ce ne fut que de la photolithographie.

Cette besogne, fastidieuse non moins que méritoire, remplit les cent dernières pages du tome I⁰ʳ, qui forme l'introduction générale du Graduel. Elle rendra de signalés services aux recherches liturgiques, par le titre de toutes les pièces enregistrées.

Ce n'est pas sans quelque surprise qu'on y rencontre plus d'un millier de morceaux propres au diocèse de Rouen, ou du moins qui ne sont plus en usage dans l'office romain. Quand ces siècles antérieurs ont opéré tant de changements malgré la stabilité traditionnelle de l'Eglise, aujourd'hui que les moyens matériels de transcription sont si multipliés et si peu coûteux, il est bien à craindre que, si le clergé ne s'astreint pas à une fidélité scrupuleuse dans les paroles et dans les chants liturgiques, les bouleversements les plus étranges comme les moins justifiables n'altèrent profondément le domaine de la prière publique et officielle [1].

Omettons la discussion de quelques menus détails qui relèvent trop des annales rouennaises pour être de mise ici. Les rimes très riches de la pièce *Ave, Virgo regia* (p. 145) condamnent au second vers la correction *regina* : il faut lire « regia », non plus adjectif comme au premier vers, mais substantif (*palais*). — *Orthodoxe* (p. 17) semble aux deux phrases à remplacer par « officiel. » Les fantaisies citées prétendaient bien respecter la pure doctrine. — Deux fragments de la liturgie actuelle sont à signaler : dans le commentaire de l'*Adoramus te* (p. 17), ces quatre mots « Omnipotens, adorande, colende, tremende », de l'antienne de *Magnificat* aux 2ᵉ vêpres de sainte Agnès ; et p. 130, alinéa *Cum Sancto*, ce vers et demi de l'hymne aux vêpres des Martyrs : « *Ut culpas* abigas, *noxia subtrahas*; da *pacem famulis* [2]. »

---

1. L'Eglise y a parfois conservé une immutabilité étonnante. Jusqu'à la Révolution, une paroisse de Paris (? Saint-Germain-l'Auxerrois) faisait chaque année des prières spéciales le 27 novembre pour l'anniversaire de la mort de Clovis.

Mais, chose remarquable, les rénovations qu'elle y tolère, tournent à son apologie. Quelqu'un opposant un jour ces vicissitudes à la haute antiquité des liturgies grecques, « eh oui ! répliqua l'abbé Cochet, nous changeons, parce que nous avons avec nous le Pape. »

2. Ibidem. plus haut *lecta*, il faut lire sans doute *leta* (læta); — p. 95, n. 3, lire *Torigny*; — p. 108, n. 8, lire *Saint-Bernard*. — La correction typographique est d'ailleurs si excellente, qu'on ne trouve à son passif que ? *adapter* (p. adopter, p. 133) et *intulatione* (p. « intitulatione »).

Une digression d'une quinzaine de pages (I. 99-114) mérite encore un mot, parce qu'elle touche presque à l'histoire générale. M. Loriquet semble en effet y avoir démontré que pendant de longues années la municipalité de Rouen n'eut d'autre beffroi que la tour Saint-Romain à gauche du portail de la cathédrale, et ne connut d'autre lieu de réunion que la belle salle de cette tour. On s'explique mieux ainsi ce qu'a révélé naguère M. H. Wallon, fils de l'illustre historien : Que les bourgeois, de Rouen se soient vus autorisés pendant la mauvaise saison à s'assembler dans une chapelle de la cathédrale pour y traiter les affaires de leur négoce, et à transformer ainsi, avec l'agrément du Chapitre, une partie de l'enceinte sacrée en « bourse couverte ». A. TOUGARD.

---

129. — **L'Avare** (**Molière**). Comédie publiée et annotée en collaboration avec H. P. JUNKER, par Henri BORNECQUE, docteur ès-lettres, professeur à l'Université de Lille. — Leipzig et Berlin, B. G. Teubner, 1904, 2 vol. in-8 de ix-89 et 152 pp.

Voici une innovation intéressante, que je regrette de n'avoir pas signalée plus tôt. Nous avons, dans ces deux petits volumes de la collection Teubner, un texte et un commentaire soignés de l'*Avare* de Molière, publiés intégralement en français pour les gymnases allemands. C'est l'édition inaugurale de cette collection nouvelle et il faut reconnaître, à la louange des éditeurs allemand et français, que leur travail est digne d'une haute attention.

Les étudiants d'Allemagne n'auront pas à se plaindre du commentaire et M. Bornecque l'a écrit pour eux avec autant d'égards que pour de jeunes Français. Son Introduction, surtout ses observations grammaticales et son lexique seraient fort instructifs, même pour des étudiants français du xx° siècle. On ne parle plus aujourd'hui notre langue comme xviie siècle et les notes explicatives signalent fréquemment ces différences de langage. Peut-être même abondent-elles un peu trop en ce sens. Est-il bien sûr qu'on ne dise plus guère qu'un bien est « net de tout embarras, » qu' « aviser de » n'ait plus le sens d'attirer l'attention de quelqu'un sur quelque chose, qu'on doive dire « appréhender cette rencontre » au lieu de « cette vue » et que la langue d'aujourd'hui exige « vous entretenir » au lieu de « parler ensemble? » Plusieurs de ces expressions et d'autres encore, comme « scandaliser » pour ébruiter une faute se retrouvent de nos jours très vivantes dans le parler populaire. M. Bornecque ne l'ignore pas sans doute; mais, s'il l'avait dit, ses collaborateurs allemands l'auraient arrêté, comme sortant des limites de l'enseignement secondaire. Au moins aurait-il pu, sans en sortir, noter que « je te ferai bien me connaître » est un souvenir de la proposition infinitive du latin et que « délicatesse, » dans le sens de mets délicats est conservé, en Allemagne, dans le langage courant.

De telles remarques faites au cours d'une lecture attentive sont, plutôt qu'une critique, l'hommage bien mérité par cette édition instructive; car ici la critique tend à l'instruction et non pas à la destruction. Il reste que ces deux petits volumes, si commodes avec leur index et le commentaire fécond en approchements dans la langue de l'auteur, sont un produit de la réforme de l'enseignement des langues vivantes en Allemagne. Quand produira-t-elle chez nous le même effet ? A. Boué.

130. — **Les cultes païens dans l'Empire romain.** Première partie : *Les provinces latines*, par J. Toutain. — Paris, Leroux, 1907, t. 1er, in-8 de v-472 pp.

Convaincu que la science des religions n'a rien à gagner à des généralisations prématurées, persuadé que longtemps encore « il conviendra d'étudier chaque religion dans son cadre géographique, dans son milieu social, telle que nous la font connaître les documents que nous possédons sur elle », évitant toute recherche hypothétique sur les origines des cultes qu'il étudie, toute comparaison « ambitieuse ou piquante » M. Toutain fidèle à la méthode historique (il tient à affirmer cette physionomie de son *Essai*) n'a eu d'autre prétention que d'écrire aussi consciencieusement que possible un chapitre de l'histoire des religions du monde antique.

Diffusion dans l'Empire de la religion romaine et en particulier des cultes officiels de l'Etat romain, — survivance dans les provinces des religions nationales et locales, — relations religieuses entre les diverses parties du monde romain, — telles sont les questions auxquelles par une étude minutieuse des faits, l'auteur se propose de répondre.

C'est à l'épigraphie principalement et à l'archéologie qu'il s'adresse pour résoudre ces problèmes. Des statistiques lui permettent d'établir l'importance relative et la diffusion des divers cultes, de rendre compte des catégories de fidèles que groupait chacun d'eux.

Le présent volume concerne seulement les provinces que l'auteur appelle latines par opposition à la Grèce propre et à l'Orient hellénisé. C'est là d'ailleurs, remarque-t-il, que se posent avec le plus de netteté les problèmes d'histoire religieuse formulés plus haut.

Mais quelle méthode suivre? L'ordre géographique aurait eu l'avantage d'établir pour chaque province une sorte de monographie religieuse, mais eût exposé à d'inévitables redites. L'auteur a donc préféré grouper les cultes par catégories et les étudier simultanément dans les diverses parties de l'Empire. L'ouvrage, en ce qui concerne les provinces latines, embrassera quatre classes principales : 1° les cultes officiels de la déesse Rome, des divinités impériales, de la triade capitoline et divinités annexes; 2° Les cultes de la religion romaine, ou plutôt gréco-romaine, vers l'époque de César et d'Auguste; 3° Les cultes d'origine orientale; 4° Les cultes d'origine locale ou régionale qui existaient dans les provinces avant la conquête romaine. Ce premier volume est limité aux deux premières catégories.

Scrupuleusement exact et précis dans l'étude des menus faits dont le groupement permet de tirer des conclusions, soucieux avant tout de répondre aux questions qu'il a lui même posées, l'auteur ne s'interdit pas toutefois des considérations d'un ordre élevé et d'un intérêt permanent : « Ne peut-on pas, demande-t-il, voir dans le sujet choisi un cas particulier du problème général suivant : comment un peuple vainqueur ou colonisateur ayant sa religion à lui, doit-il traiter d'autres peuples qui ont également leurs religions, lorsqu'il les a vaincus, soumis, annexées à son empire ou colonisés? Quelle doit être, d'autre part, l'attitude de ces peuples à l'égard de la religion du vainqueur? »

Un fait bien connu est que Rome a su vivre en paix avec les nombreux cultes païens qui se célébraient dans l'Empire. Comment un si heureux résultat a-t-il été obtenu? Il n'est pas malaisé d'entrevoir dès à présent la réponse : par la liberté. La diversité des formes que reçut dans l'Empire le culte des Empereurs, celui des divinités capitolines, en est une preuve frappante. Cette diversité que l'auteur met en lumière semble en effet le trait qui ressort avec le plus d'évidence de l'étude de chaque culte en particulier dans les diverses parties de l'Empire. D'autre part à cette liberté venue du pouvoir répond la bonne volonté des peuples soumis, qui ne craignent pas, par exemple, d'associer les noms des *Divi* à ceux de leurs divinités nationales, de même que d'assimiler leurs dieux locaux et nationaux aux divinités du culte romain, officielles ou non. Liberté, tolérance, bonne volonté réciproque, de tout cela est sorti l'accord pacifique qui fut un des éléments essentiels de la *paix romaine* en prenant ce mot dans le sens le plus favorable. Pourquoi cet accord cessa lorsque le christianisme entra en jeu? C'est ce que l'auteur explique en marquant la différence essentielle qui séparait les anciens cultes du monothéisme chrétien.

En résumé, si ces conclusions n'apportent rien d'absolument nouveau, elles ont une valeur confirmative qui tire son autorité d'une érudition et d'une conscience que l'on ne saurait trop louer. Ajoutons que l'auteur discute, chemin faisant, maint problème de détail, redresse mainte opinion hasardée, hâtive, ou préconçue.

La seule objection que l'on puisse faire à l'auteur, qui s'appuie beaucoup, comme nous l'avons dit, sur les textes épigraphiques, c'est que la conservation très inégale, évidemment, de ces textes, suivant les diverses parties de l'Empire, laisse subsister une inconnue. Il est clair que l'ancienne Gaule par exemple, n'a pas conservé les inscriptions antiques comme a su faire l'Afrique. Sur bien des points en conséquence, les données fournies par les statistiques, pourraient ne pas fournir une certitude absolue. Nous ne croyons pas toutefois, qu'en général, cette part d'aléa suffise pour rendre suspecte la méthode du savant maître de l'Ecole des Hautes Études.

André BAUDRILLART.

131. — **Les mystères de l'Histoire**, par Andrew LANG, traduit de l'anglais par Théodor de Wyzewa. — Paris, Perrin et Cie, 1907, in-16. (Prix : 3 fr. 50).

On pouvait croire que le mystère du *Masque de Fer* était définitivement éclairci. Des travaux récents, basés sur des documents sérieux, avaient permis d'identifier le prisonnier, dans la personne de Mattioli, l'intrigant secrétaire du duc de Mantoue. On connaît l'histoire de ce personnage. Il avait révélé les négociations secrètes nouées entre son maître et le roi de France pour la cession de Casal. Enlevé par surprise sur l'ordre de Louis XIV, Mattioli fut enfermé, le 2 mai 1679, à Pignerol et il finit ses jours en cachot.

M. Andrew Lang, un romancier anglais, doublé d'un historien et d'un chercheur, a remis en question l'affaire du *Masque de Fer*. L'auteur n'a pas l'ambition de résoudre le problème d'une façon absolue. Les documents nouveaux sur lesquels il s'appuie n'apportent dans le débat aucune certitude. Mais sa thèse est curieuse. D'après lui, l'homme au masque de fer, — pour lui laisser l'appellation que lui a donnée la légende — pourrait être un valet, Martin, de son vrai nom, et incarcéré sous celui d'Eustache Danger. On donnait volontiers des pseudonymes aux prisonniers. Le crime de ce valet était, en somme, pas bien grand. Il l'ignorait lui-même. Il aurait été le complice inconscient de son maître Roux de Marsilly, un huguenot français, qui avait essayé de former avec des hommes politiques anglais une ligue protestante contre la France. Marsilly fut pris et exécuté à Paris le 22 juin 1669. Louis XIV, craignant les indiscrétions du valet aurait fait tenir celui-ci étroitement en prison. On ne voit pas bien le grand roi tremblant devant les révélations possibles d'un individu, qui vraisemblablement, ne savait pas grand'chose.

La double existence de Jacques de la Cloche, un fils naturel de Charles II, rentre dans la série des mystères qu'étudie M. Lang. C'est un problème qui ne sera sans doute jamais résolu. Deux hypothèses se présentent ; elles sont, l'une et l'autre, vraisemblables : ou bien, le jeune homme issu de sang royal mourut saintement sous l'habit de jésuite, ou bien, il finit misérablement ses jours après avoir contracté un mariage de basse condition. Les documents qui se rattachent à ce personnage ne peuvent donner la solution dans aucun de ces deux cas. Cet épisode est un vrai roman, qui a l'avantage sur beaucoup d'autres, de laisser au lecteur suivant son tempérament — le choix du dénouement.

L'histoire de Gaspard Hauser, qui a passionné l'Allemagne au commencement du XIXe siècle, rentre dans cette catégorie de problèmes qui sont plus irritants qu'intéressants lorsqu'on n'y peut donner une solution définitive. Gaspard Hauser était un pauvre garçon de seize ans, à moitié idiot, qui fut trouvé un soir de 1828 dans les rues de Nuremberg et qui mourut d'un coup de couteau mystérieux cinq ans plus tard. Ce malheureux fut-il réellement, comme on l'a prétendu, le prince héritier de Bade volé à sa naissance pour favoriser une branche cadette et qu'on voulut faire disparaître quand il fut parvenu à l'âge d'homme? Rien n'est moins certain. Le meurtre même n'est pas prouvé, la blessure mortelle pouvant provenir d'un accident. Cette histoire fit naître bien des polémiques qui n'apportèrent aucune lumière.

Je citerai encore dans ce recueil — élégamment traduit par M. Teodor de Wyzewa, — *l'assassinat d'Escovedo, la conspiration des Gowrie*, un sombre drame de l'histoire d'Écosse.

***

Robert-le-Fort et les origines de la race capétienne. (Introduction à l'histoire des Saints de la Maison de France), par L. de BEAURIEZ. — Paris, Perrin et Cie, 1906, in-16. (Prix : 3 fr. 50).

Le nom de Robert-le-Fort, comte de Paris et duc de France, évoque le souvenir des grandes invasions normandes et des luttes sanglantes que les Carolingiens affaiblis durent soutenir contre les envahisseurs. Robert, par son mariage avec Adelaïde, princesse carolingienne, était le beau-frère de Charles-le-Chauve. Il ne cessa de prêter au roi son concours le plus actif et il trouva une mort glorieuse à Brissarthe.

M. de Beauriez, ayant entrepris d'écrire une histoire des saints de la Maison de France, rappelle en matière d'introduction, les origines de la race capétienne.

Eudes, fils de Robert-le-Fort, combattit également les Normands. On connaît sa défense héroïque de Paris. On sait aussi, qu'après la diète de Tibur, où les Grands déposèrent Charles-le-Gros, il fut élu roi. Mais, sur son lit de mort, pris de scrupules, il conjura Robert, son frère et son héritier, de reconnaître comme souverain légitime, Charles-le-Simple, le représentant direct de la maison carolingienne. Robert seconda loyalement Charles-le-Simple et se mêla activement aux affaires du royaume.

Le traité de St-Clair-sur-Epte assura l'installation définitive des Normands sur le territoire et la création du duché de Normandie. D'après M. de Beauriez, Robert aurait pris une part importante à cet acte en engageant Charles-le-Simple à souscrire à la clause stipulant le mariage de Gisèle, fille du roi, avec Rollon, chef des Normands. Cette clause du fameux traité a donné lieu a des discussions et a été sérieusement contestée. Il ressort de travaux récents que cette union est très problématique. L'existence de Gisèle est rien moins que certaine et, en admettant que Charles ait eu une fille de ce nom, elle ne pouvait être qu'une enfant au moment du traité; de son côté, Rollon était alors âgé, presque un vieillard.

La troisième dynastie devint héréditaire lorsque Hugues Capet, fils d'Hugues-le-Grand et petit fils de Robert, fut reconnu comme roi, couronné et sacré à Noyon, le 1er juin 987.

.˙.

Le règne de Richelieu (1617-1642), par Emile ROCA. — Paris, Perrin et Cie, 1906, in-16. (Prix : 3 fr. 50).

M. Emile Roca a entrepris de retracer la physionomie du règne de Richelieu par l'anecdote, la satire et la chanson. Cette méthode est curieuse assurément, mais non sans danger. L'auteur lui-même le reconnaît. Les libellistes, qui font les épigrammes sur des personnages en vue, qui rédigent les nouvelles à la main colportées sous le manteau, ont souvent de l'esprit. Mais on ne fait jamais de l'esprit avec les qualités des gens, mais bien avec leurs travers et leurs défauts, voire avec leurs vices. Les portraits en ressortent chargés, ressemblants certes, mais à la façon d'une caricature. Dans l'Histoire, le côté anecdotique n'est pas à négliger. On peut y voir la physionomie d'une époque; on peut, par les petits faits, analyser les hommes et les choses, souvent mieux que par les grands traits. Seulement, il faut s'entourer de précautions. M. Roca a le soin de dire qu'il a essayé de faire la part de l'exagération et de la passion en confrontant les documents auxquels il a puisé avec des Mémoires authentiques et des faits prouvés.

Il passe en revue tous les personnages qui gravitaient autour de Richelieu. D'abord ce sont ses protecteurs, les gens qui ont facilité son élévation. La reconnaissance n'était pas la qualité dominante du Cardinal. Il ne l'exerçait qu'autant qu'elle ne pouvait pas lui nuire. Puis, nous voyons défiler sa parenté, ses amis, ses protégés, les parasites. Parmi ces derniers l'un des plus extraordinaires fut Boisrobert, un Normand madré, homme d'esprit, ce qui ne l'empêcha pas d'aller en exil

Les femmes jouent toujours leur rôle, surtout dans une société où la galanterie est la grande affaire. Nous pénétrons, dans l'intimité des deux Reines, de grandes Dames et de Marion de l'Orme. Puis, ce sont les hommes qui ont essayé de résister et qui se sont brisés devant l'inflexible rigueur de Richelieu : tels Chalais et Cinq-Mars.

L'auteur retrace ensuite quelques traits de mœurs de l'époque. Il nous montre les Précieuses, le roi et son frère, si dissemblables de caractère, de gouts et d'idées. Il nous fait assister aux derniers jours du Cardinal. Lorsqu'il mourut, ses détracteurs furent nombreux et ils eurent beau jeu.

L'ouvrage se termine par quelques chansons données en appendice et par un répertoire alphabétique. André LE GLAY.

---

132. — **Mémoires du Colonel Dufour, avec une notice, des notes et le récit des Aventures du baron de Cormatin,** par P. DELARUE. — St.-Servan, Haize, 1906, in-8 de 56 p.

Ces Mémoires n'étaient nullement destinés à la publicité dans la pensée de leur auteur qui les rédigea plus de cinquante ans après les événements, uniquement pour sa satisfaction personnelle, semble-t-il, et pour celle de sa famille. Ecrits sans aucun souci littéraire, bien qu'assez correctement, ils constituent à mon sens une page très curieuse de l'histoire de la Chouannerie.

Dufour habitait St.-Coulomb, près de St.-Malo. Il fut chargé, en septembre 1793, du service très périlleux de la correspondance générale des armées de Bretagne, commandées par Puisaye en qualité de généralissime, avec les Princes français, émigrés en Angleterre. Il avait 23 ans. Voici comment il résume ses faits et gestes : ces lignes nous aiderons à mieux comprendre la nature de sa mission :

« Il faut observer, dit-il, que pendant les trois ans et six mois que je fus chargé de ce service, je fis trente-deux voyages à Londres où je déposai plus de deux cents chefs de familles nobles qui fuyaient la Terreur, sans compter les femmes, les enfants, et les domestiques, et je ramenais en France tous les anciens officiers émigrés désignés par S. A. R. Monsieur, pour les placer à la tête des colonnes royales qui manquaient de chefs. En sus des quelques officiers que je pris à Londres, j'en pris encore quatre-vingt-seize à Jersey, et à chaque voyage que je faisais par la suite, j'en amenais toujours quelques-uns, même des prêtres qui se mêlaient avec les divisions et soutenaient le moral. Dans ces opérations je n'ai pas perdu un homme par le feu de l'ennemi, tant le service était adroitement fait, mais il était rare d'y trouver un homme au-dessus de 30 ans et presque tous mouraient poitrinaires, tant le service était dur et meurtrier. »

Dufour raconte les péripéties de ses nombreux voyages de terre et de mer. A chaque instant la mort se présentait à lui, tantôt d'une façon, tantôt d'une autre ; il y échappa toujours avec bonheur. Il ne reçut pas la moindre blessure au milieu de toutes les escarmouches qu'il dut livrer aux douaniers ou aux soldats de la république. Mais ce qu'il ne put éviter, ce fut le guet-apens infâme, où il tomba à Rennes avec Cormatin et six autres royalistes, qui lui coûta une dure réclusion de 58 jours dans l'Ile Pelée, près de Cherbourg. Les huit prisonniers furent mis au cachot, sans jugement, privés de tout, excepté de vexations de tout genre que leur prodiguait leur brutal geôlier. Un détail typique : ils se disputaient à qui sortirait vider le fameux *baquet* afin de pouvoir respirer à l'aise quelques minutes. Ecoutons-le à ce sujet : « La rareté de l'air était si grande que plusieurs de nous ont proposé jusqu'à deux louis de quarante-huit livres pour faire la corvée de dix à douze minutes ; cette proposition n'a jamais été acceptée. »

Transféré à Paris avec ses compagnons, Dufour, après avoir

été successivement interné à la Conciergerie, à Bicêtre, aux Magdelonnetes, à la Grande Force, bénéficia d'une ordonnance de non lieu et fut rendu à la liberté. Il revint à St.-Coulomb; repartit quelques jours plus tard rejoindre le quartier général des troupes royales aux environs de Fougères, et fut nommé par le comte de Puisaye chef des divisions de Dol et du Clos-Poulet avec le grade de colonel; mais la pacification, ou du moins une nouvelle suspension d'armes ayant été signée, fin juin 1796, notre personnage n'eut pas lieu de rassembler ses forces. Il continua néanmoins, durant deux ans et demi, un commandement devenu sans objet, fit un voyage à Nantes, où il fut arrêté de nouveau. Il ne sortit de la prison du Bouffay que pour se rendre à Rennes, puis retourner à St.-Coulomb (1800). Huit ans plus tard, nous le trouvons en Espagne où il occupa un poste de commis aux écritures à l'armée d'observation des côtes de l'océan. Cette armée dont il faisait partie ayant été licenciée le 5 juin 1814, il rentra définitivement dans ses foyers. La Restauration lui fit une rente de 600 fr. et lui conféra le titre de chef de bataillon honoraire avec la croix de Saint-Louis. Les dernières pages des Mémoires ne sont pas tendres pour ce gouvernement. Elles rappellent le chapitre de l'Histoire de la Vendée par Crétineau-Joly intitulé : *Ingratitude des Bourbons*.

La brochure se termine par une notice de M. Delarue sur le fameux Dezoteux dit baron de Cormatin, que l'agence Brottier avait investi de toute sa confiance, sans doute parce qu'il n'en méritait aucune. Il signa le traité de la Mabilais, fut écroué comme nous l'avons vu, à l'île Pelée, puis dans diverses prisons de Paris, tomba ensuite dans l'obscurité d'où il n'aurait jamais dû sortir, et mourut en 1812, à Lyon, petit employé à la manufacture des tabacs.

Dufour avait quatre-vingts ans lorsqu'il écrivit ses Mémoires vers 1852. Il n'est donc pas étonnant qu'il ait pu commettre quelques inexactitudes en racontant des faits qui remontaient à plus de cinquante ans. M. Delarue en relève quelques-unes. Il en est d'autres qui lui ont échappé. Ainsi page 37, au lieu de 28 prairial an IV, (16 juin 1795) il me semble que c'est plutôt le 28 frimaire (19 décembre) qu'il faut lire; autrement les 58 jours de détention à l'île Pelée ne se retrouveraient pas. (Pages 24, 37 et 49.)

M. Delarue eut la main heureuse en dénichant ce petit écrit qui semblait condamné à rester dans un éternel oubli. On aime toujours entendre un témoin, à plus forte raison un acteur, raconter les drames émouvants, qu'il a vus ou auxquels il a pris part, surtout quand son récit est dit simplement, d'une façon désintéressée ; et c'est bien de cas de Dufour, sauf erreur.

A. ROUSSEL.

---

133. — **Institut papyrologique de l'Université de Lille.** *Papyrus grecs publiés sous la direction de* Pierre JOUGUET, maître de conférences de philologie et de papyrologie grecques à la faculté des lettres de l'Université de Lille, avec la collaboration de Paul Collart, professeur au Lycé de Lille, Jean Lesquier, professeur au Lycée de Douai et Maurice Xonal, professeur au Lycée de Douai. T. 1er, fac. 1. — Paris, E. Leroux, 1907, in-4 de 66 p.

Les lecteurs du *Bulletin Critique*, numéro du 15 janvier 1905, ont eu sous les yeux une lettre de M. P. Jouguet, où le savant papyrologue voulait bien, à ma demande, nous renseigner sur l'état des découvertes de papyrus faites par des Français, depuis 1901 que des fouilles ont été sérieusement entreprises. On a pu y remarquer la mention de fragments de comédies que de fortes présomptions permettent d'attribuer à Ménandre. Aujourd'hui s'inaugure la publication des « Papyrus de Lille », collection qui débute par les sept morceaux intitulés, 1° Plan et devis de travaux (259-43 av. J.-C.) ; 2° Arpentage de terres (3ᵉ s.) ; 3° Correspondance du baslicogrammate (après 241-0) ; 4° Correspondance relative aux clérouques [soldats tenanciers de lots distribués par l'Etat] (218-7) ; 5° Ordre de distribution des semences (260-259) ; 6° Déclaration relative à un vol. (3ᵉ siècle, ainsi que les articles suivants) ; 7° Pétition au roi ; 8° Mémoire d'un cultivateur royal ; 9° Mémoire d'un fermier du monopole de l'huile. Ce premier fascicule est édité par MM. Jouguet et Lesquier. La préface, signée par le directeur de la publication, indique avec un soin minutieux, outre des détails topographiques sur la provenance des pièces, la part de travail fournie par chacun de ses collaborateurs, et le concours qu'il a trouvé soit dans les divers représentants de l'administration, soit chez les savants, notamment MM. Maspero et Fr. Blass. Suit une note sur la méthode de transcription et une liste des abréviations.

En tête de chaque morceau publié figurent le nom du lieu où le papyrus a été découvert, ses dimensions et la date de sa rédaction. La notice qui précède le texte en présente l'analyse et met en relief les notions nouvelles qu'il y a lieu d'en tirer. Le texte lui-même est muni des esprits et accents ainsi que de la ponctuation, signes qui manquent presque toujours dans les papyrus; seulement on y a conservé l'iota adscrit (ce dont l'avantage ne nous paraît pas démontré à nous profanes), comme on le fait avec raison dans les éditions d'inscriptions grecques. Une traduction française, où l'on a rendu jusqu'aux débris de phrase, met cette littérature purement technique à la disposition des travailleurs compétents et curieux à qui la langue grecque ne serait pas familière. La reproduction des titres donnés à ces textes a fait voir leur genre d'intérêt pour quiconque s'applique à l'histoire des travaux publics, de l'agriculture, du commerce, de l'administration sous les Ptolémées. L'étude de la métrologie et de la topographie égyptiennes y trouvera aussi son profit. Plus d'un livre de vulgarisation pourra sortir de cette mine, qui vient seulement de s'ouvrir et qui fait espérer une riche collection de matériaux, préparés et présentés dans les meilleures conditions. Citons parmi les résultats acquis la question enfin résolue du *naubion*, mesure employée dans les travaux de terrassement pour évaluer une quantité de terres travaillées. M. Jouguet et la pléiade papyrologique qu'il a su grouper autour de lui ont bien mérité, par leur initiation, de la France hellénisante, qui, l'on en conviendra, avait grand besoin de ce réconfort.   C. E. R.

134. — **Sculptures Assyriennes**, arrangées et expliquées par le Rev. Archibald PATERSON B. D. — Kleinmann and Cie, Haarlem-Holland. P. VIII-IX.

Ce n'est pas un unique intérêt artistique, que présente la publication des sculptures assyriennes du Rev. Archibald Paterson : elle offre une mine de matériaux précieux, aussi bien pour les historiens profanes et religieux que pour les archéologues. Les uns et les autres ont à y puiser : ils y trouveront d'abondants renseignements, propres à éclairer les opérations guerrières; la représentation des sièges de ville, des camps, des chars et armes de guerre est certainement d'un très grand secours pour comprendre les annales, souvent pauvres en détails techniques, des rois d'Assyrie (cf. p. ex. n⁰ˢ 16, 20, 28, 29, 42-49, 50-51, 52-60, 66-67...) Les figures des dieux, gravées avec leurs attributs (20, 21, 65), celles des génies protecteurs (22, 25, 97-100), la description de scènes mythologiques (lutte entre Marduk et Tiamat 83, 86), de certains rites religieux (34-35, 78-81), complètent et expliquent ce que les textes, s'adressant à des lecteurs au courant avaient laissé dans le vague et l'imprécis, jettent une vive lumière sur les croyances et coutumes religieuses. Enfin les monuments qui font revivre à nos yeux les gigantesques travaux qu'exigeait la construction de palais tels que ceux de Khorsabad et de Ninive, ne sont pas les moins instructifs.

Les sculptures reproduites jusqu'à présent, embrassent les règnes de Téglat. Phalasar Ier, Assurnazirpal, Salmanasar II, Téglar, Phalasar III, Sargon, Sennachérib et Assurbanipal. La dernière livraison (Fasc. VIII-IX) comprend des bas-reliefs provenant du palais construit par Sennachérib (705-681 av. J.-C.). Au sud du tertre de Kuynnjick (Ninive) ; ces bas-reliefs sont reproduits d'après les originaux qui se trouvent au British Museum, ou d'après l'ouvrage de Layard, Monuments of Nineveh. Ils représentent, le premier (n. 108-109) une escarmouche dans une contrée montagneuse; les autres (n. 110-127) des constructions et des transports de taureaux colosses : plusieurs de ces scènes se passent sous la surveillance de Sennachérib debout sur son char de gala, tiré par deux eunuques.

On est heureux de voir, comblée, dans cette dernière livraison, une lacune qui se faisait vraiment trop sentir dans les précédentes. Les premiers fascicules, en effet, ne portaient pas de légende explicative : seule l'indication de la scène représentée était donnée. Et certaines de ces indications laissaient parfois le lecteur bien perplexe. Devant la planche 62, on pouvait en effet se demander à bon droit comment ce char précédé de deux personnages, pouvait représenter la destruction et l'incendie d'une ville ? Le n° 71 en donne l'explication, où nous voyons cette même scène reproduite en haut d'un bas-relief; au second plan est une ville en flamme, que des soldats démolissent à coups de pioche, et une petite inscription indique qu'il s'agit du pillage, de la destruction et de l'incendie de la ville de Haramu, ville royale d'Elam.

Cette lacune qui tendait déjà à disparaître dans les fascicules v-viii où apparaissent quelques lignes d'introduction, est maintenant complètement disparue. Des notices, d'une étendue suffisante, sont données sur chaque reproduction, mettent le lecteur au courant de la scène représentée ; d'excellents renseignements bibliographiques, parfois de petites dissertations, lui sont d'un grand secours pour saisir, tous les détails des bas-reliefs et peuvent aider celui qui n'est pas exercé à ce déchiffrement, à en tirer profit au point de vue historique (cf. v. 14-15). Le Rev. Paterson, qui a pris la direction de ce travail, a donné par là à ces publications, déjà si importantes, un intérêt beaucoup plus grand et les a rendus plus facilement utilisables.

Notons seulement un luxe de précautions : l'introduction à chaque fascicule est publiée en anglais, français et allemand. N'est-ce pas du superflu, et ceux, à qui sont destinées ces publications, historiens et archéologues, ne doivent-ils pas être en possession de ces trois langues? Mais si cela doit contribuer à donner à son œuvre un plus large développement, l'éditeur ne peut qu'en être loué.

L. MARCHAL.

CHRONIQUE

22. — **Mémoires de Saint-Simon** (éd. A. de Boislisle et J. Lecestre), t. XIX. — Paris, Hachette, 1906, in-16. (Prix : 12 fr. 50).

Suite et fin de l'année 1710. Il paraît superflu de faire l'éloge de l'édition, comme aussi de mentionner tout ce que ce volume renferme d'intéressant, par exemple sur Fléchier, les Coislin, la duchesse de Lavallière, les Jésuites... etc. Comme d'habitude, ce volume se termine par les *Additions de Saint-Simon au Journal de Dangeau*, et diverses *notices et pièces*. Aux *Additions et corrections* on aurait pu rectifier la note 5 de la p. 90, qui fait croire que Malebranche résida au château de Raray : c'est dans la maison de l'Oratoire de ce village ; — p. 396, note 5, il faut écrire Olier et non Ollier.

A. I.

ACADÉMIE DES INSCRIPTIONS ET BELLES-LETTRES

Séance du 21 juin.

M. Léopold Delisle présente plusieurs photographies en couleurs de documents anciens, réalisées par le procédé Lumière. M. Dieulafoy fournit quelques explications sur les procédés employés par ces reproductions.

M. Omont annonce que la Bibliothèque nationale vient de recevoir un don de M. Jacques Rosenthal, libraire à Munich, le mandement original de la reine Anne de Bretagne, en date du 14 mars 1507-1508, portant payement au peintre miniaturiste Jean Bourdichon de la somme de 600 écus d'or, — somme considérable, — « pour le récompenser de ce qu'il nous a richement et somptueusement historié et enluminé une grans *Heures* pour nostre usaige et service ».

M. G. Perrot, secrétaire perpétuel, rend compte verbalement du voyage qu'il a récemment effectué en Grèce, et dont nos lecteurs ont eu la bonne fortune de lire l'attachante relation.

L'Académie déclare la vacance du fauteuil de M. Jules Lair, académicien libre, décédé.

M. René Pichon, professeur, au lycée Henri IV, interprète et commente quelques vers de l'*Art poétique* d'Horace.

Séance du 28 juin.

Revenant sur la communication faite il y a huit jours par M. René Pichon sur quelques vers de *l'Art poétique* d'Horace, M. Gaston Boissier ajoute quelques commentaires personnels avec une verve et une éloquence facile qui font le charme de ses auditeurs.

A propos de la découverte récemment signalée à l'Académie d'un vase au cartouche d'Amasis, provenant d'un tombeau punique de Bordj-Djed, M. Gauckler, correspondant, donne quelques renseignements sur un vase analogue qu'il a trouvé dès 1899 dans un tombeau du sixième siècle de la nécropole de Dermech.

Sur le rapport de M. l'abbé Thédenat, la commission du concours des antiquités nationales décerne les récompenses suivantes :

Médailles.

1re médaille (1,500 fr.) : *Les Enceintes romaines de la Gaule ; étude sur l'origine d'un grand nombre de villes romaines*, par M. Adrien Blanchet.

2e médaille (1,000 francs) : *Preuves de la maison de Polignac*, par M. Faistin.

3e médaille (500 francs) : *Mémoires pour servir à l'histoire des comtés de*

Valentinois et de Divis, t. II, et *Les mandements d'Egluy et l'abbaye de Léoncel*, par M. le chanoine Jules Chevalier.

4ᵉ médaille : *Epigraphie de la Mayenne*, par M. l'abbé Angot.

Mentions.

1ʳᵉ *Chronique de Jean Lebel*, par MM. Jules Viard et Deprez.

2ᵉ *Description des sceaux des familles seigneuriales du Dauphiné*, par M. J. Roman.

3ᵉ *Les archives de la Cour des Comptes, aides et finances de Montpellier*, par M. G. Martin-Chabot.

4ᵉ *Cartulaire de Berdoues*, par M. l'abbé Cazaurari.

5ᵉ *Les Lombards dans les deux Bourgognes*, par M. Léon Gauthier.

6ᵉ *Les forêts de Senlis*, étude sur le régime des forêts d'Halatte, de Chantilly et d'Ermenonville, par M. Etienne Guillemot.

7° *Le royaume de Bourgogne sous les empereurs franconiens* (1038-1125) ; la formation des limites entre le Dauphiné et la Savoie par M. Louis Jacob.

8ᵉ *L'écurie de Philippe-le-Hardi, duc de Bourgogne*, par M. E. Picard.

Séance du 5 juillet.

M. Perrot, secrétaire perpétuel, donne lecture d'une lettre de M. Chavannes, l'informant qu'il se trouve aux confins de la Chine et de la Corée, où il est en présence de monuments très intéressants dont il communique une description à l'Académie.

M. l'abbé Thédenat complète la liste des mentions accordées dans le concours des Antiquités nationales en y ajoutant comme neuvième mention l'ouvrage de M. Philippe : *La baronnie du Tournel et ses seigneurs*.

M. Clermont-Ganneau commente la photographie qu'il vient de recevoir de M. le docteur Brescia d'une inscription araméenne juive de la nécropole d'El-Ibrâhmiyé

M. Cagnat lit une note de M. le docteur Carton sur un sanctuaire de Saturne découvert près de Ghardimaou, en Tunisie.

M. Barth lit un Mémoire sur une inscription de Mathôrâ (Inde).

M. de Morgan, délégué général en Perse du ministère de l'instruction publique, expose les résultats des fouilles opérée à Suse l'hiver dernier sous la direction de son collaborateur M. J.-E. Gautier. Les inscriptions nouvellement découvertes sont nombreuses et importantes pour l'histoire de l'Elam et de la Chaldée, berceau de nos civilisations.

Parmi les objets d'art, il y a lieu de signaler une statue en albâtre du roi Manichtousou, vieille de dix mille ans (environ 4000 ans avant J.-C.) authentiquée par le texte qu'elle porte, et une magnifique céramique peinte, antérieure au quarantième siècle avant notre ère, située à 25 mètres de profondeur dans les ruines de Suse, et que M. de Morgan croit être, avec la céramique ante-historique de l'Egypte, l'ancêtre des arts du potier dans les pays méditerranéens.

Séance du 12 juillet.

M. Salomon Reinach, président, annonce à ses confrères la mort de l'illustre philosophe norvégien Sophus Bugge, décédé à Christiana en juillet, dans sa soixante-quinzième année. Il était associé étranger de l'Académie depuis 1902 après avoir été élu dès 1881 au nombre de ses correspondants. Parmi ses principaux travaux, il faut citer ceux qu'il a écrits sur la mythologie scandinave, et qu'a analysés M. Michel Bréal dans le *Journal des Savants*, ses communications à la *Romania* sur des étymologies de mots romans, ses études sur Plaute, etc.

M. Boissier a plaisir à rappeler l'accueil charmant que lui avait fait ce remarquable érudit lorsqu'il fit le voyage de Norvège en 1879.

M. Cagnat présente un Mémoire de M. Mispoulet sur le régime des mines à l'époque romaine et au moyen âge, d'après les Tables d'Aljustrel.

Outre le commentaire de l'inscription récemment découverte en Portugal, ce savant travail contient et complète l'étude publiée antérieurement par son auteur sur le même document.

M. Seymour de Ricci communique un fragment d'un historien latin de basse époque, découvert par lui dans la reliure d'un manuscrit appartenant au musée Plantin, à Anvers.

Ce fragment est relatif à l'histoire du premier triumvirat et à la mort de Crassus. Arioviste y est nommé Brennus.

MM. Bouché-Leclerc et Salomon Reinach échangent quelques observations.

M. le docteur Capitan, en son nom et au nom de M. Ulysse Dumas, rappelle que jusqu'ici on considérait les dolmens comme isolés. Or, il signale aujourd'hui l'existence de nombreux vestiges de constructions en pierres sèches autour de dolmens ou *tumuli* du département du Gard. Ces murs mesurent en général 1 mètre à 1m50 de hauteur sur 0m80 à 1 mètre en moyenne d'épaisseur. Ils circonscrivent des espaces de terrains de dimensions variées (depuis 1 jusqu'à 500 mètres carrés) et de formes non moins dissemblables (buttes, enceintes circulaires, ovales, rectangulaires, trapézoïdes). Ils entourent toujours des dolmens ou des *tumuli* qui sont même parfois compris dans les murs. Ils ne se retrouvent pas ailleurs. Leur rapport avec les dolmens paraît bien établi, d'où une probabilité de leur contemporanéité.

S'agit-il, autour des tombeaux que sont les dolmens, de vestiges d'habitats préhistoriques ou de constructions ayant un caractère funéraire ou religieux rappelant ce qui existait dans les villages jadis : l'église et le cimetière au centre et les maisons tout autour — c'est ce que des recherches prolongées pourront seules dire.

Il y a là en tous cas un sujet nouveau d'observations pour les chercheurs. C'est surtout afin d'attirer l'attention sur ce point que les auteurs ont fait leur présentation à l'Académie.

M. Paul Monceaux, professeur au Collège de France, communique un Mémoire sur une œuvre de Fulgence.

M. Héron de Villefosse lit au nom de M. le chanoine Laynaud, curé de Sousse, un rapport sur les fouilles des catacombes d'Hadrumète. Elles ont fourni le texte de plusieurs inscriptions chrétiennes et des objets divers.

M. Maurice Maindron rend compte d'une mission archéologique qu'il a remplie dans l'Inde du Sud, en partie avec l'aide d'une subvention de l'Académie.

Séance du 26 juillet.

M. le président communique une lettre de M. Holleaux, directeur de l'Ecole d'Athènes, relative aux nouvelles trouvailles faites à Délos. C'est ainsi qu'ont été rendues à la lumière les anciennes enceintes du sanctuaire d'Apollon, antérieures à l'époque classique avec de nombreux fragments de vases peints remontant à une haute antiquité.

M. Babelon achève la lecture de son Mémoire sur « la théorie féodale de la monnaie ».

M. Frantz Cumont, correspondant étranger, communique la photographie d'un bas-relief découvert en Syrie et représentant un prêtre du dieu Bêl sacrifiant : une inscription grecque permet de fixer la date du monument au premier ou deuxième siècle de notre ère.

Il commente ensuite une inscription de Cyrrhus qui fait mention d'un asile de Saint-Denys, établi par l'empereur Anastase. Ce texte épigraphique vient corroborer les résultats des recherches d'histoire littéraire, suivant lesquels les œuvres apocryphes de Denys l'Aéropagite, ont été composées précisément en Syrie à l'époque d'Anastase.

M. Louis Léger présente, au nom de M. Ch. Normand, une brochure fort complète et illustrée avec soin sur la croix, dite de Bohême, d'Estrées-lez-Crécy et l'inauguration du monument de Jean de Luxembourg, roi de Bohême, à Crécy. Nous avons rendu compte, en son temps, de cette cérémonie dont M. Léger avait été l'initiateur et l'infatigable organisateur, avec le concours de son regretté confrère M. Jules Lair, trésorier de la souscription internationale à laquelle il contribua personnellement d'une façon aussi généreuse qu'efficace. C'est avec émotion que M. Léger rappelle ce souvenir et que l'Académie l'accueille.

La séance se termine en comité secret.

L'Éditeur-Propriétaire-Gérant : Albert Fontemoing.

Imprimerie Générale de Châtillon-sur-Seine. — A. Pichat.

BULLETIN CRITIQUE

135. — **La Philosophie de M. Sully Prudhomme**, par Camille Hémon, agrégé de philosophie, professeur au Lycée et à l'Ecole supérieure de Nantes. Préface de M. *Sully Prudhomme*. (*Bibliothèque de philosophie contemporaine*). — Paris, Alcan, 1906, in-8. (Prix : 7 fr. 50).

M. C. H. s'est efforcé, dans un esprit de vive sympathie pour le noble penseur qu'était Sully Prudhomme, de coordonner toutes les idées philosophiques enfermées dans les vers plastiques du poète et dans les pages abstraites et lucides du prosateur.

La philosophie de Sully Prudhomme s'est formée sous une double influence : le kantisme et l'évolutionnisme. L'antagonisme de la Raison et du Cœur rappelle la dualité irréductible de la Raison théorique et de la Raison pratique ; mais tandis que Kant aperçoit le fondement du devoir dans un monde transcendant, c'est dans le sol foulé par nos pas que Sully Prudhomme en cherche la racine, c'est à l'histoire de notre planète qu'il en demande la justification.

La philosophie spéculative peut se résumer en deux mots : certitude scientifique, agnosticisme métaphysique. La science est certaine, mais elle n'a pour objet que des rapports. La métaphysique, d'autre part, est impossible et n'aboutit qu'à formuler des propositions contradictoires. L'être métaphysique est impénétrable : je ne saurai jamais s'il est un ou plusieurs, simple ou composé ; je ne connaitrai jamais l'origine et la fin des choses. Je ne sais que deux choses : c'est que l'Etre existe et que le monde accidentel n'en saurait totalement différer. Mais jamais je ne pourrai inférer la nature de l'un de celle de l'autre : « C'est comme si j'entreprenais d'employer les caractères de mon corps à définir le soleil. »

Je suis donc à jamais enfermé dans le monde accidentel. Mais j'y découvre un ensemble de faits incontestables, des données affectives aussi réelles que les données intellectuelles : leur recensement et leur critique constituent la philosophie de l'aspiration. — L'*aspiration* est un phénomène très complexe. C'est un état spontané, apparenté à l'instinct, et caractérisé par l'apparition dans la conscience d'émotions très profondes, unies au sentiment de la dignité humaine et à un élan vers l'idéal, vers un type de vie supérieure. Les formes principales de l'aspiration sont l'aspiration esthétique et l'aspiration morale qui, toutes deux également, mais par des voies différentes, emportent l'artiste et l'homme de bien dans un monde nouveau et meilleur, « vers un au-delà indescriptible. — Quelle est la signification de ce fait ? Après avoir senti le Beau et le Juste, il faut essayer de comprendre l'Art et la Morale. L'Art le plus haut est celui qui suscite une joie spéciale, chaste, désintéressée, toute spirituelle, celle qui naît du sentiment de la dignité humaine. Or, le sentiment et le concept de la dignité humaine sont la pierre angulaire de la Morale : la critique de l'aspiration esthétique se confond ainsi avec la crititique de l'aspiration morale. Quelle est donc la signification du devoir, quel est le rôle de la conscience morale au sein de l'univers? Le devoir est un défi jeté par l'homme à l'ordre des choses, car rien dans les lois de la nature ne correspond à ce qui, pour la conscience humaine, constitue la Justice. Rien non plus n'y correspond dans la cause première, car il est aussi absurde de se demander si l'être métaphysique est bon ou mauvais que de s'interroger sur la couleur de ses yeux. Une conception anthropomorphique de la divinité fût-elle d'ailleurs légitime, l'étroite conception du Bien et du Mal nous obligerait à conclure à l'indifférence morale de la cause première. La moralité n'existe donc que pour l'homme, la notion de justice n'a de sens qu'appliquée aux actions humaines.

Incapable tout à la fois de renoncer aux intuitions incontestables du cœur, de les justifier objectivement et de les accepter en aveugle, Sully Prudhomme en trouve l'explication dans une théorie de la destinée de l'humanité sur la terre. Dans les limites que lui ont tracées la Science et la Raison, il esquisse une métaphysique conjecturale de l'aspiration, « sorte de poétique lumière que [ses] vœux proposent à [son] entendement. » Or, l'hypothèse la plus consolante et la plus bienfaisante, celle qui fournit à un être capable d'aspirer les plus belles espérances et fait courir à la volonté les plus nobles risques, c'est la croyance au progrès, à la perfectibilité indéfinie de l'essence humaine, à l'apparition, à travers d'incessantes épreuves et d'innombrables douleurs, d'une race supérieure, admirablement belle et souverainement bonne. La pensée de Sully Prudhomme, telle du moins que l'expose son commentateur, est sur ce point un peu flottante. Si nous l'avons bien comprise, l'incomparable valeur de l'homme résulterait de la place qu'il occupe sur l'échelle des êtres : manifestation dernière de la force créatrice qui travaille l'univers, il en est aussi la forme la plus parfaite. Son devoir est dès lors tout tracé : il doit achever l'ébauche que créa la Nature en un jour d'inspiration, et collaborer à l'évolution universelle. En résumé, au sein de l'amoralisme cosmique, l'homme peut susciter un évolutionnisme moral : il le peut et il le doit.

Qu'il le puisse, cela est concevable puisque, sur la foi de l'intuition, Sully Prudhomme admet la liberté humaine. Sans doute, on peut se demander si nos efforts aboutiront jamais, s'ils seront jamais autre chose qu'un éclair dans la nuit, impuissant à prendre forme et à durer : la nature se tiendra-t-elle tranquille assez longtemps pour nous permettre de réaliser notre idéal ? Quand,

> ... En Egypte, un peuple expirait sous les câbles
> Pour traîner l'obélisque à travers monts et sables
> Et le dresser sur l'horizon...[1]

il était soutenu par l'espoir qu'il finirait bien, un jour, par réussir. Pouvons-nous concevoir une espérance analogue ? Il est sage de ne pas trop escompter l'avenir.

Mais, surtout, que cet idéal soit obligatoire, voilà ce qui n'est nullement expliqué. L'aspiration morale nous excite à la réaliser : mais cette impulsion est-elle autre chose qu'un fait et peut-elle se justifier rationnellement ? Tel est le problème que s'est posé Sully Prudhomme. Il n'en peut demander la solution à une métaphysique de la nature, puisqu'il en a reconnu l'indifférence foncière au bien et au mal, ni, pour la même raison, à une théorie de la cause première. Il est donc logiquement contraint d'interroger

---

1. *La Justice*, ixe *Veille*.

là-dessus la nature humaine. Mais la considération exclusive de l'homme ne fournira jamais de réponse satisfaisante à cette question : Pourquoi l'homme est-il *obligé* d'agir d'une certaine façon ? L'absolu du devoir ne peut se justifier que par une théorie métaphysique de l'Absolu.

H. VILLASSÈRE.

---

136. — **P. Ovidii Amores**, par Geyza NÉMETHY. Publication de l'Académie des lettres de Hongrie. — Budapest, 1907, in-8 de 206 p.

M. Némethy continue à donner ses soins aux élégiaques latins ; j'ai parlé ici de ses éditions de Tibulle (*Bullet. crit.* 25 juin 1906) et de Lygdamus (*Bullet. crit.* 25 mai-10 juin 1907). L'édition des Amours d'Ovide, qu'il nous donne aujourd'hui, est conçue sur un plan tout à fait analogue aux deux autres : quelques lignes de préface, le texte, un commentaire explicatif à la suite, et des notes critiques. Mais l'édition de Tibulle n'avait pas d'index ; celle de Lygdamus, au contraire, en avait un, contenant tous les mots ; ici, l'auteur a pris un moyen terme : il adjoint un index des noms propres ; pas d'*Addenda* ; p. 206, une courte liste de *Corrigenda*. Le livre est d'ailleurs, comme les deux autres, très joliment imprimé et avec soin. M. Némethy (voy. p. 279) a suivi le texte d'Ehwald, toutefois avec indépendance et en le contrôlant ; même il introduit dans son texte une douzaine de conjectures, dont la plupart méritent l'attention.

Si *o janitor, ipso* (I, 6, 57) et *tangit* (II, 13, 17) ne paraissent guère justifiées, en revanche *quid obstat?* (I, 6, 23) est ingénieux et assez vraisemblable ; *sed puto non blanda est* (III, 7, 55) est excellent. Dans ce dernier passage, le Parisinus 8242 et le Sangallensis 864 offrent *sed puto non blanda* ; la vulgate, *sed non blanda puto* ; Ehwald, *sed puto non blande*, et L. Müller, dans sa petite édition des *Ovidii carmina amatoria* (1861), la correction ridicule : *sed puto non blanda, a !*

Je signalerai aussi I, 8, 11 la restitution par M. Némethy de *stellantia*, leçon du Parisinus, et deux conjectures vraisemblables, l'une au point de vue de la langue et l'autre au point de vue du sens, I, 7, 37 *comitantum* et II, 5, 5 *interceptae*. Quant à *Argis* (I,

10, 5), M. N. s'appuie sur Properce II, 26, 47 : il devrait d'abord prévenir que le texte de Properce est douteux, à moins que lui-même n'y ait pas pris garde : le Neapolitanus et les manuscrits les meilleurs après lui donnent *arvis*. Je sais bien que, dans leurs éditions de Properce, Hertzberg, Baehrens et Rothstein adoptent *Argis*; mais Palmer et Phillimore retiennent *arvis*, et il est difficile de se prononcer. Un autre passage de la même élégie de Properce (II, 26, 7) a inspiré à M. N. l'idée de corriger chez Ovide (*Amor.* II, 11, 9) *quid* en *quam*; enfin, II, 3, 17, il écrit *at* pour *ut* [1], et III, 7, 19 *quare* au lieu de *quo me*, ces dernières corrections toutes deux discutables.

Le commentaire explicatif, un peu sec en dehors des rapprochements nombreux avec les autres élégiaques [2], offre les mérites de clarté et de justesse d'esprit auxquelles nous ont habitués les précédents travaux de M. Némethy; ajoutons qu'ici l'auteur avait à sa disposition moins de ressources que pour Tibulle et Lygdamus et qu'il a dû tirer davantage de son propre fonds.

J'ai hâte d'arriver à une question importante qu'aborde et tranche M. N. (p. 96), à savoir l'existence de Corinne. En 1886, dans mes *Études critiques* sur Properce, (p. 272, n. 2) j'avais émis l'opinion que Corinne était insaisissable et vague, qu'il fallait voir en elle une conception symbolique ou synthétique, que son nom représentait plusieurs femmes, et l'intrigue mise à son compte, plusieurs intrigues. C'est à peu près ce que vient dire aujourd'hui M. Némethy, et même un peu plus, Corinne n'aurait pas existé, et il ajoute que les Amours d'Ovide ne sont que des lieux communs littéraires traités d'après les règles de la rhétorique et imités de ses prédécesseurs. M. Martinon avait, dans sa traduction des Amours (notice p. X suiv.), combattu ma manière de voir et M. Némethy, à cette époque, partageait son opinion, voyez en ef-

---

1. Ph. Martinon, dans ce passage, tout en gardant *ut*, traduit comme s'il y avait *at*.

2. D'ailleurs, p. 5, M. N. s'explique sur les raisons de sa méthode : il a tenu, dit-il, à montrer qu'Ovide avait beaucoup imité ses devanciers; à vrai dire, on le savait déjà, ne fût-ce que par les études de Zingerle. — Quant à certaines notes qui peuvent paraître un peu trop élémentaires, M. N. s'en excuse sur les besoins des étudiants et sur le souci de leurs intérêts : *praeceptor juventutis et amicus*.

fet dans son édition, p. 96 en note : *Erravimus certe et Martinon et ego qui olim multa in Amorum lilsis ex vita poetæ petita agnoscere volumus.*

Je serais désolé de paraître avoir l'esprit de contradiction; mais, sur cette question, j'ai fait une évolution en sens inverse de celle de M. Némethy, et je rends volontiers les armes à M. Martinon qui, je suppose, n'a pas changé de point de vue : je crois à présent à la personnalité réelle de Corinne. L'argument qu'invoque M. N., et dont il est si vivement frappé, ne me semble pas en effet du tout convaincant : toutes les élégies Corinniennes, selon lui, sont des lieux communs, non seulement par le sujet, mais par le détail et l'exécution; les devanciers d'Ovide, Tibulle et surtout Properce, lui en fournissaient tous les éléments et tous les traits. Nous savons depuis longtemps qu'Ovide imite et s'assimile beaucoup : il faudrait toutefois prendre garde que, si certains sujets son devenus des lieux communs dans la littérature, c'est précisément parce qu'ils correspondent à des circonstances très communes de la vie, et que, par conséquent, leur fréquente apparition dans les œuvres des poètes ne prouve nullement qu'à chaque fois ils ne puissent avoir été pris et repris dans la réalité. Voilà ce que M. N. me semble, comme moi jadis, avoir perdu de vue. Des aventures d'amour, se déroulant dans des conditions analogues, ne peuvent qu'inspirer à des poètes qui se suivent des compositions analogues : résistance de la femme, victoire de l'amant, infidélité, jalousie, rupture et réconcilation, tendresse, colère, désespoir ou froideur... après tout, que veut-on trouver de sensiblement différent, sous réserve de la gravité ou de la légèreté des caractères, chez Ovide aimant Corinne ou chez Tibulle ou Properce aimant Délie ou Cynthie? Lieu commun aussi, l'élégie 9 du livre III sur la mort d'un poète; ce poète, qui est Tibulle, en a-t-il moins existé? Enfin, est-il vrai que d'un bout à l'autre, l'histoire des amours d'Ovide avec Corinne soit calquée sur celle de ses prédécesseurs? Il y a, dans le livre II, un incident qui se développe en deux pièces symétriques et d'égale longueur [1], les élégies 7 et 8; il s'agit d'une

---

1. Cette symétrie de deux pièces a fait supposer, assez spirituellement, à Nageotte que ces pièces représentent deux billets remis en même temps l'un à la grande dame, et l'autre à la soubrette, voyez Nageotte, *La vie et les œuvres d'Ovide*, p. 46.

infidélité du poète, qui trompe Corinne avec sa femme de chambre, la brune, la jolie Cypassis, si habile coiffeuse que les déesses seules sont dignes de ses mains :

Comere sed solas, fusca Cypassi, deas !

On peut parler de la Lycinne de Properce et des inquiétudes qu'elle causait à Cynthie, on peut, en cherchant bien, trouver des précédents littéraires ; on n'effacera pas, pour cela, le charme si vivant de l'élégie 8 où la grâce de l'expression fait passer sur l'effronterie des idées, on n'empêchera pas qu'elle ne donne le sentiment d'un fait réel, d'un souvenir tangible.

Je crois donc à l'existence de Corinne ; mais j'ajouterai que, si je me trompe et si M. Némethy a raison, le talent d'Ovide sortirait grandi d'une telle constatation : le poète aurait, — ce qui est d'un art tout à fait supérieur —, créé de toutes pièces une de ces figures qui donnent assez l'illusion de la vie pour que les contemporains demeurent convaincus qu'elle est un portrait. Le fait incontestable qu'à Rome, en aucun temps, on n'a eu de doute sur l'existence réelle de Corinne, absout suffisamment Ovide du reproche (auquel j'ai eu le tort de souscrire autrefois) de ne l'avoir su dessiner qu'avec des traits imprécis et fuyants.

Frédéric Plessis.

---

137. — **The Babylonian Expedition of the University of Pennsylvania**. Series A. Cuneiform Texts edited by Hilprecht. Volume XIV, *Documents from the Temple archives of Nippur*, by Albert Clay. — Philadelphia, University of Pennsylvania, in-4 de ix-74 pp. 12+72 planches de textes autographiés et 15 planches de reproductions photographiques. (Prix : 31 fr. 25). — Volume XV, *Documents from the Temple archives of Nippur*, by Albert clay. — Philadelphia, University of Pennsylvania, 1906, in-4 de x-68 pp., 72 planches de textes autographiés et 12 planches de reproductions photographiques. (Prix : 31 fr. 25).

Les travaux de la mission française de Suse ne doivent pas nous faire oublier les fouilles que les autres nations ont entreprises sur divers points de l'Asie antérieure. Celles que l'Université de Pennsylvania poursuit depuis plusieurs années à Niffer, l'ancienne Nippur, comptent parmi les plus fécondes. Les résultats en sont publiés sous la direction de M. Hilprecht dans de beaux volumes édités avec luxe, qui se succèdent rapidement. Quelques-uns sont dus à la plume de M. Hilprecht lui-même. J'ai parlé ici tout récemment des dernières publications personnelles du savant professeur de Philadelphie. Aujourd'hui je veux présenter aux lecteurs du *Bulletin critique* l'œuvre d'un de ses disciples.

Un grand nombre des tablettes qu'étudie M. Clay ont été découvertes en 1889-1890 par John Peters, directeur de la deuxième expédition, près du mur d'un palais connu sous le nom de « cour des colonnes », situé au nord-ouest de la ville, vis-à-vis du temple de Bêl, le dieu de l'antique cité, dont il était séparé par un canal, le *Shatt-en-Nil*, qui traversait Nippur. Presque toutes ces tablettes sont complètement cuites et par conséquent bien conservées.

Les autres ont été trouvées du même côté du canal, mais plus au sud, par John Haynes, directeur de la troisième expédition, 1893-1895. Il mit à jour environ 25.000 tablettes, la plupart séchées seulement au soleil ou incomplètement cuites.

Comme les premières, elles proviennent en grande partie des archives officielles du temple. Un petit nombre seulement paraît appartenir à des dépôts privés. Toutes celles qui sont datées remontent aux règnes de Burna-Buriash II, Kuri-Galzu II, Nazi-Maruttash, Kadashman-Turgu, Kadashman-Bêl, Kudur-Bêl, Shagarakti-Shuriash, et Bitiliash, de la dynastie des Cassites, qui gouverna la Babylonie entre le xvIII^e et le xII^e siècles av. J.-C.

Le temple était l'institution la plus considérable de la cité. Peu de documents mentionnent des taxes perçues pour le compte du roi. La plupart énumèrent le montant ou le produit des taxes perçues pour « le Dieu » ou pour son temple, « la maison » par excellence, ou « notre maison ». Ces taxes frappaient non seulement les habitants de Nippur mais les petites villes des environs qui se trouvaient dans la mouvance du sanctuaire. Elles se payaient en nature. Les marchandises : grains, étoffes etc... allaient s'accumuler dans des magasins situés à Nippur ou dans les villes mêmes où elles avaient été prélevées.

Elles en sortaient pour être affectées au payement des fonctionnaires du temple et de ses serviteurs, hommes ou femmes, prêtres, chantres, portiers, bergers, etc... ou encore à l'entretien des divers sanctuaires, aux sacrifices, etc.

Les salaires des fonctionnaires variaient avec le grade, l'âge et le sexe des intéressés. Ainsi ceux des prêtres et des percepteurs étaient notablement plus élevés que ceux des simples artisans. Un portier touchait 72 mesures de grain par mois ; sa femme, 30 ; sa fille adulte, 24 ; son fils adulte, mais plus jeune sans doute, 18 : son petit-fils, 12 ; un de ses petits garçons, peut-être encore en bas âge, 6. La femme d'un meunier gagnait un peu plus que celle du portier, 48 mesures contre 72 attribuées à son mari. Quelquefois le fils touchait plus que la mère, 36 mesures contre 30.

Ce double mouvement d'entrée et de sortie entraînait un courant d'affaires considérable et nécessitait une véritable administration, composée de percepteurs et de trésoriers payeurs. Ce sont leurs opérations qui sont consignées sur la plupart des tablettes. Les unes sont des billets (attestations de dettes) ou des reçus, les autres des attestations de payement de salaires.

Dix-neuf ont été trouvées enfermées dans une enveloppe également d'argile.

Les expériences de M. Clay lui ont permis d'établir que les tablettes étaient enveloppées avant d'être cuites, aussitôt qu'elles avaient été écrites, ou au moins peu après. Le scribe ne les saupoudrait pas d'argile au préalable : M. Clay a constaté que cette poussière aurait fait adhérer la tablette à l'enveloppe et en aurait rendu l'écriture illisible. Il prenait simplement un morceau d'argile fraîche et à l'aide d'un instrument l'étendait en une couche mince dans laquelle il enveloppait la tablette. Puis en la plongeant dans l'eau il faisait disparaître les fentes et les bavures sous la pression des doigts.

Toutes les enveloppes portent des empreintes de sceaux. Ces empreintes étaient l'équivalent de la signature sur nos documents. C'était donc le sceau de celui auquel incombait l'obligation, du débiteur par exemple, qu'on apposait sur l'enveloppe. Le document devant rester dans les mains du créancier, l'empreinte lui servait de garantie contre la mauvaise foi du débiteur. Elle garantissait aussi le débiteur lui-même : le créancier ne pouvait pas modifier la teneur de la tablette, c'est-à-dire de l'engagement du débiteur, car il aurait dû briser l'enveloppe qui la contenait, et il se serait trouvé impuissant à refaire les empreintes.

Si une contestation s'élevait, il était facile de briser l'enveloppe en présence des parties.

Assez souvent les parties stipulaient que l'enveloppe serait brisée après le payement de la dette : « X. versera à Z. tant de mesures de blé au jour de la moisson et brisera son sceau », c'est-à-dire l'enveloppe qui le porte. Dans ce cas on conservait la tablette intérieure à titre de document.

Dans les memorandum de payement de salaires, l'empreinte n'est pas faite avec le sceau du fonctionnaire payé, mais plutôt, pense M. Clay, à en juger par la répétition de la même empreinte sur des tablettes de différente teneur, avec le sceau de l'agent du trésor chargé d'effectuer les payements. La tablette ainsi scellée retournait au trésorier ou au teneur de livres et lui servait de décharge à l'appui de ses comptes.

Dans quelques contrats, surtout de la première dynastie de Babylone, la tablette intérieure était scellée tout comme l'enveloppe. Mais malgré la précaution que prenaient les scribes d'appliquer le sceau sur les marges ou sur les espaces vides, l'empreinte débordait trop souvent sur l'écriture, écrasait les signes et les rendait illisibles ou au moins fort difficiles à déchiffrer Il était évidemment beaucoup plus pratique et tout aussi sûr de sceller l'enveloppe seule, sur ses différentes faces.

Si le débiteur ne possédait pas de sceau, il y suppléait par l'impression de l'ongle ou du *sissiktu*, petit trou imprimé, semble-t-il, à l'aide d'un instrument spécial dans la brique fraîche.

Les empreintes sont rarement complètes, faute d'espace. Deux contiennent des croix de Malte. La plus remarquable représente un centaure ailé, tirant de l'arc dans la direction d'un dattier.

En dehors de l'intérêt qu'ils présentent pour l'histoire du droit et l'archéologie, ces documents apportent une contribution considérable à l'onomastique. La plupart des noms propres qu'on y lit sont cassites ou élamites. Un petit nombre seulement appartiennent à l'ouest sémitique. L'élément idéographique y domine à l'encontre de ceux de l'époque, pourtant bien antérieure, d'Hammourabi, dans lesquels l'élément phonétique l'emporte. Ces noms propres sont très souvent théophores, comme en Babylonie, avec prédominance des noms de Sin, Shamash, Ramman, et non de ceux de Bêl et de Ninip, les divinités de Nippur. On y constate également l'apparition de divinités inconnues jusqu'ici.

Des tables très détaillées et l'étude concise, mais bien menée, que fait M. Clay des principaux termes de ces contrats (introduction du t. XIV) et de la composition des noms propres (préface et introduction du t. XV) permettront aisément aux assyriologues d'utiliser ces nouveaux matériaux. Je relèverai seulement quelques *errata* dans l'introduction du t. XIV: p. 22, § 5, l. 1 lire n° 220 au lieu de 208 ; *ibidem* l. 2 : 7, 23 au lieu de 95, 14 ; p. 23, § 6, l. 1, n° 18 au lieu de n° 17 ; *ibidem*, § 7, l. 5, n° 129 au lieu de n° 121 ; p. 24, § 8, l. 1, n° 131 au lieu de n° 123.

François Martin.

---

138. — **Le Théâtre édifiant : Cervantès — Tirso de Molina — Caldéron**, par Marcel Dieulafoy. — Paris, Bloud et Cie, 1907, in-18 de 352 p. (Prix : 3 fr. 50).

Ce livre appartient à une collection d'études et de textes destinée à faire mieux connaître les maîtres de la littérature chrétienne. Il était tout naturel d'emprunter à l'Espagne, où la scène fut pendant plusieurs siècles l'annexe de la chaire et les auteurs dramatiques les collaborateurs des prédicateurs, la matière d'un volume sur le *Théâtre édifiant*.

Sous ce titre, M. Marcel Dieulafoy a eu l'heureuse idée de réunir trois *drames sacrés* ou *comédies dévotes* de trois auteurs différents: le *Truand béatifié* de Cervantès, le *Damné pour manque de confiance* de Tirso de Molina, la *Dévotion à la croix* de Caldéron. Il a fait précéder ses traductions élégantes et précises d'une étude sur le théâtre religieux en Espagne et de courtes notices sur les trois écrivains dont il a traduit les pièces.

M. D. nous montre que le drame religieux, l'*auto sacramental*, analogue à nos mystères, est en Espagne la forme la plus ancienne du théâtre : du XIIIe au XVIIIe siècle la vogue des *autos* se maintint sans interruption ; représentées à l'occasion des grandes fêtes religieuses, notamment le jour de la Fête-Dieu, dans les plus humbles bourgades comme dans les cités les plus opulentes, ces pièces étaient l'occasion de réjouissances populaires où le profane se mêlait au sacré; des processions où paraissaient la hideuse *Tarasca*, la *Femme de Babylone* et les joyeux *gigantones* (géants), faisaient défiler devant le peuple, dans les rues égayées de damas et de tapisseries, les chars de Thespis et les comédiens mêlés aux prêtres et aux confréries religieuses.

Mais ces *autos sacramentales* conservent cependant un caractère entièrement sacré par la nature du sujet et le développement de l'action : la représentation de ces narrations dialoguées n'est pas sans analogie avec une fonction religieuse. Il n'en est plus de même dans les *drames sacrés* ou *comédies divines*, apparentés avec le théâtre profane par la condition des personnages, l'importance de l'intrigue et la peinture des sentiments humains. Seules la haute moralité du dénouement et l'idée religieuse, qui se mêle dans la pièce aux pires erreurs et aux plus violentes passions, donnent à ces drames leur caractère édifiant. M. D. établit l'analogie profonde qui existe entre les *comédies divines* du théâtre espagnol et nos Miracles de Notre-Dame : même mélange intime du sacré et du profane, même tendance à dogmatiser et à moraliser, quelquefois aussi même inspiration et même sujet. M. D. n'hésite pas à voir dans nos Miracles le propotype d'un genre qui, aidé par des circonstances historiques favorables, devait trouver en Espagne une fortune et un succès plus durables qu'en France.

Un choix était difficile à faire dans cette belle floraison de *comédies divines* dont vécut la scène espagnole pendant plus de trois siècles. Parmi les trois auteurs dramatiques adoptés par M. D., deux, Tirso de Molina et Caldéron, sont des prêtres : fait bien expressif de ce caractère moralisateur et propagandiste qui restera si longtemps le trait dominant du théâtre espagnol. En traduisant le *Truand béatifié* de Cervantès, M. D. rend un juste hommage à l'écrivain que d'autres succès littéraires et la concurrence de rivaux redoutables privèrent en son temps d'une renommée théâtrale égale à son mérite. Nous ne pouvons analyser ici cette pièce, pleine d'un mouvement intense et d'une vie prodigieusement variée, non plus que celles de Tirso de Molina et de Caldéron où l'on retrouve, avec des sujets différents, les mêmes qualités de pittoresque, de relief et de couleur, le même noble souci de la valeur morale des actions humaines. Mais il faut saisir cette occasion de faire connaissance, grâce à la traduction de M. D., avec quelques-unes des œuvres les plus originales de la littérature espagnole et généralement aussi les plus ignorées chez nous.   E. MAYNIAL.

---

139. — **Campagne du roi Amaury Ier de Jérusalem, en Egypte au XIIe siècle**, par Gustave SCHLUMBERGER, de l'Institut. — Paris, Plon-Nourrit, 1906, in-8 de 352 pages et une carte.

Cette histoire s'ouvre au moment où la mort du vaillant roi de Jérusalem, Baudoin III, vient de plonger dans un deuil profond le royaume de Terre Sainte (1162). Huit jours plus tard, son frère Amaury, comte d'Ascalon depuis l'année 1153, était sacré dans l'église du Saint-Sépulcre. Les grands du royaume l'avaient désigné comme successeur de Baudoin sous la condition expresse qu'il romperait son mariage avec Agnès de Courtenai, sa trop proche parente. Il obéit, et, en 1167, épousa, dans la cathédrale de Tyr, Marie Comnène, charmante princesse, nièce de l'empereur Manuel.

Guillaume de Tyr nous a laissé, du roi Amaury, un portrait des plus flatteurs : il était sage, profondément réfléchi, instruit et ne négligeant aucune occasion d'apprendre ; doué d'une excellente mémoire ; de vaste et riche expérience dans les choses de ce monde ; de bon conseil ; d'une grande sobriété ; pieux, entendant la messe tous les jours quand c'était possible ; d'une sobriété irréprochable ; dans les combats, d'un courage à toute épreuve. Sa taille était haute et imposante, son visage noble et beau. Tout en lui décelait le roi. Son fidèle historien ne trouve rien à lui reprocher, si ce n'est un léger bégaiement.

Au moment où ce prince accompli monta sur le trône, la situation du royaume chrétien était critique. Pris, comme dans la mâchoire d'un étau, entre les Musulmans du Nord-Est que commandait le redoutable Nour ed-Din, et les Musulmans d'Egypte au Sud-Ouest, il était voué à une perte certaine le jour où ses deux puissants ennemis feraient alliance contre lui. Amaury en eut la claire vision. Toute sa politique s'appliqua à maintenir la division entre ces deux fractions des forces musulmanes ; toute son action eut pour but la conquête de la vallée du Nil.

Au mois d'août de l'année 1163, le vizir Schawer, qui administrait l'Egypte avec une incomparable autorité, sans se préoccuper du tout jeune Kalife fatemide, fut chassé du Caire par l'émir Abou'l Aschbal Dhirgâm. Amaury jugea le moment favorable pour attaquer l'Egypte. Un tribut non payé fut le prétexte. Après une marche longue et pénible dans le désert et dans l'isthme sénaïtique, l'armée franque pénétra dans la vallée du Nil et vint mettre le siège devant la ville de Belbéis. Elle allait s'en emparer quand l'inondation du Nil, aidée par la rupture des digues, contraignit Amaury à une retraite précipitée. Dans le courant de l'automne l'armée rentra à Jérusalem.

L'Islam venait d'échapper à un grand danger. Nour ed-Din en eut conscience. Aussi, accueillant la demande de Schawer il lui promet de le rétablir au Caire et commence contre les Francs une campagne acharnée. Justement effrayé, Dhirgâm implore l'alliance d'Amaury qui venait de le combattre à Belbéis; mais, pendant les négociations, Schirkoûh, lieutenant de Nour ed-Din, et Schawer, par une marche rapide et hardie, entrent au Caire et mettent Dhirgâm à mort. Une fois rétabli dans son autorité, Schawer refuse à Nour ed-Din les tributs promis et demande que les Syriens évacuent l'Egypte. Ceux-ci ne s'exécutant pas de bonne grâce, voilà que Schawer envoie près d'Amaury des ambassadeurs et lui demande son alliance contre Nour ed-Din! C'était le salut pour le royaume Franc qui n'aurait pas pu soutenir les efforts réunis de Nour ed-Din et de Schawer. Alors commença la deuxième campagne d'Amaury en Egypte. Laissant Schawer au Caire, Schirkoûh, avec 30.000 hommes et un jeune lieutenant qui plus tard devait être l'illustre Saladin, s'était enfermé dans Belbéis. Amaury et Schawer vinrent l'assiéger, donnant cet exemple étrange d'une alliance entre Chrétiens et Musulmans, contre d'autres Musulmans.

Mais, pendant que le siège se poursuivait sans succès, on apprit que, au nord du royaume latin, Nour ed-Din avait pris le château de Hârim, boulevard de la principauté d'Antioche; la ville de Banias avait ouvert ses portes; grand nombre de Chrétiens et la fleur de la chevalerie avaient trouvé la mort dans les combats. Par suite d'une entente réciproque, Amaury retourne à Jérusalem pendant que Schirkoûh, abandonnant l'Egypte, rentre en Syrie. Telle fut la seconde expédition d'Amaury en Egypte.

Nous arrêterons là cette analyse. Nous en avons dit assez pour faire comprendre ce que fut cette période historique étrange, bizarre, pleine d'événements inattendus. Tout le règne d'Amaury se résume dans cinq expéditions en Egypte, qui eurent comme but direct ou indirect, la conquête de ce pays. Au succès de cette entreprise était, en effet, attaché le salut du Royaume latin. Pendant la troisième campagne, il eut encore comme alliés le Kalife du Caire et son vizir Schawer. La quatrième campagne fut dirigée contre Schawer : aidé par la troupe de l'empereur Manuel, Amaury prit enfin et saccagea Bilbéis, et vint ensuite mettre le siège devant le Caire ; mais Schawer lui racheta la ville pour un million de dînars. En l'année 1169 commença la cinquième campagne. Amaury avait fait alliance avec le basileus Manuel. La flotte franco-byzantine vint mettre le siège devant Damiette ; au bout de cinquante jours, Amaury, renonçant encore une fois à la conquête de l'Egypte, leva le siège, sans doute en échange d'une forte somme.

Le 11 juillet de l'année 1174, le roi Amaury mourait de la dysenterie à l'âge de 38 ans. Ses campagnes, quel qu'ait été son courage, n'eurent aucun résultat pratique. Sa mort laissa le royaume chrétien plus faible, plus désemparé que jamais, au moment où montait à l'horizon l'étoile du grand Saladin.

M. Schlumberger a tiré cette émouvante histoire des récits de Guillaume de Tyr et des chroniqueurs arabes. Il a ainsi mis au jour et coordonné le récit de six années de luttes où, Arabes et Chrétiens s'allient ou se font la guerre avec les plus étranges compromissions. Les pages riches en descriptions et en couleur locale, comme la traversée du désert par l'armée Franque, la réception des envoyés francs au Caire ou à Constantinople, sont nombreuses et rendent la lecture de ce livre aussi attrayante pour les gens du monde que pour les curieux d'histoire. Henry THÉDENAT.

---

140. — **Les lois fondamentales de la Monarchie française, d'après les théoriciens de l'Ancien Régime**, par André LEMAIRE. — Paris, A. Fontemoing, 1907, in-8 de 336 p. (Prix : 8 fr.)

Cet ouvrage fait penser d'abord aux *lettres sur l'histoire de France* d'Auguste Thierry ou mieux aux *Considérations sur l'histoire de*

France du même auteur. Cependant M. A. Lemaire ne paraît pas avoir évoqué les souvenirs d'aussi lointains prédécesseurs. Il cite quelques œuvres très modernes de MM. P. Viollet, Esmein, Glasson ; il ne veut plus se rappeler les discussions si approfondies et si judicieuses pourtant que Guizot avait écrites dans ses leçons sur l'histoire de la civilisation en France à propos des capitulaires, des Assemblées Carolingiennes... Sur ces problèmes historiques cependant nul n'a eu jusqu'ici de vues plus justes que Guizot : et l'antique doctrine émise par lui en Sorbonne pourrait bien être plus satisfaisante que les conclusions tirées des textes par l'écrivain actuel. D'ailleurs sur le Moyen Age proprement dit l'étude de M. A. L. est un peu sommaire. Sa philosophie de l'histoire s'exerce mieux sur les traités des jurisconsultes de profession et sa critique se concentre avec un réel succès sur les quatre derniers siècles de l'ancien régime.

C'est presque une découverte que l'exposé de la doctrine contenue dans *les traités de Jean de Terre-Rouge*. Ce légiste Armagnac a énoncé avec beaucoup de force les principes du droit traditionnel qui militaient en faveur du Dauphin. M. A. L. suit avec sympathie l'argumentation d'un jurisconsulte qui recourt volontiers à la *seule force de la coutume*. L'auteur prend occasion des traités du xve siècle exaltant la tradition pour faire ressortir sa propre théorie et l'accentuer de chapitre en chapitre jusqu'à sa conclusion où il proclame que le gouvernement de l'ancienne France résultait en quelque sorte de son tempérament et que les lois fondamentales de la constitution s'étaient développées avec la croissance du pays. Appuyé sur cet axiome véritablement historique, M. A. L. n'a pas de peine à montrer les contradictions des jurisconsultes classiques qui aperçoivent comme Bodin la vénérable antiquité de nos lois, sans pouvoir se résigner à restreindre le caprice tout puissant du roi, ce legs des codes impériaux romains. Bien entendu, la base scolastique des constitutions, le consentement général du peuple ne résiste pas mieux à l'habile critique de M. A. L., qui n'a d'éloge que pour les théoriciens franchement traditionnalistes. Aussi le chapitre qu'il consacre à Jean de Terre-Rouge et l'analyse très succinctement fidèle qu'il donne des maximes politiques de Bossuet comptent-ils parmi les passages les plus instructifs et les plus agréables à lire de sa belle étude.

Guerres de Religion dans le Sud-Ouest de la France et principalement dans le Quercy, d'après les papiers des Seigneurs de Saint-Sulpice, de 1561 à 1590, par E. Cabié. — Paris, Champion. Toulouse, Cahors et Albi, 1906, in-4 de 470 p. ou 940 col. avec préf.

Il ne faut pas demander à cette correspondance d'un guerrier sans cesse en déplacement la trame de l'histoire. On y trouvera d'ailleurs quelques notes intimes qui ne déplairont pas aux curieux. M. C. a réussi dans sa préface à reconstituer une importante biographie celle de Jean Hébrard de Saint-Sulpice l'auteur des lettres publiées ou le destinataire de billets dont quelques-uns sont écrits d'une main royale. L'éditeur se flatte aussi, non sans raison, d'avoir précisé et corrigé les dates ou les circonstances d'événements dignes d'attention. Le Quercy est sans doute le pays le mieux traité dans la distribution des renseignements nouveaux fournis par les papiers de Saint-Sulpice; mais certaines campagnes ayant entraîné le capitaine loin de sa terre natale, on peut se procurer des documents sur le Poitou, notamment pendant les guerres de religion. La cour bien entendu n'est pas négligée, plus d'une fois Saint-Sulpice a Catherine de Médicis pour partenaire dans sa correspondance. En ce cas, M. C. a soin de respecter l'orthographe fantaisiste et étrangère de la reine. La règle qu'il suit en matière de réforme orthographique comporte le respect fidèle des fautes des grands. Ce n'est peut-être pas une considération d'un ordre assez exclusivement philologique.

Mémoires de Saint-Hilaire, publiés pour la Société de l'histoire de France, tome II (1680-1697), par Léon Lecestre. — Paris, Renouard, 1906, in-8 de 455 p.

Les détails de l'histoire militaire du règne de Louis XIV sont toujours bien venus; ils se lisent très agréablement dans le texte des Mémoires de Saint-Hilaire, en dépit des formes archaïques que l'éditeur a soigneusement conservées. En feuilletant le gros volume qu'édite actuellement la Société de l'Histoire de France on n'est pas moins frappé par la remarquable information que par la prodigieuse activité de Saint-Hilaire. Il conte d'ailleurs en grand seigneur avisé tout aussi bien les intrigues de cour que les aventures des campagnes. Il faut lire en particulier les vicissitudes comiques de la cour de Savoie au milieu des exploits de Catinat.

L'intérêt de la lecture est fort accru dans ce volume ainsi que dans le précédent par des notes d'une grande précision historique et géographique. Le savant éditeur nous annonce pour un autre volume les pièces justificatives relatives à cette partie. Le choix des pièces insérées à la fin du premier volume, nous fait bien augurer de l'utile complément que le 2ᵉ tome recevra sans doute à bref délai.
H. G.

141. — **Théodore de Neuhoff, roi de Corse**, par André LE GLAY. — Monaco et Paris, A. Picard, 1907, in-8 de 448 p. (Prix : 7 fr. 50).

Un curieux volume d'un intérêt très particulier vient d'inaugurer la collection de « Mémoires et Documents historiques, publiés par ordre du Prince de Monaco ». M. Le Glay y retrace avec autant d'esprit que de science les aventures et mésaventures de Théodore de Neuhoff, roi de Corse. Ce n'est pas d'un aventurier de haut vol qu'il s'agit ; chez lui l'intrigue passe avant l'action, il est paradoxal, fourbe, insinuant, conspirateur, prudent à l'excès, vaniteux. Mais, quand l'heure d'agir est arrivée, tout s'évanouit ; il fuit au lieu de combattre, les beaux projets péniblement élaborés s'écroulent ; le beau geste qui en impose manque toujours pour atteindre le résultat désiré.

Théodore de Neuhoff, d'une famille de petite noblesse westphalienne, que M. Le Glay compare spirituellement à celle des célèbres barons Thunder-ten-Trunck, naquit en 1694. Elevé pendant quelques années chez les Jésuites de Munster, il quitte bientôt ce calme asile pour faire l'apprentissage de la vie, qui, en quelques mois, allait faire de lui le type du parfait escroc, assassin même à l'occasion. Jusqu'à sa mort, l'auteur le suit dans sa vie aventureuse ; rejeté d'un pays, on le trouve dans un autre ; banni, poursuivi, il sait à temps traverser les frontières ; emprisonné, il sait toujours retrouver sa liberté. Une circonstance imprévue, une rencontre avec certain moine corse, chirurgien pratiquant à Gênes, allait faire de Théodore le sauveur espéré par la Corse, gémissant sous le joug génois. Les Corses ne demandaient qu'à être convaincus. Théodore passé maître dans l'art du mensonge, s'en chargea facilement. Débarqué à Aleria, il est proclamé et couronné roi de Corse. Mais le séjour du nouveau souverain parmi ses sujets ne fut pas de longue durée ; à l'enthousiasme sans bornes succéda une certaine indifférence et bientôt la trahison. Théodore, du reste, ne répondit aux sentiments successifs des Corses que par des intrigues et des mensonges. Bientôt, épouvanté, il quittait l'île en fugitif ; et alors commença une sorte de course folle à travers l'Europe. Pendant vingt ans ce ne seront que tentatives avortées, intrigues diplomatiques, séjours en prison ; et le plus curieux ce furent encore le sérieux et les craintes manifestés par les diplomaties de tous les pays pour ce bizarre personnage, roi d'occasion qui réussit à inquiéter tous les gouvernements d'Europe et à éveiller la curiosité et l'intérêt partout où il séjourna.

Enfin, le 11 décembre 1756, quelques jours seulement après avoir quitté une prison de Londres, ce pauvre roi mourut chez un misérable ravaudeur d'habits. L'heure des gloires étaient passée. La porte des grands et des puissants fermée, la porte d'un pauvre ouvrier s'était seule ouverte pour que Théodore de Neuhoff jadis couronné sur les côtes bleues de la Méditerranée ne mourut pas seul et misérable dans la boue des rues de Londres.

Cette longue et intéressante étude de M. Le Glay ouvre des aperçus nouveaux et curieux sur la vie diplomatique du xviiie siècle, sur les gouvernements des Républiques italiennes, sur l'histoire de l'île de Corse quelques années avant la domination française. Elle est écrite dans un style clair et agréable et la lecture en est passionnante. Quelques pièces justificatives et une table des noms propres termine cet ouvrage qui témoigne autant du talent littéraire de son auteur que de sa science historique et des recherches nombreuses qu'il a dû faire pour traiter de manière si consciencieuse et si complète pareil sujet.

Mémoires et Souvenirs sur la Révolution et l'Empire, publiés avec des documents inédits, par G. LENOTRE. — Paris, Perrin, 1907, in-8. (Prix : 3 fr. 50).

On peut prédire à la nouvelle collection publiée par M. Lenôtre le plus vif et le plus légitime succès. Trois volumes ont déjà paru et chacun d'eux a été reçu par le grand public avec une faveur signalée. C'est qu'en effet, cette collection s'adresse non seulement aux érudits mais à ces curieux de publications historiques, aujourd'hui si nombreux qui se recrutent spécialement dans la clientèle mondaine. M. Lenôtre avec le don d'évocation qui le caractérise, attache et captive de suite le lecteur : il l'a encore une fois surabondamment prouvé. Choisissant dans les mémoires, dans les récits, les extraits les plus vivants, les plus curieux, se rapportant à un fait, il les groupe, y joignant toutes sortes d'avant-propos, de résumés, de notes explicatives qui lui permettent de reconstituer dans leur ensemble l'exacte et précise physionomie des faits en question. Inutile d'ajouter la science historique et l'à-propos qui ont présidé au choix des extraits publiés. Et ainsi le lecteur a sous les yeux un tableau saisissant des événements, tableau tracé par des témoins oculaires, fortifié par des plans soigneusement dressés, des figures choisies judicieusement et enfin coordonné par le metteur en scène le plus ingénieux et le plus pittoresque.

Le premier volume est consacré aux *Massacres de Septembre*. Avec ce mélange continu de citations de témoins authentiques et de savants commentaires destinés à les relier ou à les éclairer, ce volume constitue une véritable histoire des massacres où nous assistons presque d'heure en heure aux préparatifs et à l'évolution du drame. Les trois premières parties se rapportent aux événements de *La Force*, de l'*Abbaye*, *des Carmes* et nous transportent sur ces trois sanglants théâtres des exploits des égorgeurs. Ce sont successivement les récits de Weber, le frère de lait de Marie-Antoinette, de Pauline de Tourzel, de Maton de la Varenne, de Méhée secrétaire de la Commune, de Jourgniac de Saint-Méard. Pour les Carmes, M. Lenôtre nous rapporte la relation de l'abbé Berthelet et les évasions des abbés Vialar et Saurin ; il nous donne ensuite quelques pages intéressantes sur l'exhumation des restes des victimes en mai 1867. Dans la dernière partie, à l'aide de documents inédits, M. Lenôtre passe en revue les figures des principaux massacreurs : c'est la partie la plus nouvelle du volume.

Le second volume est consacré entièrement à *La Fille de Louis XVI*, à cette énigmatique Marie-Thérèse que nous suivons ainsi des premiers jours au Temple, jusqu'à la cour de Vienne et jusqu'à son mariage avec son cousin. C'est dans cette série d'événements qu'il faut chercher les causes qui firent de la charmante et affectueuse enfant, la femme si froide et si peu sympathique du duc d'Angoulême. C'est d'abord le Temple et ses tristesses, les pénibles séparations, la vie enfin isolée de la princesse. Puis ce sont le départ, l'arrivée à Vienne : c'est de là, semble-t-il, que date cette désillusion profonde qui changea pour toujours et si complètement le caractère de Marie-Thérèse. Le nombre des documents de toute sorte publiés dans ce volume est important : il faut noter entre autres la relation écrite par la princesse sur la captivité des princes et des princesses du 10 août 1792, jusqu'à la mort de son frère, le 9 juin 1795.

Le volume consacré aux *Fils de Philippe-Egalité* pendant la Terreur est peut-être encore plus intéressant parce que moins connu. Après un long préambule M. Lenôtre nous donne le journal du duc de Chartres pendant les années 1790-1791 et un précis de la translation de Philippe-Egalité, du prince de Conti, du comte de Beaujolais et de la duchesse de Bourbon, de Paris à Marseille en avril 1793. Pour les trois années suivantes nous avons le récit du duc de Montpensier pendant sa captivité, captivité qui dura quarante-trois mois jusqu'à la déportation qui fait l'objet d'un chapitre très nouveau. Enfin pour la translation de Philippe-Egalité, M. Lenôtre donne le récit de Louis-François Gamache ce fidèle serviteur que le duc de Montpensier donna à son père au moment de son départ pour Paris.

Inutile d'ajouter que cette collection est publiée avec grand soin : de nombreuses reproductions et des plans aident à suivre les récits.

B. Faulquier.

142. — **Journal politique de Charles de Lacombe**, publié pour la Société d'histoire contemporaine, par A. Hélot. T. I. — Paris, A. Picard, 1907, in-8 de XLVIII-328 pp. (Prix : 8 fr.)

Né en 1832, élevé à Stanislas, disciple du P. Gratry et de Nourrisson, Charles de Lacombe débute comme publiciste à l'*Ami de la Religion*, puis au *Correspondant*. Il fit paraître une étude sur la *Politique de Henri IV* qui lui valut les félicitations du comte de Chambord et le classa comme un des représentants les plus autorisés de l'opinion légitimiste. Il se lia avec Berryer, dont il devint plus tard le biographe, et avec Thiers, auquel il demeura toujours très attaché, malgré leurs divergences de vues. Il n'entra dans la politique active qu'en 1871, comme député du Puy-de-Dôme à l'Assemblée nationale. Ses relations avec Thiers firent de lui le truchement ordinaire entre la droite et le Président de la République, et il accepta volontiers, par dévouement pour la cause monarchique, ce rôle ingrat.

Son journal, écrit chaque soir et sans souci de forme, commence au 15 février 1871 et s'arrête, dans le présent volume au 26 décembre 1873. Il contient surtout des détails sur les discussions de l'Assemblée et les négociations de couloirs et de cercle qui les précédaient. Peu de faits s'en dégagent qui ne fussent déjà connus par ailleurs. Mais ce recueil est intéressant comme témoignage de l'état d'esprit des monarchistes, de leur manque d'union, de direction et d'esprit politique. Ch. de Lacombe, dans ce journal non fait pour la publication, ne les ménage pas toujours, bien que la forme de ses jugements soit extrêmement modérée, (v. pp. 196, 200-209, 246, avec une anecdote amusante sur le duc de Broglie). Les passages les plus intéressants sont relatifs aux votes du 24 mai 1873, qui est une surprise pour beaucoup d'hommes de la droite, et aux tentatives de restauration monarchique rendues impossibles par l'intransigeance du comte de Chambord. On notera en particulier l'amertume des regrets exprimés par Ch. de Lacombe (p. 219-220).

Le texte a été très correctement édité par M. Hélot. Les notes sont quelquefois un peu brèves, mais tous les noms propres cités ont été identifiés avec soin [1]. Il y a p. 225 une coupure indiquée par des points, sans mention de l'importance du passage sup-

---

[1]. Il y a cependant quelques erreurs, notamment une confusion entre Waldeck-Rousseau père et Waldeck-Rousseau fils.

primé, ni des motifs du retranchement. Le journal est précédé d'une notice biographique très complète, mais qui a le ton d'une oraison funèbre, et accompagné de quelques lettres et discours intercalés à leur date ou rejetés en appendice. L'exécution typographique est, comme toujours, irréprochable. Le discours cité p. 296 est de 1872 et non 1876. R. G.

---

143. — **Les maîtres italiens d'autrefois.** — **Écoles du Nord**, par Theodor de Wyzewa. — Paris, Perrin et Cie, 1907, in-12. (Prix : 5 fr.)

Le lien des chapitres de ce livre est assez lâche. Ce livre est un recueil d'articles sur un certain nombre de peintre italiens Giotto, Fra Angelico, Fra Bartolommeo, Botticelli, Verrocchio, Gaudenzio Ferrari, Juste d'Allemagne, Carpaccio, les deux Antonello de Messine, Titien, Tiepolo. Il se trouve aussi un chapitre sur Albert Dürer qu'on appelle « un vénitien de Nuremberg » et dont on raconte le séjour qu'il fit à Venise et l'enthousiasme qu'il y ressentit, afin de lui donner droit de cité parmi ces Italiens. Si j'ajoute que le premier chapitre a pour sujet « l'âme siennoise » et que les derniers sont consacrés à la « mort de Venise », j'aurai donné l'idée de la matière assez disparate du livre, encore que des titres généraux, comme « Les trois Poètes de l'âme florentine », ou « Deux gloires nouvelles de l'art florentin » ou « Venise » aient pour but de la coordonner autant que possible. Ces divers chapitres ont été écrit à propos de la publication d'ouvrages de critique d'art et en rendent compte. M. de Wyzewa s'acquitte de la tâche de nous présenter tous ces livres, de mérites variés, de la façon la plus délicate. Il n'entre pas trop dans le détail des livres ; il se contente d'en extraire pour ainsi dire la fleur. Puis il nous livre ses propres impressions, corrige, précise, complète en quelques pages ce que le livre a fourni, si bien que chaque chapitre est une esquisse originale tracée avec une grande sûreté de main. Après avoir lu M. de W. nous avons encore envie de lire les auteurs dont il parle ; si nous ne le pouvons pas, il nous semble que le profit de ces lecteurs n'est pas perdu ; nous avons dans l'esprit la formule claire, le titre symbolique, avec lesquels M. de W. évoque les réflexions qu'il a faites lui-même et que probablement nous n'aurions pas su dégager aussi finement que lui.

Il faut lui savoir gré de n'avoir pas caché en maints endroits son dédain pour la critique qui ne tient compte dans les œuvres d'art que des documents extérieurs aux œuvres elles-mêmes ou des procédés techniques ou des détails menus de la manière d'un artiste, et qui néglige comme source de renseignements l'impression originale de la beauté des œuvres. L'érudition est chose utile : mais on dirait que certains érudits n'ont jamais regardé les statues et les tableaux pour eux-mêmes. Cette méthode conduit à des bévues amusantes : M. de W. en a relevé quelques-unes.

S'il est permis de différer de sentiment dans une matière aussi complexe que l'appréciation des œuvres d'art, je me permettrais de signaler quelques points où je m'écarte de l'avis de M. de W. Par exemple, M. de W. dit fort justement de Giotto qu'on ne rencontre jamais dans ses œuvres le « bavardage » confus de ses élèves ; Giotto est un observateur ; chaque attitude, chaque expression de ses personnages trahit le souci réaliste ; et comme il sait le prix de chaque trait ainsi observé, il le met en valeur ; la composition de ses fresques est pure et sobre. Mais alors Giotto n'est pas si éloigné de Massaccio que M. de W. le pense : car ce sont les mêmes qualités qui font l'originalité étonnante et la grandeur de Massaccio.

Peut-être aussi M. de W. est-il bien sévère pour la *Primavera* de Botticelli et les merveilleuses fresques du Louvre respirent-elles une fraîcheur et une grâce qui ne le cèdent pas aux qualités de cette dernière œuvre où Botticelli aurait enfin trouvé la sincérité de l'inspiration chrétienne.

Mais ce sont là des discussions de nuances. L'agrément du livre de M. de W. ne dépend pas de la solution de tels problèmes.

Louis BORDET.

---

144. — **Le Culte de la Sainte Vierge en Afrique d'après les monuments archéologiques,** par le R. P. DELATTRE, des Pères Blancs, archiprêtre de la primatiale de Carthage, correspondant de l'Institut. — Paris, Société de Saint-Augustin, 1907, in-8 de 234 p. avec fig.

Tous les lecteurs du *Bulletin critique* connaissent, au moins de nom, le R. P. Delattre et sont au courant des importantes découvertes qu'il poursuit depuis plus de trente années, avec une persévérance infatigable, avec une ardeur que rien n'arrête. Les curieux monuments qu'il a recueillis sont conservés au Musée Lavigerie, à Carthage même, sur le théâtre de ses fouilles; leur réunion en ce lieu, en rend l'étude fort attrayante; le touriste ou l'archéologue qui visitent l'emplacement de la vieille cité éprouvent un plaisir infini à étudier les précieux souvenirs de son passé à l'endroit où ils ont été trouvés. Admirablement classés par les soins du savant religieux ils conservent sur place une saveur particulière et un intérêt qui leur feraient défaut s'ils avaient été envoyés dans des musées lointains ou dispersés dans des collections moins homogènes.

Les séries les plus importantes du musée Lavigerie se rapportent aux périodes puniques, romaine et byzantine. Les monuments chrétiens y occupent naturellement une grande place; leur ensemble apporte aux études relatives à l'Eglise d'Afrique une contribution des plus importantes qui permet de renouveler complètement l'histoire des premiers temps du christianisme dans cette contrée. Depuis longtemps déjà le P. Delattre, avec son activité coutumière, a fait connaître un grand nombre de ces monuments.

Aujourd'hui il nous offre une nouvelle preuve de cette activité sous la forme d'un livre consacré au culte de la Sainte Vierge en Afrique. La première partie de son ouvrage, comprenant la description des monuments antérieurs au VIIIe siècle, est la plus neuve et la plus intéressante. Parmi les pièces les plus remarquables il faut citer le célèbre bas-relief, exhumé des ruines de la grande basilique de Damous-el-Karita, et représentant la Vierge offrant son fils à l'adoration des Mages. Malgré les mutilations qu'elle a subies, cette sculpture dont l'exécution semble remonter au IVe siècle et qui provient d'un grand relief placé à l'une des principales entrées de la basilique, présente une valeur exceptionnelle; elle peut-être considérée comme le plus bel échantillon connu de ce genre de décoration dans la sculpture chrétienne. On a recueilli aussi à Carthage un certain nombre de figurines d'argile représentant la Vierge tenant l'enfant Jésus sur ses genoux. Des carreaux de terre cuite, de forme carrée, provenant de divers points de la Tunisie offrent la même image d'un style plus élégant; d'autres portent une invocation à Marie sous forme d'une courte prière. Enfin les monnaies, les plombs de bulles, les sceaux présentent soit le portrait de la Vierge, soit une inscription pieuse en son honneur : l'intérêt particulier de ces derniers monuments est évident; il est assez facile de les dater avec certitude. Le P. Delattre donne, dans le texte, les images de tous les documents qu'il cite, il les accompagne d'explications qui en démontrent l'importance et la valeur. Dans son ouvrage sur *La Sainte Vierge*, Rohault de Fleury, en 1878, avouait ne pouvoir citer pour l'Afrique, aucune église ayant existé sous le patronage de Marie, aucune médaille frappée à son image, aucune inscription marquée de son nom. On sera donc très profondément reconnaissant au P. Delattre de tout ce que ses recherches apportent de renseignements nouveaux et inédits sur la question. Comme toujours ces recherches en provoqueront d'autres : une enquête sérieuse et attentive dans les musées de l'Algérie et de la Tunisie, et même dans les collections particulières amèneront la découverte de documents analogues prouvant de plus en plus combien le culte de la Sainte Vierge étant répandu, aux premiers siècle, dans les communautés chrétiennes de l'Afrique.

A. Héron de VILLEFOSSE.

---

145. — **A. Cournot**, par T. MEUTRÉ. (Collection Philosophes et Penseurs). — Paris, Bloud et Cie, 1907, in-12 de 72 p. (Prix : 0 fr. 60).

Ce petit volume est très dense, et présente dans une synthèse parfaitement objective les principales théories de Cournot sur la Science, le Hasard, et la Religion. Il fait regretter que M. F. ne nous ait pas encore donné le livre qu'il nous doit sur Cournot, et qu'on sent qu'il a fait : car le raccourci qu'il nous donne en son petit livre prouve de longues et patientes études, et ne peut être rien moins qu'un premier jet ou un premier essai. — Peut-être donnera-t-il à penser que la place faite aux « Idées religieuses » de Cournot est un peu trop large en une étendue d'ensemble. Si intéressantes qu'elles soient, si cohérentes même qu'elles apparaissent avec l'ensemble du système, elles n'en font cependant aucunement partie.

E. B.

NOTICE NÉCROLOGIQUE

L'abbé BEURLIER

La mort de M. l'abbé Beurlier qui a si profondément attristé la Paroisse d'Auteuil et le diocèse de Paris a été aussi un deuil pour le *Bulletin Critique*. Soit comme secrétaire de la rédaction, soit comme directeur, M. l'abbé Beurlier a été pendant plus de 25 ans, attaché à notre Revue.

Au sortir du séminaire de Saint-Sulpice, il fut nommé professeur au petit séminaire de N.-D.-des-Champs, où comme élève, il avait laissé de bons souvenirs. Sans négliger aucun de ses devoirs professionnels, il sut prendre ses grades littéraires, suivre les cours de l'Ecole pratique des Hautes-Etudes, et se révéler au monde savant par une thèse de doctorat sur *le culte impérial, son histoire et son organisation, depuis Auguste jusqu'à Justinien*. Cet ouvrage constitua, avec sa part de direction dans le *Bulletin Critique*, le principal titre de l'abbé Beurlier, quand il posa sa canditature au titre de membre résidant de la *Société nationale des Antiquaires de France*, qui fut heureuse de l'admettre dans ses rangs; il se montra reconnaissant en publiant, dans les recueils de cette société, des mémoires et des communications marquées au coin d'une sage érudition. Outre le *Bulletin Critique*, différentes revues et publications recherchèrent sa collaboration: le *Dictionnaire des antiquités grecques et romaines*, de M. Saglio, le *Dictionnaire de la Bible*, de M. l'abbé Vigouroux, la *Revue du clergé français*, etc. Il dirigea la *Semaine Religieuse de Paris* pendant plusieurs années, et sut la rendre, en même temps qu'utile et pratique, intéressante à lire.

On a de lui quelques traités courts et précis, tels qu'ils les faut pour les jeunes gens ou les hommes du monde qui n'ont pas le temps ni la volonté de faire de longues lectures: *Histoire de l'Église*; *Histoire du monde juif au temps de Jésus Christ et des apôtres*; *Histoire de la littérature latine*.

En 1883, il abandonna l'enseignement secondaire et Mgr. d'Hulst lui confia, à l'Institut catholique, une chaire d'histoire ancienne et des institutions grecques et romaines.

Plusieurs évêques l'avaient nommé inspecteur de leurs petits séminaires et des maisons diocésaines d'enseignement libre.

En 1896, S. E. l'archevêque de Paris récompensa cette vie laborieuse et les services rendus en nommant l'abbé Beurlier chanoine honoraire.

L'année suivante, renonçant à l'enseignement, mais non aux travaux d'érudition qui avaient occupé sa vie entière, l'abbé Beurlier accepta la cure de Notre-Dame-d'Auteuil.

Il ne nous appartient pas ici d'apprécier le prêtre estimé de tous, et son ministère. M. l'abbé Lesêtre, curé de Saint-Etienne-du-Mont, s'est acquitté de ce devoir de confrère et d'ami. Nous renvoyons nos lecteurs à cette remarquable et pénétrante étude [1].

La critique de l'abbé Beurlier était bienveillante et sagace. Il se préoccupait d'être juste et de dire la vérité sur les choses sans blesser les personnes. Un ferme bon sens qui était sa qualité maîtresse, un esprit pénétrant, une pointe d'ironie inoffensive, une érudition variée, constituaient les principales qualités qui le recommandaient aux lecteurs du *Bulletin Critique*.

Jamais ne fut plus justifiée qu'en l'abbé Beurlier cet adage que le style c'est l'homme. Tel il apparaît dans ses écrits, tel nous le retrouvions pendant nos réunions du *Bulletin Critique* avec la solidité de son jugement, la justesse de ses observations, la bonté et le dévouement de son cœur, et cette bonhomie native que relevait parfois, sans la détruire jamais, la finesse du sourire.

Notre souvenir lui restera fidèle autant qu'était sûre son amitié.

Henry THÉDENAT.

1. *Semaine religieuse de Paris*. 29 Juin 1907, p. 1018.

CHRONIQUE

23. — **Regnault de Baucaron, Donations et fondations d'anciennes familles champenoises et bourguignonnes (1175-1906),** par un de leurs descendants. — Paris, Plon-Nourrit et Cie, 1907, in-8.

Cet ouvrage est la suite et le complément du volume de *Souvenirs*, publié l'an dernier par le même auteur, et que nous avons signalé à l'attention des lecteurs du *Bulletin critique*. Après avoir retracé les services rendus au pays par les divers membres des familles dont il descend, M. Regnault de Baucaron s'est attaché à dépeindre le rôle joué par ces mêmes familles dans la société : il a énuméré les fondations pieuses, charitables, littéraires, scientifiques, les inspirations heureuses, et fécondes dues au sentiment profond du devoir de solidarité, à l'esprit chrétien dont elles étaient animées. Infatigable explorateur ; — les édifices et jusqu'aux pierres tombales, les archives publiques ou privées de Champagne et de Bourgogne n'ont plus pour lui aucun secret ; archéologue doué d'une érudition solide et d'une méthode sûre, écrivain aimable, il instruit sans fatiguer, il charme par l'extrême variété de ses récits, et l'on demeure, en définitive, étonné du nombre des détails inconnus, parfois d'une réelle importance, que renferment les pages de son livre. Le chapitre X, en particulier, consacré à la famille Le Clerc, à laquelle appartenait Buffon, serait, à lui seul, une œuvre historique de haute valeur ; disons en passant que la légende si accréditée, qui fait du grand naturaliste un auxiliaire des philosophes du XVIIIe siècle, y reçoit les plus irrécusables démentis. A noter aussi les pages curieuses, concernant une des Carmélites martyres de Compiègne ; les renseignements relatifs à cette bienheureuse étaient jusqu'ici des plus succincts : M. Regnault de Baucaron nous apprend tout d'abord l'orthographe véritable de son nom : Verrollot, et non Vérolot ; il montre ensuite que ses prénoms étaient : Elisabeth-Juliette, et non Judith, ainsi qu'on dit habituellement ; il donne enfin d'amples détails sur sa famille et sur son enfance. Relevons une légère erreur : parlant d'une des compagnes de sœur saint François Xavier, madame de Croissy, sœur Henriette de Jésus, M. de Baucaron la qualifie de nièce de Colbert ; cette carmélite ne descendait pas du frère du grand ministre, elle appartenait à une famille de Croissy, tout à fait étrangère à la famille Colbert.

Nous ne pouvons tout citer, et il faut conclure ; au risque de nous répéter, nous dirons ceci : il n'y a pas de pays, quoi qu'on en puisse penser, où la vie sociale, pour parler le langage actuel, ait été, même aux époques les plus troublées, aussi active, aussi féconde, aussi intelligente, aussi bien inspirée qu'en France ; sachons gré à M. Regnault de Baucaron d'en donner une preuve nouvelle, si éclatante et si décisive.

J. LAURENTIE.

L'Éditeur-Propriétaire-Gérant : ALBERT FONTEMOING.

BULLETIN CRITIQUE

146. — **Le trésor du Sancta Sanctorum**, par Philippe Lauer, t. XV des Monuments et Mémoires de la fondation Eugène Piot, publiés par l'Académie des Inscriptions et Belles-Lettres. — Paris, Leroux, 1906, in-4 de xviii-146 pp.

Bon nombre des pèlerins que la piété attire à Rome gravissent à genoux les degrés du large escalier de marbre de l'ancien palais des papes au Latran, la *scala sancta*. Cet escalier qui, d'après la tradition, serait l'escalier même du palais de Pilate à Jérusalem, donnait autrefois accès au palais du Latran, occupé par les papes du ive au xive siècle, et qui n'existe plus aujourd'hui. C'est Sixte-Quint qui le plaça là où nous le voyons encore. Arrivé en haut de cet escalier, le visiteur aperçoit, par une triple ouverture grillagée, une charmante chapelle dédiée à S. Laurent, de style gothique italien du xiiie siècle, plongée dans une demi-obscurité qui en augmente le mystère et l'attrait. Dans un renfoncement pratiqué au-dessus de l'autel, on entrevoit, à la lueur de quelques cierges, les ornements d'argent doré et les peintures qui, depuis Innocent III, recouvrent la célèbre image du sauveur mentionnée dès le viiie siècle dans le *Liber Pontificalis*, que le pape Etienne II (752-757), porta pieds nus jusqu'à Sainte-Marie-Majeure, pour éloigner des murs de Rome Aistulf, roi des Lombards.

Cette chapelle était celle du palais des Papes, la Sixtine de ce temps-là. Construite au vi^e siècle, elle fut, par Léon III (795-816) restaurée et enrichie de reliques insignes placées sous l'autel dans un coffre de bois de cyprès. C'est à l'abondance et à la sainteté de ces reliques qu'elle dut le nom de *Sancta Sanctorum*; une inscription, qui se lit aussi à l'entrée de la crypte de Saint-Sernin de Toulouse non moins riche en reliques, en fait foi : *non est in toto sanctior orbe locus.*

L'édifice actuel fut, au xiiie siècle, élevé par le pape Nicolas III (1277-1280) qui, comme l'atteste une inscription, chargea de ce travail l'architecte Jacopo Cosmato, d'une célèbre famille de marbriers romains : *Magister Cosmatus fecit hoc opus*. Une plaque aux armes de Calixte III (1455-1458) indique une restauration faite par ce pontife. Au commencement du xvie siècle, Léon X fit une reconnaissance des reliques qui furent trouvées conformes à la description qu'en avait faite Jean Diacre au xiie siècle. Une porte de bronze, protégée par une grille en fer que ferment de lourds cadenas défend le dessous d'autel qui contient les reliques. Depuis Léon X jusqu'en 1903, nul n'avait forcé ces portes que semblait défendre une crainte mystérieuse ; et pourtant des bruits mauvais avaient couru ; on ne savait pas trop s'il fallait ajouter foi à la créance que les bandes du connétable de Bourbon avaient violé l'antique chapelle des Papes. Les fameuses croix, les reliquaires mentionnés par Jean Diacre étaient-ils encore là ?

En 1903, un père Jésuite, le R. P. Jubaru écrivait un livre sur Sainte Agnès. Il désirait savoir si le chef de la sainte se trouvait encore parmi les reliques du *Sancta Sanctorum*, comme l'indiquait le catalogue du xiie siècle. Un rescrit pontifical autorisa la vérification. Depuis Léon X on avait eu le temps d'égarer les clefs. On força la grille et ses cadenas et aussi les serrures des vénérables portes antiques en bronze. Et alors, jour mémorable dans la vie d'un homme, le P. Jubaru se trouva en face du coffret en bois de cyprès déposé là, aux viiie et ixe siècles, par Léon III, parfaitement intacte avec son inscription contemporaine : ✝ *Leo indignus Dei famulus tertius episcopus fecit*. Le coffret ouvert, on constata que le chef de Sainte Agnès était encore là, dans un coffret d'argent au nom d'Honorius III qui l'avait fait faire. On entrevit bien, dans les flancs mystérieux de l'arche de cyprès, d'autres coffrets, d'autres trésors ; mais seule, la vérification du chef de Sainte Agnès avait été autorisée ; avec un gros soupir, il fallut remettre les choses en état. Pour des années, pour des siècles encore, le silence allait se faire devant les portes et les grilles de nouveau fermées et cadenassées. Combien séduisantes cependant sont les quelques lignes écrites par Jean Diacre au xiie siècle : « Dans ce palais sa-
« cré existe un oratoire Saint-Laurent dans lequel sont trois au-
» tels très saints. D'abord, sur l'arche de cyprès qu'a fait faire

» Léon III, il y a trois chasses ou coffrets. Dans l'un de ces cof-
» frets est la croix d'or très pur, ornée de perles et de pierres pré-
» cieuses, c'est à savoir d'hyacinthes et d'émeraudes. Au milieu
» de la croix est l'ombilic de N.-S. Jésus-Christ et la surface de
» cette croix est toute enduite de baume. Chaque année, la même
» cérémonie de l'onction est renouvelée, le jour de l'exaltation de
» la croix (14 septembre), lorsque le pape se rend processionnel-
» lement, avec les cardinaux, de l'oratoire Saint-Laurent à la ba-
» silique du Sauveur ou Constantinienne. Et, dans un autre cof-
» fret d'argent doré, orné de scènes diverses, il y a une croix
» d'émail de couleur, et, à l'intérieur, est la relique de la croix de
» N.-S. Jésus-Christ. De même, un autre coffret doré, où il y a un
» morceau de la croix qu'Héraclius, après la défaite de Chosroès
» apporta avec lui de Perse »... etc... et l'énumération se poursuit.

Un ancien membre de l'Ecole française d'histoire et d'archéologie, à Rome, M. Lauer déjà connu par des fouilles heureuses dans
l'ancien palais du Latran, sous la *Scala sancta*, partit pour Rome
avec des lettres dans lesquelles l'Académie des Inscriptions et
Belles-Lettres et la Société nationale des Antiquaires de France,
demandaient que ce précieux trésor ne fût pas de nouveau enfermé
et dérobé à l'intérêt des savants, des archéologues et des artistes.
Avec une libéralité dont on ne saurait se montrer trop reconnaissant, l'administration pontificale fit droit à cette demande. M. Lauer
fut autorisé à voir tout le trésor et à le photographier. Le premier juin de l'année 1906, il présentait à l'Académie des Inscriptions et Belles-Lettres les photographies de toutes les pièces. La
même année, il en publiait une description succincte dans la *Revue
de l'art ancien et moderne* (t. XX, 1906). Le volume dont nous ren-
dons compte en donne une description complète.

M. Lauer raconte l'histoire du monument et étudie les peintures
du XIII° siècle, malheureusement plus d'une fois retouchées, dont
ses murs sont couverts; peintures intéressantes pour l'histoire de
l'art, parmi lesquelles on rencontre un portrait, contemporain, du
pape Nicolas III.

Nous n'avons pas ici la place nécessaire pour suivre M. Ph.
Lauer dans la description des trésors exhumés, sous ses yeux, du
coffret, en bois de cyprès, de Léon III. Des croix reliquaires en or,
enfermées dans des coffrets d'argent ciselés; une croix en émail

cloisonné, du vɪᵉ siècle, peut-être, représentant des scènes de la vie de J.-C. ; la croix d'or gemmée dite de la Circoncision, entièrement en or massif, ornée de douze grandes émeraudes rectangulaires, de cinq belles hyacinthes, de quarante-et-une perles sur soixante-huit qui s'y trouvaient ; croix qui semble devoir être identifiée avec celle que Charlemagne donna au pape Hadrien Iᵉʳ ; des ivoires sculptés des vᵉ, vɪᵉ, xɪɪᵉ, xɪɪɪᵉ siècles ; un flacon en cristal de roche taillé, d'origine orientale, contenant, d'après l'authentique du xɪɪɪᵉ siècle une dent et des cheveux de saint Jean-Baptiste ; l'empreinte en cire du sceau de Nicolas III, le plus ancien exemplaire connu de l'anneau du pêcheur ; des tissus précieux, des vɪᵉ, vɪɪᵉ, ɪxᵉ siècles, enveloppant les reliques, parmi lesquels des soies où sont figurées des scènes de l'Annonciation et de la Nativité, seuls fragments connus de ces tentures qui, d'après le *liber pontificalis*, ornaient au ɪxᵉ siècle, les basiliques de Rome. Parmi les parchemins également employés pour envelopper les reliques, une missive originale de Gelin, chapelain de Lyon, rendant compte au pape Gélase II de l'état du diocèse de Lyon après la mort de l'archevêque Joceran (1106-1115) ; une feuille d'un Tite-Live en onciale du vᵉ ou vɪᵉ siècle.

J'arrêterai là cette énumération. Elle suffira tout au moins pour faire comprendre l'importance unique de ce trésor que M. Philippe Lauer vient de décrire avec une érudition sûre, une précision remarquable, un luxe d'illustration qui met les objets sous les yeux du lecteur. M Lauer a été aussi heureux que le légendaire Aladin et a fait un bon usage de la lampe merveilleuse.

Henry Thédenat.

147. — **Kirchengeschichtliche Abhandlungen und Untersuchungen**, von F. X. Funk, professor der Theologie an der Universität Tübingen. III. — Paderborn, Schöningh, 1907, in-8 de 446 p. (Prix : 8 mk.)

Ce troisième volume de Mélanges est la dernière publication de M. Funk. Il contient une vingtaine d'articles ou mémoires donnés par lui depuis une dizaine d'années à différentes revues, et une discussion encore inédite, écrite dans les derniers jours de sa vie, sur le droit pontifical ou impérial de convocation des conciles.

Le premier mémoire et l'un des plus longs (p. 1-41) est consacré à l'*agape* ; M. Funk y soutient contre Mgr Batiffol que l'on doit admettre dans les deux premiers siècles un repas de charité distinct de l'eucharistie et qu'on en trouve l'attestation chez Tertullien. — Il en va de même pour la discipline de l'*arcane* (p. 42-57) : Origène l'atteste, ainsi que Tertullien, et l'on constate qu'elle est aussi ancienne que le catéchuménat ; à l'époque de saint Justin, son existence paraît vraisemblable, mais cependant n'est pas certaine. — On a cru pendant longtemps que les *catéchumènes* avaient été distingués en trois classes, et M. Jülicher soutient encore une thèse analogue ; M. Funk pense au contraire (p. 57-64) que pour les anciens, les candidats au baptême n'étaient plus catéchumènes, et que par suite on ne peut distinguer plusieurs classes parmi les catéchumènes. — M. Drews a soutenu que le *canon romain* tel que nous le récitons aujourd'hui était le résultat d'une interversion, la première partie (*Hanc igitur oblationem — supplices te rogamus*) ayant été déplacée et rejetée après la seconde (*Te igitur — communicantes*) ; M. Baumstark a émis une hypothèse analogue ; M. Funk réfute l'une et l'autre théorie (p. 85-134). — Il établit ensuite (p. 134-143) contre M. Kellner que le mot *missa* au sens de « messe » se rencontre déjà chez saint Ambroise et dans la *peregrinatio Silviae*. — Une note brève (p. 143-149) est consacrée à la question du *droit de convocation des conciles oecuméniques* ; dans de nombreux articles le P. Kneller avait cherché à établir, contre Funk, le rôle des papes dans cette convocation ; dans cette note, Funk maintient ses précédentes affirmations, et il consacre plus bas un long appendice (p. 406-439) à discuter les arguments de Kneller. — Critiquant ensuite une thèse émise par M. Brentano, il montre (p. 150-159) que l'Eglise anténicéenne n'a point condamné le *commerce*. — Il défend contre Friedrich *l'authenticité des canons de Sardique* (p. 159-217). — Il discute et rejette les thèses de M. Spitta et de M. Volter sur la composition du *Pasteur d'Heunas* (p. 230-264) : il pense que le *Pasteur* a été écrit non sans doute d'un seul jet, mais par un seul auteur, et qu'il ne contient point d'élément juif. — M. Harnack a pensé que la *II*ᵉ *Clementis* avait été écrite à Rome vers 170 et envoyée à l'église de Corinthe ; Funk maintient que c'est une œuvre corinthienne, et antérieure à 150 ; il mentionne et écarte une hypothèse de M. Bartlet sur l'origine alexandrine de ce document. — L'article suivant est consacré aux *tractatus origenis* (p. 284-297) ; il est antérieur au travail récent et, je crois définitif de dom Wilmart [1] ; il n'apporte donc aucune lumière nouvelle. — Un jeune élève de Harnack, M. Amelungk, avait attaqué les conclusions de Funk sur le caractère et la date des lettres du *pseudo-Ignace* ; il est réfuté à son tour, et vivement (p. 298-210). — Funk maintient ensuite contre M. Leipoldt l'attribution à *Didyme* des deux derniers livres du pseudo-Basile *contre Eunomius* (p. 311-323). — Il repousse (p. 323-350) l'attribution faite par Harnack des traités du pseudo-Justin à *Diodore de Tarse* ; il les date du milieu du v⁰ siècle. — Une courte note (p. 401-405) est consacrée à la date du *colloque de Chinon* (1308), où furent interrogés les supérieurs des Templiers. — Enfin six dissertations (p. 64-84 ; 218-229 ; 275-284 ; 350-362 ; 362-381 ; 381-401) éclaircissent certains problèmes de critique littéraire soulevés par les *Constitutions apostoliques* ou les documents qui s'y rapportent (*didaché, didascalie, constitution ecclésiastique*).

Dans tous ces travaux, qu'on ne saurait ici critiquer dans le détail, on aime à retrouver les qualités maîtresses de Funk : la précision et la rigueur de la méthode ; si parfois dans ces discussions multiples, on est tenté de trouver le ton trop impérieux et les jugements trop péremptoires, on se rappelle qu'un homme dont le travail avait été si constant, si loyal, et si fructueux, avait quelque droit de parler avec autorité et d'imposer son sentiment, sinon à l'adhésion, du moins à l'attention de ses lecteurs.

J. LEBRETON.

---

148. — **Essai critique et théorique sur l'association en psychologie**, par le Dr Paul SOLLIER. — Paris, Alcan, 1907, in-16. (Prix : 2 fr. 50.)

L'ouvrage de M. S. comprend deux parties : une critique des théories et des résultats généralement admis, une théorie personnelle.

---

[1]. *Les tractatus sur le Cantique attribués à Grégoire d'Elvire* (*Bulletin de littér. ecclés.*, oct. 1906).

M. S. reproche aux psychologues leur conception trop étroite du problème de l'association : ils n'auraient considéré que l'association des représentations alors que tous les états de conscience tout susceptibles de s'associer; de plus, dans le processus associatif, ils n'auraient envisagé qu'une phase : l'évocation, et laissé de côté la création, la conservation et la désagrégation des associations. (Chap. i. Déf. et délimitation du problème.)

Les points admis par tous sont peu nombreux et peu importants; ils concernent la loi de contiguïté, la force et la vitesse des associations. *Les points discutés ou discutables* ont trait à certaines conditions de la force et de la vitesse; aux formes de l'association : y a-t-il des associations médiates? des représentations libres? — aux lois de l'association : formule de la loi de contiguïté, pluralité ou unicité réelle des lois d'association. *Les contradictions* entre auteurs différents et même chez un seul auteur sont si nombreuses que si l'on voulait les relever « il faudrait reprendre toute la question de l'association ». Quant aux *lacunes*, les plus importantes concernent le rôle des états affectifs dans l'association. (Chap. ii. Les Lois de l'association.)

Examine-t-on les théories que l'on a proposées du mécanisme associatif? (Chap. iii. Les théories.) La conception *psychologique* qui explique l'association par des affinités entre états de conscience est très obscure. En particulier, la théorie de Durkheim selon laquelle la ressemblance développerait une propriété *sui generis* qui aurait pour effet de rapprocher les états semblables n'est qu'une mauvaise scolastique. La conception *anatomique* ne saurait tout expliquer. Sans doute, par certains côtés, l'association repose sur les connexions anatomiques des centres cérébraux. Mais on ne saurait l'expliquer par une propagation du courant nerveux entre les cellules, car une cellule déterminée n'est pas le siège d'une représentation déterminée, et les cellules ne sont pas reliées par un réseau continu de fibrilles. Le réseau de Gerlach a été remplacé par le neurone autonome. Dès lors, le courant nerveux ne progressant plus directement d'un neurone à un autre, l'explication anatomique est insuffisante. Il faut la compléter par une conception *physiologique*. Or les différentes théories sur la mise en contact des neurones : amvéboïsme des prolongements nerveux, ou des cellules névrogliques, allongement des fibres nerveuses, sont purement hypothétiques. De plus, elles ne visent qu'à expliquer comment une association se produit, mais elles sont incapables de dire pourquoi l'influx nerveux suit telle voie plutôt que telle autre.

Il y a une solution à laquelle on ne paraît pas avoir songé, c'est qu'il n'y a pas d'aiguillage, mais des phénomènes de résonnance nerveuse absolument comparable à la résonnance sonore ou électrique. Les impressions semblables, c'est-à-dire ayant quelque chose de commun, déterminent dans les centres des états semblables, c'est-à-dire capables de résonner entre eux. Telle est la théorie *dynamique* par laquelle M. S. explique le mécanisme de l'association. Elle lui paraît rendre rigoureusement compte de toutes les phases du processus : création, conservation, évocation, évolution. (Chap. IV.)

Cette théorie, où l'on voit les phénomènes physiologiques se subtiliser jusqu'à figurer l'immatériel, s'assouplir pour en épouser toute la fuyante complexité, est peut-être vraie; mais ce n'est, pour l'instant, qu'une hypothèse, un symbole de la vie psychique. Aussi préférons-nous à cette théorie qui, seule, satisfait M. S. ses observations psychologiques sur les facteurs de l'association et en particulier sur le rôle de la personnalité, dont il ferait sans doute assez bon marché.   H. VILLASSÈRE.

---

149. — **Les idées à propager**, par Georges TRAGIN, ancien chef batelier-mécanicien. — Paris, Librairie générale et internationale, 1907, in-16.

Le grand souci de M. Tragin paraît être de réaliser les économies et de multiplier les impôts qui permettront d'assurer « une retraite à tous les citoyens et citoyennes. » C'est très simple, d'autant que M. T. n'est pas à court d'idées [1].

---

1. On en jugera par cette énumération encore très incomplète de ses projets : *première réforme touchant la Chambre des Députés, deuxième réforme concernant le Sénat, suppression des sous-préfectures, suppression des Trésoreries générales, suppression de la retraite des fonctionnaires, projet d'impôt sur le luxe et les jeux, impôt sur les journaux, impôt sur la publicité, sur les prospectus, sur les annonces-réclames lumineuses, sur le capital,*

Il dédie son ouvrage « à MM. les Sénateurs et Députés, ainsi qu'à tous les élus par le suffrage universel et aux candidats sollicitant un mandat électif. » Mais il n'a assurément pas songé à le leur dédier à tous pour le même usage. J'imagine que ce petit livre fournira aux candidats une ample provision de têtes de chapitres à inscrire dans leurs programmes et qu'il permettra aux autres, aux élus, de mesurer la distance qui les sépare des premiers et de prendre, dans la trahison de leurs serments, un juste sentiment de leur indépendance de caractère et de leur pouvoir. C'est, en vérité, un signalé service que rend à chacune de ces deux espèces politiques le *dormi secure* de M. T.

Pour nous, que la brièveté de la vie empêchera sans doute d'exposer et de critiquer en détail l'encyclopédie de M. T. nous nous bornerons aujourd'hui à rapporter, en guise d'illustration, un fragment d'histoire contemporaine et nous proposerons à l'auteur deux simples vérités.

A l'ordre du jour de la séance du 25 juin 1907 de la Chambre des Députés, était inscrite une proposition de l'honorable M. Coutant, qui semble bien inspirée du même esprit ingénieux et fertile que la *Somme* démocratique de M. T.; le député voulait qu'on distribuât à tous les soldats une ration quotidienne de vin, afin de tirer d'embarras les viticulteurs du Midi : il trouvait l'argent nécessaire pour cette mesure dans la suppression des fonds secrets et des sous-préfets et dans la réduction du traitement des députés.

Notez qu'il est bon et souhaitable que le midi vende son vin, qu'il est bon et souhaitable que les sous-préfets et peut-être les fonds secrets soient supprimés, qu'il est souhaitable et bon que les députés travaillent un peu plus pour l'amour de la patrie et que le soldat soit bien traité. Mais considérez aussi en quoi consiste la méthode de notre honorable : elle consiste simplement à collectionner toutes les réformes que peut désirer vulgairement tout brave homme, et à les adapter les unes aux autres, à les combiner et à les arranger en un bloc avantageux en vue d'un

sur les Compagnies d'assurances, réforme concernant les poursuites judiciaires, concernant l'éligibilité sénatoriale, le cumul des Mandats électifs, impôt-taxe de travail, suppression du pourboire; projet de retraite pour tous les citoyens et citoyennes, etc., etc.

but à atteindre, désigné le plus souvent par les préoccupations du moment ou par la passion de l'auteur.

Ainsi M. T. rapporte tout à la mutualité et aux retraites des vieillards, voire aussi à la persécution catholique, car M. T. mêle sans agrément le fiel anticlérical au miel démagogique. Il a donc collectionné seulement, (si l'on peut dire,) les réformes qui lui procuraient l'argent nécessaire à son grand dessein. Cela fait un paquet dont les pièces ne jurent pas trop entre elles. On peut s'amuser à ce jeu : plus il y a de pièces dans la combinaison, plus le tour est difficile. L'idéal, dans cet ordre, ou ce désordre, d'idées, c'est que toutes ces réformes, comme sorties de la boîte de Pandore, s'ajustent au mieux et en quelque sorte se recouvrent assez exactement pour donner l'illusion d'un système lié et cohérent. — Mais peut-être la règle du jeu de loto appliquée au gouvernement des hommes, n'est-elle pas quelque chose de bien sérieux.

Secondement, quand nous disons que les réformes inscrites à un programme indiquent ce que le candidat se gardera de faire, dès qu'il sera en place, nous pourrions aussi le prouver par l'histoire contemporaine, si nous ne craignions de passer pour un mauvais esprit. Mais, en vérité, ce qui fait le beau des plus beaux projets, c'est qu'ils mènent au pouvoir et que le pouvoir respecte toujours leur qualité de projets. L'histoire est pleine de ces honnêtes procédés, qui sont pleins de sens.

Enfin M. Tragin veut bien nous avertir que son opuscule n'est que le premier volume d'une série qu'il réunira sous le titre des « questions du jour. » Peut-être espère-t-il dissimuler sous cet appareil grandiose la vanité de ses écrits. L'abondance de ses solutions le disputera seulement à leur ingénuité et à leur inutilité. Car ce n'est pas de solutions que nous avons affaire et tous les répertoires du monde ne changerons rien à l'état d'anarchie intellectuelle, morale et politique qui est un fait contemporain et que M. T. ne soupçonne pas, puisqu'il écrit (p. 96) : « il n'y a rien qui puisse mieux régler toute la question sociale que l'impôt. » Il est vrai que de la même plume, l'auteur expose un « système pour éviter les accidents des passages à niveau. » (p. 82.) Vraiment, non, ce n'est pas du manque d'impôts ni de l'excès des passages à niveau que nous souffrons. Nous souffrons de la Révolution, d'un état de crise qui se prolonge, parce qu'il est dans sa nature de ne pas se terminer, de la révolution-principe qui s'engendre elle-même et se renouvelle sans cesse. Un nouveau régime est à fonder ; pour l'instant on ne découvre partout qu'anarchie et trouble profond ; nous subissons ce que Comte appelait *l'interrègne*. Le fondateur du positivisme a développé ce que nous ne faisons qu'indiquer : il a essayé de reconstituer le cerveau de l'homme et de restaurer les assises de la société. Il fut un maître de logique : car une collection de réformes même heureuses ne fera jamais une réforme fondamentale.

Nous ne sommes pas assez injuste pour associer le nom de M. Tragin à celui d'Auguste Comte. Nous lui rappelons simplement ce qu'il doit savoir puisqu'il se mêle de traiter les questions sociales, et ce qui ressort des études les plus positives du xix° siècle, à savoir que la France révolutionnée n'a pas besoin de solutions imprévues, mais d'une doctrine intellectuelle et de fortes institutions politiques. Il faut lui restituer tout cela ; moyennant quoi régnera peut-être cette paix sociale qui est la fin vers quoi chemine le monde incessamment, s'il faut en croire le Dante.

Pierre GILBERT.

---

150. — **Discipline militaire et obéissance passive**, par Jules CAUVIÈRE, ancien Procureur de la République, Professeur de droit criminel à l'Institut catholique de Paris. — Paris, Lethielleux, 1907, in-16. (Prix 3 fr. 50).

Dans une brochure qui reproduit en le développant un article paru dans *le Correspondant*, M. Cauvière, ancien Procureur de la République, traite, au point de vue juridique, la même question que M. le général Donop : *La discipline militaire et l'obéissance passive*.

Il est intéressant de voir aboutir aux mêmes conclusions deux auteurs qui ont, en la matière, une compétence spéciale, quoique différente, l'un comme militaire, l'autre comme magistrat ; mais cette concordance d'opinions n'étonne plus quant on songe qu'ils ont gardé comme catholiques la notion du devoir supérieur imposé à leurs consciences d'officier ou de juriste et qu'ils l'ont mise en pratique.

Le premier principe posé par M. Cauvière est que *la loi n'est pas toute puissante* et, par un choix judicieux d'exemples historiques sommairement rappelés, où Bailly se rencontre avec M. Messimy, tandis que Benjamin-Constant, Cavaignac et M. Sembat défendent, sans le savoir, la même thèse que S. Thomas, il prouve que le mot de Royer-Collard est toujours vrai : « *qu'il n'y a pas de droit contre le droit.* » La loi peut donc être injuste et son observation n'est pas dûe. Partant de ce principe, l'auteur ne saurait admettre l'obéissance *passive* et, tout en se rendant compte, comme le général Donop, du danger d'une telle discussion, il juge le silence encore plus dangereux pour l'avenir que nous préparent nos gouvernants!

Les règlements ne demandent l'obéissance que « pour le bien du service et l'exécution des règlements militaires. » C'est la formule rappelée par Napoléon — Face à l'ennemi, l'obéissance doit être absolue ; à l'intérieur, elle a pour limite le respect de la conscience. C'est la théorie de Carnot, du général Foy, de Benjamin Constant, reproduite, dans maints articles ou discours, par des personnalités politiques les plus diverses, soutenant les thèses les plus contraires avec le même argument, celui de la « baïonnette intelligente. »

Depuis la légion thébaine jusqu'aux derniers inventaires, un certain nombre d'exemples de désobéissance militaire peuvent bien être cités à l'appui de cette opinion, mais il faut reconnaître qu'ils n'ont pas tous la même valeur et que l'exemple du général Lapasset brûlant ses drapeaux pour ne pas obéir à l'ordre de Bazaine sera toujours plus respecté que celui du major Labordère, refusant de marcher quand on ne le lui demandait pas. L'auteur, du reste, ne juge pas son geste digne d'une longue attention, et nous n'insisterons pas plus que lui.

Un dernier chapitre est enfin consacré aux abus de réquisition de l'armée par l'autorité civile qui ne laisse pas toujours à l'autorité militaire responsable le choix des moyens d'exécution.

« Après avoir ainsi tracé d'une main impartiale les limites assignées au devoir d'obéissance », M. Cauvière ne saurait conclure, car sa brochure n'est pas un appel à l'indiscipline, elle définit une situation.

Sa conclusion, à laquelle tous les honnêtes gens se rallieront, n'est donc qu'un souhait pour l'avenir.

« Souhaitons, sans toutefois l'espérer, que nos gouvernants gar-
» dent dans l'exercice du commandement les ménagements dûs
» aux consciences chrétiennes. »   P.

---

151. — **Babylonisch-assyrische Grammatik mit Übungsbuch (in transskription)**, par Arthur UNGNAD. — Munich, Beck, 1906, in-12 de ix-163 pp. (Prix : 4 fr. 80).

Depuis quelque temps, on publie de divers côtés, en Allemagne comme en France, des transcriptions et des traductions de textes assyriens à l'usage des théologiens et des historiens qui ignorent la lecture des caractères cunéiformes. Mais les théologiens et les historiens trouvent, paraît-il, cette adaptation insuffisante. Ils voudraient qu'on les mit à même de vérifier l'exactitude des traductions, en d'autres termes de comprendre l'assyrien sans avoir appris à le lire. M. Ungnad a eu pitié d'eux et il a composé une grammaire et une chrestomathie à leur usage, par conséquent une chrestomathie toute en transcription et une grammaire dans laquelle ne figure pas un seul signe cunéiforme. Je me demande s'il ne se fait pas illusion et si ses historiens et ses théologiens pourront jamais contrôler une traduction. Ils resteront toujours impuissants à vérifier la transcription, et en assyrien l'exactitude d'une traduction dépend en partie de l'exactitude de la transcription correspondante.

Mais passons là-dessus. Une grammaire assyrienne abrégée, claire et exacte serait la bienvenue des étudiants en assyriologie tout les premiers. Celle de M. Ungnad est très abrégée : il résume en 61 pages les principales règles de la phonétique, de la morphologie et de la syntaxe. Elle l'est même quelquefois trop, jusqu'à être incomplète. Ainsi la syncope des voyelles est à peine indiquée, p. 6 à 7 ; les transformations de l'aspirée douce sont condensées en formules si brèves qu'elles frisent l'inexactitude, v-g. p. 8, M. Ungnad semble dire que l'aspirée douce placée entre une voyelle et une consonne s'assimile toujours à la voyelle, qui s'allonge. Cela se passe ainsi assez souvent mais pas toujours : on trouve les écritures *bi'shu*, *mu'du* à côté de *zîbu*. De même, p. 11 :

aw ne devient pas toujours *û*; il devient aussi quelquefois *â* et même *ê*, par exemple dans *usheshib* pour *ushâshib*, qui est lui même pour *ushawshib*. M. Ungnad donne p. 33 une règle très générale et très commode pour la formation de l'impératif : « L'impératif se forme du prétérit par la chute du préfixe, ex. de *tuballiti*, « tu as fais vivre » (féminin), *balliti*, « fais vivre ». Elle n'a qu'un défaut, celui de n'être vraie qu'à demi, précisément parce qu'elle est trop générale et trop concise. L'étudiant qui la prendrait à la lettre obtiendrait des formes qui n'auraient rien d'assyrien. M. Ungnad le sait fort bien, il a choisi ici l'unique exemple où sa règle s'applique parfaitement et dans l'étude détaillée des formes verbales il se voit obligé de compléter sa règle ou de lui donner des entorses.

Il trouve « insolite », p. 37, que le changement de *a* en *i* amène la suppression du redoublement dans les formes redoublées. Cependant ce fait existe dans une autre langue sémitique, l'éthiopien, à l'imparfait de toutes les formes redoublées. Il serait d'ailleurs plus exact de dire qu'en pareil cas *a* se change en *ê*, d'ordinaire défectivement écrit ou remplacé par *i*.

A l'occasion, M. Ungnad ne redoute pas de formuler des règles nouvelles qui ne semblent pas toujours basées sur les faits, par exemple p. 6 : « Sous l'influence d'un *sh* ou *s* les voyelles brèves se changent quelquefois en *i*, *shitaprusu* de *shutaprusu* » etc. — Mais *hitannubu* au lieu de *hutannubu*, *limad* au lieu de *lamad* ne contiennent ni *sh* ni *s*. Il vaut mieux reconnaître que ces changements échappent pour le moment à toute formule.

Ce n'est pas seulement après *u* que *m* apparaît dans des mots où il n'est pas radicale, puisqu'on trouve *ahamish* à côté de *ahaish*. Ce n'est pas davantage dans la langue vulgaire seulement que *m* disparaît entre deux voyelles : on trouve dans les textes de Nabuchodonosor II *itamam* et *itam*.

Pourquoi distinguer dans les modes un subjonctif et un énergique. Le subjonctif n'existe pas à proprement parler en assyrien. On ajoute simplement *u* à tous les temps de l'indicatif dans toutes les propositions relatives, subjonctives ou non. Quant au mode énergique, il n'est pas employé dans la langue que nous connaissons, M. Ungnad le reconnaît. Pourquoi encore appeler le permansif tantôt « permansif » tantôt « participe du parfait », et donner son paradigme sous les noms seulement ? Tout cela n'est guère de nature à simplifier la tâche des débutants qui se serviront de ce petit livre.

Evidemment la plupart de ces critiques ne portent pas sur des erreurs proprement dites. M. Ungnad avait prouvé déjà qu'il connaissait la grammaire assyrienne. Ici il se montre de plus capable de faire un livre mieux ordonné et mieux composé que ne le sont en général les ouvrages d'Outre-Rhin. Mais il a un peu trop oublié qu'il écrivait pour des commençants, comme il le dit dans sa préface, p. 11. Il a poussé un peu loin l'amour de la concision et celui de la nouveauté. Sa grammaire sera probablement plus utile aux assyriologues déjà exercés qu'aux débutants. Ceux-là y chercheront volontiers des renseignements présentés sous une forme en général assez simple et assez claire et faciles à retrouver. Ceux-ci pourront être déroutés quelquefois par l'extrême condensation des formules et par leur multiplicité.

François MARTIN.

152. — **Saint Éloi (590-659)**, par Paul PARSY. — Paris, Lecoffre, 1907, in-12 (Prix : 2 fr.)

Etait-il nécessaire, se demande M. Paul Parsy dans l'excellente préface de son ouvrage, d'écrire une vie de saint Éloi ? Il répond par l'affirmative, et les arguments qu'il énonce à l'appui de cette assertion, sont sans réplique. Tout d'abord, il n'y avait d'autre vie du saint évêque de Noyon que celle attribuée à Saint-Ouen, mais qui paraît bien n'être due qu'à l'imagination trop vive d'un moine de l'époque carolingienne ; puis, le souvenir d'Eloi est resté si vivant, si populaire, son culte si répandu, son patronage si revendiqué ; ne convenait-il point de retracer sa physionomie véritable, travestie par des légendes qui prétendaient sans doute l'ennoblir encore ? Enfin et surtout, le ministre de Dagobert, modèle d'intégrité, d'austérité, d'équité, de bon sens politique, dans un poste toujours difficile et au sein d'une cour dissolue, ne méritait-il pas que l'on fît revivre sa noble et féconde carrière ? Saint Éloi fut un grand homme et un grand saint : c'est en ces termes que M. Parsy termine son volume, et cette conclusion, le lecteur, à défaut de l'auteur, l'aurait exprimée lui-même, tant elle découle naturellement des deux cents pages, d'une érudition solide, consacrées à restaurer cette belle figure d'un lointain passé.

Notons que le livre de M. Parsy n'est pas seulement une biographie exacte et précise, où se trouvent relatées et confirmées toutes les actions authentiques du saint, discutés tous les actes douteux, rappelés, puis écartés tous les faits apocryphes; c'est encore un tableau, plein de vérité et d'intérêt, de la vie provinciale, de la vie politique et du rôle de l'épiscopat sous la période mérovingienne. Éloi, il est vrai, symbolise cette époque, que son activité remplit, dont ses vertus font la gloire, et dont il demeure le personnage le plus accompli.

Apprenti zélé et pieux à Limoges, puis orfèvre habile autant qu'honnête à Paris, chargé ensuite de tout le poids du gouvernement, il couronne sa carrière par l'apostolat, car, évêque *in partibus infidelium*, au sens propre du terme, ainsi que le remarque justement M. Parsy, il consacre principalement son épiscopat à la conversion des infidèles de la Gaule Belgique; cependant il demeure le conseiller politique de Clovis II, puis de la régente Bathilde et il entretient avec les évêques, ses collègues, les rapports les plus utiles au bien général. Il fait école aussi, et forme des évêques et des prêtres dignes de perpétuer les brillants exemples donnés par le clergé de son temps. Enfin il suscite et féconde la vie monastique; M. Parsy énumère les couvents qui lui durent leur fondation; nous regrettons, à ce propos, que le biographe n'ait pas insisté davantage sur le couvent de Sainte-Aure et sur l'église dédiée à saint Martial, ni rappelé, au moins dans une note, que le territoire où se trouvaient ces édifices, fut désigné durant des siècles sous le nom de *Ceinture de saint Éloi* Tous ceux qui s'intéressent à l'histoire du vieux Paris auraient su gré à M. Parsy de quelques détails complémentaires.

En résumé, ce nouveau volume de la Collection des Saints est, de tous points, digne de ses aînés; il y en avait peu qui fussent aussi difficiles à écrire; il y en a peu qui satisferont davantage et le juge le plus sévère et le français fidèle aux vieilles gloires de son pays.

J. LAURENTIE.

153. — **Salvia, épisode de la piraterie mauresque au XVIᵉ siècle**, par L. Ribolet. — Paris, Vic et Amat, 1907, in-12 de 360 p. (Prix : 3 fr. 50).

Ce n'est guère l'usage du *Bulletin Critique* de rendre compte d'un roman, fut-il un livre à succès et l'œuvre d'un maître. Mais si l'ouvrage en question n'a d'un roman que l'attrait et l'apparence; si, en réalité, avec les qualités littéraires les plus remarquables, il est vraiment un livre d'histoire, lumineux et fort capable de faire renaître, avec une exactitude parfaite, une époque, une civilisation, un coin oublié de la vie de nos ancêtres; si, de plus, il peut contribuer efficacement à dissiper certains préjugés hostiles à la vérité chrétienne; si, en un mot, il s'agit d'un de ces livres qui, comme la célèbre Fabiola de Wiseman ou la Calista de Newman, cachent une sérieuse apologie sous une agréable fiction, en faisant passer sous nos yeux le tableau émouvant, je dirais mieux : une photographie, au relief singulier, d'un épisode trop oublié de l'héroïsme chrétien de nos pères, qui pourra s'étonner de nous voir consacrer à ce beau et bon livre une de nos pages les plus sympathiques ?

Salvia, *épisode de la piraterie mauresque au* XVIᵉ *siècle*, tel est le titre du livre. Comme Fabiola, comme Calista, il est dû à une plume ecclésiastique. L'auteur est un prélat, ancien vicaire général retraité qui, malgré une grave infirmité — celle d'Homère — trouve encore, dans son zèle apostolique, aidé de la plus riche imagination, la force de se consacrer aux plus sérieuses, et il faudrait dire aussi aux plus poétiques études. La scène de son roman se passe en Afrique, en Algérie, pays que l'auteur connait aussi parfaitement que sa terre natale, car c'est dans notre colonie que sa vie presque entière s'est écoulée. Aussi peut-il vous fournir, avec une minutieuse exactitude, la description pittoresque du littoral africain, j'en dirai autant des traditions locales des indigènes, des habitudes sociales, du caractère de ce qu'on appelle aujourd'hui volontiers la civilisation musulmane, et de ce que nos pères, mieux instruits, appelaient la barbarie mahométane. Elle s'étalait encore, avec toutes ses horreurs, dans la piraterie mauresque du XVIᵉ siècle dont notre auteur nous présente le tableau. N'oublions pas qu'elle a duré de longs siècles et que c'est notre conquête d'Alger qui, seule, en a marqué la fin. La scène du roman nous reporte en l'année 1585, c'est-à-dire vingt ans à peine après la victoire de Lépante, date à jamais glorieuse du déclin commençant de l'islamisme. A cette époque la piraterie algérienne était encore en pleine activité. Aucun navire chrétien ne pouvait en sécurité traverser la Méditerranée; bien plus, sur les rivages de l'Espagne, de l'Italie, de la Sicile, de la France, malheur à la ferme isolée, au village sans défense qui se trouvait à la portée de quelques forbans! Comment ne pas se rappeler que, sous Louis XIII, à la veille du grand règne, un S. Vincent de Paul a pu être victime des pirates, enlevé à quelques lieues à peine de la côte provençale, et emmené en esclavage? Tel fut, en 1585, le sort de notre héroïne, Salvia. Cette jeune fille, héritière de la noble famille Castillane des Castel-Rio, à la veille même de son mariage, est saisie avec sa suivante par un corsaire venant d'Alger. Le récit de sa captivité, puis de sa délivrance, forme toute la trame du roman. Dans ce cadre, l'écrivain fait entrer fort habilement une description complète, aussi pittoresque qu'elle est rigoureusement historique, des mœurs et coutumes des pirates musulmans, y compris des superstitions qui font rêver, et des pratiques cabalistiques accompagnées de faits incontestables, très propres à attirer l'attention des occultistes et des spirites d'aujourd'hui. Signalons particulièrement la curieuse « consultation par les flèches et les phénomènes qui accompagnent ce sortilège parfaitement historique » affirme l'auteur [1]. L'organisation de la chasse aux Chrétiens par les galères mahométanes, les cruautés de leurs commandants, le profit qu'ils rapportaient à leur mère patrie, alimentée dans ses finances par la spoliation des captifs, mais surtout enrichie par les travaux imposés à des milliers d'esclaves : travaux dont les musulmans étaient incapables par leur ignorance et leur paresse ; le tableau saisissant de la vente des captifs au marché public ; la description des bagnes épouvantables où ils étaient relégués, les supplices atroces infligés à la moindre résistance ; les trafics des renégats et des juifs, ces derniers, toujours détestés, mais toujours subis comme des mercenaires d'une habileté et d'une malhonnêteté incomparables, telle est la riche matière qui remplit, sans que l'intérêt languisse un seul instant, une bonne moitié de l'ouvrage.

1. Voir pages 56-57.

En regard de la barbarie musulmane si fidèlement dépeinte, l'auteur a placé le tableau, non moins exact, des efforts héroïques de la Charité chrétienne pour délivrer les captifs et consoler leurs misères, en même temps que pour préserver de l'apostasie ceux que l'on ne parvenait pas à racheter. Une des plus belles pages de l'histoire de l'Eglise est assurément celle qui raconte l'éclosion des ordres religieux voués à la rédemption des captifs. Les fils des Pierre Notasque, des Félix de Valois, des Jean de Matha faisaient le vœu de travailler toute leur vie à cette œuvre dont l'héroïsme, sorte de martyre perpétuel, ne le cède en rien à aucune des autres œuvres de l'apostolat catholique. Austère comme le plus austère des ordres religieux du Moyen Age, le Trinitaire affrontait de plus l'effroyable tâche d'un perpétuel contact avec les bagnes algériens, où ils prenaient au besoin la place des captifs qu'ils venaient racheter. Quand leur fondateur, Jean de Matha débarqua à Tunis, il fut assailli à coups de pierres et couvert de boue : c'est une perspective pareille qui était offerte à tous les disciples qui venaient s'enrôler sous sa bannière. Cet apostolat sublime a duré plus de 400 ans, autant que l'esclavage lui-même, et il n'a jamais manqué de représentant. Bien plus son esprit était devenu contagieux. C'est de cet esprit que s'inspirait encore le glorieux captif des corsaires qui s'appela Vincent de Paul, lorsqu'il envoya ses fils dans cette Algérie qu'une cruelle expérience personnelle lui avait fait si bien connaître. L'histoire a enregistré l'héroïsme, en attendant sa canonisation, du Lazariste qui, consul d'Alger du grand roi Louis XIV, n'en périt pas moins attaché à la gueule d'un canon. Et dire qu'il a fallu attendre jusqu'à 1830 pour qu'une pareille injure fût vengée ! Nous regrettons de ne pouvoir reproduire ici quelques pages du beau chapitre où l'auteur de Salvia, en résumant l'histoire des Trinitaires, fait renaître éloquemment la gloire de ce héros de la charité.

Salvia, nous l'avons vu, est devenue esclave la veille même de son mariage, et la brillante jeune fille se trouve en un instant précipitée, des splendeurs de son palais de Castille, dans l'infect séjour d'un bagne africain. Par faveur spéciale elle est donnée en présent par le pacha lui-même à sa propre sœur, Thoumani. Veuve assez jeune, sans enfant, intelligente, bonne par nature, Thoumani est minée par une sourde tristesse, au milieu du luxe oriental qui l'entoure. Ici Mgr Ribolet se rencontre avec Pierre Loti, quand il nous décrit l'état d'esprit des femmes d'élite qui, parfois, se rencontrent au milieu des tas d'esclaves ignorantes qui peuplent les harems de Constantinople. « Une ombre de mélancolie errait sur sa figure, ses rides précoces, son regard languissant trahissaient une âme en souffrance, une flamme intérieure qui se mourait faute d'aliments. Ce qui se dégageait d'elle, c'était un sentiment indéfinissable de lassitude, au milieu des délices qui l'entouraient » (p. 124). C'est à son service intime et en même temps à ses caprices que l'orgueilleuse espagnole dut consacrer ses jours. Heureuse encore si toutes les femmes qui entouraient Thoumani avait eu quelque chose de son caractère et de sa bonne nature. Mais tout au contraire, bien peu lui ressemblaient. Ici l'auteur fait passer sous nos yeux plusieurs types de femmes musulmanes, et sa peinture fait ressortir, par des traits saisissants, l'abîme profond qui sépare une princesse, la meilleure des filles du Coran, de la plus humble des chrétiennes. Mahomet l'a réduite pour jamais à l'ignorance, à la frivolité, à l'asservissement le plus complet, monstrueux, aux passions de l'homme son seigneur et son maître. Il lui a fermé toute espérance, même du côté du ciel. Ecoutons Thoumani parlant à Salvia : « Mahommed parle bien du ciel et de l'enfer ; il promet un grand bonheur à ceux qui ont été fidèles au Coran et menace d'éternels supplices ceux qui ne croiront pas en lui. Mais il y a une chose qui me révolte : c'est qu'il n'ouvre son paradis qu'aux hommes. N'y avons-nous pas aussi bien droit, nous autres femmes ?... Quant à nous, au dire des marabouts, notre félicité consiste à voir de loin nos maris ivres de volupté dans les bras des houris. Singulier bonheur que celui-ci ! Je ne l'aurais jamais rêvé. » (p. 261).

L'abjection de la femme musulmane, exclue même de l'entrée dans la mosquée, la polygamie, l'esclavage, le fanatisme sauvage qui ouvre d'emblée le ciel à quiconque parmi les croyants a tué un chrétien, voilà bien tout l'Islamisme : celui d'hier tel qu'il est décrit dans l'œuvre de Mgr Ribolet [1], celui d'aujourd'hui, tel que lui-même a pu l'étudier sur place en Algérie. Qui croirait qu'après soixante ans d'occupation et de domination française nous avons pu voir, ces dernières années, une poignée d'Arabes, un instant les

---

1. Cf. p. 156-157.

plus forts, couper la tête à des colons français qui refusaient de se faire musulmans ? Tel sera aussi l'Islamisme de demain. Car il ne peut changer sans se détruire. Tout ce qui fait sa valeur morale vient du peu de christianisme qu'il a emprunté à l'Evangile : la croyance en Dieu et les sanctions éternelles. Si le minimum des croyances — par où il l'emporte encore de beaucoup sur nos matérialistes, prétendus représentants de la science moderne, — venait à disparaître, que resterait-il de lui, si ce n'est une barbarie sans nom ? Tel qu'il est, son opposition à toute civilisation véritable est irréductible, et l'on ne saurait mesurer la débilité d'esprit de nos gouvernants, anticléricaux ou simplement libéraux, qui s'imaginent faire œuvre de sage politique en favorisant l'Islamisme, au mépris et aux dépens de l'église catholique.

Cette considération, à laquelle nous ne croyons pas qu'aucun logicien sincère et instruit puisse se dérober, nous mène à conclure que des ouvrages tels que celui que nous analysons, outre le charme qui s'attache à leur lecture, ont, de plus, une valeur à la fois historique et apologétique. Historique, nous l'avons assez fait remarquer et on ne saurait trop insister sur ce point : il n'y a pas une assertion, pas un détail, dans cette fiction ingénieuse, qui ne réponde à une réalité. La religion, la politique, la vie domestique, les rapports établis entre les différentes classes de la société musulmane : pachas, janissaires, commandants de navires, chefs d'expédition, marabouts, juifs, jusqu'aux sorciers des deux sexes, l'auteur a trouvé le moyen, sans nuire jamais à l'intérêt souvent palpitant du récit, de faire passer tout cela sous nos yeux. Et cela c'est de l'histoire.

Mais, de plus, pour quiconque voudra réfléchir, cette histoire présente aussi une véritable apologie de la vérité chrétienne, qui, à l'heure présente, ne manque pas d'opportunité. N'y a-t-il pas, en effet, d'une part, toute une littérature de voyages plus ou moins pittoresques, sentimentaux fantaisistes, pseudo-savants, qui s'attache à nous peindre, l'un le bouddhisme, l'autre le brahamanisme, l'autre le mahométisme sous les plus riantes couleurs ? Une procession rituelle dans l'Inde, décrite avec le prestigieux talent d'un Pierre Loti, une mosquée antique découverte et reconstruite sur le papier par la main d'un archéologue ou l'imagination d'un poète, des légendes mystérieuses, pleines d'aventures de Dieu et de Déesses qu'on met en parallèle avec les récits Bibliques, tout cela, pour certaine catégorie de lecteurs qui se croient amis du progrès et de la science, tend à devenir parole d'Evangile. Il est vrai qu'ils ne savent guère de l'Evangile que ce qu'ils ont appris à l'école laïque, ou qu'ils ont lu dans les journaux anticléricaux.

A ceux-là nous conseillons la lecture de Salvia.

Le cardinal Wiseman, dans la préface de sa Fabiola, nous dit que son but avait été de fournir, pour les lecteurs d'une *Bibliothèque catholique*, un de ces ouvrages qui, sous une forme attrayante et instructive, présenterait un tableau fidèle de la situation de l'Eglise dans une période donnée de son existence passée. Son roman porte en sous-titre celui-ci : l'*Eglise au temps des Catacombes*. Ce roman est donc une histoire. De même Mgr. Ribolet, sous le nom de Salvia, nous présente le tableau le plus fidèle et le plus vivant d'une des plus glorieuses luttes de l'Eglise contre la barbarie mauresque au XVIe siècle.

Wiseman dit encore que rien ne lui eût été plus facile que de jeter sur cet ouvrage d'imagination, calqué sur des réalités, un vernis d'érudition et de remplir la moitié de chaque page de notes et de commentaires. Mgr Ribolet, lui aussi, aurait pu faire la même chose. Ceux à qui resterait quelque doute sur la fidélité de ses peintures, il pourrait les renvoyer sans crainte aux in-folios qu'il a consultés, au P. Dan, religieux trinitaire, qui, ayant vécu très longtemps à Alger, a pu écrire sur place l'*Histoire de la barbarie et des premiers corsaires*, au P. Haèdo, dans son *Histoire des Rois d'Alger*. Mais tout étalage d'érudition était loin de sa pensée : il aurait alourdi son œuvre sans rien ajouter à sa vérité. Bornons-nous donc à le féliciter d'avoir si heureusement continué ses grands modèles et d'avoir comme les Wiseman, comme les New-man si bien mérité à la fois de l'Art, de l'Histoire et de l'Eglise.

L. LESCOEUR.

---

154. — **Les institutions françaises de 1795 à 1814**, *Essai sur les origines des institutions belges contemporaines*, par Prosper POULLET. — Paris, Plon, 1907, in-8 de XI-975 pp. (Prix : 10 fr.)

Par cet ouvrage, considérable à tous points de vue, M. Poullet, un des maîtres de cette active université de Louvain, donne une suite à l'*Histoire politique nationale* de son père, Edmond Poullet. Le savant historien des institutions belges s'était limité à l'ancien régime : ce sont les bases du régime nouveau que son fils expose dans un livre digne à ceux qu'il continue. Comme les « départements réunis » étaient complètement assimilés aux anciens, ce sont les institutions françaises mêmes que l'auteur nous présente, sous le nom modeste d'esquisse : C'est une sorte de manuel pratique, mais un manuel fort copieux (près de mille pages) très complet et d'une très sûre érudition. De la masse des lois, décrets, règlements, analysée minutieusement et coordonnée avec méthode, est dégagé un exposé clair, précis et complet, d'ailleurs nullement aride, car l'auteur a étudié attentivement les discussions parlementaires et les conditions politiques, il a inséré, moins souvent qu'on ne le voudrait, des observations sobres et justes, et, à la suite de l'exposé théorique de chaque ordre d'institutions, des données sur leur application, leur fonctionnement réel. La date des actes, les articles, sont constamment cités, souvent même textuellement ; peut-être aurait-on pu, de ce côté, alléger un peu l'ouvrage (par exemple, la déclaration des droits et des devoirs dans la Constitution de l'an III est donnée en majeure partie, le Concordat en entier). Ajoutons, que, malgré la date initiale de 1795, époque de l'annexion des pays belges, on reprend au moins sommairement chaque institution presque au début de la Révolution.

Etude de textes législatifs, l'ouvrage ne nécessitait point de recherches d'archives, bien que l'auteur ait dû dépouiller à nos Archives nationales les procès-verbaux du Sénat conservateur. Les notes sur l'application effective en Belgique étaient préparées par des publications antérieures, notamment « la Belgique et la chute de Napoléon », « quelques notes sur l'esprit public en Belgique pendant la domination française », qui complètent les importants travaux, parus à la même époque, de M. Delplace et de M. de Lanzac de Laborie. Les références bibliographiques indiquent que l'auteur, à côté des ouvrages généraux (parmi lesquels ceux de M. Aulard tiennent une place d'honneur), a consulté nombre de travaux et de recueils de documents sur le fonctionnement local des institutions, dans la vieille France comme en Belgique ;

c'est à ce dernier point de vue que ces indications nous paraîtront les plus précieuses, portant sur des livres, mémoires et articles belges, nécessairement moins familiers aux Français ou difficiles à découvrir.

Deux grandes divisions, le Directoire, le Consulat et l'Empire, dans chacune desquelles le même ordre est adopté : la Constitution, les trois pouvoirs successivement, les finances, la force publique, les libertés publiques, enfin cultes, enseignement et bienfaisance. Au point de vue du fonctionnement, il nous est confirmé que l'assimilation de la Belgique ne comportait aucune adaptation (tout au plus, exceptionnellement, une application tardive ou progressive), et que les populations, heurtées dans leurs habitudes paisibles et laborieuses, dans leurs sentiments surtout religieux, haïssaient généralement le régime français. La question religieuse fut, à ce point de vue, prépondérante : plus formellement que M. de Lanzac, l'auteur y voit la cause essentielle de la « guerre des paysans », dont la conscription lui paraît seulement le prétexte. L'attachement des Belges à leur religion entretint aussi leur opposition sourde : lors de la persécution fructidorienne, ils surent cacher le plus grand nombre des prêtres condamnés à la déportation ; ils avaient pu conserver le patrimoine des établissements religieux et tourner l'expérience fâcheuse — malheureusement oubliée — des « infirmières patriotes » (disons laïques) par l'emploi de religieuses laïcisées. L'échec des écoles créées par la Convention, le peu de vogue des lycées impériaux, sont attribués surtout à l'absence chez les premiers, à l'insuffisance chez les seconds, de l'enseignement religieux.

On voit que le livre de M. P. n'a rien de la sécheresse d'un simple manuel d'institutions ; c'est une œuvre d'historien préoccupé d'expliquer les lois et d'en rechercher l'efficacité réelle. Résumé clair, complet et méthodique, d'une législation multiple et parfois confuse, c'est un instrument de travail précieux. Il fait attendre avec intérêt, bien que celui-ci doive être de caractère plus spécialement belge, le volume, annoncé comme devant faire suite à celui-ci, sur les institutions de la Belgique depuis 1814.

Jacques RAMBAUD.

155. — **Napoléon Ier au Camp de Boulogne**, par Fernand Nicolaÿ. — Paris, Perrin, 1907, in-8 de 455 p. (Prix : 7 fr. 50).

M. N. est fils d'un boulonnais, et propriétaire d'une partie des terrains où s'élevait le camp de Boulogne. Ces deux circonstances l'ont amené à écrire un livre sur ce sujet. Les publications antérieures, une *Histoire des Croyances* et une « étude psychologique sur *Les Enfants mal élevés* » ne l'avaient guère préparé à ce genre de travail. Aussi ce livre est-il composé et écrit d'une façon assez singulière. On y trouve des descriptions incroyablement minutieuses des baraquements et des maisons occupées par Napoléon, des « souvenirs archéologiques », un chapitre sur la « Psychologie de Bonaparte », une histoire de trésor enseveli (en patois boulonnais), une multitude d'anecdotes plus ou moins authentiques sur le séjour du premier consul et de l'Empereur, dont quelques-unes sont intéressantes, un « parallèle entre la conquête romaine et les projets de Napoléon contre Albion », etc.

La question proprement historique des intentions de Napoléon, qui a été posée dans l'ouvrage du comte Desbrière, est abordée seulement au dernier chapitre, traitée très rapidement, et laissée sans réponse précise. Il aurait mieux valu insister davantage sur ce point — le seul qui ait une importance au-delà de la simple curiosité, et sacrifier toutes les digressions ou développements parasites dont le livre est bourré. M. N. a des qualités de chercheur et il s'est donné de la peine pour trouver certaines choses. Il a écrit à Dourdan pour avoir l'épitaphe du Mameluk Roustan, en Corse pour savoir si les dictons familiers de Napoléon y sont encore en usage, à Sainte-Hélène pour vérifier si la maison de Longwood ressemblait à la baraque de Boulogne, etc. Malheureusement il n'est guère capable de critique, prend ses renseignements de toutes mains, sans citer ses sources, reproduit sans contrôle des détails sûrement fantaisistes, et même des textes dont le caractère apocryphe saute aux yeux, comme la lettre à Champagny de la p. 240.

Ce volume d'un historien amateur amusera peut-être les amateurs d'histoires et d'anecdotes. Il prouve une fois de plus, que pour faire œuvre utile en cette matière, la curiosité et les bonnes intentions ne suffisent pas. « C'est un métier que de faire un livre » surtout un livre d'histoire, et il faut l'apprendre.

***

Lettres au comte Valentin Esterhazy à sa femme (1784-92), publiées par Ernest DAUDET. — Paris, Plon, 1907, in-8 de VIII-430 pp.

M. D. a déjà publié les *Mémoires* du comte Esterhazy. Il y a cité quelques fragments de sa correspondance. En conséquence, il a été — c'est lui-même qui nous l'apprend — « sollicité par beaucoup de lecteurs » de publier cette correspondance, et il n'a pas su résister à leurs prières. Peut-être ces solliciteurs à présent satisfaits auront-ils quelque regret de leur insistance.

Les lettres du comte Esterhazy sont très nombreuses. Ce modèle des époux adorait sa femme, de vingt-cinq ans plus jeune que lui, et lorsqu'il était séparé d'elle, lui écrivait tous les jours. Il y a dans ces lettres beaucoup de choses insignifiantes, de cancans et de papotages, encore que M. D. y ait fait un choix et pratiqué des coupures (il ne dit pas lesquelles). Jusqu'en 1790 surtout, elles sont d'un intérêt bien mince. Après la Révolution, Esterhazy, qui a émigré de bonne heure et qui suit le parti des princes, joue un rôle dans l'entourage du comte d'Artois. Il l'accompagne à Pillnitz et il est envoyé à Saint-Pétersbourg comme chargé d'affaires. C'est dans cette période que ses lettres offrent le plus d'intérêt, surtout par les détails de la vie de cour et de société auprès de Catherine II, car il n'y est pas souvent question de politique; non que le comte Esterhazy ait beaucoup de secrets pour sa femme; au contraire; il lui envoie à découvert toutes les pièces de sa correspondance d'affaires, ou à peu près, de sorte qu'il n'y ajoute pas grand'chose dans ces lettres que publie M. D. A une ou deux exceptions près (p. ex. les lettres du 27 août et 9 novembre 1791), il n'y est parlé des négociations en cours que par brèves allusions, que M. D. n'éclaircit pas toujours dans ses notes, fort rares, et où la plupart du temps il se contente de renvoyer à ses propres ouvrages. Cette publication, en somme, n'est pas dépourvue d'intérêt, mais en vérité elle ne s'imposait pas. Combien de textes inédits méritaient davantage d'être imprimés, qui attendent encore un éditeur !

R. G.

156. — **Essai historique sur les expositions universelles de Paris**, par Adolphe Démy, consul. — Paris, Picard, 1907, in-8 de 1096 p.

Lorsqu'on a besoin de se documenter sur une exposition quelconque, principalement sur une exposition universelle de Paris, la tâche est relativement facile.

En effet, chacune de ces manifestations de l'activité humaine, par suite même du grand nombre des intérêts mis en jeux, n'a pas manqué de susciter de nombreux ouvrages dans le pays où elle a eu lieu et dans tous ceux qui y ont pris part.

M. D., ainsi qu'il nous l'expose dans son avant-propos, a pensé avec raison que cette sorte d'histoire spéciale à chacune des grandes expositions universelles de Paris avait de nombreux défauts ; défauts imputables non aux hirtoriens, mais aux conditions dans lesquelles ils se sont trouvés pour composer leur œuvre. Décrivant ces grands concours pendant leur durée ou aussitôt après leur fin, ils ont été hypnotisés par l'exposition elle-même, négligeant le cadre qui l'entourait ou les manifestations du même genre qui l'avaient précédée. Manquant de recul pour voir l'ensemble, ils se sont étendus sur des détails intéressant surtout leurs contemporains. Enfin, il est évident qu'ils ne pouvaient montrer la répercussion générale que chaque exposition universelle produit dans le pays qui l'a organisée.

Ce sont ces considérations qui ont déterminé M. D. à écrire un ouvrage plus général sur les expositions universelles de Paris, où il put comme il le dit lui-même, « dégager les traits généraux et caractéristiques de chacune d'elles, la replacer dans le milieu ou elle s'est déroulée en rappelant les gestes notables de l'époque où elle s'est accomplie, la rattacher aux expositions qui l'ont précédée ou suivie dans le reste du monde, indiquer enfin les conséquences qu'elle a pu avoir dans l'ordre politique ou économique. » Comme on peut s'en rendre compte l'entreprise était hardie, elle exigeait un travail de recherches considérable.

Dans un premier chapitre M. D. nous expose les origines des expositions universelles. Il les fait remonter aux premières foires et marchés.

Rapidement, il signale l'exposition organisée en Egypte par Ptolémée Philadelphe, les panégyris d'Athènes, les triomphes romains, « sortes d'expositions ambulantes. » Puis, passant en revue les principaux marchés et foires d'Europe, il arrive à la première exposition des beaux arts en Italie et au développement rapide des expositions nationales. Il nous montre l'idée d'expositions internationales germant dans notre pays et se réalisant en Angleterre en 1851.

Les cinq chapitres suivants sont consacrés aux cinq grandes expositions universelles de Paris 1855, 67, 78, 89 et 1900. Sur chacune M. D. nous donne des détails sur son emplacement, son objet, son prix de revient et son succès; sur la participation des différents pays et les spécialités que chacun exposait, sur les attractions qui y figurèrent et les fêtes dont elle fut l'occasion. Il a étudié leur influence sur le commerce et les affaires, la criminalité et la santé publique. Mais ce qui rend cette lecture particulièrement intéressante, c'est qu'avant de parler de l'exposition il l'a replacée dans son cadre; il nous a montré les changements et embellissements que Paris a subis depuis la précédente, les influences exercées par d'autres expositions nationales ou étrangères qui la précédèrent. Il n'a pas non plus oublié de faire ressortir l'action de la politique extérieure et intérieure, impossible à apprécier par des contemporains. Pour nous donner une idée plus exacte des opinions qu'elles suscitèrent pendant leur existence il a recherché les appréciations des hommes connus de l'époque et des visiteurs importants.

Le dernier chapitre, qui occupe presque un tiers de l'ouvrage, a été consacré par M. D. à l'avenir des expositions universelles. C'est d'abord du passé qu'il nous parle, énumérant les expositions qui ont eu lieu en province, aux colonies, à l'étranger, après 1900.

Puis revenant aux expositions universelles il discute en s'appuyant sur de nombreuses statistiques les inconvénients qu'on leur a reprochés. Pour lui ces accusations sont fausses ou exagérées et les avantages de toutes sortes que le pays retire de ces grands concours l'emportent de beaucoup. Aussi il espère vivement une future exposition universelle à Paris; quelques modifications dans l'organisation et le plan rajeuniront l'institution. Il faut, conclut-il, en citant les paroles de Le Play, « préparer à la France après son ère de grandeur passée, de grandeur européenne, un âge de grandeur future de grandeur mondiale. »

Le livre de M. D. se lit avec intérêt. Il résume un nombre considérable d'ouvrages et d'articles tant français qu'étrangers, tout en les complétant. De nombreuses descriptions et anecdotes, viennent corriger très heureusement l'aridité des statistiques.

R. T.

157. — **Histoire du Cateau,** par l'abbé Méresse. — Cambrai, Deligne et Cie, 1906, in-8 de xvi-269 pp.

En 995, sous l'empereur Othon III, à plus de 20 kilomètres à l'Est de sa ville épiscopale, l'Evêque Erluin de Cambrai établit un château afin de défendre le pays des incursions des voleurs et d'assurer la liberté aux laboureurs. Autour de la place, peu-à-peu, se groupa une population nombreuse qu'attira bientôt aussi la fondation de l'abbaye de Saint-André-du-Cateau, vers 1021. C'est l'histoire de cette localité, importante par sa situation stratégique, qu'a écrite M. Méresse. L'auteur a véritablement épuisé toutes les sources qui concernaient son sujet. Si son récit est parfois un peu sec, surtout pour période antérieure aux temps modernes, c'est faute de documents. Malgré cette pénurie de documents, son œuvre contient beaucoup d'inédit pour l'histoire du protestantisme et les ravages occasionnés par les guerres de religion : après l'entrée dans ses murs du ministre calviniste, Jean Lesur, de 1567 à 1582, le Cateau eut à subir cinq sièges. Le rôle considérable joué par l'élément populaire des villes du nord de la France dans les guerres de religion est très bien mis en relief. Il y a lieu de signaler de façon spéciale la situation d'une ville qui jusqu'à la Révolution française releva directement de l'archevêque de Cambrai et conserva presque son indépendance à l'égard du pouvoir royal.

G. Mollat.

158. — **Revue bénédictine**. Table des matières. Années I-XXXI, 1884-1904. — Abbaye des Maredsous, Belgique, 1905.

Bien que ce volume date de 1905, le service de presse en a été fait seulement en 1907. La « direction », dans l'*Avant-propos*, s'excuse modestement de la valeur inégale des études parues dans la Revue. C'est un peu le cas de toutes les Revues, et tous les directeurs ne songent pas à s'en excuser. Ici la chose s'explique. La *Revue Bénédictine* a eu des débuts modestes et, sous le nom premier qu'elle porta de *Messager des Fidèles*, elle se proposa plutôt un but d'édification sérieuse qu'un but scientifique. Peu à peu l'ambition lui vient; le caractère scientifique s'accentua et finalement la Revue transformée et rebaptisée publia surtout des travaux d'érudition. A partir de 1900, elle élargit le cadre des matières traitées et certains articles philosophiques ne furent pas des moins remarqués.

On nous donne aujourd'hui la table des matières des 21 premières années. Elle est divisée en trois parties : table générale des articles, table analytique des articles, table de la bibliographie.

Cette table rendra d'utiles services; les travailleurs y trouveront l'indication de beaucoup d'études de détail, patriotiques, liturgiques, historiques, etc., qui pourront à l'occasion leur fournir de précieux renseignements.

Alfred BAUDRILLART.

SOCIÉTÉ NATIONALE DES ANTIQUAIRES DE FRANCE

Séance du 1er mai. — M. R. FAGE, associé correspondant national, soumet à la Société des reproductions de clochers sculptés sur les faces latérales des porches de Moissac (Tarn-et-Garonne) et de Beaulieu (Corrèze) et qui présentent tous les caractères distinctifs des clochers du Limousin. — M. le baron J. DE BAYE, membre résidant, présente une massue en bronze à pointes trouvée dans les ruines du château de Lachy (Marne). — M. Ph. LAUER, associé correspondant national, signale et complète une étude de Mgr Wilpert sur l'icône achiropoète du Latran. — M. HÉRON DE

Villefosse, membre honoraire, communique un miroir étamé trouvé à Alise.

Séance du 8 mai. — M. C. Enlart, membre résidant étudie une figurine d'ivoire représentant la Volupté, conservée au Musée de Cluny. — M. A. Blanchet, membre résidant, lit une note de M. E. Chanel, associé correspondant national, sur une statuette en bronze paraissant représenter un « Dispator », trouvée à Izernore (Ain). — M. J. Toutain, membre résidant, donne lecture d'un mémoire de M. le capitaine R. Donau, associé correspondant national, sur la voie romaine de Theveste à Thelepte. — M. Pallu de Lessert, membre résidant, communique une inscription de Cherchal, avec le nom de M. Aurelius Atho Marcellus, procurateur de Maurétanie.

Séance du 15 mai. — M. le commandant Lefebvre des Noëttes, associé correspondant national, présente une petite cuve en plomb du xive siècle. — M. H. Stein, membre résidant, communique les photographies de quatre pièces de tapisserie d'Aubusson relatives à la vie de Jeanne d'Arc. — M. Ch. Sellier, associé correspondant national, entretient la Société des substructions découvertes au cours des démolitions du quai des Orfèvres. — M. Ch. E. Ruelle, membre résidant, signale une inscription de Salonique qui mentionne le voyage de deux jeunes Gauloises auprès de leur oncle à Edesse.

Séance du 22 mai. — MM. H. Jadart et L. Demaison, associés correspondants nationaux, communiquent la reproduction d'un tableau allégorique du commencement du xviie siècle conservé dans l'église Saint-Maurice à Reims. — M. Héron de Villefosse, membre honoraire, au nom de M. II. Jadart, associé correspondant national, présente une petite lame d'argent avec inscription magique trouvée à Reims. — M. L. Dimier, associé correspondant national, étudie la généalogie et l'œuvre des Dumoustier. — M. P. Monceaux, membre résidant, lit une note de M. Ch. Bruston, associé correspondant national, interprétant par l'hébreu un « abraxas » de Carthage. — M. L. Demaison, associé correspondant national, fait connaître de nouvelles inscriptions latines trouvées à Reims.

Séance du 29 mai. — M. L. Coutil, associé correspondant national, entretient la Société du cimetière franc et carolingien de Bueil (Eure). — M. F. de Mély, membre résidant, signale plusieurs sigles d'artistes antérieurs au xvie siècle. — M. J. J. Marquet de Vasselot, membre résidant, communique une plaquette en bronze de la Renaissance reproduisant un ivoire bysantin enchassé dans sa monture. — M. E. Petit, associé correspondant national, soumet des dessins de tous les rasoirs antiques recueillis par lui en Bourgogne. — M. Ch. E. Ruelle, membre résidant, indique l'existence d'un texte de musicologie dans les nouveaux papyrus de MM. Grenfell et Hunt. — M. Ch. Ravaisson Mollien, membre résidant, présente quelques remarques sur la « stylis » que portent certaines Victoires Antiques.

L'Éditeur-Propriétaire-Gérant: Albert Fontemoing.

Imprimerie Générale de Châtillon-sur-Seine. — A. Pichat.

BULLETIN CRITIQUE

159. — **Études sur le Syllogisme** suivies de l'observation de Platner et d'une note sur le « Philèbe » par J. Lachelier, de l'Institut. (*Bibliothèque de philosophie contemporaine*). — Paris, Félix Alcan, 1906, in-16. (Prix : 2 fr. 50).

Ce volume est un recueil d'articles qui ont été publiés dans la *Revue philosophique* (mai 1876) et dans la *Revue de Métaphysique et de morale* (mars 1906, novembre 1903, mars 1902).

Dans la première étude : *les conséquences immédiates et le syllogisme*, M. L. démontre que les conséquences que l'on appelle à tort immédiates sont des syllogismes de trois figures différentes et que chacune des figures repose sur un principe évident par lui-même, loin de se ramener à un syllogisme de la première figure, et de se démontrer par le moyen des conséquences immédiates.

La seconde étude : *la Proposition et le syllogisme*, est divisée en trois parties. Dans la première, M. L. propose de distinguer deux genres de propositions : les propositions d'inhérence (ex : Pierre est homme) et les propositions de relation (ex : Orléans est au Sud de Paris) qui donnent respectivement naissance à deux genres de syllogismes. D'autre part, les propositions d'inhérence se subdivisent en singulières, collectives déterminées, collectives indéterminées, universelles et particulières. Or, le syllogistique ne s'est guère occupée que des universelles et des particulières, ramenant les autres à l'un de ces types. A tort, estime M. L. car ces cinq espèces de propositions ne peuvent jouer dans la syllogistique « que des rôles déterminés pour chacune d'elles et variables selon les figures (p. 57). — Dans la seconde partie, M. L. démontre qu'il y a trois figures du syllogisme « dont l'une, la première, est essentiellement et dans tous ses modes preuve de vérité, et dont les deux autres sont essentiellement et exclusivement preuve de fausseté » (p. 75). Dans la troisième, l'auteur vérifie, sur un cas particulier, la théorie précédente.

Dans le troisième article, M. L. reprend *l'observation de Platner* et montre que, contrairement aux idées généralement admises, les sensations tactiles et musculaires ne peuvent nous révéler ni la surface ni la profondeur et que cette double connaissance nous est fournie par la vue seule. Mais les données de la vue sont incomplètes : elle ne nous fait connaître ni la vraie grandeur ni la distance précise des objets ; elle n'explique pas davantage la distinction du haut et du bas, ni la forme sphérique revêtue par notre perception, concave lorsqu'elle a pour objet le monde qui nous entoure, convexe lorqu'elle a pour objet les corps particuliers qui le composent. La représentation du monde visible renferme donc des éléments qui ne sont pas d'origine visuelle. Quels sont ces éléments ? Ce sont des sensations tactiles et musculaires : l'effort de sustentation, l'effort locomoteur et l'effort explorateur nous donnent respectivement une représentation dynamique du haut et du bas, de l'avant et de l'arrière, de la droite et de la gauche. Ces données inétendues se combinent avec celles de la vue pour former le monde visible.

Le volume se termine par une note sur le « Philèbe » se rapportant aux cinq degrés du bien admis par Platon.

Ces différents problèmes sont traités avec la profondeur, la subtilité, la concision et la lucidité qui caractérisent l'admirable talent de M. Lachelier.

.•.

Spinoza : Ethique. Traduction inédite du comte Henri de Boulainvilliers (1658-1722), publiée avec des Notes et une Introduction, par F. Colonna d'Istria, professeur de philosophie au lycée Carnot. — Paris, A. Colin, 1907, in-8 de 415 p. (Prix : 7 fr. 50).

C'est au comte de Boulainvilliers, très probablement, que revient l'honneur d'avoir donné la première traduction française de *l'Ethique*. Tous ceux qui s'intéressent à l'histoire du Spinozisme se réjouiront de la découverte du manuscrit original et sauront gré à M. Colonna d'Istria du soin qu'il a mis à l'éditer. — L'intérêt historique n'est pas le seul mérite de cet ouvrage. Il constitue aussi un instrument de travail très utile. Disciple de Spinoza, le comte de Boulaivilliers éprouvait pour son maître une sorte de vénération religieuse, et c'est avec son cœur autant qu'avec son intelligence qu'il s'est efforcé d'en comprendre la pensée. N'est-ce pas la véritable méthode ? L'hostilité, même la plus loyale, est un mauvais moyen pour pénétrer dans l'intimité d'une âme. — En outre, comme le dit fort bien M. C. d'I, « un contemporain... perçoit des nuances délicates qui plus tard s'altéreront et, pour exprimer des préoccupations semblables, trouve spontanément les équivalents les plus heureux. C'est cette impression d'un contact plus direct avec Spinoza que nous donne souvent la traduction de Boulainvilliers [1] »

L'ouvrage est précédé d'une introduction destinée à faire connaître la personne et l'œuvre du comte de Boulainvilliers. D'une curiosité universelle, mais qui se porta surtout sur l'Histoire, l'Alchimie et la Philosophie, athée de tempérament et, par éducation, épris de rigueur scientifique, de Boulainvilliers vit dans l'Histoire, l'Alchimie et la Philosophie une méthode de combat contre l'orthodoxie. Son amour pour Spinoza ressemble beaucoup à la religieuse ferveur dont les disciples d'Epicure entourèrent leur Libérateur.

H. VILLASSÈRE.

---

160. — **Aristote.** Physique, livre II ; traduction et commentaire, par O. HAMELIN. — Paris, Alcan, 1907, in-8 de 173 p. (Prix : 3 fr.)

Cette thèse de doctorat, qualifiée à sa première page de « spécimen d'une édition de la *Physique* d'Aristote », offre ceci de particulier qu'elle est dépourvue de toute « Introduction ». Même quand il s'agit, non d'une création originale, mais, comme ici, d'une traduction et d'un commentaire, l'auteur se plaît d'habitude à parler de sa méthode, de ses vues personnelles, et à marquer les points sur lesquels il se flatte d'avoir surpassé ses devanciers. Ici rien de

---

[1]. Introduction, pp. VII-VIII.

semblable, et pour ne citer qu'un exemple, il ne me souvient pas d'avoir rencontré une seule fois le nom de Barthélemy Saint-Hilaire. Sans doute toutes les indications de ce genre sont réservées au volume (non encore paru) qui sera consacré au livre I de la *Physique*. D'autre part il est juste de reconnaître qu'un intérêt très réel s'attache au livre II, où Aristote, entre autres problèmes philosophiques, énumère les divers sens du mot φύσις, définit les quatre causes essentielles, et s'explique sur la fortune et le hasard.

Disons tout de suite que cette étude (de même que celle de M. Rodier sur le *Traité de l'âme*, 2 vol. in-8°, Paris, 1900) rivalise avec les publications les plus remarquables de la savante Allemagne. Sans prétention aucune à l'élégance littéraire, la traduction (p. 1-32) trahit un penseur qui a vécu dans l'intimité de son texte et s'applique à faire saisir non seulement le sens exact de chaque phrase prise à part, mais (chose plus importante encore chez un dialecticien comme Aristote) la suite et l'enchaînement de toute l'exposition. Le *desideratum* que je me permets de signaler est d'ordre purement typographique : pour faciliter les recherches, ne serait-il pas utile de reproduire au haut de chaque page ou dans la marge la pagination de l'édition Bekker ?

Le commentaire qui suit la traduction ne mérite pas moins d'éloges. M. Hamelin sait à l'occasion rapprocher des leçons, discuter des variantes : mais les mots l'attirent moins que les idées. Les raisonnements d'Aristote sont analysés avec une pénétration bien rarement en défaut, les objections « scientifiques ou démonstratives » distinguées avec soin des objections « dialectiques ou fondées sur l'opinion ». Négligeant (sauf quelques rares exceptions) les conjectures des modernes, M. Hamelin a au contraire largement cité les trois interprètes anciens, Thémistius, Philopon et Simplicius, qui figurent dans le IV° volume (Berlin, 1836) de l'*Aristote* de Bekker, — sauf à les commenter à leur tour, chaque fois que la chose pouvait paraître nécessaire.

Je relève çà et là certaines considérations intéressantes, ici sur la définition de la fortune (p. 121-129)[1], là sur le double sens du mot τέλος, ailleurs (p. 165) sur le parallélisme étroit entre la marche de la nature et celle du syllogisme, — ou encore des réflexions comme celle-ci à propos de l'art qui se révèle dans la création : « Il est curieux de voir combien Alexandre et Simplicius s'entendent pour éluder autant que possible la notion troublante de cette forme qui est cause exemplaire avant d'être réelle ou cause finale sans être connue, et pour la remplacer le plus possible par celle d'une cause efficiente, d'un agent antérieur à ses effets » (p. 88). Bien des siècles avant nos biologistes et nos naturalistes contemporains Simplicius se posait ce problème capital : « Comment, s'il n'y a pas connaissance de la part de l'agent, peut-il y avoir dans la production ordre et fin déterminée? » A ce propos je sais gré à M. Hamelin d'avoir insisté sur cette remarque d'Aristote bonne à méditer encore de nos jours, à savoir que « le physicien est porté à croire qu'il a tout dit quand il a indiqué la matière, la forme et le moteur, en omettant la cause finale » (p. 143).

Sur d'autres points quelques réserves seraient légitimes. Ainsi, s'il est exact qu'on ne saurait exagérer l'importance de cette proposition d'Aristote : « La matière et la forme sont des corrélatifs », a-t-on le droit d'en conclure qu'elle « emporte la négation de la réalité propre de la matière? » De même la supposition qui se lit 198ᵃ 10 autorise-t-elle cette déduction (p. 140) : « Aristote a évidemment voulu démontrer, et si on l'entend bien, a démontré que le monde est le produit à la fois du hasard et de la finalité? » Est-ce là ce que l'on doit attendre de l'irréconciliable adversaire de l'atomisme de Démocrite?　　　　　　　　　　　　C. Huit

---

161. — **Commandement et obéissance**, par le général Donop, ancien membre du Conseil supérieur de la Guerre. — Nouvelle librairie nationale, 1907, in-16. (Prix : 3 fr. 50).

Les idées émises par M. le général Donop, ancien membre du Conseil supérieur de la Guerre, dans son livre : *Commandement et obéissance* », sont bien moins l'exposé d'une théorie que le cri d'une conscience justement alarmée et enfin délivrée des responsabilités d'un commandement rendu impossible à exercer.

1. Cf. S. Tarde, *La notion de hasard chez Cournot* (Revue de philosophie, novembre 1904). Je prends la liberté d'ajouter ici que M. Hamelin est mort victime de son dévouement au mois de septembre dernier, à l'heure où s'ouvrait pour lui en Sorbonne la plus honorable, peut-être même la plus brillante carrière.

« Je crois de mon devoir, écrit-il, en parlant de l'obéissance, de
» me délivrer de l'inquiétude qui m'oppresse et de pousser le cri
» qui s'impose à ma conscience. »

Il est, du reste, un des seuls grands chefs qui puisse écrire que le commandement a ses devoirs, de même que l'obéissance a ses droits, car il est un des seuls qui conformant ses actes à ses paroles, n'ait pas voulu reconnaître l'autorité d'un ministre qu'il jugeait indigne de commander.

Des hauteurs d'Alger où il écrit ce livre, son âme de soldat planant au-dessus des misères qu'il a vécues se rapproche de Dieu et se répand dans des pages d'une véritable grandeur morale.

L'obligation absolue de la discipline est placée en tête des réglements militaires et est le premier principe de la subordination, mais peut-on affirmer qu'elle existe, lorsque le commandement, ayant perdu la notion du devoir, force l'obéissance de l'armée, en l'employant à ses besognes indignes, contrairement aux règlements?

Telle est la question que se pose l'auteur et qu'il examine sous ses deux faces.

Le commandement n'a plus la conception exacte de ses devoirs parce qu'il n'est plus indépendant; l'initiative systématiquement amoindrie, l'interprétation inexacte des réglements, l'abaissement des caractères, la désignation aux hauts emplois pour des raisons politiques en sont les causes principales. Il s'exerce alors sans autorité, il n'est plus capable d'inspirer la confiance ni de provoquer le dévouement. Enfin il n'enseigne pas, parce qu'il en est incapable. Il n'est plus ni le guide ni l'éducateur des officiers.

« C'est de l'autorité suprême du chef de l'armée, assisté du chef
» d'Etat-major et du Conseil supérieur de l'armée, que l'enseigne-
» ment devrait venir » écrit l'auteur, mais il constate avec amertume que le Ministre change au gré des passions ou des nécessités politiques, que le chef d'Etat-major n'a pas d'autorité, et que l'on ne réunit pas le Conseil supérieur. En Allemagne, au contraire, les revers du siècle dernier ont porté leurs fruits et le commandement a travaillé en méthode et continuité, sachant discerner dans les campagnes de Napoléon la doctrine que nous découvrons seulement aujourd'hui — nous n'en avons gardé que le côté né-

faste : « l'obéissance passive. » — « Du haut en bas de l'échelle
» hiérarchique, on fit ce que Napoléon avait eu tort de faire ; on
» commanda sans songer à la nécessité de faire comprendre l'or-
» dre donné. »

Cette méthode conduit aux désastres et enlève aux officiers le sentiment « de leur responsabilité, de leur devoir si ce n'est de
» leur honneur ! » C'est elle qui a causé le désastre le plus triste de notre histoire — la capitulation de Metz. Et pourtant l'armée nationale s'est relevée « jusqu'au jour où l'affaire a déchaîné
» sur elle sa détestable action. » Aujourd'hui l'armée est : « humi-
» liée, inquiète, divisée, troublée dans ses croyances, détournée
» de ses devoirs essentiels, soumise à des chefs qui n'ont pas tous
» son estime, ni tous sa confiance, l'armée, que notre gouvernement
» a abaissée et s'efforce de faire à son image, risque de ne plus
» être capable de remplir les tâches que la patrie lui confierait. »

Il semble que les récents événements du midi aient répondu d'une façon inattendue pour l'auteur à son cri d'alarme. On est plus que jamais en droit de se demander avec lui si : « l'armée
» est encore l'armée de l'ordre, l'ancre de salut sur laquelle la
» Patrie croit pouvoir compter toujours ? »

« Pour le savoir, nous répondit-il, c'est l'obéissance qu'il faut
» définir. »

Mais il ne se dissimule pas combien il est difficile de décider « ce à quoi l'inférieur a le droit et même le devoir de ne pas
» obéir. »

« L'obéissance est, selon lui, une vertu morale qui porte à con-
» descendre aux ordres et aux volontés d'une autorité supé-
» rieure. » Ce n'est pas une abdication de la volonté, mais un acte de la volonté même ; il en résulte qu'elle a des limites qui sont celles de la conscience.

Le récent exemple des inventaires, où des officiers ont reçu l'ordre de marcher contre leurs convictions était présent à ses yeux lorsqu'il écrivait : « L'homme ne doit obéissance à l'homme
» que lorsque l'autorité humaine ne commande rien de contraire à
» la loi de Dieu qui est la vérité et le Bien et, par là même, la règle
» éternelle du devoir. »

Et il reconnaît qu'on a abusé de l'obéissance en violant le contrat passé entre le Supérieur et l'Inférieur.

« Ils n'ont vendu ni leur corps, ni leur âmes, ces officiers — ce
» sont des citoyens qui n'ont dépouillé ni le droit de penser, ni
» celui d'apprécier l'acte qu'on leur propose — ce sont des militai-
» res qui obéissent à leurs devoirs mais qui connaissent leurs
» droits. Ce sont aussi des chrétiens dont la foi guide les actes et
commande le respect. » — On ne saurait mieux dire.

Ne pourra-t-on cependant objecter avec raison que l'exemple donné par les officiers refusant de marcher contre leur conscience est aussi coupable que la mutinerie des soldats refusant de tirer sur leurs parents? Admettra-t-on qu'il y a des nuances dans la discipline et que l'armée peut exister sans obéir?

La distinction dans le degré d'obéissance dû aux ordres du commandement est trop dangereuse pour pouvoir être admise en pratique. Ce serait la ruine de l'armée; mais il n'est pas moins vrai que le *devoir* a ses obligations et que les ordres qui atteignent la conscience sont coupables, quelle que soit la situation de celui qui les reçoit : officier ou soldat. C'est du commandement, et de lui seul, que dépend la solution du problème; c'est le commandement qui porte la lourde responsabilité de l'ordre donné.

Pourquoi veut-on oublier la formule inscrite dans les règlements et proclamée devant les troupes : « Vous obéirez pour le bien du service et l'exécution des règlements militaires. » — Pourquoi lui substituer la formule trop large « pour l'exécution des lois quelles qu'elles soient. » L'armée ne serait-elle plus que l'instrument de la légalité? — Non, répond l'auteur, « ses obligations comme ses devoirs sont autres » d'ailleurs, n'y a-t-il pas des lois injustes. L'armée de la légalité n'a-t-elle pas été celle qui entourait l'échafaud? A chaque changement parlementaire, l'armée changera de maître et d'opinion, elle ne sera plus qu'un instrument aux mains d'une faction. C'est ce que nous voyons aujourd'hui. — « En agissant
» ainsi, comme on le fait, on risque de transformer l'armée natio-
» nale, qu'on a appelé la grande muette... en une armée de préto-
» riens, de mamelucks et de janissaires. » — Et le général Donop résume toute la question par une phrase qui est l'évidence même : « L'armée n'est l'armée de l'ordre qu'à la condition d'obéir
» a un Gouvernement d'ordre. »

Oui, l'armée doit habiter une sphère supérieure, où vient se briser le bruit des rumeurs populaires, et ses chefs ne sauraient avoir la notion de leurs devoirs s'ils n'ont pas foi en une puissance supérieure à celle des hommes, s'ils ne croient pas, en commandant, détenir une partie de l'autorité de Dieu. Qu'ils soient convaincus que leur mission est sacrée et qu'ils restent au moins fidèles à la devise du drapeau « Honneur et Patrie. »

Alors l'obéissance sera librement consentie.   P.

---

162. — **Hrotsvithæ Opera**, edidit Karolus Strecker. (*Bibliotheca Scriptorum medii ævi Teubneriana*). — Lipsiæ, in Ædibus B. G. Teubneri, MCMVI, in-8 de VIII-272 pp. (Prix : 4 mk.)

Cette édition de Hrotsvitha mérite d'être bien accueillie en France et je désire vivement qu'elle le soit. Elle nous présente sous un format commode et a un prix très abordable un recueil que beaucoup d'amateurs font semblant de connaître sans l'avoir lu et que d'autres voudraient bien lire sans en avoir toujours la facilité. Il serait d'ailleurs injuste de dire que la deuxième partie des œuvres de Hrotsvitha, celle qui comprend les drames en prose, est seule capable de nous intéresser, et que les deux autres s'adressent particulièrement aux hagiographes et aux historiens ; peut-être est-ce là un mauvais prétexte pour excuser l'ignorance. En fait les trois livres sont un monument curieux de ce qu'était devenue la culture classique au fond de la Germanie, un siècle et demi à peine après le démembrement de l'empire de Charlemagne. Quand elle versifie des légendes pieuses, célèbre les exploits d'Othon-le-Grand ou raconte la fondation d'un monastère qui eut à sa tête tant d'abbesses de sang impérial ou ducal, la religieuse de Ganderheim fait œuvre de lettrée tout autant que dans les drames où elle prétend *imiter* les « figmenta » de Térence. Si ces drames sont, chez nous, mieux connus et plus appréciés, cela tient, je crois, bien plus aux circonstances qu'à leur valeur intrinsèque. Ce n'est pas le lieu de développer cette opinion ; mais il faut bien reconnaître, pour mieux juger le service que rendra l'édition de U. Strecker, qu'il a toujours été plus facile et plus agréable en France de lire les drames de Hrotsvitha que ses autres œuvres. Depuis longtemps Villemain, Edelestand du Méril, Ch. Magnin, sans compter quelques-uns de leurs prédécesseurs du XVIIIe siècle, les ont signalés à l'attention et en ont montré le côté intéressant ; Ch. Magnin en a donné (Paris, 1845) une édition précédée d'une savante et substantielle introduction. Du reste, entre le sujet de plusieurs de ces pièces et plusieurs œuvres dramatiques de notre moyen âge, entre *Sapientia* en particulier et certaines moralités, on relève des analogies piquantes qui avivent la curiosité.

Il n'en est pas de même des deux autres livres. Il n'est pas loisible à tout le monde d'avoir en mains une édition de Hrotsvitha. La plus récente, celle de Paul de Winterfeld (dans les *Scriptores rerum Germanicarum*, Berlin, 1902) s'adresse surtout aux spécialistes et aux érudits, bien qu'elle soit faite *in usum scholarum* ; elle ne se rencontre d'ailleurs que très rarement dans nos bibliothèques de province. Les éditions plus anciennes de Bendixen (Lubeck, 1857) et de Barak (Nuremberg, 1858) sont à peu près introuvables ; quant à celles de Conrad Celtis (Edit. *princeps*, Nuremberg, 1501), reproduite par Schurzfleisch (Wittenberg, 1707), je ne les nomme ici que pour mémoire. Force est donc de recourir aux recueils généraux les plus répandus, en particulier au *Monumenta Germaniæ* de Pertz : le tome IV des *Scriptores* nous donne (pages 302-335) les *Primordia cœnobii Gaudersheimensis* et les *Gesta Oddonis*. Mais ce sont des in-folio peu maniables, et là encore, de même que dans les complications plus anciennes de Leuckfeld (*Antiquitates Gaudersheimenses*), de Leibnitz (*Scriptores rerum Brunsvicarum*) et autres, nous n'avons qu'une partie bien faible de l'œuvre de Hrotsvitha. Voilà pourquoi l'édition de U. Strecker rendra un réel et grand service aux amateurs comme aux érudits et il est utile que ce mérite soit reconnu.

L'édition est rigoureusement conforme aux principes de la *Teubneriana*, ce qui est fâcheux dans la circonstance. Les études sur Hrotsvitha ne sont ni assez nombreuses ni assez connues pour que l'éditeur ait eu à craindre la critique en nous présentant, sous la forme d'un aperçu sommaire, l'état de la science sur cette question. Les trois chapitres que lui consacre Ebert (Livre VIII, chap. III, IV, V) renferment plus d'analyses et d'appréciations que de renseignements précis; ils sont d'ailleurs vieillis. Vieillies aussi, ou de peu de valeur, sont les dissertations ou recherches couramment citées de Freytag, de Hoffmann von Fallersleben, de Dauber, de Köpke, etc. En tous cas, depuis le travail de Köpke (*Hrotsvit von*

Gaudersheim, Berlin, 1869), il n'est pas très facile de se documenter sur Hrotsvitha. Nul mieux que M. S. eut pu combler cette lacune. Il a collaboré à l'édition de son maître et prédécesseur Paul de Winlerfeld ; dans divers *Programmes* de Dortmund (*Hrotsvits Maria...* 1902 ; *Textkritisches zu Hrotsvit*, 1906), dans plusieurs articles des *Neuen Jahrbb. f. d. kl. Allert* et de l'*Anzeiger f. d. Alt.*, il s'est montré l'homme le plus qualifié de toute l'Allemagne pour nous fournir le tableau d'ensemble dont je parle. Il est regrettable qu'il ait dû ou crû devoir se montrer aussi réservé dans cette édition.

Une brève Préface (pages III-VI) nous donne des renseignements extrèmement sommaires sur Hrotsvitha, son éducation, sa vie, ses goûts, ses lectures, ses succès d'auteur, sur son œuvre, sur l'unique manuscrit qui nous la conserve, (à l'exception des *Primordia*), le *Monacensis* clm. 1448) (M), ancien *codex S. Emmerammi* E. CVIII (de l'abbaye de S. Emmerand, à Ratisbonne, où il se trouvait avant d'être transporté à Munich en 1803).

Le texte repose, sauf pour les *Primordia*, exclusivement sur M., dont dérivent tous les *apographa* et toutes les éditions anciennes. En quelques rares endroits, M. S. cite des leçons de l'*apographon Pommersfeldeuse* (*p*), mauvaise copie de M., antérieure à l'édition de Conrad Celtis. Les *Primordia*, dont il ne reste plus aucun manuscrit, soit publiés d'après l'édition de Lemkfeld (*l*), qui avait en main un ms de Gandersheim aujourd'hui perdu, et d'après celles de Leibniz (h_l) et de Pertz (h_p) reproduisant l'une et l'autre une copie (*h* = *codex Hamoveranus*), également disparue, du ms précédent.

Dans ces conditions, l'apparat critique est nécessairement fort restreint. Il est d'ailleurs très suffisant. M. S. se garde, avec raison, de le surcharger de variantes empruntées à l'édition *princeps*. Peut-être devrait-il expliquer d'une manière plus nette qu'il ne le fait dans la Préface (p. V) ce qu'il faut entendre par M^1, M^2, *m. 1*, *m. 2*, représentant deux mains qui ont écrit ou corrigé M. Tel qu'il se présente, l'apparat est fort clair ; M. S. relève plus d'une fois des variantes qui tiennent à la négligence du copiste ; il a raison de corriger le texte. Mais pourquoi conserver des formes qui sont manifestement des erreurs : *Terrentii* (Lib. sec., *Præfat.*, 5), reproduit dans l'apparat avec la même orthographe ; *fingmenta* (*ibid.*);

j'ajouterais même *Calimachus* (passim, dans la pièce de ce nom), *Andronichus* (à côté de *Andronicus, passim*, de la même pièce) etc. Quelques-unes des conjectures personnelles de M. S. sont ingénieuses et excellentes : *Attonitis* (*Gongolf.*, 177); *desierat* (ibid. 178); *quamvis stem* (*Maria*, 321); *rutilant* (*Agnes*, 429); *desistendo* (*Basil.*, 86) etc. Les lacunes et transpositions de vers sont soigneusement notées ; la correspondance entre les feuillets du ms et le texte de l'édition est indiquée en marge ; dans les drames en prose, les rimes chères à Hrotsvitha sont signalées à l'œil par un trait vertical (|). On ne se rend pas bien compte des raisons qui, dans les *Præfationes*, font espacer certains mots, laisser entre eux des vides ou présenter des lignes inachevées ; est-ce pour établir une correspondance rigoureuse entre chaque ligne du ms et chaque ligne du texte imprimé? Si c'est le cas, il serait utile de le dire.

Le volume se termine par un bon *Index nominum*.

L'édition de N. S. ne peut ni ne veut remplacer celle de P. de Winterfeld ; elle est autre et surtout plus accessible. Bien des vœux seraient comblés si l'éditeur se décidait un jour à y adjoindre, non pas tous les tableaux ou secours dont son prédécesseur a enrichi la sienne, mais seulement un *Index verborum*, aussi succinct, qu'il le voudra, et une sorte d'appendice (ou d'apparat) indiquant les sources et les modèles de Hrotsvitha. L'un et l'autre seraient fort intéressants ; le volume n'en serait pas démesurément grossi et la *Teubnériana* a déjà accepté des additions de ce genre dans des éditions critiques ; voir par exemple le Lucain de M. Hosius, ou le *Donati Commentum Terenti* de M. P. Wessner.

J. Vessereau.

---

163. — **Le génie de Tacite** (la Création des Annales), par Eugène Bacha. — Bruxelles, Lamertin, et Paris, F. Alcan, 1906, in-8 de 321 p.

S'il n'était déplacé d'employer une expression triviale en parlant de Tacite, auteur à coup sûr noble et grave, je dirais que, depuis quelque temps, il n'a pas de chance avec la critique : en moins de vingt ans, M. Hochart le dépossède de son œuvre pour en faire honneur à Poggio Bracciolini, M. Fabia lui refuse l'esprit scientifique, accusation, par le temps qui court, mortelle pour un historien, et voici M. Bacha qui fait de lui un romancier et un mystificateur.

Grand poète, d'ailleurs (p. 19) ; artiste, oh ! combien ! et même combien plus que ne se le figuraient jusqu'ici ses admirateurs, puisque ce qu'il donne modestement pour de l'histoire, il l'a tiré tout entier de son imagination ! M. B. ne lui marchande pas les éloges de cette nature... bien que, à vrai dire, nulle part dans son livre, sous ces grands mots d'artiste (p. 20, 63, 85, 91, 211 etc.), de poète (p. 19, 20, 61, 67, 83, 87, 157, 171), de génie créateur, on ne sente l'enthousiasme affectueux et ému, j'entends pour Tacite littérateur ; car j'accorde à M. B. qu'en tant qu'historien, s'il fut un fieffé menteur [1] et ce qu'on nomme un fumiste, il mérite les verges dont il est gratifié sans ménagement pendant plus de trois cents pages.

La thèse est nettement formulée, p. 19 et 20 : « Tacite a *imaginé créé, inventé* les Annales... Il a fait œuvre originale de *romancier*... Il n'a pas démarqué les auteurs, ni résumé des documents ; il a créé ». Tel est l'objet du livre, qu'on ne peut condamner sans le lire et sans voir s'il ne démontre pas ce qu'il annonce ; mais, dès la p. 20, nous nous trouvons en présence d'une affirmation étonnante et de nature à nous inspirer quelque méfiance : « *A première vue*, dit M. B., il n'y a là (dans le caractère de roman donné aux Annales) rien d'impossible ; telles qu'elles sont, *les Annales peuvent aussi bien avoir été écrites par un conteur de fables que par un historien*, et l'on n'a pas le droit de préjuger, avant examen, l'esprit dans lequel *le poète* les a composées. » Vous voyez l'artifice : pour M. B., il est certain *a priori* que Tacite est non un historien, mais un poète ; or c'est justement ce que nous sommes en droit d'attendre qu'il nous prouve. Les Annales ont été publiées entre 115 et 117 après J.-C.[2] ; Tacite écrivait par conséquent un demi-siècle après des événements qu'il exposait ; pour les plus récents, des témoins existaient encore ; pour les autres, nombre de gens en avaient en-

1. Voy. p. 28 : « il avait le tempéramment du menteur ».
2. M. B. : p. 18, dit sans beaucoup d'exactitude : « Il est établi aujourd'hui que Tacite a consacré la dernière période de sa vie (55 à 120, ap. J.-C.) à écrire l'histoire lamentable des quarante premières années de l'Empire (14 à 68, ap. J.-C.). »

tendu parler plus ou moins par la génération précédente; et enfin, on en avait écrit; et, si « nous avons perdu les œuvres historiques de Cluvius, de Fabius Rusticus et de Pline l'Ancien » (p. 41), l'époque de Tacite les avait encore à sa disposition... sans compter d'autres. *A première vue* par conséquent, n'en déplaise à M. B., il est beaucoup moins naturel de voir dans les Annales un recueil de fables qu'un récit historique, puisqu'il y avait des moyens de contrôle, et parce que Tacite pouvait difficilement, à la place des réalités, imaginer des faits importants et nombreux, et les mettre au compte de personnages connus, dont plus d'un avait encore des descendants; *à première vue*, on a « le droit de préjuger » que l'historien (il ne cessera de l'être que si votre livre montre qu'il ne l'est pas) n'a pas couru les risques de se faire contredire par ses confrères en travaux historiques et par ceux de ses contemporains qui, ayant reçu quelque instuction ou quelque notion du passé, n'avaient pas perdu toute mémoire.

M. B. alléguerait en vain qu'il y a des historiens menteurs et indignes de confiance : ces historiens ne mentent et ne sont à écarter que sur certains points par suite d'erreur, insuffisance ou mauvaise foi, mais non sur l'ensemble des faits matériels qu'ils rapportent, et, tout en mettant en garde contre leurs assertions, nul ne va jusqu'à dire qu'ils aient *inventé* l'histoire comme un roman ! D'après M. B. lui-même, il faut pour cela du génie, et le génie est rare !

Je sais bien que, prévoyant l'objection, M. B. cherche à se mettre à couvert par quelques restrictions prudentes. Ainsi, p. 77 : « Nous sommes parfois sans moyen de discerner[1] la donnée historique de la pure création »; p. 83 : « *Beaucoup de faits* qui avaient réellement retenu l'attention de la souveraine assemblée (le Sénat) *ont trouvé place* dans les Annales »; p. 87 : « Mais, on le pense bien, en ce qui regarde l'activité du Sénat, Tacite n'a pas seulement juxtaposé dans les Annales *des faits vrais* et des contes... Dans quelques chapitres, *le poète* s'est inspiré de *données historiques* pour composer des récits romanesques. A l'occasion, il a

---

[1] « Sans moyen *pour* discerner » serait mieux; la langue de M. B. n'est pas toujours irréprochable; p. 20 : « il a *œuvré* en artiste » (cf. p. 187), p. 31 : « chacun de *leur* côté », etc...

mêlé la fiction de la réalité, *le vrai au faux.* » Donnons acte à M. B. de ces déclarations, j'allais dire de ces aveux ; mais la question est justement de savoir s'il est possible que la proportion du faux l'emporte sur celle du vrai au point de déclasser l'ouvrage et, d'une histoire pour laquelle il se donne et que l'on a cru jusqu'ici qu'il était, en faire un roman et, dans l'ensemble, une fiction ; et encore, malgré les restrictions de M. B. et le soin qu'il prend de « faire la part du feu », nous continuerons de demander comment l'Antiquité, comment les contemporains de Tacite, moins d'un siècle après les temps évoqués par les Annales, ont pu s'y laisser prendre et accepter pour de l'histoire des *facéties*, des *malices* et des *extravagances* (voy. p. 171 ; 37, note ; 79 etc.).

Puis, si M. B. pose sa thèse d'abord avec clarté, il y met ensuite quelque confusion en introduisant une question à côté : « Tacite (voy. p. 20) n'a point passé ses journées dans les dépôts d'archives ou dans les bibliothèques » ; cf. p. 46 : « L'auteur des Annales ne s'est pas attardé à compulser des documents d'archives ». Soit ; mais ceci est le système de M. Fabia, et M. Fabia, tout en reprochant à Tacite de s'être contenté de renseignements de deuxième main et de n'avoir pas eu recours aux sources, n'en a pas conclu qu'il ait *inventé* « dans un dessein malicieux » (voy. p. 23 du livre de M. Bacha), qu'il ait voulu *mystifier* (p. 17), et que, parce que ses Annales ne seraient pas toujours de l'histoire très sûre, elles ne soient pas cependant de l'histoire. S'il « affecte d'avoir consulté les journaux du temps et les archives sénatoriales » (p. 24) et qu'il ne l'ait pas fait, il est répréhensible et perd quelque chose de son crédit comme historien ; mais, alors c'est la conclusion de M. Fabia qui s'impose, à savoir que les sources de Tacite sont insuffisantes, nullement la conclusion de M. Bacha, que Tacite a *inventé le contenu de ses sources* (même p. 24), comme il a inventé *tous les contes invraisemblables, paradoxaux, dérisoires, qui remplissent* ses seize livres d'Annales. »

M. B. aurait pu du moins prendre garde à ne pas pousser son antipathie pour Tacite jusqu'à tomber dans le défaut contraire à celui dont il lui fait un reproche : si Tacite, selon M. B., a inventé des faits, M. B., lui, nous sert pour imaginaires des faits réels. Ne lisons-nous pas, p. 55 : « Tacite présente sous forme d'une ancienne loi, *purement imaginaire,* la proposition qu'il attribue à

Silius » ? Voy. Ann. XI, 5 ; il s'agit de la *loi Cincia* ; de cette loi *imaginaire*, Cicéron parle trois fois *De Oratore* II, 286 et *De Senectute*, 10, Acl Attic. I, 20, 7, et Tite-Live en parle aussi XXXIV, 4, 9, et en donne la rubrique : *de donis et muneribus*.

P. 79, M. B. cite comme « absurde » le triomphe décerné à Germanicus par le Sénat « au cours des hostilités » ; voy. Ann. I, 55 ; mais II, 41, Tacite nous dit lui-même que ce triomphe n'eut lieu que deux ans après, et, sans doute, sous la République, nous savons qu'on ne le décernait pas par avance ; mais était-ce donc la seule chose qui eût changé? et en quoi cela est-il *absurde ?* Ce mot revient souvent sous la plume de l'auteur, voy. p. 53, 54, 77, 158, 161, etc. ; il ne saurait, non plus que d'autres, tels que *ridicule, invraisemblable* (voy. p. 58, 62, 77, et p. 72, 81, 95, etc.), tenir lieu d'une argumentation sérieuse.

P. 159, M. B. parle d'un poème *élégiaque* sur la mort de Drusus et renvoie aux Annales III, 49 ; si l'on se reporte au passage, on ne voit pas qu'il soit question d'*élégie*, et il semble bien que, M. B. confond ici ce Drusus avec l'autre, le fils de Livie et le frère de Tibère, en l'honneur de qui un poète inconnu a composé en effet sa longue élégie, dite *Epicedion Drusi* ou *Consolatio ad Liviam*.

Il faudrait choisir : tantôt M. B. nous dit que les inventions de Tacite sont « des créations d'art très délicates » (p. 47) ; qu'elles sont « composées avec tant d'habileté... que l'on serait prêt à défendre l'authenticité de chacun de ces récits... » (p. 50) ; que l'auteur « s'ingénie à créer l'illusion de sa véracité » (p. 214) ; tantôt il condamne en détail comme *absurdes, ridicules, invraisemblables* les faits que rapporte Tacite. Le *poète imagine* des *accusations ridicules* (p. 60, n. 1) ; « par amour de l'antithèse *absurde* », il conçoit *invariablement* des types dont les actes démentent le caractère « (p. 198 ; dans les procès », il ne tient *aucun compte* ni de la réalité, ni, de la *vraisemblance* « (p. 170). La vérité est, je le crains, que M. B. s'est embrouillé lui-même dans une thèse que je ne qualifierai ni d'*absurde* ni de *ridicule*, mais d'*invraisemblable*, et qu'avec une apparence de rigueur scientifique et après de nombreuses et consciencieuses recherches, il n'aboutit qu'à se contredire et à faire preuve, dans la critique, de l'imagination qu'il reproche à Tacite de mettre dans l'histoire.

On savait que Tacite est un esprit sombre, et, comme on dit aujourd'hui, pessimiste ; on savait qu'il a le goût de l'antithèse ; on savait aussi qu'il est en général hostile aux empereurs ; de ces trois constatations, M. B. est parti, exagérant et faussant, il a imaginé que Tacite invente des personnages *pour en dire systématiquement du mal* (p. 22), qu'il s'amuse à des *répliques de contes* (p. 21 et 85) et à des *récits géminés* (p. 85), et que Tibère et Néron sont innocents de tous les crimes qu'on leur impute (voy. p. 38 suiv., 60, 80, etc.). Si Suétone, qui jusqu'ici passait pour un chroniqueur exact et que M. B. appelle « un honnête grammairien », se trouve d'accord sur bien des faits avec Tacite, c'est que la lecture des Annales lui a révélé ces faits, mensongers d'ailleurs, mais auxquels il a ajouté foi aussitôt ; alors, le bon Suétone a remis sur le métier les portraits de Tibère et de ses successeurs, qu'il avait simplement exquissés (p. 32) ; « il a résumé le plus souvent en quelques lignes les histoires romanesques qu'il avait lues dans les Annales » (p. 33). Voilà un Suétone naïf que nous ne connaissions pas !

On a dit de Peerlkamp, à propos de ses travaux hypercritiques sur Horace, qu'il s'acharnait à ne pas comprendre ; il me semble que M. B. s'est mis, pour étudier Tacite, dans des conditions d'esprit assez analogues : en examinant son Appendice (p. 217-321), on se demande en quoi la plupart des faits, qu'il note chez Tacite comme invraisemblables, lui paraissent contradictoires et mensongers. M. B. me paraît avoir perdu de vue que l'histoire, c'est-à-dire la réalité, est plus dramatique et romanesque que bien des romans et des drames, et qu'elle est aussi moins variée qu'on ne le croit généralement. Enfin, cette idée bizarre de voir dans les Annales une *mystification* n'aurait-elle pas été inspirée à M. B. par la conception que Dessau s'est faite jadis de l'Histoire Auguste ? Je ne conteste d'ailleurs ni le talent que M. B. a mis dans son livre, ni l'agrément qu'on peut trouver à le suivre à travers ses recherches et ses raisonnements ; mais une thèse si paradoxale aurait besoin d'être soutenue par des arguments plus convaincants[1].

Frédéric Plessis.

---

1. M. B. a la foi : « Le jour, écrit-il, p. 217, où *il sera reconnu* que les Annales sont une composition romanesque... » !

164. — **Choix de textes religieux assyro-babyloniens**, transcription, traduction, commentaire, par le P. Dhorme, des Frères Prêcheurs. — Paris, Lecoffre-Gabalda, 1906, in-8 de xxxvii-406 pp. (Prix : 12 fr.)

Cet ouvrage contient la transcription, la traduction et le commentaire des principales légendes mythologiques babyloniennes : Poème de la création, Mythes d'Adapa et d'Etana, Epopée de Gilgamesh et déluge, Descente d'Ishtâr aux enfers, etc... et aussi de quelques hymnes, psaumes et textes cultuels.

Avant d'aborder l'étude de chacun de ces textes, le P. Dhorme en donne dans l'introduction générale une analyse suivie d'une bonne esquisse de la religion babylonienne d'après ces documents. Je ne m'explique pas seulement pourquoi il renvoie à l'ouvrage d'un autre auteur, aux *Etudes sur les religions sémitiques* du P. Lagrange, pour l'analyse de textes aussi importants que l'épopée de Gilgamesh et les mythes d'Adapa et d'Etana.

La transcription et la traduction forment naturellement le corps et la partie la plus importante de son travail. Il m'est impossible ici de les discuter pas à pas. La transcription paraît faite avec soin, je dirais presque avec un soin exagéré, car le P. Dhorme pousse la conscience jusqu'à nous signaler des variantes aussi inutiles que *li-ish* dans *elish* et dans *shaplish*, p. 2, ligne 2. Mais la lecture en est coupée, précisément par les variantes qu'il a eu l'idée plutôt fâcheuse d'introduire dans le corps de la ligne. Il y a là une innovation peu heureuse.

La traduction a le double et très grand mérite de serrer de près le texte et d'être écrite en bon français. Le P. Dhorme a pris, nous dit-il, pour guide le travail de Jensen, *Mythen und Epen*. C'est dire que son œuvre est généralement exacte. Sur plus d'un point, il a essayé, parfois avec bonheur, d'améliorer l'interprétation du savant allemand ou des autres assyriologues qui ont étudié ces textes. Il aurait pu encore perfectionner la traduction de quelques passages : ainsi dans la *Descente d'Ishtâr aux enfers, recto*, ligne 71, *muruts ahi* ne signifie pas « maladie du côté », mais « maladie du bras », voir *Recueil de travaux*, t. xxiv. — Les lignes 13-14 du *Déluge* ne doivent pas se traduire : « Cette ville est vieille et les dieux (qui habitent) en elle à faire le déluge leur cœur les a poussés, eux, les dieux grands » mais : « Cette ville est vieille et les dieux à faire le déluge en elle leur cœur les a poussés, eux les dieux grands ». Les mots « qui habitent » ne sont ni exprimés ni sous-entendus dans le texte. — Le P. Dhorme traduit p. 137, ligne 48-49 : « Que la plaine étendue enfante du sel ! qu'il pénètre en son sein ! que la plante ne sorte pas ». Il n'est guère plausible que le sel doive pénétrer dans le sein dont il vient de sortir. Je préférerais : « Que la plaine étendue enfante du sel ! que son sein se déchire, que la plante ne sorte pas ! » c'est-à-dire que son sein se déchire sans produire de plantes. — A la même page, ligne 52, il est fort douteux que le mot *etitu* désigne ici une plante épineuse ; ligne 60, *asaku* signifie « affaiblissement » plutôt que « calamité »

Le commentaire est abondant. Il suppose une lecture et un travail considérables. Peut-être le P. Dhorme a-t-il un peu oublié qu'il travaillait surtout pour des théologiens, car il n'y fait guère que de la philologie. Les assyriologues y relèveront des essais heureux et des hypothèses intéressantes. Mais il leur semblera que sur plus d'un point il aurait pu être abrégé sans inconvénient. Par exemple, son auteur nous apprend p. 7, ligne 21 que *innendû* est le nifal de *emédu* ; p. 112, ligne 126 que *ashiru* et *ashbi* sont deux permansifs qal de verbes a première radicale waw ; p. 398, ligne 9, que *tubbu* est l'infinitif pied de *tâbu* ; l. 11, que *dummuqu* est, l'infinitif piel de *damâqu* ; p. 399, ligne 28, que *qartsê akâlu* signifie « calomnie » etc. Tous les assyriologues en herbe savent cela après six mois d'étude, et je pourrais allonger la liste.

Malgré ces imperfections inévitables dans une première production, l'ouvrage du P. Dhorme reste un travail sérieux et solide. Beaucoup de gens parlent des légendes mythologiques babyloniennes, qui ne les connaissent que de loin. Il leur permettra de se documenter dans une traduction qui ne peut pas être définitive sans doute, mais qui paraît bien dans son ensemble aussi fidèle que le permettent l'état actuel de la philologie assyrienne et les nombreuses lacunes de ces textes.

François MARTIN.

165. — **Le Livre d'Hénoch**, traduit sur le texte éthiopien, par François Martin, professeur de langues sémitiques à l'Institut catholique de Paris, et par L. Delaporte, J. Françon. L. Legris, J. Pressoir, membres de la conférence d'éthiopien (1904) de l'Institut catholique de Paris. — Paris, Letouzey et Ané, 1906, in-8 de cli-319 pp. (Prix : 7 fr. 50).

On ne conteste plus l'importance des apocryphes pour l'intelligence de la Bible. Ces productions littéraires toutes spéciales ont avec le Recueil sacré d'étroits rapports et si elles n'en expliquent pas le contenu, elles en éclairent considérablement le dehors. On avait malheureusement jusqu'ici trop négligé l'étude de ces documents. Ecrits en des langues anciennes, dont la connaissance était le monopole de quelques rares privilégiés, ils étaient restés inaccessibles au grand public, et les Professeurs d'Ecriture sainte eux-mêmes ne pouvaient les utiliser dans leur enseignement. Depuis quelque temps, les Apocryphes de l'Ancien et du Nouveau Testament avaient, il est vrai, attiré l'attention des érudits allemands et anglais et donné naissance à des travaux fort sérieux ; mais, pour des motifs que nous n'avons pas à discuter ici, on était resté chez nous en retard sous ce rapport. Il y avait là une lacune à combler. Bientôt, elle n'existera plus : M. François Martin, professeur de langues sémitiques à l'Institut Catholique de Paris, a entrepris de publier, « dans des recueils manuels à la portée du grand public, la traduction critique et annotée de tous les documents nécessaires à l'étude de la Bible. » Il commence son œuvre par la série des Apocryphes de l'Ancien Testament ; le *Livre d'Hénoch* a brillamment inauguré cette série. Nous secouons ainsi le joug de l'étranger et, pourvu que cet élan continue, le temps n'est pas loin où nous aurons chez nous de quoi vivre et où nous pourrons nous dispenser de demander à l'Allemagne des instruments de travail. Avec une modestie qui l'honore et qui est la marque du vrai savant, M. François Martin a associé à sa publication les membres de sa conférence d'éthiopien de l'année scolaire 1904-05.

L'auteur est absolument maître de son sujet. Pour tout ce qui concerne les procédés de la technique moderne, son ouvrage ne laisse rien à désirer. Une magistrale introduction, (150 pages) en expose l'apparat critique. Le *Livre d'Hénoch*, tel que nous le possédons aujourd'hui, a traversé bien des vicissitudes. Le texte original s'en est perdu, et nous ne le connaissons que par des traductions, dont l'éthiopienne est la seule complète. A noter, dans cette introduction, le soin avec lequel M. Martin examine et discute le problème littéraire que soulève le *Livre d'Hénoch*. Après avoir passé en revue les diverses hypothèses des savants, il montre ce qu'elles peuvent avoir de fondé et propose ses vues personnelles. Sa conclusion est que le *Livre d'Hénoch* présente un caractère extrêmement composite. Nous avons affaire à une mosaïque formée de neuf ou dix œuvres ou traditions distinctes, mais qui toutes se rattachent au cycle hénochien. Dans l'état actuel des documents cette conclusion est ce qu'il y a de plus probable, et même de critiquement certain. Le mérite de M. Martin est de l'avoir dégagée d'une minutieuse analyse des documents sur lesquels a porté son enquête, c'est-à-dire de tout ce qui nous reste du *Livre d'Hénoch*.

Le reste de l'ouvrage est tout entier consacré à la traduction. Une comparaison suivie avec le texte éthiopien permettrait d'en contester peut-être quelques détails mais aussi d'en faire ressortir les qualités ; en tous cas, son aspect général suffit à conditionner le jugement de la critique, et, de ce point de vue, on peut dire qu'il serait difficile de faire œuvre plus sérieuse. — La traduction s'accompagne de deux séries de notes : les unes enregistrent les variantes, les autres éclaircissent le texte. Grâce à ces notes, le lecteur pourra suivre plus facilement l'enchaînement des idées. D'aucuns trouveront peut-être que ces notes multipliées compliquent la trame de l'ouvrage et en alourdissent l'allure. Le savant en jugera autrement ; lorsqu'il s'agit de nous introduire dans un labyrinthe tel que le *Livre d'Hénoch*, on ne saurait trop multiplier les fils conducteurs destinés à guider notre marche. Tout au plus pourrait-on désirer que l'auteur eût adopté pour ces deux séries de notes une typographie différente.

L'ouvrage se termine par des tables, qui permettent au lecteur de trouver immédiatement les renseignements dont il a besoin.

Le *Livre d'Hénoch* sera d'une très grande utilité au théologien et à l'éxégète. Ce qui le caractérise surtout, c'est qu'il constitue une excellente contribution à l'histoire de l'idée messianique dans les cercles juifs. Les expressions si suggestives de « *Messie* » et de « *Fils de l'Homme* », dont l'emploi dans le Nouveau Testament soulève encore tant de difficultés d'interprétation, y trouvent une sorte de commentaire et des éclaircissements préalables. Toute histoire, quelle qu'elle soit, s'imprègne forcément du milieu où elle se forme et se développe et en reflète les aspirations et les tendances. On ne peut la comprendre qu'en se plaçant soi-même dans ce milieu ou en l'évoquant. Le venue de Jésus-Christ a été précédée d'un courant d'idées dont quelques-unes ont trouvé place dans les écrits néo-testamentaires. Pour bien les comprendre il faudra nécessairement remonter à la source d'où elles émanent, les surprendre dans leur épanouissement même, et en suivre le développement jusqu'au moment de leur insertion dans le Nouveau Testament. Pour qui ne veut point, en effet, se contenter d'une apologétique purement personnelle, mais qui tente une justification impersonnelle de sa foi, il n'est pas de problème plus vital que celui de la transcendance et de l'enseignement du Christ. Notre science de Jésus-Christ est-elle le résultat du témoignage rendu par Jésus de lui-même, ou bien pouvait-elle se réduire au jugement tout interprétatif porté sur Jésus-Christ par les premières générations chrétiennes à travers le messianisme de l'époque? La pensée de Jésus se meut-elle servilement dans les rêveries apocalyptiques, ou bien a-t-elle imprimé une forme divine aux symboles grossièrement réalistes de ses contemporains? Autant de problèmes que la comparaison de nos Evangiles avec les documents subsistants de la pensée juive à l'époque de la venue du Messie, peut contribuer à résoudre.

De tous les Apocryphes, aucun n'est probablement plus utile à ce but que le *Livre d'Hénoch*. Tout théologien sérieux sera désormais obligé d'en tenir compte. Ce serait se condamner à se mouvoir dans un cercle d'hypothèses aventureuses que de fermer les yeux à la lumière qui nous vient de ce côté.

Pour ce motif, la science catholique ne pourra qu'être reconnaissante à M. François Martin pour le service qu'il vient de lui rendre. La publication du *Livre d'Hénoch* est une date et cette date ouvre chez nous une époque.

J. CARTIER.

166. — **Le poète J. Fr. Regnard, en son château de Grillon**, étude topographique, littéraire et morale, par Joseph GUYOT. — Paris, Alphonse Picard et fils, 1907, in-8. (Prix : 20 fr.)

« Notre connaissance approfondie de l'histoire de cette région, de sa topographie et de sa physionomie dans le passé ; un fidèle souvenir d'enfance qui retrouve encore sous l'herbe des prés des vestiges aujourd'hui anéantis, nous permettent de replacer dans son cadre du temps et dans son vrai jour cette attachante figure de Regnard qui, depuis plusieurs années, semble avoir reconquis toute sa légitime popularité. » Tel est le dessein que M. Guyot a su réaliser avec beaucoup de bonheur ; son agréable étude d'histoire régionale est en même temps une contribution à l'histoire littéraire de Regnard et de la comédie à la fin du xviie siècle. Il nous donne d'abord une description pittoresque et précise du château de Grillon, de ses jardins, de ses eaux, de la vie qu'y menait le seigneur du lieu. Grillon est entouré de toutes parts de châteaux où l'on recherche la gaîté spirituelle du poète ; c'est une occasion pour l'auteur de nous promener dans toutes les seigneuries des alentours, à Saint Mesme, à Bâville, résidence des Lamoignon qui fleure un parfum d'honnêteté et de bonnes lettres, au Marais plus frivole où le rire naît souvent de la malignité. Partout on fête l'homme d'esprit, car Regnard a ses entrées partout en qualité de lieutenant des eaux et forêts, capitaine du château, grand bailli d'épée de Dourdan, seigneur féodal qui lui-même a ses vassaux.

Cette petite ville de Dourdan rappelle bien des souvenirs littéraires ; c'est elle, nous assure-t-on, à laquelle songeait La Bruyère, dans son chapitre « de la société ». M. G. nous en donne un piquant commentaire historique dans son chapitre quatrième : « la société de Dourdan ». Très animé et amusant le tableau d'une soirée qui fait revivre les charmes vieillots et les innocents ridicules de ce petit monde provincial.

A Grillon, chez Regnard, la vie est plus gaie, plus large, plus libre ; pendant les mois de la belle saison, les honneurs y sont faits par les deux demoiselles Loyson, Doguine et Tontine, toujours escortées de la mère Loyson. Nous entrevoyons le demi-monde du grand siècle. Tableau charmant, page 83, d'un souper à Grillon, tracé d'une plume facile et pittoresque. Mais voici les heures sérieuses: le poète compose laborieusement ses vers faciles; nous le surprenons au travail dans son cabinet. La partie littéraire de cette étude, bien qu'un peu superficielle est agréable et ne manque pas d'idées fines. Pages intéressantes sur les goûts littéraires et les lectures de Regnard; très fine analyse des nuances du rire de ce grand rieur, p. 133 s. qq. Regnard est un curieux mélange de bon sens et de folie épicurienne; il a beaucoup voyagé, mais rien de ce qu'il a vu ne pénètre dans son œuvre. Comme ses contemporains, il n'a pas de curiosité cosmopolite; on s'intéresse peu à cette époque au spectacle changeant du monde. Il ne conserve de ses pérignations qu'un léger scepticisme qui vient doubler son insouciance innée. Il ne fera pas du Molière, conclut M. G. et il oppose à la main rude du plébéien, la caresse délicate du grand seigneur: il aurait dû ajouter que Regnard imite pourtant sans scrupule les procédés et les jeux de scène de Molière; l'essentiel du drame lui échappe; il ne sait pas descendre au fond du cœur humain. La partie documentaire est excellente: M. G. donne la vie à tous ces actes de notaire ou d'état civil: il s'émeut devant ce petit cahier jauni d'inventaire qui, en face du corps à peine refroidi du poète, s'est promené dans tous les coins et recoins de l'élégante demeure. Et c'est ce qui donne à ce livre écrit par un amateur distingué et ami des lettres un charme délicat que l'on goûte rarement dans les publications analogues.   A. Prat.

---

167. — **Pascal et son temps**, par Fortunat Strowski, professeur à l'Université de Bordeaux. 1re partie: *De Montaigne à Pascal*. — Paris, Plon, 1907, in-12 de iv-286 pp. (Prix : 3 fr. 50).

M. Strowski a raconté, dans son ouvrage d'un talent si distingué et d'une si profonde pénétration sur Saint François-de-Sales, la renaissance du sentiment religieux en France au commencement du xviie siècle. Nul n'était mieux désigné pour reprendre et continuer cette histoire. Un sujet de concours proposé par l'Université de Fribourg lui a fourni l'occasion ou le prétexte qu'il cherchait sans doute; et cette fois il a pris pour centre de son étude la grande personnalité de Pascal. La première partie de cet ouvrage est le livre que nous signalons.

M. Strowski s'y est proposé de restituer le « milieu », de retrouver et de suivre les grands courants de la pensée religieuse qui ont abouti au jansénisme et aux luttes plus que civiles que le jansénisme fit naître parmi la société religieuse dans la seconde partie du xviie siècle. Ce dessein a été magistralement réalisé. Je n'ai pas à analyser ici ce qu'il dit du « courant stoïcien », du « courant libertin » et du double mouvement qui par la suite se dessina dans l'église catholique : je renvoie à son livre. Mais ce qu'il faut dire, c'est qu'avec un talent digne des plus grands éloges, il a su faire un ouvrage à la fois clair et vivant, sérieux comme un livre de science et animé comme la libre création d'un artiste. Il a réalisé ce tour de force de donner une vue schématique des tendances qui se sont alors manifestées, heurtées, confondues, sans qu'il y ait trace de cet artifice, de cette sécheresse que présente un schéma. C'est l'analyse la plus claire et c'est en même temps le récit le plus alerte. Qu'il y ait peut-être une simplification dont au premier abord on puisse être inquiet; que le ton parfois en paraisse... comment dirai-je? *leste* dépasserait ma pensée, mais enfin presque un peu trop dégagé, je ne le nierai pas. Mais, malgré ces très légères chicanes, j'ai plaisir à reconnaître que c'est à la fois une œuvre de science, une œuvre de sincérité, une œuvre d'art; ce livre restera.

Je puis dire, dès maintenant que le second volume, qui vient de paraître et dont je rendrai compte prochainement, égale, s'il ne le dépasse, le premier volume. G. Michaut.

---

168. — **Littérature italienne,** par Henri Hauvette. (Collection *Histoire des littératures*). — Paris, A. Colin, 1906, in-8 de xii-530 pp. (Prix : 5 fr.)

M. Henri Hauvette nous avait déjà donné, par ses nombreux travaux et notamment par sa thèse si remarquée sur Alamanni, l'occasion d'apprécier l'ampleur, la solidité de son érudition, la rigueur de sa méthode, et l'ingéniosité de sa critique. Il rend aujourd'hui aux italianisants et à tous les lettrés un service dont ceux-ci ne sauraient manquer de lui savoir gré. En fait de littérature étrangère, nous passons avec une égale facilité de la plus superbe ignorance aux engouements les plus irréfléchis. Il faut donc toujours remercier ceux qui, comme M. H., viennent nous renseigner sur la vie intellectuelle, passée et présente d'un autre peuple. Notre auteur l'a fait d'une façon claire, méthodique et bien personnelle. On sent sous l'élégant monument qu'il vient d'élever à la gloire du génie littéraire italien, les fortes substructions d'une information très complète. Grâces soient toutefois rendues au bon goût qu'il a eu de n'en point faire étalage. On trouvera dans ce livre l'amorce des études que l'on voudrait entreprendre sur quelque écrivain italien que ce soit; mais les grands noms, les noms qui appartiennent à la « Weltliteratur », y occupent une place prépondérante. Dante, Pétrarque, Boccace, Machiavel, l'Arioste, le Tasse, Goldoni, Alfièri, Manzoni, Leopardi, Carducci sont étudiés avec ampleur : c'est tout ce que demande un honnête homme qui n'est pas spécialement curieux des menus recoins de l'histoire littéraire italienne. La littérature contemporaine, celle sur laquelle l'actualité des traductions ou des adaptations théâtrales appelle le plus souvent l'attention du « grand public », a été l'objet de soins particulièrement diligents. Les développements que lui consacre libéralement M. H. seront fort précieux. — On regrettera seulement que M. H. se soit montré par trop sobre d'indications bibliographiques. Sans s'engager dans la « selva selvaggia », si touffue, des ouvrages italiens consacrés à la littérature italienne, il aurait pu, en bien des cas, renvoyer le lecteur à des livres français. Cela eût formé un ensemble de « sussidi » qui n'était pas négligeable et qui aurait rendu les plus grands services, même si M. H. n'eût indiqué que les écrits postérieurs à l'utile, quoique déjà ancienne, *Bibliographie italico-française* de Blanc (Milan 1886) qu'on s'étonne de ne pas lui voir citer. — Une autre conception de M. H. paraîtra discutable : c'est sa division des « époques » de l'histoire générale des lettres italiennes. Il creuse, notamment, un fossé profond entre Dante et Pétrarque. Sans nier la tonalité bien moderne de la sensibilité de Pétrarque, ne peut-on continuer à croire qu'il n'en a pas moins été l'héritier du grand rêve gibelin qui fut celui du Moyen Age et de la *Divina Commedia*? De même M. H. considère l'Arioste comme l'ultime produit de la brillante floraison du génie italien. Avec lui meurent spontanéité, grâce et fantaisie. C'est la fin de l'âge d'or, et le Tasse ne serait que l'initiateur responsable de cet art tout conventionnel dont faillit mourir, un peu plus tard, la poésie italienne. Je trouve M. H. bien sévère pour le Tasse, qui ne fut, à dire le vrai, qu'un Ovide, mais un Ovide supérieur. Il y a dans l'art si classique du Tasse des qualités qui ne sont point méprisables. D'ailleurs M. H. n'est peut-être point aussi iconoclaste que je le fais. Il reste que sa vue générale diffère sensiblement de la conception traditionnelle et quasi nationale que les Italiens aiment à se faire de la suite de leurs grands écrivains. Il a une façon originale d'en dessiner la courbe. On voit que le plan de cette *Littérature italienne* est bien personnel. Le mérite n'est pas mince en un sujet si rebattu ; — et ce n'est point le seul de cet excellent et très littéraire ouvrage de science bien française.

Jacques LANGLAIS.

---

169. — **Cartulaires de l'abbaye de Molesme (916-1250).** Recueil de documents sur le nord de la Bourgogne et le midi de la Champagne, publié par Jacques LAURENT. (Collection de documents publiés avec le concours de la commission des antiquités de la Côte-d'Or). — Paris, Picard, 1907, in-4 de XXXII-354 pp.

C'est une habitude assez générale, chez les éditeurs de Cartulaires, de ne donner au public l'introduction et les tables de leurs ouvrages qu'un temps assez long après la publication des textes eux-mêmes. M. Jacques Laurent, rompt avec cette tradition en faisant paraître un beau volume d'introduction avant de publier les 1033 chartes contenues dans les deux plus anciens cartulaires de Molesme. Ces deux précieux recueils, dont M. Laurent a entrepris l'édition, sont aujourd'hui conservés aux archives départementales de la Côte-d'Or. Le plus ancien est du XIIe siècle, le second du XIIIe. Si l'abbaye de Molesme, fondée seulement en 1097, n'a pas conservé dans ses archives de documents aussi anciens que ceux de l'abbaye de Cluny, par exemple, elle n'en est pas moins riches en actes du début de la période féodale, actes très intéressants au point de vue de la géographie historique et de l'étude de la fonction des principales Seigneuries de la Bourgogne septentrionale.

L'auteur a naturellement consacré comme c'était son rôle, une partie de son travail à l'histoire des origines du monastère, de ses premiers abbés, de la constitution de son domaine temporel. On y trouvera, sur chacun des prieurés de Molesme, une notice brève mais très substantielle, avec des renseignements sur la manière dont était organisée l'administration des terres du monastère[1]. Je donnerai une idée de l'importance de cette partie du volume en disant que M. Laurent passe successivement en revue soixante-quatre prieurés d'hommes, sans parler des « granges » et des prieurés de femmes. Cependant, au point de vue de l'histoire générale, j'attirerai plus particulièrement l'attention du lecteur, sur les chapitres consacrés à l'étude diplomatique des actes anciens du chartrier de Molesme et à la géographie féodale de l'ancien diocèse de Langres, de la « Lingonie » pour employer l'expression de l'Auteur.

Celui-ci a constaté pour les pièces insérées dans les deux cartulaires qui doivent former l'élément principal de sa publication, une très forte proportion de documents rédigés en forme de notices. Mais ce n'est pas à dire que les compilateurs des cartulaires aient ainsi abrégé et pour ainsi dire transposé les actes qu'ils recueillaient. M. Laurent a montré, par l'examen des originaux qui subsistent encore, que la rédaction des notices, écrites par les intéressés, c'est-à-dire par les moines de Molesme, a été un mode très usité de constituer des titres de propriété. Cela s'explique par ce fait que le nombre des personnes susceptibles de faire rédiger en leur nom une charte proprement dite, était en somme assez restreint, surtout au XIe siècle, où même des comtes et des évêques semblent avoir adopté de préférence cette manière de procéder, plutôt que de faire rédiger des actes en forme par leurs scribes particuliers. Il résulte de cette observation que les notices très nombreuses qui figurent dans les cartulaires ne doivent point être considérées comme des remaniements plus ou moins altérés d'originaux en forme de chartes, mais comme des transcriptions d'originaux rédigés eux-mêmes en forme de notices, transcriptions dont nous pouvons dans un certain nombre de cas constater la fidélité.

Cependant, il arrive parfois que, pour certains actes dont nous avons conservé les originaux, le cartulaire donne des textes assez différents de ceux de ces originaux. Mais là encore, M. Laurent

1. Sans « prolégomènes » cependant sur la condition de la classe agricole, les mesures, etc, étude qui se fait mieux d'ailleurs d'après l'ensemble des recueils de chartes d'une même région.

croit pouvoir expliquer ces divergences par l'existence simultanée de plusieurs originaux d'un même acte, non identiques entre eux, cas dont nous avons quelques exemples isolés. Ce n'est pas à dire que l'abbaye n'ait pas, comme tous les monastères importants, conservé dans ses archives certains documents faux, en particulier, plusieurs privilèges des évêques de Langres. M. Laurent en a fait une critique très attentive, qui aboutit à la conclusion que la plupart de ces documents ont été fabriqués à la fin du XIIe siècle.

La troisième partie du volume (« La région Langroise. Histoire de la géographie de l'évêché de Langres ») dépasse quelque peu le cadre des chartes de Molesme. M. Laurent y passe successivement en revue l'évêché-comté de Langres, en s'attachant à faire sortir le véritable caractère de la Seigneurie épiscopale, et l'enchevêtrement de quelques-uns de ces fiefs avec ceux du duc de Bourgogne, — puis les circonscriptions féodales qui s'y rattachent : Lassois, Tonnerrois, comté de Bar-sur-Seine. On y trouvera d'utiles détails sur les origines des principales sireries de la région, et des aperçus intéressants sur la manière dont s'est développée dans la partie septentrionale de la « Lingonie » la suzeraineté du comte de Champagne auquel les évêques de Langres avaient fini par inféoder certains de leur châteaux, pour s'assurer un appui contre des vassaux souvent indociles. C'est là l'origine de l'évolution qui aboutit en fin de compte à ce fait qu'à la fin de l'ancien régime l'évêché bourguignon de Langres se trouvait compris dans le gouvernement de Champagne. — Il est cependant un point sur lequel l'argumentation de M. Laurent ne me paraît point pleinement convaincante : c'est lorsqu'il veut faire des comtes féodaux les héritiers des comtes des *pagi* carolingiens, de ceux de Fourvent par exemple, les représentants des anciens comtes de *pagus Hattuariorum*, de ceux de Bar-sur-Seine, les héritiers de ceux du Lassois, de ceux de Reynel, les héritiers des comtes d'Ornois. N'y aurait il pas là plutôt le cas de seigneurs féodaux prenant le titre de comte, dans les limites de leur fief? Que le mouvement ait été favorisé par la disparition des anciens comtes des *pagi*, c'est possible et même vraisemblable. Mais la question serait à examiner de plus près et à éclairer par l'étude des situations analogues qui ont pu se produire en d'autres points du royaume de France.

Il semble, que, depuis quelques années, les sociétés provinciales et leurs meilleurs travailleurs aient une tendance à reprendre les publications de cartulaires, quelque temps négligées. A en juger par le volume de M. Laurent, les chartes de Molesme étaient de celles qui méritaient d'être mises à la disposition des érudits. Il faut espérer que l'apparition ne s'en fera pas trop attendre [1].

R. P.

---

170. — **Paris sous le Consulat**, recueil de documents pour l'histoire de l'esprit public à Paris, par A. AULARD, professeur à l'Université de Paris. — Tome III (Du 1er floréal an X au 27 germinal an XI ; 21 avril 1802-17 avril 1803). — Paris, Cerf, Noblet et Quantin, 1906, in-8 de 847 p.

Nous avons déjà dit, lors de la publication des deux premiers volumes, tous les services qu'était appelée à rendre cette collection de documents, digne continuation du *Paris pendant la réaction thermidorienne et sous le Directoire*. Aux rapports quotidiens de la préfecture de police, aux « tableaux de la situation de Paris » dressés par le ministère de la police générale jusqu'à la fin de l'an IX et à partir de l'an XI par le ministère de la justice, l'éditeur a joint des extraits, impartialement et judicieusement choisis, des journaux quotidiens. A défaut d'appréciation politiques indépendantes, qu'à dater surtout du Consulat à vie le régime de fait imposé à la presse rendait impossibles, ces extraits fournissent sur la vie parisienne une chronique très nourrie, très instructive, parfois très amusante.

Dans la période que comprend le troisième volume, du printemps de 1802 au printemps de 1803, les points saillants sont l'affermissement du pouvoir absolu, pour le plus grand désespoir des irréconciliables de la royauté et du jacobinisme, la mise en vigueur du régime concordataire, la reprise précaire des relations diplomati-

---

1. J'ajoute que le volume est élégamment — et fort correctement — imprimé. Il est accompagné de plusieurs fac-similés de chartes (réduites), de tableaux généalogiques et de deux cartes dressées à une échelle suffisante pour être à la fois détaillées et claires, deux qualités qui trop souvent s'excluent.

ques avec l'Angleterre. Sur ces sujets, comme sur les menus événements littéraires et artistiques, le nouveau « recueil Aulard » renseigne abondamment les historiens et les érudits.

Il eût été utile, à partir de la promulgation du Concordat, de joindre au quantième du mois l'indication du jour de la semaine et même des principales fêtes mobiles, pour faciliter l'intelligence des rapports de police, qui font souvent allusion aux cérémonies des dimanches et fêtes. Ceci est moins une critique qu'un vœu en vue du tome IV.

J'ai relevé et je crois devoir indiquer ici un certain nombre de mots ou de phrases qui m'ont paru suspects. Le temps m'ayant manqué pour me reporter aux originaux, que j'ai dépouillés naguère, je me contente de placer entre parenthèses la variante que je propose sans la garantir aucunement. — 87 : « faire *remplacer* M. de Juigné au siège archiépiscopal » (*replacer*). — 122 : « les bains *Vigée* » (*Vigier*). — 313 : « le ministère [ecclésiastique] est exercé par un *député* nouvellement rentré » (*déporté*). — 350 : « Les généraux *Régnier* et Delmas » (*Reynier*). — 404 : « la ci-devant comtesse de *Faudoase* « (*Faudoas*). — 439 : « *Casanova*, le plus célèbre sculpteur d'Italie » (*Canova*). — 452 : « On *en assure* de l'existence d'un libelle ». (On *est assuré*). — 538 : « *Torre* la Sonde » (j'ai eu jadis entre les mains une note de feu M. Alfred Bégis, appelant ce personnage *Tort* de la Sonde). — 561 : « *Balby*, fils de *Vancienne*, maîtresse du comte de Lille » (*Balbi*, fils de *l'ancienne* maîtresse du comte de Lille). — 741 : « *Cretté* » (*Cretet*). — 754 : « Les bains *Vigié* » (*Vigier*). — 768 : « M. de *Monteron* » (*Montrond*). — 825 : « L'ancien *gouverneur* n'avait pris aucune mesure » (*gouvernement*). — 838 : « il n'y a eu aucun de ces billets [de banque] en *omission* » (*émission*.)

* *

Souvenirs d'un Parisien pendant la Seconde République (1830-1852), par Henri Boucher. — Paris, Perrin, 1908, in-16 de 469 p. (Prix : 3 fr. 50).

Ce volume posthume est édité par les neveux de l'auteur, conformément à ses dernières volontés : c'est la raison d'être et l'excuse de cette publication.

Je sais en effet peu de lectures qui m'aient davantage déçu. Il s'agit, contrairement à ce qu'indique le titre, non point de *Souvenirs* rédigés après coup, mais d'un *Journal* tenu à peu près quotidiennement, et ce devrait être là un intérêt de plus. Mais au lieu de l'écho des journées de Juin, du duel entre Louis-Napoléon et la Législative, du coup d'Etat et de la dictature, nous n'avons que les très termes et très fastidieuses confidences d'un employé de ministère sur les lenteurs de l'avancement et les minuties de la vie de bureau.

Il y a un demi-siècle déjà (ce n'est point une révélation), les employés de ministère consacraient à la lecture une bonne part, la majeure part souvent, de leurs heures de bureau. « Journée au ministère, » écrivait Henri Boucher avec la sérénité d'une conscience admirablement en repos : « huit grandes pages à copier. Je me rafraîchissais de temps en temps par la lecture d'une des poésies d'Alfred de Vigny. J'ai ainsi absorbé tout le livre. » (P. 254). Cette pratique nous vaut une série de jugements littéraires, qui sans briller par une très grande originalité, ne laissent point parfois d'être inattendues : c'est ainsi qu'après avoir lu, toujours au ministère, le *Discours sur l'histoire universelle*, notre employé modèle daigne concéder à Bossuet « un véritable talent » (P. 324). Mais son auteur et prédilection est... Casimir Delavigne, qu'il proclame supérieur à Théophile Gautier pour la verve poétique et à Emile Augier pour la *vis comica*! Toutes les opinions littéraires sont défendables.

Mieux que les résumés de lectures d'Henri Boucher, on goûtera les paysages parisiens qu'il esquisse au courant de la plume. Il était beaucoup plus accessible que la plupart de ses contemporains au charme des crépuscules contemplés au passage des ponts, ou des couchers de soleil dans l'avenue des Champs-Elysées.

Il fait enfin l'amusante description de deux ou trois séances académiques, en mettant en relief la spirituelle laideur de Villemain. Il rapporte le réaliste et bouffon *interwiew* (comme nous disons à présent) de la portière de Juliette Drouet, maîtresse de Victor Hugo. Mais franchement, une dizaine de pages divertissantes nous dédommagent mal de l'insommensurable ennui qui se dégage du reste du volume.

De L. De L.

171. — **La Révolution de 1830 et le procès des ministres de Charles X**, par Ernest DAUDET. Nouvelle édition revue et augmentée. — Paris, Hachette, 1906, in-16 de XVI-301 pp. (Prix : 3 fr. 50).

Nul n'était plus apte que M. Ernest Daudet à raconter cette dramatique histoire du procès des ministres de Charles X, qui avait déjà inspiré à l'un de nos collaborateurs, M. de Lanzac de Laborie, un discours érudit et suggestif [1]. Historien de l'émigration et du ministre Martignac, éditeur des lettres de Louis XVIII à Decazes, M. Ernest Daudet connaît merveilleusement l'époque qui va de 1789 à 1830; des archives précieuses, celles des Decazes, des Blacas, lui ont été ouvertes, et aux documents qu'on lui fournissait se sont jointes des communications orales d'une indéniable valeur. M. Ernest Daudet était donc bien outillé, et il use de toutes ses ressources avec une sincérité qui n'est pas toujours sans courage. Sévère pour les funestes ordonnances et pour les ministres qui les avaient signées, pour celui surtout qui en a encouru devant l'histoire la principale responsabilité, il n'en signale pas moins dans la révolution de 1830 « une révolution à jamais regrettable » qui faisait au régime parlementaire (je suis tenté d'ajouter, à la France) « une inguérissable blessure de laquelle devait périr, dix-huit ans plus tard, la monarchie de juillet, fondée sur ce régime. » D'autre part, il loue les hommes qui, au lendemain de la révolution, s'efforcèrent de réfréner les passions qu'elle avait déchaînées, et, dans le procès des ministres, firent prévaloir des principes de modération et de justice. Aux cris de mort d'une foule affolée qui demandait des têtes, la cour des pairs, après des débats d'une grandeur tragique et encore émouvante, rendit un arrêt sévère sans doute, mais qui épargnait le sang des accusés. Ce sang, Louis-Philippe ne voulait à aucun prix qu'il fût versé; et il décréta d'énergiques mesures pour que l'arrêt fût respecté. On peut hésiter sur la nature des motifs qui, en août 1830, avaient décidé le duc d'Orléans à accepter une couronne que lui offraient deux cent dix-neuf députés sans mandat. Quelque soit sur ce pre-

---

1. Prononcé à l'ouverture de la conférence des avocats, le 21 novembre 1887.

mier point le jugement définitif de l'histoire, s'il est jamais prononcé, on louera à bon droit le prince qui, au mois de décembre suivant, par une ferme attitude qui mettait en péril sa popularité des premiers jours, se montra vraiment à la hauteur de la tâche qu'il avait assumée.   A. LARGENT.

---

172. — **Guillaume II et son peuple**, par un pessimiste. Traduction française anonyme. — Paris, Perrin, 1907, in-16. (Prix : 3 fr. 50).

Guillaume II et son peuple est un factum de forme assez violente, qui après avoir fait éclater ses pétards en Allemagne, a voulu recevoir en France le couronnement indispensable d'une renommée scandaleuse. Mais ici, il a fait long feu. Il a ému les Allemands parce qu'il visait l'Empereur lui-même et « son encombrante personalité. » (p. 103.) En France, il n'a excité qu'une curiosité médiocre et mêlée d'un grain d'ironie. Ce sentiment est d'une exacte justice à l'égard d'un livre dont le parti pris est évident.

L'auteur nous laisse dans l'ignorance et de son nom et de son parti politique. Mais il semble bien qu'il soit un libéral parlementaire, protestant ou peut-être juif, si l'on en juge par l'accommodante souplesse avec laquelle il embrasse des opinions contraires, lorsqu'elles sont également défavorables à l'Empereur. En neuf chapitres assez mal composés, l'auteur pessimiste blâme, critique, censure, vitupère et ridiculise l'infatuation de l'Empereur, — sa façon autocratique de régner, — la corruption russo-américaine du fonctionnarisme, — le goût des façades et de la mise en scène qui règne à la cour et dans la politique, — le dédain de l'Empereur pour l'opinion publique, — ses prétentions de docteur de l'Eglise luthérienne, — l'esprit de caste des officiers et sous-officiers, — le mauvais goût officiel en matière d'art. Enfin il préconise l'observation scrupuleuse de la Constitution qui balance la souveraineté de l'Empereur par celle d'un Parlement.

Nous l'avouerons, la lecture de ces récriminations nous a un peu déçu. Il ne nous aurait pas déplu que l'auteur fût véridique et qu'il nous révélât des vices cachés et graves dans l'Empire. Nous souriions à la pensée que peut être on apercevait des germes de dissolution dans cet agrégat de peuples et d'Etats, que la force militaire prussienne était peut-être déchue et que d'aventure l'industrie allemande menaçait de péricliter. Il nous eût été agréable que ce pessimiste traitât, avec son désespoir lamentable, de l'armée, de la marine, des finances, du commerce, de l'industrie, de la diplomatie, des colonies, etc. Voilà les titres de chapitres que nous souhaitions à son livre ; voilà les institutions à propos desquelles nous voudrions voir s'assombrir l'humeur d'un sujet de l'Empire.

Il n'en est rien et bien au contraire le pessimiste doit reconnaître que « il est certain que dans toute l'armée, il y a encore des éléments sains et élevés. Il est certain qu'en cas de guerre, nous pourrions encore nous fier à elle. » (p. 150.) Et ailleurs : « oui, je l'accorde, nous avons fait maint progrès dans le domaine de l'industrie, des relations intérieures et de la vie matérielle. » (p. 172.) Et de nouveau : « A vrai dire, la politique de Guillaume II, par le fait qu'elle est avant tout coloniale et mondiale, a étendu nos horizons. » (p. 176.) Voilà à peu près les seuls passages où les choses soient appelées par leur nom : il s'y agit de faits dont on peut discuter et apprécier les résultats matériels en les rapportant à des normes sensibles. Ces quelques mots, secs comme un bilan, détruisent nos illusions. Ce pamphlet pourrait être aussi bien une copieuse mystification de 198 pages.

D'ailleurs notre pessimiste manque un peu d'équité à l'égard de ses compatriotes et nous avons dit qu'il n'échappait même pas à la contradiction. Il reproche à l'Empereur de prêter une oreille trop attentive à des conseillers officieux et occultes et il reconnaît en même temps que le chancelier d'Empire, personnage officiel, sait mieux que tout autre se faire entendre du souverain. Il ajoute : « Il est dans la logique des choses que les résultats péniblement arrachés par l'habile favori à son souverain ne puissent avoir une grande publicité. » (p. 49.) Cette phrase nous rend sceptique. Comment alors notre censeur connaît-il les secrets du cabinet et la part qui revient à chacun dans les décisions ?

D'autres critiques s'adressent à des défauts qui appartiennent au caractère historique et moral de l'Allemand. Après avoir repris l'Empereur de son dédain de l'opinion publique, l'auteur raille cette même opinion pour son mauvais goût artistique. A qui la faute, si les sujets du roi de Prusse sont de lourds béotiens ? Enfin s'il risque une prophétie sur l'avenir de la démocratie ou du socialisme, il est arrivé que les événements ultérieurs lui ont donné un démenti.

Deux textes cités par le pessimiste valent mieux que tout son libelle, pour leur sens et leur saveur. Ainsi le meilleur de son livre n'est pas de lui.

L'un de ces textes est emprunté à un discours prononcé par le comte de Ballestrem, lors du 41ᵉ anniversaire de l'Empereur. On y lit ceci (p. 56) : « Messieurs ! les Hohenzollern ont toujours été des hommes d'actualité... Voilà ce qu'a su faire notre empereur ; il a dit : j'incarne une époque d'expansion et de libre parole... » Et c'est pourquoi : « Il ne perd pas une occasion de dire son avis sur toutes choses. » Cette naïve conception du monarque-chroniqueur semble une caricature qui fait jaillir, en ses sources profondes, la joie de l'esprit. Bossuet prescrivait aux Rois le silence. Qui ne sait combien, en politique, la parole est décevante et une opinion toujours près d'être révolutionnaire ?

Mais voici une dissertation théologique de l'Empereur lui-même. La confusion du temporel et du spirituel en la personne de Guillaume peut nous choquer ; mais elle est essentielle au protestantisme. Là n'est d'ailleurs pas l'intérêt. L'impérial théologien explique qu'il y a une révélation constante ou historique. Dieu, père de la race humaine, en vue de favoriser son développement, se manifeste ou se révèle dans un sage, dans un prêtre ou dans un roi. Par exemple, « Hammurabi, Moïse, Abraham, Homère, *Charlemagne* (qui, outre-Rhin, passe pour un ancêtre allemand), *Luther* Shakespeare, *Gœthe, Kant, l'empereur Guillaume-le-Grand*, tous ceux-là, Dieu les a revêtus de sa grâce, pour attirer leurs contemporains vers tout ce qui est grand et immortel. » (p. 111.) Les Allemands se font la part belle : cinq sur dix. Comment après cela n'être pas persuadé que Dieu a mis ses complaisances dans la nation germanique ? Pourquoi même n'aurait-il pas des desseins sur l'Empereur Guillaume II ? Et le moyen de ne pas se flatter que Dieu est allemand ?

Nous avons réservé pour la fin ce qui est aussi à la fin de l'ouvrage. Le gouvernement personnel de l'Empereur, dit notre auteur, est naturellement favorable aux intrigues des camarillas. Or, « qui, plus que le jésuite, est désigné pour donner le courtisan le plus accompli?... Le jésuite plus ou moins déguisé a pris sa place dans la camarilla. » (p. 190.) Et dans l'esprit du pessimiste, il est clair comme le jour que le jésuite s'est emparé de toutes les influences. C'est lui qui remue derrière les tapisseries du cabinet impérial. C'est la congrégation qui perd l'Allemagne. Qui l'eût cru, qu'on dût trouver Rodin en cette affaire ?

Tel est ce livre inégal et tapageur. Il est parfois abominablement traduit. Souffrira-t-on cet exemple : « le gouvernement a réalisé trop tardivement que l'ouvrage soigné nécessitait d'autres conditions de vie que celles du piocheur de campagne. . l'opposition n'eut que trop le temps de se fortifier sous l'éclosion d'une série d'entreprises erronées et bornées, qui entraînèrent le gouvernement à sa remorque? » (p. 193.) Approuvons du traducteur l'anonymat prudent.

Pierre GILBERT.

---

173. — **Souvenirs d'Hier,** par Fernand LAUDET. — Paris, Perrin et Cie, 1907, in-16. (Prix : 3 fr. 50).

Ce n'est ici le livre ni d'un pédant, ni d'un professionnel. M. Laudet apporte à la culture des lettres la discrétion et la distinction suprêmes dont les gentilshommes ou les diplomates qui manient la plume auraient toujours pu se targuer — si leur goût même ne les avait empêchés de se targuer de quoi que ce pût être. Comme eux, M. Laudet éprouve, au début, le besoin de s'excuser : il n'a prétendu qu'à « fixer le souvenir de choses qui s'effacent. » Souvenirs dissemblables et dont le contraste avive l'intérêt.

Voici Rome, d'abord, vue de l'extérieur, par ses rues ; mais de même qu'un visage, à qui sait voir, signifie toute l'âme une rue témoigne pour toute une ville. M. Laudet sait voir et il sait montrer. Avec lui, lentement, en de charmantes flâneries, en des sinuosités voluptueuses, nous procédons par les larges voies modernes, disparates, là, et déconcertantes, par les « *piazze* », par les ruelles ou les venelles pittoresques, au milieu des riches équipages, des statues, des fontaines, des mendiants, devant la façade des palais, des églises, des boutiques en plein vent, sous la lumière qui fait éclater les couleurs et saillir nettement les lignes.

Non moins délicate, mais moins colorée peut-être, et plus fine, la seconde partie du volume retiendra davantage le lecteur attentif. M. Laudet y traduit l'âme de sa terre maternelle, la Gascogne ; non point en prétentieux ethnologue ou en poète ; il n'affecte pas d'autre allure que celle d'un observateur sympathique, mais averti, qui connaît toutes les haies des sentiers et tous les paysans des chaumières. Comment ceux-ci ont gardé, avec une partie du costume, l'essentiel du caractère d'autrefois ; quelles conditions cependant plus dures la vie leur impose ; les inévitables transformations économiques et leurs conséquences ; l'importance, au bourg, de ces quatre centres, la mairie, l'église, le château et l'école ; les difficultés quotidiennes et leurs délicats apaisements ; tous les détails de la vie d'un coin de France non pas arriéré sans doute, mais un peu moins rapidement entraîné que les autres par le cours du destin, M. Laudet nous les découvre et nous y attache. Les pages où il explique le rôle d'un maire de village, les diplomaties qu'il doit mener, et pourquoi son influence dépasse son effective autorité, offrent un modèle de pénétrante et familière analyse ; et il n'en est pas de plus simplement jolies que celles où s'évoque la vie des châtelains d'antan, confinés dans leur province, pour qui « un filet de bœuf était un objet de luxe qu'on commandait à Bordeaux ou même à Paris lorsqu'on mariait sa fille ou qu'on recevait l'évêque... »

Livre modeste et livre charmant. En contant ses souvenirs l'auteur y dévoile un peu de lui. On y aime sa mélancolie de demi-teinte, son désabusement souriant, l'absence de prétentions de son expérience résignée, la familiarité sobrement réaliste de son propos... Plus que d'autres ouvrages « cousus de rapetasseries étrangères et vergogneux de science empruntée » Montaigne, un compatriote, eût aimé celui-là. Maurice LEVAILLANT.

174. — **Recueil général des bas-reliefs de la Gaule romaine**, par Emile ESPÉRANDIEU, correspondant de l'Institut; tome I. Paris, Imprimerie nationale, 1907, in-4 de x-489 pp.

Il est toute une classe de petits monuments figurés, très négligés jusqu'ici et cependant plus utiles pour l'étude de la vie antique que les grands bas-reliefs historiques. Ce sont les images modestes qui ornaient les autels, les sacella, les ex-voto, les tombes, les maisons privées. Elles sont aujourd'hui disséminées partout. On en trouve beaucoup, oubliées dans les musées de province et dans les collections privées; il en est qui se voient encore encastrées dans les murs de constructions modernes, exposées à être détériorées ou à disparaître dans une démolition. Ces monuments sont nombreux en Gaule; plus encore à Rome et en Italie; beaucoup de ces derniers sont été signalés, mais, comme ceux de la Villa des Mattei, par les infidèles dessins du xviiie siècle. Quant à ceux de la Gaule, ils sont encore peu connus ou reproduits, parfois réunis dans des recueils locaux, tels ceux du Musée de Sens; mais alors, il faut, pour les étudier, des recherches bibliographiques assez longues ou des voyages dispendieux.

Aujourd'hui que les procédés photographiques permettent d'exécuter des reproductions fidèles et à bon marché, on pouvait espérer qu'un jour paraîtrait, avec une illustration complète, un recueil de ces précieux monuments; précieux monuments, en effet, car ils nous donnent les renseignements les plus précis sur de nombreux détails relatifs aux mœurs et aux coutumes des anciens; il suffit, pour s'en convaincre, de feuilleter le volume que vient de publier M. Espérandieu : on y verra des costumes militaires et civils; des meubles, tels que lits, tables, sièges; des instruments de métiers, d'agriculture, de musique, de sacrifice; des vaisseaux et de simples bateaux; des chars et des voitures; des charrues, des coffrets, des combats de guerriers, de gladiateurs, d'animaux; des divinités romaines ou topiques, des sujets mythologiques; des scènes de chasse, de la vie commune; des motifs d'ornementation, des sacrifices. Sur les arcs-de-triomphes, sont représentés des batailles, des trophées d'armes romaines et barbares, des pompes religieuses et triomphales. Sur les tombes, des portraits, tout à fait réalistes, fournissent des documents pour l'étude des types.

Le volume qui vient de paraître, disposé, comme le *Corpus des inscriptions latines*, dans l'ordre géographique, comprend les bas-reliefs des Alpes-Maritimes, des Alpes Cottiennes, de la Corse, de la Narbonnaise; ce sont les pays qui ont le plus subi, dans l'art, les influences artistiques de Rome et d'Alexandrie. Plus l'ouvrage s'enfoncera dans l'ancienne Gaule, plus nous rencontrerons dans les campagnes, des types de personnages caractérisés, des divinités sauvages, un art plus barbare et, à ce point de vue, plus instructif, parce que moins connu ; tandis que dans les grands centres l'art romain se sera implanté et dominera.

En Gaule, il existe un certain nombre de statues de divinités topiques, avec leurs attributs, qui ne sont pas connues. M. Espérandieu a voulu les tirer de l'oubli en leur faisant accueil parmi les bas-reliefs. Il a eu raison, car ces monuments complètent heureusement les renseignements que fournissent les bas-reliefs.

Cet ouvrage se composera de cinq volumes. La grande activité de M. Espérandieu permet d'espérer qu'il sera promptement mené à bonne fin. Le premier volume ne comprend pas moins de 835 numéros. Chaque monument est accompagné d'une vignette exécutée par la similigravure, soit d'après l'original, soit, quand celui-ci est perdu, d'après d'anciennes reproductions. La provenance et, autant qu'il est possible, l'histoire du monument sont soigneusement consignées, sans un mot de trop, soit, pour les inédits, par une simple indication, soit par la juxtaposition des textes empruntés aux auteurs qui se sont occupés du monument. Suit une bibliographie sagement restreinte aux manuscrits et aux publications essentielles par les renseignements qu'elles fournissent; plus abondante cependant quand le monument a disparu. Après l'image, l'auteur donne une brève description du bas-relief, l'indication du sujet, et, quand il y en a une, la lecture de l'inscription.

Je signalerai un bas-relief qui n'a pas trouvé place dans ce recueil. La faute n'en est pas à l'auteur, mais à moi. Ce petit monument m'a été donné par le regretté abbé Beurlier, qui l'avait rapporté d'Orange; il est en marbre et représente un Hercule, de style archaïsant, tenant l'arc et la massue. J'ai toujours oublié, quoi qu'en ayant la ferme volonté, de le communiquer à mon ami, le commandant Espérandieu. Il trouvera place dans les suppléments.

M. Espérandieu rend, par cette publication, un service signalé. Il a pris pour lui le travail fastidieux des voyages et des longs dépouillements bibliographiques, à la recherche de monuments dispersés par toute la Gaule, mentionnés dans une infinité de publications locales dont beaucoup sont peu connues et difficiles à trouver. Tous ceux qui bénéficieront de son labeur, archéologues, historiens, mythographes celtisants ne sauraient lui être trop reconnaissants.

Henry THÉDENAT.

175. — **Le cadastre de l'Afrique romaine**, — Étude sur plusieurs inscriptions recueillies par M. le capitaine Donau dans la Tunisie méridionale, par M. J. Toutain. Extrait des Mémoires présentés par divers savants à l'Académie des Inscriptions et Belles-Lettres, tome XII, première partie. — Paris, Imprimerie Nationale, librairie C. Klincsieck, 1907, in-4 de 46 p. et 2 cart. (Prix : 2 fr. 30).

M. J. Toutain étudie dans ce mémoire un ensemble de quinze bornes romaines, la plupart avec inscriptions, découvertes par le capitaine Donau, commandant du cercle de Kebilli, dans la Tunisie méridionale, au nord et au sud du chott El-Fedjedj. Nulle part encore, comme l'a remarqué M. R. Cagnat, on n'avait trouvé, en fait de monuments de cette nature, un ensemble aussi important que cette série, tant pour l'étude technique de l'arpentage romain que pour l'histoire de l'occupation romaine dans l'Afrique du Nord.

On sait comment procédaient les arpenteurs romains. Ils traçaient deux axes ou lignes de base, le *decumanus maximus*, voie dirigée approximativement de l'est à l'ouest, et le *kardo maximus*, voie perpendiculaire au *decumanus maximus*. Ils menaient ensuite, parallèlement à ces deux axes, à droite et à gauche du *decumanus maximus*, en-deçà et au-delà du *kardo maximus*, des lignes qui s'appelaient *limites*, et, de cinq en cinq, *limites quintarii*. Les *limites* parallèles au *decumanus maximus* étaient à égale distance les uns des autres; les *limites* parallèles au *kardo maximus* étaient de même également espacés entre eux. La distance qui séparait les *limites* parallèles au *decumanus maximus* n'était pas nécessairement la même que celle qui séparait les *limites* parallèles au *kardomaximus*; mais si l'entrecroisement des *limites* ne constituait pas toujours des carrés, il constituait au moins des rectangles. Des bornes avec inscriptions marquaient les sommets des angles de ces rectangles, points de croisement des *limites*, et indiquaient par exemple si l'on se trouvait au soixante-dixième ou au soixante-treizième *limites* à droite du *decumanus maximus*, aux deux cent quatre-vingtième ou au deux cent soixante-quinzième *limes* au-delà du *kardo maximus*.

Or un certain nombre des bornes retrouvées par le capitaine

Donau portent encore des inscriptions indiquant, par rapport au *decumanus maximus* et au *kardo maximus*, les numéros des *limites* au croisement desquels ces bornes étaient placées.

D'après ces données M. Toutain, tout en faisant la part de quelques éléments d'incertitude qui l'empêchent d'affirmer des résultats absolument précis, détermine approximativement les distances qui séparaient deux *limites* voisins, parallèles au *decumanus maximus*, et deux *limites* voisins, parallèles au *kardo maximus*, et trouve 704 (ou 708 mètres) pour la première distance, et 617 mètres pour la seconde.

Il établit ensuite que le point d'intersection du *decumanus maximus* et du *kardo maximus* se trouvait en plein désert, au sud du chott El-Djerid, à trente kilomètres environ au nord-est de Berresof. Le *decumanus maximus* partait de la côte de la petite Syrte, à huit kilomètres environ au sud de Gabès, et se dirigeait vers le sud-ouest, en faisant un angle d'environ trente degrés avec le parallèle de Gabès ; le *kardo maximus* partait de la côte septentrionale de l'Afrique, non loin de Bougie.

Après avoir exposé les indications techniques qu'il a ainsi tirées des monuments étudiés, M. Toutain montre comment, par la grande opération dont ces monuments révèlent les traces, Rome prit officiellement possession des territoires situés au sud de la province d'Afrique, d'où Tacfarinas s'était élancé plusieurs fois, de l'an 17 à l'an 24 de notre ère, pour envahir la province. Après la défaite et la mort de Tacfarinas, ces territoires du sud devinrent terres provinciales : et sous le troisième proconsulat de C. Vibius Marsus, c'est-à-dire en l'an 29, ce fut la légion III Augusta qui travailla à les cadastrer et à les arpenter, comme l'attestent formellement les inscriptions de trois au moins des bornes retrouvées par le capitaine Donau.

Philippe VIREY.

SOCIÉTÉ NATIONALE DES ANTIQUAIRES DE FRANCE

Séance du 5 juin. — M. V. DE GOLOUBEUR donne lecture d'un travail sur les races Mongoles dans la peinture du « Trecento ». — M. P. MONCEAUX, m. r., communique, de la part du R. P. DELATTRE, a. c. n., deux bulles de plomb byzantines et deux monnaies françaises du XVIIe siècle trouvées à Carthage. — M. PH. LAUER, a. c. n., lit un mémoire sur la date de l'avènement de Chilpéric II. — M. E. Chénon, a. c. n., commente une inscription conservée à Sainte-Marie-des-Grâces à Milan, relative à un chevalier français. — M. le Dr L. Capitan, a. c. n., rapproche d'un passage de Salluste la découverte d'ossements et de haches en pierre faite à Capri.

Séance du 12 juin. — M. Pallu de Lessert, m. r., signale une inscription de El-Mellah, mentionnant M. Cornelius Octavianus. — M. F. de Mely, m. r., revient sur sa lecture du nom « Chagoinot » dans un livre d'heures de la Bibliothèque d'Aix. — M. le comte F. Delaborde, m. r., étudie le « Credo » en images de la collection Montfaucon et le « Credo » de Joinville.

Séance du 19 juin. — M. P. Gauckler, a. c. n., communique les résultats de ses recherches au « lucus Furrinae » sur le Janicule. — M. le commandant E. Espérandieu entretient la Société de la dernière campagne de fouilles à Alise.

Séance du 26 juin. — M. Clouzot, a. c. n., signale la persistance de la croyance à l'existence de Sirènes. — M. C. Chabrun, a. c. n., présente un cube en terre vernissée appartenant au musée de Laval. — M. C. du Mandach, associé correspondant étranger, étudie les attaches de l'art de Donatello avec l'art du Nord et spécialement l'art français. — M. H. Omont, m. r., communique la photographie de la pièce originale, datée du 14 mars 1508, par laquelle Anne de Bretagne ordonne de payer 600 écus à Jean Bourdichon pour la décoration de ses grandes Heures. — M. Héron de Villefosse, m. h., décrit, d'après les renseignements de M. E. Bizot, a. c. n., une mosaïque autrefois découverte à Sainte-Colombe.

Séance du 3 juillet. — M. C. Enlart, m. r., lit un mémoire de M. A. Perrault-Dabot, a. c. n., sur la Vierge de Saint-Nizier de Lyon, par Coysevox. — M. A. Vidier, a. c. n., commente deux chartes de Saint-Aignan d'Orléans. — M. Héron de Villefosse, m. h., entretient la Société des découvertes du R. P. Delattre, a. c. n., dans la « Basilica Majorum », de Carthage. Il signale également les découvertes du Dr L. Carton, a. c. n. à, Bab-Khalled et communique, d'après une copie de M. A. Merlin, a. c. n., une inscription de Sbeitla.

Séance du 10 juillet. — M. E. Michon, m. r., résume une étude de M. le Dr Réveil sur trois bas-reliefs provenant de Panossa. — M. A. Blanchet m. r., transmet une note de M. E. Chanel, a. c. n., sur un « dolium » trouvé à Bourg. — M. le comte P. Durrieu, m. r., présente la photographie d'une miniature de l'exemplaire des « Statuts de l'ordre de Saint-Michel » conservé au « Record office » à Londres. — M. le baron J. de Baye,

m. r., signale la découverte faite à Kertch de catacombes contenant un riche mobilier funéraire. — M. Héron de Villefosse, m. h., donne lecture d'une note de M. L. Poinssot, a. c. n., sur une inscription chrétienne d'Uchi majus. — M. P. Monceaux, m. r., étudie l'origine de la formule « reliquiae » appliquée aux reliques. — M. Héron de Villefosse, m. h., présente, de la part de M. l'intendant-général Courtot, a. c. n., trois figurines en bronze très grossières provenant de Chypre.

Séance du 17 juillet. — M. A. Blanchet, m. r., signale une mosaïque romaine à Cahors. — M. le comte Lefebvre des Noëttes, a. c. n., présente un buste de Vierge en terre cuite provenant de Courville près de Chartres. — M. Ch. E. Ruelle, m. r., annonce la découverte d'une nouvelle mosaïque à Sainte-Colombe. — M. Ph. Lauer, a. c. n., communique le résultat de ses recherches sur l'abbaye de Royaumont. — M. Ch. Ravaisson-Mollien, m. r., indique, d'après les monnaies, comment devait se présenter sur la proue de navire qui lui sert de piédestal la Victoire de Samothrace.

Séance du 24 juillet. — M. L. Poinssot, a. c. n., communique une inscription de Dougga relative à Postumius Titianus. — M. E. Babelon, m. r., annonce l'acquisition par la Bibliothèque Nationale d'un nouveau cachet d'oculiste provenant de Langres.

Séance du 31 juillet. — M. Pallu de Lessert, m. r., commente une inscription, inexactement publiée, de Mdaourouch. — M. L. Poinssot, a. c. n., étudie de nouveau la rose des vents trouvée à Dougga.

ERRATA

Pour les *Remarques sur Bossuet...* publiées dans le *Bulletin* de Septembre-Octobre 1907,

P. 420, l. 9, au lieu de : *des* mémoires, lire : *ou mémoires...*

P. 421, l. 11, au lieu de : *1862*, lire : *1682*.

P. 422, note 1, l. 1, au lieu de : *ce* Bossuet, lire : *de* Bossuet.

P. 424, l. 7, à deux reprises, au lieu de : *domaine*, lire : *douaire*.

P. 425, ajouter entre les deux derniers alinéas : « Il faut encore remarquer que les mots : *c'était une fille de famille*, omis par l'éditeur Roux, signifient que Mademoiselle de Mauléon appartenait à ce qu'on entendait aussi autrefois par *une bonne famille*, et à ce qu'on nommerait aujourd'hui *une famille honorablement connue*.

P. 426, l. 7, au lieu de : *Sous*, lire : *Sur*.

BULLETIN CRITIQUE

---

176. — **La physionomie humaine,** par le Dr WAYNBAUM. (*Bibliothèque de philosophie contemporaine*). — Paris, Alcan, 1907, in-8. (Prix : 5 fr.)

Dans la première partie de cet ouvrage : *Esquisse d'une théorie de la Physiognomique*, M. W. reprend la question que s'étaient déjà posée Darwin et Wundt, pour ne citer que ces deux noms et qu'ils ont résolue avec le succès relatif que l'on sait. Mais il n'envisage pas dans toute sa généralité le problème de l'expression, des émotions. Il se demande seulement pourquoi tels changements déterminés de *la physionomie* : sécrétion glandulaire, phénomènes vasomoteurs, contractions masculaires, sont toujours liés à telle émotion déterminée ? Le principe directeur de ses recherches est le principe d'utilité : en physiognomique comme en physiologie, dit-il, un phénomène n'est vraiment expliqué que lorsqu'on a découvert son utilité pour l'organisme.

Tous ceux qui se sont occupés de physiognomique ont négligé un fait très important : la solidarité très étroite qui existe entre les deux circulations extra et intracrânienne. La face et le cuir chevelu qui forment une véritable éponge imbibée de sang sont alimentées par la carotide externe ; le cerveau est nourri par l'exagone de Willis formé lui-même par la jonction des deux carotides internes avec les vertébrales. Les carotides, interne et externe, proviennent d'un tronc commun qui est la carotide primitive. « On peut donc considérer ces deux artères, avec leur origine commune, comme deux vases formant siphon, communiquant par leur base et alimentés par la même ondée sanguine, venant du cœur. » (p. 33) Elles communiquent aussi par leurs ramifications terminales, en particulier par l'artère ophtalmique. Il y a donc communication constante entre les deux nappes sanguines. — D'autre part, il est extrêmement important que la circulation cérébrale soit soustraite à toute rupture grave d'équilibre. Mais, malgré toutes les précautions accumulées par la nature dans ce but, il arrive parfois que la circulation cérébrale soit troublée : ce fait se produit sous le coup de l'émotion, véritable rupture de l'équilibre organique, donc circulatoire. « C'est alors qu'on fait une grimace qui, grâce aux larges communications existant de toutes parts entre les deux circulations extra et intra-crâniennes, rétablit de nouveau cet équilibre rompu, ou bien continue à le modifier dans le sens utile à l'organisme ». (p. 38), bref diminue la douleur ou augmente le plaisir. Les modifications vasculaires, musculaires et sécrétoires, les rougeurs, les grimaces et les larmes s'expliquent par le besoin de maintenir l'équilibre entre les deux masses sanguines ; les muscles, en particulier, modifient la circulation céphalique en jouant le rôle, tantôt d'une bande d'Esmarch, tantôt d'une ventouse. Tous les phénomènes faciaux, expressifs des émotions, étant commandés par les exigences de la circulation cérébrale, on peut donc donner le nom de *vasculaire* ou de *sanguine* à la théorie proposée par M. W.

Après ces généralités, l'auteur examine les différentes expressions de la physionomie.

Les expressions tristes viennent comme se disposer autour d'un phénomène prépondérant et véritablement central : les larmes. Or, pourquoi pleure-t-on quand on souffre réellement ? Pour diminuer la souffrance. « Les larmes nous sont utiles et nous soulagent parce qu'elles agissent comme une *saignée naturelle*, et une saignée d'autant plus efficace qu'elle se produit sur un territoire qui intéresse directement la circulation *intra-crânienne...* » car lorsqu' « on pleure, tout la quantité de larmes est fournie directement par le sang de l'artère lacrymale, c'est-à-dire, *par le sang de la carotide interne elle-même* » (p. 43). Le sanglot, qui accompagne souvent les larmes, doit produire, lui aussi, des modifications heureuses dans la circulation cérébrale, car il est exécuté par le diaphragme, « muscle qui intéresse au plus haut point la respiration ainsi que la circulation » (p. 46). Quant aux grimaces qui accompagnent la tristesse, elles ont pour but, affirme l'auteur, de provoquer l'effusion des larmes en congestionnant la glande lacrymale ;

elles diminuent donc indirectement la douleur. Sans doute, la diminuent-elles directement encore, car les contractions musculaires doivent produire des modifications heureuses sur la circulation cérébrale.

Les expressions gaies consistent physiognomiquement dans le rire. Contrairement à l'opinion générale, le rire ne consiste pas en une série d'expirations ; mais en une *série d'efforts*, entrecoupés par des expirations ; ce qui est essentiel dans ce phénomène, « c'est... l'effort expulsif, comme celui d'une femme en travail d'enfantement, par exemple » (p. 53). Or, cet ensemble de mouvements a pour but de renforcer le sentiment de la gaieté. En effet, le rire produit une congestion cérébrale plus ou moins intense ; il détermine une véritable stase sanguine dans le cerveau. « On dirait que le diaphragme, animé de mouvements péristaltiques, pendant le rire, donne de véritables petits coup de pompe refoulante vers le cerveau et y repousse le sang » (p. 56). D'autre part, tout le monde admet que la gaieté correspond à un état hyperémique des organes. Le rire, qui produit justement un état hyperémique spécial des centres supérieurs, est donc essentiellement utile. — Même conclusion, si, au lieu de considérer le fou rire qui secoue tout le corps, on examine le rire modéré ou à peine ébauché, qui met en jeu principalement les muscles de la face, en particulier le grand zygomatique. Les contractions de ce muscle produisent deux effets éminemment utiles : 1° elles protègent les yeux en arrêtant la compression qu'amènerait infailliblement le rire ; 2° s'appliquant aux troncs artériels extra-crâniens, peut-être aussi aux troncs veineux, elles produisent, dans la circulation cérébrale, des modifications qui doivent favoriser l'émotion ressentie. — Dans le fou rire, il se produit un phénomène dont nous n'avons pas parlé jusqu'ici : les larmes apparaissent, parfois en très grande abondance. Mais cela ne saurait nous étonner : c'est une saignée opportune qui rétablit l'équilibre de la tension vasculaire intra-crânienne.

Les expressions neutres révèlent des états qui ne renferment « ni gaieté ni tristesse ». C'est d'abord l'étonnement, caractérisé par l'immobilité des traits, la dilatation des pupilles et la contraction des frontaux qui comprime fortement cette calotte sanguine que forme le cuir chevelu et doit avoir « une répercussion heureuse sur l'activité cérébrale » (p. 78). — L'attention s'exprime par une mimique spéciale : pourquoi celle-là et pas une autre? Parce que c'est la plus utile. « Par ces mouvements instinctifs, par ces contractions violentes, on renvoie une plus grande quantité de sang vers le cerveau, en arrêtant ou en diminuant la circulation faciale pour quelques instants » (p. 79). — « Dans l'attitude pathétique qui exprime l'orgueil, la fierté, on redresse la tête, on la rejette en arrière. Par là, on contracte les muscles postérieurs du cou et les deux sterno-mastoïdiens qui recouvrent les artères occipitales ; une nouvelle quantité de sang peut se trouver ainsi refoulée vers le cerveau et y engendrer l'énergie supplémentaire dont on a justement besoin dans l'orgueil » (p. 80).

Enfin la théorie vasculaire permettrait seule d'expliquer *les rougeurs* et les pâleurs. La rougeur consiste dans une dilatation des artérioles et capillaires de la face ; elle apparaît dans les émotions vives. Or, une émotion vive, c'est, si l'on considère le cerveau, une tension artérielle considérable et, peut-être la congestion à bref délai. La rougeur, sorte d'hémorragie faciale intra-cutanée, apparaît alors pour rétablir l'équilibre. — « De même aussi, en cas de pâleur faciale, il doit se produire aussi une anémie cérébrale, nuisible pour notre activité, mais les capillaires faciales, en se contractant, il y a beaucoup de chances que plus de sang arrivera tout de même par la carotide primitive vers le cerveau » (p. 89).

L'auteur remarque, en terminant, que les rougeurs, comme les grimaces, utiles et naturelles au début, peuvent devenir dans la suite, artificielles et indifférentes ou mêmes nocives.

En résumé, les phénomènes physiognomiques apparaissent à point nommé pour renforcer les états agréables, diminuer les états pénibles et finalement assurer le bien de l'individu. Ce résultat est obtenu grâce à la communication qui existe entre les deux circulations : intra et extra-crânienne.

Dans la deuxième partie: *Rôle social de la physionomie*. M. W. envisage les modifications de la physionomie comme un langage : le langage affectif. L'orateur, l'enfant, le médecin sont particulièrement habiles à le manier et en tirent un parti merveilleux. Nous ne nous arrêterons pas davantage sur cette seconde partie, car elle n'est pas aussi originale que l'auteur se plaît à le croire.

Si l'on voulait condenser cette théorie en une formule, et la rapprocher des théories correspondantes de Spencer, de Darwin et de

Wundt, on pourrait dire qu'elle repose sur le principe des modifications utiles de la circulation céphalique. Si M. W. s'accorde avec les auteurs précités sur les causes de l'évolution du langage affectif (survivance, transfert...) il s'écarte d'eux dans l'explication qu'il donne du vocabulaire primitif. C'est par une cause unique, d'ordre anatomique, qu'il essaie d'expliquer toutes les modifications de la physionomie qui accompagnent les émotions. Il y a là une tentative originale et intéressante; mais ce n'est pour l'instant qu'une hypothèse, une « intuition »; aux physiologistes de la soumettre à un examen rigoureux. — Puis n'oublions pas que l'auteur n'a considéré qu'une province du langage émotionnel : le langage facial.

H. Villassère.

---

177. — **Études philosophiques et sociales**, par Gaston Sortais ancien professeur de philosophie à l'Ecole Saint-Ignace à Paris. — Paris, Lethielleux, 1907, in-12 de viii-431 pp.

Grouper en volume des articles de contenu même assez différent, ou, selon une ingénieuse expression de l'auteur lui-même, réunir en gerbe des épis dispersés, est chose aujourd'hui plus que jamais à la mode : application un peu détournée de la parole évangélique : *Colligite fragmenta, ne pereant*. De fait ces *Etudes* offrent de quoi intéresser tout ensemble philosophes et théologiens, artistes et sociologues. Passons-les successivement en revue.

1° *L'intolérance de l'Église*. A propos de l'ouvrage de M. Boissier : *La fin du paganisme*, on nous rappelle avec quelle modération le christianisme usa de son triomphe, alors qu'après la victoire de Constantin il fut devenu la religion de l'Etat. Du reste pourquoi s'étonner de ce que l'Eglise refuse aux hérétiques la condescendance dont elle fait preuve à l'égard des païens ? Ceux-ci sont à ses yeux des étrangers, ceux-là des sujets rebelles.

2° *Les fonctions de l'État moderne*. Qu'il se fasse le défenseur du droit (sans en excepter, bien entendu, les droits de Dieu), le protecteur de la religion et de l'ordre public, l'auxiliaire du progrès non-seulement économique, mais encore intellectuel et moral, —

M. Sortais ne lui en demande pas davantage, bien convaincu qu'étendre ses attributions et ses charges, c'est du même coup rendre son joug de plus en plus onéreux. Très impartialement d'ailleurs il fait remarquer que les anciens théologiens (au moyen-âge, par exemple) étaient plus enclins à accroître qu'à restreindre le rôle de l'Etat en matière d'assistance.

3° *Décentralisation administrative et organisation provinciale*. La centralisation politique et la décentralisation administrative paraissent à plusieurs inconciliables et cependant elles sont l'une et l'autre nécessaires. Malheureusement les efforts tentés pour réaliser la seconde n'ont eu aucun succès durable. En France, que le pouvoir s'incarne en Louis XI ou en Richelieu, en Louis XIV ou dans les Jacobins, toujours les libertés légitimes ont eu plus ou moins à en pâtir, et énumérer les « méfaits de la centralisation » est une tâche dont M. Sortais s'acquitte avec autant d'esprit que de franchise. Quant à la reconstitution de nos anciennes provinces, c'est le vœu bien naturel de tout vrrai patriote.

4° *Origine et valeur de la connaissance théorique d'après Kant*. J'ai d'excellentes raisons de penser que de toutes les études contenues dans ce volume, c'est celle à laquelle l'auteur attache le plus de prix : aussi bien ne compte-t-elle pas moins de 96 pages. Le sujet présente d'ailleurs une douloureuse actualité : « Si l'on peut dire que le Kantisme, en tant que système pris en bloc, est mort parmi nous, c'est à la condition d'ajouter immédiatement que l'esprit Kantien est toujours vivant. Car, lorsqu'on approfondit la nature de certaines tendances contemporaines, trop docilement subies même par certains catholiques, on rencontre à l'origine la néfaste influence de Kant » (p. 154). C'est de là que vient en droite ligne, comme un héritage morbide, le discrédit, ce n'est pas assez, l'interdit jeté de divers côtés sur la raison spéculative.

Avant d'aborder la réfutation du système, M. Sortais en a tenté l'exposition : tâche ingrate et méritoire s'il en fut. Vraiment les Kantistes sont mal venus à se railler des prétendues subtilités de la scolastique : chez eux quel fourré inextricable de définitives et de divisions absolument arbitraires ! Au surplus, voici les trois objections capitales de l'auteur : 1° Tout repose sur les jugements synthétiques *a priori* : or cette base est fragile et branlante : 2° La valeur objective de la science n'est pas garantie, l'application tout artificielle des catégories aux phénomènes « ne pouvant servir de pont entre le sujet connaissant et l'objet connu » : 3° L'impossibilité de la métaphysique n'est pas démontrée, la critique des idées transcendentales de la raison n'étant nullement décisive.

Faut-il parler des contradictions, ou, si ce mot parait trop grave, des incohérences dont Kant a négligé de nous donner l'explication ? C'est ainsi qu'il insère dans sa *critique* une réfutation *ex professo* de ce même idéalisme auquel « l'esthétique transcendentale entrebaille la porte, tandis que l'analytique transcendentale la lui ouvre toute grande. » C'est ainsi encore qu'il s'est très peu ou très mal expliqué sur la nature des *catégories* « modes *a priori* de l'activité spontanée de l'entendement ». « Quel genre d'existence leur accorde-t-il ? Sont-ce des *pensées*, des *lois*, ou des *formes* ? On trouve dans la *critique de la raison pure*, des textes en faveur de toutes ces manières de voir » (p. 189). Une autre difficulté, à mes yeux bien plus importante, est ici à peine effleurée : c'est la suivante. Dans toute l'œuvre de Kant, il n'y a pas, je crois, beaucoup de déclarations aussi fréquemment citées que celle-ci : « Pour faire place à la croyance, je me suis vu dans l'obligation de supprimer le savoir ». Comment donc Kant répète-t-il en tant de passages que la science n'est possible que si l'on admet l'hypothèse criticiste ? Quoi qu'il en soit de ce point spécial, tout lecteur non prévenu tombera d'accord avec cette conclusion de l'auteur : « Ce qu'il y a de légitime et de vrai dans la théorie Kantienne de la connaissance est antérieur à Kant et on peut le dégager de la philosophie scolastique. Ce qu'il y a d'erroné et d'excessif lui appartient en propre » (p. 231).

5° *Programme des « compagnons de la vie nouvelle. »* Il s'agit du mouvement assez improprement qualifié de néo-chrétien, dont M. P. Desjardins prit l'initiative il y a quelque vingt ans. Un réel enthousiasme salua son apparition. Qu'en reste-t-il aujourd'hui ? et la désillusion ne résulterait-elle pas de ce qu'au fond on est en présence « d'un Kantisme réchauffé, assaisonné au goût délicat des lecteurs français ! »

6° *L'art et la science*. Matière particulièrement intéressante et qui a fourni à l'auteur l'occasion de pages très ingénieuses sur la nature de l'hypothèse, sur les lois des associations intellectuelles, sur la puissance *créatrice* de l'artiste et du savant, sur la souffrance qui accompagne d'ordinaire la production artistique. C'est une remarque très juste, et j'ajoute très française qu'ici comme dans la découverte scientifique « l'opération délicate et décisive est une opération de dégagement » (p. 326). Ce qui me paraît plus discutable, c'est d'expliquer les inventions esthétiques par « un besoin besoin d'expansion et de domination « p. 289.)

7° *L'esthétique de Massacio*. Pages écrites a l'occasion du centenaire récemment célébré de ce jeune artiste florentin trop tôt disparu qui brilla au xv° siècle « comme une fugitive espérance dans le ciel assombri de l'art ». Pour décrire soit ses chefs d'œuvre, soit le cadre merveilleux où s'est déroulée sa vie, M. Sortais se montre tout à la fois connaisseur éclairé et brillant coloriste.

Une aussi rapide analyse laisse à peine entrevoir l'heureuse variété des sujets abordés dans le présent volume. Çà et là les logiciens de profession pourraient souhaiter une concentration plus puissante : mais l'auteur aura tous les suffrages de grand public auquel est destinée son œuvre.   C. Huit.

---

178. — **Études politiques**, par Emile Boutmy. — Paris, Colin, 1907, in-12. (Prix : 3 fr. 50).

Le volume d'*Études politiques*, qui vient de paraître sous la signature de M. Boutmy, est formé de deux études, l'une sur la souveraineté du peuple, l'autre sur la Déclaration des droits de l'homme, et de deux notices, la première sur Albert Sorel et la seconde sur Bardoux. Avant de mourir, M. Boutmy y avait mis la dernière main et le livre est tel qu'il pensait le publier.

Il y aurait sans doute à dire sur les notices consacrées à deux personnages diversement curieux. Toutefois nous les négligerons, estimant que le renom des personnes est un peu offusqué par ces idées et évènements d'intérêt public, que sont la souveraineté du peuple et la Déclaration des droits de l'homme.

La question de la souveraineté du peuple est traitée sous forme de dialogue philosophique. L'auteur et huit de ses amis entreprennent une dissertation plutôt qu'une discussion : chacun parle à tour de rôle, par rang d'âge ; comme ils sont tous d'accord, il ne se donnent point la réplique. On suit facilement la pensée qui se déroule et cela manque un peu d'imprévu et de variété. Le dialogue semble factice, lorsque chaque orateur reprend le discours au point où l'a laissé l'honorable préopinant : il semble qu'on ait simplement affaire à une compagnie de gens vite essouflés.

Les cinq premiers orateurs tiennent des propos concis et vagues. Ils affirment souvent ce qu'ils ne prouvent pas et insinuent traîtreusement des professions de foi au beau milieu d'un raisonnement, l'un énerve, en son discours, la force de Fustel de Coulanges ; l'autre reproduit une idée d'Auguste Comte, encore qu'il nous soit présenté en ces termes : « Cet esprit vigoureux avait traversé et dépassé les enseignements d'Auguste Comte et s'était nourri d'une philosophie plus haute. » Laquelle ? On ne nous le dit pas. Mais la louange n'est pas malhabile, si l'on songe que cet esprit pourrait représenter celui de M. Boutmy. En tout cas, le rôle de ces premiers orateurs est d'éclairer la discussion en fixant les principes.

Et en résumé, leurs discours veulent prouver que l'idée démocratique moderne est *sui generis* et sans précédent et que sous la généralité d'un principe absolu, énoncé en termes abstraits, il faut découvrir le concret, le particulier et le relatif. Cela n'est pas absolument faux quoiqu'un peu catégorique. Car si notre démocratie se distingue des autres en ce qu'elle veut être à l'état pur et sans contrepoids, tout de même la décomposition athénienne a plus d'un trait commun ave elle. Et il n'est pas toujours vrai de dire que les idées répondent à des réalités, car des idées à priori peuvent chercher à s'imposer aux réalités, à leur faire violence, et finalement composer avec elles : c'est le propre des idéologies.

Ensuite prend la parole un sixiéme personnage, qu'on appelle « l'Historien ». Il va nous dévoiler le fondement positif de la souveraineté populaire et les raisons historiques du suffrage universel. Son discours vaut qu'on s'y arrête : il est le centre de l'étude.

Si le suffrage universel est un mode de la souveraineté populaire, dit-il, il est aussi une forme de l'égalité polique. Et c'est de ce point de vue que nous le considérons.

Pour démontrer que cette égalité politique correspond bien à l'état de la société, il y a deux degrés de la preuve : la démonstration *à priori* et la démonstration *à posteriori* ou par l'événement.

1° Démonstration *à priori*. Si le principe politique de l'État égalitaire n'avait pas été conforme à la situation sociale, il ne se fût ni établi ni maintenu. En effet : qu'est-ce que l'État et qu'est-ce que la société? « La société est un type abstrait dont l'État représente la forme historique. » La première est nécessaire, le second ne l'est pas absolument. Toutefois l'intérêt politique ou de l'État coïncide toujours avec l'intérêt social. En effet : l'homme est redevable de tout à la société ; donc il est intéressé au maintien de la société, donc il est intéressé à ce que les principes politiques ne contrarient pas l'intérêt social ; et donc s'il accepte un principe politique, c'est qu'il n'en souffre pas. Un principe politique qui dure est forcément d'accord avec l'intérêt social.

Cela a de l'apparence et pourtant le raisonnement est vicieux. Car :

a) L'homme a bien intérêt à maintenir la société ; mais comme la société ne peut pas ne pas être, c'est la nécessité qui garantit cet intérêt, et non pas l'homme.

b) Quant à l'intérêt d'*une* société particulière, l'homme, pour si attaché qu'il y puisse paraître, peut très bien, par défaut d'intelligence, ne pas l'apercevoir et le laisser souffrir. Ex : Athènes et la Pologne.

c) Il faut s'entendre sur ce qu'on appelle la durée d'un principe. Un principe de mort dure autant que le corps social où il s'est appliqué et la fin de celui-ci est plus ou moins lente selon qu'il est d'ailleurs plus ou moins bien constitué.

d) L'auteur écrit : « Tout principe qui dure et dont l'influence s'étend, est donc, de toute nécessité conforme à l'intérêt public, et il est à peu près certain qu'il y a entre l'un et l'autre une relation de cause à effet. » (p. 66.) — Non, car ce qui dure, n'est pas forcément ce qui fait durer. La question est de savoir si le principe a une prépondérance décisive. Car un principe mauvais peut durer conjointement, s'il s'équilibre avec des principes de santé. Dans ce cas, ce n'est pas lui qui fait durer ni surtout prospérer la société : il n'est qu'un accident.

Bref, un principe politique correspond évidemment à quelque

chose mais non forcément à l'intérêt ni à l'état social : il peut correspondre à l'intérêt d'un parti ou à un état accidentel.

2° Démonstration *à posteriori* : par des faits. Pour une démonstration par les faits, il faut avouer que l'orateur nous propose quelque chose d'assez lent et embarrassé. Elle comporte en effet trois parties : une série d'exemples qui servent a fonder une théorie de la génération des évènements, l'indication des étapes qui ont précédé l'établissement du suffrage universel, enfin la revue des causes qui l'ont déterminé.

I. — Les exemples choisis ont une vertu plus suggestive que discursive. Ils veulent faire impression et ils font illusion.

a) La monogamie. Ce n'est pas, est-il dit, une vérité abstraite, mais le résultat d'expériences heureuses tentées d'abord par un petit nombre de sociétés dont l'exemple a été suivi par d'autres. Elle est « un produit de la sélection naturelle. » (p. 80.) Cela s'est fait lentement, mais incessamment. — En réalité, la constitution de la famille antique a été réglée dans les moindres détails par la religion. Ce sont donc des prescriptions religieuses, et non le hasard du temps, qui ont inscrit la monogamie dans les mœurs familiales. Nous en avons des preuves : aujourd'hui, des peuples y répugnent encore, malgré l'exemple séculaire des peuples voisins et les avantages démontrés de cette pratique ; cette répugnance est imputable soit à des circonstances climatériques ou à des dogmes religieux. Et les peuplades, barbares ou sauvages qui ont trouvé et accepté la monogamie dans les enseignement du christianisme, n'ont évidemment pas subi les effets de la sélection naturelle. L'exemple cité est donc sans force.

b) La propriété individuelle. « Elle a été précédée presque partout par la propriété collective. » (p. 68.) Comment l'auteur le sait-il ? Fustel de Coulanges, après avoir colligé tous les textes se rapportant à la question, avait pris l'opinion contraire. Il serait bien à M. Boutmy de nous citer les textes sur lesquels il fonde son opinion et de nous expliquer, d'après ces textes, comment s'est opéré le passage de la passage de la propriété collective à la propriété individuelle ou familiale. Les faits allégués ne sont donc pas démontrés.

c) La liberté de penser. — Le même raisonnement lui est appliqué : l'orateur veut démontrer qu'elle est, ainsi que les deux exemples précédents, un produit de la sélection naturelle. Notons d'abord que, tandis que la famille fondée sur la monogamie, et la propriété sont des institutions, la liberté de penser n'en est pas une, mais une chose purement théorique. Il est vrai que l'auteur la confond avec la science qui est une institution de l'intelligence [1]. Mais ces deux choses sont tout le contraire l'une de l'autre : il n'y a pas de liberté de penser dans les sciences physiques ou chimiques et le caractère de la science est d'être contraignante.

Sur ce sujet délicat de la liberté de penser, l'auteur commet une erreur d'interprétation, une erreur de fait et une erreur de définition.

L'erreur de définition consiste dans la confusion de la science et de la libre-pensée ; — l'erreur de fait dans la confusion de la Renaissance, de l'humanisme et de la Réforme : l'hostilité naturelle de celle-ci contre ceux-là est pourtant avérée. D'autre part, la gloire d'avoir répandu le goût de la science est attribuée à la Renaissance artistique, tandis qu'elle revient évidemment à l'humanisme. Enfin la liberté de penser est rattachée, par la science, à la Renaissance, tandis qu'elle est issue de la Réforme.

L'erreur d'interprétation concerne le moyen-âge. L'auteur dit : au moyen-âge, la liberté de penser était inconnue parce qu'on ignorait aussi la science. — Or, au moyen-âge, il y avait une science, la science scolastique : effectivement on méconnaissait la liberté de penser, parce que le nombre des clers était médiocre et qu'ils reconnaissaient l'autorité ecclésiastique. Aujourd'hui, on cultive plutôt les sciences expérimentales : le nombre des savants n'a pas beaucoup augmenté et ils reconnaissent l'autorité des lois naturelles, qui bride la fantaisie individuelle. Les conditions de la science n'ont donc pas beaucoup changé.

Sur tous ces exemples plutôt douteux est fondée la théorie fragile de la sélection naturelle, qui, pour expliquer les choses, ne vaut pas mieux que la « vertu dormitive » du médecin de Molière, C'est une tautologie.

II. — Les étapes qui ont conduit à l'établissement du suffrage universel sont les suivantes : formation de l'opinion qui est la reine

[1]. Cf. p. 74. « Les sciences supposent la liberté de conscience la plus entière. »

du monde, vers 1760 ; influence des réunions et des associations ; le droit de suffrage et le parlementarisme.

L'opinion, dit l'orateur, a suivi « les progrès de la richesse, de la vie urbaine, d'une oisiveté cultivée. » (p. 77.) Elle n'est donc que l'attribut d'une élite nouvelle, la bourgeoisie, qui s'adjoint aux anciennes aristocraties, noblesse et clergé, lesquelles avaient tout de même un certain sens politique auparavant. — La découverte de l'Amérique par Christophe Colomb a, nous dit-on, un rapport étroit avec la philosophie cartésienne du bon sens et le rationalisme du XVIIIe siècle : on prend alors l'idée de l'homme et non plus seulement du chrétien. — Mais c'est là une idée de la philosophie grecque qui nous a été transmise par Rome et son héritière l'Église catholique.

Quant aux réunions et aux associations, l'orateur ne précise pas de quoi il s'agit. Car il ne pense pas vraisemblablement aux États généraux, ni aux États provinciaux, ni aux Parlements, ni aux corporations, ni aux communes, ni à tout ce système d'associations et de libertés locales, qui donne sa vraie figure a l'ancien Régime.

Le fait nouveau, qui date de la Réforme, c'est la formation d'une opinion bien plutôt philosophique que politique, qui voulut toucher à tout et tout gâter. Et en effet la liberté d'opinion est une usurpation de la métaphysique incertaine sur la politique réaliste.

Le parlementarisme ne signifie que l'invasion de l'Angleterre dans nos institutions politiques.

Enfin le suffrage universel est la conséquence inévitable des théories individualistes, qui ne correspondent à aucune réalité sociale : C'est un dessein prémédité qui les a fait réussir.

Donc les vraies étapes du suffrage universel ont consisté en une effraction violente des réalités profondes de l'ancienne France pour y mêler des idées préconçues. D'autres prétendues étapes n'ont été que des faits spéciaux sans rapport avec le suffrage universel.

III. — La revues des causes ou de « l'évolution sociale » qui a produit le suffrage universel, ne considère que des faits qui témoignent d'une propagande volontairement démocratique ou bien qui contrarient le suffrage universel ou qui y sont indifférents. Nous sommes loin de la sélection naturelle.

D'abord, écrit l'auteur, le machinisme, en réunissant les ouvriers dans les ateliers des villes a fait naître en eux « une conscience commune, une conscience de classe. » — Mais les intérêts corporatifs ne peuvent que souffrir d'un mode de votation qui accorde à tous les individus le même droit dans toutes les questions. Et en effet il apparaît de plus en plus que les syndicalistes se sont dégoûtés, à l'expérience, de la démocratie : le suffrage universel est essentiellement diviseur et donc contraire à tout groupement professionnel.

On nous parle ensuite de la presse à bon marché et de l'instruction primaire : par elles, tous les hommes ont aujourd'hui des notions sur « toutes les branches essentielles du savoir. » (p. 82.) *O fortunatos nimium* ! Cet argument ne vaut pas grand'chose et voici pourquoi.

Les institutions dont il s'agit, presse et écoles, ont pour but de satisfaire le besoin de connaissances et d'informations qu'éprouvent aujourd'hui la plupart des hommes. Elles signalent donc un manque, un défaut, une lacune, et c'est-à-dire une infériorité de l'*acquis* par rapport au *devoir*, qui est le fait de nos contemporains. En outre, ces hommes, dans le temps qu'ils sont soumis à un enseignement, ne peuvent aussi être libres d'ordonner sur les matières qu'on leur enseigne. L'élève est toujours tributaire du maître, et l'homme qu'on renseigne de l'homme bien informé. Or, on part du principe de cette infériorité reconnue et de cette sujétion intellectuelle, pour aboutir à l'égalité du droit de vote et à la liberté du suffrage : il n'y a vraiment aucun rapport entre les prémisses et la conclusion. Le droit à l'instruction primaire continuée par l'œuvre de la presse est complémentaire, je le veux bien, de l'ignorance des personnes. Mais le droit de commander, qu'on leur octroie gracieusement, n'est pas colloraire du fait d'ignorer. Et voilà pourtant la substance de l'argument proposé par M. B. Comme si l'état d'apprenti conférait un privilège d'égalité avec le maître et comme si la faiblesse de l'esprit qui ignore équivalait à un pouvoir de décider. L'école primaire et la presse ne sont donc pas causes du suffrage universel. Elles sont bien plutôt des instruments ployables à volonté et font une besogne commandée, qui diffère selon les pays.

Une dernière cause, c'est l'invention des chemins de fer qui, nous dit-on, rapprochent les hommes et tendent à unifier le type humain. — En admettant qu'ils y réussissent, ils n'auraient pas, par le fait, rendu les hommes égaux ni rien changé aux intérêts divers. Il est certain qu'ils ont un peu contribué à l'unité du globe en rapprochant ces intérêts. Mais la solidarité est un état de choses nécessaire qui n'implique pas l'accord des parties solidaires. Et souvent aussi ont été mis en rapports des intérêts contraires. Les chemins de fer n'ont donc pas modifié les intérêts qui sont les puissants moteurs de la politique. En tout cas, ils ont considérablement augmenté les difficultés du gouvernement et ils devraient éloigner du pouvoir un plus grand nombre d'incapables. Les Anglais sont le peuple qui voyage le plus ; ils sont en outre d'humeur assez impatiente dans les questions intérieures. C'est pourtant le peuple le plus docile à son gouvernement en fait de politique étrangère : et la raison en est qu'ils prennent dans leurs voyages, avec la connaissance des relations extérieures, un juste sentiment des difficultés qu'on a à les diriger, et aspirent à se décharger de ce souci. D'ailleurs ces Anglais, grands voyageurs, sont aussi restés le peuple le plus original et le plus irréductible de la terre.

Remarquons que l'argument des chemins de fer consiste en un jeu de mots. On dit qu'ils rapprochent les hommes : ils rapprochent temporairement les personnes, bien plus que les esprits. On dirait avec autant d'apparence que le télégraphe et le téléphone empêchent les réunions d'hommes et les assemblées : et ce serait également du verbiage. Les chemins de fer, comme toutes les inventions industrielles, sont des commodités, c'est-à-dire des moyens, et non des causes efficientes de transformation politique.

L'évolution sociale décrite par M. B. paraît donc bien illusoire. Rien ne l'autorise à conclure en ces termes : « Le suffrage universel s'est établi par une transformation profonde qui équivaut presque à la formation d'une nouvelle espèce d'hommes. » (p. 83.) Voilà bien de l'enthousiasme.

L'orateur suivant ne le partage sans doute pas, car il exprime ses regrets du fait accompli et définit ainsi le suffrage universel : trahison constitutionnelle de l'intérêt national, institution légale de la démagogie.

Mais *Publicola*, le huitième orateur, va lui démontrer que tout est ainsi pour le mieux.

Le suffrage égalitaire, explique-t-il, ne tient pas compte des différences individuelles, en raison de l'impuissance où l'on est de déterminer exactement ces différences, comme on ne pouvait arriver à un résultat juste, on s'est arrêté *a priori* au résultat le plus manifestement faux.

Car sur quoi fonder une distinction? sur la compétence? — Mais il vaut mieux de la hardiesse pour *faire des sauts dans l'inconnu*, (cf. p. 94.) Cette gymnastique constitue le *grand homme*, au dire de l'orateur. Et d'autre part, comme le mode de votation égalitaire est le plus absurde de tous, chacun en est sûrement capable.

Sur l'intérêt ? — Mais, en politique, on ne suit jamais que l'intérêt de parti, or, tout le monde est d'un parti ; donc tout le monde a le même intérêt. « Aussi ces démonstrations scandaleuses d'égoïsme doivent-elles être mises au compte, non d'un système électoral déterminé, mais de l'infirmité humaine. » (p. 99.) — Non, mais de tout système électoral, où l'électeur est souverain.

D'autre part, le suffrage universel a des avantages plus positifs. Ainsi, il fait peur aux riches et les oblige à la philantrophie. Il éternise le régime de la grande Peur, qui est, paraît-il, favorable au progrès. — Or, c'est un fait que les ouvriers aujourd'hui reconnaissent l'impossibilité de faire aboutir des lois ouvrières organiques dans un Parlement. Et l'Allemagne monarchique est le le pays où la législation ouvrière est le plus avancée.

Enfin le système : « un homme, un suffrage, » met « les faiseurs d'objection en face d'un chiffre qui ne prête à aucune contestation. » (p. 106.) — Mais si, au moins autant qu'un autre système électoral et pour des raisons semblables.

Sans doute, dit *Publicola*, le suffrage universel est contraire à la « méthode expectante, » (p. 109); mais c'est que « il n'a pas eu le loisir de se créer, par *ses fautes et ses repentirs*, la sagesse dont il est capable, celle qu'il aura sans doute dans cinquante ans, après avoir traversé *de grands périls et de grands mécomptes*. » (p. 111.) Souhaitons qu'il n'ait pas ce dangereux loisir. Cet orateur montre par trop de propension au paradoxe.

Quand il a clos sa péroraison, M. Boutmy lui-même donne la leçon du débat. « La souveraineté, dit-il, est essentiellement un principe négatif et contingent, » (p. 112), disons plutôt négatif et absolu. Et après ce semblant de concession, il profère cette phrase messianique : « En somme, cette institution du suffrage universel, vers laquelle tous les peuples semblent s'acheminer à mesure qu'ils se civilisent d'avantage, est l'évidente conclusion d'un syllogisme dont les prémisses sont fournies par l'histoire, par l'expérience et par le progrès. » (p. 113.) Il semble bien que les enseignements de l'histoire, de l'expérience et du progrès démontrent tout le contraire de la thèse de M. B.

La seconde étude, qui a trait à la Déclaration des droits de l'homme, est une critique d'un ouvrage de M. Jellinck, « professeur très estimé de l'Université d'Heidelberg », sur le même sujet.

Si la thèse du professeur allemand nous est exactement présentée par M. Boutmy, elle est bien digne d'avoir fleuri outre-Rhin, au pays des imaginations hégéliennes et monistes, et la voici : la Déclaration des droits de l'homme n'est pas fille du *Contrat Social*, avec qui elle est en pleine contradiction. Elle est une copie des *Bills of Rights* américains, comme il appert d'une sommaire comparaison des textes. Mais la liberté américaine elle-même procède de la liberté religieuse, qui est née de Calvin, qui descend de Luther. — La Déclaration, ainsi colportée de peuple en peuple, ressemblerait à ces produits manufacturés en Allemagne et qui, sur nos marchés, s'enorgueillissent mensongèrement d'une étiquette américaine. L'idée est ingénieuse.

Mais voilà M. Boutmy scandalisé. « Je n'examine point, écrit-il, si M. Jellinck n'a pas obéi, sans s'en douter, au désir bien naturel de faire remonter à une source allemande la plus éclatante manifestation de l'esprit latin à la fin du xviiie siècle. » (p. 121.) Il faut avouer que l'esprit latin, pour se manifester avec éclat à la fin du xviiie siècle, avait une singulière force de survie, encore qu'il eût bien dégénéré : car l'esprit de Rome, autoritaire et jaloux des prérogatives de l'Etat, aurait été fort dégradé, s'il avait pu produire un manifeste individualiste et libéral. En vérité, toutes ces théories de l'esprit latin, de l'esprit classique (Taine), de la liberté germanique (Staël), qui consistent en des oppositions irréductibles et arrêtées et restaurent en politique les vieilles essences scolastiques, ne sont que des nuées. On se demande ce qu'en avait affaire

M. B. dont la discussion s'efforcera ensuite vers la précision, l'analyse, la rigueur, et souvent avec succès.

Le seul emprunt, explique-t-il, que nous ayons pu faire à l'Amérique, c'est l'idée même d'une Déclaration : l'imitation ne s'est pas étendue au fond. Ce sont plutôt les lois de l'Angleterre qui auraient inspiré les déclarations américaines et française. Du reste, les Américains et les Français ne se proposaient pas le même but : les premiers avaient un dessein juridique et leur travail devait ouvrir des moyens de procédure. Au contraire, les Constituants étaient des philosophes peu instruits des affaires, pour qui « la Déclaration n'est qu'un morceau oratoire. » (p. 139.)

M. B. analyse la Déclaration française article par article et la compare aux textes américains pour marquer les différences. Il y découvre bien l'influence anglaise, comme aussi celle de Rousseau (définitions de la liberté et de la loi,) voire celle de Montesquieu (séparation des pouvoirs); mais l'influence américaine n'est pas sensible. — Il eût été d'ailleurs opportun de noter que la théorie de Montesquieu sur la séparation des pouvoirs avait été expressément réfutée par Rousseau. Or, la Déclaration unit Rousseau à Montesquieu, sans s'aviser de la contradiction. C'est qu'elle est un document composite, un recueil de formules, un ramassis d'idées. Il semble que les constituants aient craint d'oublier quelque principe. — Une religion nouvelle était créée : on couchait par écrit toutes les maximes de tous les saints. Le travail des constituants est le fruit d'une collaboration peu harmonieuse. Tous les éléments sont combinés. L'Amérique a peut-être hanté quelques cerveaux. L'esprit de la Réforme n'est pas non plus absent de la Déclaration. La confusion est extrême.

Qu'importe d'ailleurs que l'Amérique ait ou n'ait pas obsédé la pensée des rédacteurs ? Ceux-ci, bons idéologues et législateurs présomptueux, voulaient fonder pour l'éternité : ils craignaient de n'être pas assez abstraits et quand bien même ils auraient voulu copier les Déclarations américaines, ils les auraient encore idéalisées, vidées de leur contenu réel, exténuées enfin jusqu'à n'être qu'un pur néant.

Abordant la seconde partie de la thèse de M. Jellinck, M. B. recherche l'origine des libertés américaines et, comme il est très-versé dans ce genre de questions, il démêle sans peine la vérité.

Les colons américains se sont trouvés, au xviiie siècle, dans une conjoncture qui leur a donné une forme de gouvernement particulière. C'est aux circonstances qu'il faut rapporter la constitution fédérale, assez libre, des États-Unis. Calvin y a été tout à fait étranger. Et aussi bien, dit M. B., la Réforme ne fut pas libérale. Dès qu'elle se fut organisée, elle engendra non pas la liberté de conscience, mais la tyrannie. « L'immense majorité des réfugiés qui abordèrent en Nouvelle-Angleterre formèrent moins une société de citoyens qu'une communauté de fidèles ; des lois sanguinaires interdirent l'accès de ces rivages aux catholiques, aux quakers, à tous les membres des sectes qui n'étaient pas congrégationalistes. » (p. 169.) C'est ce qu'on peut appeler le libéralisme limité ou le despotisme de la liberté. Cela est bien différent de la liberté absolue, qui n'a de terme que dans l'abolition de toute discipline et de toute contrainte et qui d'ailleurs finit toujours par se détruire elle-même : c'est alors le comble de la liberté. Roger Williams, le fondateur de la pure liberté religieuse aux États-Unis, persécuté par la Réforme et réfugié à Providence, dans le Rhode-Island, représente ce libéralisme extrême. Il ne réussit qu'à ruiner les mœurs privées et la foi publique et son entreprise fut un grand sujet de scandale. Enfin voici la liberté pratique ou tolérance qui seule est fille de la nécessité et partout très douce. Elle s'imposa un jour aux États-Unis. « Cette tolérance avait, presque partout, sa cause dans un raisonnement fondé sur les conditions économiques de chaque groupe social. » (p. 170.) On comprit qu'il était de l'intérêt commun d'accueillir par une entière liberté confessionnelle tous les émigrants afin de peupler de travailleurs les immensités désertes des États-Unis. — Toutes ces formes diverses et même contraires de la liberté, licence, libéralisme et tolérance, sont distinguées avec un réel bonheur.

Et voici marquée une autre distinction aussi importante : « A ces thèses (de la liberté individuelle en vue du salut,) la Réforme avait joint toute la ferveur d'une croyance qui s'estimait, de bonne foi, la seule capable d'opérer le salut des hommes, et, par là, elle avait détruit les chances que son retour aux purs principes de l'Évangile avait données à la liberté de conscience. C'est le xviiie siècle qui, affranchi de toute ferveur religieuse, a trouvé la véritable base de la tolérance ; il l'a fondée, non sur le scepticisme, quoique celui-ci y ait aidé, mais sur l'espèce de doute méthodique qui précède toute connaissance et toute croyance. » (p. 172.)

Il importe en effet de ne pas confondre la Réforme avec la philosophie du xviiie siècle. La critique lucide et pénétrante, le doute provisoire, c'est-à-dire le besoin de convictions positives et la recherche avide des lois du monde, le goût de l'observation, l'étude du réel, toutes ces opérations d'une intelligence en quête de la science forment bien une partie, et non la moindre, de la philosophie rationaliste du xviiie siècle. Elles portent témoignage d'un humanisme persistant qui, dans la littérature européenne, distingue la production française. Et elles s'opposent violemment au dogmatisme chimérique, à la métaphysique nébuleuse, aux abstractions réalisées de la Réforme. Faute d'avoir fait ces distinctions, on risque de ne pas comprendre la répugnance profonde et d'abord inaperçue, que durent éprouver pour un Rousseau, genevois, Voltaire, Diderot, d'Alembert et les encyclopédistes. C'étaient deux méthodes qui luttaient. Cela a été entrevu par M. B. Et on lui en sait d'autant plus de gré, qu'il ne nous avait pas habitués d'abord à cette exactitude. Mais ici, à propos d'une question américaine, l'auteur qui connaissait les faits, avait l'esprit tendu vers les réalités. Il ne pouvait être qu'excellent.

La partie systématique de ses études a moins d'agrément. M. Boutmy défend la théorie des milieux qui n'est qu'une théorie. Quand on a dit que le milieu influe sur la pensée et la volonté des hommes, il reste encore à analyser ce milieu et à découvrir la trace des influences exercées, et c'est précisément le difficile. D'autre part, la théorie de la sélection naturelle comporte l'idée d'un devenir perpétuel, qui peut être une croyance philosophique, mais non une idée raisonnable. Car elle préjuge que tout change, tandis qu'on voit seulement des apparences changer, et elle se croit dispensée de la recherche des lois qui régissent les changements. En définitive, elle use, à l'égard des événements humains, d'un procédé qui ne serait approuvé ni en astronomie ni dans les sciences mathématiques, physiques, chimiques ou biologiques. Ce caprice ne se justifie pas.

Pierre Gilbert.

179. — **Saint-Evremond en Angleterre**, par Walter MELVILLE-DANIELS. — Versailles, Louis Luce, 1907, in-8. (Prix : 2 fr. 50).

Excellent sujet de thèse d'Université. Renferme des documents utiles à l'histoire des relations littéraires entre la France et l'Angleterre, au commencement du xviiie siècle.

Dans une première partie, biographique, M. Daniels étudie la vie de Saint-Evremond en Angleterre, ses relations, ses amitiés, son rôle politique. A noter un intéressant chapitre sur les relations franco-anglaises au xviie siècle. (Les Français se faisaient surtout des Anglais l'idée d'un peuple courageux, violent, arrogant et excentrique) ; une description du salon de la duchesse Mazarin dont Saint-Evremond était l'oracle et l'idole ; des renseignements sur les dernières années de l'écrivain et surtout une curieuse lettre inédite de son médecin sur sa mort. En somme, bonne première partie à laquelle ne manquent même pas des détails agréables (une jolie analyse du portrait de la National Gallery, p. 82.)

Dans la 2e partie, M. D. examine trois questions : l'influence de Saint-Evremond sur la littérature anglaise ; l'influence indirecte qu'il a exercée en favorisant la pénétration des idées françaises en Angleterre ; et enfin comment il a contribué à la connaissance de la littérature anglaise en France. De ces trois questions, il n'a vraiment traité que la première et la troisième ; la troisième est à peine ébauchée en quelques lignes, p. 135.

L'influence exercée sur Addison, Steele, Chesterfield, Swift, Walpole est étudiée avec conscience et impartialité. Le grand service que Saint-Evremond a rendu à la pensée anglaise est d'avoir contribué à y faire pénétrer ce que M. D. appelle justement la qualité dominante de l'écrivain français, sa *délicatesse*, c'est-à-dire une certaine finesse de goût, qui n'est autre chose que le *bon sens*. » En d'autres termes, Saint-Evremond a contribué à répandre en Angleterre la façon de penser et de sentir de notre xviie siècle classique. M. D. fait remarquer que certains écrivains anglais, comme Dryden par exemple, avaient devancé Saint-Evremond, par la perspicacité de leur critique et la finesse de leur style. » Il est juste d'ajouter que ces écrivains eux-mêmes ont subi l'influence française : l'œuvre de Saint-Evremond a donc consisté à hâter et à activer la pénétration en Angleterre des idées classiques. Il a été aussi l'un des premiers à exciter de l'intérêt pour les idées anglaises qui se présentaient alors en France dans toute leur attirante simplicité. » M. D. étudie très suffisamment cette contrepartie de l'influence de Saint-Evremond. La thèse est écrite en un français facile qui ne sent pas trop l'étranger. C'est un travail louable.

A. Prat.

---

180. — **Charles Nodier et le groupe romantique**, par Michel Salomon. — Paris, Perrin, 1907, in-16 de xii-315 p. (Prix : 5 fr.)

M. Michel Salomon vient de faire paraître sur *Charles Nodier et le groupe romantique*, un livre où la sûreté des renseignements s'allie au charme alerte des récits et à la grâce aimable des tableaux. Des fragments, publiés il y a quelques mois par le *Correspondant* et la *Revue de Paris*, avaient eu le plus vif succès; le volume entier sera chaudement accueilli, et il le mérite.

Charles Nodier était, ces années-ci, un peu délaissé. On citait bien son nom parmi ceux des romantiques, mais on connaissait mal sa vie et on ne lisait guère ses œuvres. M. Salomon commence son livre en nous racontant l'existence, d'abord mouvementée, puis casanière du « bon Nodier »; il le termine en étudiant le talent aux mille facettes de celui à qui son vagabondage intellectuel valut un jour d'être appelé « le juif errant de la littérature ». Plutôt qu'à un juif errant, ne serait-ce pas à un papillon que ferait penser Charles Nodier — à un de ces papillons dont il était, dans sa jeunesse, chasseur passionné? Tous les sujets, en effet, l'attiraient, il y volait, il s'y posait, il les quittait : il fut botaniste et historien, dramaturge et philologue, critique et romancier, et aucun genre ne fixa jamais son humeur mobile.

Entre la biographie de son héros et l'examen de son œuvre, M. Salomon, a placé une peinture de l'Arsenal, dont Nodier était le bibliothécaire. C'était au milieu des bruits et des agitations du siècle une retraite de paix. Madame Nodier et sa charmante fille Marie, qui devint madame Ménessier, présidaient à d'intimes réceptions, et devant elles, accueillie par un bon sourire, toute la pléiade romantique défila. Le salon de l'Arsenal n'avait rien de celui du monde où l'on s'ennuie. Dès l'entrée, on y respirait un parfum de jeunesse, d'esprit, de cordialité et de belle humeur. Au coin de la cheminée, Nodier, lâchant la bride à sa fantaisie, parlait littérature ou botanique à moins qu'il ne racontât des histoires ; des poètes récitaient leurs vers ; ou bien encore, entre critiques et auteurs, des discussions s'allumaient et crépitaient, interminables, pour se prolonger jusque dans la chambre à coucher de la maîtresse de maison ; Marie ouvrait sous piano : comme écrivait Musset.

> Tachés déjà par l'écritoire,
> Sur l'ivoire
> Ses doigts légers allaient sautant
> Et chantant.

Enfin, avant de dire bonsoir, les pontifes de la nouvelle école, dépouillant leurs airs solennels, se risquaient à un tour de valse avec les jeunes filles. M. Salomon a ressuscité pour nous ces soirées de l'Arsenal ; les habitués — c'étaient Victor Hugo, Vigny, Musset, Sainte-Beuve, Eugène Delacroix, Dumas père, Balzac... — sont là, sous nos yeux, silhouettes croquées avec verve, dans leurs attitudes et leurs poses ; et des poésies inédites tirées de l'Album de Marie Nodier, des lettres curieuses, souvent exquises, de Hugo, de Lamartine, de Sainte-Beuve, de Musset, de bien d'autres, nous sont données pour la première fois.

M. Salomon a évoqué de l'ombre beaucoup mieux qu'un homme : un groupe littéraire, le plus sympathique peut-être et à coup sûr le plus intéressant des groupes du siècle passé.

Bernard de Lacombe.

---

181. — **Moralistes et poètes**, par Maurice Souriau — Paris. Vuibert et Nony, 1907, in-18 de xi-301 pp. (Prix : 3 fr. 50).

Ce livre confirme une observation déjà faite ici sur l'intérêt qui s'attache depuis quelques années au romantisme et sur le grand nombre d'ouvrages ou d'études particulières consacrés aux écrivains romantiques. Dans ce recueil où M. Souriau, professeur à l'Université de Caen, a réuni huit articles de revues, — leçons d'université ou conférences, — un est consacré à Bernardin de Saint-Pierre, ancêtre du romantisme, quatre à Lamartine, Casimir Delavigne, Brizeux, A. de Vigny ; la littérature classique n'est représentée que par une étude sur les *Pensées* de Pascal et la littérature contemporaine par quelques pages d'actualité sur la fête des poètes normands et sur M. René Bazin.

M. S. apporte une interprétation nouvelle des *Pensées* de Pascal ; attaquant la thèse traditionnelle, que ce livre, si Pascal avait eu le temps de le mettre en œuvre, aurait été l'apologie du catholicisme, il s'efforce d'établir que l'auteur, dans la partie purement dogmatique des *Pensées* comptait prouver surtout la vérité du jansémisme ; « dans une autre partie, consacré à la polémique, il aurait attaqué ceux qu'il considérait comme les ennemis de Port-Royal et les siens : les jésuites, le roi, le pape. » Selon M. S., l'erreur d'interprétation remonte aux jansémistes eux-mêmes qui ont dénaturé, par prudence, ou dissimulé le véritable sens des *Pensées* ; l'erreur, accréditée au xviiie siècle, devient traditionnelle et est acceptée par tous les éditeurs ou commentateurs. En quelques pages d'analyse pénétrante, M. S. montre que la part du catholicisme pur dans les *Pensées* est très restreinte ; au contraire la doctrine jansémiste, particulièrement précise sur la prédestination, pénètre tout le livre. La démonstration de M. S. est plus originale encore en ce qui concerne la partie polémique des *Pensées*, et elle paraît aussi plus convaincante : Pascal, non le Pascal de Port-Royal, mais celui de l'édition Havet, rétabli dans sa triple attitude schismatique devant le pape, rebelle devant le roi, aggressive en face des jésuites, n'a plus rien de commun avec ce champion du catholicisme qui méritait naguère les éloges de Pie IX.

En quelques pages charmantes, M. S. a fait revivre une douce figure de femme, Virginie de Saint-Pierre, l'enfant préférée de Bernardin. Les éléments de son étude sont empruntés aux manuscrits du grand écrivain conservés à la bibliothèque du Hâvre. Nous apprenons quel père tendre et attentif sut être l'auteur des *Harmonies*, chez qui les préoccupations de l'écrivain ou les soucis de la vie publique ne firent aucun tort aux devoirs de l'éducateur. Sa fille était digne de lui : enfant affectueuse, gaie, fine et spirituelle, élève distinguée de la maison impériale d'Écouen, bientôt orpheline, et retrouvant auprès de sa belle-mère la tendresse qui venait à lui manquer brusquement, jeune femme exquise, aimée et fêtée de tous, elle passa dans le siècle comme une héroïne de roman, comme une sœur de cette autre Virginie à qui son père avait aussi donné la vie. M. S. ajoute par ces quelques pages un chapitre inédit et très attachant à son remarquable ouvrage sur Bernardin de Saint-Pierre.

On connaît les travaux de M. S. sur l'évolution du vers français, particulièrement aux xviie siècle. L'étude qu'il publie aujourd'hui sur la versification de Lamartine, et qui avait déjà paru dans la *Revue des cours et conférences*, est conçue dans le même esprit et avec la même méthode. M. S. y établit une fois de plus qu'on peut être un poète de génie et un très mauvais versificateur : c'était le cas de Lamartine, chez qui abondent les vers faux, les chevilles, l'à peu près, les métaphores banales ou fantaisistes. Nous ne pouvons entrer dans le détail de cette étude très minutieuse et très scientifique qui porte successivement sur la quantité, l'hiatus, la rime, la césure, l'enjambement, les licences et la disposition strophique; nous nous bornerons à en indiquer la conclusion générale : que la faiblesse de la versification chez Lamartine tient à l'abus de la facilité et au défaut de travail.

La longue étude que M. S. intitule *le Roman de Casimir Delavigne* nous paraît être la partie capitale de son livre, la plus originale et la plus intéressante. D'après une correspondance conservée à la bibliothèque du Havre, il a pu restituer toute une période d'une vie jusque-là obscure, du jour où l'auteur des *Messéniennes* tomba amoureux, à Rome, d'Élise de Courtin, dame d'honneur de la reine Hortense, jusqu'au jour où il l'épousa. Lorsque son cœur, longtemps tranquille, s'éveilla à la passion, le poète avait trente-trois ans; il était déjà en possession de quelque notoriété que justifiaient mal une veine un peu étriquée et quelques succès douteux au théâtre. Le coup de foudre, — c'est le cas ici de rajeunir un peu cette expression romantique, — qui bouleverse son âme, au cours d'un voyage en Italie où on l'avait envoyé pour sa santé, sera décisif aussi pour son talent qu'il renouvelle. L'amour qu'il n'avait jamais connu jusque-là révèle au poète des sentiments et des mouvements inédits pour lui, soumet son esprit à une inspiration plus personnelle et plus vivante. M. S. a fort ingénieusement établi comment cette année 1826, qui est celle de sa première passion et de son plus grand bonheur, marque dans l'œuvre de Casimir Delavigne la renaissance, peut-être même l'éclosion de son talent : une double série d'analyses montre avant la date fatidique les œuvres mièvres, étiolées, sans accent et sans force, après la date, l'ère des chefs d'œuvre, les *Messéniennes*, les grands drames historiques, animés d'un souffle intense. M. S. avec tact et mesure remet les choses au point en défendant C. Delavigne contre les dédains exagérés, l'indifférence et l'oubli de la critique contemporaine; notamment il rend avec beaucoup de justice à son poète l'honneur d'avoir été après Hugo le plus grand, sinon le seul dramaturge de l'époque romantique. — Quant au « roman » qui sert de prétexte à cette étude, on ne peut songer à le résumer sans en altérer la fraîcheur et la grâce; il faut le lire tout entier dans l'étude de M. S. Nous donnerons cependant une idée de l'esprit et du charme de cette jeune femme à qui il appartenait d'éveiller une âme de poète, en citant cette phrase délicieuse qu'elle écrivait à son fiancé : « Vous qui m'avez appris si bien à aimer, ne saurez-vous m'apprendre à le dire; vous est-il donc plus facile d'enseigner ce que vous ne savez guère que ce que vous savez si parfaitement? »

Rien n'est indifférent de ce qui touche à la vie intime des poètes et plus particulièrement aux années d'enfance, si importantes pour la formation de leur talent. Aussi lit-on avec plaisir le dépouillement méthodique et consciencieux que M. S. nous donne des cahiers d'écoliers de Brizeux, retrouvés et conservés avec une pieuse sollicitude par un ami du poète. Elève à l'école d'Arzannô, au collège de Vannes, puis à celui d'Arras, le jeune Brizeux fait de solides humanités et ces cahiers nous disent quel interprète intelligent de la beauté antique, et particulièrement de Virgile, il était, à l'âge où les textes latins et grecs ne représentent d'ordinaire qu'un supplice nécessaire et barbare.

Enfin sous ce titre : *le Romantisme jugé par Alfred de Vigny*, M. S. analyse des lettres échangées en 1838 entre le prince Maximilien-Joseph de Bavière et le poètes des *Destinées*. — Le prince, alors jeune homme, avait fait demander à Vigny d'échanger avec lui par correspondance quelques idées sur la littérature et l'art; Vigny accepta après des scrupules et des conventions sévères qui font le plus grand honneur à la dignité de son caractère. Aux archives secrètes de la famille royale, à Munich, sont conservés les brouillons des lettres du prince et la copie d'une lettre de Vigny. M. S. publie ou résume ces documents. Ils ne peuvent que grandir encore la plus belle âme de poète et la plus pure qui ait jamais été : tant ils témoignent d'impartialité ferme, de noblesse et de bonté chez ce fier gentilhomme de lettres échappé à la cohue littéraire.

Il est difficile de donner en quelques lignes une idée complète des divers articles qui constituent le nouveau livre de M. S. Pour toutes ces études, l'auteur se réclame avec raison de la méthode scientifique : on sait assez aujourd'hui que la critique littéraire n'existe qu'en tant qu'histoire littéraire, qu'elle n'est plus affaire de sensibilité ni de tempérament, mais qu'elle se fonde sur des confrontations de textes et des analyses de documents aussi certaines que les lois et les expérimentations des sciences exactes. Pourquoi ne revendiquerait-elle pas, dans ses conclusions, la même rigueur et les mêmes garanties? Un livre comme celui que nous venons de résumer justifie cette ambition.

Edouard MAYNIAL.

CHRONIQUE

24. — Les origines de la nonciature de Flandre. *Étude sur la diplomatie pontificale dans les Pays-Bas à la fin du XVIe siècle,* **par R. MAERE.** — Louvain, 1906, 47 p.

Cet opuscule est un tirage à part d'un article paru dans la *Revue d'Histoire ecclésiastique*, qui se publie à Louvain.

C'est de l'histoire documentaire. Ce mot résume, me semble-t-il, les grandes qualités de cette étude, et les défectuosités qu'on y trouve.

C'est un travail très consciencieux. Outre les sources imprimées, l'auteur en connaît un grand nombre de manuscrites, qu'il a étudiées aux Archives du Vatican.

Mais, plutôt par la faute du sujet que par celle de l'auteur, ces pages n'ont pas d'unité. L'on va à droite et à gauche, de Cologne à Bruxelles, de Bruxelles à Liège, au hasard des voyages des envoyés pontificaux. Les transitions elles-mêmes montrent combien peu serrés sont les liens qui unissent ces récits : *entretemps, cependant, pendant ce temps* sont les particules ordinaires qui, d'un train un peu monotone, nous font passer d'un alinéa à l'autre.

L'on serait heureux aussi me semble-t-il, de sentir davantage dans cette étude la personnalité de l'auteur. — Mais « la prudence est la mère de la sureté », et en n'émettant aucune appréciation, un auteur est sûr de ne déplaire à personne.
J. PAQUIER.

25. — Stellae caeli, roman gréco-latin (146 av. J.-C.), par Pierre DELIDER, illustré de 10 planches hors texte et d'une carte de la Grèce antique. — Paris, Léon Vanier, A. Messein, successeur. 1905, in-8 de 124 p.

Ce petit livre, dont l'auteur est une jeune et savante « authoress »;

exhale un parfum d'antiquité fait pour réjouir les amis de la littérature relative à l'époque gréco-romaine. Il raconte le dernier jour de l'indépendance hellénique; il dépeint le noble caractère de Métellus, qui unit sa fille à un jeune Grec, vainqueur aux jeux isthmiques. Il montre le Romain victorieux se conciliant les vaincus en les faisant bénéficier de la politique traditionnelle qui déclarait citoyens romains, avec toutes les prérogatives attachées à ce titre, les habitants des contrées romaines. C'est une page d'histoire encadrée dans un gracieux roman. C. E. R.

26. — **Venise au XVIIIe siècle**, par Philippe MONNIER. — Paris, Perrin et Cie, 1907, in-8 de 412 p. (Prix : 7 fr. 50).

Très intéressant ouvrage, auquel devra recourir désormais quiconque voudra s'informer de la vie vénitienne d'autrefois. Les fêtes, le théâtre, les beaux-arts, les diverses classes de la société, la vie littéraire, la vie mondaine, tout cela y est étudié avec abondance et autorité. La documentation est riche. Une bibliographie fort complète termine l'ouvrage. C'est un de ces livres qui méritent de figurer à côté de ceux de Burckhardt sur la Renaissance dans la bibliothèque de tout italianisant. L'auteur ne s'est pas laissé submerger par la multitude des faits et des textes, et, si vaste que soit son sujet, il le domine. Les qualités littéraires complètent heureusement les mérites scientifiques de l'ouvrage, et, grâce à elles, l' « histoire » de M. Ph. M. est proprement « une résurrection » Toute l'âme multiple et légère de Venise transparaît dans ces pages, où l'on voit chatoyer les costumes bariolés de ce peuple du burattini ». Je ne ferai qu'une objection à l'auteur : il semble n'avoir vu, dans l'âme vénitienne (comme Taine lui-même, *Voyage en Italie*) que l'amour du *jeu* sous toutes ses formes, la volupté de vivre avec une méconnaissance, un oubli volontaires des côtés sérieux de la vie. « Ce ne sont que festons, ce ne sont qu'astragales »; ce ne sont que mascarades et que ballets, que sérénades et que madrigaux.

N'y a-t-il pas eu moralement deux Venise, comme il y en a deux matériellement : celle qui est la fête des yeux et de l'imagination — et celle qui promène la muette caresse de ses eaux lourdes aux flancs gris de ses vieux palais, celle des gondoles funèbres qui, par les matins d'automne, vont vers Murano la mystérieuse? Ainsi, dans l'âme de Gasparro Gozzi, M. Ph. M. n'a guère voulu voir que la gaîté vénitienne. C'est *vouloir* être incomplet. De même, à un degré moindre, pour Goldoni. Le livre est donc un peu trop systématique. Il n'en est pas moins intéressant et les profanes eux-mêmes se plairont à le lire. Mais pourquoi M. Ph. M. s'ingénie-t-il à des gentillesses d'expression, qui, sans doute, ne sont pas toujours déplaisantes, mais qui réussissent parfois à nous agacer? On se lasse de ce style à facettes. D'ailleurs quelques impropriétés bizarres, certaines tournures, nous rappellent bien vite que le français de ce styliste vient en droite ligne de Genève.

Jacques LANGLAIS.

L'Éditeur-Propriétaire-Gérant : ALBERT FONTEMOING.

TABLE ALPHABÉTIQUE

A

Apulei. Opera quæ supersunt, vol. II, fasc. I. — **Apulei Platonici Madaurensis** pro se de Magia liber [ed. R. Helm] (J. VESSEREAU) 233
Archelet (L'abbé.). Les Causes du Malheur pendant la vie. (A. LARGENT) 41
Aristote. Physique. Liv. II. [trad. et comm. O. Hamelin]. (C. HUIT) 515
Arnould (L.). Quelques poëtes. (P. HERVELIN) 370
Augé-Laribé (M.). Le problème agraire du socialisme. B. R.). 354
Aly (W.) De Aeschylii copia verborum capita selecta. (A. DUPOUY) 310
Aulard (Alph.). Etudes et leçons sur La Révolution française (DE L. DE L.) 29
— Paris sous le Consulat. (L. DE L. DE L.) 542
Aunet. (B. D.). L'Aurore australe (G. DE MONICAULT) . . . 336
Avenel (Vte G.). Prêtres, soldats et juges sous Richelieu. (H. GAILLARD) 278

B

Babylonian Expedition of the University of Pennsylvania. Série A [ed. Hilprecht]. (F. MARTIN) . . . . 416 et 459
Bacha (Eugène). Le Génie de Tacite (F. PLESSIS) 524
Bainville (Jacques). Bismarck et la France. (P. GILBERT) . . . 325
Bang (M.). Die Germanen im Romischen Dienst. (E. MAYNIAL) 106
Barbier (Em.). Les progrès du libéralisme catholique en France sous Léon XIII. (A. LARGENT) 412
Barry (W.). Newman. (D. P.) . 201
Bartou (G.-A.). Haverford Library Collection of cuneiform tablets or documents from the temple archives of Telloh. (H. DE GENOUILLAC) 154
Baruzi (J.(. Leibniz et l'organisation religieuse de la Terre. (H. VILLASSÈRE) 5
Baurepaire (Robillard de.). Les pays Palinod de Rouen et de Caën. (M. SOURIAU) 291
Bauchond (M.). La Justice criminelle au Moyen-Age. (P. F.). 207
Beauriez (L. de). Robert-le-Fort et les origines de la Maison Capétienne. (A LE GLAY) . . . 438
Bellaigue (C.). Etudes Musicales (A. G.) 221
Berthier (R. P. J.). L'Etude de la somme théologique de Saint-Thomas d'Aquin. (H. PRADEL). 81
Biovès. Gordon-Pacha. (P. MARESTAING) 215
Blanc (Elie). Dictionnaire de philosophie ancienne moderne et contemporaine. (H. VILLASÈRE) 6
Boucard (L.) Dieu, l'âme, Jésus-Christ, l'Eglise. (H. PRADEL) 305
Boucher (H.). Souvenirs d'un Parisien pendant la seconde République. (DE L. DE L.) . . 543
Boulard (L.). Les Instructions écrites du Magistrat au juge commissaire dans l'Afrique romaine. (PH. VIREY) 338
Bourg (Dom du.). La vie reli-

	Pag.
...gieuse en France sous la Révolution, l'Empire et la Restauration. (A. LARGENT)	197
Boutmy (E.). Etudes politiques (P. GILBERT)	564
Brun-Durand. Le président Charles Ducros. (P. FOURNIER)	283
Brunot (F.). Histoire de la langue française. T. II (J. CHARLES)	96

C

Cabié (E.). Guerre de Religion dans le S. Ouest de la France. (H. GAILLARD)	469
Cagnat (R.). Bibliothèques Municipales dans l'Empire romain. (ANDRÉ BAUDRILLART)	238
Calvet (J.) Petit guide du candidat à la licence ès-lettre. (F. PLESSIS)	202
Cantarelli (L.). Prefetti di Egitto da Ottaviano Augusto a Diocleziano. (H. THÉDENAT)	153
Cartault (A.). A propos du Corpus Tibullianum. (SYLVAIN GRÉBAULT)	263
Cartulaire de l'abbaye de Molesmes. [Ed. J. Laurent]. (R. P.)	539
Casanove (B. de). Voir **Ibsen**.	
Cauvière (J.). Discipline Militaire et obéissance passive. (P.)	491
Chaîne (M.). Grammaire Ethiopienne. (SYLVAIN GRIBAULT)	266
Chardon (H.). Le Rôle de Matignon à la Saint-Barthélemy à Alençon, à Caen et dans toute la Basse-Normandie. (H. CARRU)	109
Chauvin (Const.). Les Idées de M. Loisy sur le quatrième Evangile. (R. SAINTE-CROIX)	3
Chevalier (Ulysse). Notre-Dame-de-Lorette. (P. FOURNIER)	141
Choupin. Valeur des définitions doctrinales et disciplinaires du Saint-Siège. (A. LARGENT)	301
Cohen (G.) Histoire de la mise en scène dans le théâtre religieux du Moyen Age. (A. LESORT)	102
Conard (P.). La Peur en Dauphiné. (P. F.)	379
Cordier (H.). L'expédition de Chine de 1860. (H. F.)	82
Croix (R. P. C. de St.). Etude sur l'ancienne église de Saint-Philibert de Grandlieu. (H. GAILLARD)	209

D

	Pag.
Daudet (Ern.). Lettres du Cte V. Esterhazy à sa femme. (R. G.)	506
Daudet (Ern.). La Révolution de 1830 et le Procès de Ministres de Charles X (A. LARGENT)	545
Deboralied [Das] [ed. V. Zapletal] (P. BUGNICOURT)	225
Delattre. Le culte de la Sainte-Vierge en Afrique d'après les monuments archéologiques. (A.-H. DE VILLEFOSSE)	476
Delarue (P.). Le Clergé et le culte catholique en Bretagne pendant la Révolution (A. ROUSSEL)	76
— Mémoires du Colonel Dufour (A. ROUSSEL)	440
Delines (M.). Voir **Modestov**.	
Delvové (J.). Organisation de la conscience Morale (H. VILLASSÈRE)	4
Démy (A) Essai historique sur les expositions universelles (R. R.)	507
Dhorme (Le P.). Choix de textes religieux assyro-babyloniens (F. MARTIN)	531
Dietrich (Dr). Mitteilung über den Ritus der verhüllten Hände (L. DE LAGGER)	386
Dieulafoy (M.). Le Théâtre édifiant : Cervantès, tirso de Molino. Calderon (E. MAYNIAL)	463
Donop (Gal). Commandement et Obéissance (P.)	517
Dubois (L. P.). L'Irlande contemporaine (CH. BASTIDE)	335
Dussaud (R.). Les Arabes en Syrie avant l'Islam (P. MARESTAING)	316
Dutens (Alf.). Etudes sur la simplification de l'orthographe (J. VESSEREAU)	91

E

Engel (A.). et **Paris** (P.). Une forteresse ibérique à Osuna (A. BAUDRILLART)	389
Epuy (M.). Le sentiment de la nature (E. MAYNIAL)	366
Espérandieu (Com.). Recueil général des Bas-Reliefs de la Gaule romaine. (H. THÉDENAT)	550
Esterhazy (Cte V.). Lettres à sa femme (1784-1792) [éd. Ern. Daudet] (R.-G.)	506
Estève (E.). Byron et le Romantisme français (E. MAYNIAL)	312
Eymieu (Ant.). Le gouvernement de soi-même (P. MONET)	61

F

	Pag.
Favre (J.). Lacordaire orateur. Sa formation et la Chronologie de ses œuvres. (P HERVELIN)	75
Feugère (Anat.). Lamennais avant l'essai sur l'Indifférence. (A. ROUSSEL).	17
Fortes (J.). A sepultura da Quinta da Agua Branca (Edade) do cobre (H. BEAUNE).	36
Foville (A. de). La Monnaie. (B. R.).	90
Franche (P.). La légende dorée des bêtes. (A. BAUDRILLART).	148
Funck (F. X.). Kirchengeschichtliche Abhandlungen und Untersuchungen. (J. LEBRETON).	489

G

Gallet Mme M.). Schubert et le Lied (A. G.).	36
Giran (Et). Paroles de sincérité. (D. SABATIER).	392
Giraud (V.). Livres et Questions d'aujourd'hui. (P. HERVELIN).	371
Graduel de la Cathédrale de Rouen au XIIIe siècle (A. TOUGARD).	431
Grasserie (R. de). Particularités linguistiques des noms subjectifs (P. MARESTAING).	146
Grisar (Hartman). Histoire de Rome et des Papes au Moyen-Age. [trad. Eug. Ledos]. (D. L. GUILLOREAU).	249
Guillaume II et son peuple par un pessimiste. (P. GILBERT).	516
Guyot (H.). L'Infinité divine depuis Philon le juif jusqu'à Plotin	306
— Les réminiscences de Philon le juif chez Plotin (J. LEBRETON).	306
Guyot (J.) Le Poète J.-Fr. Regnard. (A. PRAT).	535

H

Hamelin (O). Voir **Aristote**.	
Hauvette (H.). Littérature italienne. (J. LANGLAIS).	537
Helm (R). Voir **Apulei**.	
Hélot (A.). Journal politique de Ch. de Lacombe (R. G.).	474
Hemon (C.). La philosophie de Sully-Prudhomme (H. VILLASSÈRE).	453
Herbette (M.). Une ambassade persane sous Louis XIV (A. PRAT).	281
Hilprecht. Voir **Babylonian Expedition**.	
Hrosvithae Opera. [éd. K. Strecker]. (J. VESSEREAU).	521

	Pag.
Huchon (R.). Un poète réaliste anglais: Georges Crabbe. (A. KOSZUL).	367

I

Ibsen (H.). Poésies. [trad. B. de Casanove]. (E. MAYNIAL).	150

J

Janell (W.). Ansgewählte Inschriften griechisch und deutsch (A. DUPOUY).	309
Janklevitch (Dr S.). Nature et Société. (L. DE LAGGER).	469
Janvier (Chan.) La Vertu. (A. LARGENT).	162
Joly (H.). Le Vénérable Père Eudes. (A. INGOLD).	132
Jouguet (P). Institut papyrologique de l'Université de Lille. (C. E. R.).	443
Jouvin (L.). La Morale sans bien. (P. GILBERT).	318

K

Kershap (P.). Studies in ancient Persian History. (A. ROUSSEL).	144
Knoke (D^r). Begriff der Tragœdie nach Aristoteles (O. HESNARD).	355
Kostyleff (M.). Les Substituts de l'âme dans la psychologie moderne. (H. V.).	253

L

Laborde Milaa (L.). Fontenelle. (A. BOIRÉ).	310
Lachelier (J.). Etudes sur le syllogisme. (H. VILLASSÈRE).	513
Lachèvre (F.). Les satires de Boileau commentées par luimême. (P. HERVELIN).	124
Lacombe (Comte H. de). La Divinité de Jésus-Christ. (L. LESCŒUR).	114
Lafontaine (Alb.). Jehan Gerson. (P. DESLANDRES).	39
Lang (Andrew). Les mystères de l'Histoire [trad. TH. DE WYZEWA].	437
Lanson (G) Voltaire. (P HERVELIN).	192
Lasserre (B.). Les Cent Jours en Vendée. (A. ROUSSEL).	78
Lau R.-J.). Old Babylonian temple records (H. DE GENOUILLAC).	154
Laudet (Fern.). Souvenirs d'hier. (F. PLESSIS).	549
Laurent (J.) Cartulaire de l'abbaye de Molesmes. (R. P.).	539
Lautrey (L.). Voir **Montagne**.	

	Pag.		Pag.
Lauer (F.). Le Trésor du Sancta Sanctorum. (H. THÉDENAT)	481	Evremond en Angleterre. (A. PRAT.)	577
Lechat (H.) La Sculpture grecque au Vᵉ siècle. (ET. MICHON).	157	**Mentré**. Cournot. (E. B.)	478
Lefèvre-Pontalis (Eugène). Les Architectes et la Construction des Cathédrales de Chartres; Les façades successives de la Cathédrale de Chartres. (LEFEBVRE DES NOËTTES)	42	**Meresse** (abbé). Histoire du Cateau. (G. MOLLAT)	509
		Merguet (H.). Handlexikon zur Cicero. (L. LAURAND.)	357
		Mérimée (H.). Gaspar Mercader : El Prado de Valencia [éd. crit.] (E. MAYNIAL).	362
Leclercq (Dom H.). Les Martyrs, T. V. — Le Moyen-Age. (H. VILLETARD)	376	**Meyer** (Dʳ H.) Entwerung und Eigentum im deutschen Fahrnisrecht. (P. F.)	180
— T. VI. — Jeanne d'Arc, Savonarole. (A. BOUÉ.)	378	**Mézières** (A.). Hommes et femmes d'hier et d'avant-hier. (E. MAYNIAL.)	314
Lecestre (L.) Mémoires de Sᵗ Hilaire. (H. G.)	469	**Merlin** (R.). Le contrat de travail les salaires, la participation aux bénéfices. (P. GILBERT)	254
Legendre (M.) et J. Chevalier. Le Catholicisme et la Société (A. LARGENT)	345		
Le Glay (A.). Théodore de Neuhoff, roi de Corse. (B. FAULQUIER)	470	**Millien** (A.). Chants et chansons du Nivernais [airs notés par J. G. Penavaire]. T. I. (E. MAYNIAL.)	21
Legras (L.). Les légendes thébaines en Grèce et à Rome. (J. VESSEREAU)	69	**Modestov** (B.). Introduction à l'Histoire romaine, [trad. M. Delines]. [A. BAUDRILLART)	298
Lemarchand (Em.). Le château royal de Vincennes. (L. DES NOËTTES)	297	**Molière**. L'avare [éd. Junker et Bornecque]. (A. BOUÉ)	433
Lemaire (André). Les Lois fondamentales de la Monarchie française. (H. GAILLARD)	467	**Monnier**. La Mission historique de Jésus. (R. SAINTE-CROIX)	1
Lenôtre (G.). Mémoires et souvenirs sur la Révolution et l'Empire. (B. FAULQUIER.)	472	**Montaigne**. Journal de Voyage. [Ed. Lautrey]. (G. MICHAUT)	40
Lepelletier (E.). Paul Verlaine. Sa vie. Son œuvre. (E. MAYNIAL.)	427	— Essais. [éd. F. Strowski]. (G. MICHAUT)	187
Louis (P.). Histoire du mouvement syndical en France. (B. R.)	89	**Moustafa Kamel Pacha**. Egyptiens et Anglais. (P. MONET.)	335
Luchaire (Julien). Essai sur l'évolution intellectuelle de l'Italie de 1825 à 1890. (J. RAMBAUD)	159	**N**	
		Némethy (G.). P. Ovidii Amores. (F. PLESSIS)	456
M		— Lygdami Carmina. (F. PLESSIS)	259
Marshall. Principes d'économie politique. T. I. [trad. Sauvaire-Jourdan]. (B. R.)	415	**Nicolay** (F.). Napoléon Iᵉʳ au camp de Boulogne. (R. G.)	505
Martin (Fr.). Le livre d'Hénoch. (J. CARTIER)	532	**O**	
Martin (Eug.). Saint Colomban. (A. LESORT).	71	**Ollivier** (Em.). L'Empire libéral. (L. DE L)	382
Martin-Chabot (Eug.). Les Archives de la Cour des Comptes, aides et finances de Montpellier. (R. P.)	27	**P**	
Masson (M.). Fénelon et madame Guyon. (J. ZEILLER)	127	**Parsy** (P.). Saint Eloi. (J. LAURENTIE)	495
Meistermann (B.). La ville de David. (P. BUGNICOURT)	226	**Paterson** (Archibald). Sculptures Assyriennes. (L. MARCHAL)	444
Melville (Daniels W.). Saint-		**Paulhan** (Fr.). Le Mensonge de l'art. (L. SILOY)	129
		Pénavaire (J. G.). Voir **Millien**.	
		Piat (Cl.). Platon. (C. HUIT)	171
		Picavet (Fr.). Esquisse d'une histoire générale et comparée	

des philosophies Médiévales. (E. BAUDIN). 59
Pichon (R.). Etude sur l'Histoire de la littérature latine dans les Gaules. (J. VESSEREAU). 358
Pillon (F.). L'année philosophique. (1905) (D. S.) . . . 199
Piquet (F.). Précis de phonétique historique de l'allemand. (E. MAYNIAL). 365
Pontoppidan (M.). Elise Hoskier. (A. MOLIEN). 212
Postgate (J. P.). Voir **Tibulle**.
Poullet (P.). Les Institutions françaises de 1791 à 1814. (J. RAMBAUD). 502
Poulsen (F.). Die Dypilongräber. (PH. VIREY). 207

R

Rébelliau (Alf.). Bossuet. (A. BOUÉ). 270
Registres des papes pendant la seconde moitié du XIIIe siècle. (P. FOURNIER). 401
Registres du Conseil de Genève. (A. PRÉVOST.). 324
Remarques sur Bossuet. (H. DE LANDOSLE). 419
Revue bénédictine. Table. (ALFRED BAUDRILLART) 510
Reggio (Albert). L'Italie intellectuelle et littéraire au début du XXe siècle. (J. RAMBAUD). 276
Ribolet (L.). Salvia. Episode de la piraterie mauresque (A. LESCŒUR). 497
Ribot (Th.). Essai sur les passions. (H. VILLASSÈRE). . . . 229
Rodocanachi (E.). La femme italienne à l'époque de la Renaissance. (H GAILLARD). . 189
Roca (Em.). Le Règne de Richelieu. (A LEGLAY). 439
Roman (J.). Description des sceaux du Dauphiné. (R. DELACHENAL). 387
Ronsard (P. de). Livret de folastries [éd. A. Van Bever]. (E. MAYNIAL). 185

S

Saintyves (P.). Les Saints, successeurs des Dieux. (A. LE GLAY.) 372
Salomon (M.). L'Esprit du temps (P. MONET.). 37
— Charles Nodier et le groupe romantique. (B. DE LACOMBE). 578
Sante (X. de la.). Ferrum [trad. Osmond.] (H. THÉDENAT). . . 118

Schneider (R.). Rome. (L. PONNELLE). 218
Schnürer (Dr). Die Ursprüngliche Templerregel. (P. F.) . . 205
Schlumberger (G.). Campagne du Roi Amaury I en Egypte. (H. THÉDENAT). 465
Sée (H.). Les classes rurales en Bretagne du XVIe siècle à la Révolution. (M. MARION). . . 73
Séché (L.). Alfred de Musset; l'homme, l'œuvre. — Correspondance. (E. MAYNIAL). . . . 274
Seeberg (Alf). Die Beiden Wege und das Apoteldekret (L. GRY). 15
Simon (P.). L'élaboration de la Charte Constitutionnelle de 1814. (J. RAMBAUD). 381
Sollier (Dr P.). Essai critique et théorique sur l'association en psychologie. (H. VILLASSÈRE). 486
Sommerard (L. du). Anne Comnène-Agnès de France. (C. E. RUELLE.). 374
Sortais (G.). Etudes philosophiques et sociales. (C. HUIT). . 561
Souriau (M.). Moralistes et poètes. (E. MAYNIAL). 579
Spinoza. Ethique. (H. VILLASSÈRE). 514
Stagel (E.). Das Leben der Schwestern zu Töss. [éd. F. Wetter.] (A. LESORT.). 120
Stenger (G.). La Société française pendant le Consulat. (5e série). (R. G.). 380
Steuer (Geza). Le Compromis entre la Hongrie et l'Autriche. (L. DE LACGER). 35
Strecker. Voir **Hrosvitha**.
Strowski (F.). Montaigne. (G. MICHAUT). 147
Strowski (F.). Pascal et son temps. (G. MICHAUT). 536

T

Tarde (A. de). L'idée de juste prix. (B. R.) 353
Thibault (Marcel). La Jeunesse de Louis XI. (B. FAULQUIER). 25
Thulin (C.). Italische Sacrale Poesie und Prosa. (A. DUPOUY). 308
Tibulli aliorumque carminum libri tres [édit. J. P. Postgate.] (J. VESSEREAU). 7
Toutain (J.). Le cadastre de l'Afrique romaine. (PH. VIREY). 553
— Les Cultes païens dans l'Empire romain. (ANDRÉ BAUDRILLART). 434

	Pag.
Tragin (G.). Les Idées à propager. (P. GILBERT).	488
Turmel (J.). Histoire de la théologie positive du Concile de Trente au Concile du Vatican. (P. BUGNICOURT)	57
Turtot (Hocquart de). Le tiers Etat et les Privilèges. (R. G).	285

U

Ungnad (Arth.). Babylonisch. assyrische Grammatik mit Ubungsbuch. (F. MARTIN)	493
Uzureau (F.). Andegaviana [5e série]. (A. ROUSSEL.)	242

V

Vagani (H.). Histoire du roi Perceforêt. (H. LEMAITRE.)	237
Vaganay (L.). Le problème eschatologique dans le IVe Livre d'Esdras. (L. GRY)	11
Vallée (Abbé). De la préparation à la vie chrétienne dans les collèges. (PH. P)	390

	Pag
Vandal (Albert). L'avènement de Bonaparte. T. II. (B. DE LACOMBE).	287
Venturi (A.). Historia dell'Arte italiana. (A. VOGT).	33
Vidal (J. M.). Le tribunal de l'inquisition de Pamiers. (H. CARRER)	108

W-Z

Waynbaum (Dr) La physionomie humaine. (H. VILLASSÈRE)	557
Wyzewa (Th. de). Voir **Lang**.	
— Les maîtres italiens d'autrefois. Ecoles du Nord. (L. BORDET.)	476
Würzburg (Joh. von). Wilhelm von Œsterreich. [éd. Ernst Regel.] (A. LESORT.)	120
Zapletal (V.). Das Deboralied. (P. B.)	225
Zeiller (G.). Les origines chrétiennes dans la province romaine de Dalmatie (A. DUFOURCQ)	322

TABLE MÉTHODIQUE

BEAUX-ARTS. — ARCHÉOLOGIE. — HISTOIRE DES ARTS.

	Pag.
Barton (G. A.). Haverford Library Collection of Cuneiform tablets or documents from the temple archives of Telloh (H. DE GENOUILLAC).	154
Bellaigue (C.). Etudes musicales (A. G.).	221
Croix (C. de Sainte). Etude sur l'ancienne église de Saint-Philibert de Grandlieu. (H. GAILLARD).	209
Engel (A. et **Paris** P.). Une forteresse ibérique à Osuna. (A BAUDRILLART).	389
Espérandieu (Ct.). Recueil général des Bas-Reliefs de la Gaule romaine. (H. THÉDENAT.).	550
Fortes (J.). A Sepultura da Quinto da Agua Branca (Edade) do cobre. (H. BEAUNE.).	36
Gallet (M.). Schubert et le Lied. (A. G.).	36
Lau (R. J.). Old Babylonian temple records. (H. DE GENOUILLAC.).	154
Lauer (F.). Le Trésor du Sancta Sanctorum. (H. THÉDENAT.).	481
Lechat. (H.). La sculpture grecque au v⁰ siècle. (E. MICHON.).	157
Lefèvre-Pontalis (E.). Les Architectes et la construction des Cathédrales de Chartres. Les façades successives de la cathédrale de Chartres. (L. DES NOETTES.).	42
Lemarchand (E.). Le château royal de Vincennes. (L. DES NOETTES.).	297
Meistermann (B.). La ville de David. (P. BUGNICOURT).	226
Paterson (A.). Sculptures Assyriennes. (L. MARCHAL).	444
Poulsen (F.). Die Dypilongräber. (PH. VIREY).	207
Roman (J.). Description des sceaux du Dauphiné. (R. DELACHENAL).	387
Schneider (R.). Rome. L. PONNELLE).	218
Venturi (A.). Historia dell'Arte italiana. (A. VOGT.).	33
Wyzewa (Th.). Les maîtres italiens d'autrefois Ecoles du Nord. (L. BORDET).	476

DROIT ET ÉCONOMIE POLITIQUE.

	Pag.
Augé-Laribé. (M.). Le problème agraire du socialisme. (B. R.).	354
Aunet (B. D.). L'Aurore australe. (G. DE MONICAULT).	336
Bauchond (M.). La Justice criminelle au Moyen Age (P. F.).	207
Boulard (L.). Les instructions écrites du magistrat au juge commissaire dans l'Afrique romaine. (PH. VIREY).	338
Boutmy (E.). Etudes politiques. (P. GILBERT).	564
Démy. Essai historique sur les expositions universelles. (R. R.).	507
Foville (A. de.). La Monnaie. (R. R..)	90
Jankievitch (Dr S.). Nature et Société. (L. DE LAGGER).	169
Legendre (M.). et J. **Chevalier**. Le catholicisme et la société. (A. LARGENT).	345
Lemaire (A.). Les lois fondamentales de la monarchie française. (H. GAILLARD.).	467

	Pag.
Louis (P.). Histoire du mouvement syndical en France. (B. R.)	89
Marshall. Principes d'économie politique. T. I. (trad. Sauvaire-Jourdan.) (B. R.)	415
Merlin (R.). Le contrat de travail, les salaires, la participation aux bénéfices. (P. GILBERT).	254
Meyer (D. H.). Entwerung und Eigentum im deutschen Fahrnisrecht. (P. F.)	180
Sée (H.). Les classes rurales en Bretagne du XVIe siècle à la Révolution. (M. MARION)	73
Tarde (A. de). L'idée de juste prix. (B. R)	353
Tragin. Les idées à propager (P. GILBERT)	488

HISTOIRE. — MÉMOIRES. BIOGRAPHIE.

	Pag.
Aulard (A.). Etudes et leçons sur la Révolution française. (DE L. DE L.)	29
— Paris sous le consulat. (DE L. DE L.)	542
Avenel (Vte G. d'). Prêtres, soldats et juges sous Richelieu. (H. GAILLARD)	278
Bainville (J.). Bismarck et la France. (P. GILBERT)	524
Bang. Die Germanen im Römischen Dienst. (E. MAYNIAL)	106
Barbier (E.). Les progrès du libéralisme catholique en France sous Léon XIII. (A. LARGENT)	412
Barry (W.). Newman (D. P.)	201
Beauriez (L. de). Robert le Fort et les origines de la maison Capétienne. (LE GLAY)	438
Biovès. Gordon-Pacha. (P. MARESTAING)	215
Boucher (H.). Souvenirs d'un Parisien pendant la seconde République. (DE L. DE L.)	543
Bourg (Dom du). La vie religieuse en France sous la Révolution, l'Empire et la Restauration. (A. LARGENT)	197
Brun-Durand. Le président Charles Ducros. (P. FOURNIER)	283
Cabié (E.). Guerre de Religion dans le S.-O. de la France. (H. GAILLARD)	469
Cagnat (R.). Bibliothèques municipales dans l'Empire romain. (A. BAUDRILLART)	238
Cartulaire de l'abbaye de Molesmes. (Ed. J. Laurent). (R. P.)	539
Cantarelli (L.). Prefetti di Egitto da Ottaviano Augusto a Diocleziano. (H. THÉDENAT)	153
Chardon (H.). Le Rôle de Matignon à la Saint-Barthélemy à Alençon, à Caen et dans toute la Basse-Normandie. (H. CARRÉ)	109
Conard (P.). La Peur en Dauphiné. (P. F.)	379
Cordier (H.). L'expédition de Chine de 1860. (H. F)	82
Daudet (E.). Lettres du Comte V. Esterhazy à sa femme. (R. G.)	506
— La Révolution de 1830 et le Procès des Ministres de Charles X. (A. LARGENT)	545
Delarue (P.). Le Clergé et le culte catholique en Bretagne pendant la Révolution. (A. ROUSSEL)	76
Delarue (P.). Mémoires du Colonel Dufour. (A. ROUSSEL)	440
Dubois (L. P.). L'Islande contemporaine. (CH. BASTIDE)	335
Dussaud (R.). Les Arabes en Syrie avant l'Islam. (L. MARESTAING)	346
Grisar (H.). Histoire de Rome et des Papes au Moyen Age. (trad. Ledos). (A. GUILLOREAU)	249
Hélot (A.). Journal politique de Ch. de Lacombe. (R. G.)	474
Herbette (M.). Une ambassade persane sous Louis XIV. (A. PRAT)	281
Joly (H.). Le Vénérable Père Eudes. (A. INGOLD)	132
Kershap (P.). Studies in ancient Persian History. (A. ROUSSEL)	144
Lafontaine (A.). Jehan Gerson. (P. DESLANDRES)	39
Lang (A.). Les mystères de l'histoire	437
Lasserre (B.). Les Cent Jours en Vendée. (A. ROUSSEL)	78
Leclercq (dom H.). Les Martyrs. t. V : le Moyen Age. (H. VILLETARD)	376
— t. VI : Jeanne d'Arc. Savacarole. (A. BOUÉ)	378
Lecestre (L.). Mémoires de Saint-Hilaire. (H. G.)	469
Le Glay (A.). Théodore de Neuhoff, roi de Corse. (B. FAULQUIER)	470
Lenôtre (G.). Mémoires et souvenirs sur la Révolution et l'Empire. (B. FAULQUIER)	472
Luchaire (J.). Essai sur l'évolution intellectuelle de l'Italie de 1825 à 1890. (J. RAMBAUD)	159
Martin (E.). Saint Colombau. (A. LESORT)	71
Martin Chabot (E.). Les Archi-	

	Pag.
ves de la Cour des Comptes, aides et finances de Montpellier. (R. P)	27
Masson (M.). Fénelon et madame Guyon. (J. ZEILLER)	127
Meresse (abbé). Histoire du Cateau. (G. MOLLAT)	509
Modestov (B.). Introduction à l'histoire romaine. (trad. Delines. (A. BAUDRILLART)	298
Moustafa Kamel Pacha. Egyptiens et Anglais. (P. MONET)	335
Nicolay (F.). Napoléon 1er au camp de Boulogne (R. G)	505
Ollivier (E.). L'empire libéral. (L. DE L)	382
Parsy (P.). Saint Eloi. (J. LAURENTIE)	495
Poullet (P.). Les Institutions françaises de 1791 à 1814. (J. RAMBAUD)	502
Registres du Conseil de Genève. (A. PRÉVOST)	324
Registres des papes pendant la seconde moitié du XIIIe siècle. (P FOURNIER)	401
Reggio (A.) L'Italie intellectuelle et littéraire au début du XXe siècle. (J. RAMBAUD)	276
Rodocanachi (E.). La femme italienne à l'époque de la Renaissance. (H GAILLARD)	189
Rocas (E.). Le Règne de Richelieu. (A. LE GLAY)	439
Sommerard (L. du). Anne Commene-Agnès de France. (C. E. R.)	374
Schnürer (Dr). Die Ursprüngliche Tempierregel. (P. G.)	205
Schlumberger (G.). Campagne du Roi Amaury I en Egypte. (H. THÉDENAT)	465
Sée (H.). Les classes rurales en Bretagne du XVIe siècle à la Révolution. (M. MARION)	73
Simon (P.). L'élaboration de la Charte constitutionnelle de 1814. (J. R.)	381
Stenger (G.). La Société française pendant le Consulat. (5e série). (R. G.)	380
Steuer (G.). Le Compromis entre la Hongrie et l'Autriche. (L. DE LAGGER)	35
Thibault (M.). La Jeunesse de Louis XI. (B. FAULQUIER)	25
Toutain (J.). Le cadastre de l'Afrique romaine. (PH. VIREY)	553
— Les cultes païens dans l'empire romain. (ANDRÉ BAUDRILLART)	434
Turtot (H. de). Le Tiers Etat et les Privilèges. (R. G.)	285

	Pag.
Uzureau. Andegaviana 5e série. (A. ROUSSEL)	212
Vandal (A.). L'avènement de Bonaparte. T. II. (B. DE LACOMBE)	287
Vidal (J. M.). Le tribunal de l'Inquisition de Pamiers. (H. CARRER)	108
Zeiller (G.). Les origines chrétiennes dans la province de Dalmatie. (A. DUFOURCQ)	322

HISTOIRE LITTÉRAIRE. PHILOLOGIE.

	Pag.
Aly (W.). De Aeschylii copia verborum capita selecta. (A. DUPONY)	310
Apulei. Opera quæ supersunt, vol. II. fasc. I. éd. R. Helm. (J. VESSEREAU)	233
Aristote. Physique. L. II. (trad. et comm. O. Hamelin.) (C. HUIT)	515
Arnould (L.). Quelques poètes (P. HERVELIN)	370
Babylonian. Expedition of the University of Pennsylvania. Série A. (éd. Hilprecht.) (F. MARTIN)	416
Bacha (E.). Le génie de Tacite. (F. PLESSIS)	459
Beaurepaire (R. de). Les pays de Palinod de Rouen et de Caen. (M. SOURIAU)	291
Brunot (F.). Histoire de la langue française. Tome II. (J. CHARLES)	96
Cartault (A.). A propos du corpus Tibullianum. (SYLVAIN GRÉBAULT)	263
Chaine (M.). Grammaire éthiopienne (S. GRIBAU T)	266
Cohen (G.). Histoire de la mise en scène dans le théâtre religieux du Moyen Age. (A. LESORT)	102
Dieulafoy (M.). Le théâtre édifiant : Cervantès. Tirso de Molino. Calderon. (E. MAYNIAL)	463
Dutens (A.). Etudes sur la simplification de l'orthographe. (J. VESSEREAU)	91
Epuy (M.). Le sentiment de la nature. (E. MAYNIAL)	389
Estève (E.). Byron et le romantisme français. (E. MAYNIAL)	366
Favre (J.). Lacordaire orateur. (P. HERVELIN)	75
Feugère (A.). Lamennais avant son essai sur l'indifférence. (A. R)	17
Grasserie (R. de). Particularités linguistiques des noms subjectifs. (P. M.)	146

	Pag.
Guyot (J.). Le poète J. Fr. Regnard. (A. PRAT)	535
Hauvette (H.). Littérature italienne. (J. LANGLAIS)	537
Hémon (C.). La philosophie de Sully-Prudhomme. (H. VILLASSÈRE)	433
Hrosvithae. Opera. (éd. K. Strecker.) (J. VESSEREAU)	521
Huchon. (R.) Un poète réaliste anglais : Georges Crabbe. (A. KOSZUL)	367
Ibsen (H.). Poésies. (trad B. de Casanove). (E. MAYNIAL)	150
Janell (W.). Ausgewählte suschriften griechisch und deutsch. (A. DUPOUY)	309
Jouguet (P.). Institut papyrologique de l'Université de Lille. (C. E. R)	443
Knoke (Dr). Begriff der Fragödie nach Aristoteles. (O. HESNARD)	355
Laborde Milaa (L.). Fontenelle. (A. BOUÉ)	310
Lachèvre (F.). Les satires de Boileau commentées par lui-même (P. HERVELIN)	124
Lanson (G.). Voltaire. (P. HERVELIN)	192
Lepelletier (E.). Paul Verlaine, sa vie, son œuvre. (E. MAYNIAL)	427
Merguet (H.). Handlexikon sir Cicero. (E. LAURAUD)	357
Mérimée. (H.). Gaspar Mercader : El Prado de Valencia (éd. crit.) (E. MAYNIAL)	362
Melville Daniels (W.). Saint-Evremard en Angleterre. (A. PRAT)	577
Molière. L'avare (éd. Junker et Bornecque. (A. BOUÉ)	433
Montaigne. Journal de voyages. (éd. Lautrey). (G. MICHAUT)	40
— Essais (éd. F. Strowski) (G. MICHAUT)	187
Némethy (G.). P. Ovidii Amores. (F. PLESSIS)	456
— Lygdami Carmina. (F. PLESSIS)	259
Pichon (R.). Etude sur l'histoire de la littérature latine dans les Gaules. (J. VESSEREAU)	358
Piquet (F). Précis de phonétique historique de l'allemand. (E. MAYNIAL)	365
Rébelliau. Bossuet. (A. BOUÉ)	270
Remarques sur Bossuet. (H. DE LANDOSLE)	419
Ronsard (G. de). Livret de folastries. (éd. A. v. Bever). an (E. MAYNIAL)	185

	Pag.
Salomon. Charles Nodier et le groupe romantique. (B. DE LACOMBE)	578
Sante (X. de la). Ferrum. (trad. Osmond) (H. THÉDENAT)	118
Séché (L.). Alfred de Musset : l'homme, l'œuvre. — Correspondance. (E. MAYNIAL)	271
Souriau (M.). Moralistes et poètes. (E. MAYNIAL)	579
Stagel (E.). Das Leben der Schwestern zu Töss. (éd. F. Wetter). (A. LESORT)	120
Strowski (F.). Montaigne. (G. MICHAUT)	147
— Pascal et son temps. (G. MICHAUT)	536
Thulin (C.). Italische Sacrale Poesie und Prosa. (A. DUPOUY)	308
Tibulli. aliorumque carminum libri tres (éd. J. P. Postgate). (J. VESSEREAU)	7
Ungnad (Arth.). Babylonisch-assyrische grammatik mit Übungsbuch. (F. MARTIN)	493
Vagant (H). Histoire du roi Perceforet. (H. LEMAITRE)	237
Würzburg (Joh. von). Wilhelm von Œsteneich (éd. Ernst. Regel). (A. LESORT)	120

PHILOSOPHIE. — MORALE. PÉDAGOGIE.

Archelet (l'abbé). Les Causes du malheur pendant la vie. (A. LARGENT)	41
Baruzi. (J.) Leibniz et l'organisation religieuse de la terre. (H. VILLASSÈRE)	5
Blanc (E.). Dictionnaire de philosophie ancienne moderne et contemporaine. (H. VILLASSÈRE)	6
Calvet (J.). Petit guide du candidat à la licence ès lettres. (P. PLESSIS)	202
Cauvière (J.). Discipline militaire et obéissance passive. (P.)	491
Delvové (J.). Organisation de la conscience morale (H. VILLASSÈRE)	4
Donop (Général.). Commandement et obéissance. (P)	517
Eymien (A.). Le gouvernement de soi-même. (P. MONET)	61
Guyot (H.). L'infinité divine depuis Philon-le-Juif jusqu'à Plotin. — Les réminiscences de Philon-le-Juif chez Plotin. (J. LEBRETON)	306
Hémon (C.). La Philosophie de	

Sully-Prudhomme. (H. VILLASSÈRE)........	453
Janvier. La Vertu. (A LARGENT).	162
Jouvin. La morale sans Dieu. (P. GILBERT)........	348
Kostyleff (M). Les substituts de l'âme dans la psychologie moderne. (H. V.)....	253
Lachelier. Études sur le syllogisme. (H. VILLASSÈRE)...	513
Mentré. Cournot. (E. B.)....	478
Paulhan (F.). Le mensonge de l'art (L. SILOY).....	129
Piat (Cl.). Platon. (C HUIT)...	171
Picavet (F.). Esquisse d'une histoire générale et comparée des philosophies médiévales. (E. BAUDIN).......	59
Pillon (F.). L'année philosophique 1905. (D. S.)......	199
Pontoppidan. Élise Hoskier. (A. MOLIEN)......	212
Ribot (Th.). Essai sur les passions. (H. VILLASSÈRE)...	229
Sollier (P.). Essai critique et théorique sur l'association en psychologie. (H. VILLASSÈRE)	486
Sortais. Études philosophiques et sociales (C. HUIT)....	561
Spinoza. Éthique (H. VILLASSÈRE).........	514
Vallée (abbé). De la préparation à la vie chrétienne dans les collèges. (PH. P.).....	390
Waynbaum (Dr.). La physionomie humaine. (H. VILLASSÈRE)............	557

SCIENCES THÉOLOGIQUES.

Berthier (R. P. J) L'étude de la somme théologique de Saint Thomas d'Aquin. (H. PRADEL).......	81
Boucard (L.). Dieu, l'âme, Jésus-Christ, l'Église. (H. PRADEL)........	305
Chauvin (C.). Les idées de M. Loisy sur le 4e Évangile. (R. SAINTE CROIX)......	3
Chevalier (U.). Notre-Dame-de-Lorette. (P. FOURNIER)...	141
Choupin. Valeur des définitions doctrinales et disciplinaires du Saint-Siège. (A. LARGENT).	301
Delattre. Le culte de la Sainte Vierge en Afrique, d'après les monuments archéologiques. (H. DE VILLEFOSSE)....	476
Dietrich (Dr). Mitteilung über den Ritus der verhüllten Hände. (L. DE LAGGER)...	386
Dhorme (Le F.). Choix de textes religieux assyro-babyloniens. (F. MARTIN).......	530
Funck (F. X.). Kirchengeschichtliche Abhandlungen und Untersuchungen. (J. LEBRETON).	489
Giran (E.). Paroles de sincérité. (D. SABATIER)......	392
Graduel de la cathédrale de Rouen au XIIIe siècle. (A. TOUGARD).......	431
Lacombe (H. de). La divinité de Jésus-Christ. (L. LESUEUR).	114
Martin (Fr.). Le livre d'Hénoch. (J. CARTIER).....	532
Monnier. La Mission historique de Jésus. (R. SAINTE-CROIX)........	4
Saintyves (P.). Les Saints, successeurs des Dieux. (A. LE GLAY).........	372
Seeberg (A.). Die Beiden Wege und das Apostelkret. (L. GRY)	15
Turmel (J.). Histoire de la théologie positive du Concile de Trente au Concile du Vatican. (P. BUGNICOURT).....	57
Vaganay (L.). Le problème eschatologique dans le IVe livre d'Esdras. (L. GRY).....	11
Zapletal (V.). Das Deboralied, (éd. critique). (P. BUGNICOURT).	225

FOLKLORE.

Dietrich (Dr). Mitteilung über den Ritus der verhüllten Hände. (L. DE LAGGER).....	386
Dhorme. Choix de textes religieux assyrobabyloniens. (FR. MARTIN).......	530
Franche (P.). La légende dorée des bêtes. (A. BAUDRILLART).	148
Legras (L.). Les légendes thébaines en Grèce et à Rome. La Thébaïde de Stace. (J. VERSEREAU).......	69
Millien (A.). Chants et chansons du Nivernais. t. I. (E. MAYNIAL)...........	21

VARIA.

Giraud (V.). Livres et questions d'aujourd'hui. (P. HERVELIN).	371
Guillaume II et son peuple par un pessimiste. (P. GILBERT).	546
Laudet (F.). Souvenirs d'hier. (F. PLESSIS).......	549
Mézières (A.). Hommes et femmes d'hier et d'avant-hier. (E. MAYNIAL).......	314
Revue bénédictine. Table. (ALFRED BAUDRILLART).....	500
Ribolet (L.). Salvia, épisode de piraterie mauresque. (A. LESCŒUR)........	497
Salomon (M.). L'esprit du temps. (P. MONET).....	37

CHRONIQUES.

P. 44, 83, 134, 163, 194, 244, 298, 340, 394, 446, 480, 583.

ACADÉMIE DES INSCRIPTIONS ET BELLES-LETTRES.

P. 45, 84, 111, 164, 222, 248, 341, 395, 447.

SOCIÉTÉ NATIONALE DES ANTIQUAIRES DE FRANCE

P. 53, 166, 300, 314, 510, 554.

NÉCROLOGIE

Abbé Beurlier, 479.

ANCIENNE LIBRAIRIE THORIN ET FILS
ALBERT FONTEMOING, Éditeur
RUE LE GOFF, 4, A PARIS

OUVRAGES DE MONSEIGNEUR DUCHESNE
MEMBRE DE L'INSTITUT, DIRECTEUR DE L'ÉCOLE FRANÇAISE DE ROME

ÉTUDE SUR LE LIBER PONTIFICALIS, suivie de : I. Recherches sur les manuscrits archéologiques de Grimaldi, archiviste de la basilique du Vatican au seizième siècle, par M. Eugène Müntz, membre de l'Institut. — II. Etude sur le mystère de Sainte-Agnès, par M. Clédat. Un volume in-8° cavalier. . . . . 10 »

LE LIBER PONTIFICALIS. Texte, introduction et commentaires. Deux volumes grand in-4° raisin, avec planches (*épuisé*). . . . 200 »

DE CODICIBUS MSS. GRAECIS PII I, in Bibliotheca Alexandrino-Vaticana schedas excussit. Brochure in-8° cavalier. . . 1 50

ORIGINES DU CULTE CHRÉTIEN. Étude sur la liturgie latine avant Charlemagne. 3e édit. Un vol. in-8°. . . . . 10 »

Cet ouvrage est une étude historique et descriptive des principales cérémonies du culte chrétien, suivant les divers usages liturgiques de l'Occident latin, du quatrième au huitième siècle. Le cadre comprend la messe solennelle, l'initiation chrétienne (baptême et confirmation), l'ordination avec une étude annexe sur l'origine des vêtements liturgiques, la dédicace des églises, la consécration des vierges, la réconciliation des pénitents, le mariage, l'office divin. Dans une série de chapitres préliminaires, l'auteur étudie la formation des circonscriptions ecclésiastiques, les traits généraux des liturgies orientales, qui peuvent offrir des termes de comparaison avec les liturgies latines, enfin la tradition paléographique de ces dernières. Plusieurs pièces inédites sont données en appendice.

LES ANCIENS CATALOGUES ÉPISCOPAUX DE LA PROVINCE DE TOURS. Grand in-8 . . . . 5 »

Préface. — Tours. — Le Mans. — Angers. — Nantes. — Vannes. — Quimper. — Les évêchés de la Bretagne du Nord (*Civitas Redonum* ; — *Civitas Ossimorum* : *Alet* (Dol, Saint-Brieux, Tréguier). — Conclusion.

Monseigneur Duchesne ne se borne pas ici à publier pour la première fois les anciens catalogues épiscopaux de la province de Tours ; il a voulu classer les divers textes de ces documents, préciser leur origines et caractériser leur valeur historique. — Partant de là et s'autorisant aussi des autres données traditionnelles, il a étudié les questions, parfois difficiles et épineuses, qui se rattachent à la fondation des diocèses de l'Ouest et de l'ancienne Gaule.

FASTES ÉPISCOPAUX DE L'ANCIENNE GAULE. Tome I. (Province du Sud-Est). Deuxième édition. Un beau vol. gr. in-8° raisin. 15 »

SOMMAIRE. — Chapitre préliminaire. — De l'origine des diocèses épiscopaux dans l'ancienne Gaule. Première partie : Les provinces du Sud-Est; Gaule narbonnaise, région des Alpes. — Chapitre I. Généralités. — II. Les métropoles du Sud-Est et la province d'Arles. — III. L'histoire épiscopale à Vienne. — IV. Les suffragants de Vienne. — V. Tarantaise. — VI. Les évêchés de la province d'Arles. — VII. Les évêchés de la province d'Aix. — VIII. Embrun. — IX. Narbonne. — X. La légende de Sainte-Madeleine.

Tome II. (Aquitaines et Lyonnaises) . . . . 15 »

SOMMAIRE. — Chapitre I. — II. La province de Bourges. — III. La province de Bordeaux. — IV. La province d'Eauze-Auch. — V. Légende de l'Aquitaine. — VI. La Lyonnaise. — VII. La province de Lyon. — VIII. La province de Rouen. — IX. La province de Tours (généralités). — X. La province de Tours (séries épiscopales). — XI. La province de Sens. N.-B. — Les *Fastes épiscopaux* formeront 3 volumes in-8° raisin.

Tome III en préparation.

Ouvrage fait en collaboration avec M. Ch. Bayet, directeur de l'enseignement supérieur.

MÉMOIRE SUR UNE MISSION AU MONT ATHOS, suivi d'un mémoire sur un ambon conservé à Salonique, la représentation des Mages en Orient et en Occident, durant les premiers siècles. Un volume in-8° raisin, avec cinq planches en photogravure. . . . . 8 »

MARTYROLOGIUM HIERONYMIANUM (publié en collaboration avec M le commandeur J.-Bap. de Rossi). In-folio. . . . . . 40 »

LES ÉGLISES SÉPARÉES (autonomies ecclésiastiques). Un volume in-18. Deuxième édition 3 50

LES PREMIERS TEMPS DE L'ÉTAT PONTIFICAL (754-1073). Un volume in-18. Deuxième édition 3 50

HISTOIRE ANCIENNE DE L'EGLISE jusqu'au vie siècle, 3 volumes.
Tome I. . . . . 8 »

ANCIENNE LIBRAIRIE THORIN ET FILS
ALBERT FONTEMOING, Éditeur
RUE LE GOFF, 4, A PARIS

Vient de paraître :

UN GRAND AVENTURIER DU XIXᵉ SIÈCLE

GORDON PACHA
Par Achille BIOVÈS

In-16 écu, cartes.. 3 fr. 50

    Gordon Pacha occupe une place à part dans l'histoire de son pays : il ne contribua ni par ses talents de général, ni par son habileté de diplomate à la grandeur de sa patrie ; il ne se distingua qu'au service de l'empereur de Chine et du khédive d'Egypte, et cependant il est de la race de ces grands aventuriers « qui, dit-il un jour, ont mis l'Angleterre au point où elle est et qui l'y maintiendront ».
    On lira avec un haut intérêt l'histoire de cette œuvre de M. Biovès : très documentée et écrite d'un style clair, elle est surtout très suggestive et très vivante. On y voit que Gordon se constitua le champion de l'humanité et que rien ne l'arrêta dans sa croisade. Comme le héros de Cervantès, il prit parfois des moulins à vent pour des géants, des galériens pour d'honnêtes gens, des filles d'auberge pour des princesses déguisées. Comme don Quichotte, il fut victime de son ardent amour pour un idéal irréalisable, mais, comme lui aussi, il mérite l'admiration de tous, car il avait l'âme haute.

Du même auteur :

LES ANGLAIS DANS L'INDE
WARREN HASTINGS

In-16 écu, cartes (Couronné par l'Académie française)......... 4 fr.

Collection "MINERVA"
ROMANS

In-16 écu.................... 3 fr. 50

Dernières nouveautés :

Fernand MÉDINE

L'ÉTERNELLE ATTENTE
(Mœurs militaires)

Paul FLAT

LE ROMAN DE LA COMÉDIENNE

J.-H. ROSNY

LE TESTAMENT VOLÉ

IMPRIMERIE GÉNÉRALE DE CHATILLON-SUR-SEINE. — A. PICHAT.

28ᵉ ANNÉE   N° 24   25 DÉCEMBRE 1907

BULLETIN CRITIQUE

Paraissant les 10 et 25 de chaque mois

SOUS LA DIRECTION DE MM.

A. BAUDRILLART, Recteur de l'Institut catholique de Paris,
L. DUCHESNE, Membre de l'Institut, **L. LESCŒUR, F. PLESSIS, V. SCHEIL,
H. THÉDENAT**, Membre de l'Institut

Secrétaire de la rédaction : M. **Marcel THIBAULT**

TROISIÈME SÉRIE. — TOME I

Les abonnements sont d'un an et partent du 1ᵉʳ janvier

FRANCE, ALGÉRIE ET TUNISIE............ **10 fr.** || ÉTRANGER ET COLONIES................. **12 fr.**

Un Numéro : Soixante-quinze centimes

ADRESSER LES COMMUNICATIONS CONCERNANT LA RÉDACTION
au secrétaire, 1, rue Le Goff, Paris,
et les livres à la Librairie Fontemoing

SOMMAIRE

---

176. Dʳ WAYNBAUM. La physionomie humaine. *H. Villassère.* — 177. G. SORTAIS. Études philosophiques et sociales. *C. Huit.* — 178. E. BOUTMY. Études politiques. *P. Gilbert.* — 179. W. MELVILLE-DANIELS. Saint-Evremond en Angleterre. *A. Prat.* — 180. M. SALOMON. Charles Nodier et le groupe romantique. *B. de Lacombe.* — 181. M. SOURIAU. Moralistes et poètes. *E. Maynial.* — CHRONIQUE.

PARIS

ANCIENNE LIBRAIRIE THORIN ET FILS
ALBERT FONTEMOING, ÉDITEUR
LIBRAIRE DES ÉCOLES FRANÇAISES D'ATHÈNES ET DE ROME,
DE L'INSTITUT FRANÇAIS D'ARCHÉOLOGIE ORIENTALE DU CAIRE,
DU COLLÈGE DE FRANCE ET DE L'ÉCOLE NORMALE SUPÉRIEURE
4, RUE LE GOFF, 4

La Librairie A. FONTEMOING se charge de fournir aux meilleures conditions tous les ouvrages français et étrangers que pourraient désirer les abonnés du **Bulletin Critique**

ANCIENNE LIBRAIRIE THORIN ET FILS
ALBERT FONTEMOING, Éditeur
RUE LE GOFF, 4, A PARIS

Vient de paraître :

LA CORSE DANS L'ANTIQUITÉ
ET
DANS LE HAUT MOYEN AGE

De l'Origine à l'Expulsion des Sarrazins

Par Xavier POLI

Un volume grand in-8.................. 5 fr.

Vient de paraître :

UNIVERSITÉ DE LOUVAIN

RECUEIL DE TRAVAUX (18e Fascicule)

SAINT JEAN CHRYSOSTOME ET SES ŒUVRES
DANS L'HISTOIRE LITTÉRAIRE

Essai présenté à l'occasion du XVe Centenaire de Saint Jean Chrysostome

Par Dom Chr. BAUR, O. S. B.
Docteur en Sciences morales et politiques

Un fort volume grand in-8.................. 7 fr. 50

Vient de paraître :

PRÉCIS HISTORIQUE
DU
VIEUX SAINT-NAZAIRE

Par G. Le BARBIER de PRADUN
Chevalier de la Légion d'honneur, Membre de plusieurs sociétés savantes

In-18.................. 1 fr.

ARMANA PROVENÇAU, pèr lou bel an de Diéu 1908...... 0 fr. 75

ANCIENNE LIBRAIRIE THORIN ET FILS
ALBERT FONTEMOING, Éditeur
RUE LE GOFF, 4, A PARIS

RÉPERTOIRE GÉNÉRAL DES CARRIÈRES EN FRANCE
AU XXe SIÈCLE

Vient de paraître :

PAUL BASTIEN

Les Carrières Coloniales

Un beau volume in-18 jésus. . . . . 3 fr. 50
Relié toile anglaise. . . . . 4 fr. »

Ce Répertoire est le *Guide indispensable* des Jeunes Gens et des Jeunes Filles dans le choix d'une carrière. Il comprend les volumes ci-dessous.

LES CARRIÈRES ADMINISTRATIVES DES JEUNES GENS

Cet ouvrage absolument nouveau étudie pour chacune des carrières administratives : 1° *Le Développement hiérarchique*; 2° *La Série des traitements et les Conditions d'avancement*; 3° *Le Programme du Concours* qui en est le point de départ ; 4° *Les Conditions particulières* d'accès à ce concours, et sa difficulté appréciée par rapport aux divers ordres d'enseignement.

Un volume, 4 fr. ; reliure toile. . . . . 4 fr. 50

LES CARRIÈRES DE LA JEUNE FILLE

CET OUVRAGE CONTIENT :

1° L'exposé détaillé et pratique de tous les *enseignements* offerts en France aux jeunes filles ; 2° Les programmes des *Examens* et *Concours* qui ouvrent ou terminent ces enseignements ; les *Carrières* auxquelles chacun d'eux donne accès.

Un beau volume in-18 jésus, 3 fr. 50 ; reliure toile anglaise. . . 4 fr. »

LES CARRIÈRES LIBÉRALES

Un fort volume in-18, 3 fr. 50 ; reliure toile anglaise. . . . . . . 4 fr. »

LES CARRIÈRES COMMERCIALES
INDUSTRIELLES ET AGRICOLES

Un volume, 3 fr. 50 ; relié toile anglaise. . . . . 4 fr. »

LES CARRIÈRES COLONIALES

Un volume in-18, 3 fr. 50 ; relié toile anglaise. . . . . 4 fr. »

Du même auteur :

LES EMPLOIS RÉSERVÉS AUX SOUS-OFFICIERS

Un volume in-18 jésus. . . . . 0 fr. 60

LE NOUVEAU BACCALAURÉAT

Un volume in-18 jésus. . . . . 1 fr. »

Envoi franco contre mandat-poste

ANCIENNE LIBRAIRIE THORIN ET FILS
ALBERT FONTEMOING, Éditeur
RUE LE GOFF, 4, A PARIS

Vient de paraître :

W. DEONNA
Docteur es lettres
Ancien membre étranger de l'École française d'Athènes

LES STATUES DE TERRE CUITE
DANS L'ANTIQUITÉ

Sicile, Grande-Grèce, Etrurie et Rome

Avec 23 figures dans le texte

Un volume grand in-8 . . . . 7 fr. 50

LA VÉNUS DE MILO
ET
Dumont d'Urville

PAR

Charles BESNIER
Professeur à la Faculté des lettres de Caen

Grand in-8 . . . . 2 fr.

(*Extrait de la Revue des études anciennes de Bordeaux*).

IMPRIMERIE GÉNÉRALE DE CHATILLON-SUR-SEINE. — A. PICHAT.

www.ingramcontent.com/pod-product-compliance
Lightning Source LLC
Chambersburg PA
CBHW080417230426
43662CB00015B/2129